SpringerWienNewYork

Siegfried Pöchtrager

# Qualitätsmanagement in der Agrar- und Ernährungswirtschaft

Institutionen, Strukturen und entscheidungsrelevante Faktoren

SpringerWienNewYork

Dr. Siegfried Pöchtrager
Department für Wirtschafts- und Sozialwissenschaften,
Institut für Marketing & Innovation, Universität für Bodenkultur Wien,
Wien, Österreich

Dieses Buch wurde gedruckt mit Unterstützung des
*Instituts für Marketing & Innovation der Universität für Bodenkultur Wien.*

Das Werk ist urheberrechtlich geschützt.
Die dadurch begründeten Rechte, insbesondere die der Übersetzung, des Nachdruckes, der Entnahme von Abbildungen, der Funksendung, der Wiedergabe auf photomechanischem oder ähnlichem Wege und der Speicherung in Datenverarbeitungsanlagen, bleiben, auch bei nur auszugsweiser Verwertung, vorbehalten. Die Wiedergabe von Gebrauchsnamen, Handelsnamen, Warenbezeichnungen usw. in diesem Buch berechtigt auch ohne besondere Kennzeichnung nicht zu der Annahme, dass solche Namen im Sinne der Warenzeichen- und Markenschutz-Gesetzgebung als frei zu betrachten wären und daher von jedermann benutzt werden dürfen.

Produkthaftung: Sämtliche Angaben in diesem Fachbuch/wissenschaftlichen Werk erfolgen trotz sorgfältiger Bearbeitung und Kontrolle ohne Gewähr. Insbesondere Angaben über Dosierungsanweisungen und Applikationsformen müssen vom jeweiligen Anwender im Einzelfall anhand anderer Literaturstellen auf ihre Richtigkeit überprüft werden. Eine Haftung des Autors oder des Verlages aus dem Inhalt dieses Werkes ist ausgeschlossen.

© 2011 Springer-Verlag/Wien
Printed in Germany

SpringerWienNewYork ist ein Unternehmen von
Springer Science + Business Media
springer.at

Satz: Jung Crossmedia Publishing GmbH, 35633 Lahnau, Deutschland
Lektorat: Mag. Julia Edtbrustner
Druck: Strauss GmbH, 69509 Mörlenbach, Deutschland

Gedruckt auf säurefreiem, chlorfrei gebleichtem Papier
SPIN 80032275

Mit 92 Abbildungen

Bibliografische Information der Deutschen Nationalbibliothek
Die Deutsche Nationalbibliothek verzeichnet diese Publikation in der Deutschen Nationalbibliografie; detaillierte bibliografische Daten sind im Internet über http://dnb.d-nb.de abrufbar.

ISBN 978-3-7091-0725-6  SpringerWienNewYork

# Vorwort

„Der Mensch ist, was er isst." Mit diesem Diktum von Ludwig Feuerbach ist eine tiefe Wahrheit kurz und schlicht getroffen. Anders als in den vergangenen Jahrhunderten ist die Sicherung der Lebensmittelversorgung heute vielmehr eine qualitative denn eine quantitative Frage – die Qualität von Lebensmitteln rückt in den Vordergrund. Als „Kind dieser Zeit" empfinde auch ich hochwertige Lebensmittel als Grundlage einer guten Ernährungskultur, von jeher ist es mir persönlich wichtig zu wissen, was auf meinem Teller liegt.

Darauf begründet gilt auch beruflich mein besonderes Interesse dem Qualitätsmanagement und der Sicherheit von Lebensmitteln in der Agrar- und Ernährungswirtschaft. Dies hat sich in meiner 14-jährigen Forschungslaufbahn an der Universität für Bodenkultur Wien manifestiert und bildet den Schwerpunkt meiner wissenschaftlichen Tätigkeit. In die vorliegende Arbeit werden Erkenntnisse meiner Dissertation aufgenommen und im Zuge dessen in die Entwicklung eines Modelles für die Interaktion von Einflussfaktoren in Bezug auf die Wirkungsweise von Qualitätsmanagementsystemen in Unternehmen der Agrar- und Ernährungswirtschaft integriert.

Weitere Inspirationen für diese Arbeit resultieren aus meinem starken Bezug zur Praxis, es fließen die Erkenntnisse diverser Forschungsprojekte ein, welche ich in meiner Position als praxisorientierter Wissenschafter in den letzten 14 Jahren in den Bereichen Qualitätsmanagementsystemen und Qualitätssicherung in Bezug auf deren Probleme, Möglichkeiten und Chancen kennengelernt habe. Dafür sei mein Dank allen Unternehmen ausgesprochen, mit denen ich diesbezüglich Kontakt haben durfte. Gerade die intensive Diskussion mit Qualitätsmanagementbeauftragten und Geschäftsführern in den Unternehmen sowie mit Kollegen und Mitarbeitern an der Universität hat die Weiterentwicklung und Fortführung meiner wissenschaftlichen Arbeit, der ich mich während der letzten Jahre gewidmet habe, ermöglicht, und sie hat die Voraussetzung geschaffen, die Erkenntnisse zwischen Wissenschaft und Praxis in den letzten drei Jahren abzugleichen und zu Papier zu bringen.

Mein spezieller Dank gilt o.Univ.Prof. Dr. Walter Schiebel, der mir bislang auf meinem wissenschaftlichen Weg, vor allem auch an den Weggabelungen, ein kritischer und unterstützender Begleiter war und der mir neben dem beruflichen auch privaten Freiraum gegeben hat. Dies hat mir ermöglicht, meine Lebensziele umfassend zu verfolgen, was schließlich noch stärkeres Committment für meine berufliche Laufbahn bewirkt hat.

Ich möchte an dieser Stelle ganz besonderen Dank meiner Lebensgefährtin Katharina und unserer Tochter Eva aussprechen, die mir stets die Zeit und Möglichkeit gegeben haben, meiner Forschung und Arbeit den notwendigen breiten Raum zu widmen. Vor allem in der letzten intensiven Phase waren sie mir wie immer eine enorme Stütze.

Hinweis: Sämtliche personenbezogenen Bezeichnungen sind geschlechterneutral zu interpretieren; der Einfachheit halber wird die männliche Form verwendet.

Siegfried Pöchtrager                                Wien, im Dezember 2010

# Inhaltsverzeichnis

| | | |
|---|---|---|
| Vorwort | | V |
| Abbildungsverzeichnis | | XI |
| Tabellenverzeichnis | | XV |

| **1** | **Einleitung – Problemstellung und Forschungsrelevanz** | 1 |
|---|---|---|

| **2** | **Wissenschaftstheoretische Positionierung** | 7 |
|---|---|---|
| 2.1 | Ökonomie als Theorie von Austauschbeziehungen | 7 |
| 2.2 | Wissenschaft im Wandel – Ökonomie, Soziologie, Wirtschaftssoziologie | 9 |
| 2.3 | Systemtheoretische Betrachtung | 12 |
| 2.4 | Netzwerktheoretische Betrachtung | 16 |
| 2.5 | Institutionenökonomische Betrachtung | 24 |
| 2.6 | Entscheidungstheoretische Betrachtung | 48 |
| 2.7 | Zusammenfassende Betrachtung | 55 |

| **3** | **Die Agrar- und Ernährungswirtschaft im Kontext von Qualitätsmanagement und Produktsicherheit** | 59 |
|---|---|---|
| 3.1 | Die Wertschöpfungskette in der Agrar- und Ernährungswirtschaft | 59 |
| 3.2 | Wirtschaftsfaktor Agrar- und Ernährungswirtschaft | 61 |
| 3.2.1 | Lebensmittelindustrie und Lebensmittelgewerbe | 61 |
| 3.2.2 | Agraraußenhandel | 63 |
| 3.3 | Qualitätsforderung in der Agrar- und Ernährungswirtschaft | 64 |
| 3.4 | Milchbranche | 67 |

| **4** | **Institutionsökonomische Analyse von Produktsicherheitssystemen und Qualitätsmanagementsystemen mit Relevanz für die Agrar- und Ernährungswirtschaft** | 73 |
|---|---|---|
| 4.1 | Institutionsökonomische Analyse von Produktsicherheitssystemen mit Relevanz für die österreichische Molkereibranche | 73 |

| | | |
|---|---|---|
| 4.1.1 | Europäische Gesetzgebung – Rechtliche Vorgaben | 75 |
| 4.1.2 | Nationale Gesetzgebung | 87 |
| 4.1.3 | Produktsicherheitssysteme – Produktsicherheitsstandards | 90 |
| 4.2 | Institutionsökonomische Analyse von Qualitätsmanagementsystemen mit Relevanz für die österreichische Molkereibranche | 94 |
| 4.2.1 | Internationale freiwillige Standards | 95 |
| 4.2.2 | Europäische freiwillige Standards | 101 |
| 4.2.3 | Nationale freiwillige Standards | 102 |

## 5 Systemtheoretische Analyse von Qualitätsmanagementsystemen in der Agrar- und Ernährungswirtschaft — 107

| | | |
|---|---|---|
| 5.1 | Definition und Abgrenzung Einflussfaktoren | 107 |
| 5.2 | Einflussfaktoren auf Qualitätsmanagementsysteme | 108 |
| 5.3 | Synthese der Einflussfaktoren | 116 |
| 5.4 | Endogene Einflussfaktoren | 131 |
| 5.4.1 | Unternehmensführung | 133 |
| 5.4.2 | Mitarbeiter | 142 |
| 5.4.3 | Qualitätsmanagement – QM-Beauftragter | 148 |
| 5.4.4 | Finanzielle Ressourcen – Qualitätskosten | 164 |
| 5.4.5 | Ressourcen für Infrastruktur und Arbeitsumgebung | 172 |
| 5.4.6 | Produktanforderungen | 177 |
| 5.4.7 | Unternehmensgröße | 180 |
| 5.5 | Systemimmanente Faktoren | 186 |
| 5.5.1 | Prozesse | 186 |
| 5.5.2 | Messung, Analyse & Verbesserung | 194 |
| 5.6 | Exogene Einflussfaktoren | 202 |
| 5.6.1 | Konsument als Kunde | 202 |
| 5.6.2 | Handel als Kunde | 212 |
| 5.6.3 | Lieferanten und Partnerschaften | 217 |
| 5.6.4 | Gesellschaft | 223 |
| 5.6.5 | Marktstellung des Unternehmens | 229 |
| 5.6.6 | Interessensvertretung | 232 |
| 5.6.7 | Kontrollstellen – Externe Prüforganisationen | 236 |
| 5.6.8 | Akkreditierungsstelle | 254 |
| 5.6.9 | Standardeigner und Gesetzgeber als Herausgeber von Qualitätsmanagement- und Produktsicherheitssystemen | 258 |
| 5.7 | Resümee und Bildung eines literaturbasierten Gesamtmodells | 260 |
| 5.8 | Negative Einflüsse auf Qualitätsmanagementsysteme – Warum versagen derartige Systeme? | 263 |

## 6 Evaluierung der Einflussfaktoren von Qualitätsmanagementsystemen in der Agrar- und Ernährungswirtschaft — 267

| | | |
|---|---|---|
| 6.1 | Nutzwertanalyse (NWA) | 269 |
| 6.2 | Analytischer Hierarchieprozess (AHP) | 274 |

| | | |
|---|---|---|
| 6.2.1 | Grundzüge des AHP | 275 |
| 6.2.2 | Grundstruktur des AHP | 277 |

## 7 Experteninterviews und Inhaltsanalyse zur additionalen Wissensgenerierung 281

| | | |
|---|---|---|
| 7.1 | Experteninterviews | 282 |
| 7.2 | Qualitative Inhaltsanalyse nach MAYRING | 285 |

## 8 Quantitative und qualitative Analyse der Einflussfaktoren auf Qualitätsmanagementsysteme in der Agrar- und Ernährungswirtschaft 293

| | | |
|---|---|---|
| 8.1 | Ergebnisse der quantitativen Analyse mittels der Nutzwertanalyse (NWA) | 293 |
| 8.1.1 | Prioritätenschätzung | 293 |
| 8.1.2 | Verdichtung der Einzelbewertungen zur einer Gruppenbewertung mittels NWA | 295 |
| 8.2 | Ergebnisse der quantitativen Analyse mittels des Analytischen Hierarchieprozesses (AHP) | 297 |
| 8.2.1 | Prioritätenschätzung | 297 |
| 8.2.2 | Verdichtung der Einzelbewertungen zur einer Gruppenbewertung mittels AHP | 299 |
| 8.2.3 | Konsistenzprüfung | 302 |
| 8.2.4 | Sensitivitätsanalyse | 304 |
| 8.3 | Re-Evaluierung auf Basis des Vergleichs aus AHP und NWA | 306 |
| 8.4 | Synthese aus AHP und NWA | 312 |
| 8.5 | Qualitative Analyse der Kommentare und Aussagen der QM-Beauftragten mittels Inhaltsanalyse nach MAYERING (2007) | 315 |
| 8.5.1 | Endogener Einflussfaktor „Unternehmensführung" | 316 |
| 8.5.2 | Endogener Einflussfaktor „Mitarbeiter" | 321 |
| 8.5.3 | Endogener Einflussfaktor „QM-Beauftragter" | 328 |
| 8.5.4 | Endogener Einflussfaktor „Finanzielle Ressourcen – Qualitätskosten" | 333 |
| 8.5.5 | Endogener Einflussfaktor „Ressourcen für Infrastruktur und Arbeitsumgebung" | 337 |
| 8.5.6 | Endogener Einflussfaktor „Produktanforderungen" | 340 |
| 8.5.7 | Endogener Einflussfaktor „Unternehmensgröße" | 344 |
| 8.5.8 | Exogener Einflussfaktor „Unternehmensumfeld: Konsument" | 349 |
| 8.5.9 | Exogener Einflussfaktor „Unternehmensumfeld: Handel" | 353 |
| 8.5.10 | Exogener Einflussfaktor „Unternehmensumfeld: Lieferanten und Partnerschaften" | 356 |
| 8.5.11 | Exogener Einflussfaktor „Unternehmensumfeld: Gesellschaft" | 360 |
| 8.5.12 | Exogener Einflussfaktor „Unternehmensumfeld: Marktstellung des Unternehmens" | 363 |
| 8.5.13 | Exogener Einflussfaktor „Systemgestaltende Institutionen: Interessensvertretung" | 366 |

| | | |
|---|---|---|
| 8.5.14 | Exogener Einflussfaktor „Systemgestaltende Institutionen: Kontrollstelle" | 368 |
| 8.5.15 | Exogener Einflussfaktor „Systemgestaltende Institutionen: Akkreditierungsstelle" | 371 |
| 8.5.16 | Exogener Einflussfaktor „Systemgestaltende Institutionen: Gesetzgeber/Standardeigner" | 373 |
| 8.5.17 | Systemimmanenter Einflussfaktor „Prozesse – Dokumentation" | 376 |
| 8.5.18 | Systemimmanenter Einflussfaktor „Messung, Analyse & Verbesserung" | 382 |
| 8.6 | Weiterführende Ergebnisse aus der Befragung | 385 |
| 8.7 | Synthese und kritische Betrachtung der Erkenntnisse aus qualitativer und quantitativer Analyse | 389 |
| 8.7.1 | Inhaltliche Erkenntnisse | 389 |
| 8.7.2 | Methodische Erkenntnisse | 395 |
| **9** | **Zusammenfassung und Ausblick** | **397** |
| **10** | **Literaturverzeichnis** | **403** |
| **11** | **Abkürzungsverzeichnis** | **435** |
| **12** | **Glossar** | **439** |

# Abbildungsverzeichnis

| | | |
|---|---|---|
| Abbildung 1: | System als Gesamtheit mit Elementen, Beziehungen und Umwelt | 15 |
| Abbildung 2: | Ansätze der Neuen Institutionenökonomie | 29 |
| Abbildung 3: | Grundprinzip der Prinzipal-Agent-Theorie | 35 |
| Abbildung 4: | Effiziente institutionelle Arrangements | 39 |
| Abbildung 5: | Informationsökonomische Gütertypologie | 44 |
| Abbildung 6: | Abgrenzung der Qualitätseigenschaften nach drei zentralen Differenzierungskriterien | 45 |
| Abbildung 7: | Informationsökonomische Gütertypologie | 46 |
| Abbildung 8: | Basiselemente eines Entscheidungsmodells | 50 |
| Abbildung 9: | Wissenschaftstheoretische Betrachtung des Qualitätsmanagements der Agrar- und Ernährungswirtschaft zur Generierung praxisrelevanter Empfehlungen | 55 |
| Abbildung 10: | Wertschöpfungskette Agrar- und Ernährungswirtschaft | 60 |
| Abbildung 11: | Umsatz der Lebensmittelindustrie nach Branchen, 2006 | 63 |
| Abbildung 12: | Wertschöpfungspartner in der Milch | 69 |
| Abbildung 13: | Zusammenspiel der zentralen EU-Verordnungen im Lebensmittel- und Futtermittelrecht | 76 |
| Abbildung 14: | Qualitätsmanagement Prozessmodell | 96 |
| Abbildung 15: | Elemente des Conditio-Sine-Qua-Non-QM-Modells | 111 |
| Abbildung 16: | Essentielle Faktoren für die Verwirklichung eines Qualitätsmanagementsystems gemäß ISO 9004:2000 | 113 |
| Abbildung 17: | Einflussbereiche des Humanfaktors | 114 |
| Abbildung 18: | EFQM-Modell, mit Gewichtung lt. EFQM und PÖCHTRAGER (Zahlen in Klammer) | 115 |
| Abbildung 19: | Synthese der Einflussfaktoren auf Qualitätsmanagementsysteme | 117 |
| Abbildung 20: | Einflussfaktoren für ein erfolgreiches TQM in der türkischen Fertigungsindustrie | 121 |
| Abbildung 21: | Qualitätsmanagementsystem als dynamisches Modell | 125 |
| Abbildung 22: | Planungsbegriffe im Zusammenhang | 135 |
| Abbildung 23: | Führungsaufgabe im Qualitätsmanagement | 137 |

## Abbildungsverzeichnis

| | | |
|---|---|---|
| Abbildung 24: | Endogene Einflussfaktoren, „Unternehmensführung" | 142 |
| Abbildung 25: | Endogene Einflussfaktoren, „Mitarbeiter" | 148 |
| Abbildung 26: | Aufbau einer Qualitätsmanagement-Organisation | 149 |
| Abbildung 27: | Grad der Spezialisierung des QM-Beraters nach Unternehmensgröße | 153 |
| Abbildung 28: | Auditarten nach auditiertem Gebiet und Untersuchungsziel | 158 |
| Abbildung 29: | Auditarten nach dem Wirkraum | 160 |
| Abbildung 30: | Endogene Einflussfaktoren, „Qualitätsmanagementbeauftragter" | 164 |
| Abbildung 31: | Entwicklung von Qualitätskosten und Qualitätsniveau | 166 |
| Abbildung 32: | Kosteneinsparung durch Fehlerverhütung | 167 |
| Abbildung 33: | Gliederung der Qualitätskosten | 169 |
| Abbildung 34: | Endogene Einflussfaktoren, „Kosten des Qualitätsmanagementsystems" | 172 |
| Abbildung 35: | Endogene Einflussfaktoren, „Ressourcen für Infrastruktur und Arbeitsumgebung" | 176 |
| Abbildung 36: | Endogene Einflussfaktoren, „Produktanforderungen" | 180 |
| Abbildung 37: | Endogene Einflussfaktoren, „Unternehmensgröße" | 185 |
| Abbildung 38: | Prozessarten nach Unternehmenserfolg und Kundennutzen | 188 |
| Abbildung 39: | Faktoren mit Sonderstellung „Prozesse – Dokumentation" | 194 |
| Abbildung 40: | Kontinuierliche Verbesserung – PDCA-Zyklus | 198 |
| Abbildung 41: | Bausteine der Verbesserung | 200 |
| Abbildung 42: | Faktoren mit Sonderstellung „Messung, Analyse & Verbesserung" | 202 |
| Abbildung 43: | Kundenzufriedenheits- bzw. Kundenbindungstypologie im Bereich „Lebensmittelgeschäft" | 204 |
| Abbildung 44: | Kausalmodell zur Entstehung von emotionaler Kundenbindung: Einfluss der einzelnen Faktoren | 205 |
| Abbildung 45: | Ernährungstypologie österreichischer Konsumenten, Studie Karmasin Motivforschung 2009 | 206 |
| Abbildung 46: | Exogene Einflussfaktoren, „Konsument als Kunde" | 211 |
| Abbildung 47: | Exogene Einflussfaktoren, „Handel als Kunde" | 216 |
| Abbildung 48: | Formen der Lieferantenbeziehungen | 219 |
| Abbildung 49: | Exogene Einflussfaktoren, „Lieferanten, Partnerschaften und deren Marktstellung" | 222 |
| Abbildung 50: | Exogene Einflussfaktoren, „Gesellschaft" | 229 |
| Abbildung 51: | Exogene Einflussfaktoren, „Marktstellung des Unternehmens" | 231 |
| Abbildung 52: | Einflussfaktor Interessensvertretungen | 236 |
| Abbildung 53: | Stellung der Kontrollstelle im System | 240 |
| Abbildung 54: | Lebensmittelsicherheit in Österreich | 242 |
| Abbildung 55: | Amtliche Lebensmittelkontrolle in Österreich | 245 |
| Abbildung 56: | Ermittlung des kostenminimalen Prüfungsniveaus | 249 |
| Abbildung 57: | Exogene Einflussfaktoren, „Kontrollstelle" | 253 |
| Abbildung 58: | Exogene Einflussfaktoren, „Akkreditierungsstelle" | 257 |
| Abbildung 59: | Exogene Einflussfaktoren, „Standardeigner und Gesetzgeber" | 260 |
| Abbildung 60: | Einflussfaktoren auf Qualitätsmanagementsysteme in der Agrar- und Ernährungswirtschaft | 262 |

# Abbildungsverzeichnis

| | | |
|---|---|---|
| Abbildung 61: | Ablauf der Nutzwertanalyse | 271 |
| Abbildung 62: | AHP-Modell der Einflussfaktoren auf das Qualitätsmanagementsystem im Unternehmen | 280 |
| Abbildung 63: | Codierung und Auswertung des Faktors Lieferanten und Partnerschaften | 292 |
| Abbildung 64: | Computergestützte Dateneingabe NWA | 293 |
| Abbildung 65: | Boxplot-Analyse der aggregierten Ergebnisse (NWA) | 295 |
| Abbildung 66: | Computergestützte Dateneingabe AHP | 299 |
| Abbildung 67: | Boxplot-Analyse der aggregierten Ergebnisse (AHP) | 301 |
| Abbildung 68: | Sensitivitätsanalyse der aggregierten Prioritätenschätzung | 305 |
| Abbildung 69: | Differenz $\overline{\emptyset}_h - \overline{w}_h$ ($t_0$) zwischen durchschnittlicher Zielgewichtung $\overline{\emptyset}_h$ ($t_0$) und $\overline{w}_h$ ($t_0$) | 308 |
| Abbildung 70: | M1: Differenz $\overline{\emptyset}_h - \overline{w}_h$ ($t_0$) | 310 |
| Abbildung 71: | M1: Modifikation von $\emptyset_h$ ($t_0 \to t_1$) | 311 |
| Abbildung 72: | Bedeutung der Einflusskategorien | 313 |
| Abbildung 73: | Bedeutung der Einflussfaktoren (AHP-Prioritäten) | 315 |
| Abbildung 74: | Bedeutung des Einflussfaktors „Unternehmensführung" | 318 |
| Abbildung 75: | Bedeutung des Einflussfaktors „Mitarbeiter" | 323 |
| Abbildung 76: | Bedeutung des Einflussfaktors „QM-Beauftragter" | 329 |
| Abbildung 77: | Bedeutung des Einflussfaktors „Finanzielle Ressourcen – Qualitätskosten" | 334 |
| Abbildung 78: | Bedeutung des Einflussfaktors „Ressourcen für Infrastruktur und Arbeitsumgebung" | 338 |
| Abbildung 79: | Bedeutung des Einflussfaktors „Produktanforderungen" | 341 |
| Abbildung 80: | Bedeutung des Einflussfaktors „Unternehmensgröße" | 345 |
| Abbildung 81: | Bedeutung des Einflussfaktors „Konsument" | 350 |
| Abbildung 82: | Bedeutung des Einflussfaktors „Handel" | 354 |
| Abbildung 83: | Bedeutung des Einflussfaktors „Lieferanten und Partnerschaften" | 357 |
| Abbildung 84: | Bedeutung des Einflussfaktors „Gesellschaft" | 361 |
| Abbildung 85: | Bedeutung des Einflussfaktors „Marktstellung" | 364 |
| Abbildung 86: | Bedeutung des Einflussfaktors „Interessensvertretung" | 367 |
| Abbildung 87: | Bedeutung des Einflussfaktors „Kontrollstelle" | 369 |
| Abbildung 88: | Bedeutung des Einflussfaktors „Akkreditierungsstelle" | 372 |
| Abbildung 89: | Bedeutung des Einflussfaktors „Gesetzgeber/Standardeigner" | 374 |
| Abbildung 90: | Bedeutung des Einflussfaktors „Prozesse – Dokumentation" | 378 |
| Abbildung 91: | Bedeutung des Einflussfaktors „Messung, Analyse & Verbesserung" | 383 |
| Abbildung 92: | Einflussfaktoren auf Qualitätsmanagementsysteme | 398 |
| Abbildung 93: | Bedeutung der Einflussfaktoren (AHP-Prioritäten) | 400 |

# Tabellenverzeichnis

| | | |
|---|---|---|
| Tabelle 1: | Wirtschaftssoziologie und Mainstream-Ökonomie im Vergleich | 11 |
| Tabelle 2: | Typen von Wissensbeziehungen | 20 |
| Tabelle 3: | Funktionen von Institutionen | 26 |
| Tabelle 4: | Einpersonenentscheidungen | 53 |
| Tabelle 5: | Die größten Molkereien Österreichs, Umsatz, Milchverarbeitung und Mitarbeiterzahl 2009 | 67 |
| Tabelle 6: | Verfahren zur Qualitätssicherung in den zehn größten Molkereien Österreichs | 71 |
| Tabelle 7: | Stufenbau der Rechtsordnung | 74 |
| Tabelle 8: | Aufgaben und Zuständigkeiten im Rückverfolgbarkeitssystem | 80 |
| Tabelle 9: | Einflussfaktoren auf Qualitätsmanagementsysteme in Einzelunternehmen | 118 |
| Tabelle 10: | Zuordnung der Einflussfaktoren auf Qualitätsmanagementsysteme gemäß ihrer Wirkungsrichtung | 120 |
| Tabelle 11: | Integration der Einflussfaktoren aus den Studien | 127 |
| Tabelle 12: | Erweiterte Einflussfaktoren auf Qualitätsmanagementsysteme, ihrer Wirkungsrichtung zugeordnet | 132 |
| Tabelle 13: | Führungsfunktionen des Managements im TQM | 139 |
| Tabelle 14: | Zusammenfassung der aggregierten Einflussfaktoren und deren Herleitungsursprung | 261 |
| Tabelle 15: | Inhalte der Leitfragen zu den Einflussfaktoren | 284 |
| Tabelle 16: | Zielgewichte M1 bis M10 (NWA) | 294 |
| Tabelle 17: | Zielgewichte Einflusskategorien des Qualitätsmanagement-Modells (NWA) | 297 |
| Tabelle 18: | Zielgewichte M1 bis M10 (AHP) | 300 |
| Tabelle 19: | Zielgewichte Einflusskategorien des Qualitätsmanagement-Modells (AHP) | 302 |
| Tabelle 20: | Zufallskonsistenz $R$ bei gegebener Matrixgröße | 303 |
| Tabelle 21: | Consistency Ratio ($CR$) für die Paarvergleichsmatrizen der Qualitätsmanagement-AHP-Modellhierarchie | 304 |

## Tabellenverzeichnis

| | | |
|---|---|---|
| Tabelle 22: | Zielgewichte $ø_h$ ($t_0$), $w_h$ ($t_0$) und Differenz $ø_h - w_h$ ($t_0$) M1 bis M10 | 307 |
| Tabelle 23: | Qualitative Inhaltsanalyse Einflussfaktor „Unternehmensführung" | 316 |
| Tabelle 24: | Qualitative Inhaltsanalyse Einflussfaktor „Mitarbeiter" | 322 |
| Tabelle 25: | Qualitative Inhaltsanalyse Einflussfaktor „QM-Beauftragter" | 328 |
| Tabelle 26: | Qualitative Inhaltsanalyse Einflussfaktor „Finanzielle Ressourcen – Qualitätskosten" | 333 |
| Tabelle 27: | Qualitative Inhaltsanalyse Einflussfaktor „Ressourcen für Infrastruktur und Arbeitsumgebung" | 337 |
| Tabelle 28: | Qualitative Inhaltsanalyse Einflussfaktor „Produktanforderungen" | 341 |
| Tabelle 29: | Qualitative Inhaltsanalyse Einflussfaktor „Unternehmensgröße" | 344 |
| Tabelle 30: | Qualitative Inhaltsanalyse Einflussfaktor „Konsument" | 349 |
| Tabelle 31: | Qualitative Inhaltsanalyse Einflussfaktor „Handel" | 353 |
| Tabelle 32: | Qualitative Inhaltsanalyse Einflussfaktor „ Lieferanten und Partnerschaften" | 357 |
| Tabelle 33: | Qualitative Inhaltsanalyse Einflussfaktor „Gesellschaft" | 361 |
| Tabelle 34: | Qualitative Inhaltsanalyse Einflussfaktor „Marktstellung des Unternehmens" | 363 |
| Tabelle 35: | Qualitative Inhaltsanalyse Einflussfaktor „Interessensvertretung" | 366 |
| Tabelle 36: | Qualitative Inhaltsanalyse Einflussfaktor „Kontrollstelle" | 369 |
| Tabelle 37: | Qualitative Inhaltsanalyse Einflussfaktor „Akkreditierungsstelle" | 372 |
| Tabelle 38: | Qualitative Inhaltsanalyse Einflussfaktor „Gesetzgeber/Standardeigner" | 374 |
| Tabelle 39: | Qualitative Inhaltsanalyse Einflussfaktor „Prozesse – Dokumentation" | 377 |
| Tabelle 40: | Qualitative Inhaltsanalyse Einflussfaktor „Messung, Analyse & Verbesserung" | 382 |

# 1 Einleitung – Problemstellung und Forschungsrelevanz

Die Agrar- und Ernährungswirtschaft hat sich weltweit zu einem der wichtigsten Wirtschaftszweige entwickelt und ist auch in Österreich ein bedeutender Arbeitgeber und traditionsreicher Wirtschaftsfaktor. Die österreichische Agrar- und Ernährungswirtschaft weist im europäischen Vergleich eine klein- bis mittelständige Struktur auf und folgt neben dem Trend zur Regionalität der internationalen Entwicklung zur Standardisierung von Produkten und Prozessen, welche mit Maßnahmen zur Qualitätssicherung gewährleistet werden. Der Prozess der Lebensmittelherstellung ist zumeist mit einer vertikalen Integration von Produktions- und Verarbeitungsprozessen verbunden. Das bedeutet, dass nicht nur die Agrar- und Ernährungsindustrie per se von Bedeutung ist, sondern auch im Zusammenhang mit ihrer Einbettung in das Wirtschaftsumfeld betrachtet werden muss. Die Agrar- und Ernährungsbranche beschränkt sich nicht nur auf die Unternehmen von Lebensmittelindustrie und -gewerbe selbst, sondern integriert auch vor- und nachgelagerte Bereiche der Wertschöpfungskette Lebensmittel. Die Wertschöpfungskette erstreckt sich von der landwirtschaftlichen Urproduktion, diversen Erfassungs- und Großhandelsstufen, über die Weiterverarbeitung in Lebensmittelindustrie und -gewerbe bis zu den unterschiedlichen Schnittstellen zum Verbraucher, wie etwa Lebensmitteleinzelhandel oder der Großverbrauchersektor. Gleichzeitig sind in den Prozess der Lebensmittelherstellung auch horizontale Verflechtungen integriert, die produzierenden Unternehmen stehen z. B. in Interaktion mit Beratungsunternehmen, Kontrollstellen, mit Interessensverbänden oder dem Mitbewerb. Durch die Integration des gesamten Wirtschaftsumfelds mit Blick auf die Agar- und Ernährungswirtschaft wird die Lebensmittelproduktion somit als ein ganzheitlicher Prozess betrachtet, bei dem Lebensmittelsicherheit und Lebensmittelqualität zentrale Aspekte darstellen und sich auf alle Bereiche der Wertschöpfungskette beziehen. Dies verdeutlicht, dass sich der Blickwinkel nicht auf das produzierende Unternehmen selbst beschränken kann, sondern dass durch die Dynamik des gesamten Umfeldes eine Metaperspektive eingenommen werden muss, aus der heraus Lebensmittelqualität und Lebensmittelsicherheit als durchgängiges Konzept der Agrar- und Ernährungswirtschaft betrachtet wird.

Dass die Bereiche Lebensmittelqualität und -sicherheit wichtige Aspekte darstellen und auch in der Öffentlichkeit Thema sind, zeigt die Medienberichterstattung, wo Problemebereiche aufgegriffen werden und Lebensmittelskandale, wie BSE bei Rindern oder Listerienkontamination in der Wertschöpfungskette, Schlagzeilen in den Medien hervorrufen. Qualität bzw. die Sicherstellung der Qualität ist nicht nur eine österreichische Angelegenheit, sondern durch die Globalisierung der Märkte ein europaweites bzw. internationales Problem, da die Sicherheit über die Grenzen hinweg gewährleistet und dementsprechend eine Rückverfolgbarkeit der Lebensmittel möglich sein muss. Aus diesem Grund muss es eine gewisse Methodik der Sicherungen dieser Anforderungen sowie Kontrollmechanismen geben. Im Falle der Rückverfolgbarkeit bedeutet dies, dass kompatible Rückverfolgbarkeitssysteme installiert sein müssen, welche im Bedarfsfall schnell greifen. Da dies ein sehr sensibler und gleichzeitig essentieller Bereich ist, ist Rückverfolgbarkeit in der EU gesetzlich verankert und findet über die Umsetzung in Qualitätsmanagement- oder Produktsicherheitssystemen Eingang und Anwendung im Unternehmen.

Neben der Sicherheit ist die Hygiene ein weiterer wichtiger Punkt im Bereich der Agrar- und Ernährungswirtschaft. Hygiene erstreckt sich dabei auf Lebensmittel selbst sowie auf die Produktionsbedingungen. Dies fokussiert auf ein Spezifikum dieser Branche, dass Lebensmittel einen sehr sensiblen Bereich darstellen, da mit lebenden Organismen gearbeitet wird, welche – bedingt durch diese Eigenschaft – in der Produktion stärker risikobehaftet sind. Gerade weil lebende Organismen keine unbelebte Materie darstellen, bleibt der Umgang mit ihnen zu einem gewissen Teil nicht gänzlich vorhersagbar. Daher leisten Lebensmittel höhere Ansprüche an die Produktionsbedingungen und Arbeitsabläufe. Besonders Logistik wird ein Thema, da eine beschränkte Lagerfähigkeit nicht nur aus Kostengründen, sondern v. a. aus Haltbarkeitsgründen gegeben ist. Hygiene steht somit in sehr engem Zusammenhang mit Lebensmittelsicherheit. Diese muss unbedingt gegeben sein, um sichere Lebensmittel auf den Markt zu bringen. Das heißt, auch die Lebensmittelhygiene muss gesetzlich verankert sein, ist auch EU-weit gesetzlich geregelt und wird ebenfalls in den Qualitätsmanagement- bzw. Produktsicherheitssystemen umgesetzt. Lebensmittelsicherheit, Rückverfolgbarkeit und Lebensmittelhygiene sind somit zentrale Punkte jedes Qualitätsmanagement- und Produktsicherheitssystems[1], und sehr viele Qualitätsmanagementmaßnahmen resultieren gerade auch aus den Forderungen dieser Attribute.

---

1 Die vorliegende Analyse beschäftigt sich nur mit Qualitätsmanagementsystemen gemäß der Kapitel 4.2 gegebenen Definition, nicht mit Produktsicherheitssystemen als Manifestation der gesetzlichen Vorgaben (siehe Kapitel 4.1). Die Inhalte der Produktsicherheitssysteme fließen wie bereits erwähnt vor allem im Hinblick auf Lebensmittelsicher-

Einleitung – Problemstellung und Forschungsrelevanz

Obwohl diese grundlegenden Maßnahmen in jedem Standard verankert sind, gibt es dennoch unterschiedlichste Systeme, deren Fokus auf verschiedensten Maßnahmen, Richtungen bzw. Zielen liegt. So werden Qualitätsprogramme z. B. auch wegen der Absicherung von Produkteigenschaften, welche für den Konsumenten nicht offensichtlich wahrnehmbar sind, initiiert.

Diese maßgeblichen Inhalte von Qualitätsmanagementsystemen, deren Bedeutung sich über die Unternehmensgrenzen hinweg erstreckt, verdeutlichen bereits, dass die Ausgestaltung der Systeme durch zahlreiche, unternehmensübergreifende Einflüsse bestimmt wird, obwohl die Systeme selbst für die Anwendung in Unternehmen konzipiert sind. Die Ausgestaltung und somit die Funktionsweise von Qualitätsmanagementsystemen haben Auswirkung auf das Unternehmen und dessen Umfeld. Die ökonomische Bedeutung des Wirtschaftsumfelds eröffnet auch für die Wissenschaft ein weites Forschungsfeld. Obwohl Qualitätsmanagement schon Ausgangspunkt zahlreicher Untersuchungen war, stand bislang eine Konzentration auf das Unternehmen im Mittelpunkt des wissenschaftlichen Interesses. Es gibt viele Studien, die sich mit dem Thema Qualitätsmanagement im Unternehmen auseinandersetzen sowie mit den Faktoren, die im Unternehmen auf das Qualitätsmanagement wirken – also mit der Frage, was im Unternehmen getan werden bzw. gegeben sein muss, damit ein System erfolgreich implementiert und aufrechterhalten werden kann. Darüber hinaus gibt es auch Untersuchungen, wie sich ein Qualitätsmanagementsystem monetär bzw. erfolgsmäßig auf ein Unternehmen auswirkt. Der Forscher geht allerdings davon aus, dass Faktoren nicht nur im Inneren des Unternehmens auf Qualitätsmanagementsysteme einwirken, sondern dass auch andere Faktoren von außen das System prägen oder zumindest beeinflussen. Bislang existieren allerdings keine Untersuchungen, die sich konkret damit beschäftigen, welche Faktoren von außen auf das Unternehmen einwirken, bzw. welche Institutionen interagieren. Vor diesem Hintergrund eröffnet das Einbeziehen der Bedeutung des Wirtschaftsumfeldes von Unternehmen einen neuen Blickwinkel und erweckt im Forscher den Anspruch einer wissenschaftlichen Erweiterung bestehender Modelle. Es gibt Anlass, was in Wissenschaft und Praxis in den letz-

---

heit, Rückverfolgbarkeit und Lebensmittelhygiene in die Qualitätsmanagementsysteme ein und sind daher integrierte Bestandteile dieser Systeme. Aufgrund der Bedeutung der gesetzlichen Vorgaben wird der theoretische Hintergrund für beide Systemarten aufgezeigt, wenngleich die empirische Forschung im Kontext mit Qualitätsmanagementsystemen erfolgt. Dies ist gedanklich zu berücksichtigen, wenn im Folgenden von Qualitätsmanagementsystemen gesprochen wird.

ten Jahren publiziert bzw. gelebt wurde, neu zu überdenken und bisherige Denkansätze, die aus Sicht des Wissenschaftlers zu eng gesetzt sind, aufzubrechen. Bei der Betrachtung soll eine Metaebene eingenommen werden, die es ermöglicht, in die Betrachtung der Einflüsse auf Qualitätsmanagementsysteme im Unternehmen dessen gesamtes Wirtschaftsumfeld einzubeziehen. Zudem ergibt sich die Möglichkeit, dass Ansätze, die in diesem Zusammenhang bereits von der Wissenschaft angedacht wurden (z. B. WEINDLMAIER, 2005, 7 ff), weiterzudenken und zu überprüfen. Aus diesem Anspruch resultieren die Forschungsfragen, die das bisherige System aufbrechen und die Frage einer Erweiterung bestehender Modelle in sich bergen.

- *Welche Faktoren beeinflussen Qualitätsmanagementsysteme in Unternehmen der Agrar- und Ernährungswirtschaft?*
- *Welche Bedeutung haben diese Faktoren für das Qualitätsmanagementsystem im Unternehmen?*

Unter diesem erweiterten Blickwinkel der Metaebene erlauben die beiden Fragen eine modellbasierte und umfassende Betrachtung der Einflussfaktoren auf Qualitätsmanagementsysteme in Unternehmen der Agrar- und Ernährungswirtschaft.

Im Folgenden stellt Kapitel 2 den theoretischen wissenschaftlichen Rahmen für die Einbettung des Forschungsfeldes und somit der Untersuchung innerhalb der Wirtschafts- und Sozialwissenschaften bereit. Die wissenschaftlichen Ansätze der Institutionenökonomie, System- und Netzwerktheorie sowie der Entscheidungstheorie spannen den wissenschaftstheoretischen Bogen zu den Institutionen, Strukturen und entscheidungsrelevanten Faktoren des Qualitätsmanagements und der Produktsicherheit in der Agrar- und Ernährungswirtschaft. Kapitel 3 bietet einen Überblick über die Agrar- und Ernährungswirtschaft im Kontext von Qualitätsmanagement und Produktsicherheit, beleuchtet den Wirtschaftsfaktor Agrar- und Ernährungswirtschaft im Allgemeinen, und Lebensmittelindustrie und Lebensmittelgewerbe unter besonderer Berücksichtigung der Molkereibranche als Basis für die Studie im Speziellen. Außerdem werden die Qualitätsforderungen in der Agrar- und Ernährungswirtschaft aufgezeigt. Nachfolgendes Kapitel bringt eine institutionenökonomische Analyse von Qualitätsmanagement- und Produktsicherheitssystemen mit Relevanz für die österreichische Molkereiwirtschaft in Vertretung der Agrar- und Ernährungswirtschaft. Die Systeme erfahren in Kapitel 5 eine systemtheoretische Analyse. Dadurch wird ein umfassendes Einbeziehen der potenziellen Einflüsse aller agierenden Partner bzw. Faktoren ermöglicht, und es wird verdeutlicht, dass die Systeme selbst sowie die

# 1 Einleitung – Problemstellung und Forschungsrelevanz

Systempartner und die Faktoren, die die Systeme beeinflussen oder vice versa von ihnen beeinflusst werden, als komplexes System betrachtet werden müssen. Aus den generierten Einflussfaktoren wird ein literaturbasiertes Gesamtmodell abgeleitet, welches in Kapitel 6 einer deskriptiven Entscheidungsfindung mittels Nutzwertanalyse und Analytischen Hierarchieprozesses zugeführt und unterzogen wird. Kapitel 7 dient zur additionalen Wissensgenerierung mithilfe von Experteninterviews. Sämtliche Erkenntnisse werden in Kapitel 8 zusammengeführt und interpretiert und in einem abschließenden Kapitel einem Ausblick unterzogen.

# 2 Wissenschaftstheoretische Positionierung

Das vorliegende Kapitel beschäftigt sich mit der wissenschaftstheoretischen Einbettung der Arbeit innerhalb der Wirtschafts- und Sozialwissenschaften.

Beleuchtet man die Funktionsweise von Qualitätsmanagementsystemen der Agrar- und Ernährungswirtschaft, legt man dieser eindeutig Ökonomie – wirtschaftliches Handeln – zugrunde. Zudem ist Qualitätsmanagement nur in Interaktion möglich, Qualitätsmanagement funktioniert ausschließlich in aufeinander bezogenem Handeln. Es bedarf des Qualitätsmanagement betreibenden Unternehmens sowie unterschiedlicher, mit dem Unternehmen oder dem Umfeld des Qualitätsmanagements korrespondierender Akteure, die in ihren Beziehungen wechselseitigen Einfluss nehmen und folglich einer Dynamik unterliegen. Daraus lässt sich bereits die Komplexität solcher Beziehungen erahnen. Alles wirtschaftliche Handeln muss vor dem Hintergrund der sozialen Einbettung der Akteure (social embeddedness of actors) gesehen werden (vgl. GRANOVETTER, 1985, 481 ff). Die soziale Dimension wird einerseits von der Wirtschaftssoziologie, andererseits von der Ökonomie als Theorie der Austauschbeziehungen berücksichtigt.

## 2.1 Ökonomie als Theorie von Austauschbeziehungen

Der Begriff Ökonomie ist hier (synonym dem Begriff Ökonomik) im Sinne von HOMANN und SUCHANEK (2005, 1 ff) verwendet, indem Ökonomie als Theorie menschlicher Interaktion verstanden wird und folgende Definition erfährt:

„*Die Ökonomik befasst sich mit Möglichkeiten und Problemen der gesellschaftlichen Zusammenarbeit zum gegenseitigen Vorteil.*"

Diese Definition bringt besonders die Interaktion gemeinsamer und konfligierender Interessen in den Vordergrund. Die Ökonomie betrachtet somit nicht nur die individuelle Handlung, sondern auch die Zusammenarbeit aller Partner, das bedeutet, dass nicht die Vorteile eines einzelnen Akteurs beleuchtet, sondern programmatisch die gegenseitigen Vorteile aller Partner untersucht werden (vgl. HOMANN und SUCHANEK, 2005, 5). Diese Definition hebt besonders die soziale Dimension hervor und bezeichnet eine maßgebliche Erweiterung zu Definitionen à la LIONEL ROBBINS, welcher der Ökonomie ein Knappheitsproblem zugrunde legt. In ROBBINS Definition „*Economics is the science, which studies human behavior as a relationship between ends and scarce means which have alternative uses"* (ROBBINS, 1935, 16) wird davon ausgegangen, dass Ökonomie ein technisches Problem des effizienten Einsatzes von Mitteln zu lösen sucht, ungeachtet dessen, ob all diese Mittel sachliche Ressourcen darstellen, ohne eigenen Willen und eigene Interessen, und wobei die Interessen der Akteure als Störfaktoren einer effizienten Mittelverwendung eingestuft werden. Wird jedoch im Sinne der Definition von HOMANN und SUCHANEK das Knappheitsproblem um die soziale Komponente erweitert, ist es möglich, durch die Handlungsstrategien Konflikt versus Kooperation als zwei Extreme sozialen Handelns unterschiedliche, und im Falle der Kooperation, gegenseitige Vorteile aufzuzeigen (vgl. HOMANN und SUCHANEK, 2005, 4 f).

Während die gemeinsamen Interessen in den Vorteilen der Interaktion und damit in den *Kooperationsgewinnen* liegen, betreffen die in Konflikt und somit im *Wettbewerb* stehenden Interessen die Aufteilung dieser Kooperationsgewinne.

Probleme in der Interaktion lassen sich aus ökonomischer Sicht auf zwei Themenkomplexe reduzieren, einerseits auf Informationsprobleme, die zu Unsicherheit führen, und andererseits auf Anreizprobleme, die die konfligierenden Interessen der Parteien widerspiegeln, was bedeutet, dass ein Akteur jene Handlung wählt, die ihm die größten Vorteile bringt (vgl. HOMANN und SUCHANEK, 2005, 7 f). Die Ökonomie betrachtet allerdings nicht die individuelle Handlung, sie ergibt sich vielmehr aus der Zusammenarbeit aller Partner, wobei es gemäß der Theorie von Adam Smith, dem Begründer der klassischen Nationalökonomie, gegeben ist, dass „ein wohlverstandenes Selbstinteresse als grundlegende Kraft der wirtschaftlichen Entwicklung im freien Wettbewerb wirksam ist" (IAVG, 2006). Smith geht davon aus, dass die Selbstregulierung des Marktes dafür sorgt, dass individueller Eigennutz über den Marktmechanismus gesamtgesellschaftlichen Wohlstand vermehrt. Dies geschieht durch arbeitsteilige Spezialisierung der Wirtschaftsakteure und effiziente Ressourcenallokation (vgl. SCHIRM, 2007, 17). Das wiederum unterstreicht die Ökonomie als eine Theorie, in der die gesellschaftliche Zusammenarbeit zum gegenseitigen Vorteil und somit die gesellschaftliche Kooperation, ihre Bedingungen, ihre Möglichkeiten und ihre Probleme im Zentrum stehen (vgl. HOMANN und SUCHANEK, 2005, 5).

Als die in gesellschaftlicher Zusammenarbeit stehenden Akteure beleuchten HOFMANN und SUCHANEK (2005, 11 ff) die Rolle natürlicher Personen als Grundakteure für Interaktion sowie die Rolle der Organisation, des Marktwettbewerbes und des Staates.

Dem Wirtschaftssystem zugrunde liegt keine zentrale Instanz, die den Wirtschaftsablauf koordiniert, sondern ein Koordinationsmechanismus, der

## Wissenschaftstheoretische Positionierung 2

nach SMITH unter dem Schlagwort „unsichtbare Hand" bekannt ist – als ein System, in dem ein zentraler Koordinationsmechanismus nicht existiert. Vielmehr koordiniert sich das Wirtschaftssystem selbst und erscheint wie von unsichtbarer Hand gelenkt (vgl. REISS, 2007, 43).

Spannt man nun den Bogen und legt das Augenmerk auf die Forschungsfrage, die das Zusammenspiel unterschiedlicher Instanzen, deren Wirkungsweise und Mechanismen untersucht, findet man diese eingebettet in den eben ausgeführten Grundlagen der Ökonomie als Wissenschaft, welche sich mit Möglichkeiten und Problemen der gesellschaftlichen Zusammenarbeit zum gegenseitigen Vorteil befasst.

### 2.2 Wissenschaft im Wandel – Ökonomie, Soziologie, Wirtschaftssoziologie

„Die grundsätzlichen Fragen [der Ökonomie] werden seit langem gestellt und seit genauso lange zu beantworten versucht. Generationen von Ökonomen haben intensiv an den Problemen gearbeitet, sich dabei immer mehr auf einige für wichtig angesehene Strukturen konzentriert und immer stärker abstrahiert" (REISS, 2007, 2). Dementsprechend entwickeln sich die Wirtschaftswissenschaften seit den ersten umfassenden Darstellungen ökonomischer Zusammenhänge zur Zeit der antiken Philosophen und spiegeln das wirtschaftliche Verhalten von Individuen, Organisationen und Gesellschaften der jeweiligen Epoche, ebenso wie vice versa die Entwicklung der Welt deutlich die Ökonomie beeinflusst (vgl. REISS, 2007, 3 f).

Die Nationalökonomie ist stark durch das Denken naturwissenschaftlicher Disziplinen geprägt worden und erfährt in der ersten Hälfte des 20. Jahrhunderts eine Auseinandersetzung mit der Soziologie, als deren Folge sich eine Differenzierung des Faches Nationalökonomie in die Wirtschaftswissenschaften mit Volkswirtschaftslehre und Betriebswirtschaftslehre auf der einen Seite und in Soziologie auf der anderen Seite vollzogen hat. Für „soziologische Klassiker" wie VILFREDO PARETO, GEORG SIMMEL oder MAX WEBER waren das Verstehen und die Erklärung wirtschaftlicher Zusammenhänge und Ereignisse ganz in ihre wissenschaftlichen Aufgabenstellungen einbezogen. Die Frage nach dem Charakter, den kausalen Ursachen und den gesellschaftlichen Folgen der modernen kapitalistischen Wirtschaftsform steht im Zentrum wichtiger Werke der klassischen Soziologie, wobei wirtschaftliches rational-methodisches Handeln als eine besondere Form des sozialen Handelns angesehen wird und ermöglicht, wirtschaftliches Tun als Ergebnis gesellschaftlicher Aggregations- und Konstruktionsprozesse zu interpretieren (vgl. BECKERT und MÜNNICH, s. a. und REISS, 2007, 5). Hauptgrund für die Separation von Nationalökonomie und Soziologie liegt in den Kontroversen um die Frage, inwieweit es zur Aufgabe von Wissenschaft gehören sollte, Werturteile zu fällen, sowie in der Herausbildung der reinen Ökonomie mit Beschränkung auf eine exakte Modellbildung mittels mathematischer Funktionen, was SCHUMPETER als Vertreter der Evolutionsökonomie apostrophiert mit den Worten, dass das Wesen des eine „exakte Disziplin" ermöglichenden „exakten" Weges darin liegt, „daß [sic] man nur jene Schritte tut, welche zur Erreichung des Zieles nötig sind ...", wobei „... exakt sein heißt, alle nötigen und nur die nötigen Worte zu machen" (SCHUMPETER, 1908, 76).

Die strenge Trennung dieser Bereiche provoziert Kritiker wie etwa den Soziologen PARSONS, der das individuell-utilitaristische Handlungsmodell der Ökonomen für unhaltbar hält (vgl. PARSONS, 1932, 316 ff), und den ökonomischen Bereich als ein wesentliches Teilsystem der Gesellschaft deklariert und seine Überzeugung betont: „... the degree of separation between these two disciplines [economics and sociology] – separation emphasized by intellectual traditions and present institutional arrangements – arbitrarily conceals a degree of intrinsic intimacy between them which must be brought to the attention of the respective professional groups" (PARSONS und SMELSER, 1956, XVII).

Auch neuere Publikationen fordern die stärkere Berücksichtigung wirtschaftsexterner Faktoren, des Eingebettetseins von Konzepten wie Rationalität, Konkurrenz oder Konflikt (vgl. LUHMANN, 1994, 7).

In den 80er Jahren des vorigen Jahrhunderts hat sich durch eine Auseinandersetzung mit den neuen Theoriebewegungen dieser Zeit eine wahrnehmbare und profilierte Wirtschaftssoziologie etabliert, für die es charakteristisch ist, einerseits eine soziologische Erklärungs- und Zugangsweise zu wirtschaftlichen Phänomenen einzufordern und andererseits zu postulieren, dass soziale Faktoren wie soziale Beziehungen, soziale Netzwerke oder auch soziale Institutionen wesentlich zur Erklärung wirtschaftlicher Sachverhalte beitragen und damit bei deren Erklärung Berücksichtigung finden müssten (vgl. MAURER, 2008, 12). Die Wirtschaftssoziologie erfährt dabei eine Abgrenzung zu der Allgemeinen Soziologie, der Wirtschaftstheorie, Wirtschaftspolitik und der Wirtschaftsgeschichte (vgl. LANGE, 2001, 374).

Die neue Wirtschaftssoziologie löst somit die neoklassische Sichtweise ab, welche von dem Paradigma perfekter Märkte mit vollkommener Konkurrenz und Information ausgeht und den Preis als das Resultat von Angebot und Nachfrage sieht (vgl. SCHNEIDER, 2004, 45). GRANOVETTER unterstellt einen Einfluss sozialer Größen auf die Preisbildung und insistiert auf der Notwen-

## 2 Wissenschaftstheoretische Positionierung

digkeit sowohl einer ökonomischen als auch einer soziologischen Betrachtungsweise der Situation: „The theoretical issue is often not one of economic and sociological arguments conflicting, but rather of the weakness of both in understanding how actors with simultaneous economic and non-economic motives will act" (GRANOVETTER, 2005, 38). Die Weiterentwicklung der ökonomischen Sichtweise findet ihren Ausdruck in diversen unterschiedlichen Wandlungen. Tabelle 1 veranschaulicht gerafft wesentliche Aspekte der neuen Wirtschaftssoziologie im Vergleich zur sogenannten Mainstream-Ökonomie.

**Tabelle 1:** Wirtschaftssoziologie und Mainstream-Ökonomie im Vergleich

|  | **Economic Sociology** | **Mainstream Economics** |
|---|---|---|
| **Concept of the Actor** | The actor is influenced by other actors and is part of groups and society | The actor is uninfluenced by other actors („methodological individualism") |
| **Economic Action** | Many different types of economic actions are used, including rational ones; rationality as *variable* | All economic actions are assumed to be rational; rationality as *assumption* |
| **Constraints on the Action** | Economic actions are constrained by the scarcity of resources, by the social structure, and by meaning structures | Economic actions are constrained by tastes and by the scarcity of resources, including technology |
| **The Economy in Relation to Society** | The economy is seen as an integral part of society; society is always the basic reference | The market and the economy are the basic references; society is a „given" |
| **Goal of the Analysis** | Description and explanation; rarely prediction | Prediction and explanation; rarely description |
| **Methods Used** | Many different methods are used, including historical and comparative ones; the data are often produced by the analyst („dirty hands") | Formal, especially mathematical model building; no data or official date are often used („clean models") |
| **Intellectual Tradition** | Marx – Weber – Durkheim – Schumpeter – Polanyi – Parsons / Smelser; the classics are constantly reinterpreted and taught | Smith – Ricardo – Mill – Marshall – Keynes – Samuelson; the classics belong to the past; emphasis is an current theory and achievement |

Quelle: SMELSER und SWEDBERG (1994, 4)

Dieser Abriss zeigt die Entwicklung der wirtschaftswissenschaftlich-soziologischen Disziplinen auf, aus deren divergenten Strömungen schließlich unterschiedliche Theorien emergieren, die trotz ihrer Verschiedenartigkeit – je nach Ausrichtung des Blickwinkels und Fokussierung auf verschiedene Aspekte – wissenschaftliche Grundlage für ein und dasselbe Wissensgebiet darstellen können. Dies geht konform mit LANGE (2001, 374), der postuliert, dass wirtschaftssoziologische Deutungsmuster entsprechend unterschiedlicher Ansätze, wie etwa dem sozialökonomischen Ansatz oder dem systemtheoretischen Ansatz, thematisiert werden können, und auch mit AMIN (2006, 112), der meint: „Ob es nun die Institutionenökonomie mit ihrer Betonung der institutionellen Einbettung ökonomischer Prozesse, die Evolutionsökonomie mit ihrer Behandlung von Routinen und Gewohnheiten als Gene ökonomischer Evolutionsprozesse oder der sozioökonomische Ansatz mit seinem Fokus auf zwischenmenschliche Netzwerke oder Institutionen (inklusive des Marktes) ist, man ergänzt den jeweiligen konzeptionellen Apparat lediglich um [...] Eigenschaften, die über eine möglichst offensichtliche Relevanz für die Ökonomie verfügen."

Unterscheiden sich die Ansätze der einzelnen Wirtschaftssoziologen, haben sie trotzdem ein verbindendes Element, nämlich das Ziel, wirtschaftliche Phänomene wie andere soziale Phänomene empirisch zu erforschen und die Frage nach der Stabilität der sozialen Ordnung auch für Märkte, Unternehmen und Wirtschaftsräume zu stellen (vgl. BECKERT und MÜNNICH, s. a.).

Die vorliegende Arbeit bedient sich eines wirtschaftssoziologischen theoretischen Zugangs, es werden die Annahmen der neueren Wirtschaftssoziologie zugrunde gelegt und somit der theoretische Rahmen zur Einbettung des Themas gesetzt.

Im Folgenden werden die aus wirtschaftstheoretischen und wirtschaftssoziologischen bzw. soziologischen Bezugsbereichen hervorgehenden Theorien, ihrer Relevanz für die vorliegende Arbeit entsprechend, vorgestellt und beleuchtet.

## 2.3 Systemtheoretische Betrachtung

Betrachtet man nochmals die formulierten Forschungsfragen, verdeutlichen diese die zentrale Zielsetzung der vorliegenden Arbeit, nämlich Licht in die Zusammenhänge jener involvierten Akteure zu bringen, die im Wirkungsgefüge des Qualitätsmanagements und der Produktsicherheit stehen, um deren Funktion und ihre Interaktionen aufzuzeigen und so die dahinterliegende Struktur zum Vorschein zu bringen.

## Wissenschaftstheoretische Positionierung 2

*Struktur* wird dabei als Gesamtheit der Elemente eines Systems mit ihrer Funktion und ihren Wechselbeziehungen gesehen und resultiert aus dem systemtheoretischen Ansatz der Soziologie. Die strukturfunktionale Systemtheorie, begründet von TALCOTT PARSON zu Beginn des vorigen Jahrhunderts, geht davon aus, dass Strukturen, Funktionen und Wirkungszusammenhänge den Konstruktionskern einer soziologischen Theorie der Gesellschaft darstellen (vgl. KORTE, 2004,70). Somit sind nicht das Individuum und sein Handeln, sondern die Strukturen, in denen es handelt, das eigentlich Interessante. PARSONS grundlegende Idee dahinter ist, dass jede soziale Handlung zwischen Individuen einen strukturellen Stellenwert im gesellschaftlichen System und jedes soziale Phänomen eine Bedeutung für das System hat und rückgekoppelt werden kann. Im Vordergrund steht die Analyse größerer sozialer Ordnungen (vgl. HOLZER, 2009, 253).

Von früheren Systemtheoretikern wird das *System* dabei über die Elemente und deren Beziehungen definiert (vgl. OLDENBURG, 2007, 38). Das *System* ist dabei als eine Gesamtheit von Elementen zu verstehen, die so aufeinander bezogen sind und in einer Weise wechselwirken, dass sie als eine aufgaben-, sinn- oder zweckgebundene Einheit angesehen werden können und sich in dieser Hinsicht gegenüber der sie umgebenden Umwelt abgrenzen. Das bedeutet, dass sie sich dadurch konstituieren und erhalten, indem sie eine Differenz zur Umwelt erzeugen und bewahren, was wiederum impliziert, dass Umwelt und System nur zusammen durch die Grenzziehung entstehen können (vgl. HARTZ, 2005, 29). LUHMANN geht somit einen Schritt weiter und definiert das System über die System-/ Umwelt-Differenz (vgl. OLDENBURG, 2007, 38). Das heißt, dass „erst der Umweltbezug überhaupt festlegt, was in einem System als Element und was als Beziehung zwischen Elementen fungiert ... das System ist seine Beziehung zur Umwelt, das System ist die Differenz zwischen System und Umwelt" (LUHMANN, 2009, 243). Betrachtet man die Relationen der Systeme zueinander, zeigen sich diese als selbsterhaltend, in ihrer inneren Steuerungsstruktur geschlossen und von der Umwelt weder unmittelbar abhängig noch unmittelbar beeinflussbar. Obwohl also ein System auf die Operationen eines anderen Systems nicht zugreifen kann, werden Systeme in enger Beziehung zueinander gedacht. Die Umwelt und die in ihr logierenden anderen Systeme haben eine stimulierende Wirkung, das bedeutet, die Systeme haben keine voneinander gänzlich entkoppelte Existenz und können sich nur durch Ko-Evolution selbst erfahren und entfalten.

Im Laufe der Zeit wurde die Systemtheorie in diversen Anwendungsgebieten wie technischen, biologischen oder sozialen Systemen weiterentwickelt. Gleichfalls wurden Verbindungen zwischen den verschiedenen Gebieten gefunden sowie neue Anwendungen in interdisziplinären Ansätzen konzipiert und die theoretischen Grundlagen erweitert (vgl. OLDENBURG, 2007, 36). Der Systembegriff beeinflusste neben den Forschungsinteressen in unterschiedlichen Disziplinen auch die diversen Theoriesprachen. Dahinter stand die Idee einer universellen Systemtheorie, um höchst unterschiedliche Gegenstandsbereiche mit einem einheitlichen Vokabular beschreiben zu können (vgl. HOLZER und SCHMIDT, 2008, s. p.).

NIKLAS LUHMANN, ebenfalls Systemtheoretiker, verfolgt mit dem Entwurf seiner Gesellschaftstheorie das Ziel, die theoriekonstitutiven Begriffe aller in der Gesellschaft logierenden Funktionssysteme zu beschreiben (vgl. HARTZ, 2005, 27). Er legt diesem die Annahme zugrunde, dass sich in den heterogenen Funktionsbereichen wie Politik, Recht, Religion, Wissenschaft oder Wirtschaft vergleichbare Strukturen nachweisen lassen. Somit muss nicht die Wirtschaft soziale Aufgaben erfüllen, und auch wenn die soziale und ökonomische Ebene separat betrachtet werden, finden sehr wohl Wechselbeziehungen Berücksichtigung.

Und obwohl LUHMANN selbst eine universale Systemtheorie vorlegt, meint er: „Das Wort, der Begriff ‚allgemeine Systemtheorie' überzieht die Sachverhalte beträchtlich. Eigentlich gibt es eine solche allgemeine Systemtheorie nicht. [...] Zwar wird in der soziologischen Literatur immer auf die Systemtheorie Bezug genommen, so als ob es sich um etwas handele [sic], das im Singular vorhanden wäre, aber wenn man genauer zusieht [...] wird es schwierig, [...] eine entsprechende Theorie zu finden. Es gibt mehrere allgemeine Systemtheorien" (LUHMANN, 2004, 41), womit laut ZIEMANN (2009, 475) die Systemtheorie so gesehen ein Sammelbecken für sehr viele Theorie- und Forschungsansätze darstellt.

Spezifiziert man vor diesem Hintergrund nun die Komplexität und Dynamik wirtschaftlichen Handelns aus systemtheoretischer Sicht, umspannt die *Komplexität* die Anzahl, Art und Zahl sowie die Verschiedenartigkeit der Akteure oder Marktelemente sowie deren Interdependenzen (vgl. BIENERT, 2002, 9), während das Merkmal der *Dynamik* die Veränderung dieser Elemente und deren Verflechtungen im Zeitablauf beschreibt (vgl. BEA und HAAS, 2005, 90).

Die Interaktion bzw. die Interdependenzen zwischen den beteiligten Akteuren befinden sich in netzwerkartiger Verflechtung, wobei Netzwerke systemtheoretisch aus einer Menge von Elementen und deren Verbindungen untereinander bestehen (vgl. MITCHELL, 1969, 2). Diesbezüglich beschäftigt sich die Systemtheorie mit der Frage, wie sich Netzwerke als nicht-triviale, sozio-technische Systeme in ihrer komplexen Umwelt konstituieren, wobei die Systeme sich von ihrer Umwelt abgrenzen, indem sie die der Systemtheorie immanente Differenz zwischen System und Umwelt nutzen (vgl. BIENERT, 2002, 15 ff).

# 2 Wissenschaftstheoretische Positionierung

Analysiert man Unternehmen aus systemtheoretischer Perspektive, erfolgt dies also auf Basis der Wechselbeziehungen der Unternehmen mit ihrer Umwelt (vgl. HALK, 1991, 12), wobei sich als Untergliederung der Umweltdimensionen beispielweise wirtschaftliche, politische, soziale, ökologische und technologische Dimensionen anbieten (vgl. ULRICH und PROBST, 1990, 128). Unternehmen gelten somit als zweckorientiert, da sie im Interesse ihrer Umwelt bestimmte Funktionen wahrnehmen und als sozial, weil es sich um vom Menschen künstlich geschaffene Gebilde handelt (vgl. ULRICH, 1968, 114 f).

Systemtheoretisch lassen sich Unternehmen in verschiedene Subsysteme gliedern, deren Elemente in einem bestimmten Wirkungsverhältnis zueinander stehen (siehe Abbildung 1). Die Teile innerhalb eines Systems sowie die Systeme auf ihren verschiedenen Betrachtungsebenen sind untereinander auf vielfältige Art und Weise verknüpft (vgl. HALK, 1991, 13 ff).

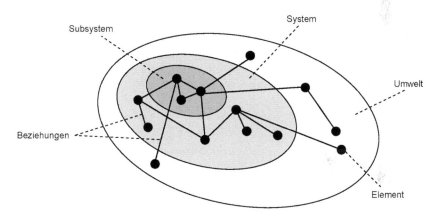

**Abbildung 1:** System als Gesamtheit mit Elementen, Beziehungen und Umwelt
Quelle: nach HALK (1991, 12); ULRICH (1984, 51) und ENGELHARDT (2007, 27)

Wenn ULRICH (1968, 108) konstatiert, dass ein System vorliegt „wenn innerhalb der Gesamtheit ein größeres Maß an Interaktion oder Beziehung besteht als von der Gesamtheit nach außen", meint er damit, dass alles, was nicht innerhalb eines Systems liegt, zu seiner Umwelt gehört. Visualisierbar ist dies durch die Darstellung der Grenzen eines Systems als Kreis, der intensivere und weniger intensive Beziehungen zwischen Teilen voneinander abgrenzt. Die Vernetzung des Systems mit seiner Umwelt kann dabei sowohl über Beziehungen einzelner Elemente und Subsysteme als auch über Verbindungen des Systems als Ganzes erfolgen (vgl. HALK, 1991, 13). Entscheidend dabei ist, dass die Art der Beziehung einzelner Systemteile zur Umwelt stets vom System als Ganzes bestimmt wird. Das bedeutet, dass die Eigenschaften eines

Elementes verloren gehen, sobald dieses vom System getrennt ist (vgl. ULRICH und PROBST, 1990, 30).

Wie bereits aus der Bezeichnung hervorgeht, stellen Qualitätsmanagementsysteme der Agrar- und Ernährungswirtschaft Systeme dar, die sich aus Elementen zusammensetzen, welche in Wechselwirkung zueinander stehen. Wo keine Wechselwirkung mehr besteht, endet das Qualitätsmanagementsystem und es beginnt dessen Systemumwelt. Die Systemtheorie liefert damit den Rahmen, um die Elemente bzw. Faktoren, die auf Qualitätsmanagementsysteme einwirken – und folglich mit ihnen in Beziehung stehen –, aufzufinden und abzugrenzen. Somit hat die Systemtheorie Relevanz für vorliegende Forschungsarbeit, indem sie die Qualitätsmanagementsysteme der Agrar- und Ernährungswirtschaft in ein theoretisches Fundament einbettet und den Blickwinkel auf deren Systemcharakter, die Elemente der Systeme und deren Abgrenzung nach außen bietet.

Betrachtet man nun ein Netzwerk aus systemtheoretischer Sicht, kann sich dieses dabei auf Organisationen als eine zielorientierte Gestaltung von Systemen beziehen (vgl. STEINBUCH, 1997, 19), wobei sich zusammenfassend die theoretische Perspektive von SCHREYÖGG (2003, 4 ff) anbietet, die Netzwerke aus drei Sichtweisen wie folgt beschreibt (vgl. POIGNÉE, 2008, 12):

- aus *institutioneller* Sicht – Netzwerke *sind* Organisationen
- aus *prozessualer* Sicht – Netzwerke *werden* organisiert
- aus *instrumenteller* Sicht – Netzwerke *haben* eine Struktur

Wiewohl Netzwerke in unterschiedlichen ökonomischen Betrachtungsweisen Beachtung finden, hat sich die wirtschaftswissenschaftliche Bedeutung von Netzwerken derartig verdichtet, dass ein eigener netzwerktheoretischer Ansatz Eingang in die Wirtschaftswissenschaften gefunden hat, dem nun im Folgenden Aufmerksamkeit gewidmet wird.

## 2.4 Netzwerktheoretische Betrachtung

Die Netzwerktheorie und Netzwerkanalyse ist ein relativ junges Wissenschaftsfeld, dessen Wurzeln zwar bis in die Anfänge des vorletzten Jahrhunderts reichen, aber erst in den letzten Jahren immer größere Beachtung erfährt. Manche Soziologen gehen sogar so weit, die Gesellschaft des 21. Jahrhunderts als „network society" zu bezeichnen, in der sich alle relevanten Prozesse in Wirtschaft und Gesellschaft um die Organisationsform Netzwerk gruppieren (vgl. BECKER et al., 2007, 3). Während die Netzwerkforschung

# Wissenschaftstheoretische Positionierung

vor allem in den USA betrieben wird, ist sie im deutschsprachigen Raum noch nicht weit entwickelt (vgl. STEGBAUER, 2008, 11).

Der Netzwerkansatz ist methodisch und theoretisch aus ganz unterschiedlichen Disziplinen wie Soziologie, Anthropologie, Mathematik, Psychologie und Physik erwachsen und kontinuierlich transdisziplinär weiterentwickelt worden (vgl. HAAS und MÜTZEL, 2008, 49). Somit sind soziale Netzwerke auch Thema dieser und weiterer Wissenschaftsgebiete, wobei Kommunikationsnetzwerke, Netzwerke zwischen und Netzwerke innerhalb von Organisationen, subkulturellen Szenen und sozialen Bewegungen oder politische, persönliche oder virtuelle Netzwerke erforscht werden. Das Netzwerkmodell soll dabei als zentrales Konzept zur Erklärung ganz heterogener Strukturphänomene dienen (vgl. HOLZER und SCHMIDT, 2008, s. p.). Dass praktisch nahezu jedes empirische Phänomen als Netzwerk betrachtet werden kann, erklärt sich laut SYDOW (1992, 75) darin, dass ein Netzwerk zunächst nichts anderes als ein methodisches Konstrukt der Forscher ist und diese erstens darüber entscheiden, welcher Untersuchungsgegenstand als Netzwerk erfasst, und zweitens, wie dieser von seiner Umwelt abgegrenzt werden soll.

Das Besondere an der Netzwerkforschung liegt darin, dass sie den Blick auf die Gesamtheit der sozialen Beziehungen öffnet und die Kontextgebundenheit des sozialen Handelns thematisiert, indem sie, über einzelne Beziehungen hinausgehend, nach den Relationen zwischen den verschiedenen Beziehungen in einem Netzwerk fragt, ebenso wie nach der Bedeutung der Strukturmerkmale des Netzwerkes und der Bedeutung sozialer Beziehungen für die soziale Integration (vgl. HOLLSTEIN, 2008, 91). Das heißt, einerseits geht es um eine Reihe von formalen Verfahren zur Analyse von Beziehungen zwischen Akteuren und deren Mustern und andererseits auch um eine Theorieperspektive auf eben solche Beziehungen (vgl. HAAS und MÜTZEL, 2008, 49).

In den Sozialwissenschaften werden soziale Netzwerke zwar seit vielen Jahrzehnten untersucht, die theoretische Basis dieser Forschung ist allerdings erst in den 1990er Jahren weiterentwickelt worden. Die Netzwerktheorie wurde ursprünglich in der Soziologie als Grundlagenkonzept entwickelt, erlangt aber heute auch im Bereich der Wirtschafts- und Sozialwissenschaften vermehrtes Interesse. Grund dafür sind die zunehmende Dichte und Reichweite sozialer Wechselwirkungen und die daraus resultierenden, komplexen gesellschaftlichen Dynamiken (vgl. KAPPELHOFF, 1999, 1). Waren in der ursprünglichen Anwendung in der Soziologie personale Netzwerke im Vordergrund der Betrachtung, so stehen im Wirtschaftsbereich interorganisationale Netzwerke wie Unternehmensnetzwerke im Mittelpunkt. Der als Netzwerk rekonstruierbare Untersuchungsgegenstand kann das einzelne Individuum genauso sein wie die Gruppe, die einzelne Organisation ebenso wie eine beliebige Population von Organisationen (vgl. Sydow, 1992, 75).

Dass jedoch Unternehmensnetzwerke keine grundsätzlich neue Organisationsform ökonomischer Aktivitäten darstellen, verdeutlicht Sydow (1992, 54): „Netzwerkartige Beziehungen lassen sich zwischen Unternehmungen solange ausmachen wie Unternehmen existieren. Die gesellschaftliche Arbeitsteilung hat nicht nur zur Entstehung von Unternehmen geführt, sondern auch zur Herausbildung von Beziehungen zwischen Unternehmungen (und anderen Organisationen), die mehr als nur spontane Austauschbeziehungen im Sinne von Kauf / Verkauf ... sind."

Sydow (1992, 79) versteht unter Unternehmensnetzwerken eine polyzentrische, strategisch geführte Organisationsform ökonomischer Aktivitäten zwischen Markt und Hierarchie, die auf die Realisierung von Wettbewerbsvorteilen zielt und außerdem vielschichtig-wechselseitige, eher kooperative als kompetitive, relativ stabile Beziehungen zwischen rechtlich selbstständigen, wirtschaftlich jedoch meist abhängigen Unternehmungen auszeichnet.

Möchte man Unternehmensnetzwerke handlungstheoretisch beleuchten, beziehen sich die Erklärungsversuche auf die Ebene der korporativen Akteure und deren Handlungsstrategien. Dabei muss der direkte und indirekte interorganisationale Beziehungszusammenhang in den Netzwerkverflechtungen berücksichtigt werden. Wichtig dabei ist, dass sich die Beschreibung und Analyse nicht auf einen Ausschnitt der zwischen den ‚Akteuren' bestehenden Beziehungen konzentrieren, sondern dass das Netzwerk in seiner gesamthaften Gestalt berücksichtigt wird (vgl. Sydow, 1992, 75).

Für die Qualitätsmanagementsysteme der Agrar- und Ernährungswirtschaft bedeutet dies, dass die Systeme, deren Systempartner und auch die Faktoren, welche die Systeme beeinflussen oder von ihnen beeinflusst werden, nicht nur einzeln, sondern in ihrer gesamten Komplexität betrachtet werden. Dazu kann vorliegende Forschungsarbeit einen Beitrag leisten, indem sie zum ersten Mal auf wissenschaftlicher Basis Qualitätsmanagementsysteme der Agrar- und Ernährungswirtschaft auf einer Metaebene analysiert. Bislang konzentrierte sich die Forschung auf Einflussfaktoren auf Qualitätsmanagementsysteme auf Unternehmensseite, womit nur ein Teil der agierenden Partner oder Einflussfaktoren auf das System abgebildet werden und somit nur ein Teil des Netzwerks aufgezeigt wird. Vorliegende Arbeit erhebt den Anspruch, sämtliche Faktoren und Partner, mit denen die Systeme in Interaktion stehen, zu identifizieren und die Zusammenhänge näher zu beleuchten.

Vor dem interorganisationalen Hintergrund betrachtet, bezieht sich der Netzwerkbegriff weniger auf die Theorie der Gestalt und Evolution sozialer

## Wissenschaftstheoretische Positionierung 2

Gebilde, sondern eher auf Fragen der Steuerung wirtschaftlicher oder politischer Prozesse. Somit versteht KAPPELHOFF (1999, 2) ein Netzwerk als „einen spezifischen Koordinationsmechanismus, der kontrastierend und vergleichend anderen Formen der Steuerung, insbesondere „Markt" und „Hierarchie", gegenübergestellt wird." Als wichtiges Charakteristikum der Vernetzung gilt dabei die positive Verbindung zwischen den Netzwerkpartnern, die auf einer gegenseitigen Beeinflussung und Unterstützung beruht. Die Akteure agieren als *teilautonome Einheiten*, das bedeutet, dass sie weder die Unabhängigkeit des Marktmodells noch die Abhängigkeit der Hierarchie innehaben, sondern dass sie sich in wechselseitiger Abhängigkeit befinden. Somit stellen Netzwerke eine flexible Organisations- und Steuerungsfunktion zwischen Markt und Hierarchie dar (vgl. SCHUBERT, 2002, s. p.).

Die grundlegenden Determinanten der Netzwerkforschung sind die *Akteure* als Einheit, welcher eine wirtschaftliche Handlung zugeschrieben wird, und die *Beziehungen* zwischen den Akteuren. Die Handlungen, die Akteure zueinander in Beziehung setzen, werden als *Transaktionen* bezeichnet und zeichnen sich dadurch aus, dass sie eine Zustandsänderung der Akteure zur Folge haben. Transaktionen sind jedoch nur eine Teilmenge möglicher Beziehungen innerhalb von Netzwerken. Zu einer vollständigen Beschreibung von Netzwerken gehört neben den Transaktionen auch das *Wissen*, das im Netzwerk enthalten ist. Das Wissen gilt als essentieller Bestandteil von Netzwerkbeziehungen. Dieses Wissen schließt das Wissen über das Wissen anderer Akteure ein. Daraus folgt, dass realisierte Transaktionen von Wissensstrukturen bestimmt sind, die selbst- und fremdbezüglich sind, das heißt, sie stellen das Wissen über eigene Zustände, über Zustände anderer und das Wissen über das Wissen anderer dar (vgl. HERRMANN-PILLATH, 2002, 55 ff).

STEWART (1998, s. p.) bezeichnet das intellektuelle Kapital eines Unternehmens als den wichtigsten Produktionsfaktor, womit das Wissen zum entscheidenden Produktionsfaktor in Netzwerken avanciert. Da der Rückgriff auf die Wissensressourcen einer Organisation alleine meist nicht mehr zur Bewältigung der anspruchsvollen, schnell wechselnden Anforderungen ausreicht, entstehen fast zwangsläufig wandlungsfähige Netzwerke, in denen sich Akteure zusammenschließen. Dies impliziert, dass zukünftig weniger Organisationen als Einzelkämpfer einander gegenüberstehen, sondern vermehrt Netzwerke miteinander konkurrieren (vgl. HOWALDT und KOPP, 2007, 171). Durch die Netzwerkzentralität, das heißt, durch die Position eines Akteurs im Netzwerk wird vor allem dessen Zugang zu Informationen bestimmt, da zentrale Positionen zahlreiche entscheidungskritische Interaktionsmöglichkeiten mit unterschiedlichen Akteuren als periphere Positionen eröffnen (vgl. YAO und MCEVILY, 2001; ISAAC et al., 2007).

Im Zuge dieser Forschungsarbeit ist es interessant herauszufinden, wie groß der Einfluss der einzelnen Faktoren ist, die mit Qualitätsmanagementsystemen in der Agrar- und Ernährungswirtschaft in Interaktion stehen. Dies ist vor allem von Bedeutung, um aufzuzeigen, welche Akteure oder welche Umweltfaktoren die Ausprägung, Umgestaltung oder Wirkungsweise derartiger Systeme in welchem Ausmaß beeinflussen.

Netzwerke können reinen Märkten und Hierarchien überlegen sein, wenn es um den Austausch von Informationen und Ressourcen geht, deren Wert schwer bestimmbar ist (vgl. STABER, 2000, 56 ff), und wenn es dabei um die Übertragung nicht standardisierbaren Wissens geht (vgl. POWELL, 1990, 295 ff). Über die Beziehungskette zwischen den Akteuren findet ein komplexer Informationsfluss statt, wie er in Hierarchien, zufälligen Marktkontakten oder abgeschotteten Gruppen nicht möglich wäre (vgl. SCHUBERT, 2002, s. p.).

Beim Wissenstransfer lassen sich idealtypischer Weise vier Typen von Beziehungen festmachen, über die Wissen übertragen und ausgetauscht wird (siehe Tabelle 2). Bei dem Austausch von Wissen kann man einerseits unterscheiden zwischen *traded interdependencies*, was einen stark formalen, vertraglich geregelten, meist mit Kompensationen verbundenen Wissensfluss zwischen Akteuren bezeichnet, und *untraded interdependencies*, wobei Wissen über informale Beziehungen und ohne Kompensation transferiert wird. Zudem bietet sich eine Differenzierung nach *statischen* und *dynamischen* Aspekten des Wissensaustausches an. Während sich der statische Wissensaustausch auf den Transfer von bereits vorhandenem Wissen von einem Akteur zum anderen bezieht, findet ein dynamischer Wissensaustausch in Situationen statt, in denen es zu interaktiven Lernprozessen zwischen den Akteuren kommt. In diesen Fällen wird der Wissensbestand durch die Interaktion angehoben und neues Wissen geschaffen (vgl. TRIPPL et al., 2007, 7).

Tabelle 2: Typen von Wissensbeziehungen

|  | statisch (Wissenstransfer) | dynamisch (kollektives Lernen) |
|---|---|---|
| **formale Beziehungen** (traded interdependencies) | Marktbeziehung | Kooperation / formales Netzwerk |
| **informale Beziehungen** (untraded interdependencies) | Wissensexternalitäten und Spillovers | Milieu informale Netzwerke |

Quelle: TRIPPL et al. (2007, 7)

## Wissenschaftstheoretische Positionierung 2

Während *Marktbeziehungen* den Zukauf von Wissen bezeichnen, wird bei *Spillovers* die Wissensweitergabe weder vertraglich geregelt noch finanziell kompensiert. Spillovers weisen oft eine starke räumliche Bindung auf und betreffen beispielsweise den Wissenstransfer durch mobile Arbeitskräfte oder persönliche Kontakte. *Formale Netzwerke* sind dauerhafte und interaktive Beziehungen, die zu einer kollektiven Weiterentwicklung der Wissensbasis führen. Sie basieren oft auf formalen Vereinbarungen und Verträgen und beinhalten klare Regelungen über die Verteilung von Aufgaben, Kosten, Nutzen und Gewinnen. Die Suche nach geeigneten Partnern erfolgt dabei sehr selektiv und ist auf spezifisch strategische oder komplementäre Kompetenzen ausgerichtet. Dauerhaftere Beziehungen in Form von *informalen Netzwerken* basieren auf wechselseitigem Vertrauen und einem kollektiven Verständnis von Problemen und Zielen sowie der Akzeptanz gemeinsamer Regeln und Verhaltensnormen und werden auch als „Sozialkapital" bezeichnet. Die Stärke informaler Netzwerke liegt im schnellen Austausch von Ideen, Wissen und Expertise sowie ebenfalls in der Schaffung von neuem Wissen (vgl. TRIPPL et al., 2007, 7 f).

Qualitätsmanagementsysteme können in diesem Zusammenhang als formale Netzwerke gesehen werden, deren Wissenserweiterung im Rahmen formaler Beziehungen stattfindet. Die Wissenserweiterung basiert auf der Interaktion der beteiligten Partner. Diese sind die Träger des Systems sowie deren Anwender – sprich die Unternehmen der Agrar- und Ernährungswirtschaft, deren Umfeld und weitere qualitätsmanagementsystemgestaltende Institutionen.

Als ein weiteres Kennzeichen von Netzwerken verweist GRANOVETTER (1985, 481 ff) auf die Vermischung von wirtschaftlichen und nicht-wirtschaftlichen Aktivitäten und bringt den Begriff *„social embeddedness"* auf, mit dem er eine Einbettung wirtschaftlicher Aktivitäten in soziale Netzwerke und persönliche Beziehungen bezeichnet. Dies kommt bei subtilen und schwer nachprüfbaren Informationen zum Tragen, bei denen sich die Akteure eher auf persönliche Quellen verlassen. Die *„structural embeddedness"* meint die Position eines Akteurs im Netzwerk, die dann von Bedeutung ist, wenn bestimmte Ziele des Akteurs sehr komplex sind und er die Anwendung von implizitem Wissen *„tacit knowledge"* durch Interaktion mit sachkundigen anderen Akteuren benötigt (vgl. DEIMEL, et al. 2008, 15).

Dies ist auch für das Qualitätsmanagement in der Agrar- und Ernährungswirtschaft von Bedeutung. Bedingt durch Qualitätsprobleme, wie z. B. Listerienkontamination von Molkereiprodukten, ist es notwendig, die Qualitätssicherheit im Unternehmen neu zu diskutieren. Dabei handelt es sich um sehr spezifische Fachbereiche, wie etwa transdisziplinäre Analysemethoden, die von vernetzten Qualitätsmanagementbeauftragten verschiedener Unternehmen innerhalb der Branche erörtert werden. Durch deren ähnliche Tätigkeitsbereiche haben die Qualitätsmanagementbeauftragten ähnliches Knowhow als Basis für eine Fachdiskussion. Sie verfügen über implizites Wissen, das durch ihre praktische Erfahrung generiert wurde. Dieses „Können, ohne sagen zu können wie", welches keinen Dokumenten oder Arbeitsanweisungen zu entnehmen ist, macht es leichter möglich, querzudenken und neue Lösungsmöglichkeiten zu entwickeln. Wichtig dabei ist, das implizite Wissen in explizites Wissen überzuführen[2].

Eben erwähntes Beispiel zeigt, dass Vernetzung auch im Qualitätsmanagement von Bedeutung ist. Hier lässt sich festhalten, dass in der Agar- und Ernährungswirtschaft zwei Arten von Netzwerken üblich sind.

Erstens sind es die Expertennetzwerke – die branchenspezifischen Vernetzungen von mit Qualitätsmanagement betrauten Personen. Dies können z. B. Qualitätsmanagementbeauftragte verschiedener Unternehmen innerhalb einer Branche (z. B. Molkerei- oder Fleischbranche) sein oder auch Laborleiter. Ziel eines solchen Netzwerkes ist es, das Potenzial der Experten zu nutzen, den Austausch von Fachwissen innerhalb der Branche zu erleichtern und Kontakte zwischen Experten dieser Tätigkeitsfelder zu fördern.

Dabei ist es sinnvoll, dass die Netzwerkpartner über ähnliche Qualifikationen verfügen bzw. ähnliche Positionen in den Betrieben einnehmen, da diese über ähnliches Hintergrundwissen und implizites Wissen verfügen und dadurch die im Netzwerk gewonnenen Erkenntnisse in voller Breite aufnehmen und ohne Wissensverlust ins Unternehmen transportieren können.

Eine zweite Art typischer Netzwerke in der Agrar- und Ernährungswirtschaft hat das Unternehmen im Zentrum und erstreckt sich über alle Verarbeitungsstufen. Die dabei beteiligten Akteure sind das Unternehmen und deren Stakeholder – somit alle Gruppen, die einen berechtigten Anspruch an

---

2 Laut Nonaka (1994, 18 ff) ist der Prozess der Wissensgenerierung in Unternehmen das Ergebnis eines kontinuierlichen Wechselspiels zwischen implizitem und explizitem Wissen. Die Übertragung bzw. Umformung erfolgt dabei über vier Stufen: 1. durch Übertragung von implizitem Wissen zu implizitem Wissen („Sozialisation"), 2. durch Umformung von implizitem Wissen zu explizitem Wissen („Externalisierung"), 3. durch Übertragung von explizitem Wissen zu explizitem Wissen („Kombination"), 4. durch Umformung von explizitem Wissen zu implizitem Wissen („Internalisierung"). Diese vier Prozesse führen in ihrer Wechselwirkung in Kombination mit dem Faktor Zeit zu einer Wissensspirale, durch die individuelles Wissen auf höhere Organisationsstufen, wie Personengruppen oder ganze Unternehmen gehoben werden kann.

# Wissenschaftstheoretische Positionierung 2

das Unternehmen haben, da sie von den Auswirkungen der Unternehmenstätigkeit betroffen sind. Ein Qualitätsmanagementbeauftragter kann seine Agenden nicht isoliert wahrnehmen, er benötigt aktive innerbetriebliche und außerbetriebliche Zusammenarbeit. Als konkretes Beispiel seien verarbeitende Industrie oder Gewerbe genannt, deren innerbetriebliche Qualitätsnetzwerkpartner neben der Qualitätsmanagementabteilung z. B. auch die Abteilungen Geschäftsführung als oberste Leitung umfasst sowie das Labor als Umsetzung der Qualitätssicherung, die Marketingabteilung als Transformationsstelle der Kundenwünsche, die Produktentwicklung zur Realisierung der Kundenwünsche und die Einkaufsabteilung als Kontaktstelle zu den Lieferanten. Außerbetrieblich setzt sich das Qualitätsnetzwerk z. B. mit direkten Kontakten zu Großkunden, wie etwa dem Handel, oder zu vorgelagerten Verarbeitungsstufen fort. Das Netzwerk ermöglicht Interaktion zwischen den Akteuren und zeigt sich sowohl auf Kunden- als auch auf Lieferantenseite durch konkrete Inputs, wie bspw. spezielle Produktanforderungen des Handels oder Zusammenarbeit bei der Produktentwicklung mit Verpackungsunternehmen.

Möchte man die theoretischen Grundlagen der Netzwerktheorie in die praktische Anwendung mittels Netzwerkanalyse überführen, wird man den Stärken und Schwächen dieser Analysemethode gewahr. Komplexe Prozesse und deren Dynamiken erfordern vielfältige Informationen darüber, wie die Akteure miteinander interagieren bzw. wie sie miteinander verbunden sind. Genau das ist ein Vorteil gegenüber Meinungsumfragen, mit denen eben diese Informationen typischerweise nicht erhoben werden (vgl. KREMPEL, 2008, 217). Erst die Möglichkeiten, mit Computer und Internettechnologien immer größere Datenbestände an relationalen Informationen in digitaler Form zur Verfügung zu haben, erlauben es, soziale Vorgänge und Systeme in bisher unbekannten Details zu untersuchen. Gerade hier stößt man jedoch an die Grenzen der Netzwerkanalyse. Wenngleich der erleichterte Informationszugang für die neueren virtuellen Organisationen Gültigkeit hat, bleiben Vorgänge in traditionellen Organisationen informationell nur schwer zugänglich. Das bedeutet, dass der Informationszugang zu relationalen Informationen der begrenzende Kostenfaktor ist, um soziale Konfigurationen näher zu untersuchen. Wenn allerdings entsprechende Informationen verfügbar sind, ist die Größe der untersuchten Systeme eher unbedeutend, da durch die grafischen Darstellungsformen der Netzwerkvisualisierung vielfältige Informationen kommuniziert werden können (vgl. KREMPEL, 2008, 217).

Dass die Netzwerktheorie einen Beitrag zu dieser Arbeit leisten kann, lässt sich mit der Eignung dieses Ansatzes begründen, auch relevante soziale Determinanten, die in der Regel nur schwer erfassbar und darstellbar sind, einzubeziehen. BOCK und POLACH (2008, 439) verweisen ebenfalls darauf, dass über den verwendeten Begriff des Netzwerks die systematische Strukturierung der Transaktionen und Beziehungen, die Aufschlüsselung der Rollenverteilung und die Analyse der formalen und informellen Regeln möglich ist. Somit ließen sich die Akteure im Umfeld des Qualitätsmanagements der Agrar- und Ernährungsmittelbranche sowie deren Interaktionen und Transaktionen netzwerktheoretisch darstellen, wenngleich der Aufwand, relevante relationale Informationen zu gewinnen, als limitierender Faktor nicht zu unterschätzen ist. Dennoch ermöglicht die Netzwerktheorie dem Forscher, durch die Betrachtung des gesamten Netzwerkes sämtliche interagierenden Akteure im Qualitätsmanagement in der Agar- und Ernährungswirtschaft zu vereinen und dadurch eine Basis für eine umfassende Analyse der Institutionen, Strukturen und entscheidungsrelevanten Faktoren zu haben.

## 2.5 Institutionenökonomische Betrachtung

Um die Institutionentheorie greifbar zu machen, ist es hilfreich, diese im Umfeld des Theoriekomplexes zur Interaktion zu betrachten.

Interaktion ist ein zentraler Aspekt der neueren Wirtschaftswissenschaften, der sich wie ein roter Faden durch diverse Wirtschaftstheorien zieht und daraus resultierend, aus unterschiedlichsten Blickwinkeln betrachtet und eingeordnet werden kann. Aus der Perspektive von HOMANN und SUCHANEK (2005, 19 ff) erfährt die Ökonomie als Wissenschaft eine Einordnung in drei grundlegende Theoriekomplexe, welche Interaktion als Determinante aufweisen:

- Handlungstheorie
- Interaktionstheorie
- Institutionentheorie

Während die *Handlungstheorie* (Aktionstheorie oder Entscheidungstheorie) den individuellen Vorteil des „Homo oeconomicus" mit dem Prinzip der Nutzenmaximierung mittels Entscheidung für die Alternative mit dem höchsten Nettonutzen thematisiert (vgl. HOMANN und SUCHANEK, 2005, 78 f), nimmt die *Interaktionstheorie* ihren Ausgang in Interaktionen zwischen Akteuren. Interaktionen werden dabei als Spiele mit gemeinsamen und konfligierenden Interessen modelliert (vgl. NICK, s. a.). Zentrale Probleme der Interaktionsökonomie, wie die Interdependenz der Handlungen sowie einoder wechselseitige Abhängigkeiten, können dazu führen, dass eine Interaktion gar nicht zustande kommt, wenngleich Interaktionen auch enormes

## 2 Wissenschaftstheoretische Positionierung

Potenzial zur Besserstellung aller Partner bergen. Der springende Punkt dabei ist die Frage, wie man sich die außerordentliche Produktivität im Prozess der Zusammenarbeit zum gegenseitigen Vorteil, zum Nutzen aller aneignen kann (vgl. HOMANN und SUCHANEK, 2005, 20 f).

Bei der Überwindung solcher Interaktionsprobleme greift die *Institutionentheorie*, die somit als Theorie auf die Interaktionstheorie aufsetzt.

Als Neuerungen zur Neoklassischen Wirtschaftstheorie weist Ronald Coase, der Begründer der Institutionenökonomie, in seinem Beitrag „The Nature of the Firm 1937" darauf hin, dass

1. der Preismechanismus nicht kostenlos ist und
2. die Marktteilnehmer keine vollständige und kostenlose Information über alle Preise, Güter und Zustände besitzen (vgl. REISS, 2007, 354 f).

Institutionen verstehen sich dabei als Regelsysteme, in denen bestimmte Verhaltensweisen verbindlich festgelegt sind, um die Verlässlichkeit wechselseitiger Verhaltenserwartungen herzustellen und somit Interaktionen möglichst problemlos und kostengünstig durchzuführen (vgl. HOMANN und SUCHANEK, 2005, 20 f). Mit anderen Worten gesagt, sind Institutionen „jegliche Art von Beschränkungen, die Menschen zur Gestaltung menschlicher Interaktion ersinnen" (NORTH, 1992, 4), mit dem Hauptzweck, durch die Schaffung einer stabilen, wenngleich nicht zwangsläufig effizienten Ordnung, die Unsicherheit menschlicher Interaktion zu vermindern (vgl. NORTH, 1992, 6).

Auf den Bereich des Qualitätsmanagements umgelegt, finden sich derartige Regelsysteme in den rechtlichen Rahmenbedingungen zur Implementierung bzw. Umsetzung von Qualitätsmanagementsystemen. Die dahinter stehenden Institutionen sind der Herausgeber eines Qualitätsmanagementstandards sowie der Gesetzgeber, der den Unternehmen der Agrar- und Ernährungswirtschaft z. B. durch Verordnungen rechtliche qualitätsbezogene Vorgaben auferlegt.

In diesem Sinne haben Institutionen für die Menschen eine Vielzahl an Funktionen (siehe Tabelle 3).

**Tabelle 3:** Funktionen von Institutionen

| | |
|---|---|
| Orientierungsfunktion | Der Homo Oeconomicus, der effizient und nutzenmaximierend handelt, ist in der Realität nicht vorhanden. |
| Instinktersatz | Der Homo Sapiens ist auf die gesellschaftliche Lenkung angewiesen. Institutionen leisten die Lenkung seiner Entscheidungen und Aktivitäten. |
| Begrenzte Rationalität | Institutionen dienen als Anker des Handelns, wenn Unsicherheiten auftreten, und bieten Sicherheit, sodass der Akteur neue Wege gehen kann. |
| Korrektur der Unvernunft | Institutionen haben Schutzfunktion. Sie schützen die Menschen vor ihrer eigenen Unvernunft und kontrollieren die Folgen der Begrenzung ihrer substanziellen Rationalität. |
| Ordnungsfunktion | Bedarf nach sozialer Orientierung und Sicherheit in einer Gesellschaft. Institutionen schaffen Rahmen für sichere Transaktionen bei Opportunismus und begrenzter Rationalität. |
| Sinnstiftungsfunktion | Institutionen erhalten ihre orientierende und ordnende Kraft erst dadurch, dass sie dem Handeln einen subjektiven und sozialen Sinn geben. |

Quelle: vgl. ESSER (2000, 14 ff)

Damit eine Ordnung als Institution eingerichtet und abgesichert wird, bedarf es der Institutionalisierung.

Die *Einrichtung der Institution* kann dabei erfolgen mittels (vgl. ESSER, 2000, 38 ff):

- *Dekret durch eine Herrschaftsinstanz* (z. B. durch die bereits legitimierte Institution des Staates) – rationale Planung
- *Schließung eines Vertrages* zwischen zwei gleichberechtigten Akteuren – rationale Planung
- *ungeplanter, spontaner bzw. evolutionärer Entstehung* (durch Gewöhnung entstandene Regelmäßigkeit, die durch Sanktionierung und Legitimierung ihren Geltungsanspruch manifestiert; z. B. Nutzung von Messer, Gabel und Löffel)

Das bedeutet, Institutionen können entweder *formalisiert* und somit schriftlich fixiert sein, wie etwa Gesetze, Verträge, Standards wie ISO 9001 oder Spielanleitungen (vgl. ZHANG, 2007, 85 und HOMANN und SUCHANEK, 2005, 101), oder sie können durch z. B. Normen, Sitten oder Bräuche *informellen* Charakter aufweisen.

Um die Einhaltung der Regeln zu sichern, bedarf es verbindlicher, monetärer oder nicht-monetärer Anreiz- und Sanktionsmechanismen sowie

## Wissenschaftstheoretische Positionierung

Kontroll- und Monitoringaktivitäten, die entweder durch die Gesellschaft (interne Institutionen) oder durch den Staat (externe Institutionen) durchgesetzt werden (vgl. HAGEDORN et al., 2004, 5). Somit besteht die *Absicherung der Institution* einerseits aus einem Sanktionsapparat, der für die Verhängung der Sanktionen zuverlässig sorgt, und andererseits aus der Legitimation der Ordnung, indem den Akteuren die Sinnhaftigkeit der Regeln vermittelt und somit deren Befolgung mit positiven, und die Abweichung unmittelbar mit negativen Gefühlen assoziiert wird (vgl. ESSER, 2000, 10).

Für die Praxis der Qualitätsmanagementsysteme der Agrar- und Ernährungswirtschaft bedeutet dies, dass die Absicherung der Auflagen, die sich aus der Implementierung derartiger Systeme ergeben, in den Unternehmen geprüft wird. Neben den unternehmensinternen Audits, welche von den Unternehmen selbst durchgeführt werden und der Eigenkontrolle im Unternehmen dienen, überprüfen externe Kontrollstellen, sogenannte Zertifizierungsstellen, die Erfüllung der standardspezifischen Anforderungen. Bei Nichteinhaltung erfolgen Sanktionen, die bis zu Aberkennung des Zertifikats führen können.

Die Gesamtheit dieser entwicklungsfähigen, multilateral akzeptierten Regelkomplexe aus Prinzipien, Normen, Regeln und Verfahren in bestimmten sachlichen Bezugsbereichen nennt man institutionelle Arrangements (vgl. PRITTWITZ, 2007, 276), die Koordinierungsmechanismen, die der Durchsetzung und Koordination des Regelsystems dienen, werden als Governance System bezeichnet (vgl. BOCK und POLACH, 2008, 429). Märkte, hierarchische Organisationen und Strukturen wie Kooperationen oder Netzwerke stellen institutionelle Arrangements in diesem Sinne dar (vgl. HAGEDORN et al., 2004, 5). Institutionen können bewusst geschaffen werden oder spontan als Ergebnis menschlichen Handelns entstehen. Sie weisen erwartungsbildenden und konfliktmindernden Charakter auf, „erfüllen häufig Informations- und Überwachungsfunktionen und wirken insgesamt organisations- und koordinationskostensenkend" (PICOT, 1991, 144).

Die Institutionenökonomie beschäftigt sich also mit der Gestaltung und Evolution von Institutionen sowie mit deren effizientem Einsatz (vgl. PICOT, 1991, 144) und analysiert diese Regelsysteme auf ihre Eignung, erwünschte Interaktionen zu ermöglichen und unerwünschte zu unterbinden. Dabei stehen die Regeln und die Organisation der Interaktion und Beziehungen zwischen den Akteuren im Mittelpunkt des Interesses (vgl. BOCK und POLACH, 2008, 429). Das heißt, die Institutionen haben die Funktion, individuelles und somit soziales Verhalten in eine bestimmte Richtung zu steuern. Erreichen sie ihr Ziel, bringen sie Ordnung in alltägliche Handlungen und vermindern damit Unsicherheit.

Wenn die Institutionen also individuelles Verhalten in eine bestimmte Richtung steuern sollen, meint das für Qualitätsmanagementsysteme, dass der Standardherausgeber (respektive im Falle der Produktsicherheit der Gesetzgeber) die Unternehmen der Agar- und Ernährungswirtschaft teils verpflichtend und teils freiwillig dazu bringen, bestimmte qualitätsbezogene Auflagen einzuhalten. Das individuelle Verhalten der Unternehmen bezüglich ihrer qualitätssichernden Maßnahmen ist damit in bestimmte Bahnen gelenkt. Dies wird klar nach außen transportiert und bedeutet für die Stakeholder der Unternehmen – vor allem für Konsumenten, Lieferanten und Vermarktungspartner – eine deutliche Reduktion des Unsicherheitsfaktors. Unsicherheit spielt im Zusammenhang mit Qualität gerade im Lebensmittelbereich eine große Rolle und wird durch die gesetzlichen Anforderungen, wie Rückverfolgbarkeit der Lebensmittel oder spezielle Hygienestandards, die sämtlichen Unternehmen der Agrar- und Ernährungswirtschaft auferlegt werden, deutlich minimiert. Über die gesetzlichen Anforderungen hinausgehend, garantieren Qualitätsmanagementstandards die Einhaltung noch spezifischerer qualitätssichernder Maßnahmen. Wenn es bei der Institutionenökonomie um die Gestaltung und Entwicklung von Institutionen – in diesem Fall von Qualitätsmanagementsystemen der Agar- und Ernährungswirtschaft – geht, hat der Qualitätsmanagementbeauftragte im Unternehmen die Funktion, die Vorgaben der Institutionenökonomie im Unternehmen umzusetzen und dafür Sorge zu tragen, dass das Qualitätsmanagement im Unternehmen auch gelebt wird. Der Qualitätsmanagementbeauftragte ist dabei in Einzelfällen oft auch über die Wirtschaftskammer in die Gestaltung und Entwicklung von Standards eingebunden, wenn es um die Umsetzungstauglichkeit eines Gesetzesentwurfs geht.

Neben der Unsicherheitsreduktion sind die Transaktionskosten zentrales Thema der Institutionentheorie, wobei der Schlüssel zu den Kosten einer Transaktion die Knappheit von Information ist (vgl. ZHANG, 2007, 87).

Um diese zwei zentralen Konzepte der *Transaktionskosten* und der *ungenügenden Information* formiert sich eine breite Palette an unterschiedlichen, methodologisch verwandten Ansätzen, denen die *Neue Institutionenökonomie* zugrunde liegt.

Die Forschungszweige und die daraus resultierenden Theorien setzen sich aus unterschiedlichen Blickwinkeln teils überlappend, teils ergänzend mit Institutionen auseinander (vgl. PEUKERT, s.a.), sie ranken sich um Koordinationsmechanismen sozioökonomischer Austauschbeziehungen (vgl. HAGEMANN, 1999, 119) und lassen sich nach Art der untersuchten Institution unterscheiden in Theorien, die sich mit Institutionen der Wirtschaft, des Rechts oder der Politik beschäftigen.

## Wissenschaftstheoretische Positionierung 2

Unter dem Begriff der Neuen Institutionenökonomie werden vier Ansätze zusammengefasst (vgl. STOCK, 2003, 75):
- Prinzipal-Agent-Theorie
- Transaktionskostentheorie
- Property-Rights-Theorie
- Informationsökonomie

Abbildung 2 gibt eine Übersicht und bietet eine Abgrenzung dieser vier Ansätze. Die einzelnen Theorien unterscheiden sich in Bezug auf den Untersuchungsgegenstand, die Verhaltensmaßnahmen und die Gestaltungsvariablen. Außerdem werden je nach Ansatz unterschiedliche Effizienzkriterien und Betrachtungsperspektiven zugrunde gelegt.

| | Ansätze der Neuen Institutionenökonomie | | | |
|---|---|---|---|---|
| | **Prinzipal-Agent-Theorie** | **Transaktions-kostentheorie** | **Property-Rights-Theorie** | **Informations-ökonomie** |
| **Untersuchungsgegenstand** | Prinzipal-Agenten-Beziehung | Transaktions-beziehungen | Institutionelle Rahmenbedingungen | Informationsasymmetrien, Informationsverhalten |
| **Verhaltensannahme(n)** | Moral Hazard, Adverse Selection, beschränkte Rationalität | Opportunismus, beschränkte Rationalität | Individuelle Nutzenmaximierung | Opportunismus, beschränkte Rationalität, Informationsaktivitäten |
| **Gestaltungsvariable(n)** | Verträge | Koordinationsmechanismen | Handlungs- und Verfügungsrechtsstrukturen | Informationsmechanismen, Signale |
| **Effizienzkriterium** | Agency-Kosten | Transaktionskosten | Summe aus Transaktionskosten und Wohlfahrtsverlusten aufgrund externer Effekte | Suchkosten, Signalingkosten |
| **Betrachtungsperspektive** | ex-ante | ex-post | ex-ante | ex-ante |

Abbildung 2: Ansätze der Neuen Institutionenökonomie
Quelle: nach STOCK (2003, 75)

Die *Prinzipal-Agent-Theorie (Agency-Theorie)* untersucht, wie bei Geschäftsbeziehungen zwischen Auftraggebern (Prinzipale) und Auftragnehmern (Agenten) im Fall von Informationsasymmetrien vorzugehen ist. Gegenstand der Betrachtung ist somit die optimale Gestaltung von vertraglichen Regelungen zwischen dem Auftraggeber und dem Auftragnehmer, sodass die Agency-Kosten minimiert werden (vgl. SCHUMANN, 1992, 453 ff; STOCK, 2003, 75 f). Die Prinzipal-Agent-Theorie unterstellt dabei die Vollständigkeit von Verträgen, deren Punkte ex-ante geregelt werden.

Die *Transaktionskostentheorie* geht von der Unvollständigkeit der Verträge aus und tätigt Aussagen über die jeweils günstigste Koordinationsform für verschiedene Transaktionen. Die Kosten einer Transaktion gehen weit über den zu bezahlenden Preis für ein Produkt hinaus, wie z. B. Informationsbeschaffungskosten oder Logistikkosten. Die Transaktionskosten erweitern somit den Kostenbegriff. Ihre Ursache liegt in der unvollkommenen Information und der daraus resultierenden Unsicherheit von Unternehmen (vgl. HAGEMANN, 1999, 119).

Die *Property-Rights-Theorie* hingegen bezieht sich auf Handlungs- und Verfügungsrechte. Diese legen fest, in welcher Weise ihr Inhaber legitimerweise über die Ressourcen verfügen kann, an denen er die Rechte innehat (vgl. KIESER und EBERS, 2006, 248). Die Property-Rights-Theorie untersucht, wie sich die unterschiedliche Ausgestaltung und Verteilung von Verfügungsrechten auf das Verhalten der Wirtschaftssubjekte und auf die Faktorallokation auswirkt (vgl. STOCK, 2003, 76) und wie sich die Entstehung von Verfügungsrechten, ihre Verteilung und ihr Wandel erklären lassen (vgl. KIESER und EBERS, 2006, 248).

Die *Informationsökonomie* beschäftigt sich mit Informationsasymmetrien und Unsicherheiten zwischen Marktpartnern innerhalb gewisser institutioneller Rahmenbedingungen (vgl. HELM, 1997, 15) und hat das Ziel, Aussagen zur optimalen Gestaltung von Informationsprozessen unter Kosten-Nutzen-Aspekten und zum zielführenden Verhalten der Beziehungspartner bei latenter Unsicherheit abzuleiten (vgl. DANIEL, 2007, 55).

Ein wesentlicher Unterschied zwischen den theoretischen Ansätzen besteht darin, dass in der Prinzipal-Agent-Theorie, der Transaktionstheorie und in der Theorie der Informationsökonomie die institutionellen Rahmenbedingung (d. h. die Handlungs- und Verfügungsrechte der Akteure) als gegeben angesehen werden, während in der Property-Rights-Theorie die Handlungs- und Verfügungsrechte die Gestaltungsvariable darstellen. Aufgrund dieser inhaltlichen Orientierung ist die Property-Rights-Theorie als Basis für die vorliegende Arbeit nicht von Bedeutung

# Wissenschaftstheoretische Positionierung

und findet somit im Rahmen folgender Ausführungen keine weitere Beachtung.

## Prinzipal-Agent-Theorie

„Whenever one individual depends on the action of another, an agency relationship arises. The individual taking the action is called the agent. The affected party is the principal" (PRATT und ZECKHAUSER, 1985, 2). Der Fokus der Prinzipal-Agent-Theorie, auch Agency-Theorie genannt, liegt in der Analyse und Beurteilung einer sogenannten Agency-Situation. In der Prinzipal-Agent-Theorie geht es dabei um die Risikoteilung zwischen zwei Parteien (vgl. DANIEL, 2007, 69). Agency-Beziehungen sind in der Praxis weit verbreitet und finden sich zwischen Partnern auf beiden Seiten eines Marktes, ebenso innerhalb von Unternehmen und Institutionen.

Die Beziehung zwischen den beiden Parteien (Prinzipal und Agent) gestaltet sich, indem der Agent Handlungen auswählt und ausführt, deren Auswirkungen beide betreffen. Der Prinzipal erhält das durch die Handlung des Agenten entstehende Ergebnis in Form eines Nutzens (Gewinn/Einkommen), dem Agenten steht eine Vergütung für die Handlung zu, die sich am Ergebnis orientiert, wie es vom Prinzipal wahrgenommen wird (vgl. SCHUMANN, 1992, 453 ff). In der Prinzipal-Agent-Theorie wird unterstellt, dass Individuen ihr Eigeninteresse verfolgen, d. h. es kann nicht davon ausgegangen werden, dass der Agent automatisch im besten Interesse des Prinzipals handelt – es liegt ein sogenanntes *Agency-Problem* vor. Damit ein Agent im Sinne des Prinzipals handelt, müssen vertragliche und organisatorische Regelungen getroffen werden, entsprechende Informationen bereitgestellt, die Einhaltung der Regeln kontrolliert und ein adäquates Anreiz- und Sanktionssystem geschaffen werden. Da die bei Vertragsabschluss getroffenen Regelungen nicht sämtliche in der Zukunft auftretenden Handlungsmöglichkeiten berücksichtigen können, bleibt dem Agenten ein gewisser Handlungsspielraum (vgl. SYDOW, 1992, 171 f), wobei die Gefahr besteht, dass der Agent diesen Handlungsspielraum opportunistisch ausnutzt und gegen die Interessen des Prinzipals handelt (vgl. PICOT et al. 2003, 55). Dieses opportunistische Verhalten kann sich laut THEUVSEN (2003, 568) in der Wertschöpfungskette der Agar- und Ernährungswirtschaft sowohl auf realwirtschaftlicher als auch auf informationeller Ebene manifestieren. Auf realwirtschaftlicher Ebene wird beispielsweise gegen vertraglich vereinbarte Produktionsbedingungen verstoßen, während Opportunismus auf informationeller Ebene die Ausgestaltung von

Informationserfassungs-, Dokumentations- und Informationsübermittlungsaktivitäten innerhalb der Wertschöpfungskette meint. Somit steht die Vermeidung von opportunistischem Verhalten nach Vertragsabschluss im Blickfeld des Interesses.

Ein weiteres Problem im Zusammenhang mit Opportunismus ist das *Moral Hazard-Problem*, das Problem des moralischen Risikos. Es beschreibt die Situation, „wenn eine Vertragspartei die relevanten Handlungen der Gegenpartei nicht beobachten kann, da diese sich ihrem Blickwinkel entziehen und sich dadurch die Wahrscheinlichkeit und/oder die Auszahlungshöhe ändert, da sich die Vertragspartner opportunistisch verhalten" (REISS, 2007, 356) und diese nach dem Vertragsabschluss die für ihren Erfolg relevanten Handlungen ändern.

Bei der Prinzipal-Agent-Theorie geht es also um die Analyse der asymmetrischen Informationsverteilung zwischen den Akteuren des Transaktionsprozesses. ARROW (1985, 38) beleuchtet die Agency-Beziehung diesbezüglich und konstatiert, dass entweder der Prinzipal die Handlung des Agenten nicht direkt beobachten kann (*versteckte Aktion*) oder der Agent handlungsrelevante Sachverhalte kennt, die der Prinzipal nicht wahrnehmen kann (*versteckte Information*), und dass das Ergebnis nicht ausschließlich vom Handeln des Agenten bestimmt ist, sondern auch äußere Einflüsse miteinwirken. Diese anderen Einflüsse bewirken, dass der Prinzipal nicht vom Ereignis unmittelbar auf die Handlung des Agenten schließen kann.

Die Informationsasymmetrie, die der Agency-Beziehung zugrunde liegt, entsteht also, indem der Prinzipal in die Handlungen und in den Informationsstand des Agenten keinen kostenfreien Einblick erhält (vgl. SCHUMANN, 1992, 455) oder nur mit erheblichem Aufwand beobachten kann, wie gut der Agent die Durchführung der Aufgabe erledigt. Manchmal ist dies dem Prinzipal auch wegen seines Wissensstandes oder durch institutionelle Rahmenbedingungen nicht möglich (vgl. REISS, 2007, 359). Ein praktisches Beispiel für Informationsasymmetrie in der Agrar- und Ernährungswirtschaft ist die Qualität von Lebensmitteln, die vom Nachfrager auf den ersten Blick nicht zweifelsfrei wahrgenommen werden kann. Und je größer die Informationsasymmetrie ist, desto mehr nimmt auch die nachfragerseitige Unsicherheit über die Qualität eines Produktes zu.

Die Prinzipal-Agent-Theorie bietet Maßnahmen, die die Unsicherheit reduzieren sollen, indem die wahrgenommenen Eigenschaften der Produkte mit entsprechenden Strategien in Verbindung gesetzt werden (vgl. KOLLMANN und KUCKERTZ, 2009, 56). Dazu zählen die *Screening-Aktivitäten von Nachfragern* sowie die *Signaling-Aktivitäten von Anbietern* (vgl. KAAS, 1991, 364).

## 2 Wissenschaftstheoretische Positionierung

*Screening* geht vom Nachfrager aus und versteht sich als „zielgerichtete Informationsbeschaffung durch direkte Wahrnehmung aufgrund der Inspizierung und Prüfung des Leistungsangebots" (BILLEN, 2003, 48), wobei der Nachfrager durch Preis- und Qualitätsvergleich versucht, seinen Informationsstand zu verbessern. Dazu dienen ihm sogenannte „indirekte Qualitätsmerkmale" wie Preis, Marke oder Vertrauen. Beim Screening geht die Initiative immer von der nicht-informierten Seite aus (vgl. STOCK, 2003, 80). Durch Screening-Maßnahmen, wie Informationsbeschaffung oder Bonitätsprüfungen, entstehen dem Prinzipal Kontrollkosten (vgl. BERGEN et al., 1992, 6). Auch im Lebensmittelbereich wird Screening genutzt. Unternehmen der Agrar- und Ernährungswirtschaft wählen ihre Lieferanten aufgrund von Lieferantenbewertungen aus, mit dem Ziel, die Lieferanten ausfindig zu machen, die die gewünschten Anforderungen bestmöglich erfüllen können. Die Anforderungen an die Lieferanten sind oft sehr spezifisch – als Beispiel seien etwa besondere Verpackungen genannt. Diese zu erfüllen, bedeutet auch für den Lieferanten zusätzlichen Aufwand. Damit sich der Zeit- und Kostenaufwand rechnet, der gerade bei spezifischen Produkten für beide Transaktionspartner entsteht, profitieren beide Transaktionspartner davon, Informationsasymmetrien im Vorfeld abzubauen, um so eine längerfristige Geschäftsbeziehung zu etablieren.

*Signaling* geht von der informierten Seite aus und meint die zielgerichtete Aussendung von Signalen durch den Verkäufer hinsichtlich der von ihm angebotenen Qualität, um das eigene Angebot von der Konkurrenz abzuheben (vgl. KAAS, 1991, 360f). Dies kann beispielsweise durch Mitgliedschaft bei Interessensvertretungen oder Zertifikate unabhängiger Sachverständiger erfolgen (vgl. LIPPERT, 2005, 29). Für den Agenten fallen dabei Signalisierungskosten an. Im Lebensmittelbereich wird Signaling ganz bewusst vom Verkäufer genutzt, um dem Konsumenten eine Orientierungshilfe zum Screening zu bieten und dadurch dessen Qualitätsvergleiche zu erleichtern. Solche Signale sind z. B. Herkunftszeichen, Kontrollzeichen für eine gentechnikfreie Erzeugung oder Erkennungszeichen für biologisch erzeugte Lebensmittel. Die Signalwirkung dieser Kontroll- oder Erkennungszeichen der Agrar- und Ernährungswirtschaft zielt vor allem auf den Endkonsumenten ab. Andere Qualitätsmanagementzertifizierungen, wie z. B. IFS (International Food Standard) oder GLOBALGAP (Standard zur Förderung der guten Agrarpraxis), verstehen sich als reine B2B-Instrumente. Sie sind für den Endverbraucher nicht direkt sichtbar, zeigen jedoch den Handelspartnern ein definiertes Qualitätsprofil ihrer Produkte und signalisieren somit Zuverlässigkeit und Kompetenz.

Um anhand eines Signals die effektive Qualität einer Klasse zuverlässig bestimmt zu können, muss das Signal folgende Anforderungen erfüllen (vgl. GATTI, 1997, s. p.):

- Ein Signal muss einen nachweisbaren Informationsgehalt übermitteln.
- Das Management muss den Anreiz haben, immer wahrheitsgetreue Signale zu senden.
- Ein Signal muss Kosten verursachen, da kostenlose Signale nicht glaubwürdig wären.
- Ein Signal für „gute Qualität" darf nicht von einem qualitativ schlechten Unternehmen imitiert werden können. Die Kosten für ein Signal müssen somit für schlechte Unternehmen prohibitiv hoch sein.

Aus diesen Anforderungen lässt sich ableiten, dass Signale ihre Glaubwürdigkeit daraus erhalten, dass Anbieter schlechterer Qualität nicht bereit sind oder nicht fähig sind, die Signalingkosten zu tragen, womit wiederum die Qualität des Signals bzw. der Leistungen, für die das Signal steht, gewahrt bleibt.

Die Prinzipal-Agent-Theorie versucht außerdem, die vertragliche Ausgestaltung der Agency-Beziehung so zu wählen, dass „der Verlust, den der Prinzipal gegenüber dem Zustand kostenfreier, vollständiger Information aufgrund des Bestehens der asymmetrischen Information und der Unsicherheit der Handlungsergebnisse erleidet, möglichst gering ist" (SCHUMANN, 1992, 456). Die Differenz zwischen dem Nutzen (Gewinn/Einkommen) des Prinzipals in der besten Lösung bei vollständiger Information und dem Nutzen in der zweitbesten Lösung nennt man *Agency-Kosten*. Diese Kosten sollen durch die Vertragsgestaltung minimiert werden (vgl. PRATT und ZECKHAUSER, 1985, 3). Das heißt, es muss ein anreizeffizientes institutionelles Arrangement entwickelt werden, das es dem Prinzipal ermöglicht, den mit einem Informationsvorsprung ausgestatteten Agenten in seinem eigenen Sinn handeln zu lassen, oder mit anderen Worten – die Problemstellung ist die, eine Entlohnungsfunktion zu suchen, mit der der Prinzipal den Erwartungswert seines Nutzens maximiert (vgl. SCHUMANN, 1992, 456 f). Gemäß dieser Funktion bestimmt das sichtbare Ergebnis die Entlohnung des Agenten. Das Ergebnis wiederum hängt von den unbeobachteten Anstrengungen des Agenten ab, kann jedoch auch von anderen Einflüssen, wie etwa vom Zufall, bestimmt sein. Der Prinzipal ist dabei nicht in der Lage, diese beiden Einflussgrößen auseinanderzuhalten. Die Lösung des Agency-Problems liegt somit im Auffinden der Entlohnungsfunktion, bei der sowohl der Agent als auch der Prinzipal ihren eigenen Nutzen maximieren (siehe Abbildung 3).

# Wissenschaftstheoretische Positionierung 2

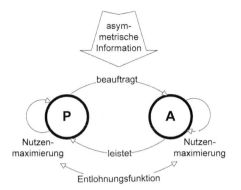

**Abbildung 3:** Grundprinzip der Prinzipal-Agent-Theorie

In der Qualitätsmanagementpraxis könnte ein anreizeffizientes Arrangement zum Ausgleich der asymmetrischen Informationsverteilung zwischen Agenten und Prinzipal in dem Etablieren eines Prämiensystems für Agenten liegen. Leistungen, bezüglich derer unternehmensintern wenig Wissen vorhanden ist, werden aus dem Unternehmen ausgelagert, wie z. B. eine Softwarelösung für das Erstellen und Verwalten einer Labordatenbank. Eine derartige Software ist ein feinfühliges Frühwarnsystem, welches Fehlermeldungen verlässlich anzeigt, um Probleme frühzeitig zu beheben und folglich Kundenreklamationen zu vermeiden. Um eine möglichst zuverlässige Softwarelösung zu erhalten, kann der Prinzipal (das Unternehmen) dem Agenten (Softwareanbieter) ein Prämiensystem vorschlagen, bei dem der Agent für eine gute Programmierung der Labordatenbank, die Probleme bzw. Fehler rechtzeitig meldet, eine Prämie erhält. Ersichtlich ist eine verlässliche Lösung daran, dass keine Reklamationen eingehen. Somit ist eine Entlohnungsfunktion gefunden, bei der sowohl Prinzipal als auch Agent ihren Nutzen maximiert haben – der Prinzipal hat ein zuverlässiges Fehlerfrühwarnsystem, welches ihm eine schnelle Reaktion ermöglicht, und der Agent einen monetären Bonus für entsprechende Leistung.

Laut ARROW (1985, 49) sind die theoretischen Entlohnungsfunktionen weit komplizierter als die in der Praxis aufzufindenden Entlohnungsformen. Somit stehen die einfachen Praxislösungen oft im Widerspruch zu den theoretisch besseren Lösungen. Diese anscheinend ineffizienten Regelungen sind nicht zwingend auf mangelnden Sachverstand zurückzuführen. Vielmehr sind die ökonomischen Aspekte von Agency-Beziehungen häufig von gesellschaftlich-hierarchischen Aspekten überlagert. Ein weiterer Grund findet sich in den hohen Transaktionskosten für die Gestaltung komplizierter vertraglicher Vereinbarungen.

Sydow (1992, 172 f) betrachtet die Anwendung dieser Theorie in Vertragsbeziehungen zwischen Organisationen und resümiert, dass sich auch Interorganisationsbeziehungen in strategischen Netzwerken als Agency-Beziehungen rekonstruieren lassen. Gleichfalls kommt er zu dem Schluss, dass die Prinzipal-Agent-Theorie diesbezüglich Schwächen aufweist, die einerseits aus dem einseitigen und situationsinvariant gesetzten Menschenbild herrühren (den Akteuren wird ausschließlich eigennütziges, opportunistisches Verhalten unterstellt). Andererseits wird die soziale Strukturiertheit von Organisationen übersehen, wenn diese als System freiwillig vereinbarter Verträge konzeptualisiert werden.

**Transaktionskostentheorie**

Die Transaktionskostentheorie geht der Frage nach, wie es in einer grundsätzlich marktwirtschaftlich organisierten Wirtschaft, die auf individuellem Handeln basiert, zur Herausbildung von Institutionen, wie z. B. Verträgen, gesetzlichen Regelungen, Normen oder Unternehmen, kommt (vgl. Schneider, 2004, 96).

Im Mittelpunkt der Transaktionskostentheorie stehen einzelne Transaktionen und die damit verbundenen Transaktionskosten sowie deren Auswirkungen auf das Entscheidungsverhalten der an der Transaktion beteiligten Unternehmen (vgl. Hagemann, 1999, 119). Transaktionen entstehen durch die Übertragung von Verfügungsrechten. Sie stellen die Abwicklungskosten von Tauschbeziehungen dar und beinhalten vor allem Informations- und Kommunikationskosten eines Leistungsaustausches, der dem eigentlichen physischen Güteraustausch logisch und meist auch zeitlich vorausgeht (vgl. Sydow, 1992, 130), sowie Kosten für die Nutzung einer institutionellen Infrastruktur (vgl. Schneider, 2004, 98).

Die Hauptbestandteile dieser Kosten umfassen (vgl. Poignée, 2008, 30; Wirtz, 2005, 33 f; Schumann et al., 1999, 474 f):

- ex-ante *Such-* bzw. *Anbahnungskosten* (Suche nach qualifizierten Transaktionspartnern und deren Konditionen, Kosten von Qualitätskontrollen und Überprüfung des betreffenden Anbieters)
- ex-ante *Vereinbarungskosten* (Opportunitätskosten der Zeit, z. B. für Verhandlungen, Vertragsformulierungen)
- ex-post *Kontrollkosten* (Kosten der Sicherstellung der Einhaltung von Vereinbarungen betreffend Qualität, Menge, Preis, Liefertermin)

## Wissenschaftstheoretische Positionierung     2

- ex-post *Durchsetzungskosten* (Kosten für die Realisierung von impliziten und expliziten Vertragsansprüchen, z. B. vor Gericht)
- ex-post *Anpassungskosten* (Kosten für die nachvertragliche Anpassung von Vertragsinhalten, z. B. Durchsetzung von Qualitätsänderungen).

Die Transaktionskosten sind in ihrer Höhe nicht zu unterschätzen und schlagen sich laut RICHTER und FURUBOTN (1999, 45) in modernen Marktwirtschaften mit einem geschätzten Anteil von bis zu 60% des Nettosozialprodukts zu Buche.

Die Höhe der Transaktionskosten erfährt eine Beeinflussung (vgl. BECKMANN, 2000, 42 ff; SYDOW, 1992, 131; NIENHÜSER und JANS, 2004, 3 ff) durch:

- das Verhalten der beteiligten Akteure,
- durch bestimmte transaktionsspezifische Merkmale,
- durch die Transaktionsumwelt sowie
- durch die gewählte Vertragsform.

Den an Transaktionen beteiligten Personen wird dabei ein *Verhalten* von *eingeschränkter Rationalität, Opportunismus* und *Risikoneutralität* unterstellt (vgl. WILLIAMSON, 1990, 44 ff).

Das Konzept der *eingeschränkten Rationalität* stammt von SIMON (1957) und zielt auf die Tatsache, dass Menschen als Entscheidungsträger nicht allwissend sind und gleichfalls nicht alle verfügbaren Informationen bearbeiten können. Das heißt, dass die Entscheidungssubjekte, obwohl sie rationales Verhalten anstreben, wegen ihrer kognitiven Aufnahme- und Verarbeitungsgrenzen nur unvollkommen rational handeln (vgl. WILLIAMSON, 1985, 45 f). Aus Informationsmangel, Zeitmangel, Unfähigkeit oder anderen Gründen werden Entscheidungen manchmal schlechter getroffen, als unter Idealbedingungen möglich wäre. Dies tritt verstärkt in Situationen auf, die von größerer Komplexität und Unsicherheit gekennzeichnet sind (vgl. HOBBS und YOUNG, 2001, 25).

*Opportunismus* versteht sich hier im Sinne von WILLIAMSON (1990, 54) als „die Verfolgung des Eigeninteresses unter Zuhilfenahme von List." Dies meint die unvollständige oder verzerrte Weitergabe von Information, um irrezuführen, zu verbergen oder zu verschleiern. Dieses strategische Verhalten gegenüber den Vertragspartnern mündet in eine Informationsasymmetrie. Das opportunistische Verhalten ist folglich keine weitere Verhaltensannahme, es ist bereits in dem nutzenmaximierenden Verhalten der Vertragspartner bei begrenzter Informationskapazität angelegt (vgl. SCHUMANN, 1992, 437).

Die Verhaltensannahme der *Risikoneutralität* unterstellt, den Tatsachen widersprechend, Neutralität der Akteure gegenüber allen Vertrags- oder Organisationsalternativen (vgl. WILLIAMSON, 1985, 288 ff). Diesen Verhaltensannahmen folgend, sollen Transaktionen so gestaltet werden, dass Unsicherheitsprobleme, die aus der beschränkten Rationalität resultieren, so weit wie möglich minimiert werden, und zudem Schutzvorkehrungen vor dem möglicherweise opportunistischen Verhalten der Transaktionspartner getroffen werden (vgl. NIENHÜSER und JANS, 2004, 3).

Vor dem Hintergrund dieser Verhaltensmaßnahmen werden die Transaktionskosten durch drei transaktionsspezifische Merkmale beeinflusst (vgl. NIENHÜSER und JANS, 2004, 4 f; SCHUMAN, 1992, 439 f):

- *Faktorspezifität*: die Größe der Spezifität von Faktoren bestimmt die Opportunitätskosten, die Höhe der Quasi-Rente (Erlösdifferenz zur nächsten Verwendungsmöglichkeit der Faktoren) und die gegenseitige Abhängigkeit der Vertragspartner. „Make-or-Buy"-Entscheidungen"
- *Unsicherheit*: Verhaltensunsicherheit und Parametrische Unsicherheit (zukünftige, vertragsrelevante Ereignisse sind noch nicht bekannt)
- *Häufigkeit*: regelmäßig widerkehrende Transaktionen bedürfen einer anderen vertraglichen Ausgestaltung der Koordination als einmalige oder seltene Transaktionen.

Alle anderen Einflussfaktoren, wie politische, rechtliche und soziale Rahmenbedingungen einer Transaktion, werden der Transaktionsumwelt zugerechnet. Sie können sehr wohl die Möglichkeiten und Grenzen der Transaktionsgestaltung beeinflussen, werden aber in der Regel aus Gründen der Vereinfachung analytisch ausgeklammert.

Als zentrale Grundannahme des Transaktionskostenansatzes gilt, dass die an einem Austauschprozess beteiligten Akteure die Transaktionskosten alternativer Organisationsformen bewerten und die ökonomische Aktivität schließlich so organisieren, dass die Transaktionskosten minimiert werden. Dies erfolgt durch die Wahl der geeigneten Organisationsform, mit Markt und Hierarchie als Extrempunkte eines Kontinuums möglicher Governance-Strukturen. Gemäß diesem Ansatz ergibt sich die optimale Organisationsform folglich weder aus der Technologie noch aus den Produktionskosten, sondern aus den Transaktionskosten (vgl. SYDOW, 1992, 130 f), deren Höhe von den Eigenschaften der jeweiligen Transaktion und der Transaktionsatmosphäre abhängt. Im Mittelpunkt der Betrachtung stehen dabei nicht die Institutionen, sondern die Frage nach der optimalen institutionellen Lösung für die Durchführung unterschiedlicher Arten von Transaktionen, wobei prinzipiell jede Transaktion mit Hilfe unterschiedlicher Institutionen abgewickelt werden kann (vgl. LIPPERT, 2005, 21).

# Wissenschaftstheoretische Positionierung 2

Ziel der Transaktionskostentheorie ist es somit, für die Wahl der transaktionskostenminimierenden Organisationsformen Entscheidungshilfen bereitzustellen.

WILLIAMSON (1996, 103 ff) unterscheidet dabei als institutionelle Arrangements die dichotomen Ausprägungen *Markt* und *Hierarchie* sowie die dazwischen liegenden *Hybridformen*, die sowohl marktliche als auch hierarchische Elemente aufweisen. Welche der Organisationsformen die geeignetere ist, hängt vor allem von den Transaktionsmerkmalen *Faktorspezifität* und *Unsicherheit* ab. Die Organisationsform Markt bedeutet Vermarktung über den Spotmarkt, ohne vorherige Mengen- und Preisabsprachen zwischen den Marktpartnern. Hierarchie heißt, dass Angebot und Nachfrage zwischen aufeinanderfolgenden Produktionsstufen einer Unternehmung im Vorfeld vollständig abgestimmt werden. In der Realität sind die meisten Transaktionen als Hybridformen organisiert, wobei diese Tendenzen zu Markt oder Hierarchie aufweisen, je nachdem, ob sie auf marktliche oder auf hierarchische Koordinations-, Kontroll- und Anpassungsmechanismen setzen (vgl. NIENHÜSER und JANS, 2004, 6). Je näher die Tendenz Richtung Hierarchie geht, desto mehr vertikale Integration wird betrieben, wobei vertikale Kooperation nicht zwangsläufig eine volle Unternehmensintegration bedeutet, sondern ein Kontinuum von mehr oder weniger gemischten Organisationsformen darstellt (vgl. DIENEL, 2000, 16 f). Beispiele für hybride Koordinationsformen sind z. B. Vertragsproduktion, Wertschöpfungspartnerschaften, Franchisesysteme, langfristige Geschäftsbeziehungen und Verträge sowie gegenseitige Belieferungen (vgl. DANIEL, 2007, 54; DIENEL, 2000, 16 ff).

Welche der institutionellen Arrangements die optimale ist, ergibt sich aus den zuvor erläuterten Einflussfaktoren und ist in Abbildung 4 ersichtlich.

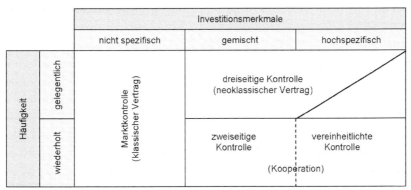

**Abbildung 4: Effiziente institutionelle Arrangements**
Quelle: verändert nach WILLIAMSON, 1990, 89

Abbildung 4 zeigt, dass die Kontrolle durch den Markt bei nicht spezifischen Transaktionen, ungeachtet der Häufigkeit der Transaktionen, die geeignetste Form zu sein scheint, bei der die Akteure immer wieder überlegen können, ob sie die Beziehung aufrechterhalten wollen, oder ob sie sich mit geringen Übergangskosten neue Partner suchen sollen (vgl. WILLIAMSON, 1990, 83). Dies gilt auch für nichtspezifische Transaktionen mit standardisierten Gütern, bei denen der Käufer zu relativ geringen Kosten auf die Erfahrung anderer Käufer oder auf die Information von Beratungsstellen zurückgreifen kann.

Bei spezifischen Transaktionen ist das System der dreiseitigen Kontrolle die geeignete Form. Da die zugrundeliegenden Verträge aufgrund der schwer vorhersehbaren Eventualitäten sehr kostspielig wären, wird im Streitfall auf die Schlichtung durch einen unparteiischen Dritten zurückgegriffen.

Mit vermehrtem Spezifizierungsgrad und zunehmender Häufigkeit der Transaktion sind unterschiedliche Formen der Kooperation optimal. Mittelpunkt dieser Arrangements ist nicht mehr eine bestimmte Tauschvereinbarung, sondern die gesamte Beziehung zwischen den Vertragspartnern.

Zwei typische Kooperationsformen sind:

- Kooperationen und gegenseitige Kontrolle bei rechtlicher Selbständigkeit der Partner
- Vertikale Integration (Zusammenführung beider Partner in einem Unternehmen)

Bei niederer Spezifität sind die Transaktionskosten gleich null (vollkommene Information), daher ist die optimale Lösung jene der Märkte, da die Wettbewerbsstruktur effizienter Märkte die Marktpartner kostenlos zu jener Lösung führt, die das aggregierte Einkommen maximiert, unabhängig vom institutionellen Rahmen (vgl. NORTH, 1992, 19). Zweiseitige Verträge weisen die nächsthöheren Transaktionskosten auf, gefolgt von den Kosten der unternehmensinternen Koordination. Mit steigender Spezifität wachsen die Transaktionskosten für die Marktbenutzung schneller als die der zweiseitigen Verträge und diese wiederum schneller als die bei vereinheitlichter Kontrolle. Daraus folgt, dass bei zunehmender Spezifität der Markt zuerst durch spezielle, bilaterale Beziehungen ersetzt wird, die schließlich bei hoher Spezifität in eine Unternehmenshierarchie übergehen (vgl. BECKMANN, 2000, 75 f).

Betrachtet man den Sinn von Institutionen, sieht NORTH die Bedeutung der Institutionen oder der Schaffung von formalen Regeln darin, den Interessen derjenigen zu dienen, die die Verhandlungsvollmacht haben, neue Regeln aufzustellen. „Ohne Transaktionskosten hat die Verhandlungsstärke keinen Einfluss auf die Effizienz der Ergebnisse, bei positiven Transaktionskosten,

## Wissenschaftstheoretische Positionierung

wie sie für Institutionen typisch sind, bestimmt die Verhandlungsstärke die Richtung langfristigen wirtschaftlichen Wandels" NORTH (1992, 19).

Reflektiert man zusammenfassend, warum eigentlich Transaktionen mitunter so kostspielig sind, erklärt NORTH (1992, 34 f) dies damit, dass die Akteure weniger am physischen Gut oder an der Dienstleistung selbst interessiert sind, als am Nutzen, welcher sich aus den unterschiedlichsten Eigenschaften des Produktes oder der Dienstleistung ergibt. Das Hauptproblem bleibt dabei, die Ausprägungen dieser Eigenschaften vor Vertragsabschluss unter Aufwand von Informationskosten messen zu müssen.

Die Transaktionskosten umfassen somit

- die Kosten, die bei der Messung wichtiger Eigenschaften anfallen sowie
- die Kosten der Überwachung und Durchsetzung von Rechten und Verträgen (vgl. NORTH, 1992, 32).

Diesbezüglich findet sich eine Parallele zu der Theorie der Informationsökonomie (siehe folgendes Kapitel), bei der auch die Gütereigenschaften und die mit deren Erfassung verbundenen Kosten im Mittelpunkt stehen.

Aus der Tatsache, dass es sich bei den Gütern der Agrar- und Ernährungswirtschaft vornehmlich um Produkte mit diversen, zum Teil für den Konsumenten nur schwer überprüfbar Eigenschaften handelt, resultiert die Bedeutung der Transaktionskostentheorie für die weiterfolgende Betrachtung.

Die Relevanz dieses Ansatzes zeigt sich ebenfalls in den Ausführungen von HOBBS und YOUNG (2001, 26 f), die vor allem die Entstehung vertikaler Kooperationen und somit Kooperationen entlang der Wertschöpfungskette mit Hilfe der Transaktionskostentheorie verständlich machen. Sie stellen fest, dass die immateriellen Eigenschaften von Lebensmitteln, wie etwa Lebensmittelsicherheit, Qualität, Gentechnikfreiheit oder artgerechte Tierhaltung, immer mehr Bedeutung für die Kaufentscheidung der Konsumenten erlangen. Ergo erwachsen daraus steigende Informationskosten für die nachgelagerten Unternehmen entlang der Wertschöpfungskette, wollen diese sichergehen, dass Produkte, die sie von ihren Lieferanten beziehen, die geforderten Eigenschaften aufweisen. Die Art des Produktionsverfahrens hat folglich Auswirkungen auf die gewünschten Qualitätsmerkmale. Ob einem Produkt diese Attribute im Zuge des Produktionsprozesses erhalten geblieben sind, beziehungsweise ob es entsprechenden Produktionsverfahren unterlaufen ist, erfordert zusätzliche Kontrollen und damit verbundene Durchsetzungskosten. Erst so ist es möglich, die geforderten Eigenschaften nachzuweisen, um dem Konsumenten versichern zu können, dass die Ware die gewünschten Charakteristika aufweist. Dieses Problem betrifft die Lieferanten sowie den Handel.

Auf der anderen Seite müssen die Landwirte und die Lebensmittelverarbeitenden Betriebe spezifische Maßnahmen ergreifen und Investitionen in Kauf nehmen, um den Erfordernissen der nachgelagerten Betriebe oder des Handels gerecht zu werden. Die daraus resultierenden Transaktionskosten – sowohl für die vorgelagerten Lieferanten als auch für die nachgelagerten Käufer – sprechen somit gegen Käufe am Spotmarkt und für institutionelle Arrangements im Sinne von bilateralen, vertikalen Kooperationen wie Kontrakte oder strategische Allianzen.

**Informationsökonomie**

„Märkte sind im ökonomischen Modell durch das Aufeinandertreffen von Anbietern und Nachfragern gekennzeichnet, deren Ziel der Tausch von Gütern ist" (JAHN et al. 2003b, 4). In der klassischen Wirtschaftstheorie wurde unterstellt, dass sowohl Anbieter als auch Nachfrager über das zu tauschende Gut vollständig informiert sind. In der Praxis sind Märkte jedoch durch weitreichende Informationsdefizite geprägt, was oft zulasten der Konsumenten geht. Diese Tatsache behindert laut JAHN et al. (2003b, 4) nicht nur den reibungslosen Ablauf der Marktprozesse, sondern rechtfertigt gleichfalls verbraucherpolitische Eingriffe im Lebensmittelmarkt zum Schutze der Konsumenten.

Die Informationsökonomie beschäftigt sich mit den Kosten, die mit der Beschaffung und Bereitstellung von verbunden sind. Es wird davon ausgegangen, dass die am Markt agierenden Personen generell nicht mit vollständiger Information ausgestattet sind, sondern die Information zwischen den Akteuren asymmetrisch verteilt ist. Somit liefern die Auswirkungen und Überwindungsmechanismen derart unterschiedlicher Informationsstände sowie die dadurch erzeugten Unsicherheiten das Handlungsfeld der Informationsökonomie (vgl. KAAS, 1995, 4).

Symmetrische Information ist gegeben, wenn alle Handelnden die gleichen Informationen besitzen oder diese sich zu gleichen Bedingungen beschaffen können (vgl. REISS, 2007, 355). Mit asymmetrischer Informationsverteilung ist de facto gemeint, dass eine Partei mehr Informationen als die andere über vertragsrelevante Inhalte besitzt (vgl. SCHUMANN, 1992, 92). So weiß beispielsweise ein Anbieter an einem Markt über die von ihm angebotene Qualität Bescheid, während der Nachfrager Qualitätsunterschiede nicht erkennen kann und dadurch nicht in der Lage ist, sachlich fundierte Präferenzen zu bilden (vgl. SCHUMANN, 1992, 416). Problematisch werden diese In-

## Wissenschaftstheoretische Positionierung

formationsasymmetrien vor allem dann, wenn den beteiligten Akteuren opportunistisches Verhalten nachgesagt werden kann, wenn also jemand nur auf seinen eigenen Vorteil bedacht und bereit ist, seinen Marktpartner zu täuschen, sobald keine Sanktionen zu befürchten sind (vgl. LIPPERT, 2005, 27).

*Informationsasymmetrie* und *Opportunismus* können in zwei unterschiedlichen Konstellationen auftreten:

- Informationsasymmetrie *vor* Vertragsabschluss in Verbindung mit Opportunismus (ex-ante) oder
- Informationsasymmetrie *nach* Vertragsabschluss in Verbindung mit Opportunismus (ex-post)

Asymmetrische Information – dass der Verkäufer mehr über das Produkt weiß als der Käufer – ist die übliche Situation am Markt. Ex-ante-Opportunismus kann sich als Folge dieser asymmetrischer Information entwickeln, eben wenn der Käufer die Qualität nicht beurteilen kann und es ihm somit unmöglich ist, den Unterschied zwischen „guter" und „schlechter" Ware zu erkennen. Infolgedessen könnte „schlechte" Ware zum selben Preis wie „gute" verkauft werden, und somit wäre „schlechte" Ware imstande, „gute" Ware vom Markt zu verdrängen.

AKERLOF (1970, 489 f) veranschaulicht dieses *„Saure-Gurken-Problem"* (engl. *„Lemon problem"*) mit dem Beispiel des Gebrauchtwagenmarktes, auf dem sowohl gute als auch schlechte Autos („Lemons") angeboten werden. Da die Information über die Qualität der Fahrzeuge asymmetrisch verteilt ist, kennen nur die Verkäufer die Qualität der angebotenen Wagen. Der Käufer kann somit keinen Unterschied zwischen guten und schlechten Modellen feststellen und wird folglich einen Erwartungswert für die Qualität bilden, der zwischen guter und schlechter Qualität liegt, und daraus einen Preis ableiten, den er maximal zu zahlen bereit ist. Für die guten Autos, deren Mindestverkaufspreis über dem Maximum des Käufers liegt, kommt somit kein Vertrag zustande. Für die Verkäufer von „Lemons" ist der Verkauf jedoch attraktiv, da ihr Mindestverkaufspreis unter dem Maximum des Käufers liegt. Die guten Anbieter werden also vom Markt gedrängt, am Ende werden nur noch schlechte Gebrauchtwagen angeboten. Damit kommt es zum Marktversagen und einer ineffizienten Lösung.

Dieser Prozess, in dem es auf einem Markt aufgrund von Informationsasymmetrie systematisch zu suboptimalen Ergebnissen kommt, wird als *adverse Selektion* bezeichnet.

Bezogen auf den Lebensmittelsektor liegt die asymmetrische Information – der Verkäufer weiß mehr über das Produkt als der Käufer – dann vor, wenn der

Käufer die Qualität der Produkte nicht beurteilen kann, weil er nicht in der Lage ist, gewisse Kriterien zu überprüfen. So kann der Konsument selbst z. B. nicht objektiv überprüfen, welchen Gesundheitsnutzen ein Lebensmittel hat oder ob es den Bio-Kriterien entspricht; er muss auf die Aussagen des Verkäufers vertrauen. Man spricht in diesem Zusammenhang von sogenannten Vertrauenseigenschaften (siehe Abbildung 5).

Je nach Grad der Informationsasymmetrie zwischen Anbieter und Nachfrager lassen sich verschiedene Gütereigenschaften anhand ihrer Qualitätscharakteristika unterscheiden:

| Sucheigenschaften | Erfahrungs-eigenschaften | Vertrauens-eigenschaften |
|---|---|---|
| Eigenschaften durch Inspektion vor dem Kauf überprüfbar | Bei Ge- oder Verbrauch zeigt sich die tatsächliche Qualität | Informationskosten für einzelne Käufer zu hoch; Drittinstitutionen können das Endprodukt überprüfen |
| zunehmende Informationsasymmetrie ⟶ | | |

**Abbildung 5:** Informationsökonomische Gütertypologie
Quelle: verändert nach JAHN et al. (2003b, 4)

Die Differenzierung erfolgt dabei nach dem Ausmaß der Beurteilungsmöglichkeit durch die Nachfrager (vgl. LIPPERT, 2005, 28 f; LÄSEKE, 2004, 198).

Die *Sucheigenschaften* sind Eigenschaften eines Gutes, welche bereits vor dem Kauf ohne Nutzung wahrgenommen werden können. Es handelt sich dabei um beobachtbare Eigenschaften (z. B. die Farbe eines Apfels).

*Erfahrungseigenschaften* sind ex-ante vom Konsument noch nicht wahrnehmbar, sie können erst im Lauf des Ge- oder Verbrauchs durch entsprechende Erfahrung beurteilt werden (z. B. der Geschmack eines Apfels). Auch Fremderfahrungen, wie z. B. der Verein für Konsumenteninformation oder Stiftung Warentest, können hinzugezogen werden.

*Vertrauenseigenschaften* lassen sich weder vor noch nach der Nutzung überprüfen (z. B. Pestizidfreiheit des Apfels). Einerseits kann die Überprüfbarkeit objektiv unmöglich sein, andererseits können die Kosten für die Informationssammlung und -bewertung zu hoch sein. Der Konsument muss sich somit darauf verlassen, dass die vom Hersteller versprochene Qualität auch tatsächlich vorliegt. Es besteht einzig die Möglichkeit, Qualitätsdefizite durch

# Wissenschaftstheoretische Positionierung 2

eingehende Untersuchungen seitens Verbraucherschutzorganisationen, Staat oder Konkurrenten mittels eingehender Untersuchungen des Endproduktes aufzudecken (vgl. JAHN et al, 2003b, 4f). Genau an dieser Stelle setzt das Qualitätsmanagement an, und es ergibt sich der Anwendungsbereich von Qualitätsmanagementsystemen, um die Vertrauenseigenschaften eines Produktes sicherzustellen.

Jedes Gut konstituiert sich aus diesen drei genannten Eigenschaften, die zusammen 100% ergeben (vgl. LÄSEKE, 2004, 199). Die genaue Zusammensetzung divergiert allerdings, da die Wahrnehmung der Leistungsmerkmale auf subjektiver Basis erfolgt (vgl. BILLEN, 2003, 41).

Außerdem lässt sich festhalten, dass mit zunehmender Informationsasymmetrie die nachfragerseitige Unsicherheit über die Qualität eines Gutes zunimmt.

Der Grad der Informiertheit ist auf die subjektiven Schwierigkeiten der Nachfrager bei der Beurteilung der entscheidungsrelevanten Leistungseigenschaften zurückzuführen. Die Ursachen für die Beurteilungsschwierigkeiten liegen in der generellen Beurteilungsmöglichkeit, dem Zeitpunkt der Beurteilungsmöglichkeit sowie in den Beurteilungskosten (siehe Abbildung 6). Gerade durch das Berücksichtigen der Beurteilungskosten kann die, auf Kosten-Nutzen-Überlegungen basierende, bewusste Entscheidung des Nachfragers besser miteinbezogen werden (vgl. BILLEN, 2003, 40).

| | | Beurteilungsmöglichkeit der Qualität | | |
|---|---|---|---|---|
| | | Ja | | Nein |
| | | Zeitpunkt der Beurteilbarkeit | | |
| | | *vor* dem Kauf | *nach* dem Kauf | |
| Beurteilungsbereitschaft wegen Höhe der Beurteilungskosten | prohibitiv hoch | Vertrauens- bzw. Erfahrungseigenschaft* | Vertrauenseigenschaft | Vertrauenseigenschaft |
| | nicht prohibitiv hoch | Sucheigenschaft | Erfahrungseigenschaft | |

\* Erfahrungseigenschaft im Sinne von Fremderfahrungen, wie z. B. Stiftung Warentest

**Abbildung 6:** Abgrenzung der Qualitätseigenschaften nach drei zentralen Differenzierungskriterien

Quelle: nach BILLEN (2003, 41) in Anlehnung an RAFF (2000, 53)

JAHN et al. (2003b, 4) verwenden neben den Begriffen Such-, Erfahrungs- und Vertrauenseigenschaften den Terminus Potemkinsche Eigenschaften. Diese zeichnen sich dadurch aus, dass am Endprodukt weder durch den Käufer noch durch externe Institutionen eine Qualitätsüberprüfung vorgenommen werden kann.

| Sucheigenschaften | Erfahrungseigenschaften | Vertrauenseigenschaften | Potemkinsche Eigenschaften |
|---|---|---|---|
| Eigenschaften durch Inspektion vor dem Kauf überprüfbar | Bei Ge- oder Verbrauch zeigt sich die tatsächliche Qualität | Informationskosten für einzelne Käufer zu hoch; Drittinstitutionen können das Endprodukt überprüfen | Prozessqualitäten, die am Endprodukt nicht mehr nachkontrolliert werden können |

⟶

**zunehmende Informationsasymmetrie**

Abbildung 7: Informationsökonomische Gütertypologie
Quelle: JAHN et al. (2003b, 4)

Potemkinsche Eigenschaften verkörpern oftmals Prozessqualitäten, die am Endprodukt auch bei einer Laboranalyse nicht mehr nachkontrolliert werden können. Beispiele hierfür wären die geografische Herkunft eines Produktes oder die artgerechte Tierhaltung.

Vergleicht man Vertrauenseigenschaften mit Potemkinschen Eigenschaften, ist es laut JAHN et al. (2003b, 5) bei Ersteren möglich, mittels Selbstbindung der Anbieter ein glaubwürdiges Qualitätssignal an die Nachfrager zu senden und so die Informationsasymmetrie aufzuheben. Die Nachfrager würden diesem Signaling vertrauen, da eine realistische Chance besteht, dass die Qualitätsmängel aufgedeckt werden. Bei Letzteren hingegen ist das Informationsdefizit nicht überbrückbar. Da es wegen fehlender Überprüfungsmöglichkeiten möglich ist, Qualitätsaussagen weitgehend risikolos zu tätigen, kann es zu Prozessen der adversen Selektion und somit zu Marktversagen kommen.

Dem ist nur entgegenzuwirken, indem die Vertrauenswürdigkeit des Anbieters glaubhaft kommuniziert wird. Da bei Potemkinschen Eigenschaften, z. B. Umwelt- und Tierschutz betreffend, keine glaubwürdige Selbstbindung der Anbieter möglich ist, bieten Zertifizierungskonzepte mit neutraler Prüfor-

# Wissenschaftstheoretische Positionierung 2

ganisation eine Lösung. Die daraus resultierenden Produktnormen, Bewirtschaftungssauflagen und Qualitätsregelungen spiegeln diese spezifischen Produkt- und Prozesseigenschaften (Vertrauens- und Potemkinsche Eigenschaften) wider. Derartige Konzepte sind in der Lebensmittelbranche von besonderer Relevanz, da sie auf die gesamte Wertschöpfungskette bezogen sind und eine prozessbegleitende Prüfung sicherstellen (vgl. AURIOL und SCHILIZZI, 2003, 2 ff). Da diese Konzepte auch die Gefahr der normativen Irreführung in sich bergen, bedürfen sie einer Prüfung durch unabhängige Dritte auf Basis extern geregelter Anforderungen. Nur wenn es gelingt, Reputation für ein Zertifizierungskonzept aufzubauen, kann die Funktionsweise des Marktes gesichert werden, da der dem Konzept zugrundeliegende Qualitätsstandard seinerseits ein Potemkin-Gut darstellt (vgl. JAHN et al., 2003b, 5). „In general, the value of the labeling service depends on the credibility and reputation of the entity providing the service" (GOLAN et al., 2000, 11). Hierfür sind hohe spezifische Investitionen und strategisches Commitment der Akteure der Agrar- und Ernährungsmittelbranche notwendig, und gleichfalls muss die institutionelle Ausgestaltung des Zertifizierungssystems so vorgenommen werden, dass die Anreize für opportunistisches Verhalten möglichst minimiert werden (vgl. JAHN et al., 2003b, 6).

Betrachtet man zusammenfassend die vorliegenden agrarökonomischen Forschungsfragen aus einer institutionenökonomischen Perspektive, lässt sich feststellen, dass diese durchwegs auf Beziehungs- und Akteurskonstellationen fokussieren und ein Zusammenspiel diverser Theorien sinnvoll erscheinen lassen. Die Institutionenökonomie scheint geeignet, die formalen und auch informellen Strukturen von Qualitätsmanagementsystemen zu erfassen, wobei Institutionen verstanden werden als „ein System von Regeln, Zustimmungsverfahren und moralischen bzw. ethischen Verhaltensnormen mit dem Zweck, das Verhalten von einzelnen im Interesse der Maximierung des Vermögens bzw. des Nutzens zu beschränken" (NORTH, 1988, 207). Aus Sicht der Institutionenökonomie werden die Durchsetzung und der Erfolg der Einhaltung von Verträgen beleuchtet, wobei die Regeln und die Organisation der Interaktion sowie die Beziehungen zwischen den Akteuren von zentraler Relevanz sind. Ein weiterer institutionenökonomischer Fokus liegt auf den zur Durchsetzung und Koordination dieses Regelsystems erforderlichen Mechanismen – auf dem Governance System (vgl. BOCK und POLACH, 2008, 429 f). Somit bildet die Institutionenökonomie die theoretische Basis für die rechtlichen Rahmenbedingungen zur Implementierung bzw. Umsetzung von Qualitätsmanagementsystemen.

## 2.6 Entscheidungstheoretische Betrachtung

SCHNEEWEISS (1991, 82) spricht von einer rationalen Entscheidung, wenn aus einer Menge von Alternativen nach Maßgabe eines oder mehrerer Ziele oder nur vager Zielvorstellungen eine Auswahl getroffen wird. Während der Entscheidungsbegriff im allgemeinen Sprachgebrauch vor allem dann angewendet wird, wenn ein Wahlproblem von besonderer Tragweite vorliegt, wird der Begriff „Entscheidung" im Rahmen der Entscheidungstheorie weiter gefasst und beinhaltet „ganz allgemein die (mehr oder weniger bewußte [sic]) Auswahl einer von mehreren möglichen Handlungsalternativen..." (LAUX, 2005, 1).

Diverse Wissenschaftsdisziplinen beschäftigen sich mit der Modellierung und Betrachtung von Entscheidungen, wobei je nach Betrachtungsweise bei der Analyse von Entscheidungen unterschiedliche Schwerpunkte gesetzt werden. Das führt dazu, dass sich „das Gebiet der Entscheidungstheorie heute noch nicht als eine einheitliche, in sich geschlossene Theorie präsentiert, sondern als ein Forschungsgebiet, das noch nach wie vor tagtäglich von verschiedenen Disziplinen sowohl neue Fragestellungen als auch neue Impulse zur Lösung dieser Fragestellungen erhält" (ZIMMERMANN, 2008, 12).

Die Entscheidungstheorie hat ihre Grundzüge in einem funktionalen und teils formalen Modell, welches logische Regeln und Konventionen, wie Definitionen oder zu erfüllende Forderungen, umfasst. Sie ist von praktischen Erfahrungen unabhängig und hat als Ziel, Entscheidungsmethoden und -modelle zu entwickeln, mit denen optimale oder zumindest befriedigende Verhaltensweisen ermittelt werden können (vgl. WIEGAND, 2004, 164).

Die Analyse des Entscheidungsverhaltens kann zum Ziel haben, entweder vorschreibende (präskriptive oder normative) oder beschreibende (deskriptive Aussagen) zu gewinnen. Dementsprechend wird je nach Intention eine Einteilung in präskriptive oder deskriptive Entscheidungstheorie unternommen (vgl. LAUX, 2005, 1):

Die *präskriptive (normative) Entscheidungstheorie* beschreibt und erklärt nicht die tatsächlichen Entscheidungsprozesse, sondern zeigt, wie Entscheidungen rational getroffen werden sollten. Sie will somit Antworten geben auf die Frage, wie ein Entscheider in unterschiedlichen Entscheidungssituationen vernünftig agieren soll. Es wird dabei vom konkreten Gehalt der jeweiligen Entscheidungssituation weitgehend abstrahiert, vielmehr werden die Grundprobleme der Auswahl aus mehreren einander ausschließenden Handlungsmöglichkeiten untersucht.

Laut LAUX (2005, 2) stehen dabei Entscheidungen im Vordergrund, die zu treffen sind

## Wissenschaftstheoretische Positionierung 2

- in Bezug auf mehrere zueinander in Konflikt stehende Ziele (z. B. Maximierung des Einkommens versus Minimierung der Arbeitszeit) und/oder
- hinsichtlich einer ungewissen Zukunft (z. B. Ungewissheit über das Verhalten eines Konkurrenten).

Ziel der präskriptiven Entscheidungstheorie ist die Transformation der eigenen Zielvorstellungen in ein widerspruchsfreies Zielsystem, und darauf aufbauend, das Treffen einer Entscheidung, die mit diesem Zielsystem in Einklang steht (vgl. RIEDL, 2006, 101).

Die *deskriptive Entscheidungstheorie* zielt auf die Beschreibung und Erklärung von tatsächlichem, menschlichem Verhalten und versteht sich somit als eine Realwissenschaft, deren Aussagen den Anspruch haben, Aspekte der Realität wahrheitsgetreu abzubilden (vgl. ZIMMERMANN, 2008, 48). Ausschlaggebend ist dabei die Frage, wie Entscheidungen in der Realität tatsächlich getroffen werden und warum sie so und nicht anders lauten. Dafür wird das Entscheidungsverhalten in der Realität beschrieben und erklärt, um so empirische Hypothesen über menschliches Entscheidungsverhalten zu generieren (vgl. AHLERT, 2003). Die deskriptive Entscheidungstheorie weist daher enge Bezüge zur Psychologie und zur Soziologie auf (vgl. DOMSCHKE und SCHOLL, 2008, 47). Dieses Auffinden von empirisch gehaltvollen Hypothesen über das Verhalten von Individuen und Gruppen im Entscheidungsprozess bietet somit die Möglichkeit, bei Kenntnis der jeweiligen konkreten Entscheidungssituation Entscheidungen zu prognostizieren oder zu steuern (vgl. LAUX, 2005, 2).

Der deskriptive Entscheidungsbegriff unterscheidet sich vom abstrakten axiomatischen entscheidungslogischen Begriff vor allem dadurch, dass

- die Informationsbeschaffung und -verarbeitung relevanter Teil der Entscheidung wird,
- eine Entscheidung nicht mehr als situations- und kontextunabhängig betrachtet wird,
- das Instrumentarium der Entscheidungsfällung (insbesondere der Mensch) mit seinen Eigenschaften in Betracht gezogen wird (vgl. ZIMMERMANN, 2008, 48)

Somit wird bei der deskriptiven Entscheidungstheorie nicht mehr nur der Wahlakt, sondern der gesamte Entscheidungs- und Informationsverarbeitungsprozess betrachtet.

Damit in komplexen Entscheidungssituationen eine sachgerechte Wahl getroffen werden kann, macht es Sinn, das in der Realität vorliegende Entscheidungsproblem aus der Sicht des Entscheidungsträgers in ein *Entscheidungsmodell* überzuführen. Ein derartiges Modell stellt eine *vereinfachende*, aber *strukturgleiche*, zweckorientierte Abbildung eines realen Sachverhalts dar (vgl. KÖNIG, 2003, 146 f). Erst durch diese Vereinfachung, also die Reduktion auf die für die jeweilige Forschungsfrage wesentlichen Elemente und Relationen, wird die Formulierung eines Problems in Form eines mathematischen Systems möglich. Strukturgleichheit bzw. -ähnlichkeit mit dem realen Entscheidungsproblem ist unabdingbar, um Rückschlüsse von den Ergebnissen der Modellanalyse auf das Realproblem ermöglichen zu können. Dementsprechend müssen neben den Elementen und Eigenschaften des Realsystems im Modell auch die Beziehungen, die zwischen diesen Elementen und Eigenschaften bestehen, erfasst werden.

Obwohl Entscheidungsprobleme heterogen erscheinen mögen, ist eine Abbildung in ein Entscheidungsmodell möglich, da eine allgemeine Struktur existiert, die allen Entscheidungsproblemen zugrunde liegt (vgl. LAUX, 2005, 19 f). Dementsprechend weisen auch *Entscheidungsmodelle* eine gemeinsame Grundstruktur auf und stellen die Elemente jeder Entscheidung in Hinblick auf die Ziele dar (siehe Abbildung 8).

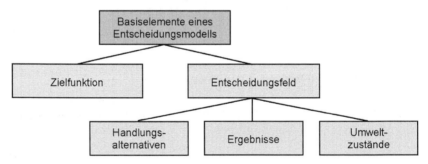

**Abbildung 8:** Basiselemente eines Entscheidungsmodells
Quelle: LAUX (2005, 20)

Üblicherweise erfolgt eine Unterscheidung zwischen Informationen über das Entscheidungsfeld und über die vom Entscheidungsträger verfolgten Ziele (vgl. KÖNIG, 2003, 1469).

Die einzelnen Basiselemente des Modells können nicht isoliert betrachtet werden, es bestehen enge Interdependenzen. So hängen etwa die Ergebnisse und Umweltzustände davon ab, welche Handlungsalternativen in die Überlegungen einbezogen werden, die erwogenen Alternativen werden von den Zielvorstellungen des Entscheiders beeinflusst, welche wiederum durch die Zielfunktion ausgedrückt werden (vgl. LAUX, 2005, 19 f).

## Wissenschaftstheoretische Positionierung 2

Die *Zielfunktion* des Entscheiders bildet dessen Zielvorstellung ab und ermöglicht eine Bewertung der Alternativen. Um rationale Entscheidungen treffen zu können, müssen folglich Zielvorstellungen existieren, auf deren Basis die erwogenen Alternativen hinsichtlich ihrer Konsequenzen miteinander verglichen werden können. Die Zielvorstellungen des Entscheidungsträgers werden somit als formale Darstellung einer Entscheidungsregel in der Zielfunktion abgebildet (vgl. ROMMELFANGER und EICKEMEIER, 2002, 12 f; WINKLER, s. a. 10).

Neben der Zielfunktion selbst sind auch die Präferenzvorstellungen des Entscheidungsträgers hinsichtlich der Ausprägung jedes einzelnen Zieles und im Vergleich zwischen den Zielen essentiell. Dahinter steht die Entscheidungsregel, die sich zusammensetzt aus:

- einer *Präferenzfunktion F*, die den einzelnen Handlungsalternativen $A_i$ Präferenzwerte $F(A_i)$ zuordnet und
- einem *Optimierungskriterium*, das zeigt, welche Ausprägung für den Präferenzwert angestrebt wird.

Das *Entscheidungsfeld* umfasst die modellmäßig erfassten Handlungsalternativen und Umweltzustände sowie die prognostizierten Ergebnisse je Alternative (vgl. DOMSCHKE und SCHOLL, 2008, 48 ff; KÖNIG, 2003, 146 f; LAUX, 2005, 20 ff; ROMMELFANGER und EICKEMEIER, 2002, 12 f,):

- Die *Handlungsalternativen A* beschreiben die Menge der dem Entscheidungsträger zur Verfügung stehenden Aktionen und stellen den Aktionsraum dar. Dieser muss wenigstens zwei Handlungsalternativen umfassen, da nur in diesem Fall ein Entscheidungsproblem vorliegt. Als Beispiel sei die Menge an Maschinen angeführt, die für ein bestimmtes Investitionsprojekt in Frage kommen.
- *Umweltzustände S* sind Entscheidungsparameter, die zwar eine Entscheidung beeinflussen, jedoch von den Entscheidungsträgern selbst nicht zu beeinflussen sind. Die Entscheidungsträger müssen die Umweltzustände akzeptieren bzw. hinnehmen. Solche Umweltzustände sind etwa rechtliche, sachliche, personelle oder finanzielle Rahmenbedingungen. Die Menge dieser Umweltzustände wird als Zustandsraum bezeichnet.
- Die *Ergebnisfunktion g: A x S → E* ordnet jeder Kombination von Aktion und Zustand $(a, s) \in A \times S$ eine Konsequenz $g(a, s) \in E$ zu. Orientiert sich der Entscheidungsträger nur an einer Zielgröße, z. B. am Gewinn, entspricht jedem Ergebnis ein bestimmter Wert dieser Zielgröße. Erfolgt die Orientierung an mehr als einer Zielgröße, z. B. am Gewinn und am Um-

satz, so entspricht jedem Ergebnis eine bestimmte Wertekonstellation dieser Zielgrößen.
Die Alternativen verkörpern dabei Variablen und sind vom Entscheider direkt oder indirekt beeinflussbar. Die Umweltzustände, die ebenfalls auf die Ergebnisse der Alternativen einwirken, werden hingegen vom Entscheidungsträger nicht beeinflusst.

Entscheidungsprobleme können nach unterschiedlichen Kriterien untergliedert werden. SCHNEEWEISS (1991, 93 ff) unterscheidet folgende Typologie:

- nach der *Anzahl der an einer Entscheidung beteiligten Personen* in: *Ein- oder Mehrpersonenentscheidungsprobleme*
- nach der *Anzahl der Ziele* in: *Ein- oder Mehrzielprobleme*
- nach dem *Bestimmtheitsgrad* in: *Entscheidungen unter Sicherheit, Risiko und Ungewissheit*
  Die Einteilung nach dem Bestimmtheitsgrad bezieht sich auf die Umweltzustände. Diese müssen im Modell berücksichtigt werden, da unterschiedliche *Entscheidungssituationen* vorliegen, abhängig davon, über welche Informationen der Entscheidungsträger über den Zustandsraum verfügt.
  *Entscheidung unter Sicherheit:* Der Entscheider weiß, welcher Zustand der wahre ist. Die eintretende Situation ist bekannt und dementsprechend auch das Ergebnis für jede Alternative, das bei Wahl dieser Alternative erzielt wird.
  *Entscheidung unter Unsicherheit:* Es ist nicht mit Sicherheit bekannt, welche Situation eintreten wird. Der Entscheider hält mindestens zwei Zustände für möglich, von denen sich genau einer ereignen wird. Man kann darüber hinaus unterteilen in:
  *Entscheidung unter Risiko:* Die Wahrscheinlichkeiten für das Eintreten bestimmter Umweltbedingungen sind bekannt. Somit kann der Entscheider den denkbaren Zuständen Eintrittswahrscheinlichkeiten zuordnen. Es liegt ein stochastisches Entscheidungsmodell vor.
  *Entscheidung unter Ungewissheit (Unsicherheit i. e. S.):* Die möglicherweise eintretenden Umweltzustände sind zwar bekannt, es können ihnen aber keine Eintrittswahrscheinlichkeiten zugeordnet werden.

Unternimmt man eine Einteilung nach der Anzahl der beteiligten Personen, so ergibt sich für eine *Einpersonenentscheidung* unter Berücksichtigung der anderen beiden Unterscheidungsmerkmale folgende Einteilung (vgl. SCHNEEWEISS, 1991, 94):

## Wissenschaftstheoretische Positionierung

**Tabelle 4:** Einpersonenentscheidungen

|  | Sicherheit | Risiko |
|---|---|---|
| ein Ziel | Entscheidung unter Sicherheit | Entscheidung unter Risiko |
| mehrere Ziele | Mehrzielentscheidungen | Mehrzielentscheidungen unter Risiko |

Quelle: SCHNEEWEISS (1991, 94)

Einzielentscheidungen unter Sicherheit sind entscheidungstheoretisch uninteressant, da sie bei Existenz einer Wertfunktion keine Schwierigkeiten bereiten.

Bei Mehrzielentscheidungen unter Sicherheit geht es darum, die Menge der Alternativen nach mehreren Attributen zu ordnen und gleichzeitig die Wichtigkeit der Ziele untereinander zu berücksichtigen. Mehrzielentscheidungsmodelle beschreiben die Realität zumeist besser als solche mit nur einer Zielsetzung (vgl. BAMBERG und COENENBERG, 2000, 48).

Einzielentscheidungen unter Risiko zeichnen sich im Gegensatz zu Mehrzielentscheidungen unter Sicherheit dadurch aus, dass nicht nur ein Zustand zu beachten ist, es können nach Maßgabe bestimmter Wahrscheinlichkeiten prinzipiell mehrere Zustände auftreten. Eine wesentliche Überlegung besteht darin, dass es dem Entscheider nicht gleichgültig sein kann, ob ein Ergebnis bei einer Entscheidung mit sehr hoher Wahrscheinlichkeit erwartet werden kann, oder ob Risiko besteht. Das heißt, es ist die Wahrscheinlichkeitsverteilung zu beurteilen, die mit einer bestimmten Entscheidung verbunden ist (vgl. SCHNEEWEISS, 1991, 99). Bei Mehrzielentscheidungen unter Risiko muss der Entscheidungsträger gleichzeitig noch zwischen unterschiedlichen Attributen abwägen (vgl. SCHNEEWEISS, 1991, 218).

Den vorangegangenen Ausführungen zufolge lässt sich vereinfacht sagen, dass die Probleme für den Entscheidungsträger immer dann auftreten, wenn eine ausreichende Informationsbeschaffung nicht möglich ist, oder die Entscheidung durch die Menge der zu bewältigenden Informationen so komplex wird, dass diese Informationsflut mit herkömmlichen Methoden nicht mehr bewältigt werden kann. Zur Unterstützung des Entscheidungsträgers stellt die Entscheidungstheorie mathematische Methoden bereit, die die Bewertung von Informationen ermöglichen. Ebenso soll das Entscheidungsinstrument helfen, das vorhandene Problem, das Ziel und die Informationen zu gliedern und klar zu strukturieren. Zwei dieser Methoden der Entscheidungstheorie bei mehrfacher Zielsetzung unter Sicherheit sind die einfachere Nutzwertanalyse (NWA) und der präzisere Analytische Hierarchieprozess (AHP). Bei diesen Methoden werden Kriterien und Alternativen dargestellt, verglichen und bewertet, um die optimale Lösung für eine Problemstellung oder Entscheidung zu treffen.

Die klassische Entscheidungstheorie im Sinne einer Einpersonenentscheidung gelangt dann an ihre Grenzen, wenn der Entscheidungsträger mit einem rationell handelnden Gegenspieler konkurriert, wenn also an einer Entscheidung mehr als eine Person beteiligt ist. Dies stellt somit ein *Mehrpersonenentscheidungsproblem* dar. In diesem Fall kommen die Hauptrichtungen der Mehrpersonenentscheidungen zum Tragen: die Kollektiventscheidungen und die spieltheoretischen Entscheidungen. Beiden gemein ist, dass mit einem Mehrpersonenentscheidungsprozess ein interpersoneller Austausch von Informationen, Einsichten und Meinungen einhergeht, um einen tragfähigen Kompromiss zu erreichen.

Bei *Kollektiventscheidungen* werden die individuellen Entscheidungen in den größeren Rahmen von Reglementierungen gestellt, den man in Gremien vorfindet, beziehungsweise können Entscheidungsträger auch Kollektive (Gremien) sein.

*Spieltheoretische Entscheidungen* sind Entscheidungen, bei denen die Reaktion eines Partners oder Gegners explizit bei der eigenen Entscheidung berücksichtigt wird (vgl. SCHNEEWEISS, 1991, 236 ff). Als Essenz wird mittels der Spieltheorie die Erkenntnis gewonnen, dass kooperatives Verhalten für die Beteiligten auch unter opportunistischen Grundbedingungen sinnvoll sein kann, da sonst eine für alle Beteiligten suboptimale Lösung zutage tritt. Die Herausbildung von Institutionen, wie gesellschaftliche Normen oder gegenseitiges Vertrauen, kann helfen, derartige Situationen zu überwinden (vgl. PICOT et al., 2003, 38 ff).

SYDOW (1992, 231) kritisiert allerdings, dass der spieltheoretische Ansatz die Antwort auf die Frage nach der konkreten Organisation der Interorganisationsbeziehungen schuldig bleibt.

Bezogen auf die Agrar- und Ernährungswirtschaft lässt sich dadurch die Implementierung von gesetzlichen Auflagen und die Bildung von Produktsicherheitssystemen erklären, ohne deren Vorliegen möglicherweise eine – dem Ausgang des Gefangenendilemma-Spiels entsprechend – für alle beteiligten Akteure nachteilige Situation erwachsen könnte.

Untersucht man das Qualitätsmanagement in der Agrar- und Ernährungswirtschaft, deren Institutionen, Strukturen und die entscheidungsrelevanten Faktoren, bietet die Entscheidungstheorie mögliche Ansatzpunkte. Aus entscheidungstheoretischer Sicht liefert die deskriptive Entscheidungstheorie

# Wissenschaftstheoretische Positionierung

eine Hilfestellung, entscheidungsrelevante Faktoren ausfindig zu machen, da sie untersucht, wie Entscheidungen in der Realität tatsächlich getroffen werden. Zudem scheinen vor allem Einpersonenentscheidungen mit mehreren Zielen unter Sicherheit geeignet, den Rahmen für eine Analyse der Funktionsweise von Qualitätsmanagementsystemen in der Agrar- und Ernährungswirtschaft zu liefern, da diese die Möglichkeit bieten, entscheidungsrelevante Faktoren nach mehreren Kriterien zu ordnen. Gleichzeitig erlauben sie, die Wichtigkeit der Ziele untereinander zu berücksichtigen, wodurch die Realität meist besser beschrieben werden kann.

## 2.7 Zusammenfassende Betrachtung

Die vorhergehenden Kapitel beleuchten das Qualitätsmanagement in der Agar- und Ernährungswirtschaft aus diversen wissenschaftstheoretischen Perspektiven und erlauben eine Einbettung in einen entsprechenden theoretischen Rahmen. Abbildung 9 demonstriert die wissenschaftlichen Ansätze in Verbindung mit den Institutionen, Strukturen und entscheidungsrelevanten Faktoren des Qualitätsmanagements in der Agrar- und Ernährungswirtschaft.

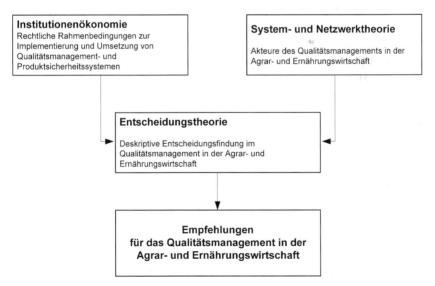

**Abbildung 9:** Wissenschaftstheoretische Betrachtung des Qualitätsmanagements der Agrar- und Ernährungswirtschaft zur Generierung praxisrelevanter Empfehlungen

# 2 Wissenschaftstheoretische Positionierung

Die Institutionenökonomie liefert die rechtlichen Rahmenbedingungen zur Implementierung bzw. Umsetzung von Qualitätsmanagement- und Produktsicherheitssystemen. Als dahinter stehende Organisationen agieren der Herausgeber eines Qualitätsmanagementstandards sowie der Gesetzgeber, der rechtliche qualitätsbezogene Vorgaben auferlegt. Gesetzgeber und Standardherausgeber steuern damit das individuelle Verhalten der Unternehmen der Agrar- und Ernährungswirtschaft und bringen die Unternehmen dazu, gewisse Qualitätsauflagen einzuhalten. Der Gesetzgeber formuliert dabei die gesetzlichen, für alle Unternehmen verpflichtenden Anforderungen, die der Standardherausgeber wiederum in seine Standards integriert. Der Standardherausgeber ermöglicht mit den freiwilligen Standards noch spezifischere qualitätssichernde Maßnahmen. Die Institutionenökonomie zielt mit diesen rechtlichen Rahmenbedingungen auch auf die konkrete Anwendung des Qualitätsmanagements im Unternehmen, die in den implementierten Qualitätsmanagementsystemen ihren Ausdruck findet.

Die Systemtheorie eignet sich dazu, den Systemcharakter der Qualitätsmanagementsysteme der Agrar- und Ernährungswirtschaft zu beschreiben. Sie verdeutlicht, dass die Systeme selbst sowie die Systempartner und die Faktoren, die die Qualitätsmanagementsysteme beeinflussen oder vice versa von ihnen beeinflusst werden, nicht nur als einzelne Elemente, sondern als komplexes System betrachtet werden müssen. Somit bietet die Systemtheorie den wissenschaftlichen Hintergrund, die Systeme in ihrer Gesamtheit, mit ihren in Interaktion stehenden Partnern und ihren Einflussfaktoren, zu erkennen und die Zusammenhänge genauer zu betrachten. Die einzelnen, im System beteiligten Akteure und deren Beziehungen zueinander werden durch die Netzwerktheorie besonders hervorgehoben. Die Berücksichtigung aller Partner des Netzwerkes, welche sich um Qualitätsmanagementsysteme arrangieren, ermöglicht dem Forscher ein umfassendes Einbeziehen der potenziellen Einflüsse aller agierenden Partner bzw. Faktoren. Als Netzwerkpartner seien Gesetzgeber bzw. Standardeigner als Träger der Systeme, weitere systemgestaltende Institutionen, die Unternehmen als Anwender der Systeme sowie deren Umfeld hervorgehoben.

Um die Bedeutung dieser einzelnen Einflussfaktoren für Qualitätsmanagementsysteme in der Agrar- und Ernährungswirtschaft zu erforschen, liefert die Entscheidungstheorie den wissenschaftlichen Hintergrund und hilft, die entscheidungsrelevanten Faktoren ausfindig zu machen. Als geeignete Methoden zur praktischen Umsetzung der deskriptiven Entscheidungstheorie, welche die Frage untersucht, wie Entscheidungen in der Realität getroffen werden, finden der Analytische Hierarchieprozesses sowie die Nutzwertanalyse konkrete An-

## Wissenschaftstheoretische Positionierung

wendung in der Arbeit des Forschers. Mittels dieser Analysemethoden können die entscheidungsrelevanten Faktoren nach mehreren Kriterien geordnet und die Bedeutung dieser Einflussgrößen hervorgehoben werden. Damit erhofft sich der Forscher, die Funktionsweise von Qualitätsmanagementsystemen der Agrar- und Ernährungswirtschaft, genauer gesagt, den Einfluss der entscheidungsrelevanten Faktoren analysieren zu können.

# 3 Die Agrar- und Ernährungswirtschaft im Kontext von Qualitätsmanagement und Produktsicherheit

Dieses Kapitel bietet einen Überblick über die Agrar- und Ernährungswirtschaft im Kontext von Qualitätsmanagement und Produktsicherheit. Die Lebensmittelherstellung erfährt sich als Prozess, sie wird als Wertschöpfungskette abgebildet und liefert die Grundlage für qualitätssichernde Maßnahmen. Darüber hinaus wird die Bedeutung des Wirtschaftsfaktors Agrar- und Ernährungswirtschaft in Österreich dargestellt, sowie die Qualitätsanforderungen in der Agrar- und Ernährungswirtschaft aufgezeigt. Der Fokus liegt dabei auf der Betrachtung der österreichischen Milchbranche.

## 3.1 Die Wertschöpfungskette in der Agrar- und Ernährungswirtschaft

Agrarprodukte als Primärerzeugnisse stellen die Ausgangsbasis für eine Vielzahl unterschiedlichster Güter dar. Dementsprechend vielfältig sind auch die Verarbeitungsstufen und Absatzwege. Die Einbettung der Landwirtschaft in den Prozess der Lebensmittelherstellung wird sehr deutlich, wenn man dabei die der Landwirtschaft zufließenden Vorleistungen und die von der Landwirtschaft ausgehende Kette der Verarbeitungs- und Handelsprozesse bis zur Endnachfrage der Verbraucher nach Nahrungs- und Genussmitteln betrachtet (vgl. TAMME, 2008, 1).

Abbildung 10 zeigt die Wertschöpfungskette der Lebensmittelherstellung von den vorgelagerten Bereichen der Landwirtschaft über die landwirtschaftliche Produktion, die Erfassungs- und Großhandelsstufen, die Weiterverarbeitung der Ernährungsindustrie bis zu den unterschiedlichen Schnittstellen zum Verbraucher in Lebensmitteleinzelhandel, Großverbraucher-Sektor oder anderen Schnittstellen. Umgangssprachlich meint dieses Gesamtsystem der Wertschöpfung den Bereich „*von Saatgut bis Fast Food*" und entspricht Begriffen wie *Agribusiness, Agrar- und Ernährungswirtschaft* oder dem Konzept der *Food Value Chain* (vgl. AFC, 2009, s. p.; PÖCHTRAGER und GROSSAUER, 2009, 125).

Diese Wertschöpfungskette ist der zentrale Punkt des Supply Chain Managements, welches die Food Chain als einen ganzheitlichen Prozess betrachtet, bei dem Lebensmittelsicherheit und Lebensmittelqualität sowie Rückverfolgbarkeit als wesentliche Aspekte behandelt werden (vgl. LANGE et al., s. a.).

# 3 Agrar-/Ernährungswirtschaft im Kontext von Qualitätsmanagement/Produktsicherheit

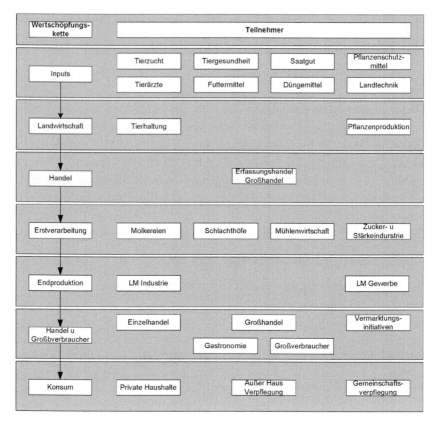

**Abbildung 10: Wertschöpfungskette Agrar- und Ernährungswirtschaft**
Quelle: eigene Darstellung, nach AFC (2009, s. p.) und BMLFUW (2009, 23 ff)

Die der landwirtschaftlichen Urproduktion vorgelagerten Bereiche umfassen Saatgut, Pflanzenschutzmittel, Düngemittel, Futtermittel, Landmaschinen, Veterinärbereich, Treibstoffe und Energie sowie Genossenschaften. Bei den nachgelagerten Bereichen der Verarbeitungsindustrie sind in Österreich im Rahmen der Erstverarbeitung die Molkereiwirtschaft, die Fleischwirtschaft, die Mühlenwirtschaft und die Zucker- und Stärkeindustrie hervorzuheben. Die Weiterverarbeitung erfolgt mittels Lebensmittelindustrie oder Lebensmittelgewerbe (vgl. BMLFUW, 2009, 23 ff).

Agrar-/Ernährungswirtschaft im Kontext von Qualitätsmanagement/Produktsicherheit  **3**

## 3.2 Wirtschaftsfaktor Agrar- und Ernährungswirtschaft

Die Agrar- und Lebensmittelwirtschaft zählt zu den bedeutendsten und traditionsreichsten Wirtschaftszweigen Österreichs (vgl. WKO, 2009a, 1). Sie ist wichtiger Arbeitgeber und zugleich Impulsgeber für die Erhaltung und Weiterentwicklung des ländlichen Raums. Betrachtet man allein den Agrarsektor – die Urproduktion selbst – machen die rund 175.000 in den land- und forstwirtschaftlichen Betrieben Beschäftigten (2008) österreichweit zwar nur einen Anteil von 4,7 % der Erwerbstätigen aus, für den ländlichen Raum jedoch stellt der Agrarsektor den größten Arbeitgeber dar (vgl. BMLFUW, 2003, s. p. und BMLFUW, 2009, 222).

Neben dem Bereich der landwirtschaftlichen Urproduktion gelten die Lebensmittelindustrie und das Lebensmittelgewerbe mit etwa 71.300 Beschäftigten in insgesamt 4.010 Betrieben (2009) als weitere Eckpfeiler der österreichischen Agrar- und Ernährungswirtschaft (vgl. BMLFUW, 2010, 188).

Die Beschäftigtenzahlen sind jedoch in vielen Berufen der Lebensmittelherstellung aufgrund des Strukturwandels mit seiner steigenden Automatisierung bei einigen Branchen wie Getreidemühlen oder Futtermittelhersteller stark rückläufig bzw. bei Branchen wie Bäckereien, Molkereien oder Käsereien leicht rückläufig. Wirtschaftsforschungs-Experten rechnen mit einem weiteren Beschäftigungsrückgang um 1,1 % bis zum Jahr 2012, wobei sich vermutlich vor allem Lebensmittelproduktionsarbeiter und Hilfskräfte mit sinkenden Beschäftigungsmöglichkeiten konfrontiert sehen werden. In der Konditor- und der Fleischverarbeitungsbranche sind die Aussichten stabiler und für höher qualifizierte Fachkräfte, wie Lebensmittel- und Gärungstechniker, dürften die Arbeitsmarktchancen intakt sein (vgl. AMS, 2009, s. p.).

### 3.2.1 Lebensmittelindustrie und Lebensmittelgewerbe

Industrie und Gewerbe unterscheiden sich grundsätzlich durch ihre Aufgabenteilung – durch die Befriedigung uniformer (Industrie) gegenüber differenzierter (Gewerbe) Bedürfnisse, durch eher instrumental (Industrie) gegenüber personal (Gewerbe) geprägtes Wirtschaften (vgl. GESSNER, s. a.).

Das österreichische *Lebensmittelgewerbe* beinhaltet 3.785 Gewerbebetriebe mit knapp 44.400 Beschäftigten (2009), wovon 3.038 Betriebe weniger als zehn Beschäftigte haben. Dies ist nur ein leichter Rückgang zum Vorjahr (vgl. BMLFUW, 2010, 188). Hingegen war im Jahr 2008 bei den Gewerbebetrieben mit zehn oder mehr Beschäftigten eine Veränderung von minus 15 % zum Vorjahr festzustellen (vgl. BMLFUW, 2009, 186).

## 3 Agrar-/Ernährungswirtschaft im Kontext von Qualitätsmanagement/Produktsicherheit

Laut WKO zählt die *Lebensmittelindustrie* innerhalb der Industriebranchen Österreichs zu den „Big 5" (vgl. WKO, 2009a, 1). Seit dem EU-Beitritt Österreichs hat sich aufgrund der dadurch bedingten, notwendigen Strukturumstellung die Anzahl der Betriebe der Lebensmittelindustrie im Zeitraum von 1995 bis 2001 um rund 20 % verringert und nimmt seither auf einem dem EU-Umfeld entsprechenden Niveau leicht ab (vgl. BMLFUW, 2008c, 56).

2009 gab es in den über 30 Lebensmittelbranchen 225 Industriebetriebe mit etwa 26.900 Beschäftigten und einem Jahresproduktionswert von zuletzt ca. 7 Mrd. € (vgl. BMLFUW, 2010, 188). Dies ist ein Rückgang von 7,6 %, nachdem das Produktionsvolumen 2008 eine Steigerung um fast 110 % gegenüber dem EU-Beitritt Österreichs im Jahr 1995 erfahren hatte (vgl. WKO, 2009a, 1). Der Rückgang im Jahr 2009 ist primär mit der Wirtschafts- und Finanzkrise und den sinkenden Rohwarenpreisen nach dem Agrarpreisanstieg der Jahre 2007/2008 begründet sowie mit dem Preiskampf im Lebensmitteleinzelhandel (vgl. BLAAS und DOMSCHITZ, 2010, 1; WKO, 2009b, s. p.). Ein weiterer Grund für den Rückgang des Produktionsvolumens 2009 war das sehr erfolgreiche Jahr 2008, welches durch die Fußball-EM und Erfolge im Export für viele Unternehmen der Lebensmittelindustrie das beste in ihrer Firmengeschichte war. Die österreichische Lebensmittelindustrie behauptet sich laut WKO (2009b, s. p.) aufgrund dieser vergleichsweise leichten Rückgänge als Konjunkturstabilisator, da das Produktionsvolumen der gesamten österreichischen Industrie im ersten Halbjahr 2009 um fast 20 % einbrach. Auch 2010 sind die Nachwehen der Wirtschaftskrise noch zu spüren und bescheren der Lebensmittelindustrie im ersten Halbjahr einen weiteren Rückgang um 4,4 % (vgl. BLAAS und DOMSCHITZ, 2010, 1 f).

Zu den umsatzstärksten Branchen der österreichischen Lebensmittelindustrie gehören: Brauindustrie, alkoholfreie Erfrischungsgetränkeindustrie, Süßwarenindustrie, Fleischwarenindustrie und Fruchtsaftindustrie (siehe Abbildung 11).

# Agrar-/Ernährungswirtschaft im Kontext von Qualitätsmanagement/Produktsicherheit 3

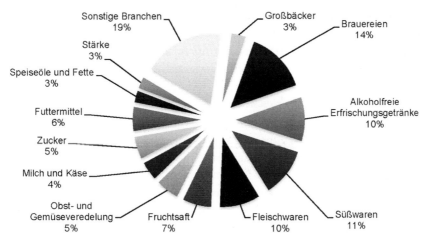

**Abbildung 11:** Umsatz der Lebensmittelindustrie nach Branchen, 2006
Quelle: nach BMLFUW, 2008c, 55

## 3.2.2 Agraraußenhandel

Qualität und Genuss ist laut WKO (2009a, 1) das Erfolgsrezept der österreichischen Hersteller, um sich nicht nur am Heimmarkt, sondern auch auf 180 Exportmärkten zu positionieren.

Der „Lebensmittelbericht 2008" verweist ebenfalls darauf, dass sich die österreichischen Erzeuger von Lebensmitteln und Getränken mit ihren Stärken Individualität und Qualitätsführerschaft neben der intensiven Bearbeitung des österreichischen Marktes auf den europäischen und internationalen Märkten positionieren (vgl. BLMFUW, 2008c, 54). So ist seit dem EU-Beitritt 1995 die Exportquote der österreichischen Agrar- und Lebensmittelwirtschaft von 12% auf über 40% im Jahr 2008 gestiegen. Die Lebensmittelindustrie ist dabei mit 60% Exportquote der Schrittmacher dieser Entwicklung, die Erzeugnisse der österreichischen Lebensmittelindustrie (höher verarbeitete Produkte – Zollkapitel 16 bis 24) stellen mit einem Anteil von fast 60% den wertschöpfungsintensivsten Bereich innerhalb der österreichischen Agrarausfuhren (Zollkapitel 1 bis 24), im Gesamtwert von 8 Mrd. €. Zu unseren „Exportkaisern" zählen neben Energy-Drinks, Limonaden und Eistee die österreichischen Süßwaren sowie Feinbackwaren und österreichische Mehlspeisspezialitäten. Entscheidend zum Exporterfolg der österreichischen Lebensmittelindustrie im Ausland tragen auch die Exporteure von Käse, Fruchtsäften, Jogurts, Wurst- und Fleischzubereitungen bei (vgl. WKO, 2009a, 1 f).

# 3 Agrar-/Ernährungswirtschaft im Kontext von Qualitätsmanagement/Produktsicherheit

Allerdings kann das Exportvolumen von 2008 im Jahr 2009 nicht mehr gehalten werden. Auch Österreichs Agrarexporte sind von den Auswirkungen der Finanz- und Wirtschaftskrise betroffen, und zwar fast alle Zollkapitel und der überwiegende Teil der Exportdestinationen.

So sind die Agrarexporte der Zollkapitel 1 bis 24 im 1. Halbjahr 2009 um -10,6 % rückläufig und erreichen „nur" ein Volumen von 3,6 Mrd. € (vgl. LEBENSMINISTERIUM, 2009b, s. p.).

Bezogen auf das Verhältnis zwischen Exporten und Importen, weist Österreich eine negative Agraraußenhandelsbilanz auf. Im Jahr 2008 stehen Exporte von agrarischen Produkten und Lebensmitteln im Wert von 7,96 Mrd. € Importen im Wert von 8,54 Mrd. € gegenüber (vgl. BMLFUW, 2009, 28). Ein wichtiger Grund für die strukturell negative Außenhandelsbilanz liegt darin, dass in Österreich viele Agrarerzeugnisse, wie Südfrüchte, Gewürze, Kakao, Kaffee, Reis etc., nicht gedeihen und daher importiert werden müssen. Der Anstieg der negativen Bilanz ist des Weiteren dadurch bedingt, dass einerseits handelspolitische Veränderungen, der €-Dollar-Kurs, Währungsabwertungen und die beginnende Wirtschaftskrise die Dynamik der Exporte bei wichtigen Erzeugnissen drosselten, und andererseits Preise für importierte Rohstoffe überdurchschnittlich anstiegen (vgl. LEBENSMINISTERIUM, 2009c, s. p.).

Österreichs bedeutendster Agrarhandelspartner sind die EU-Staaten. So gingen 2008 77,8 % der Exporte in den EU-Raum und 84 % der Importe kamen aus der EU, wobei die wichtigsten EU-Handelspartner Deutschland, Italien, Niederlande, Ungarn und Frankreich waren. Beim Agraraußenhandel mit den 12 neuen EU-Mitgliedsstaaten errechnete sich für Österreich eine positive Handelsbilanz. Aus den Reihen der Drittstaaten waren die USA, die Russische Föderation, Kroatien, Brasilien und die Türkei die wichtigsten Agrarhandelspartner (vgl. BMLFUW, 2009, 29).

## 3.3 Qualitätsforderung in der Agrar- und Ernährungswirtschaft

Der österreichische Lebensmittelbericht 2008 zeigt auf, dass sich aus dem steigenden Gesundheits- und Umweltbewusstsein der Konsumenten starke Impulse für den Lebensmittelsektor ergeben. Dies spiegelt sich auch in der Nachfrage nach qualitativ hochwertigen Lebensmitteln wider. Der Trend geht dabei verstärkt zu regionalen Produkten, deren Herkunft verfolgbar ist und die hinsichtlich ihrer Qualität genau kontrolliert und auch zertifiziert werden. Außerdem wird voraussichtlich der „ökologische Fußabdruck" („$CO_2$ footprint") von Lebensmitteln noch stärkere Beachtung finden (vgl. AMS, 2009, s. p.). Innovations- und Qualitätsführerschaft bei Produkten, Verfahren und Verpackungen sind ebenso unerlässlich, um den Erwartungen der Konsumenten im internationalen Wettbewerb zu entsprechen (vgl. BMLFUW, 2008c, 53). Solche Gegebenheiten verweisen auf die Notwendigkeit des Einsatzes von Systemen, die dem Ruf nach garantierter und kontrollierter Qualität sowie Rückverfolgbarkeit Folge leisten und einerseits dem Konsumenten Sicherheit, andererseits den Unternehmen eine Basis für wirtschaftliches Interagieren bieten.

Dies wird unterlegt durch Beispiele aus der Lebensmittel- und Futtermittelbranche. Aufgrund einer zunehmenden Sensibilisierung der Konsumenten bei Fleisch und Fleischverarbeitungsprodukten können Unternehmen dieser Branche durch gesteigerte Qualität und Produktvielfalt ihre Position behaupten, wobei Rückverfolgbarkeit und Markenprogramme zur Herkunftssicherung zu den dominanten unternehmerischen Strategien zählen (vgl. POCHTRAGER et al. 2006, 380). Dies gilt gleichfalls für die Milchwirtschaft (vgl. Pöchtrager et al., 2005, 9), die sich ebenso hoher Qualitätsstandards bedient, welche auf modernen Managementsystemen in der Qualitätssicherung und auf Rückverfolgbarkeit aufbauen (vgl. LEBENSMINISTERIUM, 2006, s. p.).

Die Qualitätssicherung kann hoheitlicher oder privatwirtschaftlicher Natur sein. Beiden Ansätzen zugrunde liegt die Frage, wer die primäre Verantwortung für eine umfassende Qualitätssicherung zu tragen hat und wie eine sinnvolle, effiziente und kostengünstige Verteilung von Eigen- und Fremdkontrolle zur Garantie eines hohen Nahrungsmittelniveaus ausgestaltet werden kann (vgl. SCHULZE und SPILLER, 2008, 9 ff). In den letzten Jahren überträgt der Staat die Primärverantwortung für Lebensmittelsicherheit zunehmend auf die Unternehmen der Agrar- und Ernährungswirtschaft. Daraus resultierte das Engagement der Privatwirtschaft, Anforderungen zur Lebensmittelsicherheit zu entwickeln (vgl. MÜNSTERER, 2007. s. p.).

*Qualitätssicherung auf hoheitlicher Ebene* meint staatliche Gesetze und Verordnungen, deren Einhaltung durch staatliche Kontrolleure oder auf privatwirtschaftlicher Basis durch staatlich akkreditierte Zertifizierungsunternehmen überprüft wird. Solche hoheitlich initiierte Systemansätze finden ihren Einsatzbereich dort, wo es aus verbraucherpolitischen Gründen notwendig erscheint. Dies betrifft vorrangig Lebensmittel mit einem hohen Anteil an Vertrauens- und Potemkineigenschaften, bei denen sich der Konsument nicht selbst von der Richtigkeit der Qualitätsangaben (z. B. Prozessqualität, GMO-Status, Herkunftsangabe, Zutaten) überzeugen kann (vgl. SCHULZE und SPILLER, 2008, 9 ff). Solche Charakteristika werden politisch definiert, „wobei die Höhe der Standards das Ergebnis komplizierter Zielfindungs- sowie Lobby- und Rent-Seeking-Prozesse ist" (SCHRAMM und SPILLER, 2003, 176).

Beispiele für hoheitliche Zertifizierungsansätze sind die Bio-Verordnung (EG) 834/2007, die die Kriterien regelt, unter denen es erlaubt ist, Lebensmittel als „biologisch" zu kennzeichnen, sowie die Verordnung (EG) 510/2006 zum Schutz von geografischen Angaben und Ursprungsbezeichnungen für Agrarerzeugnisse und Lebensmittel (vgl. SCHULZE und SPILLER, 2008, 9 ff).

Die Zielrichtung *privatwirtschaftlicher Systemansätze* divergiert in der Praxis erheblich und ist abhängig von den spezifischen (ökonomischen) Interessen der Akteure (vgl. JAHN et al., 2003, 4). In erster Linie dienen privatwirtschaftlich konzipierte Zertifizierungssysteme zur Absicherung der Standardqualität unter Beibehaltung der Marktflexibilität (vgl. SCHULZE und SPILLER, 2008, 9 ff).

Diese Systemansätze lassen sich nach verschiedenen Merkmalen einteilen. So kann man z. B. *nach den Abnehmern* dahingehend unterscheiden, ob das Zertifikat für das Endverbrauchermarketing (b2c) herangezogen wird oder allein auf organisationale Abnehmer (b2b) gerichtet ist (vgl. JAHN et al., 2003, 4). Hinsichtlich des *Verbreitungsgebietes* lassen sich nationale, europäische und globale Konzepte abgrenzen (vgl. HOLLERAN et al., 1999, 671). Ein weiteres Abgrenzungskriterium ist die *Reichweite innerhalb der Lebensmittelkette* mit branchenspezifischen Ansätzen und branchenübergreifenden Ansätzen (vgl. JAHN et al., 2003, 4 f). Insgesamt ist es von ausschlaggebender Bedeutung, *welche Institution das Zertifizierungssystem entwickelt und kontrolliert.*

JAHN et al. (2003, 5) messen die größte Bedeutung abnehmergetriebenen Modellen, welche zumeist vom Einzelhandel ausgehen, sowie wertschöpfungskettenübergreifenden Ansätzen bei.

Wie in Abbildung 11 des Kapitel 3.2.1 aufgezeigt, ist die österreichische Lebensmittelindustrie stark strukturiert. Die einzelnen Branchen divergieren in Bezug auf Produktion und Märkte und ergo auch in Bezug auf die daraus erwachsenden Anforderungen. Um die Funktionsweise von Qualitätsmanagementsystemen in der Agrar- und Ernährungswirtschaft zu analysieren, empfiehlt es sich, auf einen Ausschnitt der Struktur zurückzugreifen und sich auf eine Branche zu beschränken. Dementsprechend kann mit Hilfe vergleichender Studien eine Vielzahl von Fällen in Hinblick auf eine bestimmte Thematik betrachtet werden, wobei spezifische Inhalte des Expertenwissens mehrerer Personen, einander vergleichend, gegenübergestellt werden. Um gerade die Spezifika, die Gegenstand des Vergleichs sind, hervorkehren zu können, empfiehlt es sich, Untersuchungspartner zu wählen, die in möglichst vielen Dimensionen ähnliche Bedingungen aufweisen (vgl. FLICK, 2005, 254). Aufgrund bereits getätigter Forschungsarbeit in der Milchbranche wird diese

Agrar-/Ernährungswirtschaft im Kontext von Qualitätsmanagement/Produktsicherheit

Branche selektiert, da auf vorhandenes Fachwissen synergistisch aufgebaut werden kann. Dieses Wissen fußt auf den Erkenntnissen, welche im Zuge der Durchleuchtung der Logistikprozesse der Wertschöpfungskette Milch hinsichtlich der Qualitätsanforderungen in der gesamten Wertschöpfungskette gewonnen wurden (vgl. DÖRR et al., 2006, 26 ff; PÖCHTRAGER et al., 2009, 66 f). Des Weiteren erfährt diese Branche ihre Eignung dadurch, dass sie in sich relativ homogen strukturiert ist und dadurch gute Rahmenbedingungen aufweist, um den relevanten Forschungsbereich hervortreten zu lassen.

## 3.4 Milchbranche

Die Gesamtmilchanlieferung an die österreichische Molkereiwirtschaft beträgt 2,71 Mio. t. Diese Menge umfasst rund 85 % der gesamten Rohmilcherzeugung, die restlichen 15 % werden im Rahmen der Direktvermarktung sowie für die Verfütterung verwendet (vgl. BMLFUW, 2009, 48).

Österreichs Molkereistruktur zeigt 29 Molkereien und 48 Käsereien mit insgesamt 97 Produktionsstätten, 15 Milchsammelstellen und einem Lehrbetrieb in Tirol (vgl. BMLFUW, 2010, 22). Die Standorte der Molkereien und Käsereien konzentrieren sich auf die Bundesländer Vorarlberg, Tirol, Oberösterreich und Salzburg. In Wien und dem Burgenland gibt es keine Molkereibetriebe.

**Tabelle 5:** Die größten Molkereien Österreichs, Umsatz, Milchverarbeitung und Mitarbeiterzahl 2009

|  | Mio. € | Mio. kg | Mitarbeiter |
|---|---|---|---|
| Berglandmilch | 610 | 930 | 1.032 |
| NÖM-Gruppe (davon NÖM AG) | 385 (345) | 340 | 760 |
| Gmundner Molkerei | 165 | 300 | 300 |
| Tirol Milch | 136 | 217 | 320 |
| Käserei Rupp (kein Milchaufkäufer) | 105 | – | 380 |
| Alpenmilch Salzburg | 102 | 152 | 175 |
| Gebrüder Woerle | 98 | k. A. | 245 |
| Obersteirische Molkerei | 80 | 136 | 174 |
| Kärntner Milch | 79 | 95 | 170 |
| Pinzgau Milch | 73 | 74 | 130 |
| Ennstal Milch | 56 | 68 | 190 |

Quelle: GEBHART, 2010, s. a. und eigene Erhebung

# 3 Agrar-/Ernährungswirtschaft im Kontext von Qualitätsmanagement/Produktsicherheit

Tabelle 5 zeigt die größten Molkereien Österreichs, deren Umsatz, Milchverarbeitungsmenge sowie Mitarbeiterzahl. Bezogen auf die Unternehmensgröße gehen die fünf größten Unternehmen über die Größe eines KMU hinaus, die weiteren zählen zur Größenklasse der mittleren Unternehmen[3].

Österreichs Milchverarbeiter haben im Jahr 2009 mit 4.376 Mitarbeitern einen Umsatz von 1,98 Mrd. Euro erzielt, dies ist um 7,5 % weniger als im Jahr davor (vgl. BMLFUW, 2010, 22). Der Exportanteil der österreichischen Molkereiwirtschaft liegt wertmäßig bei 40 %, mengenmäßig bei etwas über 20 % (vgl. OÖ NACHRICHTEN, 2009, s. p.). Im internationalen Vergleich nimmt Österreich zwar nicht die Rolle der Kostenführerschaft ein, wohl aber die als Qualitätsführer (vgl. WEBER, 2009, s. p.).

Um dementsprechend wettbewerbsfähig zu agieren und die Wertschöpfung steigern zu können, ist gezieltes Augenmerk auf Qualität unumgänglich. Qualitätsverbesserung, eine gute Tiergesundheit, das Vermeiden von Seuchen und Tierkrankheiten sowie Qualitätssicherung und kreative Innovationen im gesamten Produktionsbereich sind wichtige Faktoren. Eine Vergleichsstudie der Universität Wageningen (NL) untersuchte die Milchbranche in Bezug auf Wachstum, Innovationskraft, Produktivität, Wertschöpfung sowie ihr Auslandsgeschäft und sprach Österreich die mit Abstand innovativste und wettbewerbfähigste Molkereiwirtschaft in der EU zu, gefolgt von Italien, Portugal und Finnland (vgl. TACKEN, et al., 2009, 69 f und 92).

Gründe hierfür liegen im Einsatz zeitgemäßer Technologie, kostengünstiger Milchansammlung, gentechnikfreier Fütterung, Verarbeitung von Biomilch, Produktinnovationen zur Marktdifferenzierung, Kooperationen mit anderen Unternehmen oder dem Exportengagement. Ein Beispiel wäre die nahezu flächendeckende Erzeugung gentechnikfreier Milch und der gezielte Einsatz des entsprechenden Qualitätsprogramms „gentechnikfrei", um Marktpositionen verteidigen bzw. neue Exportchancen eröffnen zu können. Diesem Programm wird eine Verbesserung der Wertschöpfung für die Milch-

---

3 Gemäß Auszug aus Artikel 2 des Anhangs zur Empfehlung 2003/361/EG definieren sich KMU wie folgt: „Die Größenklasse der Kleinstunternehmen sowie der kleinen und mittleren Unternehmen (KMU) setzt sich aus Unternehmen zusammen, die weniger als 250 Personen beschäftigen und die entweder einen Jahresumsatz von höchstens 50 Mio. EUR erzielen oder deren Jahresbilanzsumme sich auf höchstens 43 Mio. EUR beläuft" (EUROPÄISCHE GEMEINSCHAFTEN, 2006, 5). Die Schwellenwerte für die Mitarbeiterzahl sind unbedingt zu beachten, die Obergrenzen für Umsatz oder Bilanzsumme müssen nicht in beiden Fällen einhalten werden. Die KMU verlieren bei Überschreitung in einem der Fälle nicht den KMU-Status (vgl. EUROPÄISCHE GEMEINSCHAFTEN, 2006, 13).

# 3 Agrar-/Ernährungswirtschaft im Kontext von Qualitätsmanagement/Produktsicherheit

erzeuger von 4,12 Mio. EUR pro Jahr sowie ein zusätzlicher Marktvorteil am in- und ausländischen Markt zugesprochen (vgl. WEBER, 2009, s. p.). Auch das Qualitätsprogramm „Heumilch", das auf einer Produktion unter Verzicht von Silage beruht, zählt zu den Premiumprodukten der österreichischen Milchwirtschaft (vgl. AGRARMARKT AUSTRIA, 2007, s. p.).

WEBER (2009, s. p.) zeigt die Partner der Wertschöpfungskette Milch und verdeutlicht hiermit, dass die Vermarktung der Milch nicht mit der Milchabholung am Hof endet, sondern die Verarbeiter, die Industrie und der Handel bis hin zum Konsumenten eine wichtige Funktion als Partner der Wertschöpfungskette Milch einnehmen.

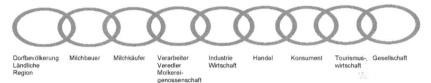

Abbildung 12: Wertschöpfungspartner in der Milch

Quelle: WEBER (2009, s. p.)

Somit kann man sagen, dass eine Steigerung der Wertschöpfung des Produktes Milch dann möglich ist, wenn (vgl. WEBER, 2009, s. p.):

- die Konsumenten mehr Milch und Milchprodukte konsumieren
- die Produkte zu ihrem Wert verkauft werden
- eine breite Vielfalt und Wahlmöglichkeit gegeben sind
- Produkte im Handel gelistet werden
- die Qualitätsvorstellungen des Kunden getroffen werden
- der Handel zufrieden ist
- die Produkte deutlich gekennzeichnet sind
- Markenprodukte eine starke Position gegenüber Handelsmarken haben
- viel Information weitergegeben und Werbung gemacht wird

Diese Ansprüche wiederum lassen sich nur durch die Einhaltung einer höchstmöglichen Qualität des Produkts befriedigen. Dementsprechende Relevanz weisen Qualitätsmanagementsysteme auf, um diesen Forderungen gerecht zu werden, die Wertschöpfung zu steigern und entsprechende Wettbewerbsfähigkeit zu erzielen.

Es handelt sich somit bei der Wertschöpfungskette Milch um eine Wertschöpfungskette, deren Bedeutung stärker als bei anderen nicht nur Industrie/Gewerbe und Handel, sondern vor allem den ländlichen Raum betrifft. Die Anforderungen punkto Qualitätssicherung und Rückverfolgbarkeit sind sehr spezifisch und komplex und die erwähnten Vertrauens- und Potemkineigenschaften (Bio, gentechnikfrei, Heumilch usw.) sind von entscheidender Bedeutung für den Erfolg der zugrunde gelegten Marketingstrategien. Somit eignet sich die Wertschöpfungskette Milch hervorragend, um die Struktur und Funktionsweise von Qualitätsmanagementsystemen exemplarisch darzustellen.

Wie bereits erwähnt, gilt als ein weiterer Grund für die besondere Eignung dieser Branche, dass die österreichische Molkereiwirtschaft sehr konzentriert ist. Zehn der elf größten österreichischen Molkereien (siehe Tabelle 5) verarbeiten rund 90% der Milchanlieferung von 2,71 Mio. t. Deshalb ist es möglich, mit dem geringen Sample dieser zehn Molkereien die österreichische Molkereibranche zu repräsentieren.

Die Grundlage der Qualitätssicherungsmaßnahmen im Milchbereich bilden die gesetzlichen Bestimmungen und, darüber hinausgehend, andere internationale Qualitätsmanagementsysteme sowie nationale Labels (vgl. HÖRL et al., 2009, 74). Tabelle 6 zeigt, welche unterschiedlichen Qualitätsmanagementzertifizierungen oder andere Verfahren zur Qualitätssicherung in der österreichischen Molkereibranche konkret gegeben sind. Aus Gründen des Datenschutzes werden die zehn Molkereien mit einem Code M1 – M10 versehen. Die Auflistung veranschaulicht, dass einige Qualitätsmanagement- bzw. Produktsicherheitssysteme, wie IFS, AMA-Gütesiegel, gentechnikfrei, Bio, HACCP, Codex und Rückverfolgbarkeit durchgängig in allen Unternehmen umgesetzt sind, während andere nur von einigen Molkereien verwendet werden und teilweise als Spezialisierung dienen (z. B. zurück zum Ursprung, Heumilch, Herkunftszeichen).

# Agrar-/Ernährungswirtschaft im Kontext von Qualitätsmanagement/Produktsicherheit

**Tabelle 6:** Verfahren zur Qualitätssicherung in den zehn größten Molkereien Österreichs

| | | Molkereien | | | | | | | | | |
|---|---|---|---|---|---|---|---|---|---|---|---|
| | | M1 | M2 | M3 | M4 | M5 | M6 | M7 | M8 | M9 | M10 |
| **Qualitätsmanagement- und Produktsicherheitssysteme** | ISO 9001:2008 | | | | | ✓ | | ✓ | | | |
| | IFS | ✓ | ✓ | ✓ | ✓ | ✓ | ✓ | ✓ | ✓ | ✓ | ✓ |
| | BRC | | ✓ | | | | ✓ | | | | |
| | AMA-Gütesiegel | ✓ | ✓ | ✓ | ✓ | ✓ | ✓ | ✓ | ✓ | ✓ | ✓ |
| | Heumilch | ✓ | | | | ✓ | | ✓ | ✓ | ✓ | ✓ |
| | Zurück zum Ursprung | | ✓ | ✓ | | | | ✓ | | ✓ | |
| | gentechnikfrei | ✓ | ✓ | ✓ | ✓ | ✓ | ✓ | ✓ | ✓ | ✓ | ✓ |
| | Bio | ✓ | ✓ | ✓ | ✓ | ✓ | ✓ | ✓ | ✓ | ✓ | ✓ |
| | Herkunftszeichen | | | | | | | | | ✓ | |
| | Genusstauglichkeitszeichen | ✓ | ✓ | ✓ | ✓ | ✓ | ✓ | ✓ | ✓ | ✓ | ✓ |
| | HACCP | ✓ | ✓ | ✓ | ✓ | ✓ | ✓ | ✓ | ✓ | ✓ | ✓ |
| | GMP | | | | | | | ✓ | | | |
| | Codex | ✓ | ✓ | ✓ | ✓ | ✓ | ✓ | ✓ | ✓ | ✓ | ✓ |
| | Rückverfolgbarkeit | ✓ | ✓ | ✓ | ✓ | ✓ | ✓ | ✓ | ✓ | ✓ | ✓ |

Im Folgenden werden die Qualitätsmanagement- und Produktsicherheitssysteme mit Relevanz für die Molkereibranche der österreichischen Agrar- und Ernährungswirtschaft näher beleuchtet. Für die Auswahl der Standards dienen die untersuchten zehn Molkereien. Es wird dabei unterstellt, dass die für die Molkereibranche relevanten Standards von diesen Unternehmen abgedeckt werden. Diese implementierten Standards (siehe Tabelle 6) werden den Qualitätsmanagement- bzw. Produktsicherheitssystemen zugeordnet und im folgenden Kapitel (Kapitel 4) vorgestellt.[4]

---

[4] Wie bereits in der Einleitung erläutert, erfolgt die anschließende institutionenökonomische Analyse sowohl für Qualitätsmanagement- als auch Produktsicherheitssysteme, obwohl sich die empirische Forschung auf den Kontext von Qualitätsmanagementsystemen beschränkt.

# 4 Institutionsökonomische Analyse von Produktsicherheitssystemen und Qualitätsmanagementsystemen mit Relevanz für die Agrar- und Ernährungswirtschaft

Die folgenden Ausführungen sollen neben der Beschreibung der Produktsicherheitssysteme und Qualitätsmanagementsysteme der österreichischen Agrar- und Ernährungswirtschaft mit Relevanz für die Milchbranche auch einen Einblick in die zugrunde liegenden Institutionen geben, wie z. B. die rechtlichen Rahmenbedingungen, welche Grundlage für die Implementierung bzw. Umsetzung derartiger Systeme sind. Bevor die einzelnen Produktsicherheitssysteme vorgestellt werden, werden deren rechtlicher Hintergrund und die ihnen zugrundeliegenden Gesetze aufgezeigt. Anschließend erfolgt die Darstellung der in der Molkereibranche angewendeten Qualitätsmanagementsysteme.

## 4.1 Institutionsökonomische Analyse von Produktsicherheitssystemen mit Relevanz für die österreichische Molkereibranche

### Rechtlicher Hintergrund

Das Lebensmittel- und Futtermittelrecht in Österreich ist in erster Linie geprägt durch die Rechtsvorschriften der Europäischen Kommission. Darüber hinaus bestehen eine Reihe nationaler Rechtsvorschriften.

Als Prämisse gilt, dass der Stufenbau der Rechtsordnung streng eingehalten werden muss. Dabei gilt grundsätzlich, dass:

- höher stehendes Recht weiter unten stehendes Recht aufhebt (z. B. EU-Recht gilt vor Österreichischem Recht) und
- die Inhalte umso konkreter werden, je weiter unten im Stufenbau die Rechtsvorschrift steht (in den Leitlinien für Küchenhygiene finden sich klare Anweisungen: „… sind die Speisen bei Temperaturen von mindestens 75 °C heiß zu halten") (vgl. ECOLAB, 2009, s. p.).

**Tabelle 7:** Stufenbau der Rechtsordnung

| MRK | (Menschenrechtskonvention, Völkerrecht) |
|---|---|
| EU-Recht: | Gesetze |
|  | Verordnungen (oder Richtlinien) |
| Österreichisches Recht: | Bundesverfassung – Landesverfassung |
|  | Gesetze – Landesgesetze |
|  | Verordnungen – Landesverordnungen |
|  | Erlässe |
|  | Weisungen |
|  | Leitlinien |

Quelle: ECOLAB, 2009, s. p.

## Europäische Gesetzgebung – Entwicklung des Lebensmittelrechtes

„Die Lebensmittelskandale der 90er Jahre – allen voran die BSE-Krise – machten deutlich, dass es an der Zeit war, die bis dahin auf der EU-Ebene bruchstückhaft erlassenen Einzelvorschriften zum Lebensmittelrecht (in der Regel EU-Richtlinien) durch ein einfacheres Gesamtkonzept zu ersetzen, das auch für den Verbraucher gut verständlich ist" (MLR, 2007, s. p.). Die Dringlichkeit dieser Maßnahmen verdeutlicht eine Eurobarometer-Umfrage vom November 2001, aus der hervorgeht, dass für die EU-Bürger die Lebensmittelsicherheit und der Umweltschutz die wichtigsten Ziele der Landwirtschaft sind (vgl. KLASZ, 2002, 1).

Der zunehmende internationale Handel mit land- und ernährungswirtschaftlichen Erzeugnissen erfordert die Entwicklung von global anerkannten Lebensmittel- und Gesundheitsnormen. Der Codex Alimentarius spielt hierbei eine zentrale Rolle. Er wurde von FAO und WHO mit dem Ziel gegründet, internationale Standards auf wissenschaftlicher Basis zu entwickeln, die den Lebensmittelhandel erleichtern und gleichzeitig das Niveau des gesundheitlichen Verbraucherschutzes erhöhen (vgl. KRIEGER, 2008, 23). Diese in Ausschüssen erarbeiteten und in einem Stufenverfahren verabschiedeten Standards haben keinen verbindlichen Charakter. Sie stellen vielmehr Empfehlungen für die Beschaffenheit von Lebensmitteln dar und dienen den einzelnen Mitgliedsstaaten als Richtschnur für ihre nationalen lebensmittelrechtlichen Regelungen. Der Codex Alimentarius hat aufgrund von zwei Han-

# Analyse von Produktsicherheitssystemen 4

delsübereinkommen[5] im Rahmen der WTO besondere Bedeutung, insofern als hier die Codexstandards als Referenz für die Verkehrsfähigkeit von Lebensmitteln im internationalen Handel gelten und somit in den WTO-Streitbeilegungsverfahren bei Handelskonflikten eine entscheidende Rolle spielen (vgl. BLASS, 2009, s. p. und LEBENSMINISTERIUM, 2007b, s. p.). Alle Mitgliedsstaaten der EU sind Mitglied im Codex Alimentarius, weiterhin ist die Europäische Gemeinschaft selbst als Mitglied der Kommission beigetreten, was den Einfluss der EU-Mitgliedsstaaten in dieser Organisation hebt (vgl. BMELV, 2006, s. p.).

Die Grundlage für den Prozess einer besser abgestimmten und vereinheitlichten Vorgehensweise im Bereich der Lebensmittelsicherheit bildet das *Weißbuch zur Lebensmittelsicherheit*, in welchem die EU-Kommission im Jahr 2000 ein entsprechendes Maßnahmenpaket vorgeschlagen hat. Als Ziel sollte das Lebensmittelrecht der EU ergänzt und modernisiert, sowie verständlicher, flexibler und für den Verbraucher transparenter gestaltet werden. Des Weiteren sollte ein hoher Standard der Lebensmittelsicherheit garantiert werden (vgl. LLM SCHWÄBISCH GMÜND, 2007, 3).

Auf Basis des Weißbuches wurde in den Jahren von 2002 bis 2005 durch immer mehr unmittelbare, gültige EU-Verordnungen schrittweise ein europäisches, harmonisiertes Lebensmittelrecht geschaffen.

## 4.1.1 Europäische Gesetzgebung – Rechtliche Vorgaben

Das europäische Lebensmittelrecht folgt einem ganzheitlichen Ansatz „from farm to fork" und regelt die Lebensmittelsicherheit in Europa mittels zentraler Verordnungen. Die Futtermittel sind in das Lebensmittelrecht einbezogen (vgl. LLM SCHWÄBISCH GMÜND, 2007, 3).

Die zentralen EU-Rechtsvorschriften sind:

- VO (EG) 178/2002: „EU-Basis-Verordnung"
- VO (EG) 852/2004, 853/2004, 854/2004: drei „EG-Lebensmittelhygieneverordnungen"
- VO (EG) 882/2004: „Lebensmittel- und Futtermittel-Kontroll-Verordnung"

---

5 Es sind dies das SPS-Übereinkommen über die Anwendung von gesundheitspolizeilichen und pflanzenschutzrechtlichen Maßnahmen und das TBT-Übereinkommen über technische Handelshemmnisse (vgl. LEBENSMINISTERIUM (2007b, s. p.).

Abbildung 13 verdeutlicht das Zusammenspiel dieser EU-Rechtsvorschriften: VO (EG) 178/2002 bildet die Basis, auf der die weiteren Verordnungen fußen. Diese Verordnungen erfüllen Grund- oder Zusatzanforderungen und haben ihren Fokus auf der Hygiene der Lebensmittel- bzw. Futtermittel im Unternehmen oder auf der Kontrolle der Lebens- bzw. Futtermittel in der Wertschöpfungskette.

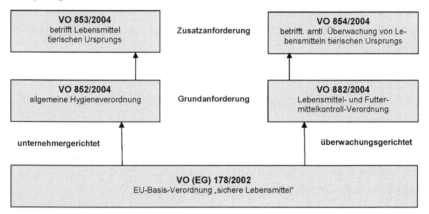

**Abbildung 13:** Zusammenspiel der zentralen EU-Verordnungen im Lebensmittel- und Futtermittelrecht

Quelle: nach KUHLES (s. a.)

Das europäische Lebensmittelrecht enthält einerseits die Grundsätze für die Lebensmittelsicherheit und bildet andererseits die Basis für weitere Maßnahmen (vgl. MLR, 2007, s. p.).

- Die Einführung des Begriffs der *„Rückverfolgbarkeit"* von Lebensmitteln oder Futtermitteln ist zentraler Bestandteil der Basisverordnung.
- Mit der Errichtung der *Europäischen Behörde für Lebensmittelsicherheit (EFSA)* wurde die zuvor von mehreren wissenschaftlichen Ausschüssen geleistete Arbeit unter ein Dach gebracht und die wissenschaftliche Risikobewertung für die Öffentlichkeit transparenter gestaltet.
- Die Stärkung des *Schnellwarnsystems* ermöglicht der Europäischen Kommission und den EU-Regierungsbehörden im Falle einer Lebens- oder Futtermittelkrise umgehend zu reagieren.

Die EU-Verordnungen sind unmittelbar wirksam und verbindlich und müssen nicht durch nationale Rechtsakte umgesetzt werden.

EU-Richtlinien hingegen verpflichten die Mitgliedsstaaten, bestimmte Ziele zu verwirklichen, wobei bei der Umsetzung der Richtlinie ein gewisser

Spielraum gegeben ist. Die Umsetzung erfolgt in der Regel mittels nationaler Gesetze oder Verordnungen.

Das Europäische Lebensmittelrecht legt somit die Ziele fest, die Umsetzung der Verordnungen divergiert zwischen den einzelnen EU-Mitgliedsstaaten und Kontrollbehörden und erfolgt mittels Leitlinien als Empfehlung zur praktischen Umsetzung (vgl. TÄHKÄPÄÄ et al., 2009, 664).

### EU-Basis-Verordnung VO (EG) 178/2002

VO (EG) 178/222

- zur Festlegung der allgemeinen Grundsätze und Anforderungen des Lebensmittelrechts,
- zur Errichtung der Europäischen Behörde für Lebensmittelsicherheit und
- zur Festlegung von Verfahren zu Lebensmittelsicherheit

Die Basisverordnung stellt den rechtlichen Rahmen für die Lebensmittelsicherheit inklusive Futtermittel dar. Sie deckt die gesamte Lebensmittelherstellungskette vom Erzeuger bis zum Verbraucher ab und legt für die gesamte EU einheitliche Bestimmungen für die Lebensmittelsicherheit fest. Mit dem Erlass dieser Verordnung ist die Forderung des Weißbuches zur Einrichtung einer Europäischen Lebensmittelbehörde erfüllt worden.

Die Norm gilt für alle EU-Staaten sowie für alle Lieferanten anderer Länder, die in einen EU-Staat Waren exportieren möchten (vgl. MARTI, 2005, s. p.).

Ein zentraler Punkt der Basisverordnung betrifft die *Rückverfolgbarkeit*. Laut dieser Verordnung müssen alle Lebensmittel- und Futtermittelunternehmen – wie Erzeuger, Verarbeitungsbetriebe oder Importeure – sicherstellen, dass alle Lebensmittel, Futtermittel und deren Zutaten über die gesamte Produktionskette hinweg vom Erzeuger bis zum Verbraucher verfolgt werden können; und dass dies gegebenenfalls den Behörden rasch mitgeteilt werden kann (vgl. EUROPÄISCHE GEMEINSCHAFTEN, 2007, s. p.; MLR, 2007, s. p.).

Neben der gesetzlichen Verpflichtung identifizieren HOLLMANN-HESPOS und THEUVSEN (2006, 55 f) sowie BLL (2009, s. p.) auch weitere Motive für die Errichtung von Rückverfolgbarkeitssystemen:

- *Gesetzliche Vorschriften*
  Neben der Lebensmittelbasisverordnung existieren weitere europäische und nationale Regelungen, die Rückverfolgbarkeit beinhalten.
  Themenbereiche sind dabei: weitergehende Regelungen für bestimmte Lebens- und Futtermittel, Regelungen zur Rückverfolgbarkeit von gentech-

nisch veränderten Organismen (GVO), Fragen der Produkthaftung sowie der Lebensmittelhygiene.

Für einzelne Produkte oder Produktbereiche, wie etwa Rindfleisch, gibt es Regelungen, die zum Teil deutlich über die allgemeinen Bestimmungen hinausgehen.

- *Rückverfolgbarkeit als Risikomanagementinstrument*
  Zur Verringerung von Schäden, die aus einem Warenrückruf resultieren, können Rückverfolgbarkeitssysteme einen wichtigen Beitrag leisten, da die Möglichkeiten der Schadensbegrenzung umso besser ist, je schneller und exakter die betroffene Charge und deren Verbleib geklärt werden können.
- *Rückverfolgbarkeit im Rahmen freiwilliger Zertifizierung*
  Implementiert ein Unternehmen ein freiwilliges, privatwirtschaftliches Qualitätsmanagementsystem, muss es die Anforderungen des betreffenden Standards umsetzen. Alle Standards beinhalten Vorschriften zur Dokumentation der Unternehmensabläufe und fordern direkt oder indirekt den Aufbau von Rückverfolgbarkeitssystemen.
- *Rückverfolgbarkeit als Instrument zur Optimierung der innerbetrieblichen Abläufe und der Zusammenarbeit mit Lieferanten und Abnehmern*
  Durch die erforderliche Dokumentation von Produktionsprozessen lassen sich Informationen generieren, die eine Verbesserung und Optimierung der Prozesse in und zwischen den beteiligten Unternehmen ermöglichen.
- *Rückverfolgbarkeit als Merkmal einer Differenzierungsstrategie*
  Durch die erhöhte Sicherheit und zusätzliche Produktinformationen, wie Herstellernachweise oder Prozessinformationen, lässt sich ein Zusatznutzen und somit ein Mehrwert für das Produkt generieren.
- *Erfüllung der Anforderungen von Stakeholdern*
  Die Bereitschaft, Rückverfolgbarkeitssysteme aufzubauen, wird davon beeinflusst, wie die Entscheidungsträger in den Unternehmen die Erwartungen der Stakeholder einschätzen.
- *Rückverfolgbarkeit als vertrauensbildende Maßnahme*
  Vertrauensbildung ist ein nicht zu vernachlässigendes Argument in Anbetracht der immer komplexer werdenden Warenströme, der weiteren Unterteilung der Verarbeitungsprozesse in Teilprozesse und des permanent wachsenden Angebotsmarktes.

Den Hintergrund für die Notwendigkeit, Rückverfolgbarkeitssysteme zu etablieren, liefern

- die immer komplexer werdenden Warenströme,

## Analyse von Produktsicherheitssystemen 4

- die weitere Unterteilung der Verarbeitungsprozesse,
- der immer größer werdende Angebotsmarkt und
- die gleichzeitig höher werdenden Anforderungen an die Gewährleistung der Lebensmittelsicherheit auf allen Stufen der Lebensmittelherstellung und Lebensmittelverteilung.

Die Rückverfolgbarkeit ermöglicht es somit, die gesundheitliche Unbedenklichkeit von Lebensmitteln und die Fernhaltung oder Verringerung von qualitätsmindernden Einflüssen auf Lebensmittel sicherzustellen (vgl. SEUFERT und HESSE, 2008, 44). Die Rückverfolgbarkeit zeigt sich dabei über verschiedene Verantwortungsstufen – über die gesamte Kette der Lebensmittelgewinnung, -herstellung und -vermarktung einschließlich der landwirtschaftlichen Urproduktion (vgl. BLL, 2009, s. p.), wobei jede Stufe der Herstellungskette zu beachten ist, da jedes Qualitätsmerkmal des Endproduktes auf einer ganz bestimmten Stufe entsteht. Die Qualität des Lebensmittels kann demnach durch Rückverfolgung auf die jeweilige Stufe charakterisiert werden (vgl. REINER, 2001, 2).

Auf jeder Stufe der Lebensmittel- und Futtermittelherstellungskette haben die Unternehmen, die zuständigen Behörden auf nationaler Ebene und die EU eindeutig festgelegte Aufgaben und Zuständigkeiten und müssen entsprechend reagieren, wenn ein Risiko festgestellt wird (siehe Tabelle 8).

Die so erzielte Rückverfolgbarkeit erlaubt es außerdem, auf Risiken, die möglicherweise bei Lebensmitteln und Futtermitteln auftreten, zu reagieren. Damit ist gewährleistet, dass diese Lebensmittel bedenkenlos verzehrt werden können (vgl. EUROPÄISCHE GEMEINSCHAFTEN, 2007, s. p.). In der Praxis bedeutet dies, dass der Warenfluss der angelieferten Lebensmittel nachvollziehbar gemacht werden muss, sodass im Falle einer Kontrolle durch die Lebensmittelbehörde oder bei einer Rückrufaktion eine Zuordnung der jeweiligen Lebensmittel zu den Vorlieferanten möglich ist. Durch die Möglichkeit, fehlerhafte Produkte oder Lieferungen zu isolieren, ist die Wirtschaftlichkeit einer Rückrufaktion gewährleistet (vgl. MELZER-RIDINGER, 2007, 261).

Die Rückverfolgbarkeit übernimmt somit drei Funktionen, nämlich

- die Feststellung der Warenherkunft – „one step up",
- die Feststellung der Warenabgabe – „one step down" sowie
- die Information der zuständigen Behörden (vgl. SEUFERT und HESSE, 2008, 124).

**Tabelle 8:** Aufgaben und Zuständigkeiten im Rückverfolgbarkeitssystem

| | Gesamtverantwortlichkeit | Maßnahmen, die ergriffen werden, wenn ein Risiko erkannt wurde |
|---|---|---|
| **Lebensmittel- und Futtermittelunternehmen** | • Ermittlung und Dokumentation von Angaben über Erzeugnisse in der vor- und nachgelagerten Stufe der Lebensmittelkette | • Sofortige Rücknahme der betroffenen Erzeugnisse vom Markt und erforderlichenfalls Rückruf von den Verbrauchern<br>• Vernichtung aller Partien, Lose oder Sendungen mit Futtermitteln, die den Lebensmittelsicherheitsbestimmungen nicht entsprechen<br>• Meldung des Risikos und der ergriffenen Maßnahmen an die zuständigen Behörden |
| **Behörden der Mitgliedsstaaten** | • Überwachung der Erzeugung, Verarbeitung und des Vertriebs von Lebens- und Futtermitteln, damit gewährleistet ist, dass die Unternehmen Rückverfolgbarkeitssysteme eingerichtet haben<br>• Festlegung und Durchsetzung entsprechender Sanktionen für Unternehmen, die die EU-Vorschriften über die Rückverfolgbarkeit nicht erfüllen | • Gewährleistung, dass die Unternehmer ihren Verpflichtungen nachkommen<br>• Einleitung entsprechender Maßnahmen zur Sicherung der Lebensmittelsicherheit<br>• Verfolgung des Risikos vorwärts und rückwärts entlang der Lebensmittelkette<br>• Meldung über das Schnellwarnsystem für Lebens- und Futtermittel |
| **Die EU** | • Ggf. Verabschiedung sektorspezifischer Vorschriften über die Rückverfolgbarkeit<br>• Durchführung regelmäßiger Inspektionsbesuche durch das Lebensmittel- und Veterinäramt der Europäischen Kommission, damit gewährleistet ist, dass die Lebensmittel- und Futtermittelunternehmer die Lebensmittelsicherheitsstandards wie etwa das Rückverfolgbarkeitssystem erfüllen | • Unterrichtung der Mitglieder des Schnellwarnsystems für Lebens- und Futtermittel durch die Europäische Kommission, wenn ein Risiko auftritt<br>• Anforderungen von Informationen bei den Unternehmen, um die Rückverfolgbarkeit zu ermöglichen und Koordination der Maßnahmen der nationalen Behörden<br>• Möglichkeit der Auferlegung von Einfuhr-/Ausfuhrbeschränkungen durch die Europäische Kommission |

Quelle: Europäische Gemeinschaften, 2007, s. p.

# Analyse von Produktsicherheitssystemen 4

Die zwei zentralen Anliegen in Bezug auf die Rückverfolgbarkeit lauten „*Tracking*" und „*Tracing*". Das bedeutet:

- *Tracking:* Wer hat mir ein bestimmtes Produkt geliefert?
- *Tracing:* An wen habe ich ein bestimmtes Produkt geliefert?

Dies ermöglicht, die vorangehende und die folgende Produktionsstufe festzustellen. Ausgenommen hiervon ist der Endverbraucher – dieser muss nicht rückverfolgt („ge-traced") werden können. Die Supply Chain kann je nach Situation länger oder kürzer sein, wobei auch Spediteure, Handelsorganisationen, Zwischenhändler, etc. als mögliche Lieferanten respektive Kunden gelten und daher auch erfasst werden müssen (vgl. MARTI, 2005, s. p.).

Alle Lebensmittel- und Futtermittelunternehmer müssen ihre Rückverfolgbarkeitssysteme so anwenden, dass sie in der Lage sind festzustellen, wo ihre Erzeugnisse herkommen und wo sie hingehen, um dies den zuständigen Behörden rasch mitteilen zu können.

Die von der EU veröffentlichten Leitfäden verpflichten den Unternehmer, Name und Adresse des Lieferanten und des Kunden eines Erzeugnisses sowie dessen Beschreibung und das Lieferdatum zu dokumentieren. Und er wird angehalten, Angaben über Größe oder Menge eines Erzeugnisses, Partiennummer und Beschreibung des Erzeugnisses aufzubewahren (vgl. EUROPÄISCHE GEMEINSCHAFTEN, 2007, s. p.).

Der Aufbewahrungszeitraum wird von jedem Akteur der Supply Chain selbst bestimmt. Um den Anforderungen zu genügen, orientiert er sich jedoch zumindest an der Mindesthaltbarkeit eines Erzeugnisses (vgl. MARTI, 2005, s. p.).

## EG-Lebensmittelhygieneverordnungen VO (EG) 852/2004, 853/2004, 854/2004

Hygiene bedeutet „der Gesundheit zuträglich" und umfasst verschiedene Teildisziplinen, wie Lebensmittel- und Futtermittelhygiene, Betriebs- und Umwelthygiene, Umfeld- und Anlagenhygiene, Küchenhygiene, Personalhygiene oder Tierhygiene (vgl. SEUFERT und HESSE, 2008, 43), und vereint alle Bedingungen und Maßnahmen, die für die Gewinnung, Verarbeitung, Lagerung und Distribution von Lebensmitteln erforderlich sind, um ein gesundheitlich unbedenkliches (sicheres), gesundes und bekömmliches Produkt zu erhalten, das zum menschlichen Verzehr geeignet ist (vgl. HEESCHEN, 2005, 1).

Die Lebensmittelhygiene ist im „Hygienepaket", einem Bündel von Rechtsakten mit Hygienevorschriften für Lebensmittel, geregelt. Das Paket enthält folgende Rechtsakte:

- VO (EG) 852/2004 über *Lebensmittelhygiene*, ergänzt durch die
- VO (EG) 853/2004 mit spezifischen *Hygienevorschriften für Lebensmittel tierischen Ursprungs* sowie die
- VO (EG) 854/2004 mit besonderen Verfahrensvorschriften für die *amtliche Überwachung von zum menschlichen Verzehr bestimmten Erzeugnissen tierischen Ursprungs*.

Diese drei EU-Verordnungen regeln die Lebensmittelhygiene in allen EU-Mitgliedsstaaten. Mittels dieser drei Verordnungen zur Lebensmittelhygiene sind das Hygiene- und Veterinärrecht zusammengefasst und vereinfacht.

## VO (EG) 852/2004

Die allgemeine Hygieneverordnung *VO (EG) 852/2004* bezeichnet den Ausdruck *Lebensmittelhygiene* als „... die Maßnahmen und Vorkehrungen, die notwendig sind, um Gefahren unter Kontrolle zu bringen und zu gewährleisten, dass ein Lebensmittel unter Berücksichtigung seines Verwendungszwecks für den menschlichen Verzehr tauglich ist" (EU PARLAMENT UND DER RAT DER EU, 2004, 10). Sie stellt somit die generelle Basisregelung der Lebensmittelhygiene für alle Betriebe in sämtlichen Bereichen der Lebensmittelkette einschließlich der Urproduktion dar. Sie gilt auch für die zuvor gesondert und abschließend geregelten Bereiche, unter anderem der Fleisch-, Fisch-, Milch- und Eierverarbeitung.

Diese Verordnung umfasst neben der eben erwähnten notwendigen Maßnahmen und Vorkehrungen ein allgemeines Hygienegebot und normierte Hygienevorschriften sowie eine allgemeine Meldepflicht für Lebensmittelbetriebe bzw. eine Zulassungspflicht für Schlacht-, Fleischzerlegungs- und Fleischverarbeitungsbetriebe (vgl. AICHER, 2009, 8). Es geht folglich um die Festlegung der zu erreichenden Ziele im Bereich der Lebensmittelsicherheit, wobei die Lebensmittelunternehmer selbst dafür verantwortlich sind, entsprechende Sicherheitsmaßnahmen zu ergreifen, um die gesundheitliche Unbedenklichkeit ihrer Erzeugnisse zu gewährleisten (vgl. EUROPÄISCHE UNION, 2007).

# 4 Analyse von Produktsicherheitssystemen

Die Tätigkeitsfelder für die Anwendung der Lebensmittelhygiene liegen auf folgenden Ebenen (vgl. SEUFERT und HESSE, 2008, 44):

- *Primärproduktion* (Urproduktion)
- *Prozesse und Behandlungsverfahren*:
  Erforschen hygienischer Gefährdungen und deren Umstände und Bedingungen.
  Entwickeln von Verfahren zur Verbesserung der Lebensmittelqualität zur Vorbeugung von Gesundheitsschäden, Verluste oder Verderb.
- *Identifizierung und Abschätzung von Gefährdungen*:
  Entwickeln und Umsetzen von Systemen zur Schaffung der Lebensmittelsicherheit,
  Sicherstellen der hygienisch einwandfreien Beschaffenheit von Rohstoffen, Zwischenproduktion bis hin zum Endprodukt.

Im Zuge der Verantwortlichkeit der Lebensmittelunternehmer für die Sicherheit der den EU-Verbrauchern angebotenen Lebensmittel müssen obligatorische Eigenkontrollprogramme angewendet werden. Ebenso müssen die Grundsätze des *HACCP-Konzepts* mit Ausnahme der Urproduktion in allen Sektoren der Lebensmittelverarbeitung, z. B. auch in der Weinbranche, befolgt werden (vgl. LEBENSMINISTERIUM, 2007a; PÖCHTRAGER und GROSSAUER, 2010, 386).

*HACCP (Hazard Analysis and Critical Control Points)* versteht sich als ein Konzept des Risikomanagements im Rahmen des Qualitäts- und Sicherheitsmanagements eines Unternehmens der Lebensmittelbranche (vgl. WKO, 2008, s. p.). Durch die entsprechende gesetzliche Verankerung ist das HACCP-System in den EU-Mitgliedsstaaten von allen Lebensmittelunternehmen verpflichtend umzusetzen, mit Ausnahmen der Primärproduktion und „kleiner Betriebe", bei denen eine gute Hygienepraxis in manchen Fällen die Überwachung der kritischen Kontrollpunkte ersetzen kann.

Ein HACCP-System beruht auf sieben Prinzipien, die im Unternehmen umgesetzt werden müssen (vgl. SEEWALD, 2005, 36; PÖCHTRAGER und GROSSAUER, 2008, 4f):

- Durchführung einer Gefahrenanalyse
- Identifizierung kritischer Kontrollpunkte (Critical Control Points – CCP)
- Fixierung der Grenzwerte
- Festlegung von Überwachungsmaßnahmen (Monitoring der CCP)
- Bestimmung von Korrekturmaßnahmen

- Festlegung von Verifizierungsverfahren zur Überprüfung der Wirksamkeit des HACCP-Systems
- Dokumentation der Verfahren und der einzelnen Prüfschritte

Laut MORTIMORE (2000, 209 ff) bedarf es aber mehr als dieser sieben Prinzipien, um HACCP im Unternehmen praktisch zu leben. So steht der Anwendung der sieben HACCP-Prinzipien eine sorgfältige Vorbereitung und Planung bevor, und erst eine exakte Realisierung des HACCP-Plans ermöglicht Nutzenstiftung. MORTIMORE (2000, 213) sowie KHANDKE und MEYES (1998, 103 ff) empfehlen bei der Umsetzung eine strukturierte, modulare Herangehensweise und eine Schulung des Personals, die deren positive Einstellung zu HACCP fördert. Sie unterstreichen ebenfalls die Wichtigkeit, das bereits implementierte HACCP-System zu evaluieren und möglichen geänderten Bedingungen anzupassen.

Die Unternehmen müssen ihr HACCP-System dokumentieren und der Lebensmittelkontrolle auf Verlangen vorlegen. Diese Eigenkontrolle dient dem Gesetzgeber als Nachweis, dass sich das Unternehmen intensiv mit allen möglichen Gefahren auseinandergesetzt hat (vgl. REINER, 2007, 14).

HACCP-Konzepte sind für alle Bereiche der Lebensmittelkette vom Erzeuger über Verarbeiter, Handel und Transport anwendbar. Sie sind heute weltweit von Behörden, Handelsverbänden und Lebensmittelindustrie als wichtige Grundlage von Managementsystemen akzeptiert. Somit bildet ein funktionierendes HACCP-Konzept als Grundlage eines Qualitätsmanagementsystems die Basis aller wesentlichen Standards (vgl. SEEWALD, 2005, 36).

## VO (EG) 853/2004

Die VO (EG) 853/2004 ergänzt die allgemeine Hygieneverordnung und enthält spezifische Hygienevorschriften für Lebensmittel tierischen Ursprungs. Diese sind erforderlich, um zur Schaffung des Binnenmarktes beizutragen und ein hohes Gesundheitsschutzniveau für den Verbraucher zu gewährleisten. Insbesondere ergänzt diese Verordnung die Lebensmittelhygiene in jenem Bereich, der die Zulassung von Unternehmen betrifft (vgl. EUROPÄISCHE GEMEINSCHAFTEN, 2008, s. p.).

Diese Verordnungen fordern eine Mitwirkungspflicht seitens der Unternehmen sowie deren Beschäftigten. Hygienisch einwandfreie Lebensmittel sollen nicht durch eine abschließende Kontrolle der Produkte, sondern durch eine kontinuierliche Verantwortung für jeden einzelnen Arbeitsschritt sichergestellt werden (vgl. FRÖHLICH, 2007, 36).

## VO (EG) 854/2004

Die VO (EG) 854/2004 fasst alle bisher produktspezifisch geregelten Vorgehen der Überwachungsbehörden bei Betriebszulassungen, Betriebskontrollen, Schlachttier- und Fleischuntersuchungen sowie bei der Erteilung von Genusstauglichkeitsbescheinigungen zusammen (vgl. AICHER, 2009, 8).

## Lebensmittel- und Futtermittelkontroll-Verordnung VO (EG) 882/2004

VO (EG) 882/2004

- über amtliche Kontrollen zur Überprüfung der Einhaltung des Lebensmittel- und Futtermittelrechts sowie
- der Bestimmungen über Tiergesundheit und Tierschutz

Diese Verordnung regelt die amtlichen Kontrollen bei Futter- und Lebensmitteln neu und sieht Kontrollen in allen Phasen der Produktion und in allen Bereichen vor. Damit erfahren die Grundsätze der EU-Basis-Verordnung eine konkrete Umsetzung. Das Ziel ist eine Harmonisierung der Tätigkeiten der Kontrolldienste, sowohl entlang der gesamten Kette als auch horizontal in den beteiligten Mitgliedstaaten und deren Behörden (vgl. WKO, 2007a).

Die Verordnung regelt die Pflichten und Aufgaben der zuständigen Behörden, d. h. sie legt die Aufgaben der EU bei der Organisation der Kontrollen fest und gibt vor, wie die nationalen Behörden die amtlichen Kontrollen durchzuführen haben und wie Verstöße zu ahnden sind.

Sie gilt jedoch nicht für amtliche Kontrollen, die der Einhaltung der Vorschriften für die gemeinsame Marktorganisation für Agrarerzeugnisse dienen.

Auf die Lebensmittel- und Futtermittelhersteller selbst wirkt sich die Verordnung indirekt über die von den Behörden zu vollziehenden Verfahren aus.

## Weitere EU-Rechtsvorschriften betreffend Lebens- und Futtermittel

Folgende EU-Rechtsvorschriften haben neben den oben genannten Verordnungen für österreichische Lebensmittel- und Futtermittelunternehmen grundlegende Bedeutung:

- Die EU-Verordnung *VO (EG) 2073/2005* regelt die *mikrobiologischen Kriterien* zur Beurteilung der Lebensmittelsicherheit und der Prozesshygiene

sowie Durchführungsvorschriften für den Lebensmittelunternehmer zu allgemeinen und speziellen Hygienemaßnahmen.
- Die „*Lebensmittelkontaktmaterialien-Rahmenverordnung*" VO (EG) 1935/2004 beschäftigt sich mit Materialien und Gegenständen, die dazu bestimmt sind, mit Lebensmitteln in Berührung zu kommen (vgl. AICHER, 2009, 5).
- *Lebensmittelrechtlich relevante Richtlinien* der Europäischen Gemeinschaft (des Europäischen Parlaments und des Rates), soweit diese nicht bereits durch österreichische Gesetze und Verordnungen vollständig in nationales Recht umgesetzt wurden (vgl. LMSVG, 2009, s. p.).
- Die *Cross-Compliance* ist für alle Landwirte, die Direktzahlungen erhalten, obligatorisch. Diese Zahlungen werden an die Erfüllung von Auflagen, betreffend die Grundanforderungen an die Betriebsführung und die Erhaltung des Landes in gutem landwirtschaftlichem und ökologischem Zustand, gekoppelt (vgl. EUROPÄISCHE KOMMISSION, 2009, s. p.).
- *Codex Alimentarius*

  Der Lebensmittelkodex (Codex Alimentarius) ist eine Sammlung von Normen für die Produktqualität und Sicherheit von Lebensmittel und dient somit als Grundlage für die Erarbeitung von weltweit gültigen Standards für Lebensmittel. Er wurde 1961 von der Lebensmittel- und Landwirtschaftsorganisation der Vereinten Nationen (FAO) und der Weltgesundheitsorganisation (WHO) eingerichtet (vgl. BLASS, 2002, s. p.) und entstand nach Vorbild des Österreichischen Lebensmittelkodex (Codex Alimentarius Austriacus[6]).

  Der Codex ist der international gängigste Verfahrenskodex zur Lebensmittelhygiene. Er ist eine Sammlung der von der Codex Alimentarius-Kommission angenommenen und in einheitlicher Form dargebotenen internationalen Lebensmittelstandards und somit eine Basis, auf der die Mitgliedstaaten ihre lebensmittelrechtlichen Bestimmungen harmonisieren sollen (vgl. LfL ERNÄHRUNGSWIRTSCHAFT, s. a., 3).

  Der Codex definiert die wesentlichen Grundsätze der Lebensmittelhygiene, die im Laufe der gesamten Lebensmittelkette von der Primärproduktion bis zum Endverbraucher anzuwenden sind, und gewährleistet so, dass die Lebensmittel unbedenklich und für den Verzehr durch Menschen geeignet sind. Er zeigt aber auch auf, wie derartige Grundsätze umgesetzt werden sollen. Dies macht den Codex in der Praxis extrem wertvoll. Außerdem bietet der Codex Alimentarius Leitlinien für die Ausarbeitung

---

6 Codex Alimentarius Austriacus: siehe Kapitel 4.1.2

# Analyse von Produktsicherheitssystemen 4

spezifischer Kodizes an, die für bestimmte Bereiche der Lebensmittelkette, der Lebensmittelverarbeitung und für bestimmte Erzeugnisse notwendig sein können, um Kriterien der Lebensmittelhygiene für derartige Bereiche festzulegen (vgl. KUHLES, s. a.).

Thematisch deckt der Codex *horizontale Bereiche* (wie z. B. Hygiene, Zusatzstoffe, Pestizide, Analysen und Probeverfahren, Kennzeichnung), aber auch *vertikale Produktgruppen* (wie Fleisch(waren) und Fisch, Milch oder Fruchtsäfte) ab.

Die Standards werden in Komitees erarbeitet und in einem Stufenverfahren mit bis zu 8 Entscheidungsschritten von der Codex Alimentarius-Kommission, dem obersten Gremium des Codex Alimentarius, endgültig verabschiedet (vgl. LEBENSMINISTERIUM, 2003, s. p.). Diese Standards und Empfehlungen für die Beschaffenheit von Lebensmitteln haben keinen verbindlichen Charakter und dienen den einzelnen Mitgliedstaaten als Richtschnur für ihre nationalen Rechtsetzungsakte (vgl. BLASS, 2002, s. p.). Somit versteht sich der Codex als Basis für andere Standards bzw. Systeme. Er empfiehlt beispielsweise, HACCP zur Garantie der Lebensmittelsicherheit anzuwenden (vgl. KUHLES, s. a.).

### 4.1.2 Nationale Gesetzgebung

Die Tatsache, dass das neue europäische Lebensmittelrecht auf Verordnungen und nicht wie bisher auf Richtlinien fußt, beeinflusst die nationale Gesetzgebung insofern, als Verordnungen unmittelbar in allen Mitgliedstaaten gelten, während Richtlinien eigene rechtliche Regelungen in jedem Mitgliedstaat nach sich ziehen (vgl. LLM SCHWÄBISCH GMÜND, 2007, 4). Das bedeutet für österreichische Lebensmittelunternehmer, dass diese Rechtstexte in Österreich automatisch gelten, das heißt sie müssen nicht erst zu einem österreichischen Gesetz umgeformt werden. Es ist aber noch immer nötig, verschiedene Bereiche der Umsetzung direkt in Österreich zu regeln.

Laut Österreichischem Bundesverfassungsgesetz (Art 10 (1) 12 B-VG) ist die Gesetzgebung und die Vollziehung im Bereich Ernährungswesen einschließlich der Nahrungsmittelkontrolle Bundessache und unterliegt der mittelbaren Bundesverwaltung. Das bedeutet, dass die Bundesverwaltung im Bereich der Länder durch den Landeshauptmann und die ihm unterstellten Landesbehörden geführt wird (Art 102 (1) B-VG) (vgl. GATTERBAUER, 2006, 12).

In Österreich ist somit der Bereich des Ernährungswesens und der Nahrungsmittelkontrolle auf Bundesebene mit dem Lebensmittelsicherheits- und Verbraucherschutzgesetz (LMSVG) gesetzlich verankert.

Der Landesebene obliegt keine gesetzgebende Funktion, jedoch obliegt dem Landeshauptmann laut § 24 LMSVG die Kontrolle der Einhaltung der lebensmittelrechtlichen Vorschriften, wobei hierbei die Einhaltung der oben genannten EU-Verordnungen und des LMSVG zu kontrollieren sind.

## Lebensmittelsicherheits- und Verbraucherschutzgesetz (LMSVG)

2006 wurde das österreichische Lebensmittelgesetz 1975, welches in 30 Jahren bis auf einige kleine Novellen beinahe unverändert geblieben ist, sowie das Fleischuntersuchungsgesetz 1982 durch das neue Lebensmittelsicherheits- und Verbraucherschutzgesetz (LMSVG) abgelöst. Somit wurde das österreichische Lebensmittelrecht an die EU-Gesetzgebung angepasst.

Die Ziele des LMSVG sind der Gesundheitsschutz sowie der Schutz des Verbrauchers vor Täuschung – auf der Basis von Risikoanalyse, Vorsorgeprinzip und Transparenz.

Das LMSVG regelt die Anforderungen an Lebensmittel, Wasser für den menschlichen Gebrauch, Gebrauchsgegenstände und kosmetische Mittel, gilt auf allen Produktions-, Verarbeitungs- und Vertriebsstufen und berücksichtigt damit das von der EU vorgegebene Prinzip „from the stable to the table". Es betrifft die Regelungen zur Fleischuntersuchung ebenso wie die Hygienevorschriften für Lebensmittel und deren Kontrolle (vgl. LEBENSMINISTERIUM, 2008a, s. p.). Vom Geltungsbereich ausgenommen sind lediglich die Primärproduktion für den privaten, häuslichen Gebrauch sowie die häusliche Verarbeitung, Handhabung oder Lagerung zum häuslichen, privaten Gebrauch (vgl. AICHER, 2009, 6).

Um das Lebensmittelrecht durchzusetzen, stehen dem LMSVG Hilfsmittel wie der Codex Alimentarius Austriacus und Leitlinien zur Verfügung. Diese haben weder Gesetzes- noch Verordnungskraft, sondern dienen in erster Linie zur Erläuterung der Gesetze.

## Das Österreichische Lebensmittelbuch (Codex Alimentarius Austriacus)

Ein weiteres zentrales Element der österreichischen Lebensmittelpolitik ist das Österreichische Lebensmittelbuch (Codex Alimentarius Austriacus). Es

## Analyse von Produktsicherheitssystemen  4

verweist auf eine lange Geschichte – nach Vorarbeiten ab dem Jahr 1896 ging das Österreichische Lebensmittelbuch 1911 in die erste Auflage. Im Jahr 1975 wurde der Codex in das österreichische Lebensmittelrecht eingearbeitet. Mit dem Wirksamwerden des EWR (1994) wurden einige Aussagen des Codex gegenstandslos, da sie im Widerspruch zum EU-Recht standen. Die Rechtsnatur des Codex wurde durch den EU-Beitritt nicht geändert (vgl. WKO, 2009d). Er hat die rechtliche Bedeutung eines „objektivierten Sachverständigengutachtens".

Das Österreichische Lebensmittelbuch wird vom Bundesministerium für Gesundheit (BMG) herausgegeben und dokumentiert die *allgemeine Verkehrsauffassung über die Beschaffenheit von Lebensmitteln* und dient laut § 76 LMSVG der *Verlautbarung von Sachbezeichnungen, Begriffsbestimmungen und Untersuchungsmethoden* sowie von *Richtlinien für das Inverkehrbringen von Waren, die dem Lebensmittelsicherheits- und Verbraucherschutzgesetz unterliegen* (vgl. BMG, 2009b, s. p. und LEBENSMINISTERIUM, 2008b, s. p.). Der Codex fungiert somit als Erläuterung des LMSVG.

Die Codex-Kommission, bestehend aus Vertretern von Arbeitsgemeinschaften, anderen Ministerien, der Bundesländer und der Sozialpartner sowie Wissenschaftlern und Tierärzten,

- berät den zuständigen Minister in Angelegenheiten sämtlicher lebensmittelrechtlicher Vorschriften und
- bereitet das Österreichische Lebensmittelbuch vor.
- Sie dient als Forum zur Vorbereitung und sozialpartnerschaftlichen Abstimmung der österreichischen Position für EU- und internationale Gremien und
- wird regelmäßig durch das Präsidium der WECO mit Fragestellungen aus den Komitees des FAO/WHO Codex Alimentarius über die Vorsitzenden der jeweiligen Codex-Unterkommissionen befasst.
- Außerdem ist die Codex-Kommission Plattform zur Risikokommunikation (vgl. BMG, 2009b).

Gemäß dem LMSVG obliegt die Veröffentlichung des österreichischen Lebensmittelbuches dem zuständigen Bundesministerium. Sie erfolgt in Form von Erlässen des zuständigen Ministeriums. Deshalb, und weil die Organe der Lebensmittelüberwachung und die Untersuchungsanstalten bei ihrer Tätigkeit an den Codex gebunden sind, wird er auch als „Verwaltungsverordnung" eingestuft. Des Weiteren publizieren verschiedene Medien laufend die von der Codex-Kommission gefassten Beschlüsse (vgl. BLASS, 2009, s. p.).

**Leitlinien**

Die lebensmittelrechtlichen Vorschriften finden sich nunmehr in unmittelbar anwendbaren Verordnungen der Europäischen Gemeinschaft, in zahlreichen EU-Richtlinien, im LMSVG und in nationalen lebensmittelrechtlichen Verordnungen (vgl. AICHER, 2009, 5).

Auf nationaler Ebene sind, ergänzend zu den EG-Verordnungen, Leitlinien mit konkreten Anweisungen ausgearbeitet und als ministerielle Erlässe vom entsprechenden Ministerium (Bundesministerium für Gesundheit, Familie und Jugend) veröffentlicht. So ist die EG-Lebensmittelhygieneverordnung 852/2004 etwa vom ständigen Hygieneausschuss durch Leitlinien für eine gute Hygienepraxis ergänzt. Diese nicht unmittelbar verbindlichen Fachgutachten enthalten Ausführungen zur Betriebshygiene, Reinigung und Desinfektion, Schädlingsbekämpfung und Personalschulung und helfen dem Unternehmer, seine Aufzeichnungspflichten zu erfüllen und die Bestimmungen zur Lebensmittelhygiene einzuhalten (vgl. AICHER, 2009, 8).

### 4.1.3 Produktsicherheitssysteme – Produktsicherheitsstandards

Das Lebensmittel- und Futtermittelrecht in der EU und auf nationaler Ebene stellt mit seinen Rechtsvorschriften einen hohen Standard der Lebensmittelsicherheit sicher, wobei sämtliche Rechtsvorschriften dem Stufenbau der Rechtsordnung entsprechend eingehalten werden müssen (siehe Tabelle 7, Seite 55). Diese Rechtsvorschriften ermöglichen die Sicherheit der Lebensmittel und müssen von allen Lebensmittel- und Futtermittelunternehmen entsprechend der Rechtssetzung eingehalten werden. Konkret münden die Rechtsvorschriften in direkte Anwendungen, wie etwa *Codex*, *HACCP* oder *Rückverfolgbarkeit* (siehe Kapitel 4.1.1). Insofern zeigt sich der Einfluss der Politik auf die Lebensmittel- und Futtermittelunternehmen speziell im Bereich Lebensmittelsicherheit, indem sie etwa die Durchführung des Risikomanagementsystems HACCP fordert und eine Rückverfolgbarkeit von Produkten in den Gesetzen verankert und so Unternehmen zu einer größeren Sorgfalt im Bereich der Qualitätssicherung verpflichtet (vgl. KRIEGER, 2008, 28).

Die Termini „HACCP" oder „Rückverfolgbarkeit" stehen als Begriff für die ihnen zugrundeliegenden Rechtsvorschriften und sind im Sprachgebrauch mittlerweile Usus. Die Inhalte sind verpflichtend und können somit als Standards bezeichnet werden. Sie sind im Sinne der Definition von AIGINGER (2003, 7), der einen Standard als „eine explizit oder implizit festgelegte Menge

## Analyse von Produktsicherheitssystemen

von Regeln ..." abgrenzt, zu verstehen und kommen ebenso der Übersetzung des LANGENSCHEIDT FREMDWÖRTERBUCH (2009, s. p.) als „Norm, Richtwert" nach.

In diesem Sinne können die Rechtsvorschriften mit ihren konkreten Anwendungen als eine festgelegte Menge von Regeln angesehen werden, die den Zweck der Produktsicherheit verfolgen. Demgemäß lässt sich hierfür der Begriff „Produktsicherheitsstandard" deduzieren und im Folgenden in diesem Sinne verwenden. Während ein Produktsicherheitsstandard also eine konkrete Applikation einer oder mehrerer bestimmter Rechtsvorschrift ist, umfasst der Terminus „Produktsicherheitssystem" die dahinterliegende Struktur und ist somit als Oberbegriff für die einzelnen Produktsicherheitsstandards zu verstehen.

Als Produktsicherheitsstandards definieren sich die bereits erläuterten Anwendungen

- Codex
- Rückverfolgbarkeit und
- HACCP sowie auch die
- GMP und das
- Genusstauglichkeitszeichen

An dieser Stelle wird nur auf die zuvor noch nicht erklärten Standards eingegangen.

### GMP (Good Manufacturing Practice)

Die GMP (deutsch: GHP, „Gute Herstellungspraxis" oder „Gute Hygienepraxis") gehört neben dem HACCP-Konzept zu den Grundpfeilern, auf denen die Realisierung einer hohen Lebensmittelsicherheit basiert. Die Gesetzgebung, der Codex Alimentarius und ISO 22000 setzen auf die Kombination der beiden Prinzipien (vgl. N.N., 2008c, s. p.).

Die GMP hat seit 2005 an Bedeutung gewonnen. Während früher HACCP den dominierenden Begriff bezüglich Lebensmittelsicherheit dargestellt hat, so hat sich die Erkenntnis durchgesetzt, dass die GMP mindestens ebenso wichtig ist.

Obwohl der Gesetzgeber in den verschiedensten Verordnungen von der GMP spricht, fehlt eine entsprechende Definition. Ebenso existiert kein internationales Regelwerk des GMP. Es gibt nur Richtlinien der WHO, die bei der Zertifizierung nach GMP zu beachten sind. Daher gibt es unterschiedliche

Anforderungskataloge zur Zertifizierung nach GMP (vgl. KRIEGER, 2008, 31). Diesbezüglich zeigt sich in der Praxis, dass gewerbliche, kleine und mittelgroße Betriebe mit der Umsetzung der eher abstrakten Terminologie, welche GMP und HACCP umfasst, Schwierigkeiten haben. Ein Grundproblem findet sich darin, dass das Konzept der GMP und des HACCP nicht sauber voneinander abgegrenzt sind und diese Bereiche immer wieder vermischt werden (vgl. N.N., 2008c, s. p.).

PODESVA (2009, 4) beschreibt in einer Rechtsinfo der Wirtschaftskammer die GMP als Maßnahmen, die dem Schutz der Lebensmittel vor Verderb oder vor Kontamination dienen sollen. Sie umfasst

- die Wareneingangskontrolle,
- die Reinigungs- und Desinfektionsmaßnahmen,
- die Schädlingsvorsorge,
- die Raumentlüftung,
- die Arbeits- und Personalhygiene etc.

und ist für jeden Betrieb erforderlich.

Verpflichtende GMP-Aufzeichnungen sind vom Unternehmen aufzubewahren und müssen im Fall einer Kontrolle vorgelegt werden.

Die GMP sichert somit die Produktion. Sie verringert die Wahrscheinlichkeit des Auftretens von Fehlern, dient der Kontaminationsvermeidung und ermöglicht dadurch erst prozessbezogene HACCP-Konzepte (vgl. PODESVA, 2009, 4). Dieser Meinung ist auch SPERBER (2005, 511 ff), der postuliert, dass HACCP als alleiniges Qualitätsmanagementinstrument nicht ausreichend ist, da die definierten, kritischen Kontrollpunkte entlang der Wertschöpfungskette nicht genügen, um die ermittelten Risiken zu eliminieren, wobei die Gründe nicht im Versagen von HACCP liegen, sondern vielmehr bei Fehlern im Umfeld, wie etwa falsche Reinigungs- oder Hygienepraxis oder mangelndes Bewusstsein und Engagement des Managements, die notwendigen Ressourcen oder Mitarbeiterschulungen zur Verfügung zu stellen. Dementsprechend könne HACCP nicht als isoliertes System Auslangen finden, es sind vorgelagert weitere Maßnahmen, wie etwa die der „Guten Landwirtschaftlichen Praxis", als Voraussetzung notwendig, um das Funktionieren einer durchgängigen Lebensmittelsicherheit „from Farm to Table" zu gewährleisten.

Dies zeigt den Unterschied zwischen GMP und HACCP auf. Während die GMP die Reinigungs- und Desinfektionsmaßnahmen, die Schädlingsvorsorge, die Raumentlüftung, die Geschirrreinigung, die Arbeitshygiene, die Personalhygiene etc. umfasst, betrifft HACCP nur das Lebensmittel selbst. Es

# Analyse von Produktsicherheitssystemen

fragt nach der Herkunft und Zusammensetzung eines bestimmten Produktes. Anhand dieser Daten schätzt es ab, mit welchen Gefahren und mit welchem Risiko für den Verbraucher im speziellen Fall zu rechnen ist, und wo im Produktionsprozess diese Gefahren unter Kontrolle gebracht werden können (vgl. FELLNER, 2005, s. p.).

Durch die klare Trennung zwischen GMP und HACCP ist HACCP ein schlankes System und dadurch auch administrierbar. Die Hygieneeigenkontrolle kann sich harmonisch in die Arbeitsprozesse einfügen, ohne diese zu stören. Wobei die GMP (Sauberkeit des Betriebes, die Reinlichkeit des Personals, die Frische des Produktes) die Basis bildet, ohne die HACCP keinen Sinn macht (vgl. FELLNER, 2005, s. p.).

## Genusstauglichkeitszeichen

Das Genusstauglichkeitskennzeichen, auch Identitätskennzeichen genannt, ist ein EU-weit einheitliches Symbol auf Verpackungen von Lebensmitteln tierischer Herkunft und ist somit auf allen Verpackungen von Milchprodukten zu finden. Es garantiert die Verarbeitung und Überwachung laut EU-Hygienestandards. Das Kennzeichen gibt also Auskunft über den hygienisch Verantwortlichen, d. h. in welchem Land der letzte Verarbeitungsschritt stattgefunden hat und somit das Kennzeichen vergeben wurde, nicht aber über die Herkunft oder den Ursprung des Erzeugnisses (vgl. BMF, 2009, s. p.).

In Österreich gibt es hinsichtlich des Aussehens des Kennzeichens folgende Mindestanforderungen, wobei zusätzliche Angaben sind möglich:

Ovaler Stempel bzw. Aufdruck mit folgenden Angaben (in Großbuchstaben):

oben: „AT" + Zulassungsnummer des Betriebes  
unten: Vermerk „EG" oder „EWG"

oder

oben: „ÖSTERREICH" oder „AT"  
Mitte: Zulassungsnummer des Betriebes  
unten: Vermerk „EG" oder „EWG"

## 4.2 Institutionsökonomische Analyse von Qualitätsmanagementsystemen mit Relevanz für die österreichische Molkereibranche

Das folgende Kapitel gewährt Einblick in die weite Landschaft der Qualitätsmanagementsysteme der österreichischen Agrar- und Ernährungswirtschaft.

Analog der in Kapitel 4.1.3 geführten Abgrenzung zwischen Produktsicherheitssystemen und Produktsicherheitsstandards wird hier die Abgrenzung zwischen Qualitätsmanagementsystemen und Standards vorgenommen. Ein Standard ist somit die ganz konkrete Anwendung eines Qualitätsmanagementsystems. Nochmals sei auf das maßgebliche Entscheidungskriterium zu den Produktsicherheitsstandards hingewiesen, nämlich, dass diese Qualitätsmanagementsysteme auf freiwilliger Basis – im Sinne von „vom Gesetz her nicht vorgeschrieben" – im Unternehmen implementiert werden.

Es erfolgt eine kurze Darstellung der für die österreichische Agrar- und Ernährungswirtschaft relevanten Standards, mit besonderem Augenmerk auf die Molkereibranche.

### Überblick und Eingrenzung der Qualitätsmanagementstandards

Qualitätsmanagementsysteme können nach verschiedenen Merkmalen typologisiert werden. JAHN, et al. (2003, 62) verweist auf unterschiedliche Gliederungsmöglichkeiten:

- Es kann zum Beispiel dahingehend differiert werden, ob das Zertifikat für das Endverbrauchermarketing herangezogen wird oder auf organisationale Abnehmer gerichtet ist.
- Eine weitere Einteilung lässt sich in Bezug auf die Prüfungsform vornehmen, dementsprechend finden sich Managementsystem-, Prozess- und Produktaudits sowie Kombinationen daraus.
- Ein anderes Abgrenzungskriterium stellt die Reichweite innerhalb der Wertschöpfungskette dar. Hier lassen sich stufenbezogene und wertschöpfungskettenübergreifende Ansätze unterscheiden.
- Ebenso kann eine Differenzierung erfolgen, je nachdem welche Institution das Zertifizierungssystem entwickelt und kontrolliert. Dabei finden sich in der Praxis verschiedene Lösungen, von der branchenübergreifenden Industrienorm bis zu einzelnen Zertifizierern.
- Eine weitere Einteilung lässt sich hinsichtlich des Verbreitungsgebietes in nationale, europäische und globale Konzepte vornehmen.

# 4 Analyse von Produktsicherheitssystemen

Hier wird das letztgenannte Abgrenzungskriterium angewendet und die Qualitätsmanagementstandards hinsichtlich des Verbreitungsgebietes in internationale und nationale freiwillige Standards typologisiert. In diesen Rahmen werden die Standards der zehn untersuchten Unternehmen der österreichischen Molkereibranche in Vertretung für die Agrar- und Ernährungsindustrie eingebettet.

## 4.2.1 Internationale freiwillige Standards

Bezugnehmend auf Tabelle 6, Seite 71, welche die implementierten Standards in den größten Unternehmen der österreichischen Milchbranche anführt, lassen sich der Rubrik der internationalen freiwilligen Standards die nachfolgend vorgestellten Programme zuteilen. Die Zertifizierung nach ISO 9001 ist fast allen Unternehmen der „Einsteiger-Standard" und bildet die Qualitätsmanagementbasis im Unternehmen. Da später implementierte Standards die ISO 9001 weitgehend ersetzen, sind nur noch zwei Unternehmen nach diesem Standard zertifiziert, wenngleich alle Unternehmen die Anforderungen der ISO 9001 weiterhin befolgen. IFS und BRC sind weitere internationale freiwillige Standards, die vom Handel vorgegeben werden. Der IFS ist bei allen Unternehmen Standard, da er vom österreichischen Handel verlangt wird. Der BRC ist Vorgabe des britischen Handels und wird nur von einem Unternehmen aus Exportgründen genutzt.

### DIN EN ISO 9001:2008

Die DIN EN ISO 9001:2008 ist ein Standard der Normenreihe ISO 9000 ff. Diese „ISO 9000 Familie" vertritt den internationalen Konsens über eine „Gute Qualitätsmanagementpraxis" und schafft so einen international gültigen, einheitlichen Rahmen für den Aufbau und die Beschreibung von Qualitätsmanagementsystemen. Sie besteht aus Standards und Leitlinien, die sich mit Qualitätsmanagementsystemen beschäftigen, sowie aus zugehörigen unterstützenden Standards (vgl. ISO, 2009, s. p.).

Die ISO 9001:2008 löst als eine Novellierung die bis dahin gültige ISO 9001:2000 ab. Sie enthält einige exaktere Aussagen und wurde bei bestimmten Begrifflichkeiten verfeinert und ergänzt, Gliederung und wesentliche Inhalte wurden beibehalten und keine wesentlichen neuen Forderungen gestellt (vgl. ZIMMERMANN, 2008, 1).

Die ISO 9001:2008 umfasst standardisierte Anforderungen für die Gestaltung eines Qualitätsmanagementsystems. Sie liefert konkrete Hinweise und

Forderungen, wie ein Qualitätsmanagementsystem normkonform aufzubauen ist und wie es im Sinne der ständigen Verbesserung weiterentwickelt werden muss (vgl. BRAUER, 2009, 13 ff). Konkret bedeutet das, die Unternehmen müssen entsprechend der ISO 9001 ein konsistentes Qualitätsmanagementsystem aufbauen, beschreiben und kontinuierlich verbessern und in einem Zertifizierungsaudit darlegen, in welcher Weise alle Forderungen der Norm berücksichtigt und realisiert wurden (vgl. PFEIFER, 2001, 70).

Die Grundlage der Norm ist ein Prozessmodell, das die Bestandteile eines Qualitätsmanagementsystems in einen strukturellen Zusammenhang bringt (vgl. PFEIFER, 2001, 70). Wie in Abbildung 14 ersichtlich, präsentieren die vier Hauptkategorien den Inhalt eines Qualitätsmanagementsystems. Die einzelnen Kategorien sind nicht isoliert und in sich geschlossen, sondern in gegenseitiger Verbindung, um so ein umfassendes Qualitätsmanagementsystem zu erreichen (vgl. BRUNNER und WAGNER, 2008, 94).

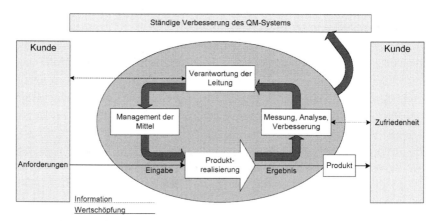

**Abbildung 14: Qualitätsmanagement Prozessmodell**
Quelle: BRUNNER und WAGNER (2008, 94)

Das heißt, die Norm zielt auf die Qualitätssicherungsprozesse, die notwendig sind, um die gegebenen Kundenanforderungen zu erfüllen (vgl. BRUNNER und WAGNER, 2008, 96).

Die Anforderungen, die die Norm an ein Qualitätsmanagementsystem stellt, sind sehr unspezifisch und allgemein. Dadurch ist die Norm produktunabhängig und für Unternehmen verschiedener Branchen und Größen auf privatem und öffentlichem Sektor anwendbar (vgl. ISO, 2009, s. p.). Die Norm verlangt ausdrücklich keine Vereinheitlichung der Strukturen und der Dokumentation im Unternehmen. Die Gestaltung dieses Qualitätsmanage-

# Analyse von Produktsicherheitssystemen 4

mentsystems wird vielmehr von den Erfordernissen der Organisation, ihrer Größe und Struktur, den Erfordernissen des Markts, den strategischen Zielen, den bereitgestellten Produkten und den angewendeten Prozessen bestimmt (vgl. BINNER, 2004, 9).

Die ISO 9001:2008 vertritt acht Prinzipien, die die Basis des Qualitätsmanagements darstellen und gleichzeitig die Zielsetzung des Systems verdeutlichen (vgl. BRAUER, 2009, 26 f und RUSSEL, 2000, 658):

- *Kundenorientierung*
  Unternehmen sind von ihren Kunden abhängig und sollten daher deren aktuelle und künftige Bedürfnisse erkennen und verstehen, die Kundenforderungen erfüllen und danach streben, deren Erwartungen zu übertreffen.
- *Führung*
  Die Unternehmensführung trägt die Verantwortung für das Festlegen von Zielen und die Ausrichtung der Organisation. Sie sollte ein internes Umfeld schaffen, in dem sich die Mitarbeiter voll engagieren können, um die Unternehmensziele zu erreichen.
- *Einbeziehung der Mitarbeiter*
  Die Mitarbeiter sind der wesentliche Teil des Unternehmens. Ihre volle Beteiligung ermöglicht die Nutzung ihrer Fähigkeiten zum Vorteil des Unternehmens.
- *Prozessorientierter Ansatz*
  Die gewünschten Ergebnisse werden effizienter erreicht, wenn die betroffenen Tätigkeiten und dazugehörige Ressourcen als Prozess geleitet und gelenkt werden.
- *Systemorientierter Ansatz*
  Das Erkennen, Verstehen und Handhaben des Systems von zusammenhängenden Prozessen für ein bestimmtes Ziel verbessert die Effizienz und Effektivität des Unternehmens.
- *Stetige Verbesserung*
  Die ständige Verbesserung der Gesamtleistung der Organisation sollte eine permanente Zielsetzung des Unternehmens sein.
- *Sachbezogene Entscheidungsfindung*
  Wirksame Entscheidungen basieren auf der Analyse von Daten und Informationen.
- *Nutzenbringende Lieferantenbeziehungen*
  Lieferanten sind Teil des Systems. Ein Unternehmen und ihre Lieferanten hängen voneinander ab. Für beide Seiten nutzenbringende Beziehungen ermöglichen beiden eine Erhöhung der Wertschöpfung.

Aus diesen Prinzipien ergibt sich das Ziel der ständigen Verbesserung des Qualitätsmanagementsystems im Unternehmen.

Die ISO 9001 stellt Anforderungen an das Qualitätsmanagement, indem sie dokumentierte Verfahren für sechs Elemente fordert. Diese Qualitätsmanagementelemente sind (vgl. QUALITY.DE, 2003, s. p.):

- Lenkung von Dokumenten
- Lenkung von Qualitätsaufzeichnungen
- Interne Audits
- Lenkung fehlerhafter Produkte
- Korrekturmaßnahmen sowie
- Vorbeugemaßnahmen.

Auf freiwilliger Basis kann ein Unternehmen jedoch dokumentierte Verfahren zu allen Qualitätsmanagement-Elementen einbringen.

Die Norm stellt somit den Mindeststandard zur Umsetzung von Qualitätsmanagement im Unternehmen dar (vgl. BRUNNER und WAGNER, 2008, 96). Eine Zertifizierung nach ISO 9001 bedeutet folglich nicht, dass das Unternehmen die höchstmögliche Qualität eines bestimmten Produktes liefert. Sie bestätigt nur, dass das implementierte Qualitätsmanagementsystem ISO 9001 mit der Qualitätsdokumentation übereinstimmt (vgl. LAMBERT und OUEDRAOGO, 2008, 1073).

In der Lebensmittelindustrie gilt die Norm DIN EN ISO 9001:2000 ff bei größeren Unternehmen bereits als flächendeckender Standard. In kleineren Handwerksbetrieben sowie auf landwirtschaftlicher Erzeugerstufe ist eine Zertifizierung nach DIN EN ISO 9001:2000 ff. aufgrund des verhältnismäßig hohen Aufwandes bei der Umsetzung allerdings noch wenig verbreitet (vgl. SCHLOSSBERGER und SCIINELL, 2009, 19).

## IFS

Der International Food Standard (IFS) wurde in einer Kooperation von 53 führenden europäischen Handelsgruppen (vgl. WEINDLMAIER, 2005, 21) für

# 4 Analyse von Produktsicherheitssystemen

alle Einzelhändler (für alle Unternehmensgrößen, eigenständig oder nicht) und Großhändler mit ähnlichen Aktivitäten (z. B. Cash und Carry) konzipiert (vgl. IFS, 2003 b, s. p.).

Der IFS wurde entwickelt, um Produkte, die unter Handelsmarken gehandelt werden sollten, besser eingrenzen zu können, indem für verschiedene Produkte ein exaktes Anforderungsprofil definiert wird. Dadurch kann mit einer Handelsmarke ein stets gleichbleibendes, definiertes Produkt angeboten werden, das aber von verschiedenen Herstellern stammt (vgl. SPILLER und SCHULZE, 2008, 154).

Das Ziel des IFS ist somit die Überprüfung und Auditierung von Eigenmarkenherstellern im Lebensmittelbereich auf Grundlage der Global Food Safety Initiative (GFSI). Somit ermöglicht er den Einzelhändlern ein Benchmark-System zur Lieferantenauswahl.

Der IFS bezieht sich auf die Unternehmen, die Lebensmittel verarbeiten oder Unternehmen, die lose Lebensmittelprodukte verpacken, und findet somit nur Anwendung, wenn das Produkt „verarbeitet bzw. behandelt" wird oder wenn eine Gefahr der Produktkontamination während der Primärverpackung besteht (vgl. IFS, 2003 c, s. p.). Er ist folglich für alle Fertigungsstufen nach der Landwirtschaft in der Lebensmittelproduktion direkt nutzbar (vgl. WKO, 2008, s. p.).

Während zunächst eine Zertifizierung nach dem IFS Standard nur für die Lieferanten von Handelsmarken zur Bedingung gemacht wurde, wird er jetzt von den meisten Lebensmittellieferanten gefordert (vgl. WEINDLMAIER, 2005, 21; PLANK et al., 2008, 81). Derzeit wird der IFS von allen deutschen Einzelhandelsfirmen, die im Ausschuss für Lebensmittelrecht und Qualitätssicherung mitarbeiten (u. a. Metro, Rewe, Edeka, Aldi, Markant, Lidl), verlangt. Seit Herbst 2003 sind auch französische Einzelhandelsfirmen, seit 2007 der italienische Einzelhandel beteiligt (vgl. WKO, 2008, s. p.).

Die Kardinalfrage hierbei lautet: Ist ein Hersteller in der Lage, ein sicheres Erzeugnis zu liefern, gemäß der Spezifikationen der Einzelhändler und der Lebensmittelindustrie und in Übereinstimmung mit der Gesetzgebung (vgl. GRIMM, 2004, 8)?

Der Internationale Food Standard setzt sich zusammen aus Qualitätsmanagement, HACCP und Gute Handelspraxis (GHP) und erfüllt die aktuellen Anforderungen der Europäischen Union, so unter anderem auch die Rückverfolgbarkeit von Produkten (vgl. VKK, 2008, s. p.).

Eine Kernaussage des IFS lautet, dass ein ständiger Verbesserungsprozess sichergestellt und dokumentiert werden muss.

Der IFS gliedert sich in folgende vier Abschnitte (vgl. IFS, 2003d, s. p.):

- Audit-Protokoll
- Anforderungskatalog (technische Checkliste)
- Anforderungen für Akkreditierungsstellen, Zertifizierungsstellen und Auditoren
- Anforderungen für den Audit-Bericht, für den Aktionsplan und die Zertifikate

Der IFS folgt in seinem Aufbau und in den grundlegenden Anforderungen der DIN EN ISO 9001:2008.

Der Anforderungskatalog des Standards umfasst 250 Anforderungen in folgenden fünf Bereiche (vgl. HEISSENHUBER, 2004, 31):

- Anforderungen an das Qualitätssystem
- Verantwortung auf Leitungsebene
- Ressourcenmanagement
- Herstellungsprozess
- Messung, Analysen, Verbesserungen.

Jede Forderung aus dem Anforderungskatalog wird nach dem IFS-Bewertungssystem mit einer von vier möglichen Kategorien (A, B, C, D) bewertet. Die Bewertung selbst ist mit einer konkreten Punktezahl verbunden, die nach Bewertungsebenen und Erfüllungsgrad variieren. Anhand der erreichten Gesamtpunktezahl wird der prozentuelle Erfüllungsgrad des Unternehmens in Bezug auf die gestellten Anforderungen formuliert. KO-Kriterien und ein Bewertungskriterium Major, welches eingesetzt wird, wenn von einem Nicht-KO-Kriterium eine direkte Gefahr für das Produkt ausgeht, fließen in die Beurteilung ein. Somit erhalten Auditor, Unternehmen und der Lebensmitteleinzelhandel ein konkretes, vergleichbares Auditergebnis (vgl. GRIMM, 2004, 8).

Der erforderliche Aufwand zur Umsetzung des IFS ist je nach Unternehmen unterschiedlich und hängt stark von folgenden Faktoren ab (vgl. HEISSENHUBER, 2004, 31):

- Unternehmensgröße
- Anzahl der Standorte
- Risikoklassifizierung
- Bestehendes Qualitätsmanagementsystem (DIN EN ISO 9001:2008)
- Weitere bestehende Managementsysteme

# Analyse von Produktsicherheitssystemen 4

Um die „Lücke" zwischen Hersteller und Lebensmitteleinzelhandel zu schließen, wurde im Juni 2006 der „IFS Logistic Standard" veröffentlicht. Er ist anwendbar für alle logistischen Tätigkeiten in der Lebensmittelkette, also für Lagerung und Vertrieb sowie den eigentlichen Transport.

## BRC

Der Standard BRC ist das britische Pendant zum IFS und somit ebenfalls ein technischer Standard zur Auditierung von Eigenmarkenherstellern. Er ist ein Lebensmittelstandard des British Retail Consortiums (BRC), einer Handelsvereinigung, die 90 % des britischen Groß- und Einzelhandels repräsentiert. Das BRC verfügt über eine starke Lobby und somit einen nicht zu unterschätzenden Einfluss auf Bereiche wie etwa Produktsicherheit, Lebensmittelrecht, Umwelt oder e-commerce. Dieser Standard hat somit Relevanz für alle Eigenmarkenproduzenten in ganz Europa, die ihre Produkte in den Regalen der großen britischen Retailer platzieren wollen (vgl. BUHLMAN, 2003, 13 f und QUALITY.DE, 2009, s. p.).

### 4.2.2 Europäische freiwillige Standards

Zu den europäischen freiwilligen Standards in den größten Unternehmen der österreichischen Milchbranche zählen die Herkunftsbezeichnungen. Im Speziellen wird die geschützte Ursprungsbezeichnung von einem Unternehmen verwendet. Die Herkunftsbezeichnungen werden auf freiwilliger Basis im Unternehmen eingeführt, sind jedoch sehr wohl im Gesetz geregelt.

## Herkunftsbezeichnungen

Die Verordnung (EG) Nr. 510/2006 regelt den Schutz von Ursprungsbezeichnungen und geografischen Angaben bestimmter Agrarerzeugnisse und Lebensmittel, welche wegen ihrer geografischen Herkunft bestimmte belegbare Eigenschaften und Qualitäten aufweisen. Die geschützten Produkte sind Erzeugnisse, die in einem genau abgegrenzten Gebiet sowie nach einem bestimmten Herstellungsverfahren produziert werden (vgl. LEBENSMINISTERIUM, 2008c, s. p.).

Unterschieden werden dabei die *geschützte Ursprungsbezeichnung (g.U.)* und die *geschützte geografische Angabe (g.g.A)*. Geschützte Ursprungsbezeichnung bedeutet, dass die Erzeugung, Verarbeitung und Herstellung eines Produktes in einem bestimmten geografischen Gebiet nach einem anerkannten und festgelegten Verfahren erfolgen müssen. Die geschützte geografische Angabe weist eine Verbindung zwischen mindestens einer der Produktionsstufen, der Erzeugung, Verarbeitung oder Herstellung und dem Herkunftsgebiet auf, oder es kann sich um ein Erzeugnis mit besonderem Ansehen handeln. Der Unterschied zwischen den beiden Bezeichnungen ergibt sich aus der Intensität der Beziehung zwischen dem Erzeugnis und dem Herstellungsgebiet. Während bei der Ursprungsbezeichnung alle Erzeugungsschritte im festgelegten Gebiet erfolgen müssen, reicht es bei der geografischen Angabe aus, dass das Produkt in dem namensgebenden Gebiet verarbeitet worden ist, das Grunderzeugnis jedoch aus einem anderen Gebiet stammt.

### 4.2.3 Nationale freiwillige Standards

Zu den in der österreichischen Molkereibranche verwendeten nationalen, freiwilligen Standards zählen das Kontrollzeichen „gentechnikfrei", das AMA-Gütesiegel und das AMA-Bio-Siegel. Diese drei Standards sind von allen Unternehmen umgesetzt. Außerdem zählen zu dieser Kategorie die privaten Gütezeichen „Heumilch" und „zurück zum Ursprung", die von manchen Unternehmen genutzt werden.

**gentechnikfrei**

Das Kontrollzeichen „gentechnikfrei erzeugt" wird für Lebensmittel vergeben, die gentechnikfrei erzeugt werden. Die dahinter stehende Institution ist der Verein ARGE Gentechnik-frei, mit dem Ziel, „die gentechnikfreie Produktion

## Analyse von Produktsicherheitssystemen 4

in Österreich (Lebensmittel, Futtermittel, agrarische Produkte) zu ermöglichen, zu fördern und zu unterstützen" (FABER, 2008, 1).

Im Detail geht es um:

- die Erhaltung bzw. Verankerung einer gentechnikfreien Landwirtschaft, Lebensmittel- und Futtermittelproduktion,
- die Unterstützung und aktive Förderung von gentechnikfrei Projekten in der Landwirtschaft und Lebensmittelproduktion,
- die Weiterentwicklung, Umsetzung und rechtliche Verankerung des Systems zur Kennzeichnung und Kontrolle gentechnikfrei erzeugter Lebensmittel (national und EU-weit),
- das Herbeiführen bzw. Festigen der erforderlichen politischen und gesetzlichen Rahmenbedingungen zur Herstellung, Kennzeichnung und Kontrolle gentechnikfrei erzeugter Lebensmittel sowie
- um Know-how Transfer für Landwirte, Produzenten und Handel (vgl. ARGE GENTECHNIK-FREI, s. a.).

Die ARGE Gentechnik-frei steht allen Unternehmen und Organisationen offen, die eine Gentechnik-freie Landwirtschaft, Futtermittelproduktion und Lebensmittelherstellung fördern und unterstützen wollen. Ihre Mitglieder sind breit gestreut über Handel, Verbände und Organisationen sowie zahlreiche lebensmittelverarbeitende Unternehmen aus diversen Branchen.

Als Produktionsrichtlinie gilt dabei die Richtlinie zur Definition der gentechnikfreien Produktion von Lebensmitteln und deren Kennzeichnung im Österreichischen Lebensmittel-Codex.

Die Kontrolle erfolgt durch akkreditierte, von der ARGE Gentechnik-frei autorisierte, unabhängige Kontrollstellen. Eine wesentliche Grundlage für die Kontrollen ist der Leitfaden zur risikobasierten Kontrolle auf Gentechnikfreiheit. Darauf fußend teilen die Kontrollstellen die Agrarbetriebe je nach Risiko einer möglichen Vermischung zwischen gentechnikfreien und anderen Produkten einer bestimmten Risikoklasse (zwischen 0–3) zu, wobei die Risikoklasse die Kontrollintensität bestimmt. Die Kontrolle betrifft u. a. Lagerung, Futtermittel, Futtermittelzutaten, Maschinen und landwirtschaftliche Gerätschaften (vgl. ARGE GENTECHNIK-FREI, s. a.).

## AMA-Gütesiegel

In Österreich gibt es vier offiziell genehmigte Gütesiegel, die im Lebensmittelsektor in der Gütesiegel-Verordnung geregelt sind. Für diese „echten" Gütesiegel existieren klare, verbindliche und nachvollziehbare Richtlinien mit klar geregelten Kontrollen (vgl. GRESSL und HACKL, 2008, s. p.).

Zu diesen Gütesiegeln zählt das AMA-Gütesiegel. Es ist ein offiziell genehmigtes Gütesiegel für den Lebensmittelsektor und in der Gütesiegel-Verordnung geregelt. Das AMA-Gütesiegel ist ein *Qualitäts- und Herkunftszeichen* und mit 95 % Bekanntheitsgrad das bekannteste Gütesiegel. Die wertbestimmenden Rohstoffe kommen aus Österreich, alle Bearbeitungs- und Verarbeitungsschritte erfolgen ebenso in Österreich. Aufgrund der Anforderungen, die aus den spezifischen Gütesiegelbestimmungen hervorgehen, wird eine höhere Qualität gewährleistet. Die mit dem Gütesiegel versehenen Produkte unterliegen unabhängigen Kontrollen (vgl. GRESSL und HACKL, 2008, s. p.).

## AMA-Bio-Zeichen

Das AMA-Bio-Zeichen ist ebenfalls ein „echtes" Gütesiegel mit klaren, verbindlichen und nachvollziehbaren Richtlinien. Es ist das *Erkennungszeichen für biologisch erzeugte Lebensmittel*. Die Erzeugung erfolgt gemäß den Bio-Rechtsbestimmungen. Die wertbestimmenden Rohstoffe müssen aus Österreich sein, ebenso müssen alle Bearbeitungs- und Verarbeitungsschritte dort erfolgen. Die mit dem Gütesiegel versehenen Produkte unterliegen unabhängigen Kontrollen (vgl. GRESSL und HACKL, 2008, s. p.).

# 4 Analyse von Produktsicherheitssystemen

## Heumilch

„Heumilch – Die reinste Milch." ist ein privates Gütesiegel der ARGE Heumilch, die Österreichs Heumilchbauern sowie deren Verarbeiter und Vermarkter vereinigt. Heumilchbauern sind Landwirte der früheren Siloverzichtsgebiete, die jetzt an der ÖPUL-Maßnahme „Verzicht auf Silage" teilnehmen. Die weiteren Vorschriften für die Erzeugung silofreier Milch, wie z. B. gentechnikfreie Produktion, die Einhaltung der „guten landwirtschaftlichen Praxis" oder spezielle Futtermittel- und Düngungsbestimmungen, sind im Heumilchregulativ festgelegt (vgl. ARGE HEUMILCH, s. a.).

## zurück zum Ursprung

„zurück zum Ursprung" bezeichnet eine Produktlinie des Lebensmitteldiscounters Hofer, die regionale, nachhaltige und in seiner Herkunft rückverfolgbare Produkte umfasst. Die Grundlage bilden acht Grundwerte, deren Einhaltung durch das Regelwerk des Prüf Nach! Standards festgelegt wird. Bei „zurück zum Ursprung" sind alle Zulieferer und Verarbeiter der betreffenden Lebensmittel eingebunden. Die Einhaltung des Standards wird durch eine unabhängige, staatlich akkreditierte Kontrollstelle geprüft (vgl. HOFER KG, s. a.; VKI, 2007).

In den vorangegangenen Kapiteln wurden im Sinne der Institutionenökonomie die wesentlichen Institutionen beschrieben, welche in der österreichischen Molkereibranche von Bedeutung sind. Wenngleich die Molkereibranche hier stellvertretend für die Agar- und Ernährungswirtschaft steht, muss man sich dennoch vor Augen halten, dass andere Branchen andere Anforderungen an die Lebensmittelsicherheit haben und somit auch teilweise andere Standards benötigen.

# 5 Systemtheoretische Analyse von Qualitätsmanagementsystemen in der Agrar- und Ernährungswirtschaft

Bei der Beschreibung von Systemen stellt sich die Frage, nach welchen Kriterien systemrelevante Elemente ausgewählt und abgegrenzt werden. Im Falle von Qualitätsmanagementsystemen ist es naheliegend, Elemente (i. e. Faktoren) auszuwählen, die einen Einfluss auf den Erfolg von Unternehmen haben.

Dabei sieht sich der Forscher mit zwei Problemen konfrontiert. Erstens: Erfolg ist abhängig von den vom jeweiligen Unternehmen definierten Zielen. Diese sind in aller Regel sehr vielfältig, wie z. B. Umsatzsteigerung, Kostensenkung, Mitarbeiter-/Kundenzufriedenheit, Marktanteilssteigerung etc. Sprich Erfolg ist keine absolute Größe. Was für ein Unternehmen als Erfolg zu werten ist, kann für ein anderes Unternehmen möglicherweise nicht von Relevanz sein. D. h. eine definitive Auswahl von Faktoren könnte man nur bei Kenntnis der Unternehmensziele vornehmen, welche aber von Unternehmen zu Unternehmen variieren.

Zweitens müsste empirische Forschung Unternehmen vor und nach Einführung eines Qualitätsmanagementsystems begleiten und Zugang zu erfolgsrelevanten Kennzahlen erhalten. Letzteres ist aufgrund von Zeit- und Budgetrestriktionen kaum möglich. Darüber hinaus verfügen viele Unternehmen der Agrarwirtschaft nicht über ausreichende Kostenrechnungssysteme zur Ableitung der Erfolgskennzahlen oder sind nicht gewillt, diese preiszugeben. Um dieses Messproblem zu umgehen, ist eine systemtheoretische Analyse bestehender Qualitätsmanagement-Modelle zur Bestimmung von Einflussfaktoren anstatt von Erfolgsfaktoren eine sinnvolle Alternative. Dementsprechend widmet sich folgendes Kapitel den Einflussfaktoren. Nach deren Definition und Abgrenzung werden bestehende Qualitätsmanagement-Modelle unter Zuhilfenahme ergänzender wissenschaftlicher Studien analysiert und die daraus resultierenden Faktoren detailliert untersucht.

## 5.1 Definition und Abgrenzung Einflussfaktoren

Einflussfaktoren sind Größen, die direkt oder indirekt eine andere Größe beeinflussen bzw. bestimmen. Davon abzugrenzen sind kritische Erfolgsfaktoren, die von LEIDECKER und BRUNO (1984, 24) definiert werden als „... those characteristics, conditions or variables that when properly sustained, maintained or managed can have a significant impact on the success of a firm competing in a particular industry" (LEIDECKER und BRUNO, 1984, 24). Dem liegt die Vorstellung zugrunde, dass der Erfolg von einer begrenzten Zahl von Einflussfaktoren wesentlich bestimmt wird.

„Mit der Identifikation von Einflussfaktoren wird versucht, zur Aufklärung von Zusammenhängen zwischen Merkmalen als relevante Wirkgrößen und durch sie beeinflusste Zielgrößen beizutragen" (WERNER, 2004, 117).

WERNER (2004, 118 f) postuliert die Erfüllung folgender drei wesentlicher Eigenschaften, um einen Einflussfaktor als solchen bezeichnen zu können:

- *Bedeutsamkeit*: Nur durch den Nachweis eines signifikanten Zusammenhangs zwischen der Wirkgröße und der Zielgröße ist der Einflussfaktor als relevant zu betrachten. Dies kann erst ex-post durch die Empirie erwiesen werden. Ex-ante wird die Relevanz aufgrund von Literaturrecherchen angenommen.
- *Messbarkeit:* Um eine empirisch-quantitative Erfassung der Einflussfaktoren durchführen zu können, müssen diese mess- und mit einem verhältnismäßigen Aufwand operationalisierbar sein.
- *Veränderbarkeit:* Die Eigenschaft der Veränderbarkeit erlaubt eine gewollte Änderung der Ausprägung der Einflussfaktoren. Erst dadurch kann gestalterischer Einfluss genommen werden.

Entsprechend wird der Terminus Einflussfaktor in vorliegender Arbeit verwendet. Anzumerken ist hierbei, dass das Interesse des Forschers dezidiert in der Untersuchung der Wirkgrößen, die Qualitätsmanagementfaktoren beeinflussen, liegt. Es ist dabei entscheidend, ob und wie die Faktoren die Systeme beeinflussen.

## 5.2 Einflussfaktoren auf Qualitätsmanagementsysteme

Das vorliegende Kapitel dient dem Herleiten von Einflussfaktoren auf Qualitätsmanagementsysteme aufgrund einer eingehenden Literaturanalyse.

„Jedes Unternehmen betreibt Qualitätsmanagement, d. h. es hat Abläufe und Zuständigkeiten (Säule Organisation) entwickelt, es setzt Anlagen, Werkzeuge und Software (Säule Technik) sowie Wissen und Erfahrung engagierter Mitarbeiter (Säule Personal) ein" (MELZER-RIDINGER, 2007, 213). Diese Säulen des Qualitätsmanagements sind in jedem Unternehmen zu finden. Die individuelle Ausgestaltung des Qualitätsmanagements unterscheidet sich jedoch je nach Betriebsgröße und Branche und wird als Qualitätsmanagementsystem bezeichnet (vgl. MELZER-RIDINGER, 2007, 213).

Aufbau und Umfang eines Qualitätsmanagementsystems werden von den unternehmensspezifischen Zielsetzungen bestimmt. Demzufolge bedarf es einer individuellen Anpassung des Qualitätsmanagementsystems an die unternehmensspezifischen Firmengegebenheiten. Als dafür maßgebliche Faktoren fungieren die internen und externen Einflüsse, unterschiedliche Produkte und Leistungen, organisatorische Abläufe sowie die Größe des Unternehmens (vgl. BRUNNER und WAGNER, 2008, 57).

Die Einführung eines Qualitätsmanagementsystems in ein Unternehmen bildet oftmals die Erkenntnis, dass eine grundsätzliche Neuausrichtung des Unternehmens auf allen Feldern des Wertschöpfungsprozesses gefordert ist. Die Umsetzung des Systems kostet Zeit und Geld und mündet in einer Kosten-Nutzen-Analyse, da durch die Implementierung des Qualitätsmanagements erwartungsgemäß verstärkt Qualitätsmaßnahmen generiert werden, welche erlössteigernde und kostensenkende Auswirkungen auf den Unternehmenserfolg haben. Die Problematik des Erfolgsnachweises ergibt sich aus der Tatsache, dass qualitätserhöhende Maßnahmen nicht zwingend zu ökonomischem Erfolg führen. Sie bewirken hingegen sehr wohl eine zunehmende Erfüllung der Kundenerwartungen und eine damit verbundene Steigerung der Kundenzufriedenheit. Es ist erforderlich, möglichst viele Ansatzpunkte im Unternehmen für qualitative Aktivitäten zu finden und dann die Zusammenhänge zwischen diesen Aspekten und den angestrebten Zielen sowie den bereits existierenden Controlling-Instrumenten zu erkennen, damit die gegenseitige Beeinflussung ermittelt werden kann. Diese Erkenntnisse sind wichtig, um die Wirksamkeit des eingeführten Qualitätsmanagementsystems darlegen zu können und somit dessen Effizienz zu sichern (vgl. BENES et al., 2004, 31).

Im Folgenden werden vier bestehende Modelle, welche die Wirkgrößen auf Qualitätsmanagementsysteme in Unternehmen beleuchten, der bestehenden Fachliteratur entnommen, deren Inhalte verglichen, mit weiteren wissenschaftlichen Studien belegt und ergänzt und nachfolgend zu einem neuen Modell entwickelt. Diese so gebildete neue Basis dient als Ausgangspunkt zur Beleuchtung der Einflussgrößen auf Qualitätsmanagementsysteme sowie zur Untersuchung des Wirkungszusammenhangs der einzelnen Mechanismen, die zum Funktionieren oder Versagen von Qualitätsmanagementsystemen in der Agrar- und Ernährungswirtschaft beitragen.

Das Modell der European Foundation for Quality Management (EFQM) zur Bewertung von Managementsystemen ist international als Richtlinie und Zielsystem für die Einführung von Total Quality Management (TQM) anerkannt.

Die nun vorgestellten Qualitätsmanagement-Modelle wurden nach folgenden Gesichtspunkten ausgewählt:

- Diese Modelle verbindet, dass ihnen bereits mehrere Faktoren zugrunde liegen, welche miteinander verknüpft wurden. Die Modelle erfahren durch die Verbindung mehrerer Einzelfaktoren größere Komplexität und bieten dem Forscher somit eine geeignete Ausgangsbasis für seine Arbeit.
- Die vorliegenden Modelle wurden ansatzweise geprüft. Konkret setzt Pöchtrager (2001) das EFQM-Modell bereits zur Ermittlung der Bedeutung von Erfolgsfaktoren in Qualitätsmanagementsystemen ein. Das EFQM-Modell wird des Weiteren international zur Selbstbewertung bei der Einführung von TQM angewendet. Das Modell des ON Österreichisches Normungsinstitut (2006) aus der ISO-Normenfamilie hat durch seinen Leitfaden zur Leistungsverbesserung bereits vielfachen Praxiseinsatz durchlaufen.
- Teilweise haben die vorliegenden Modelle bereits nachgewiesene Eignung für die Agrar- und Ernährungswirtschaft erfahren, z. B. testet Pöchtrager das EFQM-Modell in Unternehmen der österreichischen und Südtiroler Ernährungswirtschaft (vgl. Pöchtrager et al, 2004, 129). Der ISO-Leitfaden des ON Österreichischen Normungsinstituts (2006) kommt im Zuge einer Zertifizierung ISO 9001:2008 auch in Unternehmen der Agrar- und Ernährungswirtschaft zur Anwendung.

Diese Modelle, bzw. die Synthese der Einflussfaktoren dieser Modelle, stellen die Basis für eine umfassende Betrachtung von Einflussfaktoren auf Qualitätsmanagementsysteme dar. Es gibt zudem bereits eine Fülle an empirischen Studien zu Qualitätsmanagement und im Rahmen dessen auch etliche, die sich mit Erfolgs- bzw. Einflussfaktoren auf das Qualitätsmanagement auseinandersetzen. Eine Auswahl der Studien[7] wird ergänzend verwendet, um die aus den Modellen generierten Faktoren zu bestätigen, zu untermauern und um gegebenenfalls weitere Faktoren zu erweitern (siehe Tabelle 12).

Zu erwähnen ist weiterhin, dass es sich gemäß dem Informationsstand des Forschers bei zwei der Modelle (Zollondz, 2006 und Benes et al. 2004) um normative Modelle handelt, d. h. diese wurden nicht empirisch überprüft, sondern stützen sich auf die praktische Erfahrung und theoretische Kenntnis ihrer Urheber. Gerade auch aus diesem Grund ist eine Ergänzung durch wissenschaftliche Studien notwendig.

---

7 Bayazit und Karpak (2007), Chen und Chen (2009), Wali et al. (2003), Jha und Kumar (2010), Salaheldin (2009), Conca et al. (2004), Albersmeier et al. (2010)

Analyse von Qualitätsmanagementsystemen in der Agrar- und Ernährungswirtschaft 5

## „Conditio-Sine-Qua-Non-QM-Modell"

ZOLLONDZ (2006, 207 ff) konstruiert ein Modell, dessen immanente Elemente sich in allen Qualitätsmanagement-Modellen nachweisen lassen und somit als Checkliste verwendet werden können. Er betont, dass bei Fehlen eines dieser Elemente die Wirksamkeit des angewandten Qualitätsmanagement-Modells in Frage gestellt werden muss und formuliert die Voraussetzungen, ohne die kein Qualitätsmanagement Bestand hat. Dieses Modell ist demnach als Bedingungsmodell konstruiert und wird bezeichnenderweise „Conditio-Sine-Qua-Non-QM-Modell (C-S-Q-N-QM-Modell)" genannt. Es enthält folgende sieben Elemente, die als die zentralen Erfolgsfaktoren eines jeden Qualitätsmanagements angesehen werden können:

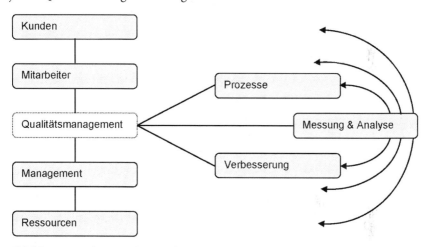

Abbildung 15: Elemente des Conditio-Sine-Qua-Non-QM-Modells
Quelle: ZOLLONDZ (2006, 207)

- *Prozesse*
  Es sind die Kern-, Führungs- und Supportprozesse zu identifizieren und die Qualitätsfähigkeit dieser Prozesse zu bestimmen. In diesem Rahmen ist auch eine Wertschöpfungsanalyse durchzuführen.
- *Management*
  Das Management hat die Qualitätspolitik und die daraus abgeleiteten Qualitätsziele zu formulieren, die Ressourcen bereitzustellen und langfristig zu planen. Es ist in das Qualitätsmanagement einzubinden und hat selbiges uneingeschränkt vorzuleben. Von der obersten Leitung ist das Qualitätsmanagementsystem der Organisation verantwortlich zu tragen.

- *Ressourcen*
  Die materiellen und immateriellen Ressourcen für das Qualitätsmanagement sind vom Management bereitzustellen.
- *Mitarbeiter*
  Die Mitarbeiter sind so weit zu befähigen, dass sie ein entsprechendes Qualitätsbewusstsein entwickeln können. Schlagworte sind: Empowerment, interne/externe Kunden-Lieferanten-Beziehung, Mitarbeiterzufriedenheit.
- *Kunden*
  Aus den Kundenerwartungen sind die Qualitätsforderungen abzuleiten. Darüber hinaus sind auch die Forderungen anderer Anspruchsgruppen zu bestimmen.
- *Verbesserung*
  Das Ziel besteht darin, Verschwendungen zu beseitigen. Integraler Bestandteil des Qualitätsmanagementsystems ist der „Kontinuierliche Verbesserungsprozess".
- *Messen und Analysieren*
  Erst Messung und die Analyse der gemessenen Ergebnisse geben dem Qualitätsmanagement festen Halt. Messen und Analysieren bezieht sich nicht nur auf das Produkt, sondern auch auf andere Wirkgrößen, wie z. B. Kundenzufriedenheit oder Lieferantenbeziehungen.

ZOLLONDZ (2006, 208) erklärt diese sieben Elemente gewissermaßen als die zentralen Erfolgsfaktoren des Qualitätsmanagements. Er merkt an, dass sich jeder, der Qualität managen will, aufgrund bisheriger Erfahrungen und Erkenntnisse mit diesen Elementen befassen muss und sich gleichzeitig darüber im Klaren zu sein hat, dass Qualitätsmanagement ein langfristiger Prozess ist.

## ON ÖSTERREICHISCHES NORMUNGSINSTITUT – Ressourcen für das Funktionieren des Qualitätsmanagementsystems

Die Gestaltung und Verwirklichung eines Qualitätsmanagementsystems eines Unternehmens werden von sich verändernden Erfordernissen, von besonderen Zielen, den bereitgestellten Produkten, den angewendeten Prozessen und der Größe und Struktur des Unternehmens beeinflusst. Mit der Norm ISO 9001:2008 legt das Österreichische Normungsinstitut der Verwirklichung und Aufrechterhaltung des Qualitätsmanagementsystems ein Management von Ressourcen zugrunde. Die ISO 9004:2000 dient als Leitfaden zur Leistungsverbesserung und konkretisiert das Ressourcenmanagement, indem sie eine Sammlung von Hinweisen, Richtlinien und einfachen Hilfsmitteln zur Verfügung stellt, um den Prozess einer kontinuierlichen Qualitätsverbesserung im Unternehmen einzuleiten und aufrechtzuerhalten. Sie fordert dabei für die Verwirklichung eines Qualitätsmanagementsystems konkret eine Bereitstellung folgender Faktoren:

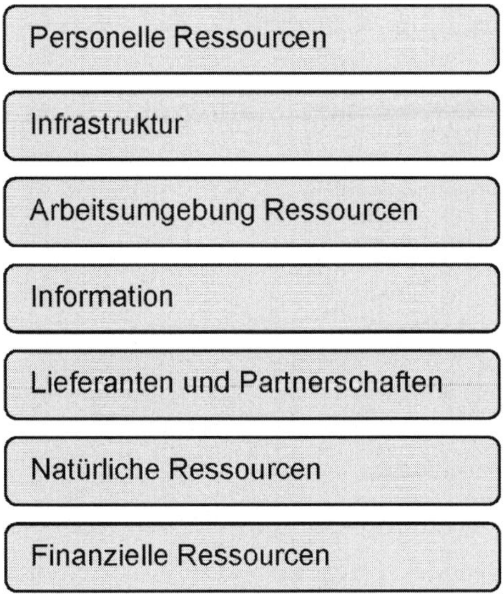

- Personelle Ressourcen
- Infrastruktur
- Arbeitsumgebung Ressourcen
- Information
- Lieferanten und Partnerschaften
- Natürliche Ressourcen
- Finanzielle Ressourcen

**Abbildung 16:** Essentielle Faktoren für die Verwirklichung eines Qualitätsmanagementsystems gemäß ISO 9004:2000

Quelle: eigene Darstellung, nach ON ÖSTERREICHISCHES NORMUNGSINSTITUT, 2006, 33

Während die meisten Faktoren der ISO 9004 selbsterklärend sind, lässt sich zur Erklärung des Faktors Information festhalten, dass dieser im Sinne der Norm auf die Bereitstellung und Leitung von Information abzielt und ergo in der Dokumentation von Unternehmensprozessen Bedeutung erfährt. Dementsprechend ist dieser Faktor in diesem Fall von den personellen Ressourcen losgelöst, obwohl diese am Bereitstellen von Informationen maßgeblich beteiligt sind. Er findet sich vielmehr in dem Bereich der Prozesse bzw. im Bereich der Dokumentation von Prozessen wieder.

### BENES et al. – Einflussbereiche der Qualitätsentstehung

BENES et al. (2004, 108) räumen dem Humanfaktor im Rahmen der Qualitätspolitik eines Unternehmens einen hohen Stellenwert ein. Wie die nachfolgende Abbildung verdeutlicht, beeinflusst der Mensch alle Bereiche, die an der Qualitätsentstehung partizipieren. Demnach steht der Mensch im Zentrum des betrieblichen Geschehens. Seine Verhaltensmerkmale, seine Motivation und Kompetenz beeinflussen die betrieblichen Erfolgsfaktoren.

**Abbildung 17: Einflussbereiche des Humanfaktors**
Quelle: BENES et al. (2004, 108)

BENES et al. ordnen die Faktoren den Bereichen ihres Entstehens gemäß einer internen bzw. externen Qualität zu. Qualitätspolitik, Produkte und Dienstleistungen sowie Prozesse stellen unternehmensinterne Einflussfaktoren dar. Finanzperspektive, Lieferanten, Kunden und die Gesellschaftsverantwortung im Sinne von Gesellschaft als Stakeholder des Unternehmens beeinflussen Qualitätsmanagementsysteme von außen. Der Humanfaktor des Unternehmens, welcher zwar sehr wohl den endogenen Faktoren zugeordnet werden kann, hat verbindenden Charakter und fungiert in dieser Rolle als Herzstück des Unternehmens, bei dem alle Fäden zusammenlaufen.

## PÖCHTRAGER – Erfolgsfaktoren für Qualitätsmanagement im Unternehmen der Ernährungswirtschaft

PÖCHTRAGER (2001, 126 ff) ermittelt in seiner Dissertation jene Faktoren, die für den Erfolg des Qualitätsmanagements in einem Unternehmen in der Ernährungswirtschaft verantwortlich sind. Als Grundlage dieser Untersuchung dient das EFQM-Modell für Business Excellence, welches als Basismodell für alle zertifizierten Unternehmen unabhängig von der Branchenzugehörigkeit fungiert (siehe Abbildung 18). Die European Foundation for Quality Management (EFQM) hat mit diesem Modell einen Rahmen für ein umfassendes Qualitätsmanagement geschaffen, das von Unternehmen oder Organisationen zur Selbstbewertung als Werkzeug auf dem Weg in Richtung Qualität und kontinuierliche Verbesserung angewendet werden kann (vgl. PÖCHTRAGER, 2001, 112 ff). Es geht dabei von bestimmten Erfolgsfaktoren aus, die in zwei Gruppen – Befähiger und Ergebnisse – zusammengefasst werden. Die Pfeile verdeutlichen die Dynamik des Modells und zeigen, dass Innovation und Lernen die Befähiger verbessern, was wiederum zu verbesserten Ergebnissen führt. Die Gewichtungsverteilung der Erfolgsfaktoren im Modell wird von der EFQM vorgegeben, kann jedoch von den Unternehmen, die dieses Modell verwenden – aber nicht am Award interessiert sind – individuell bestimmt werden.

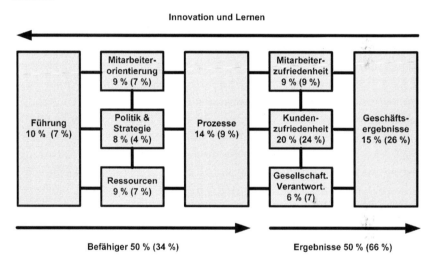

Abbildung 18: EFQM-Modell, mit Gewichtung lt. EFQM und PÖCHTRAGER (Zahlen in Klammer)

Quelle: eigene Darstellung, nach PÖCHTRAGER (2001, 126, 154 und 163)

PÖCHTRAGER (2001, 154 ff) prüft, ob die prozentuelle Wichtigkeit dieser Einflussfaktoren auf die Ernährungswirtschaft übertragen werden kann. Die Ergebnisse zeigen, dass die Unternehmen der österreichischen Ernährungswirtschaft, die an der Studie teilgenommen haben, den Ergebnissen mit 66 % deutlich mehr Gewicht beimessen als den Befähigern mit 34 %. Dies wird zurückgeführt auf die Tatsache, dass sich die Lebensmittelbranche generell in einer Umstrukturierungsphase befindet (Lebensmittelskandale, Konzentrationsprozess im Lebensmitteleinzelhandel, Produktionsüberhang, etc.), was den Wettbewerb in dieser Branche verschärft und so der wirtschaftliche Output eines Unternehmens mehr Bedeutung gewinnt als der Input. Betrachtet man die einzelnen Faktoren, ist der Fokus eindeutig auf die Geschäftsergebnisse (26%) gerichtet, gefolgt von Kundenzufriedenheit (24%). Die Prüfung dieses theoretischen EFQM-Modells für Business Excellence in der österreichischen und Südtiroler Ernährungswirtschaft hat somit gezeigt, dass das Modell ohne weitere Modifikationen auch auf die Agrar- und Ernährungswirtschaft übertragbar ist (vgl. PÖCHTRAGER, 2001, 173).

Alle genannten vier Modelle postulieren die Notwendigkeit der in ihnen dargestellten Faktoren, um mit Qualitätsmanagement im Unternehmen reüssieren zu können. Bringt man die Modelle von ZOLLONDZ, ON ÖSTERREICHISCHES NORMUNGSINSTITUT, BENES et al. sowie PÖCHTRAGER zusammen und vergleicht deren jeweilige deklarierten Einflussfaktoren auf Qualitätsmanagementsysteme, findet man eine große Anzahl an Übereinstimmungen vor allem im Bereich der Humanfaktoren, während andere Bereiche von unterschiedlicher Wertigkeit zu sein scheinen (siehe Abbildung 19 und Tabelle 9). Bedingt durch die Differenzen dieser Konzepte ist eine Verdichtung zu einem Modelle notwendig. Dazu werden die Faktoren der vier Modelle einander gegenübergestellt und deren Beziehungsinhalt miteinander verglichen. Manche Faktoren korrespondieren dabei mit mehreren Faktoren eines anderen Modells, z. B. kann der Faktor „Politik und Strategie" nach PÖCHTRAGER (2001) den Faktoren „Führung" und „Qualitätspolitik" nach BENES et al. (2004) zugeordnet werden. Durch die Visualisierung dieser Verbindungen (siehe Abbildung 19) können diese zu einem neuen Modell verknüpft werden, ohne einen der Faktoren unberücksichtigt zu lassen. Erst die Synthese sämtlicher Einflussfaktoren ermöglicht es, ein umfassendes Bild zu geben und sämtliche Bereiche zu beleuchten und abzudecken.

## 5.3 Synthese der Einflussfaktoren

Aus der Synthese der eingangs dargestellten Erfolgsfaktoren gemäß ZOLLONDZ, ON Österreichisches NORMUNGSINSTITUT, BENES et al. sowie PÖCHTRAGER (siehe Abbildung 19) ergeben sich folgende Einflussfaktoren auf Qualitätsmanagementsysteme in Einzelunternehmen.

BENES et al. geben ihrer Darstellung der Faktoren Struktur, indem sie eine Gliederung in interne und externe Qualität vornehmen, wobei die internen Faktoren sich auf direkt vom Unternehmen beeinflussbare Größen beziehen, die externen Faktoren vom Unternehmen jedoch nur bedingt kontrolliert werden können.

Analyse von Qualitätsmanagementsystemen in der Agrar- und Ernährungswirtschaft

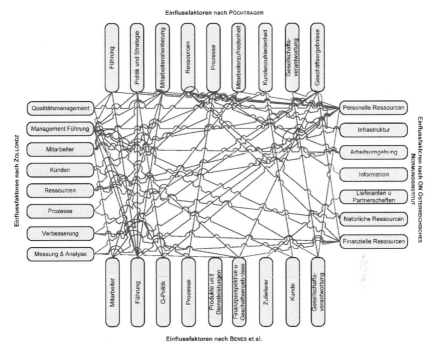

**Abbildung 19:** Synthese der Einflussfaktoren auf Qualitätsmanagementsysteme

Quelle: eigene Darstellung, nach ZOLLONDZ (2006, 207); BENES et al. (2004, 108); ON ÖSTERREICHISCHES NORMUNGSINSTITUT (2006, 33); PÖCHTRAGER (2001, 154 ff)

Forscht man in der wissenschaftlichen Fachliteratur, findet sich bei einigen Quellen ebenfalls eine Einteilung von Einfluss- bzw. Erfolgsfaktoren in interne und externe Größen. Für den Agar- und Ernährungsbereich ist dem Forscher nur eine Publikation bekannt, die eine solche Zuteilung ansatzweise vornimmt. WEINDLMAIER (2005, 11 ff) beschäftigt sich mit den Einflussgrößen bzw. Beweggründen für eine Implementierung von Qualitätsmanagementsystemen in der Ernährungswirtschaft und unterteilt diese in unternehmensinterne und unternehmensexterne Faktoren. Als *interne* Anforderungen hebt er die Verbesserung der *innerbetrieblichen Effizienz* und die Motivation der *Mitarbeiter* sowie die Notwendigkeit der *Optimierung der qualitätsbezogenen Kosten* hervor. Zu den *externen* Wirkgrößen zählt WEINDLMAIER die *Veränderung und Erweiterung des Qualitätsbegriffs*, steigende Forderungen der *Kunden*/Zwang zur Kundenorientierung, die Veränderung *rechtlich-administrativer Rahmenbedingungen*, Globalisierung und Verflechtung der *Märkte* sowie die Konzentration und Internationalisierung des europäischen *Lebensmittelhandels*.

# 5 Analyse von Qualitätsmanagementsystemen in der Agrar- und Ernährungswirtschaft

**Tabelle 9:** Einflussfaktoren auf Qualitätsmanagementsysteme in Einzelunternehmen

|  | Benes et al. | Österr. Normungsinstitut | Pöchtrager | Zollondz |
|---|---|---|---|---|
| Unternehmensführung | x | x | x | x |
| Mitarbeiter | x | x | x | x |
| Qualitätsmanagement |  |  |  | x |
| Finanzielle Ressourcen | x | x | x | x |
| Infrastruktur/Arbeitsumgebung | x | x | x | x |
| Produktanforderungen | x |  |  |  |
| Kunden | x |  | x | x |
| Lieferanten/Partnerschaften | x | x |  |  |
| Gesellschaft | x |  | x |  |
| Prozesse | x | x | x | x |
| Messung & Analyse |  |  |  | x |
| Verbesserung |  |  |  | x |

Quelle: BENES et al. (2004, 108); ON ÖSTERREICHISCHES NORMUNGSINSTITUT (2006, 33); PÖCHTRAGER (2001, 154 ff); ZOLLONDZ (2006, 207)

ANDERSON und PAINE unterscheiden bei den Erfolgsfaktoren ebenso zwischen internen und externen Faktoren, wobei sie die internen Erfolgsfaktoren als Unternehmensfaktoren und die externen Faktoren als Umfeldfaktoren ausweisen (vgl. CŒNENBERG und BAUM, 1987, 47). Die Unternehmensfaktoren werden dabei als endogen und damit als beeinflussbar angesehen, während die Umfeldfaktoren als exogen und somit im Allgemeinen als nicht beeinflussbar betrachtet werden.

Dem kommt die Definition des Begriffes endogenous des NEW SHORTER OXFORD ENGLISH DICTIONARY nach, wonach endogen „Having an internal cause or origin" (BROWN, 1993, 817) bedeutet und dessen Gegenteil exogenous „Having an external cause or origin" (BROWN, 1993, 883) heißt.

KREILKAMP (1987, 176) unternimmt ebenfalls eine Einteilung in endogene und exogene Faktoren, die sowohl in der Unternehmung selbst (*endogene Faktoren*) als auch in der Umwelt (*exogene Faktoren*) wirksam sind. KREILKAMP bezieht sich hierbei zwar auf strategische Erfolgsfaktoren als jene Elemente, Determinanten oder Bedingungen, die den Erfolg oder Misserfolg unternehmerischen Handelns entscheiden. Trotzdem kann die Einteilung in endogene und exogene Faktoren auch auf den hier vorliegenden Begriff „Einflussfaktor" angewendet werden, da sich die determinierende

# Analyse von Qualitätsmanagementsystemen in der Agrar- und Ernährungswirtschaft 5

Größe auf die Herkunft des Wirkungseinflusses bezieht und die Einteilung für die Wirkung – den Erfolg per se – irrelevant ist.

Die Gliederung in endogene und exogene Faktoren wird im Folgenden auch auf vorliegende Einflussfaktoren angewendet. Hierzu werden die Einflussfaktoren des Qualitätsmanagements dem Bereich ihres Wirkens entsprechend eingeordnet.

Tabelle 10 zeigt die Zuordnung der einzelnen Einflussfaktoren. Dementsprechend werden den *endogenen Faktoren* die *Unternehmensführung, Mitarbeiter, Qualitätsmanagement, finanzielle Ressourcen, Infrastruktur und Arbeitsumgebung* sowie *Produktanforderungen* zugewiesen.

Die *exogenen Faktoren* umfassen die Faktoren *Kunden, Lieferanten/Partnerschaften* und *Gesellschaft*.

Die Faktoren *Prozesse* sowie *Messung, Analyse & Verbesserung* lassen sich weder den endogenen noch den exogenen Faktoren zuordnen, vielmehr nehmen sie eine Sonderstellung ein.

Die exponierte Stellung des Faktors „*Prozesse*" die Zuordnung betreffend, erklärt sich wie folgt. Ein Prozess ist eine „Tätigkeit, die Ressourcen verwendet und die ausgeführt wird, um die Umwandlung von Eingaben in Ergebnisse zu ermöglichen" (ON ÖSTERREICHISCHES NORMUNGSINSTITUT, 2006, 9). Das bedeutet, dass eine Organisation erst wirksam und effizient funktionieren kann, wenn sie die zahlreichen vernetzten Tätigkeiten erkennen, leiten und lenken kann. In diesem Sinne versteht sich der prozessorientierte Ansatz als Managementstrategie und hat somit starken Konnex zu dem Humanfaktor Unternehmensführung. Die prozessorientierte Unternehmensführung ergibt sich jedoch im Zuge der Implementierung eines Qualitätsmanagementsystems von selbst und ist weniger eine Einflussgröße auf Qualitätsmanagementsysteme als eine Folge der Implementierung von Qualitätsmanagementsystemen. Der Faktor „*Prozesse*" wird daher nicht den endogenen Faktoren zugeordnet, sondern dem Bereich *systemimmanente Faktoren* der Beschreibung der endogenen und exogenen Einflussfaktoren zwischengereiht.

Gleichfalls lässt sich der Bereich „*Finanzielle Faktoren*" mit den Punkten *Finanzielle Ressourcen* sowie *Geschäftsergebnisse* bzw. *Messung & Analyse* und *Verbesserung* nicht einem Bereich zuordnen. Finanzielle Ressourcen per se sind eine notwendige, jedoch vom Vorhandensein eines Qualitätsmanagementsystems unabhängige Voraussetzung für den Erfolg eines Unternehmens, die Verteilung dieser Ressourcen obliegt der Unternehmensführung. Die Ausnahme im Bereich der Finanziellen Ressourcen stellen die *Kosten für das Qualitätsmanagementsystem* selbst dar. Diese Kosten sind als *endogener* Faktor dem Qualitätsmanagementsystem immanent, da ein Qualitätsmanagementsystem nur eingeführt werden kann, wenn ein Unternehmen bereit ist, dessen Kosten zu tragen. Dementsprechend werden die *Qualitätskosten* den endogenen Faktoren zugeordnet.

Die Aspekte Geschäftsergebnisse sowie Messung & Analyse – sprich die Beurteilung von Qualitätsmanagementsystemen – wirken nicht direkt als beeinflussender Faktor auf das Qualitätsmanagementsystem ein, es wird lediglich der Erfolg des implementierten Systems unter Beachtung der qualitätsbezogenen Kosten gemessen, sie dienen somit als Kontrollelement. Der damit verbundene Auftrag zur ständigen Verbesserung ist ebenso systemimmanent und stellt keine explizite Einflussgröße auf das Qualitätsmanagementsystem dar, wiewohl der Auftrag zur ständigen Verbesserung mit der Implementierung eines Qualitätsmanagementsystems verknüpft ist. Entsprechend wird auch der Bereich „*Messung, Analyse & Verbesserung*" dem Kapitel *systemimmanente Faktoren* eingegliedert.

**Tabelle 10:** Zuordnung der Einflussfaktoren auf Qualitätsmanagementsysteme gemäß ihrer Wirkungsrichtung

|  | endogene Faktoren | exogene Faktoren | systemimmanente Faktoren |
|---|---|---|---|
| Unternehmensführung | x | | |
| Mitarbeiter | x | | |
| Qualitätsmanagement | x | | |
| Finanzielle Ressourcen/Qualitätskosten | x | | |
| Ressourcen für Infrastruktur und Arbeitsumgebung | x | | |
| Produktanforderungen | x | | |
| Kunden | | x | |
| Lieferanten und Partnerschaften | | x | |
| Gesellschaft | | x | |
| Prozesse | | | x |
| Messung, Analyse & Verbesserung | | | x |

Im Folgenden werden die Einflussfaktoren des Qualitätsmanagements im Detail diskutiert, um so ihre Bedeutung als Einflussfaktoren auf Qualitätsmanagementsysteme theoretisch zu unterlegen. Das Studium der Literatur gewährt einen Einblick in den aktuellen Stand der Forschung und ermöglicht Ergän-

# Analyse von Qualitätsmanagementsystemen in der Agrar- und Ernährungswirtschaft

zungen und Vertiefungen in diesem Bereich sowie das Auffinden von weiteren beeinflussenden Faktoren. Diese additionalen Faktoren werden ihrer Wirkrichtung entsprechend den endogenen und exogenen Faktoren zugeordnet, den bereits extrahierten Einflussfaktoren angefügt und so in das Modell der Einflussfaktoren auf Qualitätsmanagementsysteme integriert. Konkret fließen hierzu acht Studien ein. Bei der Auswahl der Studien liegt der Fokus auf deren Aktualität, da in diese Studien die Erkenntnisse namhafter Größen aus Zeiten des TQM-Beginns, wie z. B. CROSBY (1979), DEMING (1986), FEIGENBAUM (1983) oder BLACK und PORTER (1995), einfließen und auch weiterentwickelt werden. Die extrahierten Faktoren dieser Untersuchungen werden mit vorliegendem Modell verglichen und die noch nicht integrierten Faktoren auf ihre diesbezügliche Tauglichkeit untersucht und gegebenenfalls einbezogen.

BAYAZIT und KARPAK (2007, 79 ff) untersuchen Einflussfaktoren für ein erfolgreiches TQM in der türkischen Fertigungsindustrie. Es wurden 31 Entscheidungskriterien extrahiert und diesen vier Gruppen zugeteilt (siehe Abbildung 20), wobei „Advantages" die aktuellen Vorteile einer TQM-Implementierung widerspiegeln, die „Opportunities" zeigen die möglichen Vorteile. Unter „Disadvantages" sind die Beschränkungen einer TQM-Einführung und unter „Risks" die zu erwartenden Schwächen oder Mängel angeführt.

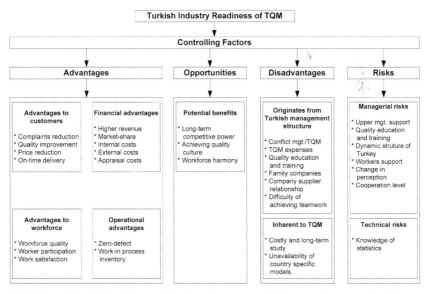

Abbildung 20: Einflussfaktoren für ein erfolgreiches TQM in der türkischen Fertigungsindustrie

Quelle: nach BAYAZIT und KARPAK (2007, 88)

Diese Entscheidungskriterien werden mit den Faktoren aus Tabelle 10 verglichen und die darüber hinausführenden Faktoren unter Rücksichtnahme ihrer Tauglichkeit für vorliegende Untersuchung in das Modell integriert.

Die meisten Entscheidungskriterien konnten den bestehenden Faktoren zugeordnet werden (siehe Tabelle 12). Als nicht einordbar ergibt sich das Kriterium „family companies", mit der Unternehmensgröße als zugrundeliegende Struktur. Die *Unternehmensgröße* wird als endogener Faktor in die Untersuchung einbezogen. Zudem ergeben sich die Kriterien „long-term competitive power" sowie „market share", diese beziehen sich auf den Mitbewerb und werden unter der Bezeichnung *Marktstellung des Unternehmens* in den Bereich der exogenen Faktoren aufgenommen.

Das Kriterium „unavailability of country-specific models" befasst sich mit der fehlenden Kompatibilität verfügbarer TQM-Modelle. Die Verfügbarkeit länder- bzw. branchenspezifischer Modelle liegt in der Verantwortlichkeit der Standardeigner bzw. des Gesetzgebers. Dem entsprechend wird der Faktor *Standardeigner (= Standardherausgeber) und Gesetzgeber* als weiterer exogener Faktor eingegliedert.

Die Kriterien „dynamic structure of Turkey" sowie „conflict of Turkish management structure and TQM" sind länderspezifisch auf die türkische Studie zugeschnitten und werden daher in diese Untersuchung nicht aufgenommen.

Neben diesem sehr umfassenden Modell fließen weitere ausgewählte Studien von Autoren ein, die sich ebenfalls in mehr oder weniger umfangreichem Ausmaß mit Erfolgs- oder Einflussfaktoren auf TQM in Unternehmen beschäftigen (siehe auch Tabelle 12).

CHEN und CHEN untersuchen Messkriterien für Total Quality Measurement in der Taiwanesische Biotechnologieindustrie auf ihre Eignung zur Verbesserung der Qualitätsleistung der Unternehmen dieser Branche und ermitteln folgende vier Fokusbereiche: „... market focus (customer relationship management sustention and reinforce), organization focus (unique competitive ability development), process focus (information utilization), result focus (R&D and innovation productivity evaluation and developing and financial evaluation and improvement)" (CHEN und CHEN, 2009, 8797). Dieses Ergebnis decken mit den Kernbereichen Markt (Kunden), Unternehmen, Prozess und Ergebnisse (Messung, Analyse & Verbesserung) Teile der in Tabelle 9 gruppierten Faktoren ab.

WALI et al. (2003, 3 ff) ermitteln auf Basis der Fachliteratur 12 kritische Erfolgsfaktoren für TQM in Fertigungs- und Dienstleistungsunternehmen in Indien. Die Faktoren leadership, creativity and quality strategy, worker –

manager interactions, results and recognition, work culture, information and data management, customer focus, value and ethics, communication across the organizations, team working, congenial inter-personal relations, delegation and empowerment, process improvement finden sich in den Bereichen Unternehmensführung, Mitarbeiter, Kunden, Gesellschaft, Prozesse bzw. deren Dokumentation sowie Analyse & Verbesserung wieder.

JHA und KUMAR (2010) vergleichen die Erkenntnisse von 14 TQM-Koryphäen, wie z. B. CROSBY (1979), DEMING (1986), MOTWANI und MOHMOUD (1994), JURAN (1974), LAKHE und MOHANTY (1994) SARAPH et al. (1989), FEIGENBAUM (1983) oder BLACK und PORTER (1995)[8] bzgl. Erfolgsfaktoren für TQM, um ein bewährtes Set an Faktoren als Basis für die empirische Forschung zur Verfügung zu stellen. Sie extrahieren dabei die zehn Faktoren top management quality, quality culture, strategic quality management, process management, supplier quality management, education and training, empowerment and involvement, information and analysis sowie customer satisfaction. Diese Faktoren decken die Bereiche Unternehmensführung, Mitarbeiter, Qualitätsmanagement, Produktanforderungen, Kunden, Lieferanten, Prozesse sowie Messung, Analyse & Verbesserung ab.

SALAHELDIN (2009, 215 ff) erforscht die Auswirkungen von TQM-Erfolgsfaktoren auf Betriebsleistung und Unternehmensperformance von KMUs. Er untersucht dabei strategic factors (leadership, organizational culture, top management support, continuous improvement, benchmarking, quality goals and policy) tactical factors (team building and problem solving, employee empowerment, employee involvement, employee training, use of information technology, supplier quality, supplier relationships, assessment of performance of suppliers) sowie operational factors (product and service design, enterprise performance metrics for TQM, process control, customer

---

[8] CROSBY, P.B. (1979): Quality is Free, American Library, New York. DEMING, W.E. (1986): Out of Crisis, Cambridge, MA: MIT, Center for Advanced Engineering. MOTWANI, J.G. und MOHMOUD, E. (1994): Quality practices of Indian organizations: an empirical analysis, in: International Journal of Quality and Reliability Management, 11, 38–52. JURAN, J.M. (1974): Quality Control Hand Bood, 3rd edition, McGraw Hill, New York. LAKHE, R.R. und MOHANTY, R.P. (1994): Understanding TM. In: Production Planning and Control, 5, 426–441. SARAPH, J.V., BENSON, P.G. und SCHROEDER, R.G. (1989): An instrument for measuring the critical factors of TQM. In: Decision Sciences, 20, 810–829. FEIGENBAUM, A. (1983): TOTAL Quality Control: Engineering and Management, 3rd edition. McGraw Hill, New York. BLACK, S. und PORTER, L.J. (1995): An empirical model for total quality management. In: Total Quality Mangement, 6, 149–164.

orientation, management of customer relationships, resources value addition process, realistic TQM implementation schedule, customer and market knowledge, resources conservation and utilization, inspection and checking work). Diese Erfolgsfaktoren können den Bereichen Unternehmensführung, Mitarbeiter, Qualitätsmanagement, Ressourcen, Produktanforderungen, Kunden, Lieferanten und Partnerschaften, Prozesse sowie Messung, Analyse & Verbesserung zugeordnet werden.

CONCA et al. (2004) entwickeln und testen ein Maßnahmenpaket von zehn Faktoren, die Unternehmen helfen sollen, ein besseres Verständnis der Qualitätsmanagementpraktiken zu entwickeln, bzw. um umgesetzte Qualitätsmanagementmaßnahmen in Unternehmen zu beurteilen. Die Faktoren leadership, quality planning, communication, training, specialized training, suppliers management, customer focus, process management, continuous improvement und learning finden sich bei den Faktoren Unternehmensführung, Mitarbeiter, Qualitätsmanagement, Kunden, Lieferanten, Prozesse sowie Messung, Analyse & Verbesserung wieder.

Zu beachten ist, dass sämtliche vom Forscher recherchierten und zitierten Studien sich mit Erfolgsfaktoren für TQM beschäftigen, d. h. welche Faktoren sich für den Erfolg von TQM zu unterschiedlichem Grade verantwortlich zeichnen. Den Forscher interessiert darüber hinaus viel eher, welchen Einfluss diese Faktoren auf das Qualitätsmanagementsystem selbst haben. Der Einschätzung des Forschers nach stellen auch Institutionen im Sinne von Organisationen oder Akteuren, welche im Zusammenhang mit einer Einführung und Umsetzung eines Qualitätsmanagementsystems stehen, mögliche Wirkgrößen dar. Keine der recherchierten Studien bietet dementsprechende Anhaltspunkte.

Diesbezügliche Hinweise finden sich bei ALBERSMEIER et al. (2010, 69 ff), die sich zwar weniger mit Erfolgs- oder Einflussfaktoren beschäftigen, jedoch ein dynamisches Modell der Interaktion von direkt in Qualitätsmanagementsystemen involvierten Parteien und deren wechselseitige Beeinflussung entwickeln. Beteiligte Parteien sind das Qualitätsmanagementsystem implementierende Unternehmen, die Konsumenten, der Standardherausgeber, die Kontrollstelle und der Auditor. Dieses ganze System erfährt wiederum eine Beeinflussung durch Stakeholder, wie die Gesellschaft, die durch Medien, NGOs, Politik (siehe Abbildung 21) beeinflusst wird.

# Analyse von Qualitätsmanagementsystemen in der Agrar- und Ernährungswirtschaft

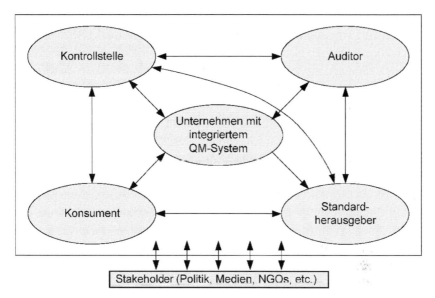

**Abbildung 21:** Qualitätsmanagementsystem als dynamisches Modell
Quelle: nach ALBERSMEIER et al. (2010, 74)

Im Vergleich mit Tabelle 10 sind die Interaktionspartner Unternehmen, Konsument bzw. Stakeholder durch die Kategorien Unternehmensführung, Kunden bzw. Gesellschaft abgedeckt. Die Interaktionspartner Standardherausgeber sowie die Kontrollstelle werden als exogene Faktoren angereiht. Nachdem der Auditor als Angestellter der Kontrollstelle mit dieser eng verbunden ist und im Regelfall der laufende Kontakt zum zertifizierten Unternehmen über den Auditor erfolgt, wird im Zuge dieser Untersuchung der Auditor als ausführendes Organ der Kontrollstelle dieser untergeordnet und nicht extra hervorgehoben.

HATANAKA et al. (2005, 354 ff) beschäftigen sich ebenfalls mit der Beziehung zwischen Institutionen im Sinne von Organisationen und Regelwerken im Zusammenhang mit Qualitätsmanagement und der Agrar- und Ernährungswirtschaft. HATANAKA et al. Betrachten den Zusammenhang zwischen Kontrollstellen, Unternehmen, dem Handel und NGOs und heben die Rolle von Kontrollstellen als signifikantem Regulierungsmechanismus im Agrar- und Lebensmittelsystem hervor. Sie beobachten bei den Kontrollmechanismen eine Verlagerung von staatlichen zu privaten Steuerungs- und Regelungssystemen und kommen zu dem Schluss, dass diese veränderten Strukturen die wachsende Macht des Handels in der Agrar- und Ernährungswirtschaft widerspiegeln. Der Einfluss des Handels begründet sich durch seine Position als

# 5 Analyse von Qualitätsmanagementsystemen in der Agrar- und Ernährungswirtschaft

Gatekeeper – als Nadelöhr zwischen der Lebensmittelerzeugung und dem Konsument. Vor allem aus Haftungs- und Prestigegründen sowie, um den Qualitätsstandard auf gleichem Niveau zu halten und die Kosten der Qualitätskontrolle auszulagern, fordert der Handel vor allem für die Produktion seiner Eigenmarken die Zertifizierung nach speziellen Standards. Aufgrund dieser Zusammenhänge empfindet es der Forscher als wichtig, den Handel als Einflussfaktor auf Qualitätsmanagementsysteme in Unternehmen der Agrar- und Ernährungswirtschaft aufzunehmen. Der Faktor Kunde wird somit in die Faktoren Konsument als Kunde sowie Handel als Kunde gesplittet.

Die beiden letztgenannten Studien (ALBERSMEIER et al., 2010; sowie zum Teil auch HATANAKA et al., 2005) verweisen auf das Zusammenspiel von direkt in Qualitätsmanagementsysteme involvierte Parteien. Diese Akteure stellen im Sinne der Institutionenökonomie (siehe Kapitel 2.5) die Organisationen dar, welche die rechtlichen Rahmenbedingungen (Institutionen) zur Implementierung bzw. Umsetzung von Qualitätsmanagementsystemen realisieren. Stellt der Forscher fest, welche Organisationen neben den bereits genannten Akteuren (Gesetzgeber/Standardeigner sowie Kontrollstelle), die rechtlichen Rahmenbedingungen von Qualitätsmanagementsystemen schaffen bzw. beeinflussen, sieht er als weitere Organisationen in zuvor genanntem Sinne die Akkreditierungsstelle und die Interessensvertretungen. Die Akkreditierungsstelle fungiert als gesetzliche Kontrollinstanz, um die rechtlichen Rahmenbedingungen für eine unparteiliche und unabhängige Kontrolle durch die Kontrollstellen zu gewährleisten. Interessensvertretungen haben das Potenzial zur Einflussnahme auf die rechtlichen Rahmenbedingungen, da sie Gesetzesentwürfe vorgelegt bekommen und diese gegebenenfalls beeinspruchen können. Somit werden sowohl die Interessensvertretung als auch die Akkreditierungsstelle als weitere Faktoren der Untersuchung zugeführt.

Tabelle 11 zeigt die Verknüpfung der Einflussfaktoren der hinzugezogenen Studien mit den aus dem Modell gewonnenen Faktoren.

# Analyse von Qualitätsmanagementsystemen in der Agrar- und Ernährungswirtschaft

**Tabelle 11/1:** Integration der Einflussfaktoren aus den Studien

| | Bayazit und Karpak (2007) | Chen und Chen (2009) | Wali et al. (2003) | Jha und Kumar (2010) |
|---|---|---|---|---|
| Unternehmensführung | upper management support; change in perception; cooperation level; achieving quality culture | organization focus (unique competitive ability development) | leadership, creativity and quality strategy; value and ethics; communication across the organization; congenial inter-personal relations | top management commitment; quality culture; strategic quality management |
| Mitarbeiter | workforce quality; worker participation; work satisfaction, quality education and training, workers support; difficulty of achieving teamwork; workforce harmony | | worker-manager interaction; results and recognition, work culture; team working; congenial inter-personal relations; delegation and empowerment | education and training; empowerment and involvement |
| Qualitätsmanagement – QM-Beauftragter | complaints reduction; quality improvement; achieving quality culture | | leadership, creativity and quality strategy | quality culture; strategic quality management; supplier quality management |
| Finanzielle Ressourcen/ Qualitätskosten | price reduction; internal costs; external costs; appraisal costs; zero-defects; costly and long-term study, TQM expenses | | | |
| Ressourcen für Infrastruktur und Arbeitsumgebung | | | | |
| Produktanforderungen | | | | design quality management |

127

# 5 Analyse von Qualitätsmanagementsystemen in der Agrar- und Ernährungswirtschaft

| | Bayazit und Karpak (2007) | Chen und Chen (2009) | Wali et al. (2003) | Jha und Kumar (2010) |
|---|---|---|---|---|
| **Unternehmensgröße** | family companies | | | |
| **Prozesse** | work-in process nventtory | result focus (R&D and innovation productivity evaluation and developing and financial evaluation and improvement) | information and data management; communication across the organization; process improvement | process management; information and analysis |
| **Messung, Analyse & Verbesserung** | knowledge in statistics; | result focus (R&D and innovation productivity evaluation and developing and financial evaluation and improvement) | results and recognition | information and analysis |
| **Konsument als Kunde** | complaints reduction; on time delivery; | market focus (customer relationship management sustention and reinforce) | customer focus | customer satisfaction |
| **Handel als Kunde** | | | | |
| **Lieferanten, Partnerschaften** | company-supplier relationship | | | supplier quality management |
| **Gesellschaft** | | | value and ethics | |
| **Marktstellung des Unternehmens** | market share; long-term competitive power | | | |
| **Interessensvertretung** | | | | |
| **Kontrollstelle** | | | | |
| **Akkreditierungsstelle** | | | | |
| **Gesetzgeber/ Standardeigner** | Unavailability of country-specific models | | | |

## Analyse von Qualitätsmanagementsystemen in der Agrar- und Ernährungswirtschaft

**Tabelle 11/2:** Integration der Einflussfaktoren aus den Studien

|  | Salaheldin (2009) | Conca et al. (2004) | Albersmeier et al. (2010) | Hatanaka et al. (2005) |
|---|---|---|---|---|
| **Unternehmensführung** | leadership; organisational culture; top management support; quality goals and management; management of customer relationships | leadership; quality planning; communication, training; specialist training | companies in the supply chain |  |
| **Mitarbeiter** | team building and problem solving; employee empowerment; employee involvement; employee training | communication; training; specialist training; learning |  |  |
| **Qualitätsmanagement – QM-Beauftragter** | quality goals and management; realistic TQM implementation schedule; inspection and checking work | quality planning; specialist training |  |  |
| **Finanzielle Ressourcen/ Qualitätskosten** | resources conservation and utilization |  |  |  |
| **Ressourcen für Infrastruktur und Arbeitsumgebung** | resources value addition process; resources conservation and utilization |  |  |  |
| **Produktanforderungen** | product and service design |  |  |  |
| **Unternehmensgröße** |  |  |  |  |

# 5 Analyse von Qualitätsmanagementsystemen in der Agrar- und Ernährungswirtschaft

|  | Salaheldin (2009) | Conca et al. (2004) | Albersmeier et al. (2010) | Hatanaka et al. (2005) |
|---|---|---|---|---|
| **Prozesse** | use of information technology; process control | process management |  |  |
| **Messung, Analyse & Verbesserung** | continuous improvement; enterprise performance metrics for TQM; inspection and checking work | continuous improvement |  |  |
| **Konsument als Kunde** | customer orientation; management of customer relationships; customer and market knowledge | customer focus | consumer |  |
| **Handel als Kunde** |  |  |  | supermarkets |
| **Lieferanten, Partnerschaften** | supplier quality, supplier relationships; assessment of performance of suppliers | suppliers management |  |  |
| **Gesellschaft** |  |  | stakeholder (policy, media, NGO, etc) |  |
| **Marktstellung des Unternehmens** | benchmarking |  |  |  |
| **Interessensvertretung** |  |  |  |  |
| **Kontrollstelle** |  |  | certification body; auditor | certification body |
| **Akkreditierungsstelle** |  |  |  |  |
| **Gesetzgeber/ Standardeigner** |  |  | standard owner |  |

# Analyse von Qualitätsmanagementsystemen in der Agrar- und Ernährungswirtschaft 5

In Tabelle 12 werden die Einflussfaktoren und deren Zuordnung entsprechend ihrer Wirkungsrichtung veranschaulicht. Bei den exogenen Faktoren lässt sich ergänzend festhalten, dass diese in zwei Gruppen untergliedert werden können. Sie umfassen einerseits Größen, die das Unternehmensumfeld repräsentieren, und anderseits Institutionen, die ein Qualitätsmanagementsystem direkt mitausgestalten. Dementsprechend erfolgt eine Untergliederung der exogenen Faktoren in *exogene Faktoren – Unternehmensumfeld* sowie in *exogene Faktoren – systemgestaltende Institutionen*.

Weitere Publikationen werden bei der folgenden detaillierten Analyse der jeweiligen Faktoren erwähnt. Diese theoretische Diskussion der Einflussfaktoren auf Basis wissenschaftlicher Literaturrecherche wird zusätzlich ergänzt durch die praktische Erfahrung aus dem Kompetenzbereich des Autors, der sich auf dessen langjährige praktische Erfahrung mit Qualitätsmanagement in einer Vielzahl von Unternehmen der Agrar- und Ernährungswirtschaft stützt[9].

## 5.4 Endogene Einflussfaktoren

In diesem Kapitel werden die endogenen Einflussfaktoren Unternehmensführung, Mitarbeiter, Qualitätsmanagement, Finanzielle Ressourcen/Qualitätskosten, Infrastruktur und Arbeitsumgebung sowie Produktanforderungen näher erläutert und um weitere Faktoren, die im Zuge der Literaturrecherche identifiziert wurden, ergänzt.

---

9 Die Kompetenz des Forschers resultiert aus folgenden Tätigkeitsfeldern: *1. Praxisgeleitete Forschung*. Im Zuge der Begleitung von Unternehmen im Vorfeld der Implementierungsphase von Standards werden die Unternehmen aktiv mit theoretischen wissenschaftlichen Erkenntnissen konfrontiert. Dies führt zu einer Win-win-Situation, einerseits erhalten die Unternehmen eine andere Sichtweise von Qualitätsmanagement und der Sinn von Qualitätsmanagement- und Produktsicherheitssystemen wird erkannt, anderseits wird die Theorie durch den Diskurs im Unternehmen auf Praxistauglichkeit abgetestet. Dadurch wird aufgezeigt, wie eine möglichst praxisrelevante Umsetzung der Standards in den unterschiedlichsten Unternehmensgrößen aussehen kann. *2. Aktive Gestaltung von Qualitätsmanagement- und Produktsicherheitssystemen*. Die wissenschaftliche Beschäftigung mit bestehenden Standards, verschmolzen mit den konkreten Produktanforderungen und der eigenen Erfahrung, dient als Basis für den Aufbau neuer Standards. *3. Sachverständiger*. Die Tätigkeit als Sachverständiger bei der Akkreditierung von Kontrollstellen.

# 5 Analyse von Qualitätsmanagementsystemen in der Agrar- und Ernährungswirtschaft

**Tabelle 12:** Erweiterte Einflussfaktoren auf Qualitätsmanagementsysteme, ihrer Wirkungsrichtung zugeordnet

| | Benes et al. (2004) | ON Österreichisches Normungsinstitut (2006) | Pöchtrager (2001) | Zollondz (2006) | Bayazit und Karpak (2007) | Chen und Chen (2009) | Wali et al. (2003) | Jha und Kumar (2010) | Salaheldin (2009) | Conca et al. (2004) | Albersmeier et al. (2010) | Hatanaka et al. (2005) | Institutionenökonomie | endogene Faktoren | exogene Faktoren * | systemimmanente Faktoren |
|---|---|---|---|---|---|---|---|---|---|---|---|---|---|---|---|---|
| Unternehmensführung | x | x | x | x | x | x | x | x | x | x | x | | x | | | |
| Mitarbeiter | x | x | x | x | x | | x | x | x | x | | | x | | | |
| Qualitätsmanagement QM-Beauftragter | | | x | x | | | x | x | x | x | | | x | | | |
| Finanzielle Ressourcen/ Qualitätskosten | x | x | x | x | x | | | x | | | | | x | | | |
| Ressourcen f. Infrastruktur und Arbeitsumgebung | x | x | x | x | | | | x | | | | | x | | | |
| Produktanforderungen | x | | | | | | x | x | | | | | x | | | |
| Unternehmensgröße | | | | x | | | | | | | | | x | | | |
| Prozesse | x | | x | x | x | x | x | x | x | | | | | | | x |
| Messung, Analyse & Verbesserung | | | x | x | x | x | x | x | x | | | | | | | x |
| Konsument als Kunde | x | | x | x | x | x | x | x | x | x | | | | | x (u) | |
| Handel als Kunde | | | | | | | | | | | x | | | | x (u) | |
| Lieferanten, Partnerschaften | x | x | | | x | | | x | x | x | | | | | x (u) | |
| Gesellschaft | x | | x | | | | x | | | | x | | | | x (u) | |
| Marktstellung des Unternehmens | | | | | x | | | x | | | | | | | x (u) | |
| Interessensvertretung | | | | | | | | | | | | | x | | x (s) | |
| Kontrollstelle | | | | | | | | | | | | x | x | x | x (s) | |
| Akkreditierungsstelle | | | | | | | | | | | | | x | | x (s) | |
| Gesetzgeber/ Standarddesigner | | | | | x | | | | | | x | | x | | x (s) | |

\* exogene Faktoren (u): Unternehmensumfeld, (s): systemgestaltende Institutionen

Analyse von Qualitätsmanagementsystemen in der Agrar- und Ernährungswirtschaft   5

## 5.4.1 Unternehmensführung

Die Bedeutung des Humanfaktors im Qualitätsmanagement wird durch die Ergebnisse einer Studie von YUSOF und ASPINWALL (2000, 448 ff) belegt, welche die kritischen Erfolgsfaktoren für die Einführung von Total Quality Management in KMUs in der Automobilbranche in Großbritannien untersucht. Als wichtigster Faktor für die erfolgreiche Einführung von TQM wurde mit 100-prozentiger Zustimmung der Befragten „Leadership and support from top management" angesehen, gefolgt von „Providing effective and appropriate training for employees" mit 74-prozentiger Übereinstimmung. Dieses Resultat untermauert die in der Literatur aufgezeigte zentrale Rolle des Humanfaktors im Bezug auf die Implementierung von Qualitätsmanagementsystemen.

Ehe auf die Humanfaktoren als solche eingegangen werden kann, ist eine begriffliche Abgrenzung der relevanten Termini notwendig.

GEIGER und KOTTE (2005, 55 und 61) definieren Management als „aufeinander abgestimmte Tätigkeiten zum Leiten und Lenken einer Organisation". Diese Definition schränkt den Begriff eindeutig auf Tätigkeiten ein. Nur mit einem Zusatz zu dieser Benennung, wie etwa „top management", können auch Führungskräfte gemeint sein.

Führungskräfte in der Organisation stellen laut MASING (1999, 128) einen ausgewählter Personenkreis dar, der die Funktionen eines Unternehmens verantwortlich führt. Die Verantwortung beinhaltet neben der eigentlichen Fachverantwortung die Ergebnisverantwortung, die Personalverantwortung und die Qualitätsverantwortung. Die Ergebnisverantwortung ergibt sich aus der auf die Funktion gespiegelten Gesamtzielsetzung des Unternehmens, die Personalverantwortung aus der Forderung, die Fähigkeiten der Mitarbeiter ständig weiterzuentwickeln und die Qualitätsverantwortung aus dem Auftrag, verkaufs- und wettbewerbsfähige Produkte zu optimalen Kosten zu erzeugen.

HUNGENBERG und WULF (2006, 22 ff) verweisen auf die zwei Dimensionen der Unternehmensführung: Die Unternehmensführung als Institution bezieht sich auf die Personen, die ein Unternehmen führen, und umfasst die Personen, die aufgrund rechtlicher oder organisatorischer Regelungen legitimiert sind, Einfluss auf andere auszuüben. Die Unternehmensführung als Funktion steht für das Handeln der Personen selbst, wobei der Begriff Management hierfür oft als Synonym verwendet wird. Im Zentrum des Führungshandelns stehen Entscheidungen darüber, wie die Arbeit der Menschen im Unternehmen koordiniert und die Entwicklung des Unternehmens geprägt werden soll.

TIEDTKE und DÖRING (1998, 63) verstehen unter Unternehmensführung das leitende Organ eines Unternehmens und als Geschäftsführung die Führung eines Unternehmens nach innen und nach außen. Der Terminus *Führung* wird definiert als eine „Tätigkeit, die den betrieblichen Prozeß [sic] einschließlich der in ihm tätigen Menschen zu gestalten (planen und entscheiden) und zu lenken (steuern) hat, und zwar in einer Weise, daß [sic] unter Beachtung der vorhandenen und zukünftigen Bedingungen (wie Gesetzgebung, Standort, Infrastruktur, Betriebsaufbau, Gesellschaftsform u. a.) und unter Einhaltung humaner Prinzipien die Unternehmensziele erreicht werden und die Existenz gesichert wird (überwachen)" (TIEDTKE und DÖRING, 1998, 64).

Im Nachfolgenden werden die Begriffe Unternehmensführung, Geschäftsführung und Top-Management im Sinne oben genannter Definitionen synonym verwendet.

Die Unternehmensführung stellt eine essentielle Einflussgröße auf ein Qualitätsmanagementsystem dar. Gemäß BRUNNER und WAGNER (2008, 57) ist es wichtig, dass die Entscheidung über die Einführung eines Qualitätsmanagementsystems von der obersten Führungsebene getroffen wird, da nur so das System im gesamten Unternehmen verankert werden kann. Der Führungskreis muss Verständnis für die Hintergründe, Vorteile und die nötigen Einführungsschritte aufbringen, um eine erfolgreiche Umsetzung der Einführung eines Qualitätsmanagementsystems überhaupt zu ermöglichen.

Die Geschäftsführung ist für die Organisation von entscheidender Bedeutung, da sie im Rahmen ihrer Unternehmenspolitik die Ziele, Wertesysteme und strategische Ausrichtung des Unternehmens definiert und umsetzt (vgl. EBEL, 2001, 166 ff und BAUER, 2006, 73):

- die Unternehmensmission entscheidet das Jetzt und Heute,
- ihre Vision bestimmt die Zukunft,
- Werte sowie Moral und Ethik sind Basisvoraussetzungen einer vertrauensvollen und verlässlichen Zusammenarbeit,
- das Unternehmensleitbild konkretisiert Mission, Vision und Werte und gibt Ziele sowie Leitlinien für die Unternehmensentwicklung vor,
- die Strategie ebnet den Weg zur Vision und dient dem Aufbau, der Pflege und der Realisierung von Erfolgspotenzialen,
- die operativen Ziele setzen Unternehmenspolitik und -strategie als in Teilziele heruntergebrochene Einheiten im Rahmen eines definierten zeitlichen Horizonts um.

# Analyse von Qualitätsmanagementsystemen in der Agrar- und Ernährungswirtschaft

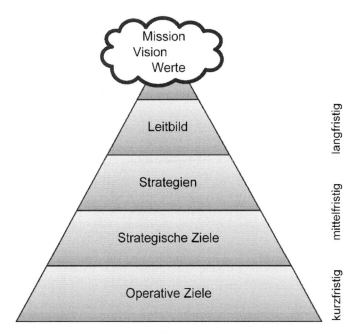

**Abbildung 22:** Planungsbegriffe im Zusammenhang
Quelle: WAGNER (2006, 30) und EBEL (2001, 168)

Auf der normativen Ebene wird die grundsätzliche Ausrichtung eines Unternehmens definiert. Diese Grundvorstellungen geben die gemeinsame Richtung und die fundamentalen Werte an, die zur kundenorientierten Erstellung der Produkte und Dienstleistungen notwendig sind. Aufbauend darauf leitet das Unternehmen auf der strategischen Ebene konkrete Zielvorstellungen über seine beabsichtigte zukünftige Entwicklung ab. Diese generellen Vorstellungen werden zu Strategien verdichtet, welche Bezug auf real existierende Unternehmensumwelten nehmen und durch die Definition strategischer Ziele in konkrete Schritte und Maßnahmen übersetzt werden. Strategien und strategische Ziele stellen dabei das Bindeglied zu den Prozessen der operativen Ebene dar. Um die Ziele der normativen und strategischen Ebene umzusetzen, werden diese auf die einzelnen Unternehmensprozesse heruntergebrochen, wodurch eine logische Verknüpfung zwischen den generellen Absichten und dem realen Tun eines Unternehmens gewährleistet wird (vgl. WAGNER, 2006, 30 f).

Laut MAZUMDER befinden sich Strategie und Unternehmenskultur in einem strategischen Wechselspiel, „... da die gewählte Strategie die Unternehmenskultur beeinflusst und umgekehrt. Driften Strategie und Unternehmenskultur auseinander, werden die gesetzten Ziele nicht oder nur temporär erreicht" (MAZUMDER, 2009, 44).

BACHMANN (2009, 38 ff) bestätigt die Notwendigkeit einer guten Strategie als wichtige Grundlage, um unternehmerischen Erfolg zu erzielen. Er insistiert außerdem auf der Strategieumsetzung als zentraler Differenzierungs- und Erfolgsfaktor eines Unternehmens: „... der Beitrag der Strategie zum unternehmerischen Erfolg kann sich nur in dem Maße einstellen, wie die Strategie auch tatsächlich umgesetzt wird" (BACHMANN, 2009, 38). Dazu ist es notwendig, die Organisation auf die Strategie auszurichten und die Unternehmensstrategie in die Geschäfts- und Funktionsbereiche hineinzutragen. NORTON (2009, 2) hat mittels einer Studie über Strategiemanagement aus dem Jahr 2006 nachgewiesen, dass Unternehmen mit einem strukturierten Strategiemanagement in 70 Prozent der Fälle eine bessere Performance als die Konkurrenz aufweisen, während Unternehmen ohne systematisches Strategiemanagement in 73 Prozent der Fälle schlechtere Resultate als die Konkurrenz erzielen. Die Studie unterstreicht die Notwendigkeit einer systematischen Strategieumsetzung und Etablierung des strategischen Managements in das operative Tagesgeschäft. Auch HERNANDEZ (2010, 465) weist darauf hin, die Einführung eines Qualitätsmanagementsystems als strategisches Anliegen zu betrachten.

Für die Umsetzung einer qualitätsorientierten Unternehmensstruktur wie auch einer entsprechenden Unternehmenskultur bedarf es sowohl fachlicher als auch sozialer Kompetenz der Geschäftsführung. Die soziale Komponente spiegelt sich in der Qualität der Mitarbeiterführung wider und beschreibt Eigenschaften wie Vorbildfunktion, Kommunikations-, Kooperations- und Konfliktfähigkeit sowie Beharrlichkeit und Sensibilität, während der fachliche Aspekt die Führungsaufgabe im TQM mit ihren methodische Qualitäten, wie TQM-Begriffsverständnis, Management-Methoden, Qualitätstechniken, Moderationstechniken sowie Wirtschaftlichkeit und juristisches Verständnis umfasst (vgl. KIRCHNER et al., 2007, 71 und EBEL, 2001, 164). Dieser Bereich wird laut PFEIFER (2001, 8) dem Unternehmen zugeordnet und häufig unter dem Begriff Management geführt, während der personenbezogene Aspekt als Mitarbeiterführung bezeichnet wird.

# Analyse von Qualitätsmanagementsystemen in der Agrar- und Ernährungswirtschaft

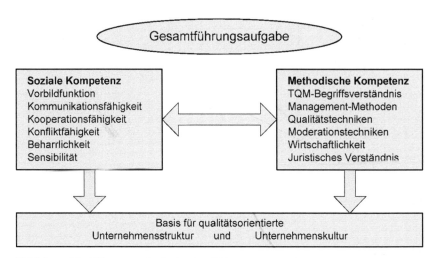

**Abbildung 23:** Führungsaufgabe im Qualitätsmanagement
Quelle: EBEL (2001, 164)

Eine qualitätsbewusste Unternehmensführung setzt ein Umdenken in beiden Bereichen voraus. Die Bedeutung des Potenzials der Mitarbeiter betreffend die Qualifikation und Leistungsbereitschaft spiegelt sich in den Erwartungen an Führungskräfte wider (vgl. BRUNNER und WAGNER, 2008, 9 f). Aufgabe der Führung ist es, Zukunftsvisionen zu entwerfen, Teams zu inspirieren, Coach zu sein und Mitarbeiter für hochgesteckte Ziele zu begeistern. Die Führungskräfte aller hierarchischen Ebenen haben die Voraussetzungen zu schaffen, ihren Mitarbeitern ein Umsetzen der Ziele im Sinne des TQM zu ermöglichen. „Die Führungsaufgabe ‚Qualität' kann dabei nicht an einen TQM-Koordinator oder -Manager delegiert werden, da diese in der Regel nicht über die notwendige Autorität und Akzeptanz im Unternehmen verfügen, um einschneidende Veränderungen herbeizuführen. Die Geschäftsführung muß [sic] ihre Führungsaufgabe wahrnehmen und durch vorbildliches Verhalten den Veränderungsprozeß [sic] aktiv gestalten" (HUMMEL und MALORNY, 1996, 17).

Dem entsprechend müssen nachstehende Verhaltensänderungen der Führungskräfte in die Führungsmethodik integriert werden (vgl. MASING, 1999, 39):

| | | |
|---|---|---|
| Mitarbeiter als Aktivposten | statt | Mitarbeiter als Kostenfaktor |
| Fehlerursachen gemeinsam suchen | statt | Schuld zuweisen |
| Fehler verhüten | statt | Fehler dulden |
| Führen durch „Coaching" | statt | Führen durch „Herrschen" |
| Fachkompetenz und Entscheidungsberechtigung auf den gleichen hierarchischen Ebenen | statt | auf getrennten hierarchischen Ebenen |
| Führen mit Zielen und Fakten | statt | Führen mit Vermutungen |
| Verbesserungsaktivitäten fördern | statt | Verbesserungsaktivitäten bremsen |
| Arbeiten in Prozessen | statt | Bereichsoptimierung |
| Ständige Kommunikation | statt | zufällige Bemerkungen |
| TQM ist Teil der täglichen Arbeit | statt | TQM ist eine zusätzliche Aufgabe |

PFEIFER unterscheidet zwischen Führungsaufgaben, die ein Top-down-Vorgehen erfordern, und solchen, „deren Ergebnisse sich aus eigenverantwortlich erbrachten Teilergebnissen zusammensetzen und daher ein Bottom-up-Vorgehen notwendig machen" (PFEIFER, 2001, 76). Die Einführungsphasen von TQM und Business Excellence sollten am besten mittels Top-Down-Ansatz über die Vorbildwirkung des Top-Managements begleitet werden, zur Aufrechterhaltung und erfolgreichen Verankerung des Systems bedarf es jedoch des Bottom-up-Ansatzes. Diese Ansätze setzen ein verändertes Rollenverständnis in der Führung voraus und manifestieren sich in drei *Führungsfunktionen* (vgl. PFEIFER, 2001, 10 und KIRCHNER et al., 2007, 71).

Die *Initiativfunktion* als erste Führungsfunktion im TQM dient der Sicherung und Stärkung einer Qualitätskultur. Es werden die unternehmensspezifische Politik und Vision entwickelt sowie Unternehmensgrundsätze definiert und kommuniziert, welche von den Mitarbeitern gelebt werden und zur Stärkung der Qualitätskultur führen. Weitere Aufgaben umfassen die Entwicklung des Managementsystems, das Initiieren von Qualitätsprogrammen sowie die Anerkennung und Würdigung der Leistungen und Anstrengungen der Mitarbeiter.

Die zweite Führungsfunktion – die *Vorbildfunktion* – entscheidet über die Akzeptanz und Glaubwürdigkeit aller TQM-Aktivitäten im Unternehmen. Das Top-Management muss eine aktive Haltung annehmen, persönlich in der Anwendung des TQM vorangehen und vorbildlich handeln. Nur dann sind die Mitarbeiter bereit, sich innerhalb und außerhalb des Unternehmens für Qualität einzusetzen. KELLY (2008) bringt dies auf den Punkt: „Don't

## Analyse von Qualitätsmanagementsystemen in der Agrar- und Ernährungswirtschaft

confuse promotion, advertising, or mandating of a QMS with the ‚management commitment' of a QMS. Telling the company that you're going to be registered to a standard and expecting them to do what they perceive is [sic] required is very different than executive management driving, participating, and flowing the QMS down to their employees through their actions and not just their words."

In der dritten Führungsfunktion, der *Dienstleistungsfunktion*, kommt zum Ausdruck, dass das Management nicht nur für seine eigenen Handlungen Verantwortung tragt, sondern die Mitarbeiter in die Lage versetzen muss, exzellente Leistungen zu erbringen. Um Mitarbeiter zu befähigen, müssen neben der Bereitstellung von personellen, materiellen und finanziellen Ressourcen ein Arbeitsumfeld und eine Arbeitsorganisation geschaffen werden, die die Umsetzung der TQM-Prinzipien, -Ideen und -Konzepte fördern.

**Tabelle 13:** Führungsfunktionen des Managements im TQM

| |
|---|
| *Initiativfunktion:* |
| Entwicklung der Strategie und Politik |
| Grundwerte definieren und kommunizieren |
| Verwirklichung des TQM-Konzepts |
| Leiten von Qualitätsprogrammen |
| Anerkennen, Würdigen der Leistungen |
| *Vorbildfunktion:* |
| Vorleben der Grundsätze |
| Überprüfen der eigenen Leistung |
| Permanentes Streben nach Verbesserungen |
| Koordinieren aller TQM-Aktivitäten |
| *Dienstleistungsfunktion:* |
| Bereitstellen der personellen Ressourcen |
| Bereitstellen von finanziellen Mitteln |
| Mitarbeiterschulungen auf allen Hierarchieebenen |
| Information und Weitergabe eigenen Qualitätswissens |

Quelle: PFEIFER (2001, 10) und KIRCHNER et al. (2007, 71)

WÄCHTER und VEDDER (2001, 41 ff) kommen auf Basis der evolutorischen Ökonomie[10] zu der Erkenntnis, dass die Umsetzung eines TQM-Konzeptes von dem Unternehmertypus abhängt. Dem zugrunde liegt die Einteilung der

---

10 Die evolutorische Ökonomie betrachtet „das wirtschaftliche ... Geschehen unter dem Blickwinkel ständiger Veränderungen in der Intensität, der Struktur und der Qualität ökonomischer Prozesse" (CANTNER und HANUSCH, 1997, 776).

Unternehmerperson in vier unterschiedliche Typen nach HEUSS (1965, 6 ff), und zwar in:

den *Pionierunternehmer* (Typ I),
den spontan *imitierenden Unternehmer* (Typ II),
den *konservativen,* nur unter Druck reagierenden *Unternehmer* (Typ III) und
den *immobilen Unternehmer* (Typ IV).

Es gibt Unternehmertypen, die für die Adaption eines Qualitätsmanagementsystems ausgesprochen offen sind. Dies betrifft in erster Linie den *Pionierunternehmer,* welcher Neuerungen gegenüber aufgeschlossen ist und sich durch proaktives und experimentierfreudiges Handeln auszeichnet. Diese Eigenschaften kommen sowohl bei der Etablierung als auch bei der Verbesserung bereits etablierter Konzepte zum Tragen und schaffen den Rahmen, ein etabliertes Konzept zu hinterfragen und gegebenenfalls abzulösen.

Der spontan *imitierende Unternehmer* hingegen benötigt überzeugende Argumente, bevor er seinen *individuellen Imitationsprozess* startet und ein Qualitätsmanagementkonzept einführt, während der *konservative Unternehmer* sogar erst reagiert, wenn er sich der Übernahme eines Konzeptes nicht mehr widersetzen kann.

Zudem werden die drei Unternehmerfunktionen nach SCHNEIDER (1993, 28 ff) auf ihre Relevanz bezüglich der Einführung eines Qualitätsmanagementsystems geprüft. Mit der Implementierung *übernimmt* der Unternehmer *Einkommensunsicherheit* (Funktion I), da er nicht verlässlich abschätzen kann, welche Konsequenzen die Übernahme hat und wie seine Wettbewerbsfähigkeit davon beeinflusst wird. Im Sinne der evolutorischen Ökonomie und einer damit verbundenen nachhaltigen Sicherung der Unternehmensexistenz muss der Unternehmer in der Lage sein, *neue Arbitragegelegenheiten* – also Gelegenheiten zur Erzielung risikoloser Gewinne – zu *schaffen* und diese auch möglichst weitgehend auszuschöpfen (Funktion II). Dies kann durch die Verbesserung der Marktleistungen erfolgen. Auf Kosten- bzw. Inputseite ist dies durch Dispositionen der Mitarbeiter möglich. Eine höhere Qualität der Dispositionen bewirkt niedrigere Kosten und eine höhere Produktivität. Auf der Erlös- bzw. Outputseite entstehen Arbitragegelegenheiten durch die Entscheidungen der Kunden, wo eine höhere Qualität der Leistungen höhere und stabilere Erträge bewirkt. Dem zugrunde liegt auch die Fähigkeit, *Änderungen in wirtschaftlicher Führerschaft durchzusetzen* (Funktion III). So ist das Erfolgspotenzial des Qualitätsmanagements wesentlich von der Fähigkeit des Managements abhängig, organisatorische Voraussetzungen zu schaffen und diese auch zu nutzen. Defizite bei der Wahrnehmung dieser Unternehmerfunktion können im Extremfall so-

## Analyse von Qualitätsmanagementsystemen in der Agrar- und Ernährungswirtschaft

gar dazu führen, dass eine Übernahme eines Qualitätsmanagementsystems überhaupt nicht stattfindet (vgl. WÄCHTER und VEDDER, 2001, 45 f).

Auch SCHNAUBER und TOLIS (2003, 306) unterstreichen die Wichtigkeit der Unternehmungsführung für das Qualitätsmanagement durch die Feststellung, dass in Zukunft die „Qualität des Managements" und das „Management der Qualität" (materielle wie immaterielle Güter) gleichermaßen für die Wettbewerbsvorteile von Unternehmen entscheidend sein werden. Dies wird unterstrichen durch die Ergebnisse einer Studie von YUSOF und ASPINWALL (2000, 458), welche die kritischen Erfolgsfaktoren in Klein- und Mittelbetriebsunternehmen untersucht. In einem Ranking der Faktoren wurde der Bedeutung des Faktors „Leadership and support from top management" mit 100-prozentiger Zustimmung höchste Wichtigkeit erteilt.

Die praktische Erfahrung des Forschers zeigt, dass die Unternehmensführung in Unternehmen der Agrar- und Ernährungswirtschaft ihre Stärken in Bezug auf Qualitätsmanagement eher im strategischen als im fachlichen Qualitätsmanagementbereich gelagert hat. Die Unternehmensführung weiß zwar theoretisch um die Notwendigkeit eines Qualitätsmanagementsystems, der Praxiszugang fehlt jedoch mitunter. Dementsprechend werden Entscheidungen für ein Qualitätsmanagementsystem eher strategisch gefällt. Ein Standard wird also eher aufgrund marktbezogener Veranlassung („der Markt braucht es – alle anderen machen es – wir müssen mithalten") implementiert. Nach der Implementierungsphase erkennen viele Unternehmensleiter den „ursprünglichen Zusatznutzen" des Standards, nämlich die Vorteile, die in verbesserter Qualität zum Ausdruck kommen. Wenn die Unternehmensleitung in der Implementierungsphase aktiv eingebunden wird, lernt sie das Qualitätsmanagementsystem methodisch und fachlich gut kennen und dessen Wert schätzen und steht hinter dem System.

In der praktischen Anwendung des Forschers im Zuge der externen Qualitätsmanagementberatung wird aktive Zusammenarbeit mit der Unternehmensführung ein Mal pro Termin zur Informationsweitergabe und zur Absegnung des Umgesetzten gefordert.

Ein weiterer wichtiger Punkt in Bezug auf den Einfluss der Unternehmensführung auf Qualitätsmanagementsysteme besteht darin, dass die Geschäftsführung dem Qualitätsmanagementbeauftragten Kompetenzen überträgt. Dies ist möglich, da im Zuge der Systemimplementierung klare Strukturen im Unternehmen aufgebaut werden. Dank der Rückenstärkung durch Unternehmensleiter und externe Berater wachsen die Qualitätsmanagementbeauftragten in die neuen Verantwortungsbereiche hinein und können sich etablieren.

# 5 Analyse von Qualitätsmanagementsystemen in der Agrar- und Ernährungswirtschaft

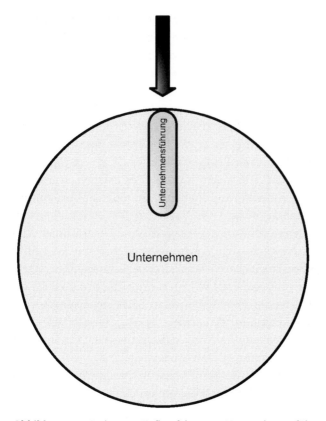

Abbildung 24: Endogene Einflussfaktoren, „Unternehmensführung"

## 5.4.2 Mitarbeiter

Die Humanfaktoren Führung und Mitarbeiter stehen in enger Korrelation zueinander.

Während in der Vergangenheit das Personal mitunter nur als reiner Kostenfaktor betrachtet wurde, zählt der Mitarbeiter heute zu den entscheidenden Erfolgsfaktoren eines Unternehmens (vgl. PFEIFER, 2001, 11). Dementsprechend hat Mitarbeiterorientierung, d. h. die Nutzung und Verbesserung der „Ressource Mitarbeiter", hohen Stellenwert. Der Mitarbeiter versteht sich nicht als reines Ausführungsorgan, er möchte sich informieren sowie kreativ und interessiert engagieren, wobei die Arbeit für ihn Erlebniswert hat. Dies bedingt offene Grenzen zwischen Führung und Mitarbeiter und Raum für kreatives Hinterfragen und konstruktive Kritik (vgl. BRUNNER und WAGNER,

2008, 9). Laut MUTZNER et al. (2009, 54) braucht es Mitarbeiter, die fähig sind, ihre eigenen Stärken und die für den Erfolg wesentlichen Tugenden anzuerkennen und zielgerichtet zu kommunizieren. „Und es braucht Vorgesetzte, die befähigt sind, mit den Erwartungen engagierter Mitarbeiter umzugehen, deren individuelle Stärken geschickt zu nutzen, nachhaltig fordernd zu fördern und anzuerkennen, sodass die Summe der Erfolge von Mitarbeitenden den wesentlichen Teil des eigenen Erfolgs ausmacht." (MUTZNER et al., 2009, 54). Dies ist auch für eine erfolgreiche Einführung und Umsetzung eines Qualitätsmanagementsystems entscheidend (vgl. WILCOCK et al., 2010, 4).

KAMISKE und BRAUER (1999, 139) definieren Mitarbeiterorientierung als eine Grundhaltung des Unternehmens, bei welcher der Mitarbeiter als bedeutendes Problemlösungs- und Kreativpotential betrachtet wird, da die Wertschöpfung im Unternehmen letztlich vom Menschen erbracht und gesteuert wird. Langfristig gesehen bieten exzellente Humanressourcen einen entscheidenden Wettbewerbsvorteil, der von anderen Unternehmen nur schwer aufgeholt werden kann, denn im Vergleich zu dem Zeitraum, der benötigt wird, um neue Produkte, Prozesse oder Technologien einzuführen, dauert es viel länger, die Kompetenz der Mitarbeiter eines Unternehmens zu erhöhen (vgl. KIRCHNER et al., 2007, 72).

Die Befähigung der Mitarbeiter fußt laut PFEIFER (2001, 18 ff) auf folgenden Faktoren:
der *Mitarbeitermotivation*,
der *Mitarbeiterqualifikation* und
dem *Mitarbeiter-Empowerment*.

*Mitarbeitermotivation* zählt als Managementfaktor, d. h. es ist Aufgabe der Führungskräfte, dem Mitarbeiter ein Verständnis für die innerbetrieblichen Vorgänge und deren Konsequenzen zu vermitteln, damit sich dieser mit den Visionen, Zielen und Werten des Unternehmens identifiziert und Verantwortung für seine Aufgaben übernimmt.

Neben der Bereitschaft zu Leistung spielt auch die Leistungsfähigkeit eine wichtige Rolle. So umfasst die *Mitarbeiterqualifikation* das Aneignen fachlicher und überfachlicher Kompetenz ebenso wie Kenntnisse, Fertigkeiten und Fähigkeiten zur Aufgabenbewältigung.

Ausreichende Ausbildung und Erfahrung sind Grundvoraussetzungen für den Erfolg eines Mitarbeiters, wobei die fachspezifischen Kriterien vom Arbeitsgebiet und den gesetzlichen Anforderungen abhängen. Die betriebsspezifische Weiterbildung ist gekoppelt an die Voraussetzungen, die das Personal für das Aufgabengebiet mitbringt (vgl. EBEL, 2001, 215).

Neben der Motivation und Qualifikation der Mitarbeiter müssen außerdem die Freiräume und Befugnisse eingeräumt werden, die notwendig sind, um Schwachstellen zu identifizieren sowie Verbesserungsmaßnahmen zu definieren und umzusetzen. Sind Mitarbeiter qualifiziert und motiviert, bekommen aber nicht die Möglichkeit, die erkannten Schwachstellen zu beheben, sind sie frustriert und neigen zu Resignation. Dies kann zur „Inneren Kündigung" führen, in der die Mitarbeiter nicht mehr motiviert sind, ihre Kreativität und ihr Können optimal einzusetzen (vgl. PFEIFER, 2001, 21). BRUNNER und WAGNER (2008, 9) heben diesbezüglich die erforderliche Interaktion zwischen Führung und Personal hervor, wo offene Grenzen zwischen den Hierarchieebenen Raum für kreatives Hinterfragen und konstruktive Kritik gewährleisten sollen. Der Mitarbeiter möchte mehr als ein reines Ausführungsorgan sein, er will sich informieren, kreativ und interessiert engagieren und Arbeit mit Erlebniswert belegen.

Das *Mitarbeiter-Empowerment* – die Befähigung der Mitarbeiter zum Selbstmanagement – soll zur eigenverantwortlichen Verbesserung ihrer Arbeitsplätze führen, so als wären die Mitarbeiter Unternehmen – ownership, entrepreneurship (vgl. BRUNNER und WAGNER, 2008, 10). Die Delegation von Aufgaben und Verantwortung muss dabei inklusive der dazugehörigen Kompetenzen erfolgen, da erst dadurch das Interesse an der zu erfüllenden Tätigkeit und damit das Qualitätsniveau gesteigert werden kann (vgl. EBEL, 2001, 216).

Um im Sinne des Qualitätsmanagements zu agieren, muss ein Mitarbeiter sowohl „können" (Qualifikation), „wollen" (Motivation) als auch „dürfen" (Empowerment).

Die Akzeptanz eines neu implementierten Qualitätsmanagementsystems bei den Mitarbeitern ist die Gewähr, dass die Erneuerung auch in Zukunft betrieben und weiterentwickelt werden kann (vgl. BENES et al., 2004, 30). Erfahrungsgemäß lässt sich dies aber nur sehr bedingt vom Management „verordnen". Vielmehr ist vom Auftreten sogenannter Opponenten auszugehen, die einem Neuerungsprozess, wie der Einführung eines Qualitätsmanagementsystems, aktiv oder passiv entgegenstehen (vgl. WÄCHTER und VEDDER, 2001, 33). Demnach kann eine uneingeschränkte Akzeptanz nicht sofort nach der zügigen Einführung von allen Mitarbeitern erwartet werden, da Ängste der Mitarbeiter vor erhöhten Controllings oder einer schleichenden Rationalisierung entgegenwirken (vgl. BENES et al., 2004, 30).

DILG (1995, 44 und 154 f) sieht für die mögliche Abwehr des Qualitätsthemas durch die Mita,rbeiter folgende Gründe:

Die Führungskräfte reden viel zu viel und tun viel zu wenig. Dies ist der Fall, wenn statt Werten und Zielen nur Worthülsen vermittelt werden.

# Analyse von Qualitätsmanagementsystemen in der Agrar- und Ernährungswirtschaft

Im Unternehmen ist zu viel Politik im Spiel, was meist mit versteckten Absichten, egozentrischem Denken und dem Streben nach Macht zu tun hat.

Die Mitarbeiter haben Angst

- vor Veränderungen,
- vor dem Wandel,
- vor Arbeitsplatzverlust,
- vor Imageverlust,
- vor vermeintlicher Langsamkeit (Problemanalyse),
- vor Fehlern,
- davor für Kritik bestraft zu werden,
- nicht gut genug zu sein,
- davor als unbequeme Querulanten gesehen zu werden (Nonkonformisten, eigene Meinung).

Dem zugrunde liegt, dass das Streben nach Qualität und damit nach ständiger Verbesserung eine Suche nach Schwachstellen, eine Veränderung und ein Abweichen von Vertrautem bedeutet. Ein sinnvoller Ansatz zum Abbau von Angst liegt in einer Kombination von Information, sinnvoller Zielsetzung und Ausbildung.

Eine andere mögliche Ursache für mangelndes berufliches Engagement sieht RAMPERSAD (2008, 11 ff) in der engen Verknüpfung des Privatlebens der Mitarbeiter und deren Arbeitsmoral: „Improving organizational performance requires a highly engaged and happy workforce" (RAMPERSAD, 2008, 11). Demnach haben glückliche und engagierte Mitarbeiter eine tendenziell positive Beziehung zu ihren Vorgesetzten und fühlen sich von ihnen wertgeschätzt. Sie können besser mit Herausforderungen und Chancen umgehen, sind stressresistenter und generell zufriedener mit ihrem Leben. Vor diesem Hintergrund betont RAMPERSAD die Wichtigkeit, die Lebensqualität der Mitarbeiter zu verbessern – sowohl am Arbeitsplatz als auch in deren Privatleben. Können private und berufliche Ziele in Einklang gebracht werden, hat dies einen positiven Einfluss auf die Bindung der Mitarbeiter an das Unternehmen, insofern als sie das Gefühl haben, als Mensch geschätzt zu werden und einen wichtigen und wertvollen Beitrag zum Unternehmenserfolg zu leisten. „Employees are stimulated in this way to commit themselves, and to exert dedication and to focus themselves on relevant activities, which create value for clients" (RAMPERSAD, 2008, 23). RAMPERSAD (2008, 26) unterstreicht den Humanfaktor als wichtigsten Einflussfaktor auf den Unternehmenserfolg und konstatiert, dass der Faktor Mensch und nicht Kostensenkungen oder Produktinnovationen darüber entscheidet, ob ein Unternehmen im Spitzenfeld liegt oder nicht.

Von ebenfalls großer Bedeutung sind Förderungs- und Schulungsmaßnahmen. In der Studie von Yusof und Aspinwall (2000, 458) ist der Faktor „Providing effective and appropriate training for employees" von zweitgrößter Wichtigkeit für den Unternehmenserfolg. Gemäß dieser Studie müssten Mitarbeitertrainingsprogramme absolviert werden, bevor irgendwelche anderen Maßnahmen zur Verbesserung ergriffen werden. Mitarbeitertrainingsprogramme behandeln laut den Ergebnissen einer Studie von Fotopoulos und Psomas (2009, 574), durchgeführt in griechischen Unternehmen, vor allem den Arbeitsplatz, die Tätigkeiten der Mitarbeiter sowie die technischen Fähigkeiten. Auch die Soft Skills Teamfähigkeit und Problemlösungskompetenz werden von der Hälfte der untersuchten Betriebe gefördert.

Den Kontext aus der Literatur liefern Brunner und Wagner (2008, 9 f), welche konstatieren, dass jeder Mitarbeiter sicher sein muss, gefördert und informiert zu werden, da Motivation und Schulung der Mitarbeiter einen hohen Stellenwert besitzen. Nur wenn Mitarbeiter gut geschult und informiert sind, können sie sich für höchste Qualitätsziele einsetzen. Daher ist eine entsprechende Ausbildung anzustreben. Gleichfalls ist ein Trend zu multi-skilled workers, die flexibel einsetzbar sind und Problemlösungskompetenz besitzen, bemerkbar.

Als Grundqualifizierung eines erfolgreichen Mitarbeiters gelten eine ausreichende *Ausbildung* und Erfahrung, wobei die fachspezifischen Kriterien vom Arbeitsgebiet und den gesetzlichen Anforderungen abhängen (vgl. Ebel, 2001, 215 ff). Die *Weiterbildung* zielt auf die Optimierung und Verbesserung von Prozessen, auf das Auffrischen und Beibehalten des bereits Gelernten und auf das Anpassen an neue Entwicklungen. Als Weiterbildungsmaßnahmen bieten sich geeignete betriebsinterne Schulungen und der Besuch externer Seminare an.

Blickt man aus der Perspektive des Autors auf den Faktor Mitarbeiter, lassen sich folgende Aspekte aus dessen Praxis festhalten.

- Mitarbeiterschulungen betreffend Qualitätsmanagement sowie die Einführung des Qualitätsmanagementsystems sind grundsätzlich wichtig und müssen unter Einbindung der Unternehmensführung erfolgen. Bei den Schulungen werden die Mitarbeiter aller Hierarchieebenen „von der Putzfrau bis zum Abteilungsleiter" auf den gleichen Informationsstand gebracht, um zu verstehen, warum das Qualitätsmanagementsystem benötigt wird und wie die Methode ist, dieses aufzusetzen. Nach dem Motto „Die Kette ist so stark wie ihr schwächstes Glied" ist die Qualitätsmanagementschulung aller Mitarbeiter wichtig. Durch das Einbinden der Mit-

arbeiter ist in Folge mit weniger Widerstand gegen das Qualitätsmanagement zu rechnen, was sich wiederum auf den Erfolg des Systems und dessen Implementierung auswirkt.
- Die Implementierung bzw. Aufrechterhaltung des Qualitätsmanagementsystems selbst kann nur als Bottom-up-Strategie unter Einbindung der Mitarbeiter erfolgen. Praktisch bedeutet dies, dass (bei einem mit der Geschäftsführung klar definierten Ziel) die fachlichen Inputs direkt bei den Mitarbeitern, welche die Tätigkeit selbst ausführen, eingeholt werden. Dadurch werden die Mitarbeiter aktiv in die Entstehung des Qualitätsmanagementsystems eingebunden. Sie sind als Know-how-Geber auch in den Prozess eingebunden, Möglichkeiten der Umsetzung von Veränderungen aufzufinden. Dabei werden den Mitarbeitern die zu erfüllenden Mindestanforderungen kommuniziert und sie aufgefordert, einen realisierbaren, praktikablen Weg zur Umsetzung zu finden. Wichtig ist dabei, dass es keine Einschränkung des Weges bei vorgegebenem Ziel gibt.
- Die Weiterentwicklung des Systems darf nie durch radikale Neuerungen erfolgen, sondern muss auf Veränderungen bestehender Abläufe beruhen und in kleinen Schritten umgesetzt werden, da der Weg für die Mitarbeiter gangbar sein muss und es andernfalls zu Mitarbeiterüberforderung führen würde. Dieser Prozess kann länger andauern und mitunter auch über die erste Zertifizierung hinausgehen.
- Im Zuge der Implementierung des geplanten Systems ist es zweckdienlich, dass die Dokumentierung der Prozesse nicht im Büro, sondern vor Ort erfolgt, also direkt im Werk, wo die Arbeit entsteht. Dies hat den Hintergrund, dass der Mitarbeiter den zu dokumentierenden Arbeitsablauf direkt vorzeigen kann, und da automatisierte Abläufe abgegangen werden, keine Lücken in der Dokumentation entstehen. Als weiterer Vorteil hat sich gezeigt, dass der Mitarbeiter im vertrauten Umfeld mehr Sicherheit hat und seine Hemmschwelle, sich einzubringen, sinkt.
- Bei der Kommunikation mit dem Mitarbeiter ist Verständlichkeit in Sprache und Visualisierung wichtig. Als Visualisierungsmethode bewähren sich Flipcharts, die vor Ort erklärt und mit dem Mitarbeiter entwickelt werden. Die Sprache muss an den Mitarbeiter angepasst sein und sich in den Dokumenten hundertprozentig widerspiegeln. Dementsprechend dürfen keine neuen Fachbegriffe verwendet werden, sondern es wird ausschließlich auf das Vokabular der Mitarbeiter zurückgegriffen.

Zusammenfassend lässt sich sagen: Für das Funktionieren des Qualitätsmanagementsystem ist es wichtig, dass die Regelwerke gemeinsam entstehen. Da der Mitarbeiter an dessen Entstehung mitgewirkt hat, muss er es folglich auch akzeptieren. Doch es bedarf unbedingt einer Person, die die Einhaltung der gemeinsam formulierten Regelungen kontrolliert, damit der Mitarbeiter nicht in den Alltag zurückfällt. Obwohl Mitarbeitermotivation von zentraler Bedeutung ist, reicht Motivation alleine nicht für alle Arbeitsbereiche aus, z. B. ist das gründliche Reinigen einer Halle weniger eine Frage der Mitarbeitermotivation als der Persönlichkeit des Mitarbeiters. Daher ist es wichtig, den Mitarbeiter an einem für ihn geeigneten Arbeitsplatz einzusetzen und gegebenenfalls Personalrocharden vorzunehmen.

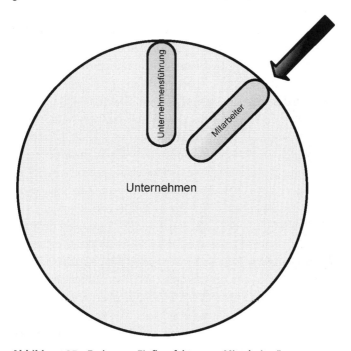

Abbildung 25: Endogene Einflussfaktoren, „Mitarbeiter"

### 5.4.3 Qualitätsmanagement – QM-Beauftragter

Um Qualitätsmanagement im Unternehmen leben zu können, bedarf es Personen, die mit dessen Umsetzung betraut sind. Mit der Pflege eines Qualitätsmanagementsystems gehen zahlreiche Aufgaben einher, die üblicherweise von dem beziehungsweise den Qualitätsmanagementbeauftragten übernommen werden (vgl. MASING, 2007, 326).

# Analyse von Qualitätsmanagementsystemen in der Agrar- und Ernährungswirtschaft

Der Qualitätsmanagementbeauftragte (QM-Beauftragte) fungiert im qualitätsmanagementorientierten Unternehmen als „Beauftragter der Leitung" und somit als ein Manager der ersten Führungsebene, der das Qualitätsmanagement verantwortlich betreut (vgl. BRUNNER und WAGNER, 2008, 23).

Ab einer bestimmten Unternehmensgröße wird er dies nicht mehr alleine betreiben können, sondern die Unterstützung in den einzelnen Abteilungen oder Standorten benötigen. Wie die Organisation des Qualitätsmanagements strukturiert ist, hängt von der Größe und der funktionalen, ablauforganisatorischen und geografischen Gestalt des Unternehmens ab (vgl. PFITZINGER, 2001, 99). Die Anzahl der QM-Beauftragten ist abhängig von der Unternehmensgröße und der Komplexität der Produkte (vgl. KRAMME, 2007, 78). Ein kleines Unternehmen kommt mitunter mit einem QM-Beauftragten zurecht, der dieses Thema neben seinen sonstigen Verantwortlichkeiten wahrnimmt. Ein großes Unternehmen, das in mehreren Hauptprozessen arbeitsteilig organisiert ist, wird eine Qualitätsmanagement-Organisation haben, die eventuell folgendermaßen gegliedert ist (vgl. PFITZINGER, 2001, 99 f):

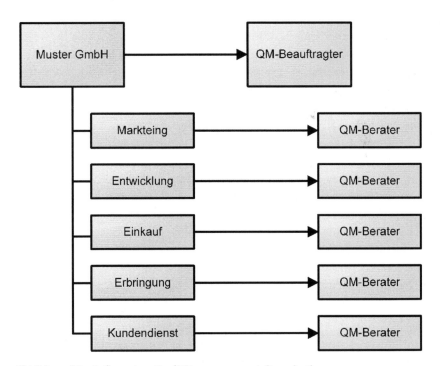

Abbildung 26: Aufbau einer Qualitätsmanagement-Organisation
Quelle: PFITZINGER (2001, 100)

# 5 Analyse von Qualitätsmanagementsystemen in der Agrar- und Ernährungswirtschaft

Der QM-Beauftragte als eigene organisatorische Einheit ist für alle unternehmensweiten Belange des Qualitätsmanagements verantwortlich. Diese zentrale Qualitätsmanagement-Stelle ist Mitglied der Geschäftsleitung und dieser unmittelbar unterstellt (vgl. KRAMME, 2007, 78). Dadurch erhält der QM-Beauftragte einerseits die notwendigen Vollmachten, andererseits wird der interne Informationsfluss erheblich vereinfacht (vgl. ERLING, 1999, 259). In den Funktionsbereichen des Unternehmens, die Gegenstand des Qualitätsmanagements sind, werden ein oder mehrere Mitarbeiter mit Qualitätsmanagement-Aufgaben betraut. Je nach Größe des Funktionsbereiches werden die Qualitätsmanagement-Aufgaben neben anderen Aufgaben oder hauptamtlich wahrgenommen (vgl. KRAMME, 2007, 78). Fehlt ein Mitarbeiter im eigenen Unternehmen, der über das nötige Know-how bzw. die Erfahrungen verfügt, besetzen Unternehmen die Rolle des QM-Beauftragten oftmals mit einer externen Person. Dies erfolgt mit unterschiedlicher Intensität und reicht von der gelegentlichen Unterstützung bis zum kontinuierlichen Einsatz (vgl. WELLEMS, s. a., 1). Laut WELLEMS (s. a., 17) überwiegen die Vorteile die Nachteile[11], welche mit der Beauftragung eines externen QM-Beauftragten verbunden sein können.

Ob ein externer QM-Beauftragter jedoch gemäß DIN EN ISO 9001:2008 normgerecht oder unzulässig ist, wird von den Experten unterschiedlich interpretiert. Während WELLEMS der Meinung ist, dass der QM-Beauftragte auch eine externe Person sein kann, wenn dies durch eine klare vertragliche Vereinbarung geregelt ist, können laut Meinung anderer Experten die Verantwortungen der Leitung nicht delegiert werden, nur weitere notwendige oder vorgesehene Aufgaben wären an Externe übertragbar. Solange die Experten über diese Frage noch streiten, erweist es sich somit als sinnvoll, vor dem Einsatz eines externen QM-Beauftragten diesbezüglich Kontakt mit der entsprechenden Zertifizierungsstelle aufzunehmen (vgl. N.N., 2009, s. p.).

Der weiteren Analyse dieses Faktors sei vorangestellt, dass der Forscher in diesem Faktor eine sehr hohe Bedeutung sieht. Aus diesem Grund wird auf diesen Faktor und explizit auf den Qualitätsmanagementbeauftragten besonders intensiv eingegangen und dessen Bedeutung, Aufgabengebiete und geforderten Qualifikationen werden ausführlich beschrieben.

---

11 Vor- und Nachteile eines externen Qualitätsmanagers siehe WELLEMS (s. a., 14 f).

# Analyse von Qualitätsmanagementsystemen in der Agrar- und Ernährungswirtschaft 5

## Aufgaben eines QM-Beauftragten

HÄFLIGER (2009a, 14) sieht eine hohe Dynamik im Berufsprofil des Qualitätsmanagers im Verlauf der letzten zehn Jahre. Ehemals „Verantwortliche für die Zertifizierung des Qualitätsmanagementsystems", übernehmen Qualitätsmanager heute häufig Aufgaben in der Unternehmensentwicklung. Sie leiten Verbesserungsprojekte und Aktivitäten im Rahmen der Organisationsentwicklung. Dies bedeutet, dass sich das Tätigkeitsprofil tendenziell von der Qualitätskontrolle zu Prävention und *Optimierung* verschoben hat. Der Fokus ist auf *Problemlösungen* oder auf die Erreichung von Ergebnissen gerichtet.

Die Hauptaufgaben des QM-Beauftragten umfassen laut BRUNNER und WAGNER (2008, 23) die *Umsetzung der Qualitätspolitik im Unternehmen* sowie die *Entwicklung der Qualitätsstrategien*, zudem ist er für die Einführung und ständige Weiterentwicklung des Qualitätsmanagementsystems verantwortlich und führt interne Systemaudits (Auditarten siehe Abbildung 28, Seite 158 und Abbildung 29, Seite 160) durch.

EBEL (2001, 113 f) definiert das Aufgabengebiet des QM-Beauftragten wie folgt:

- Organisation von Besprechungen, Schulungen und Workshops,
- regelmäßige Information der Unternehmensleitung,
- Sammeln und Weitertragen von Verbesserungspotenzial,
- Unterstützung der Mitarbeiter und Kontakt zu externen Beratern sowie
- Kontakt zu Zertifizierungsstellen.

In QM PERSONAL, einem Spezial-Stellenmarkt für Qualitätsmanagement, werden anhand einer Stellenbeschreibung am Beispiel von Industrieunternehmen die Aufgaben für Beauftragte integrierter Managementsysteme im Bereich Qualität, (Arbeits-) Sicherheit und Umwelt wie folgt aufgezeigt und dienen als Anhaltspunkte zum Aufgabenbereich eines Qualitätsbeauftragen (vgl. STEININGER, 2009):

- Umsetzung und Weiterentwicklung des Managementsystems im Hinblick auf die Unternehmensziele
- Integration von Umweltschutz (Nachhaltigkeit), Arbeitssicherheit und Arbeitsschutz in das Managementsystem
- Erstellung und Aktualisierung von Prozessbeschreibungen
- Steuerung der kontinuierlichen Verbesserung aller Unternehmensprozesse
- Pflege der System-Dokumentation

- Auditmanagement: Durchführung und Auswertung von internen Systemen und Prozessaudits
- Bewertung der Wirksamkeit des Managementsystems in Form eines Managementreviews
- Umsetzung von Vorbeuge- und Korrekturmaßnahmen
- Konzeption und Durchführung von Qualitätsförderprogrammen
- Entwicklung von Sicherheitsstandards und Methoden zur Überwachung der Standards
- Förderung des Qualitäts-, Umwelt- und Arbeitssicherheitsstandards in allen Bereichen des Unternehmens
- Aufbau eines Motivationsmanagements zur Vermeidung von Fehlern im gesamten Unternehmen
- Entwicklung und Umsetzung geeigneter Schulungskonzepte
- Ansprechpartner von Kunden zu Fragen von Qualität, Arbeitssicherheit und Umwelt
- Wahrnehmung und Aufgaben einer Sicherheitsfachkraft
- Ständige Verbesserung der Organisation, insbesondere der Abläufe bzw. Prozesse und der schlanken Dokumentation
- Erstellung und Pflege von Sicherheitsdatenblättern

Inwieweit ein derartiges Aufgabenprofil auf den QM-Berater zutrifft, ist vom jeweiligen Unternehmen abhängig, da die Tätigkeitsfelder im Qualitätsmanagement sehr unterschiedlich sind. HÄFLIGER (2009a, 14f) unterscheidet zwischen den Funktionen

- Qualitätskontrolle,
- Qualitätssicherung und
- Qualitätsmanagement,

wobei die Zielsetzungen und die daraus abgeleiteten Pflichtenhefte differieren.

Die bestimmenden Faktoren hierfür sind die Größe der Organisation und die Komplexität der externen Qualitätsanforderungen. Dies bedeutet, dass der Grad der Spezialisierung von der Unternehmensgröße abhängt (siehe Abbildung 27).

# 5 Analyse von Qualitätsmanagementsystemen in der Agrar- und Ernährungswirtschaft

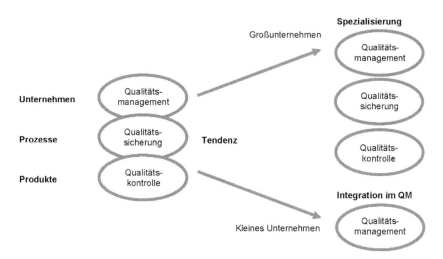

**Abbildung 27:** Grad der Spezialisierung des QM-Beraters nach Unternehmensgröße
Quelle: HÄFLIGER, 2009a, 15

In größeren Unternehmen werden diese unterschiedlichen Aufgaben in der Regel verschiedenen Personen zugeordnet. Diese *Fachspezialisten* arbeiten mehr oder weniger isoliert. Ein Indiz für solche Spezialisierungen ist die Vielzahl von Funktionsbezeichnungen, wie z. B. Qualitätsprüfer, Qualitätsmanager, Prozessmanager, Business Improvement Manager, Compliance Manager oder Unternehmensentwickler (vgl. HÄFLIGER, 2009a, 14 f), wobei eine gute Vernetzung der Erfolgsfaktor für eine erfolgreiche Zusammenarbeit über alle Bereiche und Stellen ist (vgl. HÄFLIGER, 2009b, 18).

In kleineren und mittleren Unternehmen besteht die Tendenz, alle Aufgaben mit dem Berufsprofil „Qualitätsmanager" abzudecken. Dieser ist Ansprechpartner für die vielfältigen Aspekte der Unternehmensentwicklung sowie für interdisziplinäre und komplexe Verbesserungsprojekte (vgl. HÄFLIGER, 2009b, 17). Der Qualitätsmanager benötigt eine integrale Sichtweise, um die Anforderungen sämtlicher Anspruchsgruppen zu erfüllen. Er muss daher in der Lage sein, auf die Aufgaben pragmatisch heranzugehen und sie mit den bestehenden Strukturen umzusetzen. Dies erfordert ganz explizit das Methodenwissen eines *Generalisten* (vgl. HÄFLIGER, 2009a, 14 f).

Neben der Unternehmensgröße werden die Aufgaben und Problemstellungen im Qualitätsmanagement auch von ihrer Komplexität bestimmt. Im Qualitätsmanagement sind verschiedene Stellen und Hierarchien involviert und strukturelle, strategische und kulturelle Aspekte betroffen. Daher sind *fachliche, methodische* und *soziale Kompetenzen* gefordert (vgl. HÄFLIGER, 2009a, 15).

### Anforderungen an einen QM-Beauftragten

QM-Beauftragte fungieren innerhalb ihres Funktionsbereichs als Ansprechpartner zum Thema Qualität. Sie nehmen hierfür eine Multiplikatorfunktion ein, die für den Erfolg von ausschlaggebender Bedeutung ist. Daher kommt der Auswahl des Qualitätsmanagement-Personals eine gewichtige Bedeutung zu (vgl. PFITZINGER, 2001, 100).

Der QM-Beauftragte befindet sich im Rahmen seiner Kernaufgabe, dem Analysieren und Verbessern von Prozessen, an der Schnittstelle zwischen Werkbank und Management. Er greift in Prozessstrukturen ein, was häufig als Störung gewohnter Abläufe und zusätzliche Belastung empfunden wird. Da der QM-Beauftragte den Erfolg der Veränderungsschritte überwachen muss, haftet ihm rasch das Image des Kontrolleurs an und er steht somit im Rampenlicht und im Kreuzfeuer der Kritik (vgl. WIESENEDER, 2007, 96). Er hat die schwierige Aufgabe, ein Verhältnis des Vertrauens aufzubauen, da es ihm gelingen muss, den Mitarbeitern die Angst davor zu nehmen, Fehler, Probleme und Mängel anzusprechen. Der QM-Beauftragte muss glaubhaft machen können, dass es nicht um persönliche Schuldzuweisungen geht, sondern darum, Prozesse zu verbessern (vgl. DILG, 1995, 89). Um argumentieren und Aktivitäten oder Änderungsvorschläge begründen zu können, muss er daher ein *fundiertes Fachwissen* besitzen und des Weiteren auf entsprechende *Soft Skills* zurückgreifen können (vgl. WIESENEDER, 2007, 96).

WEBER (2007, 92 ff) verdeutlicht dies, indem er klar zwischen Management- und Führungsqualifikationen unterscheidet. Im Management werden Ziele, Wege und Methoden systematisiert, die dazu erforderlichen Qualifikationen sind *fachliche* und *methodische Kompetenz*. Die Führungseigenschaften betreffen Schlagworte wie Ethik, Moral und Nachhaltigkeit und finden in der *sozialen* und *ethischen Kompetenz* Eingang.

Laut WIESENEDER (2007, 96) bedarf ein QM-Beauftragter einer ausgeprägten *Fähigkeit, Gespräche zu moderieren* oder mit Abteilungen zu *kooperieren*. Diese Meinung teilt auch HÄFLIGER, welcher konstatiert, dass ein Qualitätsmanager nur erfolgreich sein kann, „wenn es gelingt, die Mitarbeiterinnen und Mitarbeiter einzubeziehen und gemeinsam Lösungen zu erarbeiten" (HÄFLIGER, 2009a, 15). Dies erfordert *Teamfähigkeit*, das *Eingehen auf Menschen* und *das Erkennen der unterschiedlichen Bedürfnisse* sowie *Offenheit* und

## Analyse von Qualitätsmanagementsystemen in der Agrar- und Ernährungswirtschaft 5

*Flexibilität* (vgl. HÄFLIGER, 2009a, 15). „Es sollten Mitarbeiter sein, die im Unternehmen anerkannt, im besten Sinne *kommunikationsfreudig* und *argumentationsstark* sind. Weiter sollten sie sich mit dem Gedankengut des Qualitätsmanagements identifizieren" (PFITZINGER, 2001, 100). SCHEIBLE (2009, 37) erklärt die oft in Anspruch genommenen Merkmale Teamfähigkeit und Kommunikationsfähigkeit. Er bezeichnet eine teamfähige Person als einen Menschen, welcher zu einer effizienten und statusfreien Zusammenarbeit fähig und bereit ist. Als kommunikationsfähig charakterisiert er jemanden, der über die soziale und technische Fähigkeit zum Übermitteln von Fakten, Einschätzungen und Gefühlen verfügt.

WEBER (2007, 93) nennt *Konfliktlösungspotenzial* und die *Fähigkeit, andere zu begeistern* als weitere Anforderungen an eine Führungskraft im Qualitätsmanagement. Er streicht gleichfalls die *ethische Komponente* hervor, indem er betont, dass für langfristigen Erfolg Vertrauen wichtig ist, „das nur entstehen kann, wenn Themen wie *Werte, Sinn* und *Verantwortung* mehr Gewicht erhalten" (WEBER, 2007, 93). Weber hebt zusätzlich hervor, dass es bei Führungsaufgaben nicht um die Erfüllung festgelegter Anforderungen geht, sondern vielmehr um eine Grundhaltung.

Um die Kompetenzen umsetzen zu können, benötigt der QM-Beauftragte ein geeignetes Werkzeug, welches Gehör, Glaubwürdigkeit und Durchsetzungsvermögen verschafft. WIESENEDER (2007, 97) verweist diesbezüglich auf *Reputation*. Ein Mensch mit gutem Ruf wird als vertrauenswürdig eingestuft, weil er positive Handlungen regelmäßig wiederholt, er verhält sich erwartungskonform, indem er sich entsprechend den vorherrschenden Werten und Moralvorstellungen bewegt und gilt als außergewöhnlich, da er es schafft, seine Einzigartigkeit und Besonderheit zu betonen. Die Reputation des QM-Beauftragten als wichtiger Faktor im gesellschaftlichen Netzwerk des Berufslebens stützt sich auf drei Bereiche. Einerseits wird der Beruf eines QM-Beauftragten per se als hochreputierlich angesehen, zudem verleiht die Nähe zum Top-Management natürliche Macht und andererseits arbeitet der QM-Beauftragte selbst täglich an seinem guten Ruf, indem er sich erwartungskonform und vertrauenswürdig verhält (vgl. WIESENEDER, 2007, 96 ff).

*Engagement, Zuverlässigkeit, Fleiß, Kontinuität* sowie *Durchhaltevermögen* sind laut WEIGERT (2008, 40) weitere Qualifikationen, welche ein QM-Beauftragter innehaben muss. Das Anforderungsprofil umfasst überdies *hohe Sozialkompetenz, Überzeugungskraft*, ein *sicheres Auftreten* und *analytische Fähigkeiten*, um Sachzusammenhänge schnell und objektiv zu erfassen. *Vorausschauendes Denken und Handeln* wird ebenfalls vorausgesetzt.

## 5 Analyse von Qualitätsmanagementsystemen in der Agrar- und Ernährungswirtschaft

Eine wichtige Voraussetzung für die Position eines Qualitätsberaters ist eine entsprechende *Berufs-* und *Projekterfahrung*, welche dessen fachliche Kompetenzen festigt. Das erforderliche Fachwissen umfasst *Branchenwissen*, *Normenkenntnisse* und die *Vertrautheit mit den* gängigen *Qualitätsmanagementsystemen* (vgl. WEBER, 2007, 93). Bezüglich der *Ausbildung* empfiehlt WEIGERT (2008, 40), eine berufsbegleitende *Weiterbildung* zum QM-Berater von mindestens zehn Tagen zu absolvieren. Eine Weiterbildung ist notwendig, um die komplexen theoretischen Grundlagen des Qualitätsmanagements und die Maßnahmen zur Qualitätsverbesserung verstehen und anwenden zu können. Gemäß einer Studie von CLEGG et al. (2010, 193 f) tragen Weiterbildungsmaßnahmen zur Verbesserung der Qualität der Arbeitsleistung bei. So stufen 23 % der Experten das Qualitätsmanagementtraining in ihrem Unternehmen als vollkommen erfolgreich und 73 % als teilweise erfolgreich ein. PFITZINGER (2001, 100) regt an, die Qualitätsmanagement-Mitarbeiter nicht auf Standardschulungen zu schicken, sondern anhand des eigenen Projekts und des eigenen Unternehmens in Workshops auszubilden. Dabei wird ein Minimum an Theorie vermittelt und anhand der eigenen Abläufe umgesetzt. Zur Entwicklung und Durchführung solcher Workshops sollten externe Berater hinzugezogen werden.

(HÄFLIGER, 2009a, 15) fordert die kontinuierliche Anpassung der Qualifikationen an die veränderten Anforderungen, mit welchen ein Qualitätsmanager als Generalist mit hoher Methodenkompetenz immer wieder konfrontiert wird.

Zusammenfassend können die Anforderungen an QM-Berater wie folgt dargestellt werden:

*Fachliche Kompetenz*
(Fachwissen, Branchenwissen, Vertrautheit mit den gängigen Qualitätsmanagementsystemen durch Ausbildung, Weiterbildung, Berufserfahrung)

*Methodische Kompetenz*
(Vorausschauendes Denken und Handeln, Analytische Fähigkeiten, Projekterfahrung)

*Soziale Kompetenz*
(Sicheres Auftreten, Kommunikationsfähigkeit, Argumentationsfähigkeit und Überzeugungskraft, Fähigkeit andere zu begeistern, Konfliktlösungspotenzial, Teamfähigkeit, Offenheit, Flexibilität, Reputation, Engagement und Fleiß, Kontinuität und Durchhaltevermögen, Zuverlässigkeit)

*Ethische Kompetenz*
(Werte, Sinn, Verantwortlichkeit)

Analyse von Qualitätsmanagementsystemen in der Agrar- und Ernährungswirtschaft 5

## Qualitätsmanagementbeauftragter als Auditor

Das Qualitätsmanagementsystem muss – wie alle Strukturen und Abläufe eines Unternehmens – den sich ändernden Anforderungen angepasst werden. Daher ist es erforderlich, die Wirksamkeit des Qualitätsmanagementsystems, gemessen an den aktuellen Anforderungen, in festgelegten Abständen zu begutachten und gegebenenfalls korrigierende oder verbessernde Maßnahmen zu ergreifen. Audits stellen eine Methode zur Erkennung von Abweichungen und zur Ermittlung von Verbesserungspotenzialen dar (vgl. EBEL, 2001, 147) und bezeichnen eine Prüfung, die durch Personal ausgeführt wird, das für die geprüfte Einheit nicht zuständig ist (vgl. GEIGER und KOTTE, 2005, 103). Daraus ergibt sich in der Funktion als Auditor ein wichtiger und im Rahmen des Qualitätsmanagementsystems geforderter Zuständigkeitsbereich des Qualitätsbeauftragten.

In dem Leitfaden EN ISO 19011:2002 (D) ist der Begriff des Audits definiert als „Systematischer, unabhängiger und dokumentierter Prozess zur Erlangung von Auditnachweisen und zu deren objektiver Auswertung, um zu ermitteln, inwieweit Auditkriterien erfüllt sind" (ON, ÖSTERREICHISCHES NORMUNGSINSTITUT, 2006, 10).

Dabei wird geprüft, ob die qualitätsbezogenen Tätigkeiten und damit zusammenhängenden Ergebnisse

- den geplanten Anordnungen entsprechen
- ob diese Anordnungen tatsächlich verwirklicht
- und geeignet sind, die Ziele zu erreichen (vgl. BENES et al., 2004, 159)

Die Frage nach dem Untersuchungsziel, dem auditierten Gebiet und wer das Audit durchführt, ermöglicht eine Einordnung der verschiedenen Auditarten, die unter der Bezeichnung Qualitätsaudit zusammengefasst werden. Einerseits können das *Produktaudit*, das *Prozessaudit* (früher Verfahrensaudit) sowie das *Systemaudit* voneinander abgegrenzt werden (siehe Abbildung 28), andererseits lässt sich eine Unterscheidung in *Internes Audit* und *Externes Audit* (siehe Abbildung 29) treffen (vgl. KIRCHNER et al., 2007, 64 f).

# 5 Analyse von Qualitätsmanagementsystemen in der Agrar- und Ernährungswirtschaft

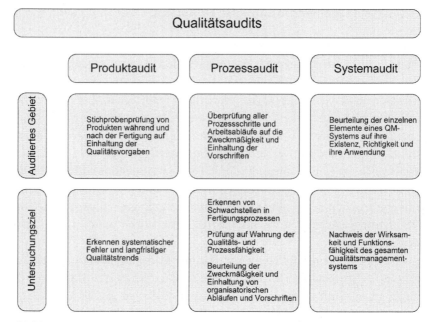

Abbildung 28: Auditarten nach auditiertem Gebiet und Untersuchungsziel

Quelle: in Anlehnung an: CLOODT (2001, 2 f) und KAMISKE und BRAUER (1999, 5)

Beim *Produktaudit* wird die Wirksamkeit von den Prozessen beurteilt, deren Produkte innerhalb des Qualitätsmanagementsystems erstellt worden sind. In die ergebnisorientierte Beurteilung fließt zudem die Einhaltung der Spezifikationen durch das Produkt ein (vgl. KIRCHNER et al., 2007, 65), wobei besonders auf die Erfüllung der spezifischen Kundenanforderungen zu achten ist, sodass für die Zukunft eine fehlervermeidende und somit qualitätssteigernde Wirkung erreicht werden kann (vgl. KAMISKE und BRAUER, 1999, 7). Das *Prozessaudit*, welches bestimmte Abläufe, Arbeitsfolgen und Vorgänge auf mögliche Schwachstellen untersucht, ist besonders wirkungsvoll, wenn der Prozess die Grenzen von verschiedenen Verantwortungsbereichen überschreitet, da auch eventuelle Reibungsverluste an den Schnittstellen erkannt werden. Bei einem *Systemaudit* wird beurteilt, ob die erforderlichen Bestandteile des Qualitätsmanagementsystems vorhanden sind. Es werden die Kenntnisse der Mitarbeiter und die tatsächliche, praktische Anwendung der Prozesse des Qualitätsmanagementsystems beurteilt. Das Systemaudit beurteilt das gesamte Unternehmen (vgl. KIRCHNER et al., 2007, 64 f).

*Interne Audits (First Party Audits)* werden im Auftrag des Managements von eigenem Personal durchgeführt, das allerdings nicht zu der Organisationseinheit gehören soll, deren Systeme, Prozesse oder Produkte geprüft werden (vgl. MASING, 1999, 177). Interne Audits werden für interne Zwecke durchgeführt und können die Grundlage für die eigene Konformitätserklärung des Unternehmens bilden (vgl. ZOLLONDZ, 2006, 266). Ein internes Audit wird bei folgenden Anlässen durchgeführt: zur geplanten Überwachung des Qualitätsmanagementsystems, zur Einführung neuer Produkte und Verfahren, zur Untersuchung von Fehlerschwerpunkten oder zur Überwachung von Korrekturmaßnahmen. Die Zielsetzung hierbei liegt auf der Absicherung und Verbesserung der Qualitätsfähigkeit (vgl. EBEL, 2001, 150). Das Audit soll somit einerseits anhand von Vorgaben prüfen, andererseits unter Einbeziehung der Mitarbeiter Verbesserungspotenziale aufdecken (vgl. LOBINGER, 2002, 780). Das *externe Audit* kann ein vom Auftraggeber verlangtes Qualitätsaudit *(Second Party Audit)* oder ein Zertifizierungsaudit *(Third Party Audit)* sein (vgl. GEIGER und KOTTE, 2005, 194), wobei das Second Party Audit vom Kunden oder von Personen in dessen Namen durchgeführt wird und zur Lieferantenbeurteilung und Überwachung von Korrekturmaßnahmen dient. Das Ziel dieses Audits ist der Nachweis der Qualitätsfähigkeit für den Kunden. Das Third Party Audit stellt die Qualitätsfähigkeit des Unternehmens für den Markt dar (vgl. EBEL, 2001, 150) und besagt, dass die zertifizierte Organisation fähig ist, Produkte oder Dienstleistungen zu liefern oder zu erbringen, die die festgelegten Anforderungen erfüllen (vgl. MASING, 2007, 344). Es wird durch externe unabhängige Unternehmen durchgeführt, mit dem Zweck der Zertifizierung[12] oder Registrierung der Konformität mit Forderungen, wie z. B. den der ISO 9001 (vgl. ZOLLONDZ, 2006, 266).

Aufgrund der eben genannten Ausführungen liegt in Hinblick auf die zugrundeliegenden Forschungsfragen die Vermutung nahe, dass nicht nur interne Audits, respektive unternehmensinterne Qualitätsmanagementbeauftragte, Einfluss auf Qualitätsmanagementsysteme im Unternehmen nehmen können. Vielmehr erlaubt dies die Schlussfolgerung, dass auch externe Audits, respektive externe Prüforganisationen, diesbezüglich Auswirkungen haben können. Somit wird die Kontrollstelle als ein weiterer Aspekt den exogenen Einflussfaktoren auf Qualitätsmanagementsysteme in Unternehmen angereiht und in Kapitel 5.6.7 beleuchtet.

---

12 Als Zertifizierung selbst bezeichnet man die Bewertung und Bestätigung des Qualitätsmanagementsystems durch eine kompetente und unabhängige Stelle (vgl. MASING et al., 2007, 344).

# 5 Analyse von Qualitätsmanagementsystemen in der Agrar- und Ernährungswirtschaft

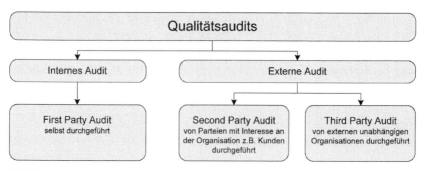

**Abbildung 29: Auditarten nach dem Wirkraum**

Quelle: KIRCHNER et al. (2007, 64)

Nationale und internationale Regelwerke fordern vom Auditpersonal grundsätzlich Unabhängigkeit, was bei internen Audits nicht einfach zu erfüllen ist. Interne Qualitätsaudits können vor allem von Vorgesetzten leicht als Eingriff in ihren Verantwortungsbereich missverstanden werden (vgl. EBEL, 2001, 151 f): „Most people equate internal audits with a witch hunt" (BOVEINGTON, 2009). Die erste Frage, die auditierte Personen sich selbst stellen, ist: „Was habe ich falsch gemacht?", *das Audit wird als Strafe wahrgenommen*, als einen Überraschungsangriff, der einen dabei ertappt, möglicherweise etwas falsch zu machen – eine Vorankündigung des Audits erscheint in deren Empfinden unmöglich, da so die Möglichkeit gegeben wäre, Fehler zu kaschieren (vgl. BOVEINGTON, 2009 und LOBINGER, 2002, 780). Dieses Gefühl wird geschürt, wenn Auditoren ihren Erfolg über die Zahl entdeckter Normabweichungen definieren, und umgekehrt, Auditierte befürchten, dass sie mit negativen Sanktionen zu rechnen haben, wenn Normabweichungen festgestellt werden. So kann sich eine Eskalationsspirale entwickeln, die die Offenheit auf beiden Seiten reduziert, was die Qualität der Audits nachhaltig beeinträchtigt. Ziel wäre, in einem offenen Gespräch zwischen Auditor und Auditierten ein möglichst realistisches Bild der betrieblichen Abläufe zu erhalten, um Abweichungen gemeinsam festzustellen und Verbesserungen einzuleiten (vgl. WÄCHTER und VEDDER, 2001, 144 f).

Häufig werden die Chancen von Audits nicht genutzt. Dies spiegelt sich in der Vielzahl von weiteren Kritikpunkten wider, die sich in der Praxisliteratur finden (vgl. ADDEY, 2000, 682):

- *Audits sind retrospektiv anstatt präventiv*
- *Audits sind stichprobenabhängig*
- *Es werden isolierte Tätigkeiten anstelle der Prozesse beurteilt*
- *Extern aufgezeigte Probleme in Audits werden nicht akzeptiert*

# Analyse von Qualitätsmanagementsystemen in der Agrar- und Ernährungswirtschaft 5

- Audits und Auditkriterien werden verordnet und nicht vereinbart
- Audits sind breit angelegt und konzentrieren sich nicht auf einzelne Schlüsselbereiche
- Auditierte fürchten Auditoren und verhalten sich daher defensiv und wenig hilfsbereit
- Audits prüfen nicht die Effektivität des Qualitätsmanagementsystems, sondern nur dessen Konformität
- Management unterstützt Audit nicht
- Aktionspläne werden nicht eingehalten
- Effektivität und Effizienz der Audits werden selten beurteilt
- Feedback von internen Kunden wird selten gewünscht

Neben diesen Kritikpunkten, denen Fakten zugrunde liegen, gibt es Missverständnisse im Zusammenhang mit Audits, die vor allem auf subjektiven Empfindungen der agierenden Personen sowie deren Einstellung zu Qualitätsmanagement beruhen (vgl. BOVEINGTON, 2009):

- Qualitätsbelange werden auf die Qualitätsabteilung reduziert und nicht als ganzheitlich im Unternehmen verankert angesehen.
- Es herrscht das Empfinden vor, Audits würden nur durchgeführt, weil das implementierte Qualitätsmanagementsystem dies vorschreibt.
- Der primäre Zweck von Audits sei, Management und Auditoren glücklich zu machen.

BOVEINGTON (2009) vermutet einen der Gründe, warum interne Audits mit derartigen falschen Vorstellungen behaftet sind, im Kommunikationsverhalten der Auditoren, im Hinblick darauf, dass im Rahmen eines Audits nie positive Ergebnisse kommuniziert werden. Man könnte interne Audits nutzen, um bewährte Prozesse aufzuzeigen, die im besten Falle von anderen Abteilungen entsprechend adaptiert angewendet werden können. WÄCHTER und VEDDER (2001, 145) sehen ähnliches Potenzial. Sie konstatieren, dass sich die Rolle des Auditors zwar aus den schriftlich fixierten Anforderungen des implementierten Qualitätsmanagementsystems ergibt – diese Anforderungen legen den formalen Rahmen, die Aufgaben und Verantwortlichkeiten der Rolle fest – aber trotzdem ein Spielraum bleibt, der durch die Erwartungen unterschiedlicher Interessensgruppen und durch die Interpretation der eigenen Rolle durch die Auditoren gefüllt wird. Dies bedeutet, dass die Qualität jedes Audits maßgeblich durch die Fähigkeit des Auditors bestimmt ist. Somit muss der Auditor soziale, methodische und fachliche Kompetenz aufweisen (vgl. WÄCHTER und VEDDER, 2001, 153 f).

*Soziale Kompetenz* heißt, ein Gespür für die Situation, in der man sich befindet, entwickeln zu können. Das ermöglicht dem Auditor, anhand des Verhaltens, der Worte der involvierten Personen und anhand seines eigenen situativen Erlebens zu diagnostizieren, wie angespannt und konfliktträchtig eine Situation ist – um folglich das Verhalten zu wählen, welches am geeignetsten ist, die Situation zu entspannen und die fachliche Aufgabe zu erfüllen. Die Anforderungen an den Auditor, die sich hieraus ergeben, sind Kommunikationsvermögen und psychologisches Einfühlungsvermögen (vgl. EBEL, 2001, 152) sowie die Fähigkeit, flexibel und schnell Sachverhalte verstehen zu können (vgl. MASING, 1999, 181). KELLY (2008, s. p.) unterstreicht die Wichtigkeit einer sensiblen Kommunikation und meint: „The people you are auditing are a wealth of information. They know what will make their processes better; the auditor's job is to get this information from them. By asking the right questions, the auditor will get all of the opportunities needed to report to management."

*Methodische Kompetenz*, im Sinne von Problemlösungs-, Organisations- und Steuerungskompetenz (vgl. WÄCHTER und VEDDER, 2001, 154) besagt, dass der Auditor Interviewtechniken beherrschen sowie strukturiert und gewissenhaft arbeiten können sollte (vgl. MASING, 1999, 181).

*Fachliche Kompetenz* umfasst die Anforderungen an den Auditor, die Beurteilungskriterien und -maßstäbe zu kennen und angemessen verwenden zu können sowie ein Verständnis der zu beurteilenden Produkte, Prozesse und Systeme zu besitzen.

Diese hohen Anforderungen verlangen eine sorgfältige Auswahl und Schulung des Auditpersonals, wobei bei der Auswahl insbesondere auf die soziale und methodische Kompetenz geachtet werden soll, da sich diese schwieriger vermitteln lassen als fachliche Fähigkeiten (vgl. WÄCHTER und VEDDER, 2001, 154).

Neben den eben genannten Fähigkeiten der Auditoren unterstreicht LOBINGER (2002, 781) die Notwendigkeit, auch den Prozess des Auditierens selbst zu überdenken. So sieht er eine Möglichkeit, die Produktivität und Nachhaltigkeit von Audits zu verbessern darin, dass Auditoren das Audit als gemeinsames Review mit dem auditierten Bereich gestalten und darüber einen Auditbericht mit Maßnahmen erstellen. Der interne Auditor ist in die Definition und Umsetzung der Maßnahmen als Berater eingebunden und fungiert somit nicht nur als Entdecker von Verbesserungspotenzialen, sondern auch als Moderator zur Verwirklichung der Lösungen.

Nach Erfahrung des Autors ist die Organisation des Qualitätsmanagements in den Unternehmen der Agrar- und Ernährungswirtschaft je nach Unternehmensgröße unterschiedlich strukturiert. Während große Unternehmen und

Unternehmen mit mehreren Betriebsstätten sowohl einen QM-Beauftragten als auch Qualitätsmanager beschäftigt haben, verzichten Klein- und Mittelbetrieben zumeist auf die Position des QM-Beauftragten, die entsprechenden Agenden werden von Qualitätsmanagern wahrgenommen. Dementsprechend differieren die Anforderungen an den QM-Beauftragen bzw. den Qualitätsmanager. In großen Unternehmen hat der QM-Beauftragte eine strategische Funktion. Er benötigt fachliche Kompetenz hinsichtlich der Umsetzung des Qualitätsmanagementsystems und muss sehr gut organisiert sein, um seine gestaltende und kontrollierende Funktion wahrzunehmen. Der Qualitätsmanager hingegen benötigt fachliche Kompetenzen bezüglich der Produktionsabläufe im Unternehmen sowie fachliches Verständnis zur richtigen Interpretation des Standards. In Klein- und Mittelbetrieben, in denen kein QM-Beauftragter positioniert ist, brauchen die Qualitätsmanager sowohl fachliche Kompetenz betreffend die Produktionsabläufe als auch die Umsetzung der Standards. Da der Qualitätsmanager nur Stabstelle der Geschäftsführung ist und keine Anordnungskompetenz hat, muss er des Weiteren über Sozialkompetenz verfügen und Anerkennung bei den Mitarbeitern genießen. Die Anerkennung wiederum resultiert aus dessen fachlicher Kompetenz.

Betrachtet man den Einfluss des QM-Beauftragten auf Qualitätsmanagementsysteme, hat sich aus der praktischen Erfahrung gezeigt, dass für den Erfolg einige Voraussetzungen gegeben sein bzw. einige Grundsätze eingehalten werden müssen.

- Qualitätsmanagement bedarf einer konsequenten Arbeit.
- Der QM-Beauftragte braucht Handlungsspielraum, d. h. er muss über die Entscheidungskompetenzen in seinem Arbeitsbereich verfügen dürfen.
- Er benötigt zeitliche, finanzielle und personelle Ressourcen und die Anerkennung der Mitarbeiter. Personelle Ressourcen bedeutet, dass er die Befugnis der Unternehmensleitung hat, Qualitätsmanagement-Aufgaben, wie z. B. die Rückverfolgbarkeit eines Produktes, an Mitarbeiter zu delegieren.
- Ein QM-Beauftragter, der neu in dieser Position ist, benötigt Unterstützung und Rückendeckung von einem externen Berater.
- Fachlicher Austausch innerhalb der Branche ist wichtig (Schulungen/Messen), d. h. vom Persönlichkeitstyp ist ein offener Mensch gefragt, der viel Zeit auch außerhalb des eigenen Unternehmens verbringt, da sonst die Gefahr der Betriebsblindheit groß ist. Bei fehlendem Weitblick über die Unternehmensgrenzen hinaus bleibt das Qualitätsmanagementsystem starr und festgefahren, da es keine Inputs für eine permanente Anpassung der Forderungen gibt.

# 5 Analyse von Qualitätsmanagementsystemen in der Agrar- und Ernährungswirtschaft

- Das Qualitätsmanagementsystem muss im Unternehmen gezielt aufgebaut werden. Es ist nicht funktionell, ein bestehendes System eines anderen Unternehmens im eigenen Unternehmen umzusetzen.

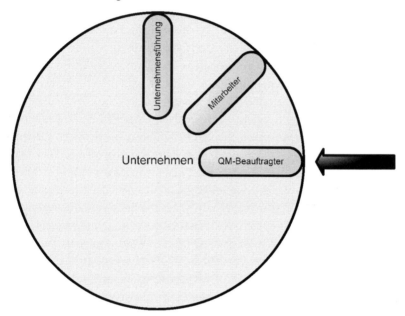

Abbildung 30: Endogene Einflussfaktoren, „Qualitätsmanagementbeauftragter"

## 5.4.4 Finanzielle Ressourcen – Qualitätskosten

Finanzielle Ressourcen sind eine notwendige Voraussetzung für den Erfolg eines Unternehmens, stellen eine nicht zu vernachlässigende Größe für die Implementierung und Anwendung eines Qualitätsmanagementsystems dar und können auf die Wahl des Systems oder dessen Einführung Einfluss nehmen.

BAYAZIT und KARPAK (2007, 85 f) untersuchen in einer Studie den Einfluss unterschiedlicher Faktoren auf die Einführung von Total Quality Management in türkischen Produktionsbetrieben. Als ein Ergebnis dieser Studie wird im finanziellen Bereich ein Sinken der qualitätsbezogenen Kosten mit der Implementierung von Qualitätsmanagement in Verbindung gebracht, womit folglich diesem Faktor für den Bereich der Einführung eines Qualitätsmanagementsystems Relevanz zugesprochen wird.

Der Untersuchung zufolge sind die Kosten der Implementierung, verbunden mit der langen Dauer der Einführung, entscheidende Einflussfaktoren

## Analyse von Qualitätsmanagementsystemen in der Agrar- und Ernährungswirtschaft 5

auf die Implementierung eines Qualitätsmanagementsystems. Sie spielen somit eine maßgebliche Rolle, da die Konsequenzen zu hoch empfundener Kosten möglicherweise eine Entscheidung gegen ein Qualitätsmanagementsystem bedeuten kann.

Somit mündet die Einflussgröße Kosten des Qualitätsmanagementsystems bereits im Vorfeld in eine eindeutige „Ja oder Nein"-Entscheidung bezüglich der Implementierung eines Qualitätsmanagementsystems. Hierzu ist es notwendig, den Zusammenhang zwischen Qualität und Qualitätskosten zu kennen.

OMACHONU et al. (2004, 277 ff) haben diesen in einer Studie überprüft, indem die Qualitäts- und die dazugehörigen Kostendaten eines Unternehmens über 24 Monate hinweg gesammelt und ausgewertet wurden.

Dabei wurde die klassische Einteilung der *Qualitätskosten* vorgenommen (vgl. BAYAZIT und KARPAK, 2007, 85, GRAF, 1998, 36 und MELZER-RIDINGER (2008, s. p.):

- *Prüfkosten*
  (Kosten von Konformitätsprüfung, Probebetrieb und ähnlicher Arten der Qualitätskontrolle)
- *Fehlerverhütungskosten*
  (Kosten von qualitätssichernden Maßnahmen zur Verhütung oder Verminderung von Fehlern, insbesondere für Qualitätsplanung, Qualitätslenkung und Qualitätsverbesserungsmaßnahmen) sowie
- *Fehlerkosten*
  Fehlerkosten treten auf, wenn die Prozessergebnisse bzw. die Dienstleistungen nicht mit den an sie gestellten Anforderungen übereinstimmen.
  - *Interne Fehlerkosten*
    (Kosten für Ausschussware, Reparatur, Nachbehandlung von Fehlchargen, Dokumentationsaufwand, Neuterminierung aufgrund von Ausschussprodukten)
  - *Externe Fehlerkosten*
    (Garantiekosten, Kosten für Rücksendungen und Rückholaktionen, entgangene Geschäfte und Kulanz)

OMACHONU et al. (2004, 277 ff) haben durch ihre Untersuchung unter anderem folgende Zusammenhänge herausgefunden, welche in Abbildung 31 grafisch dargestellt sind:

- Je höher die Kosten für die Prüfung und die Fehlerverhütung, desto geringer sind die Fehlerkosten.

# 5 Analyse von Qualitätsmanagementsystemen in der Agrar- und Ernährungswirtschaft

- Je höher die Kosten für die Prüfung und die Fehlerverhütung, desto besser wird das Qualitätsniveau.
- Es existiert ein Minimum der Qualitätskosten, wenn die Kosten für die Prüf- und Fehlerverhütung gleich hoch sind wie die Fehlerkosten.

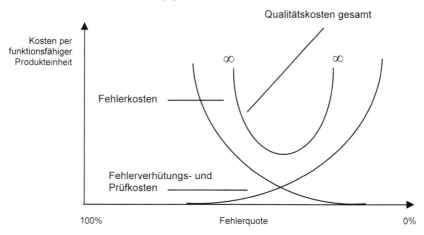

**Abbildung 31:** Entwicklung von Qualitätskosten und Qualitätsniveau
Quelle: nach PIROZZI (2006, s. p.)

Dies bedeutet, dass ein vermehrter Aufwand für Prüfung und Fehlerverhütung die gesamten Qualitätskosten reduziert und die Produktivität erhöht. Die Qualitätskosten weisen theoretisch an einem bestimmten Punkt ein Minimum auf. Nach dessen Überschreiten wirken weitere Qualitätsverbesserungen jedoch kostenerhöhend und werden folglich unwirtschaftlich. Dieser Punkt bezeichnet die „optimale Fehlerquote". Noch geringere Fehleranteile wären dann nur noch bei Produkten mit hohen Sicherheitsanforderungen oder der Gefahr von Umweltschäden vertretbar (vgl. WILDEMANN, 1992, 764). In diesem Fall muss unbedingt eine Null-Fehler-Produktion umgesetzt werden.

In der Praxis wird jedes Unternehmen eine Null-Fehler-Produktion anstreben, um die Kundenanforderungen zu erfüllen und im Wettbewerb auf dem Markt zu bestehen. Demgemäß muss die Marktsituation bei der Bestimmung der optimalen Fehlerquote und damit der minimalen Qualitätskosten berücksichtigt werden (vgl. SCHMÖLKE und DEITERMANN, 2009, 601).

Aus diesem Zusammenspiel lässt sich erkennen, wie eng der Bereich der Qualitätskosten mit den Produktanforderungen und der Marktstellung des Unternehmens sowie dem Mitbewerber verknüpft ist.

Sollen die Qualitätskosten minimiert werden, muss der Bereich der Fehlerverhütungs- und Prüfkosten minimiert werden. Prüfkosten dienen in erster

# Analyse von Qualitätsmanagementsystemen in der Agrar- und Ernährungswirtschaft

Linie dem Auffinden von minderer Qualität und sind nur bedingt zur Verbesserung der Qualität geeignet. Somit muss ebenso ein Schwerpunkt auf die Fehlerverhütungskosten gesetzt werden, um durch gezielte Fehlervorbeugung die Fehler- und Prüfkosten zu senken (siehe Abbildung 32). Dieser Bereich macht folglich einen wichtigen Bestandteil der Ausgaben für die Einführung neuer Methoden und Verfahren des Qualitätsmanagements aus (vgl. OMACHONU et al., 2004, 277 ff).

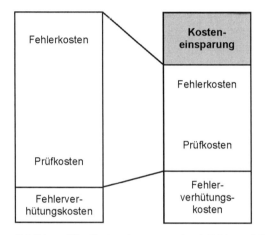

**Abbildung 32:** Kosteneinsparung durch Fehlerverhütung
Quelle: nach MELZER-RIDINGER (2008, s. p.)

BRÜGGEMANN (2005, 1 ff) untersucht die qualitätsbezogenen Kosten in der deutschen Futtermittelwirtschaft. Nur knapp mehr als die Hälfte der befragten Unternehmen waren bereit, Aussagen über die Höhe ihrer Qualitätskosten zu tätigen. Dies begründet sich nicht nur darin, dass es sich um betriebsinterne Daten handelt, sondern auch damit, dass die genaue Höhe der qualitätsbezogenen Kosten von vielen Unternehmen nicht exakt erfasst wird. Es existiert zwar eine Kostenstelle für den QM-Beauftragten oder für das Labor, jedoch wird in der Regel nicht die Gesamtheit aller qualitätsbezogenen Kosten, wie etwa Zeitverzögerung durch abgelehnte Ware oder Mitarbeiterschulungen, erfasst.

Dieses Nichtvorhandensein einer qualitätsbezogenen Kostenrechnung führt leicht zu einer Fehleinschätzung.

Bezüglich der vermuteten Kostentreiber nennen die Futtermittelunternehmen vor allen Dingen Auditierungskosten und Programm- oder Systemgebühren. Dass dies eine Fehleinschätzung sein könnte, zeigen die Ergebnisse einer Fallstudie eines für die Branche typischen Futtermittelherstellers, bei dem rund drei Viertel der qualitätsbezogenen Kosten auf Personal entfallen. Dieser hohe Anteil entsteht daraus, dass neben dem Gehalt des QM-Beauftragten ebenso die Zeit, die andere Mitarbeiter mit qualitätssichernden Aufgaben verbringen, berücksichtigt wird. Der zweite bedeutende Kostenblock betrifft interne und externe Untersuchungen der Qualitätsparameter von Rohstoffen und Produkten. Die Kosten der Auditierungen hingegen sind vergleichsweise unbedeutend.

Zu beachten ist, dass die qualitätsbezogenen Kosten keinesfalls „neue" oder „zusätzliche" Kosten darstellen; sie sind in der vorhandenen Kostenrechnung bereits enthalten, werden jedoch nicht komplett einer Kostenstelle „Qualität" zugeordnet (vgl. BRÜGGEMANN, 2005, 4).

Demgemäß stellen laut BENES et al. (2004, 53) die Kosten für „Qualität" bzw. „Nichtqualität" innerhalb eines Unternehmens ein noch nicht ausgeschöpftes Potenzial dar. So stecken Kosten, die durch entsprechende Qualitätsmaßnahmen beeinflussbar sind, in allen Bereichen des Unternehmens. Um eine Kostensenkung und höhere Effizienz im Sinne einer Prozessoptimierung zu erreichen, ist eine Kostenanalyse notwendig. Das Ziel dieser Analyse ist die Reduktion der Kosten.

BENES et al. (2004, 56 f) führen eine neue Betrachtungsweise der Qualitätskosten durch und unterscheiden zwischen *Kosten von Qualität* und *Kosten von Nichtqualität*.

Die *Kosten von Qualität* werden auch als Konformitätskosten bezeichnet und umfassen die Aktivitäten, die zur Erfüllung der Kundenanforderungen führen und eine einwandfreie Arbeitstätigkeit gewährleisten. Sie tragen unmittelbar zur Wertschöpfung im Unternehmen bei und sind als positive Investitionen in die Schaffung von Qualität anzusehen. Beispiele sind Fehlerverhütungskosten als Präventivmaßnahme und Kosten für die prozessbegleitende Prüfung, die aus einer dem Kunden entsprechenden Leistungserstellung resultieren.

Die *Kosten von Nichtqualität* – Nichtkonformitätskosten oder Fehlleistungsaufwand – entstehen durch zusätzliche Aktivitäten, die über die eigentliche Leistungserstellung hinaus anfallen und für die Behebung vorhandener Abweichungen aufgewendet werden. Die Abweichungen entstehen aus der Nichterfüllung der Kundenforderungen und der Prozessqualität. Beispiele sind die Fehlerkosten sowie der Teil der Prüfkosten, der durch Sonderprüfungen anfällt. Dies sind aus Fehlern resultierende, zusätzliche Prüfungen, wie etwa das Aussortieren fehlerhafter Produkte.

# Analyse von Qualitätsmanagementsystemen in der Agrar- und Ernährungswirtschaft

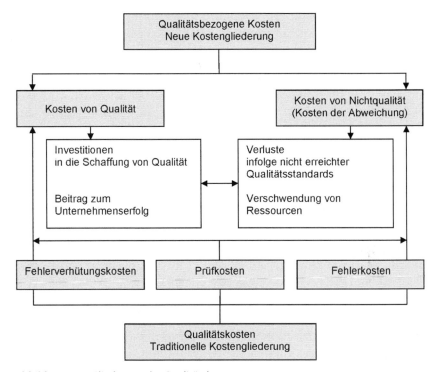

**Abbildung 33:** Gliederung der Qualitätskosten

Quelle: eigene Darstellung, nach BENES et al. (2004, 56 f)

Diese Neugliederung der Qualitätskosten erfolgt vor dem Hintergrund der Kritik an dem Begriff Qualitätskosten, der suggeriert, dass Qualität Kosten verursacht, während die neue Definition davon ausgeht, dass nur ein bestimmter Teil für die Entstehung von Kosten verantwortlich ist, der andere Teil als eine Investition in die Schaffung von Qualität zu sehen ist (siehe Abbildung 33). Stringent wäre demnach eine Umbenennung der Qualitätskosten in qualitätsbezogene Kosten (vgl. BENES, et al., 2004, 56 f).

Die Qualitätskosten stellen einen Einflussbereich dar, der in großem Umfang in Interaktion mit anderen endogenen und exogenen Faktoren steht. Neben dem bereits hergestellten Bezug zwischen Qualitätskosten und den Produktanforderungen sowie der Marktstellung sticht auch Beeinflussung durch Unternehmensgröße und Branche hervor.

SCHROETER et al. (2003, 25) verweisen auf Kosten, die bei der Implementierung von Managementsystemen je nach Branche und Unternehmensgröße in unterschiedlicher Höhe anfallen. Der finanzielle Aufwand ist dabei mit dem zeitlichen Aufwand eng verbunden und wird von folgenden Punkten mitbestimmt (vgl. SCHROETER, 2003, 25 und IHK, 2010, 13):

- Freistellung von Mitarbeitern
- Aus- und Weiterbildung
- Externe Berater
- Dokumentationsinfrastruktur (z. B. für Intranet)
- Zertifizierungskosten
- Kosten der Umsetzung konkreter Maßnahmen
- Kommunikation und Marketing
- Kenntnisstand über QMS innerhalb des Unternehmens
- Komplexität der Arbeitsabläufe

Die Kosten für den Aufbau teilen sich dabei in interne und externe Kosten, und auch für die Aufrechterhaltung des Qualitätsmanagementsystems fallen jährlich interne und externe Kosten an (vgl. IHK, 2010, 13).

Zusammenfassend kann man zudem festhalten, dass trotz der anfallenden Implementierungs- und Aufrechterhaltungskosten eines Qualitätsmanagementsystems dennoch eine Kosteneinsparung durch Qualitätsmanagement gegeben ist, da durch die optimierten Abläufe Doppelarbeit vermieden wird und durch geringere Fehlerquoten eine Senkung der Fehlerkosten gegeben ist. Wie groß diese Kostensenkung ist, hängt ab von der Situation vor der Einführung des Qualitätsmanagementsystems, vom Grad der Umsetzung des Qualitätsgedankens in der Unternehmensführung und bei den Mitarbeitern sowie dem erreichten Verbesserungspotential.

Fraglich ist, wie sehr diese umfassende Betrachtung der Qualitätskosten im Qualitätsmanagement in den Entscheidungsprozess „Qualitätsmanagementsystem Ja oder Nein?" Eingang finden. Das wiederum verdeutlicht die zuvor erwähnte Studie von BAYAZIT und KARPAK (2007, 85 f), der zufolge die Kosten der Implementierung, verbunden mit der langen Dauer der Einführung, entscheidende Einflussfaktoren für die Implementierung eines Qualitätsmanagementsystems sind.

Ein weiterer Zusammenhang lässt sich bei der Verteilung der qualitätsbezogenen Kosten und der Anzahl der im Unternehmen implementierten Qualitätsmanagementsysteme vermuten.

Unternehmen haben vermehrt mehrere Standards umzusetzen und müssen sich demzufolge nach mehreren Systemen auditieren bzw. zertifizieren lassen, wobei die Dokumentationsanforderungen der Qualitätssysteme oft Gemeinsamkeiten aufzeigen. Da die Systeme Gemeinsamkeiten aufzeigen, kann durch eine integrierte Dokumentation dieser Kostenpunkt verringert werden (vgl. KRIEGER und SCHIEFER, 2002, 97 ff).

Aus der praktischen Erfahrung zeigt sich, dass die Qualitätskosten unternehmensintern aus verschieden Blickwinkeln betrachtet unterschiedlichen Stellenwert haben.

QM-Beauftragte akzeptieren Prüfkosten dort, wo sie auf Kriterien zutreffen, die unmittelbare Reklamationen nach sich ziehen könnten. Dies betrifft augenscheinliche Fehler, die der Kunde erkennen kann, wie z. B. Schimmel im Jogurt, Fehler bei der Etikettierung oder nicht schließende Deckel. Betreffend Kriterien, die der Kunde nicht erkennen kann, wird versucht, Prüfkosten zu reduzieren bzw. einzusparen.

Aus Sicht des Geschäftsführers sind die Qualitätskosten generell zwar nachvollziehbar, allerdings stellen Qualitätsmanagement und Qualitätssicherung eine Kostenstelle dar, hinter der kein unmittelbarer Nutzen im Sinn von direkt erwirtschafteten Umsätzen steht. Es fehlt die Messbarkeit, was Qualitätsmanagement konkret leistet. Daher wird in diesem Bereich gerne gespart. Darüber hinaus werden Qualitätsmanagement und Qualitätssicherung mitunter sogar als „Unternehmenshemmnis" gesehen, da es die Produktion bremst. Zusammenfassend lässt sich sagen, dass die Unternehmensleiter sehr wohl das interne Qualitätsmanagementsystem anerkennen, häufig aber nicht die ständige Erneuerung der Standards, neue Kontrollen und neue Analysen, da diese Bereiche nicht augenscheinlich für Produkt und Unternehmen notwendig erscheinen.

Für die Unternehmen der Agrar- und Ernährungswirtschaft gilt, dass diese zumeist nach mehreren Standards zertifiziert sind, wenn sie mehrere Kunden (Handel) bedienen möchten. Die Möglichkeit, bei einer Mehrfachzertifizierung Synergien zu nutzen, ist in Bezug auf die Qualitätskosten nur sehr bedingt begeben. Die vielen parallelen, permanenten Qualitätssicherungsprogramme im Unternehmen treiben die Qualitätskosten in die Höhe, da die Ansprüche aller Programme abgearbeitet werden müssen. Das Problem hierbei sind die nichthomogenen, detaillierten Anforderungen der einzelnen Standards. Je nach Standard werden z. B. in den Analyseplänen unterschiedliche Analysen gefordert, die in unterschiedlichem Ausmaß über die gesetzlichen Schwellenwerte hinausgehen. Da strengere Grenzwerte nicht zwingend eine Verbesserung des Produktes bedeuten, sind die teuren, unterschiedlichen Analysekosten für das Unternehmen in ihrer Sinnhaftigkeit nicht nachvollziehbar.

Ein weiteres Kostenproblem mehrerer implementierter Standards sind die damit einhergehenden vielen Audits der einzelnen Standards, die sich oft nur in marginalen Bereichen unterscheiden und stets die gleiche Basis, wie z. B. Rückverfolgbarkeit oder Analysewerte, abfragen. Die Auditkosten für das Unternehmen umfassen dabei die Kosten der Prüfung selbst und die Kosten, die dadurch entstehen, dass die Produktion während eines Audits zumeist reduziert werden muss.

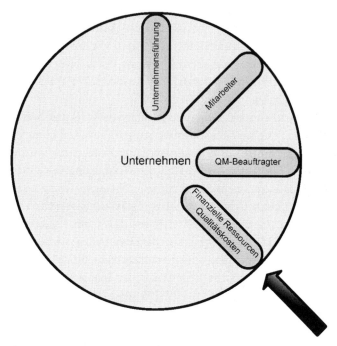

Abbildung 34: Endogene Einflussfaktoren, „Kosten des Qualitätsmanagementsystems"

### 5.4.5 Ressourcen für Infrastruktur und Arbeitsumgebung

„Die oberste Leitung sollte sicherstellen, dass Ressourcen, die für die Verwirklichung der Strategien und die Erreichung der Ziele der Organisation von entscheidender Bedeutung sind, ermittelt und zur Verfügung gestellt werden" (ON ÖSTERREICHISCHES NORMUNGSINSTITUT, 2006, 33). Das Ziel dieser Norm liegt in der Verwirklichung und Aufrechterhaltung des Qualitätsmanagementsystems und in der ständigen Verbesserung seiner Wirksamkeit sowie in der Erhöhung der Kundenzufriedenheit durch Erfüllung der Kundenanforderungen (vgl. ON ÖSTERREICHISCHES NORMUNGSINSTITUT, 2008, 13). Es geht dabei um die Darlegung, wie die Ressourcen eingesetzt werden, um die

## Analyse von Qualitätsmanagementsystemen in der Agrar- und Ernährungswirtschaft 5

qualitätsorientierte Politik und Strategie zu unterstützen (vgl. PÖCHTRAGER, 2001, 197). Eine umfassende Planung garantiert eine ausreichende Verfügbarkeit aller Ressourcen zum notwendigen Zeitpunkt der Produktion oder Dienstleistungserbringung, wobei der Fokus der Planung auf dem optimalen Einsatz der Ressourcen liegen sollte (vgl. MASING, 2007, 192). Auch MORATH (2008, 238) bestätigt, dass es nicht genügt, die Ressourcen nur zur Verfügung zu stellen, sondern auch zu planen und zu pflegen, da ansonsten auftauchende Missstände nur behoben, nicht aber vermieden werden können. Laut SCHONSCHEK (2008a, 1) beruht das Ressourcenmanagement nicht nur auf der Einsatzplanung der verfügbaren Mitarbeiter und Mittel. Vielmehr fängt es bereits mit der Bedarfsermittlung an, berücksichtigt die Personalsuche und Materialbeschaffung, die Suche und Steuerung von Dienstleistungen und Lieferanten, die Überwachung der Auslastung und Verfügbarkeit, aber auch die Instandhaltung und Wartung der notwendigen Infrastruktur und die Qualifikation und Motivation der erforderlichen Mitarbeiterinnen und Mitarbeiter.

Da Personal, Betriebsmittel, Gebäude, technische Strukturen und Arbeitsumgebungen Kosten verursachen, bedeutet Ressourcenmanagement auch eine Optimierung bei der Auslastung der verfügbaren Ressourcen, was in der Regel direkte Auswirkungen auf die Projektkosten hat.

SCHONSCHEK (2008a, 1 f) führt folgende Gründe für ein aktives Ressourcenmanagement an:

- eine stets aktuelle Übersicht über den Ressourceneinsatz
- die Möglichkeit, die Auslastung besser steuern zu können
- eine höhere Planungssicherheit durch die Klärung der Verfügbarkeiten bei den erforderlichen Ressourcen
- eine Steigerung der Kosteneffizienz bei Personal, Betriebsmittel und Infrastruktur
- eine klare Zuordnung zwischen eingesetzten Ressourcen und den geplanten und erledigten Projektschritten
- die Sicherung der im Managementsystem definierten Qualitätsziele und der mit den Kunden vereinbarten Anforderungen durch die passende Auswahl und die Qualifizierung des Personals
- den Werterhalt bei Infrastrukturelementen durch die aktive Steuerung von Instandsetzung und Wartung

Der Begriff Ressourcen wird von der ÖNORM EN ISO 9001 umfassender verwendet. Hier wird der Begriff Ressourcen durch die Synthese der in Kapitel 5.3 aufgezeigten Einflussfaktoren eingeschränkt und beinhaltet Infrastruktur und Arbeitsumgebung (siehe Tabelle 9, Seite 118).

**5** Analyse von Qualitätsmanagementsystemen in der Agrar- und Ernährungswirtschaft

Die natürlichen Ressourcen entziehen sich meist der Beeinflussung durch das Unternehmen und erlangen erst dann Bedeutung, wenn sie nicht in ausreichendem Maße verfügbar sind. Dem kann mittels Plänen oder Ausweichplänen entgegengewirkt werden, um so die Verfügbarkeit oder Austauschbarkeit der natürlichen Ressourcen zu gewährleisten (vgl. ON Österreichisches Normungsinstitut, 2006, 40).

**Infrastruktur**

Die Infrastruktur liefert das Grundelement für die Produktion bzw. Dienstleistungserbringung und umfasst

- Gebäude, Anlagen, Gerätschaften, Werkzeuge,
- unterstützende Dienstleistungen, wie etwa Wartungen, Reinigungen, Transport oder Kommunikation sowie
- einen Arbeitsplatz und erforderliche Arbeitsmittel, die die Erbringung der gewünschten Leistungen ermöglichen und unterstützen. Diese Arbeitsmittel, aggregiert unter dem Begriff Prozessausrüstung, umfassen sowohl Hardware als auch Software.

Die gesetzten Qualitätsziele machen bestimmte Betriebsmittel und Einrichtungen notwendig. Das Unternehmen muss die dazu nötigen Anforderungen erheben und definieren, wobei folgende Punkte zu berücksichtigen sind:

- Funktion, Leistungsmerkmale, Sicherheitsbestimmungen, Verfügbarkeit
- Umgebungsbedingungen, Raum-, Platzbedarf
- Investitions- und Erhaltungskosten
- Termine, Kapazitäten

Um die gesetzten Ziele nicht in Gefahr zu bringen, ist die Festlegung von Wartungs- und Instandhaltungsprogrammen ebenso notwendig, da durch diese präventiven Maßnahmen die langfristige Verfügbarkeit der Infrastruktur gewährleistet werden kann. Zusätzlich empfiehlt sich die Ausarbeitung von Notfallprogrammen, die die Eintrittswahrscheinlichkeiten und die damit verbundenen Risiken skizzieren (vgl. Kirchner et al., 2007, 33, Masing, 2007, 193 und Schonschek, 2008a, 2).

Aus der Praxis des Autors zeigt sich, dass die Infrastruktur bei den Bereichen Reinigung und Hygiene Einfluss auf das Qualitätsmanagementsystem hat. Reinigung und Hygiene werden vor allem bei Standards wie IFS oder ISO 22000 sehr hoch bewertet und eingefordert. Probleme in diesen Bereichen resultieren oft aus einem mangelhaften Zustand der Gebäude, die eine leichte Reinigung und Aufrechterhaltung der Hygiene erschweren. Beispiele wären Schimmelbildung, alte Fugenmasse bei Fliesen oder Materialien wie Holz. Um diese Anforderungen zu erfüllen, ist es oft leichter in einen Neubau zu investieren, als bestehende Betriebsstätten umzubauen.

**Arbeitsumgebung**

Die Bereitstellung der notwendigen Bedingungen der Arbeitsumgebung ermöglicht eine kreative und innovative Qualitätsarbeit (vgl. EBEL, 2001, 236), sie hat Einfluss auf die Motivation und Produktivität der Mitarbeiter und somit auch einen Einfluss auf die Qualität und Zielerreichung (vgl. SCHONSCHEK, 2008a, 2).

Die Arbeitsumgebung umfasst die Bedingungen, unter denen Arbeiten oder Tätigkeiten ausgeführt werden, wobei Bedingungen wiederum physikalische, soziale, psychologische und Umweltfaktoren, wie etwa Temperatur, Ergonomie oder Zusammensetzung der Atmosphäre, darstellen. Die Arbeitsumgebung kann auf die Qualität des Prozesses (produktbezogen), die Gesundheit des Mitarbeiters und die Beeinflussung der Umwelt einwirken. Dies ist der Grund, warum die Zustände der Arbeitsumgebung immer mehr in den Geltungsbereich von Managementsystemen einbezogen werden (vgl. QM-WEB, 2008, s. p.).

Die ÖNORM ISO 9001:2008 fordert zur Bereitstellung und Aufrechterhaltung einer entsprechenden Arbeitsumgebung die Einhaltung physischer und psychischer Aspekte (vgl. MASING, 2007, 192):

| Physische Aspekte: | Lärm |
| --- | --- |
| | Hitzeeinwirkung |
| | Lichtverhältnisse |
| | Hygienebedingungen |
| | Temperatur |
| | Feuchtigkeit |
| | Sauberkeit |
| | Persönliche Gestaltungsmöglichkeiten |
| Psychische Aspekte: | Weiterentwicklungsmöglichkeiten |
| | Stress |
| | Verantwortungsbelastung |
| | Verantwortung |
| | Zeitdruck |

**5** Analyse von Qualitätsmanagementsystemen in der Agrar- und Ernährungswirtschaft

Im Zuge einer Arbeitsplatzbewertung gilt es, den Bedarf an Maßnahmen, die die Arbeitsumgebung positiv beeinflussen, zu ermitteln und ihre Wirksamkeit zu kontrollieren (vgl. SCHONSCHEK, 2008a, 2).

In der Praxis zeigt sich, dass die Arbeitsumgebung für das Qualitätsmanagementsystem nur insofern Bedeutung hat, als die Qualität der Produktion bzw. Produktsicherheit nicht gehindert werden darf, z. B. muss auf ausreichende Lichtverhältnisse an den Orten der Produktkontrolle geachtet werden sowie auf die entsprechende Temperatur bei Lagerung, Produktion und Warenübernahme. Der Faktor Arbeitsumgebung ist allerdings ein wichtiger Einflussfaktor auf die Mitarbeiterzufriedenheit.

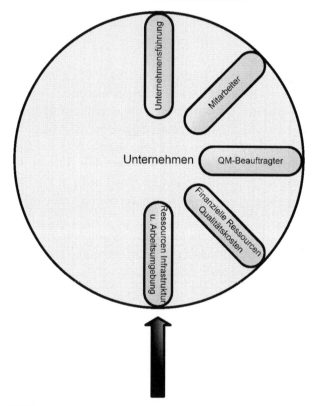

**Abbildung 35:** Endogene Einflussfaktoren, „Ressourcen für Infrastruktur und Arbeitsumgebung"

### 5.4.6 Produktanforderungen

Das Produkt ist das Ergebnis eines Prozesses und kann sowohl materieller als auch immaterieller Natur sein (vgl. BAUER, 2006, 81). Unter der Qualität eines Produktes wiederum versteht man die Erfüllung aller Forderungen, die der potenzielle Käufer an ein zu erwerbendes Produkt stellt (vgl. PFEIFER, 2001, 286). Die gewünschten Anforderungen werden anhand der Merkmale des Produktes spezifiziert. Die ISO-Norm ISO/IEC 9126 2001 stellt die Produktqualität von Software sicher und listet entsprechende Qualitätsmerkmale auf. Dieser Merkmalsatz kann für alle Branchen verwendet werden (vgl. BAUER, 2006, 81 f):

- Funktionalität (functionality)
- Zuverlässigkeit (reliability)
- Benutzerfreundlichkeit (usability)
- Effizienz (efficiency)
- Wartbarkeit (maintainability)
- Portierbarkeit (portability)
- Vertraulichkeit (confidentiality)
- Verfügbarkeit (availability)
- Auditierbarkeit (auditability)

Laut PFEIFER (2001, 288 f) konkurrieren nur wenige Hersteller in allen Qualitätskategorien, da oftmals ein Aspekt der Qualität nur auf Kosten eines anderen verbessert werden kann. Um seine Erfolgsposition im Markt zu entwickeln, muss ein Unternehmen jene Qualitätsmerkmale optimieren, von denen es glaubt, den komparativen Marketingvorteil vor dem Wettbewerb zu erhalten. Daher sollte das Unternehmen frühzeitig versuchen, die Akzeptanz des neuen Produktes abzuschätzen, wobei der Kunde die Faktoren Produktqualität und Preis gegeneinander gewichtet und sich für das aus seiner Sicht preiswürdigere Produkt entscheidet.

Der Preis spielt ebenfalls eine bedeutende Rolle, wenn das Produkt austauchbar ist. Die Nachfrager agieren aufgrund dieser Austauschbarkeit preisbewusst, dies bedeutet, dass das Unternehmen im Rahmen der Produktpolitik auf eine günstige Kostenstruktur achten muss, um den Kunden billig beliefern zu können (vgl. BEA und HAAS, 2005, 115).

Bevor die Realisierung und Umsetzung eines Produktes geplant und durchgeführt wird, müssen zuerst die Anforderungen der Kunden an das Produkt bekannt sein. Hier ist eine rechtzeitige Einbindung der Kundenwünsche in die Produktionsplanung notwendig, um hohe Kundenzufriedenheit und eine Marktausrichtung der Produktion und eine Differenzierung der Produkte zu erreichen (vgl. FREHR, 1999, 33). SUN und ZHAO (2010, 358 f) stellen in einer Untersuchung einen signifikanten Zusammenhang zwischen Qualitätsmanagement und der Geschwindigkeit von Neuproduktentwicklungen fest. Zu dieser Beschleunigung von Neuproduktentwicklungen tragen verschiedene Qualitätsmanagementmethoden bei, wobei TQM als eines der Basistools eingesetzt werden soll, um, darauf aufbauend, kompliziertere Anwendungen zu implementieren.

Im ernährungsphysiologischen Kontext bezogen auf Lebensmittel bedeutet Produktqualität immer zwei wesentliche Aspekte, nämlich die Eigenschaften des Produktes für den gewünschten Zweck sowie das Freisein von Unzulänglichkeiten. Bei Lebensmitteln sind folgende Teilaspekte in der Gesamtqualitätsbeurteilung zu beachten (vgl. LENGERKEN und KIRMAS, 2004, 33 f):

- Der *Eignungswert* (Marktwert, Handelswert, Gebrauchswert) umfasst primär technologische Merkmale, aber auch hygienisch-toxikologische Eigenschaften.
- Der *Gesundheitswert* (ernährungsphysiologischer, Nahrungs- oder biologischer Wert) erfasst wertgebende (z. B. Nähr- und Mineralstoffe, Vitamine, Ballaststoffe, Bekömmlichkeit, Fettsäurenzusammensetzung, etc.) und wertmindernde Merkmale und Eigenschaften (z. B. pathogene Mikroorganismen, Gift, Verunreinigungen und Rückstände).
- Der *Genusswert* umfasst die durch Sinnesorgane wahrnehmbaren Eigenschaften (sensorische Merkmale).
- Der *Sozialwert* (Prestigewert) eines Produktes wird durch Konsumgewohnheiten von Bevölkerungsgruppen sowie durch Angebot, Nachfrage und dem Preis bestimmt und enthält auch kulturelle und religiöse Vorstellungen.
- Beim *Ökologischen Wert* wird der minimale Verbrauch an Inputs zur Produkterzeugung (Energie- und Wasserverbrauch, Abwasserbelastung, Rohstoffverbrauch, Exkrementeanfall, Müllanfall) im Hinblick auf die Umwelt beurteilt. Des Weiteren wird hinterfragt, wie Produkte unter dem Gesichtspunkt der Gewährleistung eines ausgewogenen Stoffkreislaufes erzeugt werden.

Wie bereits in Kapitel 2.5, Seite 35 ausführlich beschrieben, haben im Lebensmittelsektor neben den Such- und den Erfahrungseigenschaften vor allem auch die Vertrauenseigenschaften und die Potemkinschen Eigenschaften Bedeutung. Während die Vertrauenseigenschaften (z. B. GMO-frei, Inhaltsstoffe, Schadstoffe) laboranalytisch nachweisbar sind, können die Potemkinschen Eigenschaften (z. B. artgerechte Tierhaltung, Fairtrade oder geografische Herkunft) am Endprodukt nicht mehr nachgewiesen werden. Dementsprechend sind Zertifizierungssysteme mit detaillierten Qualitätsregelungen gerade in der Lebensmittelbranche von besonderer Bedeutung, da diese die spezifischen Produkt- und Prozesseigenschaften widerspiegeln (vgl. AURIOL und SCHILIZZI, 2003, 2 ff).

Neben diesen Aspekten der Qualitätsbeurteilung von Lebensmitteln beinhaltet eine weitere Facette der Produktanforderungen den Anspruch auf Sicherheit von Lebensmitteln.

Die *Lebensmittelsicherheit* umfasst zwei Hauptbereiche – die *Rückverfolgbarkeit* von Lebensmitteln in der Lebensmittelkette und die *Lebensmittelhygiene*. Beide Bereiche sind stark miteinander verknüpft, sie sind von essentieller Bedeutung für den Gesundheits- und Verbraucherschutz und zentraler Aspekt nationaler und internationaler Rechtsvorschriften (vgl. WÜRZNER, 2001, 17). Auf beide Thematiken wurde im Rahmen vorliegender Arbeit bereits ausführlich eingegangen, Details sind somit Kapitel 4.1.1 zu entnehmen.

Aus der Praxis des Autors ist wahrzunehmen, dass die innere Qualität der Lebensmittel (Potemkinsche Eigenschaften, Vertrauenseigenschaften) in den letzten Jahren immer mehr an Bedeutung gewonnen hat. Diese Produkteigenschaften sind weder in der Produktion noch für den Konsumenten ersichtlich und nur – zumindest in Bezug auf die Vertrauenseigenschaften – analytisch nachweisbar. Diese Eigenschaften sind allerdings marketingmäßig sehr gut verwertbar und erwachsen aus kultureller Verantwortung (z. B. koschere Produktion) oder gesellschaftlicher Verantwortung (z. B. biologische oder gentechnikfreie Produktion). Manche dieser Forderungen münden in rein freiwillige Standards, wie z. B. Halal für koschere Produktion. Bei anderen Standards, wie Bio oder Gentechnikfrei, werden die Mindestanforderungen von gesetzlicher Seite vorgegeben.

Dies bestätigt, dass Qualitätsmanagementsysteme in den Unternehmen der Agrar- und Ernährungswirtschaft stark in Interaktion mit den Produktanforderungen stehen. Dies zeigt sich vor allem bei den Rezepturen der Produkte, die den Anforderungen der Standards gemäß ausgestaltet sein müssen. Beispielsweise müssen Schwellenwerte für die GMO-freie Produktion unbedingt eingehalten werden, um das Zertifikat „Gentechnikfrei" zu erhalten.

Bedient ein Unternehmen mehrere Standards, wie z. B. Bio, Heumilch, Gentechnikfrei oder Halal, müssen aufgrund der unterschiedlichen Anforderungen der Standards viele Separationsprozesse durchgeführt werden, um den Ansprüchen der Standards gerecht zu werden. Dies bedeutet konkret, dass die Chargen für die einzelnen Standards nicht zeitgleich produziert werden dürfen. Diese Separierungen führen zu Leerläufen in der Produktion, die durch Reinigung oder das Umrüsten der Maschinen bedingt sind. Dies wiederum resultiert in einer verminderten Effizienz der Produktion und somit in zusätzlichen Kosten.

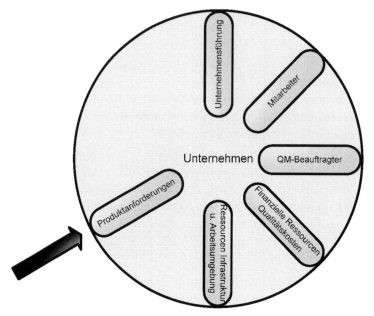

Abbildung 36: Endogene Einflussfaktoren, „Produktanforderungen"

### 5.4.7 Unternehmensgröße

Wie bereits in Kapitel 5.3 dargelegt, beziehen BAYAZIT und KARPAK (2007, 79 ff) in ihre Untersuchung die Unternehmensgröße und dem zugrundeliegend, die Struktur von Familienunternehmen als einen Einflussfaktor auf TQM ein. Da in Österreich in der Lebensmittelbranche neben einigen großen und mittleren Unternehmen ebenfalls kleinstrukturierte Unternehmen aufzufinden sind, wird der Faktor Unternehmensgröße in vorliegende Untersuchung aufgenommen.

In der einschlägigen Fachliteratur wird der Zusammenhang zwischen Unternehmensgröße und Implementierung eines Qualitätsmanagementsystems durchwegs thematisiert. Es herrschen unterschiedliche Meinungen vor.

„... Qualitätsmanagement [ist] keine Frage der Unternehmensgröße, sondern eine Frage des Bewusstseins und der innerbetrieblich vorhandenen Kenntnisse" (DREYER und DEHNER, 2003, 164). Dies bestätigt eine Studie des Fraunhofer Instituts Arbeitswirtschaft und Organisation, dessen Ziel es war, eine Datenbasis in Bezug auf die Qualitätskonzeptionen in den Unternehmen und deren Anforderungen an das EFQM Excellence Modell zu entwickeln. Die Untersuchung brachte als ein wichtiges Ergebnis die Erkenntnis, dass die Größe des Unternehmens keinen bedeutenden Einfluss auf die Implementierung von Qualitätsmanagement an sich hat, dass aber mit zunehmender Größe der Methodeneinsatz ansteigt (vgl. DALLUEGE, 2001a, 26).

Daher ist es wichtig, den Umfang und die Art der Einführung eines Qualitätsmanagementsystems sorgfältig auf die Größe des Unternehmens anzupassen (vgl. DILG, 1995, 22 f). So könne in einem kleinen Unternehmen ein Qualitätsmanagementsystem leichter implementiert werden als in einem großen: „Meistens ist alles noch schön überschaubar, jeder kennt jeden, und die meisten Mitarbeiter fühlen sich zu einem hohen Grad direkt verantwortlich für die Geschehnisse innerhalb des Unternehmens und solche in Bezug auf den Kunden" (DILG, 1995, 22). Aufgrund flacher Hierarchien hat die Geschäftsführung meist noch direkten Kontakt zum Arbeitsgeschehen und zu den Mitarbeitern. Diese enge Zusammenarbeit erweist sich günstig für den Weg in Richtung Qualitätsmanagement, da seitens der Mitarbeiter kaum Widerstände zu erwarten sind. Als weiterer Vorteil kleiner – und vor allem kleiner und junger – Unternehmen erweisen sich der zumeist minimale Umfang und die geringe Komplexität der Prozesse, was genutzt werden kann, um eine möglichst einfache Version eines Qualitätsmanagementsystems einzuführen. Diese Schlankheit des Systems bedeutet eine leichtere Anwendbarkeit und ist nicht mit mangelnder Professionalität zu verwechseln.

Nachteilig für das erfolgreiche Praktizieren des Qualitätsmanagementsystems bei kleinen Unternehmen ist die oft überproportional hohe Arbeitsauslastung. Die qualitätssichernden Maßnahmen jedoch aus zeitsparenden Gründen zu vernachlässigen, würde höhere Fehlerkosten und eine Verärgerung des Kunden bedeuten. Die Unternehmensführung ist daher gefordert, immer wieder die Wichtigkeit der Befolgung der definierten Prozesse zu unterstreichen (vgl. DILG, 1995, 22 f).

Obwohl durch Qualitätsmanagement Effizienzgewinne erzielt und höhere Chancen bei der Vergabe öffentlicher Aufträge erreicht werden können, reagieren viele Geschäftsführer von kleineren und mittleren IT-Unternehmen (KMU) mit Zurückhaltung (vgl. BUSINESS-WISSEN.DE, 2009, s. p.). Der Verband IT-Mittelstand e.V. (VDEB) untersucht in einer Studie, bei der 85 kleine und mittlere IT-Unternehmen zum Thema Qualitätsmanagement befragt wurden, die Ursachen für diese Skepsis.

Die Studie liefert folgende Gründe für die geringe Anzahl an zertifizieren IT-KMUs (vgl. BUSINESS-WISSEN.DE, 2009, s. p.): Viele scheuen sich vor möglichen Hindernissen, die eine Einführung von Qualitätsmanagement nach ISO 9001 mit sich bringt. Als enormes Hindernis werden von mehr als 40 Prozent der Befragten die *hohen Kosten* und der *große Personalaufwand* bewertet. Der *erhöhte Zeitaufwand* stellt für 50 Prozent der Unternehmen durchaus eine Beeinträchtigung dar. Hingegen werden die *Unübersichtlichkeit*, die *bei einer Einführung* auftreten kann, sowie eine *Störung der Unternehmensprozesse* von knapp 50 Prozent der Unternehmen als vernachlässigbare Schwierigkeiten angesehen.

Bei der Frage nach dem Mehrwert, den ein Unternehmen durch die Implementierung von Qualitätsmanagement nach ISO 9001 generiert, werden sowohl die *kontinuierliche Optimierung der Produkte, Dienstleistungen und Prozesse* als auch die *Darstellung der Vertrauenswürdigkeit nach außen* als Pluspunkte angesehen. Hingegen versprechen sich 20 Prozent der Befragten IT-Unternehmer keinen Mehrwert bei der *Absenkung der Fehlerquote*.

Zudem kommt der VDEB zu dem Schluss, dass vor allem die Identifizierung von Qualitätsmanagement mit Strukturen von Großunternehmen und Konzernen abschreckend auf die kleineren und mittleren IT-Unternehmen wirkt. So antworteten 86 Prozent der Befragten auf die Frage, ob die Eignung von Qualitätsmanagement von der Unternehmensgröße abhänge, dass ein Qualitätsmanagementsystem nach ISO 9001 für Großunternehmen sehr geeignet sei, während nur rund die Hälfte dasselbe von KMUs behauptete.

Dies ist nicht verwunderlich, da die inhaltliche Struktur der Normenreihe 9001 mit ihrem Schwergewicht auf der Regelung der Managementabläufe für mittlere bis große Organisationen zugeschnitten ist. Nach internationaler Übereinkunft sollen aber keine Spezialnormen für bestimmte Betriebsgrößen verfasst werden, vielmehr sollen die bestehenden Normen an die konkreten Bedingungen mit Fach- und Sachverstand angepasst werden (vgl. KEMPF, 1996, 45 ff).

Die Arbeitsorganisation in einem Unternehmen ist definiert durch die *Aufbauorganisation* und die *Ablauforganisation*, deren jeweilige Ausprägung von der Unternehmensgröße abhängt.

Die beiden Formen der Arbeitsorganisation lassen sich wie folgt definieren (vgl. KEMPF, 1996, 45 ff):

- die *Aufbauorganisation* als die Darstellung der Wege zur Entscheidungsfindung und ihrer Durchsetzung in allen Hierarchiestufen des Unternehmens, ist eine Schnittstellenbeschreibung für die an den Managementabläufen beteiligten Mitarbeiter.

- die *Ablauforganisation* wird charakterisiert durch Vorgabe von konkreten Handlungsabläufen, z. B. in Form von Arbeits-, Bedienungs- und Prüfanweisungen, die im Sinne eines Qualitätsmanagementsystems ihren Eingang in die Dokumentation oder Aufzeichnung finden.

In einem Kleinunternehmen überschneiden sich Aufbau- und Ablauforganisation und stellen im Betrieb oft eine Einheit dar. So zeichnen sich Kleinunternehmen des landwirtschaftlichen und handwerklichen Lebensmittelbereichs durch ein weitgehendes Fehlen einer Beschreibung der Aufbauorganisation und eines übersichtlichen Arbeits- und Leistungsumfangs sowie meist durch direkte Eigenleistung aus (vgl. KEMPF, 1996, 46).

KMUs, welche häufig als Familienunternehmen geführt werden, weisen oft einen Mangel an Professionalität in der Unternehmensleitung auf, da die Unternehmenseigner ihre Geschäftsführungskompetenzen nicht zugunsten eines möglicherweise besser qualifizierten Managementpersonals aufgeben wollen oder können (vgl. BAYAZIT und KARPAK, 2007, 86).

KEMPF (1996, 46 f) sieht für derartige Kleinunternehmen folgende Problembereiche im Bezug auf die Erfüllung eines Qualitätsmanagementsystems nach der Norm ISO 9001:

- Darstellung und Verwirklichung der nicht oder kaum vorhandenen Aufbauorganisation
- Sicherung der Qualitätselemente: Qualitätsmanagementsystem, Interne Auditierung und Schulung der Mitarbeiter
- eine der Unternehmensgröße angepasste Ablauforganisation
- Installation eines Qualitätsdokumentations- und Qualitätsaufzeichnungssystems, welches das Unternehmen nicht überlastet
- Regelung der hygienischen und/oder ökologischen Aspekte der speziellen Produktion

Laut HATANAKA et al. (2005, 361) profitieren große Produzenten von einer Qualitätsmanagement-Zertifizierung eher als kleine. Große Unternehmen, die die notwendigen organisatorischen Änderungen und technischen Verbesserungen durchführen können, haben auch mehr Möglichkeiten, die Zertifizierung anderweitig zu nutzen. So dient das Qualitätsmanagementsystem ebenso als Marketinginstrument und als ein Weg, Zugang zu neuen Märkten zu bekommen. Zudem verlangt der Lebensmittelhandel von seinen Lieferanten eine Zertifizierung. Wollen demnach Klein- und Mittelbetriebe an den Handel liefern, müssen sie eine Zertifizierung nach dem geforderten Standard in Kauf nehmen. Da diese Unternehmen oft, auf die Unternehmensgröße bzw. Produktionsmenge umgerechnet, hohe Kosten tragen müssen, um die vom Standard geforderten Adaptierung bezüglich Technologie oder Hygiene vorzunehmen, ist eine Zertifizierung mitunter nicht profitabel.

Auch PÖCHTRAGER (2000, 10 ff) sieht einen Zusammenhang zwischen der Unternehmensgröße und der Einführung eines Qualitätsmanagementsystems im Kontext der Agrar- und Ernährungswirtschaft. Während bereits viele landwirtschaftsnahe Betriebe, wie etwa Brauereien, Molkereien, Schlachthöfe oder die Mischfutterindustrie mit Qualitätsmanagementsystemen, wie z. B. der Norm ISO 9001:2008 und/oder IFS arbeiten, muss man den Bereich der landwirtschaftlichen Primärproduktion differenzierter betrachten. So ist die Einführung normenkonformer Qualitätsmanagementsysteme in landwirtschaftlichen Einzelbetrieben nur dann sinnvoll, wenn der wirtschaftliche Nutzen einer Zertifizierung die entstehenden Kosten übersteigt. Da Einzelbetriebe jedoch meist nicht über ausreichende Produktmengen verfügen, um einen Abnehmer vollständig zu beliefern, wird die Ware mit Produkten anderer Landwirte vermengt, und der höhere Aufwand während der Produktion wird nicht honoriert. Daher ist eine Zertifizierung landwirtschaftlicher Einzelbetriebe nur sinnvoll, wenn die erzeugten Produkte einer gesonderten Vermarktung unterliegen oder der Betrieb über eine entsprechende Betriebsgröße und, damit verbunden, über eine entsprechend große Anzahl an Mitarbeitern verfügt (vgl. PÖCHTRAGER und MEIXNER, 2002, 5). Vermehrte vertikale und horizontale Koordination würde den Unternehmen größere Möglichkeiten bieten, Kapazitäten zu bündeln und nachhaltige Beziehungen zwischen Konsumenten und Lieferanten einzugehen (vgl. POIGNÉE und SCHIEFER, 2007, 168). Eine weitere logische Konsequenz in Richtung Qualitätsmanagement wäre der Zusammenschluss von landwirtschaftlichen Betrieben in Erzeugergemeinschaften, um so den nachgelagerten Verarbeitungsbetrieben eine kontrollierte Produktion in den erforderlichen Mengen, in der gewünschten Qualität und zu vereinbarten Terminen zur Verfügung zu stellen. Rationalisierungseffekte ergeben sich durch die Erstellung und den Gebrauch einheitlicher Richtlinien, die für alle Betriebe bindend sind. Dies verlangt eine hohe Motivation jedes Mitgliedes der Erzeugergemeinschaften in Bezug auf das Qualitätsmanagementsystem, die gemeinsam auferlegten Richtlinien und Prozessabläufe einzuhalten (vgl. PÖCHTRAGER und SATZINGER, 2001, 9).

Laut Erfahrung des Forschers hat weniger die Unternehmensgröße Einfluss auf das Qualitätsmanagementsystem als die Produktvielfalt und, damit verbunden, der Separierungsgrad. Je vielfältiger die Produktlinien sind, desto komplexer muss das Qualitätsmanagementsystem sein, um für jede Produktlinie Sicherheit bieten zu können, und dementsprechend steigen auch die Kosten für das System.

Wenn der Diversifizierungsgrad nicht steigt, ist die Implementierung und Aufrechterhaltung eines Zertifizierungssystems für große Unternehmen dennoch finanziell günstiger als für kleine, da die Systemkosten, auf Produkteinheit umgelegt, für große Unternehmen mit einem hohen Warenausstoß geringer sind. Außerdem haben große Unternehmen meist mehrere Standorte und daher einen QM-Beauftragten, der über die strategischen Möglichkeiten verfügt, das System auf alle Standorte umzulegen und die Aufgaben auf die Qualitätsmanager in den jeweiligen Standorten herunterzubrechen, wodurch Kosten gespart werden können.

Ein weiterer Vorteil größerer Unternehmen besteht darin, dass diese erfahrungsgemäß anpassungsfähiger sind, da sie meist über besser ausgebildete Mitarbeiter im Qualitätsmanagement verfügen. Ebenso sind große Unternehmen Impulsgeber, weil sie sich in permanenter Konkurrenz zum nächsten Mitbewerb befinden und dadurch gefordert sind, sich und die Umsetzung im System fortwährend weiterzuentwickeln.

Außerdem haben große Unternehmen eher die finanzielle Möglichkeit, betriebseigene Qualitätsprogramme öffentlich zu machen und diese durch gezielte Öffentlichkeitsarbeit marketingmäßig zu nutzen.

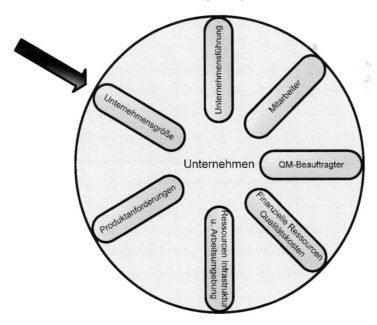

Abbildung 37: Endogene Einflussfaktoren, „Unternehmensgröße"

## 5.5 Systemimmanente Faktoren

Wie bereits in Kapitel 5.3 näher erörtert, lassen sich manche Faktoren weder dem endogenen noch dem exogenen Bereich zuordnen. Sie nehmen eine Sonderstellung ein und gehen als systemimmanente Faktoren in die Untersuchung ein.

### 5.5.1 Prozesse

Qualitätsmanagement fungiert als wichtiges Instrument zur Steuerung der komplexen Abläufe in den Produktionsketten der Lebensmittelbranche. Diesbezügliche Aktivitäten werden allerdings oft nur innerbetrieblich durchgeführt, obwohl die Beherrschung der Prozesse entlang der Wertschöpfungskette ein wichtiger Erfolgsfaktor ist. Dementsprechend gilt es, die Optimierungspotenziale durch Reduzierung von Reibungsverlusten an den Schnittstellen der arbeitsteiligen Kette verstärkt zu nutzen und so auf die Verbesserung der Prozesse einzuwirken (vgl. PEUPERT, 2003, 104 ff).

Prozesse entwickeln sich durch das Implementieren des Qualitätsmanagementsystems, bzw. ist ein prozessorientiertes Management wesentlicher Bestandteil und somit auch Folge eines jeden Qualitätsmanagementsystems. Wiewohl Prozesse eine essentielle Stellung im Qualitätsmanagementsystem einnehmen, stellen sie keine Einflussfaktoren auf selbiges im Sinne der vorliegenden Verwendung dieses Terminus dar. Da jedoch die Dimension der Prozessqualität Auswirkungen auf den Erfolg des Qualitätsmanagementsystems hat, wird auf den Bereich Prozesse hiermit eingegangen.

Prozesse wie etwa Bestellannahmen, Produktions- oder Lieferprozesse, haben direkten Einfluss auf die betriebliche Leistungsfähigkeit. In ihnen wird die Unternehmensstrategie umgesetzt und die Ressourcen so organisiert, dass Kundenbedürfnisse gezielt befriedigt werden können (vgl. BROWN und DALLUEGE, 2004, 24). Möchte man Geschäfts-Exzellenz erzielen und die Organisation nachhaltig entwickeln, ist es notwendig, die Abläufe, d. h. die Prozesse transparent zu machen und in den Vordergrund zu stellen (vgl. BAUER, 2006, 80). Daher ist die Prozessorientierung das Kernelement eines präventiven, fehlervermeidenden Qualitätsmanagements (vgl. ERLING, 1999, 33). Sie bietet

- die Möglichkeit zur internen und übergreifenden Wertschöpfungsorientierung,
- die Möglichkeit zur Überwindung von Schnittstellen zwischen den Funktionsbereichen sowie

# Analyse von Qualitätsmanagementsystemen in der Agrar- und Ernährungswirtschaft 5

- den Vorteil der Unterstützung für einen Brückenschlag zwischen internen Erfolgsfaktoren und dem marktlichen Erfolgspotenzial eines Unternehmens.

Eine prozessmäßige Organisation schafft klare Zuständigkeiten, und Mitarbeiter erhalten die Möglichkeit, den Prozess aktiv mitzugestalten. Dabei laufen die Prozesse weder in starren noch dauerhaft gleichen Schrittfolgen ab, sondern unterliegen je nach Kunden- und Wettbewerbsanforderungen lebhaften Änderungen. Dies erfordert ein eigenständiges Prozessmanagement, welches jene Führungsaufgaben, -organisation, -techniken und -mittel umfasst, die notwendig sind, um Prozesse systematisch und messbar zu optimieren und zu stabilisieren (vgl. BENES et al., 2004, 98).

SEIDENSCHWARZ (2008, 10) definiert den Prozess als eine Abfolge von Aktivitäten, deren Ergebnis eine Leistung für einen externen oder internen Kunden bezeichnet. Prozesse stellen die Ablauforganisation dar und werden immer wieder durchlaufen (vgl. BAUER, 2006, 83). Demzufolge ist es notwendig, ständig eine Optimierung der Prozesse durchzuführen, um den Anforderungen des Kunden gerecht zu werden (vgl. BENES et al., 2004, 97 f). Es ist nicht mehr wichtig, was eine Abteilung erledigt hat, der Fokus wird auf die optimale Behandlung der Objekte gelegt – immer mit dem Fokus auf die zentrale Rolle des Kunden, dessen Erwartungen zu befriedigen sind (vgl. MOCH, 2008, 2).

Prozesse weisen folgende Charakteristika auf:

- Ein Prozess transformiert einen definierten Input auf der Basis abgrenzbarer Teilschritte in einen materiellen oder immateriellen Output, wobei das Spektrum dabei von einzelnen Produkten über Dienstleistungen bis hin zu Komplettlösungen reicht.
- Die Leistungserstellung im Rahmen eines Prozesses nimmt übergreifend unterschiedliche Stellen innerhalb eines Unternehmens in Anspruch.
- Prozesse werden aus den Bedürfnissen externer und interner Kunden heraus gestaltet und bilden das Fundament einer durchgehenden Kundenorientierung (vgl. SEIDENSCHWARZ, 2008, 10).
- Im Vordergrund stehen Maßnahmen zur kontinuierlichen Identifikation, Führung und Regelung der kundenorientierten Geschäftsprozesse sowie zur Umsetzung von Kreativität und Innovationen (vgl. ZOLLONDZ, 2006, 303).

In der Praxis haben sich verschiedene Einteilungsmöglichkeiten für Prozesse etabliert.

# 5 Analyse von Qualitätsmanagementsystemen in der Agrar- und Ernährungswirtschaft

REINER (2001, 29) orientiert sich an der Betrachtung von Kundennutzen und Unternehmenserfolg:

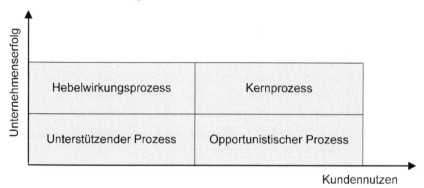

Abbildung 38: Prozessarten nach Unternehmenserfolg und Kundennutzen
Quelle: REINER (2001, 29)

Gemäß dieser Einteilung werden die Prozesse, die unmittelbaren Kundennutzen und unmittelbaren Unternehmenserfolg bewirken, als *Kernprozesse* bezeichnet, wobei hier der externe Kunde angesprochen wird (vgl. BAUER, 2006, 89 f). Zu den Kernprozessen zählen z. B. die Produktentwicklung oder die Fertigung.

*Opportunistische Prozesse* liefern unmittelbaren Kundennutzen, wie etwa gute und schnelle Information, aber der Unternehmenserfolg ist nur mittelbar. Ein typisches Beispiel ist das Key-Account-Management.

*Hebelwirkungsprozesse* – mit unmittelbarem Einfluss auf den Unternehmenserfolg, aber nur mittelbarem Einfluss auf den Kundennutzen – sind etwa der Führungs-Planungsprozess (strategic planning) oder Vorbeugeprozesse, wie der Risiko-Analyse- & Abwehr-Prozess.

*Unterstützende Prozesse*, wie Instandhaltungs- und Wartungsprozesse oder der Gebäude-Sicherheits-Prozess, haben mittelbaren Einfluss auf Unternehmenserfolg und Kundennutzen.

Obwohl die unmittelbar mit Unternehmenserfolg und/oder Kundennutzen in Zusammenhang stehenden Prozesse ins Auge stechen, sollten die unterstützenden Prozesse nicht vernachlässigt werden, da nur bei gut funktionierenden unterstützenden Prozessen ein reibungsloser Ablauf zu erwarten ist. Diese Prozesse haben häufig eine indirekte Befähigerfunktion, die erst dann transparent wird, wenn Fehlleistungen auftreten.

BÖHME & WEIHS (2009, 8) unterscheiden grundsätzlich drei Generalprozesse im Unternehmen:

- Der *Entwicklungsprozess* umfasst die Prozessschritte Projektmanagement, Entwicklung und Freigabe. Diese Schritte werden auf der Basis von Vergangenheitserfahrungen so geplant, dass Projekte von Anfang an optimal gestaltet sind. Es wird dabei ermittelt, wo Fehlerquellen zu erwarten sind, an welchen Stellen Fehler zu besonders hohen Folgekosten führen und wo am effektivsten und effizientesten geprüft werden kann.
- Der *Materialprozess* umfasst neben der eigentlichen Produktion auch die der Produktion vorgelagerte Beschaffung und die nachgelagerte Auslieferung. Hierbei gilt es, Fehler möglichst früh zu erkennen und sie nicht weiterzuleiten. Aus Sicht des Qualitätsmanagements steht im produzierenden Materialprozess daher das Prüfwesen im Vordergrund.
- Der *Begleitprozess* fungiert als Meta-Prozess, er überprüft Entwicklungs- und Materialprozess auf Prozessfehler und stellt verdichtete Qualitätsinformationen für alle Unternehmensbereiche bereit. Die Begleitprozesse umfassen neben der prozessorientierten Fehlererfassung im Reklamationswesen auch die Durchführung von Korrekturprozessen. Zur Qualitätssicherung in den Begleitprozessen zählt zunächst das Reklamationswesen. Es beinhaltet die Reklamationsverfolgung beim Lieferanten, beim Kunden sowie intern, und ist im prozessorientierten QS-System eng gekoppelt an Entwicklungs- und Materialprozess. Fehlerquellen werden schnell aufgedeckt, da dank Prozessorientierung jeder Schritt nachvollziehbar ist und jederzeit zurückverfolgt werden kann.

Im Rahmen der Prozessorientierung ist es wichtig, Prozesse gegen Tätigkeiten abzugrenzen. Da Leistungen oftmals nicht als Teil eines Prozesses, sondern als allein stehend betrachtet werden, wird der Output ebenfalls als allein stehend aus dem Prozess herausgenommen und eigenständig gewertet, anstatt ihn als Input für den nächsten Arbeitsschritt im Geschäftslebenszyklus zu sehen (vgl. ADDEY, 2000, 680 f). Durch den Zwang, innerhalb des gesamten Prozesses ein gutes Ergebnis erreichen zu müssen, ermöglicht die Prozessorientierung, dass eine Optimierung zugunsten einzelner Bereiche vermieden wird (vgl. MOCH, 2008, 3). Im Rahmen der Prozesskontrolle ist der gesamte Prozess als solcher zu bewerten. Ausgehend vom Prozessende definiert man die Leistungsvorgaben für den jeweiligen vorgelagerten Teilbereich der Produktion. Auf dieser Basis wird der erforderliche Qualitätslevel der Arbeitsschritte derart gesetzt, dass der nachgelagerte Bereich sichergehen kann, durchgehend qualitativ einwandfreie Teilprodukte zu übernehmen und es daher nicht notwendig ist, diese Inputs einer Eingangskontrolle zu unterziehen. Durch diese transparente Darstellung der Schnittstellen kann somit mittels interner Kunden-Lieferanten-Beziehungen ein strukturierter Ausgleich der jeweiligen Interessen herbeigeführt werden (vgl. ADDEY, 2000, 680 f ).

Zusammenfassend lässt sich sagen, dass die Qualitätsfähigkeit der Prozesse in zweierlei Hinsicht auf das Unternehmensergebnis wirkt. Einerseits sichert sie fehlerfreie Produkte, sorgt für zufriedene Kunden und steigert letztlich den Umsatz, auf der anderen Seite senkt sie Kosten entlang der gesamten Wertschöpfungskette (vgl. GEMBRYS und HERRMANN, 2008, 14). Die Prozessqualität beantwortet daher die Frage, wie die Arbeitsabläufe eines Unternehmens die an sie gerichteten Anforderungen erfüllen. Sie ist wichtig, um die Qualität der Produkte fehlerfrei und kostengünstig sicherzustellen. Da fehlerbehaftete Prozesse vermeidbare Kosten für Ausschuss und Nacharbeit verursachen, hat die Prozessqualität Einfluss auf die Kostenposition des Unternehmens und treibt Gewinn und Geschäftserfolg (vgl. GEMBRYS und HERRMANN, 2008, 7).

MOCH (2008, 3) verknüpft diese beiden Aspekte ebenso und sieht einen Vorteil der Prozessorganisation in ihrer Ausrichtung auf die Erfüllung der kundenbezogenen Ziele, wodurch diejenigen Aktivitäten, die nicht direkt oder indirekt der Erfüllung dieser Ziele dienen, eindeutig identifiziert werden können und unter einem hohen Rechtfertigungsdruck stehen.

Er beleuchtet außerdem die Frage, warum sich die Prozessorientierung noch nicht weiter ausgebreitet hat und sieht einen Grund darin, dass Prozesse abstrakte Gebilde sind und es schwerfällt, sich als Mitarbeiter in einer solchen imaginären Struktur wiederzufinden. Dies ist als Bestandteil einer Gruppe innerhalb einer Abteilung viel einfacher.

Als einen weiteren Aspekt sieht er die Umverteilung von Einfluss: Während in hierarchischen Organisationen die Größe eines Bereiches – gemessen an der Zahl der Mitarbeiter – immer ein Indiz für Macht und Einfluss ist, fällt dieses Kriterium in einer Prozessorganisation nahezu vollständig weg. Ebenso müsse die praktische Seite der Arbeitsorganisation – wie etwa die Frage, wer den Urlaubsantrag unterschreibt – in Prozessorganisationen neue Lösungsansätze erfahren.

In der Praxis ist Prozessorientierung mittlerweile in vielen Organisationen zu finden, etwa in Form einer Verknüpfung von Prozess- und Unternehmenszielen. Der Grad der Prozessorientierung eines Unternehmens wird dadurch mitbestimmt, wie viel Einfluss die Prozessverantwortlichen auf den Einsatz von Mitarbeitern und weiteren Ressourcen nehmen können (vgl. MOCH, 2008, 3).

Bezogen auf die Branche Lebensmittel und Futtermittel, stehen die Kriterien des Erzeugungsprozesses und deren Bewertung, die Prozessqualität, im Vordergrund der Qualitätsbeurteilung. „Der Käufer erwartet über substan-

# Analyse von Qualitätsmanagementsystemen in der Agrar- und Ernährungswirtschaft 5

zielle Kriterien des Produktes hinaus im zunehmenden Maße Informationen über die Art, wie Lebens- und Futtermittel erzeugt worden sind; z. B. will er bei tierischen Nahrungsmitteln wissen, woher das Produkt stammt, wie die Tiere gehalten und gefüttert wurden, welche Prozesse bei der Produktion und Verarbeitung vorgelegen haben und welchen Kontrollen der Erzeugungsprozess unterlag" (LENGERKEN und KIRMAS, 2004, 33).

Daran anknüpfend stellt die Bereitstellung und vor allem die Leitung von Information ein weiteres wichtiges Spektrum in Bezug auf Unternehmensprozesse dar. Dies wird auch von der Norm EN ISO 9004:2000 gefordert. Die Unternehmensführung „sollte Daten als grundlegende Ressource zur Umwandlung in Informationen und zur ständigen Entwicklung des Wissens der Organisation behandeln …" (ON ÖSTERREICHISCHES NORMUNGSINSTITUT, 2006, 33).

Die Informationen müssen wirksam geleitet und gelenkt werden. Dementsprechend fordert die Norm EN ISO 9004:2000 von der Unternehmensführung

- ihren Informationsbedarf zu ermitteln,
- interne und externe Informationsquellen zu ermitteln und zu nutzen,
- Informationen in für das Unternehmen nützliches Wissen umzuwandeln,
- Daten, Informationen und Wissen zur Festlegung und Verwirklichung ihrer Strategien und Ziele zu verwenden,
- für angemessene Sicherheit zu sorgen und
- den Nutzen des Informationseinsatzes zu beurteilen, um das Handhaben von Informationen und Wissen zu verbessern (vgl. ON ÖSTERREICHISCHES NORMUNGSINSTITUT, 2006, 33).

Somit ist die qualitätsbezogene Dokumentation im Unternehmen für ein funktionierendes Qualitätsmanagement essentiell – Dokumente und Daten sind das Fundament für

- die Kommunikation
- das Training
- das Teilen von Wissen und Know-how sowie
- die Bewertung und das Erkennen von Verbesserungspotenzialen von Prozessen (vgl. MASING, 2007, 189).

Zudem lassen sich durch Bewertung der Qualitätsinformationen konkrete Maßnahmen zur Aufrechterhaltung oder Verbesserung von Qualität in den Geschäftsprozessen ableiten, Zusammenhänge verdeutlichen und Alternativen formulieren. Ebenso kann die Bewertung und Auswahl von Alternativen bis hin zur tatsächlichen Entscheidung unterstützt werden (vgl. PEUPERT, 2003, 105).

In welchem Ausmaß die Dokumentation stattfindet, hängt davon ab, welche Aufgaben sie zu erfüllen hat. Ein Mindestmaß an Aufzeichnungen ist für die wirtschaftliche Führung eines Unternehmens im Wettbewerb ohnehin erforderlich; darüber hinaus können externe Einflüsse so hohe Anforderungen an die Dokumentation stellen, dass sie ein ernstzunehmender Kostenfaktor werden.

Auch die Zertifizierung eines Qualitätsmanagementsystems ist mit der Festlegung einer Dokumentationspflicht verbunden (vgl. MASING, 1999, 487 f). Qualitätsaufzeichnungen dienen als Nachweis der Erfüllung der Qualitätsforderungen, als Beweismaterial und sind Ausgangspunkt zur Optimierung des Qualitätsmanagementsystems (vgl. MASING, 2007, 189).

Der Umfang der Dokumentation des Qualitätsmanagementsystems kann je nach Unternehmen unterschiedlich sein (vgl. RAUSSE, 2008, 189). Der Grund dafür liegt in

- der Größe des Unternehmens und der Art der Tätigkeit des Unternehmens
- der Komplexität und Wechselwirkung der Prozesse und
- der Fähigkeit des Personals.

Die Qualität der Dokumentation hängt somit nicht von deren Umfang ab. Eine sehr umfangreiche/detaillierte Dokumentation hat sogar eine geringere Akzeptanz bei den Mitarbeitern und ist außerdem schwer zu verwalten.

Dies entschärft auch einen der häufigsten Kritikpunkte beim Aufbau eines Qualitätsmanagementsystems – den Kritikpunkt der Papiervermehrung. Die ISO 9001:2008 beispielsweise verlangt nicht, dass jeder Handgriff bis ins letzte Detail beschrieben werden muss. Es müssen nur dort, wo es für die Mitarbeiter sinnvoll und hilfreich ist, Vorgaben geschaffen werden. Somit kann sogar sein, dass nach dem Aufbau des Qualitätsmanagementsystems die Dokumentation weniger Papier umfasst als zuvor (vgl. MASING, 2007, 189).

Die Form der Aufbewahrung, insbesondere das Trägermedium, ist dem Aufbewahrungspflichtigen freigestellt. Jedes Unternehmen entscheidet selbst, welches System es der Dokumentation zugrunde legt, ob die Dokumente auf Papier oder mittels EDV verfasst und archiviert werden (vgl. GEIGER und KOTTE, 2005, 479). Auch die Aufzeichnung einer Videokonferenz, in der Geschäftsführer explizite Vorgaben für ihr Unternehmen festlegen, ist ein mögliches „Vorgabedokument", sofern die Aufzeichnungen den Mitarbeitern immer wieder vermittelt werden können (vgl. RAUSSE, 2008. 192).

Erstellt ein Unternehmen die Dokumente in Papierform, werden diese mit Ersteller-, Prüfer- und Freigabevermerk ausgedruckt, vervielfältigt und an die Mitarbeiter verteilt; ob alle Mitarbeiter die Dokumente erhalten, entscheidet die Unternehmensleitung. Nutzt man die EDV, werden die Dokumente auf dem firmeneigenen Netz, in der Regel dem Intranet, zur Einsicht gestellt. Da im Netz stets nur die aktuellen Dokumente vorhanden sind, relativiert sich das Problem der gültigen Dokumente am Arbeitsplatz (vgl. RAUSSE, 2008. 191 f).

Die Frage der Zugriffsberechtigung auf die Dokumente hat bei der Nutzung des EDV-Systems einen besonderen Stellenwert. Damit die Dokumente nur von den „autorisierten" Personen erstellt, geändert, geprüft und freigegeben werden, müssen die Zugriffsberechtigungen festgehalten und in der EDV hinterlegt werden (vgl. RAUSSE, 2008. 192).

Ob die Dokumentation des Qualitätsmanagementsystems mit einem EDV-System verwaltet werden soll, hängt maßgeblich von der *Unternehmensgröße* und vom *Dokumentationsumfang* ab. Der Einsatz eines EDV-Systems wird vor allem dann interessant, wenn es zusätzlich zur Dokumentenverwaltung die operativen Prozesse unterstützen kann. SIEGENTHALER (2003, 23) nennt folgende Beispiele für Einsatzgebiete, in denen ein EDV-System zu Sicherheit, Transparenz, Datenaktualität und Schnelligkeit beiträgt:

- Auswertung von Qualitätskenngrößen,
- die eigentliche Abwicklung des Verbesserungsprozesses,
- oder die Verwaltung von Betriebs- und Prüfmitteln.

PEUPERT (2003, 104 ff) geht noch einen Schritt weiter. Er bezeichnet Informationen als Grundlage jedes Qualitätsmanagements und tritt für ein überbetriebliches Qualitätsinformationssystem ein, welches die Forderungen der Normen effizient umsetzt und verknüpft. Ein derartiges System hat einen Gestaltungsansatz, der erlaubt, die qualitätsbezogenen Informationen über Produkte und Prozesse entlang der Wertschöpfungskette in informationstechnische Strukturen einzubetten. Die Prozessorientierung eines solchen Qualitätsinformationssystems „setzt definierte Prozesse voraus und ermöglicht eine datenverarbeitungstechnische Abbildung der Prozesse und Prozessketten" (PEUPERT, 2003, 107). Damit wäre die technische Voraussetzung zur Realisierung eines Rückverfolgbarkeitssystems bis zu Letztverteilerstufe in der Lebensmittelbranche gegeben.

Aus der Perspektive des Forschers lässt sich festhalten, dass die Prozesse umso besser umgesetzt und umso eher gelebt werden, je praxistauglicher sie in Bezug auf Sprache, Darstellung, Zugriff, etc. sind.

# 5 Analyse von Qualitätsmanagementsystemen in der Agrar- und Ernährungswirtschaft

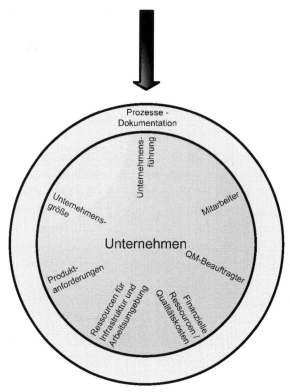

**Abbildung 39:** Faktoren mit Sonderstellung „Prozesse – Dokumentation"

## 5.5.2 Messung, Analyse & Verbesserung

„Ohne Messung und die Analyse der gemessenen Ergebnisse hat kein Qualitätsmanagement einen festen Halt (ZOLLONDZ, 2006, 208)", wobei sich das Messen und Analysieren der Ergebnisse nicht nur auf das Produkt beschränkt, sondern auch Bereiche wie etwa Kundenzufriedenheit und Lieferantenbeziehungen umfasst (vgl. PÖCHTRAGER, 2005, 323).

William Edwards Deming, US-amerikanischer Pionier im Qualitätsmanagement, vertritt eine Grundhaltung, die die ökonomische Seite des Qualitätsmanagements unterstreicht. Aus seiner Haltung heraus (Jeder Mitarbeiter steht in seinem Aufgabengebiet für Qualität – Es gibt niemanden im Unternehmen, der nicht mit Qualität zu tun hat – Qualität ist sowohl Technik als auch Geisteshaltung) ergibt sich die sogenannte „Deming'sche Reaktionskette" (vgl. RUCK, 2007, 56):

*Qualitätsverbesserung* → *Produktivitätsverbesserung* → *Kostenreduktion in der Herstellungskette* → *Preisreduktion* → *Steigerung des Marktanteils* → *Sicherung der Position des Unternehmens* → *Sicherung der Arbeitsplätze* → *Sicherung des Gewinns*

Eine Abkürzung dieser Reaktionskette ist nicht möglich, so würde etwa der Beginn mit Kosteneinsparungen lediglich zu kurzfristigen Scheinerfolgen führen, „... die keinesfalls von Bestand sind, da nicht die im Prozeß [sic] liegenden Ursachen, sondern nur die oberflächlichen Auswirkungen verändert wurden" (KAMISKE und BRAUER, 1999, 45). So kann laut KAMISKE und BRAUER die Basis für eine wettbewerbsfähige Position des Unternehmens – und damit verbunden für den finanziellen Erfolg – nur durch die verbesserte Qualität geschaffen werden.

Der Erfolg eines Unternehmens manifestiert sich in den Geschäftsergebnissen eines Unternehmens. Messen und Analysieren macht diesen sichtbar und bietet die Basis für Verbesserung. Somit ist es wichtig, zu entscheiden, welche Kriterien für Messung und Analyse herangezogen werden, um in Folge Verbesserungen in diversen Bereichen zu erzielen, was sich wiederum in den Geschäftsergebnissen bemerkbar machen sollte.

ZOLLONDZ (2006, 303 f) orientiert sich dabei an den Ergebniskriterien des EFQM-Modells und unterscheidet *kundenbezogene Ergebnisse, mitarbeiterbezogene Ergebnisse, gesellschaftsbezogene Ergebnisse* sowie *wichtige Ergebnisse der Organisation (Schlüsselergebnisse).*

Die *kundenbezogenen Ergebnisse* zeigen, wie die Leistung des Unternehmens vom externen Kunden bewertet wird.

Dieses Kriterium ist verknüpft mit den Paradigmen *Kundenorientierung* und *Kundenzufriedenheit* (vgl. MEIER, 2009a, 1):

- Die *Kundenorientierung* gibt die *Richtung* für alle Aktivitäten des Unternehmens vor – Fokus auf der Orientierung am Kunden. Die Kundenorientierung ist das Verhalten des Unternehmens, die Art und Weise, wie im Unternehmen gedacht und gehandelt wird und somit das Merkmal jeder aktuellen und erfolgreichen Unternehmenskultur.
- Die *Kundenzufriedenheit* gibt den *Maßstab* für alle Aktivitäten des Unternehmens vor – Fokus auf der Zufriedenheit des Kunden. Sie ist das kundenbezogene Ergebnis, das beim Kunden erreicht werden soll.

Diese beiden Paradigmen stehen in engem Ursache-Wirkungszusammenhang, die Kundenorientierung ist die Ursache, die Kundenzufriedenheit die Wirkung. Ohne Ursache keine Wirkung und die Wirkung eine logische Folge der Ursache – dies bedeutet; ohne Kundenorientierung keine Kundenzufriedenheit und Kundenzufriedenheit ist eine logische Folge der Kundenorientierung.

Kundenzufriedenheit und Kundenorientierung werden durch den *Kundendienst* verbunden, welcher die Anforderungen und die Erwartungen des Kunden sowohl wahrnimmt als auch erfüllt. „Der Kundendienst ist der Prozess des Unternehmens, der vom Kunden ausgeht, zum Unternehmen geht und von dort wiederum zum Kunden geht ... Das Unternehmen ermittelt und versteht die Anforderungen und Erwartungen des Kunden und liefert eine Lösung, welche die Anforderungen erfüllt und die Erwartungen befriedigt" (MEIER, 2009a, 1 f).

Weitere Ausführungen zum Thema Kundenzufriedenheit finden sich in Kapitel 5.6.1, Seite 202.

Da Ergebnisse nur Ergebnisse sind, wenn sie gemessen werden können, ist eine Messgröße notwendig, die der Organisation Aufschluss über die Zufriedenheit der Kunden geben kann (vgl. ZOLLONDZ, 2006, 303). Die Anforderungen an die Messung der Kundenzufriedenheit als ein rationaler und emotionaler Zustand beim Kunden sind Transparenz und Klarheit. Unter dieser Prämisse kann das kundenbezogene Ergebnis auf drei Messgrößen reduziert werden, wobei weniger die absoluten Zahlen als die Veränderungen der Zahlen über die Zeit wichtig sind (vgl. MEIER, 2009a, 2):

- Anzahl der Wiederholungskunden (möglichst groß)
- Anzahl der Neukunden aus Empfehlung von Altkunden (möglichst groß)
- Anzahl der Reklamationen (möglichst klein)

Die m*itarbeiterbezogenen Ergebnisse* betrachten die direkten und indirekten Messgrößen, die die Leistungen des Unternehmens hinsichtlich der Zufriedenheit der Mitarbeiter beurteilen, und werden für den Prozess der ständigen Verbesserung verwendet (vgl. ZOLLONDZ, 2006, 304). Die Messung erfolgt über eine Mitarbeiterbefragung, wobei hier ein (Zufriedenheits-) Zustand einer Person (Mitarbeiter) durch eine Zahl bewertet werden soll. Dabei gilt es vorab zu eruieren, welche Ergebnisse helfen, um das Unternehmen im Hinblick auf die Zufriedenheit seiner Mitarbeiter zu verbessern. Es werden Themen und Bereiche extrahiert, die die Zufriedenheit der Mitarbeiter des Unternehmens wiedergeben, wobei die Themen und die Fragen von Unternehmen zu Unternehmen verschieden sein können. Hierfür müssen möglichst konkrete und eindeutige Fragen abgeleitet und formuliert werden, die zu ebenso konkreten und eindeutigen Antworten führen. Am geeignetsten sind Fragen, die einen Zustand beschreiben, dessen Antwort als Grad der Zustimmung oder Ablehnung auf einer Zahlenskala linear dargestellt werden kann (vgl. MEIER, 2009b, 1 ff).

# Analyse von Qualitätsmanagementsystemen in der Agrar- und Ernährungswirtschaft

Die *gesellschaftsbezogenen Ergebnisse* beurteilen, inwieweit das Unternehmen die Bedürfnisse und Erwartungen der Öffentlichkeit erfüllt. Hier kommt die *Corporate Social Responsibility (CSR)* – die Verpflichtung, die Verantwortung für sein wirtschaftliches Handeln zu übernehmen – zum Tragen. Näheres hierzu findet sich in Kapitel 5.6.4, Seite 223.

Beim Messen dieser Ergebnisse steht nicht das Ergebnis und seine Wert im Mittelpunkt, sondern die Zufriedenheit, die sich bei der Gesellschaft bei der Wahrnehmung der Ergebnisse einstellt (vgl. MEIER, 2009 c, 1).

Das Kriterium *Wichtige Ergebnisse der Organisation (Schlüsselergebnisse)* betrachtet die Ergebnisse des Unternehmens aus seiner eigenen Perspektive, der Unternehmerperspektive. Somit sind Schlüsselergebnisse im Allgemeinen unternehmensbezogene Ergebnisse, wobei dem Unternehmen freisteht, welche der Ergebnisse es als solche bezeichnet. Diese Informationen zu den geschäftlichen Tätigkeiten des Unternehmens werden in Form von Geschäftsberichten veröffentlicht, wobei – bedingt durch die Publikationspflicht – nur sehr hoch aggregierte Daten abgebildet werden (vgl. ZOLLONDZ, 2006, 304)

Meist werden die Schlüsselergebnisse in folgenden drei Perspektiven genannt: Finanzen, Ressourcen und Potenziale, wobei die beiden erstgenannten operative Ergebnisse liefern, Potenziale hingegen strategische Ergebnisse (vgl. MEIER, 2009 d, 1 f).

Mit den *Schlüsselergebnissen* in der operativen Perspektive *Finanzen* wird das klassische „Ergebnis" gemessen und bewertet. Die Maßzahlen sind standardisiert und objektiviert, ihre Bedeutung und Messung transparent. Dazu gehören Unternehmensumsatz und -gewinn, Renditen der Kapitalgewinnung oder Liquidität von Lieferanten und Kunden.

Die *Schlüsselergebnisse* in der operativen Perspektive *Ressourcen* sind Stück-, Mengen- und Volumenzahlen, die im Sinne von „viel oder wenig", „groß oder klein" die entsprechenden operativen Ergebnisse anzeigen. Diese Ergebnisse, wie etwa Durchlaufzeiten, Materialverbrauch, Lagerumschlag oder Abfall, beziehen sich auf materielle Werte des Unternehmens und davon abgeleitete Größen.

Die *Schlüsselergebnisse* in der strategischen Perspektive *Potenziale* können nicht ohne Weiteres in Zahlen berichtet werden, da es keine operativen, sondern strategische Ergebnisse sind, die aus entsprechenden Zielen folgen. Zu diesen immateriellen Werten des Unternehmens zählen die Kompetenz der Mitarbeiter, die Effizienz der Prozesse, die Innovation der Produkte, das Wachstum des Wissens oder die Qualität von Prozessen und Produkten.

Die gewonnenen Ergebnisse der Marktanforderungen, der Zufriedenheitsmessungen und der gesellschaftlichen Strömungen sind im Rahmen der Festlegung von Unternehmenspolitik und Unternehmensstrategie zu berücksichtigen (vgl. EBEL, 2001, 337).

Das Erkennen und das dauerhafte Vermeiden von Fehlern, die Optimierung des Produktionsprozesses sowie die bessere Strukturierung von Arbeitsabläufen und des Informationsflusses zählen zu den wichtigsten Gründen für die Einführung von Qualitätsmanagement in Unternehmen der Agrar- und Ernährungswirtschaft (vgl. PÖCHTRAGER, 2003, 225). Die ÖNORM ISO 9001:2008 fordert, im Rahmen der Implementierung eines Qualitätsmanagementsystems, jene Mess-, Analyse- und Verbesserungsprozesse zu planen und zu verwirklichen, die notwendig sind, um die Konformität des Produktes darzulegen, die Konformität des Qualitätsmanagementsystems sicherzustellen und die Wirksamkeit des Qualitätsmanagementsystems ständig zu verbessern (vgl. ON ÖSTERREICHISCHES NORMUNGSINSTITUT, 2006, 64).

Das Prinzip der ständigen Verbesserung beruht dabei auf der Grundhaltung, dass jeder Vorgang als Prozess betrachtet und als solcher schrittweise verbessert werden kann (vgl. KAMISKE und BRAUER, 1999, 284).

Die Vorgehensweise erfolgt in den Teilschritten:
Planen (plan) – Ausführen (do) – Überprüfen (check) – Verbessern (act)
Dieser Zyklus wird als PDCA-Zyklus bezeichnet und beschreibt das aufeinanderfolgende Durchlaufen verschiedener Stufen, sodass am Ende eine verbesserte Situation entsteht, die wiederum Ausgangspunkt für den nächsten Planungsprozess ist. So entwickelt sich der Prozess permanent weiter und erreicht immer höhere Anspruchsstufen (vgl. EBEL, 2001, 334 f).

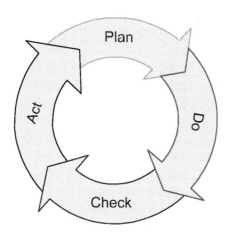

Abbildung 40: Kontinuierliche Verbesserung – PDCA-Zyklus
Quelle: EBEL, 2001, 335

# 5 Analyse von Qualitätsmanagementsystemen in der Agrar- und Ernährungswirtschaft

Obwohl Fehler prinzipiell von Anfang an vermieden werden müssen, kann man diese nie gänzlich ausschließen. Daher sind Maßnahmen zur Messung und Bewertung qualitätsrelevanter Punkte notwendig. Es muss dabei sichergestellt werden, dass Messungen nur dort durchgeführt werden, wo ein entsprechender Nutzen feststellbar ist.

Für die Beurteilung von Qualitätsmanagementsystemen haben sich aus der praktischen Erfahrung folgende Mess- und Überwachungsschwerpunkte herauskristallisiert (vgl. EBEL, 2001, 336 f):

- Interne Audits
- Auswertung qualitätsbezogener Kosten
- Benchmarking
- Management-Review
- Self-Assessment
- Bewertung von Projekten des Ideenmanagements
- Ermittlung der Mitarbeiterzufriedenheit
- Ermittlung der Kundenzufriedenheit

Die Erhebung der erforderlichen Daten gestaltet sich einfacher, wenn unternehmensinterne Quellen genutzt werden können, als wenn man auf Informationen von außen angewiesen ist. Zu derartigen internen Informationsquellen gehören Dokumentationen, Fehleraufzeichnungen, Leistungsdaten, Korrektur- und Verbesserungsmaßnahmen sowie Daten aus der betriebswirtschaftlichen Kosten- und Leistungsrechnung. Bei der Datenerhebung bei externen Partnern wie Kunden, Lieferanten oder gesellschaftlichen Gruppierungen, gilt es, die zur Verfügung stehenden Quellen zu analysieren und auch auf ihre Glaubwürdigkeit zu prüfen (vgl. EBEL, 2001, 337).

Wichtige Bereiche sind gleichfalls die Messung und Überwachung von Produkten sowie von Prozessen. Man versucht durch gute Planung, einen möglichst stabilen Prozess einzustellen, der mit hoher Wahrscheinlichkeit zu einwandfreien Produkten führt. Dabei muss es Ziel sein, den Prozess so weit zu beherrschen, dass ein möglichst geringer Prüfaufwand erforderlich ist, da Prüfungen an sich nicht wertschöpfend sind und der Kunde keinen Mehrpreis für ein mehrfach geprüftes Produkt zahlen wird (vgl. EBEL, 2001, 338 f).

Die Fähigkeit zur Verbesserung entscheidet über die tatsächlich erzielbare positive Weiterentwicklung einer Organisation und verkörpert somit eine Schlüsselkompetenz, um zukünftigen Aufgaben gerecht zu werden. Voraussetzung dafür ist eine entsprechende Fehlerkultur. „Dort, wo der Umgang mit Fehlern zum täglichen Leben dazugehört, wird leichter und effizienter gearbeitet" (BAUER, 2006, 273). Um Verbesserungen in der gesamten Organisation zu erzielen, bedarf es daher Kultur im Umgang mit Fehlern, Fachkompetenz für den kompletten Umgang mit dem Produkt, Methodenkompetenz beim Problemlösen sowie soziale Kompetenz im gemeinsamen Denken und Handeln (siehe Abbildung 41).

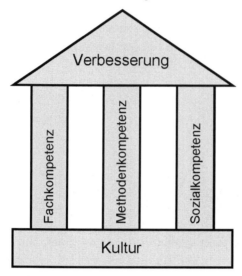

**Abbildung 41: Bausteine der Verbesserung**
Quelle: BAUER (2006, 273)

Die kontinuierliche Verbesserung aller Ansätze, Vorgehensweisen und Ergebnisse im Unternehmen ist eines der Grundprinzipien des Qualitätsmanagements (vgl. PFEIFER, 2001, 35). Im Rahmen der Überwachung und Messung der Kundenzufriedenheit, der internen Abläufe, der einzelnen Prozesse und der Produktkonformität werden die erreichten Istwerte den geplanten Sollwerten gegenübergestellt (vgl. KIRCHNER et al., 2007, 46). Die dafür notwendigen Schritte umfassen (vgl. HERRMANN, 1999, 178):

- Feststellung der Abweichungen durch Qualitätsaudits
- Analyse der Abweichungen
- Zielsetzung und Planung der Korrekturmaßnahmen
- Durchführung der Korrekturmaßnahmen
- Beobachtung der Ergebnisse
- Absicherung der Ergebnisse
- Neuerliche Zielsetzung

Der Qualitätsgewinn als Zielerreichung kann durch Innovation und kontinuierliche Verbesserung erreicht werden, wobei Innovation als Verbesserung in

## Analyse von Qualitätsmanagementsystemen in der Agrar- und Ernährungswirtschaft 5

Sprüngen unter Beteiligung weniger Spezialisten definiert wird und der kontinuierliche Verbesserungsprozess bedeutet, die Fähigkeiten aller Mitarbeiter zur ständigen Verbesserung der Geschäftsabläufe im Sinne der Unternehmensziele zu wecken und zu nutzen (vgl. PFEIFER, 2001, 36 f). Die Fehlerentstehung sollte möglichst schon in der Planungs- und Entwicklungsphase entdeckt und vermieden werden, da die Behebung eines Fehlers zu diesem Zeitpunkt verhältnismäßig kostengünstig ist, die Kostenkurve der Fehlerbehebung im Laufe des Produktlebenslaufes jedoch exponentiell ansteigt (vgl. REGIUS, 2006, 9 f).

In der praktischen Anwendung der Standards zeigt sich laut Erfahrung des Forschers der Zusammenhang zwischen dem Faktor Messung, Analyse & Verbesserung in Bezug auf das Kennzahlensystem. Während der Standard bestimmte Grenzwerte oder Schwellenwerte vorgibt, stellt er bezüglich der Kennzahlen nur die Anforderung, ein Kennzahlensystem im Unternehmen zu etablieren. Welche Kennzahlen gemessen werden, obliegt dem Unternehmen. Das Kennzahlensystem dient als Steuerungsinstrument und hat insofern Einfluss auf das Qualitätsmanagementsystem, als man aus den Zahlen Tendenzen ablesen kann – wenn auch die Veränderungen dem Qualitätsmanagement eindeutig zugeschrieben werden können, da viele weitere Faktoren einfließen. Aus Gründen der eben genannten Steuerbarkeit ist das Kennzahlensystem gerade für große Unternehmen von großer Relevanz. Diese haben auch mehr Ressourcen als kleine Unternehmen, um die Kennzahlen, die sie sich selber auferlegen, zu messen. Als die gängigste bzw. wichtigste Kennzahl gilt die Kennzahle „Fehlerkosten je produzierte Einheit".

Kennzahlen haben einen direkten Zusammenhang mit der Dokumentation der Prozesse, insofern, als Messung, Analyse & Verbesserung von der Qualität der Dokumentation der Prozesse abhängig sind. Ohne Dokumentation, d. h. ohne Regelwerk, fehlt die Basis zur Verbesserung, und so wie sich das Qualitätsmanagement in der Dokumentation weiterentwickelt, müssen sich auch die Kennzahlen mit dem System weiterentwickeln und, ausgehend von einer Grobstruktur, immer weiter verfeinern.

Zusammenfassend lässt sich sagen, dass es ein schwieriger Weg ist, Kennzahlen zu finden, die effizient sind, d. h. die leicht umsetzbar und leicht zu erheben sind, sowie eine hohe Aussagekraft besitzen.

# 5 Analyse von Qualitätsmanagementsystemen in der Agrar- und Ernährungswirtschaft

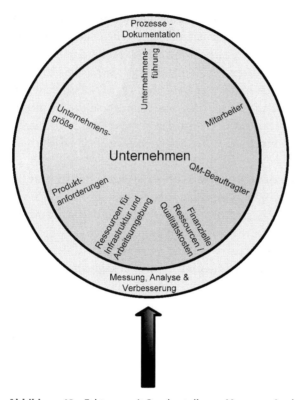

Abbildung 42:  Faktoren mit Sonderstellung „Messung, Analyse & Verbesserung"

## 5.6 Exogene Einflussfaktoren

Die eingangs ermittelten und dem exogenen Einflussbereich zugeordneten Faktoren – Kunden, Lieferanten und Partnerschaften sowie Gesellschaft – werden im Folgenden näher beleuchtet und unter Beachtung der Studien von z. B. BAYAZIT und KARPAK (2007, 79 ff) sowie ALBERSMEIER, et al. (2010, 69 ff) um weitere Faktoren ergänzt (siehe Kapitel 5.3).

### 5.6.1 Konsument als Kunde

Dem Kunden wird im Qualitätsbereich des Unternehmens ein hoher Stellenwert eingeräumt. Dies wird durch eine Studie des Fraunhofer Instituts für Arbeitswirtschaft und Organisation, Stuttgart, verdeutlicht. Die Ergebnisse der Umfrage, durchgeführt bei 249 deutschen Industrie- und Dienstleistungsun-

## Analyse von Qualitätsmanagementsystemen in der Agrar- und Ernährungswirtschaft 5

ternehmen, zeigen, dass über ein Drittel der untersuchten Unternehmen Qualitätsmanagement nur wegen der Kunden implementiert haben, lediglich fünf Prozent ließen sich wegen der Mitarbeiter zertifizieren (vgl. DALLUEGE, 2001b, 1497). Aus der Studie lässt sich schließen, dass ein wesentlicher Teil der Unternehmen nur deshalb Qualitätsmanagementprogramme führt, weil er sich von den Partnern dazu gezwungen fühlt. Dabei geht es oftmals um den Ruf, nicht um die echte, durch Feedback bewiesene Zufriedenheit der Kunden oder der Mitarbeiter.

„Der Kunde ist ein launisches Produkt der Konsumgesellschaft: ist er zufrieden, nimmt er es als selbstverständlich hin, ist er unzufrieden, erzählt er es gleich weiter" (CARRÉ et al., 2003, 16). Somit ist die Zufriedenheit des Kunden ein Schlüsselfaktor für den Erfolg von Unternehmen in den sich immer schneller wandelnden Käufermärkten (vgl. CARRÉ et al., 2003, 16).

DALLUEGE (2003, 28) verdeutlicht die ökonomische Wirkungen von Kundenzufriedenheit:

- Es ist 600 Prozent teurer, neue Kunden zu gewinnen, als alte zu halten;
- die Wahrscheinlichkeit, dass sie nachbestellen, ist bei sehr zufriedenen Kunden 300 Prozent größer als nur bei zufriedenen Kunden;
- fast 100 Prozent ist die Wahrscheinlichkeit, dass sehr zufriedene Kunden zu besten Werbeträgern des Unternehmens werden;
- 95 Prozent der verärgerten Kunden bleiben dem Unternehmen treu, wenn das Problem innerhalb von fünf Tagen gelöst wird;
- 75 Prozent der zu Wettbewerbern wechselnden Kunden stören sich an mangelnder Servicequalität;
- 25 Prozent der zu Wettbewerbern wechselnden Kunden stören sich an mangelnder Produktgüte oder einem zu hohem Preis;
- über 30 Prozent der Gesamtkosten amerikanischer Dienstleister werden allein durch Nachbesserungsaufwand verursacht;
- über 30 Prozent des Jahresumsatzes gibt ein durchschnittliches amerikanisches Industrieunternehmen für die Wiedergutmachung von Fehlern aus;
- 7,25 Prozent beträgt die Steigerung des Return on Invest, die jeder Prozentpunkt nachhaltig erhöhter Kundenzufriedenheit bewirkt;
- der Gewinn steigt um 25 bis 85 Prozent, wenn die Abwanderung von Kunden um fünf Prozent reduziert und damit die Kundenbindung erhöht wird.

Somit wird offensichtlich, dass der Kunde die Existenzberechtigung für das Unternehmen und für das Qualitätsmanagementsystem ist (vgl. KRAMME, 2007, 79) und folglich die Qualitätsforderungen aus den Erwartungen der Kunden abzuleiten sind (vgl. ZOLLONDZ, 2006, 208).

Der Zufriedenheit wird demnach eine starke Wirkung auf die Kundenbindung unterstellt, und dementsprechend sind auch viele Messinstrumente, die im Rahmen von Zertifizierungen und ganzheitlichen Qualitätsmanagementsystemen zur Erfassung kundenspezifischer Daten eingesetzt werden, auf die Kundenzufriedenheit ausgerichtet (vgl. BECKER und SOMMERHOFF, 2006, 22).

BECKER u SOMMERHOFF (2006, 22 ff) hinterfragen diese Hypothese im Rahmen des Excellence Barometer Konsument 2005. Sie ermitteln die Kundenbindung und ihre tatsächlichen Einflussgrößen. Im Rahmen dieser Studie stehen zwar Produkte und Dienstleistungen im Vordergrund, die sich in erster Linie an die Endverbraucher richten, die Autoren berufen sich jedoch auf andere von ihnen durchgeführte Studien, welche belegen, dass sich dieser Zusammenhang zwischen Kundenzufriedenheit und Kundenbindung in gleichem Maße auch für Beziehungen mit Geschäftskunden nachweisen lässt. Die Resultate der ExBa-Studie belegen eindeutig, dass der Zusammenhang zwischen Kundenzufriedenheit und Kundenbindung keineswegs als gegeben angesehen werden darf. Der Anteil von Kunden, die sich trotz hoher Zufriedenheit nicht gebunden fühlen, steigt und liegt bei 27 Prozent (vgl. Abbildung 43). Dies bedeutet, dass sogar mehr hochzufriedene Endverbraucher Wechselpotenzial aufweisen, als es unzufriedene Kunden gibt.

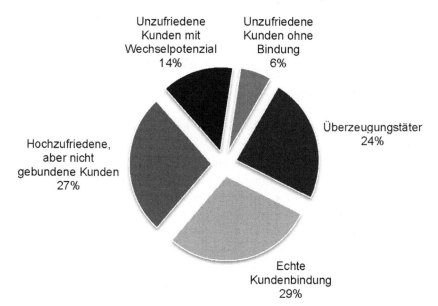

Abbildung 43: Kundenzufriedenheits- bzw. Kundenbindungstypologie im Bereich „Lebensmittelgeschäft"

Quelle: eigene Darstellung, nach BECKER und SOMMERHOFF (2006, 24)

## Analyse von Qualitätsmanagementsystemen in der Agrar- und Ernährungswirtschaft

Folglich ist die Kundenzufriedenheit nur bedingt geeignet, etwas über die wahre Kundenbindung und demnach über das zu erwartende Kundenverhalten auszusagen. Die oben genannte Studie ermittelt die Ursache für echte Kundenbindung und kommt zu dem Ergebnis, dass im Durchschnitt *Kundenbindung* etwa zur Hälfte (47 Prozent) aus *der Zufriedenheit mit den Leistungen* eines Anbieters, Herstellers oder Dienstleisters herrührt. Die andere Hälfte (53 Prozent) wird durch die Markenpositionierung erklärt, welche im *Image eines Anbieters* ihren Niederschlag findet. Somit kommt der emotionalen, kommunikativen Ebene in der Kunden – Lieferanten-Beziehung die gleiche Bedeutung zu wie der eher rationalen Leistungsebene.

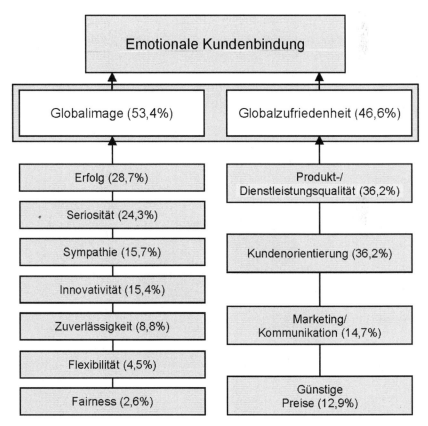

**Abbildung 44:** Kausalmodell zur Entstehung von emotionaler Kundenbindung: Einfluss der einzelnen Faktoren

Quelle: BECKER und SOMMERHOFF (2006, 24)

# 5 Analyse von Qualitätsmanagementsystemen in der Agrar- und Ernährungswirtschaft

Abbildung 44 zeigt, dass das *Image eines Unternehmens* dann besonders positiv ist, wenn es als erfolgreich, seriös, sympathisch oder innovativ wahrgenommen wird. Weniger Einfluss haben hingegen Attribute wie Zuverlässigkeit, Flexibilität und Fairness. Diese werden entweder als selbstverständlich wahrgenommen oder allen Anbietern in gleichem Maße zugeschrieben, wobei davon auszugehen ist, dass die Bedeutung von Attributen zielgruppen- und branchenspezifischen Schwankungen unterliegt. Die *Zufriedenheit der Unternehmensleistung* wird vornehmlich aus der Produkt- und Dienstleistungsqualität und der Service- bzw. Kundenorientierung erzeugt (siehe Abbildung 44). Der Preis spielt hingegen als Einflussgröße für Zufriedenheit mit der Unternehmensleistung nur eine untergeordnete Rolle. Seine Bedeutung kommt während der Kauf- bzw. Auswahlentscheidung zum Tragen und schwindet danach merklich (vgl. BECKER und SOMMERHOFF, 2006, 25).

Lebensmittelunternehmen stehen vor der Herausforderung, die Konsumentenbedürfnisse zu befriedigen, um im Wettbewerb zu bestehen, was bedeutet, dass auch der Konsument Druck auf die Lebensmittelunternehmen ausübt (vgl. LEITNER, s. a., 2). Gemäß einer im Auftrag des Landwirtschaftsministeriums erstellten Studie zum Thema „Die Definition von Lebensmittelqualität und Regionalität aus Sicht der Bevölkerung" lassen sich Österreichs Konsumenten grob in vier Kategorien einteilen (siehe Abbildung 45) (vgl. KARMASIN, 2009, 22 ff).

**Abbildung 45: Ernährungstypologie österreichischer Konsumenten, Studie Karmasin Motivforschung 2009**

Quelle: eigene Darstellung, nach KARMASIN (2009, 23)

## Analyse von Qualitätsmanagementsystemen in der Agrar- und Ernährungswirtschaft

- Der Studie zufolge fällt mehr als ein Drittel der österreichischen Bevölkerung in die Gruppe der „angepassten Gesundheitsorientierten", die auf gesunde Ernährung achten, aber beim Essen auch den Genuss in den Vordergrund stellen. Sie sind besonders offen für österreichische und regionale Produkte.
- Für den Ernährungstyp der „vorbildlich Gesundheitsorientierten" sind Naturbelassenheit der Lebensmittel und biologische Herkunft, im besten Fall aus Österreich, sehr wichtig. Auch Fair-Trade-Produkte und „Mood Food" (Nahrung, die gute Laune macht) haben Bedeutung sowie Nahrungsmittel, die sich mit Gesundheit, Vorsorge und Verantwortung beschäftigen.
- Die „Rationalen/Kritischen" machen sich viele Gedanken darüber, wie sich die Ernährung auf die Gesundheit auswirkt. Sie legen Wert auf Regionalität, Geschmack und ein gutes Preis-Leistungsverhältnis bei gesunden Lebensmitteln.
- In etwa ein Viertel der österreichischen Konsumenten zählt zu den „Unbedachten", für die bei der Ernährung in erster Linie der Geschmack, eine einfache Zubereitung und der Preis entscheiden.

LEITNER beschäftigt sich mit Nachhaltigkeits-Marketing in der Lebensmittelbranche und beschreibt die Gruppe der sozial-ökologisch aktivierbaren Kunden. Diese stehen der Intensivlandwirtschaft und der industriellen Massenproduktion skeptisch gegenüber und stellen in zunehmendem Maße die Lebensmittelqualität und -sicherheit der konventionellen Lebensmittel in Frage. Sie sind über biologische, fair gehandelte und regional produzierte Produkte anzusprechen. Diese Konsumenten verbinden einen Zusatznutzen mit den Produkten, sind jedoch nicht bereit, Einbußen im Grundnutzen oder hohe Preisaufschläge hinzunehmen (vgl. LEITNER, s. a., 10).

KARMASIN (2009, 25) untersucht außerdem die Ernährungstrends österreichischer Konsumenten und kommt zu dem Ergebnis, dass österreichische und auch regionale Herkunft weiterhin sehr wichtig sind, in die Unbedenklichkeit von österreichischen Lebensmitteln aber verlieren die Konsumenten etwas an Vertrauen. Die unterschiedlichen Ernährungstypen und die Ernährungstrends stellen unterschiedliche Ansprüche an Lebensmittel und folglich an die Betriebe der Lebensmittel- und Futtermittelbranche. Oben genannter Studie zufolge spielt der Produktpreis bei der Kaufentscheidung eine nicht zu vernachlässigende Rolle. Wenn sich Produkte in ihren Eigenschaften nicht deutlich voneinander abheben, wird sich der Konsument am Preis orientieren (vgl. KARMASIN, 2009, 22). Die Preistoleranz der Verbraucher ist laut HEN-

SCHE et al. (2007, 6) als nicht zu hoch zu bewerten. Gründe dafür liegen in der allgemeinen wirtschaftlichen Situation und im Auseinanderdriften der Einkommensverhältnisse. Das Unternehmen ist daher gefordert, im Rahmen der *Preispolitik* einerseits die Rentabilität der eigenen Vermarktung zu gewährleisten, andererseits das Preisbewusstsein der Kunden richtig einzuschätzen.

OLBRICH et al. (2009, 630 ff) stellen in einer empirischen Untersuchung fest, dass die beiden Konstrukte Preis- und Qualitätsbewusstsein auf einen Konsumverzicht von einem durch eine Krise betroffenen Lebensmittel einwirken. Dementsprechend lassen sich zwei unterschiedliche Verbrauchertypen differenzieren: die *preisbewussten* und die *qualitätsbewussten Verbraucher*. Während die preisbewussten Konsumenten ein erhöhtes Preisbewusstsein kennzeichnet, gilt für die qualitätsbewussten Verbraucher, dass sie in Zeiten einer Lebensmittelkrise stärker als andere Verbraucher auf den Konsum des betroffenen Lebensmittels verzichten.

Der Wunsch nach *Regionalität* geht einher mit der Erwartung hoher Produktqualität, insbesondere von hoher Qualität durch Frische und durch direkten Kontakt zwischen Erzeugern und Verbrauchern. Ein weiterer angestrebter Effekt der Regionalisierung bezieht sich auf die Unsicherheit der Verbraucher im Hinblick auf gesundheitliche Risiken der Ernährung. Von der Regionalisierung wird ein geringeres Risiko der großräumigen Ausbreitung von Gesundheitsgefahren durch kleine Kreisläufe und kürzere Transporte von Tieren und Waren erwartet. Ein möglicher unerwünschter Effekt der Regionalisierung im Zusammenhang mit Lebensmittelsicherheit ist die Tatsache, dass bei wenig rationalisierten Betriebsabläufen kleiner Einheiten Qualitätsmanagementsysteme schlecht implementiert werden können (vgl. ERMANN, 2005, 27). Dies wird vom österreichischen Konsumenten scheinbar nicht wahrgenommen, regionale Lebensmittel verfügen in diesem Zusammenhang über eine sehr hohe Wertigkeit und werden laut oben genannter Studie auf einer rationalen und emotionalen Ebene sehr positiv beurteilt. Sie wecken Gefühle des Stolzes und werden als „Stück Heimat" wahrgenommen und hinsichtlich der Produktion, der Verarbeitung und der Qualität gefühlsmäßig als sicher empfunden (vgl. BMLFUW/AIZ, 2009, s. p. und APA/OTS, 2009, s. p.).

Das Thema Lebensmittelsicherheit schlägt sich auch in der kritischen Einstellung der europäischen Verbraucher gegenüber *gentechnisch veränderten Lebensmittel* nieder, es werden potenzielle Risiken stärker wahrgenommen als der potenzielle Nutzen. Daher möchte der Konsument über die Anwendung gentechnischer Methoden in der Lebensmittelproduktion informiert sein und diese Information bewusst in den Kaufentscheidungsprozess einfließen lassen (vgl. KUBITZKI et al., 2009, 33).

# 5 Analyse von Qualitätsmanagementsystemen in der Agrar- und Ernährungswirtschaft

*Bio-Lebensmittel* sind für alle ernährungsbewussten Genießer interessant. LEITNER bezieht sich auf Umfragen aus der Schweiz und dem europäischen Raum, in denen die Kaufgründe für Bio-Lebensmittel aufgezeigt werden.

Kaufgründe für Bioprodukte sind demnach (vgl. LEITNER, s. a., 10 ff und EUROPÄISCHE FACHHOCHSCHULE, s. a.):

- bessere Qualität der Produkte,
- Lebensmittelskandale wie BSE,
- artgerechte Tierhaltung,
- Wunsch nach gentechnikfreien Produkten,
- geringere Schadstoffbelastung der Lebensmittel,
- Schutz vor „gesundheitlichen Risiken" konventionell erzeugter Lebensmittel,
- bewusste Entscheidung gegen stark verarbeitete anonyme Massengüter,
- Intransparenz der Lebensmittel-Wertschöpfungskette,
- Unsicherheit bezüglich der Lebensmittelqualität durch räumliche und zeitliche Entkoppelung von Produktion und Konsum,
- soziale Gründe (z. B. Förderung kleiner und lokaler Produzenten, Anti-Globalisierungsthemen)
- artgerechte Tierhaltung

KERBAGE et al. (2006, 47) fassen die Erwartungen der Konsumenten an Bioprodukte wie folgt zusammen: kein Pestizidrückstand, besserer Geschmack sowie besser für Gesundheit und Umwelt.

Das Unternehmen ist also gefordert, die Erwartungen der Kunden im Rahmen der Wertschöpfungskette umzusetzen. Ist dies nicht realisierbar, zeigt sich, dass den Lebensmittelunternehmen Grenzen bei der Vermarktung von biologischen, nachhaltigen Lebensmitteln gesetzt sind (vgl. LEITNER, s. a., 12). Dies kommt zum Tragen, wenn

- ökologische Belastungen, die der Konsument als Priorität empfindet, im Lebenszyklus der Produkte eine untergeordnete Rolle spielen,
- der Konsument ökologische und soziale Probleme unterschätzt oder nicht beachtet,
- produktspezifische Unterschiede bei Lebensmitteln zu komplex sind, um sie glaubhaft zu kommunizieren,
- Konsumenten wegen zu hoher Preisaufschläge ökologische und soziale Produkte nicht kaufen.

Im Zuge eines prozessorientierten Qualitätsmanagementsystems wirkt der Kunde über die Einbindung der Kundenanforderungen und die Überwachung der Kundenzufriedenheit in das Qualitätsmanagementsystem ein (siehe auch Abbildung 14, Seite 96). Um die Kundenzufriedenheit überwachen zu können, muss beurteilt werden, wie die Kunden die Erfüllung ihrer Anforderungen durch das Unternehmen wahrnehmen (vgl. ON ÖSTERREICHISCHES NORMUNGSINSTITUT, 2008, 6). Etliche Standards, wie z. B. IFS oder ISO 9001, verlangen die Einbindung der Kunden, die verwendete Methode ist den Unternehmen freigestellt. Die Norm ISO 9001:2008 erfordert konkret, „die Kundenzufriedenheit durch Erfüllung der Kundenanforderungen zu erhöhen" (ON ÖSTERREICHISCHES NORMUNGSINSTITUT, 2008, 13), und bei der Bewertung des Systems durch die Unternehmensführung müssen die Rückmeldungen von Kunden einfließen. Dies erfolgt über die Kundenzufriedenheitsermittlung durch z. B. Außendienst oder Fachberater sowie über die Kundenreklamationen, wobei bei den Reklamationen zwischen einem passiven und pro-aktiven Beschwerdemanagement unterschieden werden kann. Während Ersteres auf den Umgang mit eingehenden Beschwerden zielt, werden beim pro-aktiven Reklamationsmanagement die Kunden via Kundenbefragungen per Feedback-Formular, Telefonhotline, Service-Fax, Beschwerde-Emailadresse, etc. aufgefordert, sich zu beschweren (vgl. STEMPFLE et al., 2009, 136).

Auch WEINDLMAIER (2005, 16 f) bestätigt den Einfluss der Verbraucher auf die Einführung von Qualitätsmanagementsystemen. „Insgesamt wird davon ausgegangen, dass die Bedeutung der Verbraucher für die konkrete Ausgestaltung von betrieblichen Qualitätsmanagementsystemen zugenommen hat. Es handelt sich hier allerdings um eine indirekte Einflussnahme der Verbraucher aufgrund ihrer Qualitätserwartungen, während der direkte Einfluss auf die Setzung der Normen gering ist" (WEINDLMAIER, 2005,17).

WEINDLMAIER erklärt den Zweck, den Marken, Gütezeichen, Testurteile und vor allem Qualitätsmanagementsysteme für Konsumenten erfüllen. Der Kunde kann bei Lebensmitteln aus informationsökonomischer Sicht nur Teilaspekte der Qualität in Form von Inspektionseigenschaften beim Kauf erfassen. Daher spielen in erheblichem Maße Erfahrungs- und Vertrauenseigenschaften eine Rolle. Der Konsument ist hinsichtlich dieser Merkmale auf Schlüsselinformationen angewiesen. Diese Funktion – die Informationsasymmetrien zu reduzieren – übernimmt das Qualitätsmanagementsystem für den Kunden. Dies gilt umso mehr, je schwerer Konsumenten Zugang zu Informationen über das Unternehmen haben (vgl. TERLAAK und KING, 2006, 579). Diesen Zusammenhang bestätigen auch ESPEJEL et al. (2009, 1224). Sie stellen fest, dass die Konsumenten bei einer höher eingestuften Qualität mögliche Risiken zu einem geringeren Teil wahrnehmen. Als weiterer Zusammen-

# Analyse von Qualitätsmanagementsystemen in der Agrar- und Ernährungswirtschaft

hang führt eine als hoch wahrgenommene Qualität zu mehr Vertrauen, Zufriedenheit sowie zu verstärkter Kundenbindung.

Aus kritischer Sicht des Forschers stellt sich die Frage, ob die durch die Standards geforderte Einbindung der Konsumenten und vor allem auch die Kundenreklamationen tatsächlich Einfluss auf das Qualitätsmanagementsystem haben. Im Zuge der Reklamationsbearbeitung wird der Kunde beruhigt und es wird versucht, unmittelbar zu reagieren und eine Verbesserung einzuleiten. Allerdings muss bedacht werden, dass die hierfür notwendigen Investitionen in einem entsprechenden Verhältnis zu Anzahl, Wichtigkeit und Bedeutung der Reklamationen stehen sollen.

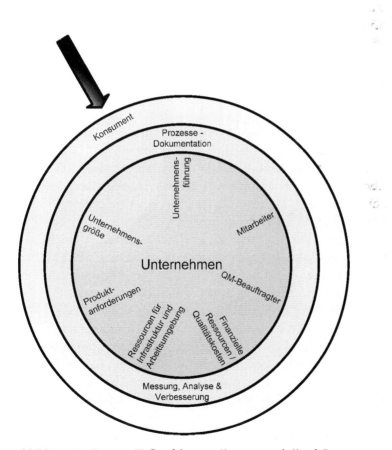

Abbildung 46: Exogene Einflussfaktoren, „Konsument als Kunde"

Neben den Konsumenten als Endkunden, zu welchen die Unternehmen in den meisten Fällen keinen direkten Kontakt haben, ist der Handel als einer der wichtigsten Kunden für ein Unternehmen zu nennen.

### 5.6.2 Handel als Kunde

Im Bereich der Ernährungswirtschaft können Kunden – als Abnehmer der hergestellten Produkte – neben den Konsumenten auch verarbeitende Betriebe, Großhändler oder auch der Lebensmitteleinzelhandel sein (vgl. PÖCHTRAGER, 2005, 4). Die einzelnen Anspruchsgruppen stellen unterschiedliche Anforderungen an das Produkt, wobei diese Anforderungen in die Produktrealisierung einfließen und somit einen integralen Bestandteil eines prozessorientierten Qualitätsmanagementsystems bilden.

Der Handel nimmt in seiner Funktion als Kunde für Unternehmen im Bereich der Agrar- und Ernährungswirtschaft eine besondere Stellung ein. Er fungiert aus Unternehmenssicht als Nadelöhr zwischen Produzent und Endverbraucher, durch das jedes Lebensmittel hindurch muss (vgl. PÖCHTRAGER und DUENBOSTL, 2010, 14). Groß- oder Einzelhändler gleichen als Bindeglied zwischen Hersteller und Konsumenten deren unterschiedliche Bedürfnisse hinsichtlich der verfügbaren Menge, des Ortes und Zeitpunktes des Kaufes, des Sortimentes und der Kaufmodalitäten aus.

Sie beanspruchen zunehmend die Rolle des Marktgestalters und distanzieren sich immer mehr von der bloßen Funktion eines Verteilungsapparates, das heißt, der Handel übernimmt die Funktion des Gatekeepers, während der Hersteller vermehrt als Lieferant fungiert (vgl. GASSERT, 2003, 161 f). Das heißt, es obliegt der Entscheidung der Handelsketten, welche Produkte in den Supermarktregalen zu finden sind, wie sie positioniert und beworben werden (vgl. LEITNER, s. a., 17). Daher rührt das Konfliktpotenzial für die Hersteller-Handels-Beziehung. Während der Hersteller eine langfristige Profilierung seiner Produkte und Leistungen anstrebt, um sich beim Endkunden positiv von der Konkurrenz zu differenzieren, ist der Handel darauf bedacht, sein Sortiment so zu gestalten, dass er sich gegenüber seinen direkten Wettbewerbern hervorheben kann. Er bedient sich einerseits zum Beispiel des Mittels der Preisdifferenzierung, und ist andererseits auch an einem Exklusivvertrieb bestimmter Produkte interessiert (vgl. SCHÖGEL und TOMCZAK, 2004, 40).

Das Machtungleichgewicht in den Beziehungen zwischen Herstellern und Handel zugunsten des Handels wird durch die Konzentration im österreichischen Lebensmittelhandel[13] weiter gefördert. Der Handel hat somit eine einflussreiche Position. Aus dieser Situation resultiert, dass die Hersteller in immer stärkerem Maße gezwungen sind, den Forderungen des Handels, insbesondere hinsichtlich der Preis- und Konditionengestaltung sowie der Forderung nach marktfähigen Produkten, nachzugeben (vgl. SCHÖGEL und TOMCZAK, 2004, 40 f und GASSERT, 2003, 162).

Der Lebensmittelhandel wiederum ist darauf angewiesen, große Mengen zu günstigen Konditionen zu kaufen und muss dabei auf eine hervorragende und nachgewiesene Qualität der Produkte achten. Dies wird erleichtert durch die steigende Internationalisierung der Beschaffung über die Ländergrenzen hinweg. Dieses Bestreben, einheitliche Qualität zu halten und Transaktionskosten zu senken, führt somit zu größerer Zentralisierung. Für den Handel ist es von Vorteil, wenn Unternehmen der Ernährungsindustrie Qualitätsmanagementsysteme implementiert haben, die in den verschiedenen Ländern auf gemeinsamen internationalen Normen basieren (vgl. WEINDLMAIER, 2005, 13 und HATANAKA et al., 2005, 358 ff).

So fordert der Lebensmittelhandel mittlerweile spezielle Qualitätsstandards von seinen Lieferanten. Diese dienen der einheitlichen Überprüfung der Lebensmittelsicherheit und des Qualitätsniveaus der Produzenten und sind einsetzbar für alle Fertigungsstufen, die an die landwirtschaftliche Erzeugung anknüpfen, in denen Lebensmittel „bearbeitet" werden (vgl. IFS, 2003a). Besondere Bedeutung hat hierbei der International Food Standard[14] (IFS), der unter wesentlicher Mitwirkung von deutschen Einzelhändlern entwickelt wurde (vgl. FRÖHLICH, 2007, 37). Wurde zunächst eine Zertifizierung nach dem IFS für die Lieferanten von Handelsmarken zur Bedingung gemacht, so deuten laut WEINDLMAIER Aussagen von Verantwortlichen des Lebensmittelhandels darauf hin, dass eine Zertifizierung nach dem IFS grundsätzlich von den Lebensmittellieferanten verlangt wird (vgl. WEINDLMAIER, 2005, 21). Laut GAWRON und THEUVSEN (2009, 13) ist eine Belieferung des Handels in Deutschland, Italien und Frankreich ohne eine IFS-Zertifizierung bzw. in Großbritannien ohne einer Zertifizierung nach BRC nahezu unmöglich. Der Einzelhandel besitzt dadurch, dass er von seinen Lieferanten eine Zertifizierung nach einem von ihm vorgegebenen Standard verlangt, eine starke Macht. Durch diese Markteintrittsbarriere stehen die Lieferanten folg-

---

13 Die drei größten Handelsunternehmen – Rewe vor Spar vor Hofer – halten im Jahr 2008 einen Marktanteil von knapp 80 % (vgl. LEBENSMINISTERIUM, 2009a, s. p.).
14 IFS: siehe Kapitel 4.2.1

lich unter Druck, die geforderte Zertifizierung zu erlangen (ALBERSMEIER et al., 2009, 929 f).

Der Anstoß zu dieser mittlerweile erforderlichen Zertifizierung ging von der rechtlichen Situation der Eigenmarken der Händler aus, da diese rechtlich als Produzenten betrachten werden und somit bei Verstößen gegen die Lebensmittelsicherheit haften. Im Fall einer Anzeige muss der Handel den Beweis antreten, dass er alle Vorsichtsmaßnahmen ergriffen und angemessene Sorgfalt aufgewendet hat. Das Lieferantenaudit gehört demnach zur Sorgfaltspflicht der Händler (vgl. CASH, 2009, 94 f). Dies wird für den Handel aufgrund der bereits oben konstatierten, zunehmenden Zentralisierung des LEH umso wichtiger, da im Falle von Problemen mit der Lebensmittelsicherheit die Auswirkungen nicht mehr lokal, sondern national bzw. international sind. Zertifizierung ist somit eine Haftungsfrage und ein Schutz der zentralen Handelskonzerne, ihren guten Ruf zu bewahren, wobei dem Handel private Standards nicht genügen, da diese zu wenig Stärke haben (vgl. HATANAKA et al., 2005, 358 f). Neben der Gewährleistung der Lebensmittelsicherheit dienen die Lieferantenaudits auch zum Überprüfen, ob die speziellen, qualitätsrelevanten Anforderungen an das Eigenmarkenprodukt vom Eigenmarkenhersteller eingehalten werden (vgl. SCHILLINGS-SCHMITZ und PFAFF, 2003, 7).

Eine Zertifizierung nach einem Qualitätsstandard bietet dem Handel viele Vorteile, die ein internes Audit oder ein Lieferantenaudit nicht ermöglichen (vgl. HATANAKA et al., 2005, 360):

- Der Handel trägt weniger Verantwortung, um die Qualität und Sicherheit ihrer Produkte zu überwachen.
- Die Haftung wird vom LEH zur Zertifizierung verschoben.
- Die Kosten für die Überwachung der Nahrungsmittelsicherheit und -qualität werden auf die Lieferanten abgewälzt.
- Die Zertifizierung dient als Marketinginstrument, indem der Standard via Label bzw. Zertifikat kommuniziert wird. Durch diese Produktdifferenzierung einsteht ein zusätzlicher Mehrwert in der Produktqualität und Produktsicherheit. Außerdem werden die Renditen der Unternehmen, die keine derartige Produktdifferenzierung verfolgen, geschmälert.
- Die Transaktionskosten sinken durch höheres Produktsicherheits- und Qualitätsniveau. Das Risiko von Produktfehlern wird minimiert und der Abfall reduziert, daher steigt die Effizienz, was wiederum die Kosten für den Handel senkt.

Inzwischen lastet der Druck, Zertifikate vorzulegen, auf der gesamten Lebensmittelindustrie, also auch auf den Markenartikelherstellern, da sich der IFS

## Analyse von Qualitätsmanagementsystemen in der Agrar- und Ernährungswirtschaft 5

hin zur generellen Bewertung von Lebensmittellieferanten erweitert und somit für alle Lieferanten großer Handelsketten Gültigkeit hat (vgl. CASH, 2009, 94 f). Dies fußt auf der Global Food Safety Initiative (GFSI), deren Ziel die Erhöhung der Lebensmittelsicherheit, die Gewährleistung des Verbraucherschutzes, die Stärkung des Verbrauchervertrauens, das Benchmarking der Anforderungen für Lebensmittelsicherheitsmanagement-Programme sowie die Erhöhung der Kosteneffizienz in der gesamten Lebensmittelkette ist. Bislang wurden von der GFSI folgende Standards anerkannt (vgl. SEUFERT und HESSE, 2008, 135): IFS, BRC, Dutch HACCP, SQF und NZ GAP. Der FSSC 22000, das neue Zertifizierungssystem für die Lebensmittelindustrie, wurde ebenfalls bereits von der GFSI genehmigt (vgl. SGS, 2009).

Eine empirische Untersuchung bei größeren baden-württembergischen, traubenverarbeitenden Unternehmen bekräftigt die Aussage über die Bedeutung des Handels für die Einführung eines Qualitätsmanagementsystems im Lebensmittelbereich. Es konnte statistisch nachgewiesen werden, dass „es derzeit vor allem größere Betriebe sind, mit Ausrichtung ihrer Absatzstruktur auf Discounter, Groß- und Einzelhandel, die sich, u. a. auch aufgrund der Forderungen dieser Abnehmer, haben zertifizieren lassen" (EMMEL und DOLUSCHITZ, 2007, 68). Qualitätsmanagementstandards haben somit auch wegen der Forderungen der Abnehmer aus dem Einzel- und Großhandel und vor allem aufgrund der Discounter eine weite Verbreitung erreicht. Die Zertifizierung erfolgt dabei vorrangig zur Aufrechthaltung der Lieferfähigkeit an diese Marktpartner, und nicht, um das Betriebsmanagement zu verbessern.

Dies bestätigen ALBERSMEIER et al. (2009, 929 f) und verweisen auf mehrere Studien, die erkennen lassen, dass Lieferanten eine Zertifizierung eher als eine extern auferlegte Verpflichtung sehen als ein aus intrinsischer Motivation herrührendes Qualitätsmanagementsystem.

Auch HATANAKA et al. (2005, 365) sind der Meinung, dass ein Qualitätsmanagementsystem mitunter weniger da ist, um Wettbewerbsvorteile zu erlangen, als um simpel am Markt zu bleiben und so den Forderungen größerer Handelsketten nach einer Zertifizierung Folge zu leisten.

Die vom Handel geforderte Zertifizierung stellt vor allem KMUs vor ein Problem, da die hohen Kosten für die Einführung eines Qualitätsmanagementsystems für kleine Unternehmen relativ gesehen einen enormen Aufwand bedeuten. Dies sind einerseits die Kosten für die notwendigen Adaptierungen betreffend Hygiene oder etwa Technologie und andererseits die Kosten für die Zertifizierung selbst. Kleinere Unternehmen, die sich die Systemimplementierung wirtschaftlich nicht leisten können, werden folglich vom Handel ausgelistet und müssen in andere, oft weniger profitablere Märkte wechseln.

# 5 Analyse von Qualitätsmanagementsystemen in der Agrar- und Ernährungswirtschaft

In Bezug auf den Faktor Handel lässt sich aus der praktischen Sicht des Forschers sagen, dass für den Handel die Forderungen einer Zertifizierung eine Angebotsfrage ist, d. h. bei Produkten mit einem starken USP, wie z. B. bei Top-Weinen oder bei Produkten, die vom Handel dringend gewünscht sind, ist die Zertifizierung des Unternehmens für den Handel weniger wichtig als bei austauschbaren Produkten.

Weiteren Einfluss hat der Handel, indem mit der Zunahme der Handelsmarken der Druck des Handels auf die Qualitätsmanagementsysteme bzw. Produktsicherungsprogramme beim Produzenten größer wird, indem die Vorgaben für Handelsmarkenproduzenten sehr umfangreich sind.

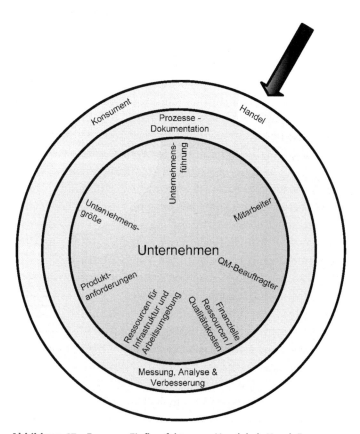

Abbildung 47: Exogene Einflussfaktoren, „Handel als Kunde"

## 5.6.3 Lieferanten und Partnerschaften

Damit die Unternehmen die Anforderungen der Konsumenten kennen, ist gemäß der Studie von PÖCHTRAGER (2001, 198) betreffend die Ermittlung der Bedeutung von Erfolgsfaktoren in Qualitätsmanagementsystemen, 96 Prozent der Qualitätsmanager der Informationsaustausch zwischen Lieferanten und Kunden „sehr wichtig" bis „eher wichtig". Dies ist nachvollziehbar, da die Lieferkette hin zum Kunden meist nicht im eigenen Betrieb beginnt, sondern über die eigenen Unternehmensgrenzen hinausgeht (vgl. SCHONSCHEK, 2008b, 1). Im Sinne des Qualitätsmanagements sollen die Produkte und Leistungen die festgelegten Qualitätsanforderungen des Kunden unter Berücksichtigung der Wirtschaftlichkeit erfüllen (vgl. PFEIFER, 2001, 458). Es geht dabei um die Einsicht, Qualitätsprobleme nicht dort zu erkennen, wo sie wirken (beim Kunden), sondern dort zu beheben, wo sie entstehen (oftmals beim Lieferanten). Somit steht der Erfolg eines Unternehmens im direkten Zusammenhang mit der Leistungsfähigkeit seiner Lieferanten. Da das betriebliche Umfeld immer komplexer wird, entwickeln sich Lieferanten immer mehr weg von dem reinen Zulieferer hin zu einem strategischen Geschäftspartner, wobei sich durch unternehmensübergreifende Zusammenarbeit Synergieeffekte und Zeitvorteile erschließen. Dieser Kooperation liegt die Orientierung einer langfristig angelegten Partnerschaft zugrunde (vgl. EBEL, 2001, 312 f), in die jeder seine Kernkompetenzen einbringt (vgl. HARMEIER, 2009, 2). Als Basis fungieren in der Regel Werte wie Vertrauen, Respekt und Offenheit (vgl. N.N., 2008a, 6). Diese Einstellung – die Lieferanten als strategische Geschäftspartner und nicht als Widersacher zu sehen – erfordert oft ein Umdenken der Unternehmensführung, ist jedoch für eine erfolgreiche Implementierung eines Qualitätsmanagementsystems unerlässlich. Die scheinbaren Vorteile kurzfristiger Lieferantenbeziehungen, wie die Möglichkeit, die Anbieter gegeneinander auszuspielen, um Preisvorteile zu erhalten, werden unbedeutender, betrachtet man die Vorteile, die dem Unternehmen aus einer solchen Partnerschaft erwachsen (vgl. BAYAZIT und KARPAK, 2007, 86). So ergibt sich die Möglichkeit, einen kurzfristig erhöhten Bedarf zu decken oder frühzeitige Informationen über Lieferengpässe zu erhalten, ebenso wie ein gemeinsames Bestehen finanzieller Engpässe und Qualitätsprogramme (vgl. SCHONSCHEK, 2008b, 1). Das Partnerunternehmen profitiert zudem dadurch, dass es über gerechte Preise und regelmäßige Bestellungen auch die Sicherheit der eigenen Mitarbeiter und Geldgeber stärken und das Unternehmen als Kunden dauerhaft erhalten kann (vgl. N.N., 2008a, 2).

Nicht immer ist die Beziehung zu Lieferanten von derart idealen Voraussetzungen geprägt. Nimmt der *Lieferant* eine *Monopolstellung* ein, entsteht eine Abhängigkeit in der Hersteller-Lieferantenbeziehung zugunsten des Lieferanten – nämlich dann, wenn der Monopolist versucht, seine Bedingungen durchzusetzen. Das beschaffende Unternehmen ist somit laut BESCHAFFUNGSSTRATEGIE.INFO (2010, s. p.) zwangsweise vollkommen abhängig von diesem einen Lieferanten. Dieses sogenannte *Sole Sourcing* – entstanden aufgrund einer monopolistischen Anbietersituation – bedeutet somit die unfreiwillige Beschränkung des beschaffenden Unternehmens auf nur einen Lieferanten pro Warengattung (vgl. WERNER, 2008, 137).

Der Monopolist hat viel Spielraum, seine Preisvorstellungen zu forcieren, der Einkäufer kann sich nicht wehren und muss die Konditionen des Lieferanten akzeptieren (vgl. BOUTELLIER, 2005, 64). Ein weiteres Problem ergibt sich bei Lieferengpässen, wenn keine Möglichkeit besteht, die Ware über andere Lieferanten zu beziehen.

Ein Beispiel für eine Sole Sourcing Situation mit Relevanz für Unternehmen der österreichischen Agar- und Ernährungswirtschaft findet sich im Zuckermarkt, der von der AGRANA Zucker GmbH als einzigem Zuckerhersteller Österreichs beherrscht wird (vgl. AGRANA BETEILIGUNGS-AG (s. a.).

Die Monopolstellung des Lieferanten kann begründet sein durch staatliche Regulierungsmaßnahmen oder technisches Know-how (Patente). Gleichfalls können die Ursachen für die Monopolstellung des Lieferanten in einem vorangegangenen Verdrängungswettbewerb oder in Fusionen und Zusammenschlüssen liegen (vgl. BESCHAFFUNGSSTRATEGIE.INFO, 2010, s. p.).

Ein Paradebeispiel aus der Praxis für den Umgang mit Patenten im Agrar- und Ernährungsbereich liefern Agrarkonzerne mit der Patentierung von Pflanzen, die es ermöglicht, den Anbau und die Vermehrung des Saatguts sowie die Ernte zu kontrollieren (vgl. GREENPEACE, 2005, s. p.). Mittlerweile werden auch bereits Pflanzen ohne gentechnische Manipulation patentiert. So reichte es aus, den Ölgehalt in Maiskörnern zu analysieren, um einem Agrarkonzern das Monopol auf alle Maispflanzen einer bestimmten Ölqualität sicherzustellen. Die Patente erfordern eine relativ geringe Erfindungshöhe, haben aber eine große Reichweite. Sie umfassen alle Stufen der Wertschöpfungskette und bedeuten damit eine Abhängigkeit für Züchter, Landwirte, Lebensmittelhersteller und Verbraucher. Interessant hierbei ist, dass eine Saatgutpatentierung mögliche Ansprüche bis in den Bereich der Lebensmittelherstellung mit sich bringen kann. Beispielsweise beinhaltet das eben genannte Patent neben den Maiskörnern auch die Verwendung des Öls beispielsweise in Nahrungsmitteln oder Tierfutter sowie zum Herstellen von Margarinen, Salatdressings, Fetten oder Kochölen (vgl. GREENPEACE, 2005, s. p.).

Eine Lieferantenmonopolsituation entsteht aber nicht zwingend nur durch die Einzigartigkeit der Leistungserstellung des Lieferanten. Sie kann auch dem eigenen Verhalten des Einkäufers entspringen und liegt in diesem Fall auf der persönlichen Ebene. „Einkäufer bevorzugen Lieferanten, die sie verstehen, die ihre Versprechen in der Vergangenheit gehalten haben und die deshalb als vertrauenswürdig gelten" (BOUTELLIER, 2005, 66) und bleiben dem Lieferanten treu, der ihren Ansprüchen genügt. Diese freiwillige Konzentration auf einen Lieferanten wird als *Single Sourcing* bezeichnet (vgl. WERNER, 2008, 136). Gleichgültig, ob Single Sourcing oder Sole Sourcing vorliegt – in jedem Fall nimmt bei Verhandlungen der Monopolist die stärkere Position ein, wobei der Grad der Abhängigkeit vom Monopolisten durch die Faktoren „Ziel" und „Qualität" bestimmt ist (siehe Abbildung 48).

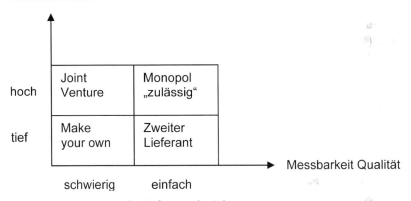

**Abbildung 48:** Formen der Lieferantenbeziehungen

Quelle: BOUTELLIER (2005, 78)

Verfolgen beide Parteien das gleiche Ziel und ist die Qualität messbar, ist die Gefahr, über den Tisch gezogen zu werden, geringer (vgl. BOUTELLIER, 2005, 76 f). Im Lebensmittelbereich streben beide Parteien allerdings konträre Ziele an, wie die Maximierung des eigenen Gewinnes. Es ist daher sinnvoll, zumindest auf einen Zweitlieferanten zurückgreifen zu können.

Ein zu hoher Preis oder eine schlechte Produktqualität ist die Hauptform des Marktmissbrauchs und tritt auf, „wenn ein Wirtschaftszweig effektiv monopolisiert ist. Eine verlässliche Faustregel besagt, dass sich ein Wirtschaftszweig monopolistisch verhält, wenn ein einziges Unternehmen oder eine durch Kollusion[15] verbundene Gruppe mehrerer Unternehmen mehr als drei

---

15 Kollusion im Sinne einer Absprache zum Nachteil eines Dritten (vgl. LANGENSCHEIDT, s. a.).

Viertel der Produktionsmenge einer Branche erzeugt hat" (SAMULESON und NORDHAUS, 2007, 502).

Die Qualitätskriterien und Richtlinien, die für die eigene Produktion und die eigenen Abläufe gelten sollen, müssen auch bei den Lieferanten Beachtung und Umsetzung erfahren (vgl. SCHONSCHEK, 2008b, 1). So werden im Zuge einer qualitätsmanagementorientierten Lieferantenverbindung im Einzelnen folgende Informationen besprochen und ausgetauscht (vgl. PFEIFER, 2001, 458 ff):

Produktspezifikationen (Anforderungen an die Rohware, Qualitätskriterien, etc.), Mengen, Reklamationen, Liefer- und Zahlungsmodalitäten und Preis. Die hierfür nötigen Prüfstrategien im Wareneingang sind dabei von Art und Umfang der Lieferung und von den vertraglichen Vereinbarungen zwischen Kunden und Lieferanten abhängig, wobei sich der Kunde im Regelfall durch eine Lieferantenbewertung vor Auftragsvergabe von der Qualitätsfähigkeit seines Lieferanten überzeugt. Dies kann entweder durch eine Probelieferung einer Musterprüfung erfolgen oder durch die Selbstauskunft des Lieferanten, indem er eine vorgegebene Fragenliste zu den Merkmalen seiner Organisation und seines Qualitätsmanagementsystems beantwortet (vgl. EBEL, 2001, 316 f). Als eine weitere Möglichkeit, Lieferanten zu beurteilen, dient das Lieferanten-Systemaudit, bei dem anhand eines Fragenkatalogs die qualitätsrelevanten Abläufe des Betriebsgeschehens überprüft werden. Die Ergebnisse können zur Festlegung weiterer Verbesserungsmaßnahmen genutzt werden. Dies stellt den Idealfall dar und benötigt ein hohes Maß an gegenseitigem Vertrauen, da der Lieferant seine Interna preisgeben muss. Die Lieferantenbewertung soll nicht als ein jährliches, reines Preisbildungsinstrument verstanden werden, eher machen regelmäßige Kontrollen der vereinbarten Kennzahlen, Lieferantenbefragungen und -audits sowie interne Umfragen zur Zufriedenheit mit dem Lieferanten Sinn (vgl. SCHONSCHEK, 2008b, 2). Die Motive für die Durchführung einer Lieferantenbewertung divergieren zwischen den Branchen der Agrar- und Ernährungswirtschaft. So ist laut einer Studie von HEYDER et al. (2009, 61 ff) die Lieferantenbewertung zum Erschließen neuer Beschaffungsquellen für Unternehmen der Teig- und Backwarenbranche wichtig, während Unternehmen aus der Obst- und Gemüse- sowie der Milchbranche in diesem Zusammenhang vor allem die Versorgungssicherheit als Veranlassung zur Lieferantenbewertung sehen. Auch in Bezug auf die Häufigkeit der Lieferantenbewertung sind branchenspezifische Unterschiede feststellbar. In Branchen mit Rohstoffen mit einem hohen Verderbrisiko oder mit kontinuierlicher Beschaffung von Ausgangsprodukten, wie z. B. in der Milchbranche, findet die Lieferantenbewertung

# Analyse von Qualitätsmanagementsystemen in der Agrar- und Ernährungswirtschaft 5

häufiger mehrmals jährlich statt als beispielsweise in der Teig- und Backwarenproduktion. Auch in Bezug auf die Unternehmensgröße lassen sich Unterschiede feststellen. So sind die Intervalle bei Lieferantenbewertungen bei größeren Unternehmen deutlich kürzer. Außerdem verwenden größere Unternehmen eher maßgeschneiderte Softwarelösungen anstelle von Standardprogrammen zur Lieferantenbewertung (vgl. HEYDER et al., 2009, 67 f).

Ein Lieferantenmanagement betreffend Aufbau und Pflege einer Lieferpartnerschaft umfasst neben der *Lieferantenauswahl* und der *Lieferantenbewertung* auch die *Lieferantenentwicklung*. Einer Studie zufolge haben Lieferantenentwicklungsmethoden auch in der Wertschöpfungskette Lebensmittel starke Auswirkungen auf die Leistung der Lieferanten, wobei unterschiedliche Herangehensweisen und Praktiken eingesetzt werden können (vgl. SHOKRI, et al., 2010, 645). Lieferantenmanagement bedeutet außerdem, dass bei Abweichungen von vereinbarten Qualitätskriterien und Richtlinien anstelle des Beendens der Geschäftsbeziehung das gemeinsame Verbesserungspotenzial genutzt werden kann, um entsprechende Maßnahmen zu vereinbaren und umzusetzen. Zu den Verbesserungsmaßnahmen gehören eine eigene Optimierung beim Lieferanten und gemeinsame Schritte hin zu mehr Qualität. Ist dies nicht möglich, muss dennoch auch eine Auflösung der Lieferantenbeziehung erwogen werden, da die gemeinsame Qualität die Zufriedenheit des Endkunden bestimmt (vgl. SCHONSCHEK, 2008b, 2).

Lieferanten sind jedoch in der Regel nicht die einzigen Partner eines Unternehmens. Da das Wettbewerbsumfeld immer arbeitsteiliger und komplexer wird, sind Organisationen heute kaum noch in der Lage, lange und vielschichtige Wertschöpfungsketten alleine zu koordinieren. So bieten sich Kooperationen neben der *Materialbeschaffung* auch in anderen Bereichen an, wie etwa im *Vertrieb* (gemeinschaftliche Planung und Durchführung von Werbekampagnen, Zusammenarbeit im Service und Kundendienst), in der *Forschung und Entwicklung* (gemeinschaftliche Durchführung von Forschungs- und Entwicklungsprojekten), in der *Fertigung* (Zusammenarbeit bei Normung, gemeinschaftliche Nutzung von Fertigungsanlagen), in der *Verwaltung* (Zusammenarbeit im Rechnungswesen, Inkassogemeinschaften) und bei der *Personalplanung* sowie *Aus- und Weiterbildung* von Mitarbeitern (gemeinschaftliche Nutzung von Büroausstattung, gemeinschaftliche Aus- und Fortbildung) (vgl. HARMEIER, 2009, 1 f).

Egal um welchen Aspekt der Zusammenarbeit es geht, es muss stets Klarheit zwischen den Partnern bestehen. Dass tatsächlich der tägliche Umgang keineswegs so eindeutig verläuft, ist kein Mangel des Prinzips, sondern liegt vielmehr an den begrenzten Fähigkeiten und dem Willen der Beteiligten (vgl. HANSEN, 1999, 979).

Aus der praktischen Erfahrung des Autors lässt sich beobachten, dass es zwei Möglichkeiten gibt, wie der Lieferant Einfluss auf das Qualitätsmanagementsystem hat.

Einerseits kann eine Monopolstellung massiv ausgenutzt werden. Die andere Art der Einflussnahme zeigt sich in einer besonders engen Zusammenarbeit zwischen Produzent und Lieferant, die bis hin zu gemeinsamer Produktentwicklung und gemeinsamer Optimierung der Prozesse reicht und wodurch das gesamte Qualitätsmanagementsystem im Unternehmen verändert werden kann. Bei beiden Möglichkeiten ist die entscheidende Frage dahinter die nach der Austauschbarkeit des Lieferanten. Der Lieferant macht sich entweder aufgrund fehlenden Mitbewerbs oder durch ein sehr spezifisches, auf den Produzenten angepasstes Leistungsspektrum unersetzlich.

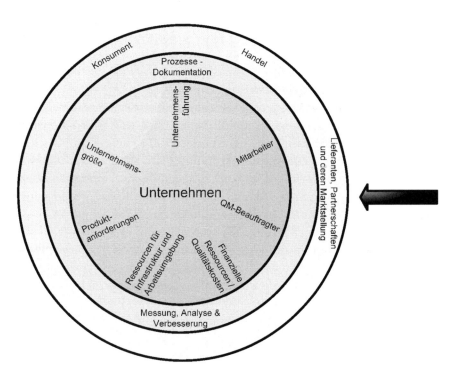

Abbildung 49: Exogene Einflussfaktoren, „Lieferanten, Partnerschaften und deren Marktstellung"

# 5 Analyse von Qualitätsmanagementsystemen in der Agrar- und Ernährungswirtschaft

### 5.6.4 Gesellschaft

Unternehmen stehen in der Verantwortung, sich an den Erwartungen, Zielen und Werten einer Gesellschaft zu orientieren. Mit dieser moralischen Verpflichtung zu wirtschaftlichem und sozialem Handeln erweitert sich die ursprüngliche Bestimmung eines Unternehmens, ökonomischen Profit zu erwirtschaften, um die Aufgabe, einen Beitrag zum Wohlergehen der Gesellschaft zu leisten und dabei sowohl soziale als auch ökologische Aspekte zu berücksichtigen (vgl. BASSEN et al., 2005, 131 f). So erwartet die Gesellschaft von Unternehmen, dass diese Arbeitsplätze erhalten, faire Löhne zahlen, zutreffende Steuern abführen und nachhaltig mit natürlichen Ressourcen und der Umwelt umgehen (vgl. CAMPBELL, 2006, s. p.).

Die Europäische Kommission definiert diese *Corporate Social Responsibility* (CSR) – die Verpflichtung, die Verantwortung für sein wirtschaftliches Handeln zu tragen – als: „A concept whereby companies integrate social and environmental concerns in their business operations and in their interaction with their stakeholders on a voluntary basis" (EUROPÄISCHE KOMMISSION, s. a., s. p.).

Die treibende Kraft dahinter sind die Einflüsse der unterschiedlichen Stakeholder mit ihren jeweils spezifischen Interessen. Ein wichtiger Aspekt der CSR ist demnach, wie Unternehmen und ihre internen und externen Stakeholder aufeinander Einfluss nehmen.

Stakeholder wird hier im Sinne von E.R. Freeman definiert als „any group or individual, who can affect or is affected by the achievement of the organizations objectives" (BEA und HAAS, 2005, 89), womit das Betroffensein von der Unternehmertätigkeit ausreicht, um eine Beziehung zwischen Unternehmen und umgebendem System herzustellen. Stakeholder können also als Bezugsgruppen, Interessensgruppen oder Anspruchsgruppen bezeichnet werden, die ein gewisses Interesse in Bezug auf das Unternehmen verfolgen, womit das Unternehmen als eine Institution gesehen wird, die einer Vielzahl verschiedener Interessen gegenübersteht und diesen auch entsprechen muss (vgl. BEA und HAAS, 2005, 105).

Die Stakeholder eines Unternehmens sind (vgl. BASSEN et al., 2005, 132; ALBERSMEIER et al. 2010, 74):

- Mitarbeiter
- Kunden
- NGOs
- Investoren

- Öffentliche Hand (Staat)
- Politik
- Medien

Das Hauptaugenmerk der Corporate Social Responsibility liegt im Bereich der Sozial- und Umweltstandards. Durch den Einfluss von Medienberichten angetrieben, fordern zivilgesellschaftliche Interessensvertreter die Etablierung von CSR-Normen. Je nach Background der Organisationen sehen diese entweder ökologische oder soziale Aspekte im zentralen Bereich der unternehmerischen Verantwortung. Aus Sicht der Investoren rücken Elemente wie Corporate Governance[16] und Transparenz zur Risikoreduktion in den Mittelpunkt. Die Konsumenten bringen ebenfalls die gesellschaftliche Erwartung an eine verantwortungsvolle Unternehmensführung zum Ausdruck, indem sie durch nachhaltigen Konsum und Boykotte über Marktmacht verfügen.

Doch nicht allein der Druck durch die Stakeholder bewirkt die aktive Auseinandersetzung von Unternehmen mit CSR. Ebenso schlägt sich das Engagement in diesem Bereich gemäß mehreren Studien direkt in dem wirtschaftlichen Erfolg eines Unternehmens nieder (vgl. SCHIEBEL und PÖCHTRAGER, 2003, 116). Somit ist CSR für ein Unternehmen ungeachtet der äußeren Einflüsse von wirtschaftlichem Nutzen: „... CSR has a positive impact on business economic performance, and is not harmful to shareholder value" (SCHIEBEL und PÖCHTRAGER, 2003, 116). Als Folge integrieren die Unternehmen schließlich selbst die CSR-Prinzipien in ihre Unternehmensstrategie sowie in ihr Marketing- und Kommunikationsportfolio. Dadurch erlangt die Corporate Social Responsibility wiederum vermehrt wachsende öffentliche Wahrnehmung (vgl. BASSEN et al., 2005, 132 f). HEYDER und THEUVSEN (2009, 66 f) stellen fest, dass auch Unternehmen des Agribusiness, denen eher eine geringe gesellschaftliche Legitimität zugeschrieben wird, ihr Ansehen in breiten Teilen der Bevölkerung durch CSR-Maßnahmen steigern können. Häufige CSR-Aktivitäten finden sich im Umweltbereich oder hinsichtlich der Arbeitsbedingungen der Mitarbeiter (vgl. HEYDER und THEUVSEN, 2009, 67; PEDERSEN, 2009, 214).

---

16 Der Österreichische Arbeitskreis für Corporate Governance erklärt in der Präambel ihres Kodex das Ziel einer verantwortlichen, auf nachhaltige und langfristige Wertschaffung ausgerichteten Leitung und Kontrolle von Gesellschaften und Konzernen. Mit dieser Zielsetzung ist den Interessen aller, deren Wohlergehen mit dem Erfolg des Unternehmens verbunden ist, am besten gedient. Mit dem Kodex wird ein hohes Maß an Transparenz für alle Stakeholder des Unternehmens erreicht (vgl. ÖSTERREICHISCHER ARBEITSKREIS FÜR CORPORATE GOVERNANCE, 2009, 11).

# Analyse von Qualitätsmanagementsystemen in der Agrar- und Ernährungswirtschaft 5

MEIER (2009c, 2 f) unternimmt eine Einteilung der Gesellschaft als Stakeholder des Unternehmens in folgende drei Bereiche:

*Staatlicher Bereich* – hier wird die finanzielle Rolle des Unternehmens als Steuerzahler (ist das Unternehmen ein guter Steuerzahler) und die soziale Rolle als Arbeitgeber (ist das Unternehmen ein guter Arbeitgeber) von der Gesellschaft bewertet.

*Nicht-staatlicher Bereich* – in diesem Bereich des Sozialen gibt es eine Vielzahl an Organisationen und individuellen Personen mit unterschiedlichsten Interessen und Erwartungen an das Unternehmen.

*Bereich Natur und Umwelt* – das Unternehmen als Verbraucher und Benutzer von Umweltressourcen wird unter dem Blickwinkel betrachtet, ob es seinen gesetzlichen Verpflichtungen nachkommt (Compliance im Umweltschutz) bzw. ob es mehr Engagement zeigt, als die gesetzlichen Verpflichtungen zu erfüllen.

CSR bedeutet demnach, nicht nur alle gesetzlichen Verantwortungen zu erfüllen, sondern mehr zu tun, als vorgeschrieben ist. Mit dieser Betrachtung geht das Unternehmen einen Schritt in Richtung soziale Verantwortung und Umweltmanagement – mit dem Ziel, ein hohes Vertrauensniveau zwischen den Interessensgruppen und dem Unternehmen zu schaffen und zu erhalten (vgl. JAEKELMANN, 2008, 19). SCHONSCHEK (2009, 3) bringt konkrete Handlungsanweisungen, wie Unternehmen ihre gesellschaftliche Verantwortung wahrnehmen können – indem sie besonders:

- Mitarbeiterinnen und Mitarbeiter fair behandeln, fördern und beteiligen,
- mit natürlichen Ressourcen schonend und effizient umgehen,
- darauf achten, in der Wertschöpfungskette – in ihrem Einflussbereich – sozial und ökologisch verantwortungsvoll zu produzieren,
- Menschenrechte und die ILO-Kernarbeitsnormen wahren und einen Beitrag leisten, sie international durchzusetzen,
- einen positiven Beitrag für das Gemeinwesen leisten,
- verstärkt in Bildung investieren,
- kulturelle Vielfalt und Toleranz innerhalb des Betriebes fördern,
- für einen fairen Wettbewerb eintreten,
- Maßnahmen zur Korruptionsprävention fördern,
- Transparenz hinsichtlich ihrer Unternehmensführung herstellen und
- Verbraucherrechte und Verbraucherinteressen achten.

Dass dieser Ansatz neben Nachhaltigkeit auch von Erfolgsorientierung geprägt ist, zeigt sich, indem immer mehr Konsumenten Wert auf Produkte und Dienstleistungen legen, die mit Rücksicht auf die Beschäftigten, die Gesellschaft und die Umwelt hergestellt bzw. erbracht werden (vgl. SCHONSCHEK, 2009, 2).

ALBERSMEIER et al. (2010, 74) stellen die Medien gleichwohl wie die Politik als einen der Stakeholder mit Potenzial zur Einflussnahme auf Qualitätsmanagementsysteme in Unternehmen dar. So gilt Kommunikationsfreiheit als Grundrecht und ist damit konstitutiv für eine lebendige Demokratie (vgl. LANGE, 2008, 89 f). Dementsprechend sind institutionalisierte Medien „als ‚vierte Gewalt' zu verstehen, die und durch die die Bürger ihre Meinungsbildung gegenüber den drei anderen Gewalten – Gesetzgebung, Verwaltung und Justiz – vornehmen und kundtun" (LANGE, 2008, 90). Die Medien als vierte Säule im System der Gewaltenteilung besitzen zwar keine eigene Gewalt zur Änderung der Politik oder zur Ahndung von Machtmissbrauch, sie können aber durch korrekte Berichterstattung und öffentliche Diskussion die Verhältnisse aufmischen (vgl. LEYENDECKER, 2009, s. p.).

Dies bedeutet, dass die Presse einerseits die öffentliche Meinung mitprägt und anderseits die Staatsgewalt kontrolliert. Darauf verweisen auch GLUDOVATZ und PFEIFFER (2001, 3) wenn sie meinen, dass zwei wichtige Aufgaben der Massenmedien das *Herstellen von Öffentlichkeit* und *Kritik und Kontrolle* seien.

*Herstellen von Öffentlichkeit* bedeutet in diesem Kontext, einen publizistischen Raum für bestimmte Themen und deren Diskussion zur Verfügung zu stellen. Dieser Raum ermöglicht die gegenseitige Kontrolle der gesellschaftlichen Kräfte, wobei seitens der Medien zu beachten ist, dass unterschiedliche, miteinander konkurrierende Positionen fair und ausgewogen dargestellt werden.

*Kritik und Kontrolle*: Die Presse als vierte Gewalt hat das Potenzial, durch die Veröffentlichung von Kritik realpolitischen Druck zu kreieren. Das bedeutet, dass Massenmedien eine Art „Rundumkontrolle" gegenüber den an politischen Entscheidungsprozessen beteiligten, nicht verfassungsmäßigen Organisationen darstellen (vgl. GLUDOVATZ und PFEIFFER, 2001, 3). Die Erfüllung dieser Kontrollfunktion wird durch den Wettbewerb der Medien untereinander gewährleistet, wobei unterstellt wird, dass wirtschaftliche Konkurrenz zu publizistischer Vielfalt führt (vgl. LANGE, 2008, 91). Im Rundfunkbereich, bei dem der freie wirtschaftliche Wettbewerb nicht zu einer breiten Pluralität der Informationen und Meinungen führen kann, muss die publizistische Vielfalt durch eine positive, vom Gesetzgeber herzustellende Ordnung garantiert werden (öffentlich-rechtlicher Rundfunk).

Betrachtet man die Mittlerfunktion der Medien zwischen den Bürgern in ihren diversen Rollen einerseits und den staatsorganisatorisch etablierten drei

## Analyse von Qualitätsmanagementsystemen in der Agrar- und Ernährungswirtschaft

Gewalten Wirtschaft, Politik und Gesellschaft insgesamt andererseits, haben die Medien und damit die Journalisten eine *Informationsfunktion* und eine *Kritikfunktion* zu erfüllen. Es geht dabei um die umfassende und verständliche Darstellung und kritische Begleitung des politischen, wirtschaftlichen und kulturellen Geschehens durch gut recherchierte Berichte und Kommentare. Gleichfalls sollen die Medien eine Plattform zum Austausch der Meinungen der Bürger darstellen. Des Weiteren haben sie eine *Service- und Beratungsfunktion*, die nur seriös ausgeübt werden kann, wenn sie unabhängig von wirtschaftlichen und sonstigen Interessen angeboten wird (vgl. LANGE, 2008, 90 f).

Dies bezieht sich auf das Berufsverständnis des Journalismus, als dessen wichtigste Aufgabe das größtmögliche Bemühen um Objektivität gesehen wird (vgl. PÜRER, 1990, 441). Dieses Ziel wird nicht immer erreicht. Ein Grund dafür liegt in der Entgrenzung von Journalismus und Public Relations (vgl. WEISCHENBERG, 2006, s. p.). Viele Journalisten – im ursprünglichen Sinne Lobbyisten der Bevölkerung – können nicht von der Arbeit für aktuelle Medien leben, für sie ist die PR inzwischen Haupteinnahmequelle. Dies führt zu einer Deprofessionalisierung des Journalismus. WEISCHENBERG (2006, s. p.) bezeichnet diesbezüglich nicht mehr den Staat, sondern das Geld als größten Feind des Journalismus in den Gesellschaften westlichen Typs: „Geld, das zumindest einem Teil der Medien fehlt und das ihren Redaktionen und Journalisten entzogen wird. Geld, das Personen und Institutionen haben, die in die Medien wollen, weil sie sich von deren Glaubwürdigkeit Nutzen für die eigenen Interessen versprechen."

Betrachtet man die Medien im lebensmittelpolitischen Kontext, spielt Ernährung sowohl in der Werbung als auch in der Berichterstattung im Fernsehen, Radio, Zeitungen und Zeitschriften sowie den neuen Medien eine bedeutende Rolle. Es gilt jedoch wie in anderen Bereichen auch im Gesundheits- und Ernährungsbereich der Satz „Bad News are good News" (vgl. N.N., 2006). Dies trägt dazu bei, dass die Bevölkerung heute mehr Angst vor verunreinigten Lebensmitteln als vor den Gefahren einer Über- oder Fehlernährung hat. Die Medien selbst verstärken diese Problematik, indem die Berichterstattung oft tendenziös und wenig faktenbezogen erfolgt. Berichterstattung über die Vorteile einer gesundheitsbewussten Lebens- und Ernährungsweise bleibt praktisch aus. Ebenso dienen den Medien häufig ausgewiesene Nichtexperten als Interviewpartner in Ernährungsfragen.

ALBERSMEIER und SPILLER (2009, VIIIf) sehen die dahinterstehenden Ursachen in einer oftmals nur rudimentär entwickelten Öffentlichkeitsarbeit von Unternehmen in der Agrar- und Ernährungswirtschaft. Sie verweisen auf eine Studie zur Öffentlichkeitsorientierung der deutschen Agrar- und Ernährungswirtschaft, bei der es einerseits deutliche Zustimmung zu den Statements gibt, dass „NGOs mit unfairen Mitteln kämpfen und dass Journalisten in ihrer Berichterstattung die Wirklichkeit verzerren" (ALBERSMEIER und SPILLER, 2009, VIII), und andererseits in der Unternehmensführung eine passive PR-Strategie herrscht. Eine solche Strategie bezeichnet ein möglichst unauffälliges Verhalten, welches die öffentliche Aufmerksamkeit bewusst meidet (vgl. BÖHM et al., 2009, 5). Die Strategie des Vermeidens von öffentlichen Debatten und des Aussitzens von Konflikten bedeutet, dass im Krisenfall Imageschäden „einen irreparablen Vertrauensverlust bei Verbrauchern, Politikern und Medien nach sich [ziehen] ..." (BÖHM et al., 2009, 7). Entsprechende Handlungsstrategien für einen konstruktiven Umgang mit der Öffentlichkeit sind in der Agar-und Ernährungsbranche allerdings oft ungenügend entwickelt. Gefordert wäre in der heutigen Mediengesellschaft eine aktive PR-Strategie, die den Dialog sucht und so die Erwartungen der Öffentlichkeit nach einer gesellschaftlichen Positionierung der Unternehmen trifft (vgl. ALBERSMEIER und SPILLER, 2009, VIII).

Zusammenfassend ist zu bemerken, dass die Medien durch das Erfüllen ihrer oben genannten Funktionen doppelt mit der Gesellschaft verbunden sind: einerseits haben sie Einfluss auf die Öffentlichkeit und prägen somit die öffentliche Meinung, und andererseits kommunizieren sie gleichfalls als Lobbyisten der Bevölkerung deren Interessen. Diese Verbindung zwischen Medien und Gesellschaft zeigt auch deren Einfluss. Es ist wichtig, sich dies vor Augen zu halten, wenn man den Einfluss der Gesellschaft auf Qualitätsmanagementsysteme betrachtet.

Die Erfahrung aus dem praktischen Tätigkeitsfeld des Forschers zeigt einen unterschiedlichen Umgang von Geschäftsführung und QM-Beauftragtem mit der qualitätsmanagementbezogenen Medienberichterstattung. Während die Unternehmensleitung generell nichts über Problemfälle im Lebensmittelbereich, wie z. B. Listerien, lesen möchte, freut sich der QM-Beauftragte darüber, solange es nicht das eigene Unternehmen betrifft. Durch das Aufgreifen eines Problems durch die Medien werden nicht nur die Gesellschaft, sondern auch die Unternehmen selbst wieder stärker sensibilisiert. Für den QM-Beauftragten bedeutet dies eine Bestätigung des Qualitätsmanagementkurses im Unternehmen, oder es zeigt möglicherweise die Notwendigkeit, weitere Qualitätsmanagementmaßnahmen im Unternehmen zu setzten. Je mehr also durch Medien oder NGOs aufgewirbelt wird, desto eher wird im Unternehmen auf Qualität geachtet und desto eher werden Adaptierungen des Qualitätsmanagementsystems vorgenommen. Dies bedeutet, den Medien und den NGOs kommt die Rolle als Impulsgeber zu.

# Analyse von Qualitätsmanagementsystemen in der Agrar- und Ernährungswirtschaft

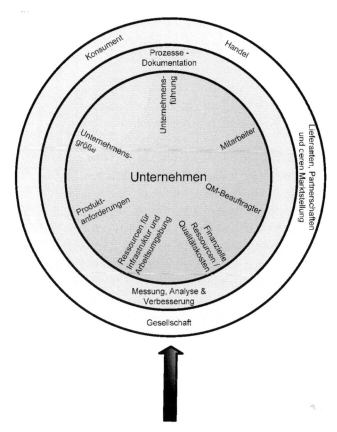

Abbildung 50: Exogene Einflussfaktoren, „Gesellschaft"

## 5.6.5 Marktstellung des Unternehmens

BAYAZIT und KARPAK (2007, 85) postulieren in ihrer Studie, dass TQM ein zusätzliches Nutzenpotenzial hinsichtlich eines langfristigen Wettbewerbsvorteils generiert. Auch BEA und HAAS (2005, 115 ff) merken an, dass ein Unternehmen dann Stärken aufweist, wenn es ihm gelingt, neben einer konsequenten Kundenorientierung einen Wettbewerbsvorteil gegenüber den Wettbewerbern aufzuweisen. Die Stellung des Unternehmens im *Mitbewerb* zählt somit ebenso zu den strategischen Erfolgsfaktoren eines Unternehmens. Des Weiteren konstatieren sie, dass ein Unternehmen nur dann erfolgreich ist, wenn es seine Stärken gezielt im Wettbewerb einsetzt. FREY (2006, 28) bestätigt, dass ein Zertifikat über ein implementiertes Qualitätsmanagementsystem starke Marketingwirkung hat. So haben zertifizierte Unternehmen gegenüber

Konkurrenten ohne Zertifikat den Vorteil des objektiven Eindrucks eines leistungsfähigeren Unternehmens bzw. eines qualitativ hochwertigeren Produkts. Zertifikate können somit als eine vertrauensbildende Maßnahme gewertet werden. FOTOPOULOS und PSOMAS (2010, 136) untersuchen in einer Studie die Vorteile einer ISO 9001:2000 Zertifizierung in griechischen Lebensmittelunternehmen. Dieser Untersuchung zufolge wirkt sich eine ISO 9001:2000 Zertifizierung positiv auf den Faktor *improvement of competitive position in the market* aus.

Der Konzentrationsprozess, der in den letzten Jahren in den gesättigten Lebensmittelmärkten weiter zugenommen hat, verschärft den horizontalen Wettbewerb zwischen den Lebensmittelproduzenten, da diese bei der Vermarktung ihrer Produkte auf die aggressive Sortiments- und Distributionspolitik des Handels angewiesen sind (vgl. LEITNER, s. a., 17)

Durch die Globalisierung der Märkte und die Einbindung in die Europäische Union stehen Unternehmen im direkten Wettbewerb mit Unternehmen aus Ländern, die ähnliche Produkte mit zum Teil wesentlich geringeren Entstehungskosten anbieten können. Durch diese Konkurrenz werden heimische Unternehmen mehr denn je zur Einführung eines Qualitätsmanagementsystems gezwungen, da einheitliche Standards auf internationaler Ebene als objektiv nachprüfbarer Qualitätsnachweis immer wichtiger werden. So betonen Vertreter der Fachgruppe Werbung und Marktkommunikation der österreichischen Wirtschaftskammer (WKO, 2007b, s. p.), dass für den Bereich der Kommunikationswirtschaft „bei öffentlichen Aufträgen im Inland ... die Zertifizierung zwar noch lange kein Muss [ist], aber diese Hürde kann kommen. Bei Ausschreibungen der diversen auftraggebenden Stellen in der EU-Kommission ist sie fast schon die Regel."

Die Implementierung eines Qualitätsmanagementsystems kann somit auch eine Notwendigkeit sein, um sich zum Mitbewerb zu differenzieren (vgl. WAGNER und ZACHARNIK, 2006, 26).

Mit dem Mitbewerb eng verknüpft ist die *Marktstellung* eines Unternehmens. BAYAZIT und KARPAK (2007, 85) definieren in ihrer Studie „market share" als ein Entscheidungskriterium für erfolgreiches TQM, und auch in der Lebensmittelbranche ist der Kampf um Marktanteile existent. Bereits minimalste Marktanteilsgewinne werden als Erfolg der Unternehmung zelebriert. Zu Bedenken ist jedoch, dass das wahre Ausmaß an Marktanteilsgewinn von dessen ursprünglichem Volumen abhängt. SCHOCH et al. (s. a.) meinen, dass es sinnvoll wäre, das Gesamtmarktvolumen zu vergrößern, anstatt den eigenen Marktanteil zu Lasten der Mitbewerber zu vergrößern, und veranschaulichen das durch das Beispiel der BSE-Thematik der letzten Jahre, als sich das

# Analyse von Qualitätsmanagementsystemen in der Agrar- und Ernährungswirtschaft

Marktvolumen verringerte und die gesamte Branche betroffen war und auch die ganze Branche am Image arbeiten musste, um das Volumen wieder zu steigern. Dieser doch sehr selbstlose Ansatz scheint jedoch aus Sicht des Autors mit der Realität der Lebensmittelbranche im Widerspruch zu stehen.

Die praktische Erfahrung des Forschers zeigt, dass in Bezug auf Mitbewerb und Marktstellung die großen Unternehmen den Standard für andere Unternehmen setzen, die damit der Dynamik am Markt Folge leisten. Das Einführen eine Standards wird von großen Unternehmen mitunter gezielt verwendet, um sich vom Mitbewerb und insbesondere von kleineren Unternehmen abzugrenzen. Für kleine Unternehmen kann die Einführung eines Standards ebenfalls eine Positionierungsmöglichkeit sein, indem es durch die Vornahme von Innovationen (z. B. gentechnikfrei) ein USP schafft und damit auf sich aufmerksam macht.

Somit lässt sich daraus schließen, dass Marktstellung bzw. Mitbewerb insofern Einfluss auf das Qualitätsmanagementsystem im Unternehmen haben, als Standards als Mittel zur Positionierung eingesetzt werden können. Das Unternehmen wird also damit konfrontiert, sich mit dem Qualitätsmanagementsystem des Mitbewerbers auseinanderzusetzen und zu prüfen, ob es dies ebenfalls im Unternehmen umsetzen möchte bzw. kann.

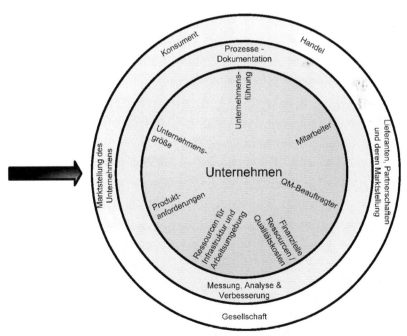

Abbildung 51: Exogene Einflussfaktoren, „Marktstellung des Unternehmens"

### 5.6.6 Interessensvertretung

Eine Interessenvertretung oder Lobbying wird definiert als „Beeinflussung eines (i. d. R. politischen) Systems durch die Einwirkung auf Entscheidungsträger und Entscheidungsprozesse" (HELMIG, s. a.), vor dem Hintergrund, dass einzelne Mitglieder eines Verbandes häufig machtlos sind, der Verband hingegen als Verhandlungspartner eher anerkannt wird und daher Einfluss nehmen kann auf beispielsweise Exekutive und Legislative. Das bedeutet, es geht darum, Informationen zu kanalisieren, um eine Entscheidung zu verhindern, zu unterstützten, zu beschleunigen, zu verzögern oder partiell abzuändern (vgl. WKO, 2009 c).

Für LEIF und SPETH (2003, 8 f) bedeutet Lobbyismus Interessensvertretung mit dem Ziel, politische Entscheidungen zu beeinflussen, und bezeichnet somit ein elementares politisches Gestaltungsmittel einer Demokratie. Da sich die Beeinflussung jedoch in Kontakten und Beziehungen vollzieht, die der Öffentlichkeit zumeist nicht zugänglich sind, wird mit Lobbying oft die heimliche Macht starker Interessen assoziiert und zeigt den Bedarf nach Aufklärung und Öffentlichkeit.

Der Lobbyismus wird in Anlehnung an die „Vierte Gewalt" („Medien", siehe Kapitel 5.6.4) auch als „Fünfte Gewalt" bezeichnet, da die Interessenpolitik gleichfalls wie die Vierte Gewalt, die Presse, einen Einfluss auf die Staatsgewalt ausübt. Allerdings unterliegen Interessenvertreter – anders als die institutionalisierten Gewaltenträger – keinen klaren gesetzlichen Regelungen.

Lobbying beinhaltet drei Elemente:

- Es unterstützt die Sicht einer Gruppe mit besonderen Interessen.
- Lobbying versucht zudem, Gesetze, Richtlinien oder Verfahrensweisen, die auf jene Gruppen einwirken, zu beeinflussen.
- Und Lobbying bedeutet Kommunikation mit Regierungsbeauftragten bezüglich Gesetze, Richtlinien und Interessenspolitik (vgl. NESTLE, 2007, 95).

In das System der Entscheidungsfindung sollen dabei Informationen, die für die Arbeit von Beamten und Politikern von Bedeutung sind, eingeschleust werden, wobei relevante Information für die Entscheidungsfindung Interessen diverser Betroffener, Auswirkungen einzelner Formulierungen in Gesetzestexten oder wissenschaftlich fundierte Daten sein können (vgl. WKO, 2009 c).

Wie sehr Lobbying im politischen Geschehen Einzug gehalten hat, veranschaulicht WAGNER (2003), wenn er meint, dass es in Deutschlands Ministerien bereits üblich ist, Verbände und Unternehmen bei wichtigen Entscheidun-

## Analyse von Qualitätsmanagementsystemen in der Agrar- und Ernährungswirtschaft 5

gen frühzeitig anzusprechen: „Bisweilen erhalten Lobbyisten die Rohentwürfe von Gesetzestexten früher als die Bundestagsabgeordneten" (WAGNER, 2003). Es sei daher für ein Unternehmen nicht ungewöhnlich, „alternative Formulierungsvorschläge" für Gesetzestexte zu erarbeiten und den Ministerien und den entsprechenden Experten zur Verfügung zu stellen.

Um die Interessen durchsetzen zu können, verwendet das Lobbying mehrere Strategien. Beim *direkten Lobbying* werden die Information in der persönlichen Kommunikation mit dem zuständigen Entscheidungsträger und seinen Mitarbeitern gehandelt. Die Lobbyisten offerieren Fachwissen oder nutzen persönliche Kontakte. Das *indirekte Lobbying* bedient sich kommunikativer Hilfsmittel zur Beeinflussung, wie etwa Medienarbeit, Kampagnen oder Interessenkoalitionen, das Organisieren von Demonstrationen oder das Schüren von Rechtsprozessen (vgl. WKO; 2009c, und NESTLE, 2007, 95).

Interessenvertretungen können entweder durch gesetzliche Grundlagen ausdrücklich untermauert sein (zum Beispiel Betriebsräte durch das Betriebsverfassungsgesetz) oder sie beruhen auf privater Initiative, wie etwa Bürgerinitiativen oder Autofahrerclubs.

In Österreich ist die *Wirtschaftskammer (WKÖ)* die *gesetzliche Interessensvertretung* aller österreichischen Unternehmen, die deren Mitglieder gegenüber nationalen und internationalen Institutionen und Organisationen vertritt. In der Wirtschaftskammer sind etwa 450 Fachgruppenmitglieder der Sparte Lebensmittelindustrie und ca. 1.230 Fachgruppenmitglieder der Sparte Nahrungs- und Genussmittelgewerbe vertreten (vgl. BMVIT, 2009). Auf Bundes- und EU-Ebene wird die Interessensvertretung durch die Wirtschaftskammer Österreich wahrgenommen, auf Landes- und Bezirksebene durch die Wirtschaftskammern in den Ländern.

Die WKO verfolgt zwei Ziele (vgl. WKO, s. a., 10 f):

- die Interessensvertretung gegenüber dem Staat
(z. B. Begutachtung von Gesetzes- und Verordnungsentwürfen sowie die Erstattung von Vorschlägen gegenüber dem Staat) und
- die Interessensvertretung gegenüber den Sozialpartnern
(z. B. beim Abschluss von Kollektivverträgen)

Die *Vereinigung der Österreichischen Industrie (Industriellenvereinigung – IV)* ist eine überregionale industrielle Interessenvertretung auf freiwilliger Basis mit rund 3.500 Mitgliedern und setzt sich aus ehrenamtlich agierenden Funktionären und hauptberuflichen Mitarbeiterinnen und Mitarbeitern zusammen (vgl. BMVIT, 2009 und VEREINIGUNG DER ÖSTERREICHISCHEN INDUSTRIE, 2007). Die IV verfügt über Kontakte zu Politik und Meinungsbildnern sowie über ein weit verzweigtes Beziehungsnetz. Ihre Hauptaufgaben sind das *Lobbying* und somit die Vertretung der Interessen ihrer Mitglieder gegenüber Gesetzgeber und Behörden sowie *Öffentlichkeitsarbeit*, mit dem Ziel, dass die Anliegen der Industrie von der Bevölkerung und von Zielgruppen wahrgenommen werden. Dabei werden Themen wie Arbeitswelt, Umweltschutz, Kostenbelastungen durch intensive Medienarbeit vermittelt.

Die *Vereinigung Österreichischer Milchverarbeiter (VÖM)* wurde 1994 gegründet und ist die Interessensvertretung der österreichischen Molkereiwirtschaft, sowohl in Österreich als auch in der EU sowie in internationalen milchwirtschaftlichen Organisationen. Die Mitglieder der VÖM sind die großen, in Österreich produzierenden Molkereien des genossenschaftlichen, gewerblichen oder industriellen Bereichs, die ca. 90 Prozent der österreichischen Verarbeitungsmilch vermarkten. Die VÖM ist Vollmitglied der *European Dairy Association (EDA)* und in der *Eucolait*, der Europäischen Union des Handels mit Milcherzeugnissen.

Die VÖM versteht sich als Drehscheibe zwischen molkereiwirtschaftlichen Interessen und Verwaltung, Politik und Wissenschaft. Ihre Aufgabengebiete umfassen die Information der Mitglieder über alle sie betreffenden Entwicklungen aus Politik, Recht und Wissenschaft, sowie die Aufbereitung und Meinungsbildung hinsichtlich aller wesentlichen milchwirtschaftlichen Belange in den Gremien, div. Gruppen, Ausschüssen oder Veranstaltungen. Zudem koordiniert und vertritt sie die österreichischen Molkereiinteressen auf nationaler und internationaler Ebene, macht Öffentlichkeitsarbeit und berät ihre Mitglieder (vgl. VÖM, 2010, s. p.).

Während in Österreichs Großunternehmen und Interessenverbänden das Werben in eigener Sache in Form von Netzwerken bereits weitgehend Realität ist, sind gemäß einer Studie von Lusak Consulting und Gallup-Institut nur etwa ein Viertel der Klein- und Mittelbetriebe Österreichs im Lobbying aktiv (vgl. STRZYZOWSKI, 2008, 63). Sie befinden sich in einem sogenannten „Lobby-Loch" zwischen den wesentlich professioneller und intensiver agierenden Konzernen und der Sozialpolitik-Lobby. Als eine Erkenntnis der Studie wird gesehen, dass „... der gezielte, persönliche Informationsaustausch, also Lobbying, die beste Quelle für gute Entscheidungen [ist]" (STRZYZOWSKI, 2008, 63), und es dabei wichtig ist, früher und schneller als die anderen den richtigen Kontakt zu den entscheidenden Leuten zu haben.

Als ein Musterbeispiel für eine KMU-Lobby ist die Initiative „Wirtschaftsantrieb am Punkt", bei der etwa 150 Unternehmen unterschiedlichster Branchen einander unterstützen und zusammen einen größeren Einfluss auf wirtschaftspolitische Entscheidungen erlangen (vgl. N.N., 2008b, 60).

Dass Lobbying auch im Bereich der Agrar- und Ernährungswirtschaft eine Rolle spielt, unterstreicht NESTLE (2007, 95) indem sie meint: „To understand how food companies are able to exert disproportionate influence on government nutrition policy, we must begin with a discussion of lobbying and its integral position in [...] political processes". NESTLE verweist somit dezidiert auf den Einfluss von Interessensvertretungen auf politische Entscheidungen im Lebensmittelbereich und definiert Lobbying als „any *legal* attempt by individuals or groups to influence government policy or action, ..." (NESTLE, 2007, 95), wobei auch sie mit dieser Definition Bestechung ganz explizit ausschließt.

Demgemäß kann folglich angenommen werden, dass Unternehmen durch Lobbying oder durch ihre Interessensvertretung verstärkten Einfluss in die Interaktion mit den beteiligten Geschäftspartnern nehmen, wobei es vermuten lässt, dass die Intensität der Einwirkung durch die Bedeutung der „Fünften Gewalt" mitbestimmt wird. Eine vermehrte Einflussnahme kann auf mehreren Ebenen erfolgen. Praktisch betrachtet scheint es sogar möglich, dass Unternehmen auch auf die Ausgestaltung von Qualitätsmanagementsystemen Einfluss nehmen können. Mit einer starken Interessensvertretung scheint es nicht undenkbar, auf Standardeigner beziehungsweise Gesetzgeber einwirken und die Konzeption der Standardanforderungen beeinflussen zu können.

Eine starke Lobby auf Seiten der Interaktionspartner bedeutet im Gegenzug auch eine vermehrte Einflussnahme dieser Parteien im wirtschaftlichen und politischen Zusammenspiel, sodass deren Interessen entsprechend gewahrt werden.

Zusammenfassend lässt sich ableiten, dass durch eine starke Lobby die Interessen der von ihr vertretenen Interaktionspartner vermehrt beachtet werden und eine Einflussnahme möglich ist.

Laut der Erfahrung des Autors entstehen viele Standards unter Einbindung der Interessensvertretung. Die Interessensvertretung involviert sich darüber hinaus auch bei der Weiterentwicklung und Abänderung von Standards. Ein weiterer Bezug zwischen der Interessensvertretung und dem Qualitätsmanagementsystem im Unternehmen zeigt sich durch die aktive Vertretung der Unternehmen in den Gremien der Interessensvertretung. Dabei sind vor allem große Unternehmen präsent, da diese leichter Ressourcen zur Verfügung stellen können, um in den Gremien mitzugestalten und auf diese Weise auch indirekt Qualitätsmanagementsysteme zu beeinflussen.

# 5 Analyse von Qualitätsmanagementsystemen in der Agrar- und Ernährungswirtschaft

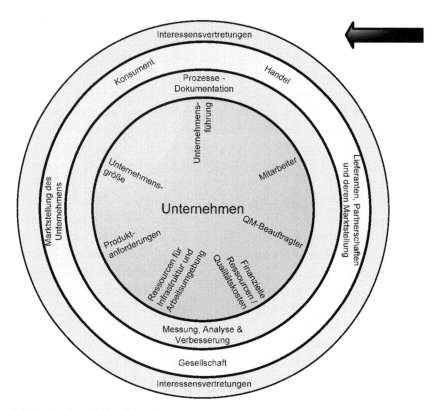

Abbildung 52: Einflussfaktor Interessensvertretungen

## 5.6.7 Kontrollstellen – Externe Prüforganisationen

„An independent assessment by an expert, experienced and fully accredited organization provides true additional value to the industry it serves as well as supporting, and complementing the role of the food-law enforcement agencies" (TANNER, 2000, 415).

ALBERSMEIER et al. (2010, 74) konstatieren in ihrem dynamischen Modell eine wechselseitige Beziehung zwischen Unternehmen mit integrierten Qualitätsmanagementsystemen und der Kontrollstelle (siehe Abbildung 21, Seite 125). Gleichfalls liegt den in Kapitel 5.4.3 herausgearbeiteten Schlussfolgerungen die Vermutung nahe, dass auch externe Prüforganisationen – im Speziellen Kontrollstellen im Rahmen einer Zertifizierung – Einfluss auf ein Qualitätsmanagementsystem im Unternehmen haben. Dementsprechend wird dieser Aspekt als Einflussfaktor in vorliegende Untersuchung einbezo-

# Analyse von Qualitätsmanagementsystemen in der Agrar- und Ernährungswirtschaft

gen. In gleichem Kontext zeigen sich laut ALBERSMEIER et al. (2009, 929f) Spannungsfelder vor allem zwischen dem zu zertifizierenden Unternehmen und der Kontrollstelle sowie zwischen dem Handel und dem zu zertifizierenden Unternehmen.

In der Literatur werden neben deutschsprachigen Begriffen wie *Kontrollstelle* oder *Zertifizierungsstelle* vermehrt Anglizismen verwendet. So wird das Zertifizierungsunternehmen nach dem Status des Auditors auch als *Third Party* bezeichnet. TANNER (2000, 415) erklärt die englischen Termini und verdeutlicht dadurch die Stellung, die ein solches externes Zertifizierungsunternehmen einnimmt[17]:

| *First Party:* | Food Company – der Hersteller selbst erklärt die Einhaltung von Normen |
|---|---|
| *Second Party:* | The Company's paid Consultants – vom Unternehmen beauftragter Auditor |
| *Third Party:* | Independent Organization – externes Zertifizierungsunternehmen (Kontrollstelle) |
| *Fourth Party:* | Food Law Enforcement Agency – Gesetzgeber |

Im Vergleich zur Second Party mit eher beratender Funktion zeichnet sich die Third Party durch Unabhängigkeit aus. Ihre Beziehung zum Unternehmen ist jedoch ebenfalls von unterstützendem Charakter im Gegensatz zur Fourth Party – dem Gesetzgeber mit regulativer Funktion (vgl. TANNER, 2000, 415).

Ursprünglich waren die hoheitlichen Institutionen verantwortlich, Lebensmittelsicherheit und -qualität zu gewährleisten. Nun lässt sich eine Verschiebung in Richtung Third Party-Zertifizierung beobachten. Die Gründe dafür sehen HATANAKA et al. (2005, 354) in der zunehmenden Globalisierung des Agri-Food-Systems, in der Konsolidierung des Lebensmitteleinzelhandels und im Ansteigen der privaten Händlerstandards.

Ob das Qualitätsbestreben eines Unternehmens im Zuge der Rechtsvorschriften auf Basis eines Produktsicherheitssystems umgesetzt oder ein Qualitätsmanagementsysteme im Unternehmen implementiert wird, in jedem Fall bedarf es einer Kontrollstelle, welche die Einhaltung der mit dem System verbundenen Auflagen prüft. Im Folgenden wird auf die Kontrollstelle als externe Prüfungsorganisation von Qualitätsmanagementsystemen sowie von Produktsicherheitssystemen eingegangen.

---

17 Weitere Abgrenzung der Auditarten finden sich in Kapitel 5.4.3, Seite 112 ff.

## Kontrollstelle als externe Prüforganisation von Qualitätsmanagementsystemen

Um die Einführung eines Qualitätsmanagementsystems abzuschließen, muss die Umsetzung des Systems in Form eines Audits überprüft werden (vgl. SEUFERT und HESSE, 2008, 170). Die Zertifizierung dient dabei als Chance zur Verbesserung des vorhandenen, oft schon erfolgreich angewandten Qualitätsmanagementsystems. Es geht darum, vorhandene Organisationen und vor allem Abläufe zu überdenken und zu verbessern, womit der eigentliche Zweck einer Zertifizierung in der Verbesserung des vorhandenen Systems zu suchen ist (vgl. MASING, 2007, 345).

Die Überprüfung der Umsetzung des Systems erfolgt durch eine akkreditierte und für dieses System zugelassene Zertifizierungsstelle (vgl. SEUFERT und HESSE, 2008, 170).

Die Zertifizierungsstellen müssen im Sinne des Akkreditierungsgesetzes unabhängig, unparteiisch und integer sein und über entsprechende fachliche Qualifikationen verfügen. Erst durch die Akkreditierung[18] (Prüfung der Prüfer) erlangen diese Institutionen die Befugnis, Zertifizierungsaudits durchzuführen. Sie sind entweder in Form einer Gesellschaft organisiert oder es wird ein Verein gegründet, welcher den Vereinszweck der Kontrolltätigkeit hat. Die Gesellschafter (Mitglieder) in den österreichischen Kontrollstellen sind neben einigen privaten Personen und Firmen mehrheitlich Vereine, Kammern oder Verbände (vgl. GRILL, 2002, 49).

Der Prozess einer Zertifizierung durch eine Kontrollstelle läuft typischerweise in folgenden Schritten ab (vgl. HATANAKA et al., 2005, 357, SEUFERT und HESSE, 2008, 170 ff und BRUNNER und WAGNER, 2008, 104 ff):

- Als Erstes schließt das Unternehmen mit einer akkreditierten und für sein Qualitätsmanagementsystem zugelassenen Zertifizierungsstelle (Kontrollstelle) einen Vertrag ab. Dieser Vertrag läuft im Allgemeinen über den bei den meisten Systemen gültigen Zertifizierungszeitraum von drei Jahren (z. B. ISO 9001:2008).
- Im zweiten Schritt erfolgt eine Vorbeurteilung über eine Fragenliste, die der Zertifizierungsstelle einen ersten Einblick über das Unternehmen gibt. Bei einem möglichen Vor-Audit vor Ort können früh eventuelle Schwachstellen festgestellt, sowie Überinterpretationen der Norm aufgedeckt werden. Dies beschleunigt und vereinfacht das weitere Verfahren.

---

18 Näheres zu Akkreditierung siehe Kapitel 5.6.8, Seite 254.

# Analyse von Qualitätsmanagementsystemen in der Agrar- und Ernährungswirtschaft

Die Unterlagen der für das Qualitätsmanagementsystem benötigten Dokumente und Arbeitsanweisungen werden geprüft, und der daraus erstellte Kurzbericht gibt dem Unternehmen die Möglichkeit, eventuell noch fehlende Unterlagen zum Audit nachzureichen.
- Im nächsten Schritt findet die tatsächliche Prüfung vor Ort statt. Auf Basis der Begutachtung wird vom Auditor anschließend ein Auditbericht erstellt und dem Unternehmer und der Zertifizierungsstelle übergeben.
- Wenn die Konformität mit dem zu implementierenden Qualitätsmanagementsystem gegeben ist, stellt die Zertifizierungsstelle ein entsprechendes Zertifikat auf Basis des Standards aus. Das bedeutet, dass das Qualitätsmanagementsystem den zugrunde gelegten Regelwerken entspricht. Das ausgestellte Zertifikat bestätigt die Qualitätsfähigkeit eines Unternehmens oder eines Unternehmensbereiches und dient somit am Markt als Qualitätssignal. Es kann jedoch ein Produktzertifikat nicht ersetzen und umgekehrt (vgl. BRUNNER und WAGNER, 2008, 103). Die Kosten für die Zertifizierung werden üblicherweise vom zertifizierten Unternehmen getragen.
- Zur Überwachung des Qualitätsmanagementsystems erfolgt mindestens ein Überwachungsaudit pro Jahr, das Rezertifizierungsaudit (Erneuerungsaudit) nach drei Jahren dient der Erneuerung der Zertifizierung nach Ablauf der Gültigkeit.

Da die Erlangung des Zertifikates notwendig ist, um die Einführung des Qualitätsmanagementsystems abzuschließen bzw. oftmals vom Kunden verlangt wird, spielt vor diesem Hintergrund die Auswahl der Kontrollstelle eine nicht zu vernachlässigende Rolle.

BRUNNER und WAGNER (2008, 103), ERLING (1999, 255) und KRETSCHMAR (2009, 2) führen folgende Kriterien zur Auswahl der Zertifizierungsstelle an:

- Akkreditierung der Zertifizierungsstelle
- Anerkennung der Zertifikate auf dem nationalen und internationalen Markt
- Nicht-Gewinnorientierung der Zertifizierungsstelle
- Unabhängigkeit der Zertifizierungsstelle und der Auditoren vom eigenen Unternehmen
- Fachkompetenz der Zertifizierungsstelle für die Branche (Kompetenz der Auditoren)
- Arbeitsweise und Erfahrung der Zertifizierungsstelle
- Zeitaufwand
- Zertifizierungskosten, Zertifikatserhaltungskosten

Im Folgenden soll Abbildung 53 das grundlegende Zusammenspiel aller beteiligten Parteien im Zertifizierungssystem verdeutlichen. In der Praxis können dessen Details jedoch häufig differieren.

Die Grundlage bildet der Warenfluss zwischen einem Lieferanten und seinem Kunden. Der Zulieferer stellt ein Zertifikat als Qualitätssignal bereit. Dieses Zertifikat wird von einer neutralen Kontrollstelle auf Basis des von einem Standardeigner aufgestellten Qualitätsmanagementstandards ausgestellt. Die Kontrollstelle muss ihrerseits darlegen, dass sie zu einer ordnungsgemäßen Prüfung qualifiziert ist. Dieser Nachweis erfolgt in fast allen Systemen durch eine Akkreditierungsinstitution. Die Akkreditierung ist u. a. ein Akt, wo eine Überwachung der tatsächlichen Arbeit durchgeführt wird. Daher wird in manchen Kontrollstellen ein Monitoring eingeführt, bei dem entweder der Standardeigner oder von ihm beauftragte Dritte eine Kontrolle der Kontrolleure vornehmen (vgl. JAHN et al., 2003a, 3f). Mit der Akkreditierung ist die Kontrollstelle autorisiert, ein entsprechendes Zertifikat auf Basis des Standards zu vergeben (vgl. HATANAKA et al., 2005, 357).

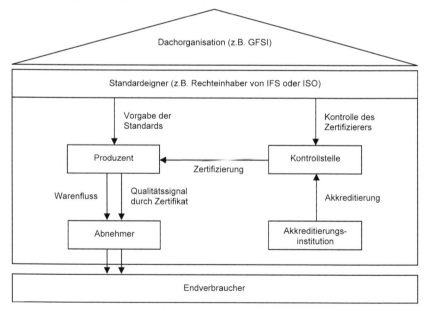

**Abbildung 53: Stellung der Kontrollstelle im System**
Quelle: eigene Darstellung, nach ALBERSMEIER et al. (2009, 929) und JAHN et al. (2003b, 6)

Betrachtet man dieses Zusammenspiel in der Praxis, darf man nicht außer Acht lassen, dass sämtliche Parteien in wirtschaftlichem Eigeninteresse agieren und daher Verzerrungen stattfinden können (vgl. ALBERSMEIER et al., 2009,

# Analyse von Qualitätsmanagementsystemen in der Agrar- und Ernährungswirtschaft

929 f). Angesichts des rasanten Wachstums und der geringen Erfahrungen ist von einem unreifen Markt auszugehen, der die Möglichkeiten für opportunistisches Verhalten bietet. Das heißt, weder den Auditoren als Kontrollorgan der Zertifizierungsstelle noch den zu zertifizierenden Unternehmen kann a priori normkonformes Verhalten unterstellt werden. JAHN et al. (2003b, 9) beziehen sich auf Aussagen von Branchenvertretern der Lebensmittelwirtschaft, gemäß denen es teilweise zu einem Dumpingpreiswettbewerb der Zertifizierer kommt. Sie verweisen ebenfalls auf stark variierende Prüfungstiefen in der Praxis, da Kontrollprozeduren und Personalqualifikationen ungenau definiert seien. Eine Kontrolle der Kontrolleure werde nur in Ansätzen praktiziert (vgl. JAHN et al., 2003b, 8 f).

Diese Indizien deuten auf Problemfelder in der Zertifizierungspraxis hin. Auch ALBERSMEIER et al. (2009, 929 f) orten Spannungsfelder vor allem zwischen dem Handel und dem zu zertifizierenden Unternehmen sowie zwischen dem zu zertifizierenden Unternehmen und der Kontrollstelle (siehe Kapitel 5.6.2 und 5.6.7).

Die externe Zertifizierung durch unabhängige Gutachter soll den Standards zur notwendigen Glaubwürdigkeit verhelfen. Der Zertifizierungsgesellschaft wird die Funktion zugewiesen, systematisch zu bestätigen, ob und inwieweit die Standardsetzung mit den tatsächlichen Betriebsabläufen übereinstimmt.

Diese Kontrollstelle als unabhängiges, externes Unternehmen mit entsprechender Fachkompetenz beurteilt und bestätigt die Einhaltung der gesetzlichen Anforderungen und/oder der Anforderungen der entsprechenden Standards. Wesentlich ist hierbei die unabhängige Überprüfung der in den Standards festgelegten Normen. Diese unabhängigen Audits durch externe Gutachter stellen daher ein zentrales Element zur Erlangung von Glaubwürdigkeit für die Unternehmen dar. Die Zertifizierungsstellen, welche diese Audits durchführen, sind internationale Organisationen, die sich auf die Prüfung solcher Standards spezialisiert haben (vgl. MÜLLER, 2006, 586).

## Kontrollstelle als externe Prüforganisation von Produktsicherheitssystemen

Die amtliche Lebensmittelkontrolle hat den Sinn, die Konsumenten vor Gesundheitsschäden durch den Verzehr von Lebensmitteln zu schützen, aber auch vor Täuschung durch Lebensmittel, die nicht den Anforderungen des österreichischen Lebensmittelgesetzes entsprechen (vgl. BMLFUW, 2008a, s. p.).

# 5 Analyse von Qualitätsmanagementsystemen in der Agrar- und Ernährungswirtschaft

Die Lebensmittelkontrolle in den EU Mitgliedsstaaten fußt auf Artikel 17 der Verordnung (EG) Nr. 178/2002, die besagt, dass Mitgliedstaaten das Lebensmittelrecht durchzusetzen haben. „Die Mitgliedstaaten haben zu überwachen, dass die Anforderungen des Lebensmittelrechts von den Lebensmittelunternehmern in allen Produktions-, Verarbeitung- und Vertriebsstufen eingehalten werden. Zu diesem Zweck haben sie ein System amtlicher Kontrollen einzuführen, das die Sicherheit der Lebensmittel gewährleistet" (NEPF, 2009, s. p.).

In Österreich fällt das Ernährungswesen einschließlich der Nahrungsmittelkontrolle in die mittelbare Bundesverwaltung, dies bedeutet, dass im Bereich der Länder die Vollziehung des Bundes durch den Landeshauptmann und den ihm unterstellten Landesbehörden ausgeübt wird (Art 102 (1) B-VG) (vgl. WZONLINE, s. a.).

Abbildung 54 zeigt das Zusammenspiel der hier beteiligten Instanzen, welches im Folgenden beleuchtet wird.

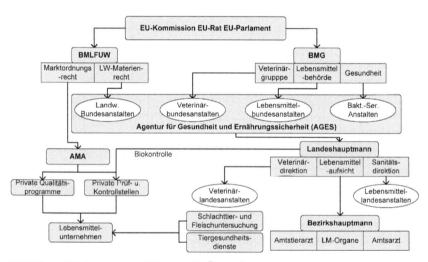

**Abbildung 54:** Lebensmittelsicherheit in Österreich
Quelle: URL (s. a., 5)

Die Verordnung (EG) Nr. 882/2004 über „amtliche Kontrollen zur Überprüfung der Einhaltung der Vorschriften des Lebensmittel- und Futtermittelrechts sowie der Bestimmungen über Tiergesundheit und Tierschutz" sowie die Verordnungen (EG) Nr. 852/2004, Nr. 853/2004 und Nr. 854/2004 zur einheitlichen Regelung der Hygienebestimmungen im Lebensmittelbereich geben den weiteren Rahmen zur Umsetzung im nationalen Recht (vgl. BMLFUW,

## Analyse von Qualitätsmanagementsystemen in der Agrar- und Ernährungswirtschaft

2008a, s. p.). Dies wird vom Bundesministerium für Land- und Forstwirtschaft, Umwelt und Wasserwirtschaft (BMLFUW) und vom Bundesministerium für Gesundheit (BMG) übernommen.

Das BMLFUW regelt das Landwirtschaftliche Materienrecht und das Marktordungsrecht (vgl. URL, s. a., 5)[19], im BMG wurde das Gesetz zur Lebensmittelsicherheit und Verbraucherschutz (LMSVG) vorbereitet und die Umsetzung festgelegt (vgl. GUTSCHE, 2009, 45). Das BMG hat die nationale Koordinierung für die Lebensmittelkontrolle über.

Um die Anforderungen der EU umzusetzen, sind von den Mitgliedsstaaten mehrjährige, integrierte Kontrollpläne (MIK) zu erstellen. Diesen mehrjährigen Kontrollplan zu erstellen, obliegt dem Bundesminister für Gesundheit in Kooperation mit dem BMLFUW und dem BMF, nach Maßgabe der jeweiligen Zuständigkeit unter Berücksichtigung der Risikobewertung durch die Österreichische Agentur für Gesundheit und Ernährungssicherheit GmbH (AGES) sowie nach Befassung der Länder. Der MIK beinhaltet allgemeine Informationen über Aufbau, Organisation und Kontrollsysteme in den Bereichen Futter- und Lebensmittel, Tiergesundheit und Tierschutz, sowie auch die strategische Zielsetzung der zuständigen Behörden (vgl. WKO, 2007a, s. p.).

In Österreich übernimmt der Revisions- und Probenplan (RuP) diese Aufgabe. Mittels des RuP werden die Betriebskontrollen und die Probenahmen gesteuert. Aufgrund der gewonnenen Ergebnisse der Kontrollen werden die Behörden in die Lage versetzt, entsprechende Aktivitäten zu setzen, um die Vorgaben des Gemeinschaftsrechts zu erfüllen (vgl. NEPF, 2009, s. p.). Dies wird in Österreich mit dem Lebensmittelsicherheits- und Verbraucherschutzgesetz (LMSVG) umgesetzt, es regelt die Anforderungen an die Sicherheit von pflanzlichen und tierischen Lebensmitteln entlang der Lebensmittelkette (vgl. BMLFUW, 2008a, s. p.) sowie die amtliche Kontrolle von Lebensmitteln (vgl. NEPF, 2009, s. p.). Im LMSVG wird der MIK für Österreich festgelegt. Das BMG hat die nationale Koordinierung für die Lebensmittelkontrolle zu übernehmen. Unter dem Gesichtspunkt einer zweckmäßigen und wirksamen Kontrolle wird vom BMG jährlich ein RuP für die amtliche Kontrolle von Betrieben und Waren des LMSVG erlassen.

---

19 Die AMA, wurde als juristische Person des öffentlichen Rechts als eine EU konforme Marktordnungsstelle eingerichtet, sie untersteht der Aufsicht des BMLFUW. Sie ist verpflichtet, Vor-Ort-Kontrollen bei den Antragstellern (Landwirte, Molkereien, Schlachthöfe, usw.) durchzuführen, die im Rahmen diverser EU-Marktordnungen oder Maßnahmen der Entwicklung des ländlichen Raumes von EU, Bund und Ländern öffentliche Mittel beantragen (vgl. AMA, 2009, s. p.).

Die Betriebsrevisionen erlauben es, Aussagen über den generellen Zustand der Betriebe in Österreich zu machen und dienen dem Gesundheitsschutz der Konsumenten.

Sie überprüfen

- die Situation bei der Herstellung von Waren des LMSVG,
- die hygienischen Bedingungen der Betriebe,
- die Effizienz des Eigenkontrollsystems sowie
- die Rückverfolgbarkeit.

Im Probenplan wird die Anzahl der zu ziehenden Proben festgelegt.

Der Landeshauptmann ist für die Kontrolle der Einhaltung lebensmittelrechtlicher Vorschriften zuständig. Er bedient sich der Lebensmittelaufsicht der Länder, um diese Kontrolle durchzuführen. Die Organe der Lebensmittelaufsichten der neun Bundesländer ziehen Lebensmittelproben bei Herstellern, Einzelhändlern, Großhändlern, etc. und führen Betriebsrevisionen durch (vgl. NEPF, 2009, s. p.). Hierzu wird diese Aufgabe an die Bezirkshauptmannschaften delegiert, in welchen die Lebensmittelinspektoren kontrollieren. In bestimmten Städten wird diese Aufgabe von den Marktämtern durchgeführt (vgl. GUTSCHE, 2009, 45).

Einerseits werden Planproben aufgrund des Probenplans gezogen, andererseits – im Anlassfall – Verdachtsproben aufgrund von Wahrnehmungen durch das Aufsichtsorgan vor Ort.

Die gezogenen Proben werden in der Folge an den Instituten der Lebensmitteluntersuchung der AGES[20] (Lebensmittelbundesanstalten in Steiermark, Tirol, Oberösterreich, Salzburg, Wien) oder der Länder (Lebensmittellandesanstalten in Wien, Kärnten, Vorarlberg) untersucht. Das Gutachten wird an die verantwortliche Lebensmittelaufsicht retourniert, die aufgrund dessen im Falle von Beanstandungen Maßnahmen einleitet (vgl. NEPF, 2009, s. p.).

Neben dem Revisions- und Probenplan legt ein Notfallplan Maßnahmen fest, die unverzüglich durchzuführen sind, wenn eine Ware ein ernstes Risiko für die Gesundheit des Verbrauchers darstellt. Er regelt, welche Verwaltungsbehörden im Krisenfall zu beteiligen sind, welche Befugnisse und Zuständigkeiten ihnen zukommen und wie die Informationsweitergabe der Behörden

---

20 Die AGES (Agentur für Gesundheit und Ernährungssicherheit GmbH) bündelt die Bundeskompetenzen in verschiedenen Fachbereichen entlang der Nahrungsmittelkette. Sie ist eine privatrechtlich strukturierte GmbH und zu 100 Prozent im Eigentum der öffentlichen Hand, ihre Eigentumsvertreter sind das BMLFUW und das BMG (vgl. BMLFUW, 2008b, s. p. und GUTSCHE, 2009, 45).

## Analyse von Qualitätsmanagementsystemen in der Agrar- und Ernährungswirtschaft

untereinander, sowie gegebenenfalls zwischen Behörden und Unternehmer, erfolgt. Die Leitlinien für diesen Kontrollplan werden von der Europäischen Kommission vorgegeben, die EU-Mitgliedsstaaten legen der Kommission jährlich einen Bericht über die Umsetzung des Kontrollplanes vor (vgl. WKO, 2007a, s. p.).

Des Weiteren unternehmen die Experten der Kommission regelmäßig allgemeine und spezifische Überprüfungen in den Mitgliedstaaten, um festzustellen, ob die amtlichen Kontrollen vor Ort gemäß den nationalen Kontrollplänen und den Bestimmungen des Gemeinschaftsrechts durchgeführt werden. Auch die Kommission selbst erstellt einen Kontrollplan und sie führt ebenso amtliche Kontrollen in Drittländern durch (vgl. WKO, 2007a, s. p.).

Nochmals zusammengefasst gestaltet sich der Prozess der amtlichen Lebensmittelkontrolle in Österreich wie folgt (siehe Abbildung 55).

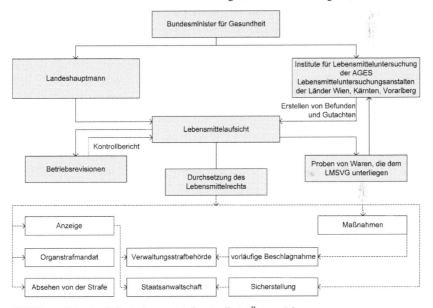

**Abbildung 55:** Amtliche Lebensmittelkontrolle in Österreich
Quelle: nach BMG (2009a, s. p.)

Die Umsetzung des österreichischen Lebensmittelgesetzes erfolgt auf zwei Säulen. Eine Säule, die AGES, führt neben einer Vielzahl anderer Aufgaben die amtlichen Lebensmittelproben durch, welche von den Lebensmittelinspektoren gezogen werden. Die zweite Säule ist die Lebensmittelaufsicht der einzelnen Bundesländer, die die Betriebsrevisionen durchführen (vgl. GUTSCHE, 2009, 45). Die Aufsichtsorgane haben nach schriftlich festgelegten Ver-

## 5 Analyse von Qualitätsmanagementsystemen in der Agrar- und Ernährungswirtschaft

fahren vorzugehen und die Ergebnisse jeder amtlichen Betriebskontrolle ebenfalls schriftlich festzuhalten, um so eine transparente und nachvollziehbare Kontrolle zu gewährleisten (vgl. WKO, 2007a, s. p.). Die Lebensmittelproben werden an den Instituten für Lebensmitteluntersuchung der AGES oder an den Lebensmitteluntersuchungsanstalten der Länder untersucht und die Ergebnisse durch einen Experten in Form eines Gutachtens bewertet. Dieses Gutachten wird an die verantwortliche Lebensmittelaufsicht retourniert, die aufgrund dessen Maßnahmen nach § 39 LMSVG im Falle von Beanstandungen einleitet (vgl. Nepf, 2009, s. p.).

Bei Wahrnehmen von Verstößen gegen lebensmittelrechtliche Vorschriften müssen mit Bescheid die erforderlichen Maßnahmen zur Behebung der Mängel angeordnet werden. Das Aufsichtsorgan kann jedoch vor Erlassung eines Bescheides in bestimmten Fällen den Betrieb zur Beseitigung der Mängel auffordern – kommt der Unternehmer der Aufforderung nicht nach, ist jedoch ein Bescheid zu erlassen (vgl. WKO, 2007a, s. p.).

Überlegt man die Stellung der Kontrollstellen zwischen Gesetzgeber und untersuchtem Unternehmen, wird vor allem die Interaktion zwischen den Instituten für die Lebensmitteluntersuchung und dem Gesetzgeber deutlich. Dies veranschaulicht auch die Rollenbeschreibung der AGES, die neben Aufgaben wie Rückstandsuntersuchungen, Risikobewertungen oder Warndienst, auch die Aufgabe als Beratung des Gesetzgebers innehat (vgl. Url, s. a., 8).

Hinsichtlich der Umsetzung der Kontrolle durch die entsprechenden Kontrollstellen treten mehrere „weiche Faktoren" zutage, die auf die Qualität der Kontrollstellen im Bezug auf ihre Kontrolltätigkeit einwirken können. Dies wird im Folgenden näher beleuchtet.

### Zertifizierung und Glaubwürdigkeitsprobleme

Müller (2006, 585 ff) konstatiert, dass die Glaubwürdigkeit von Qualitätsmanagementstandards von der Prüfung durch die Zertifizierungsstelle beeinflusst wird und wirft Problembereiche auf, welche im Zusammenhang mit der Glaubwürdigkeit einer Zertifizierung augenscheinlich werden:

- Prüfungsintensität der Zertifizierungsgesellschaften:
  Es könnte argumentiert werden, dass die Prüfung zu oberflächlich und zu schnell durchgeführt wird.
- Unabhängigkeit der Zertifizierungsgesellschaften:
  In diesem Kontext geht es um sachfremde Einflüsse auf das Prüfungsurteil (Betriebsblindheit aufgrund vorheriger Beschäftigung im Unternehmen

# Analyse von Qualitätsmanagementsystemen in der Agrar- und Ernährungswirtschaft

oder enge Freundschaft zu leitenden Mitarbeitern des begutachteten Unternehmens).
- Einflüsse, die sich aus dem rationalen Kalkül eines opportunistischen Prüfers ergeben:
Hier sind die Bedingungen zu hinterfragen, die den Grad der Opportunismusneigung dominant beeinflussen.
- Schwierigkeit von Zertifizierungsorganisationen, eine Prüfstrategie durchzusetzen, welche von allen Auditoren des Unternehmens befolgt wird:
Dieser Bereich bezieht sich auf die interne Qualitätskontrolle der Zertifizierungsgesellschaften und hat somit nur indirekt Auswirkungen auf die Zertifizierung.

MÜLLER (2006, 585 ff) legt seinen Fokus auf die genannten Problembereiche und untersucht anhand des ISO-Systems, ob gewährleistet ist, dass sich bei der Zertifizierung ein einheitliches, normentsprechendes Qualitätsniveau durchsetzen wird oder eher eine „laxe", d. h. geringe, das Anliegen der Standards konterkarierende Auslegung. MÜLLER analysiert die unterschiedlichen Variablen, welche Einfluss auf die Entscheidung des Zertifizierers über sein Prüfungsniveau haben, und stellt deren Wirkung durch die Wahl des „spieltheoretischen Ansatzes der Prüfungstheorie" als Modell dar.

Im Folgenden wird kurz auf die wesentlichen Modellvariablen eingegangen, da sie den Hintergrund für das Prüfverhalten von Kontrollstellen liefern und somit auch das Verhalten der Prüfer in der Interaktion zu den zu prüfenden Unternehmen veranschaulichen.

Die wesentlichen Variablen, welche die Entscheidung des Zertifizierers über sein Prüfverhalten beeinflussen, sind:

- *Kosten*
Der Gewinn aus Prüfungsaufträgen – als Differenz zwischen den Zeitgebühren, die der Zertifizierer veranschlagt, und den Kosten, die für ihn bei der Prüfung tatsächlich entstehen – steht wie bei jedem wirtschaftlichen Unternehmen im Mittelpunkt des Interesses.
Bei einem neu zu prüfenden Unternehmen besteht das Risiko für die Zertifizierungsgesellschaft in der fehlenden Kenntnis über den tatsächlich entstehenden Prüfungsaufwand. Soll ein qualitativ gutes Prüfungsurteil abgegeben werden, entstehen höhere Prüfungskosten, die somit den Gewinn minimieren.
- *Quasirente*
Durch den Preiswettbewerb werden Honorare für Erstprüfungen nicht kostendeckend angesetzt. Positive Deckungsbeiträge erwirtschaftet die

Kontrollstelle erst in den Folgeperioden, da sie das Unternehmen dann besser beurteilen kann und die Prüfungskosten sinken (vgl. SPILLER und JAHN, 2003, 150). Dies bedeutet, dass die Folgeaufträge für die Kontrollstellen notwendig sind, um gewinnorientiert zu arbeiten. In einer solchen Situation lässt sich davon ausgehen, dass die Unabhängigkeit des Zertifizierers nicht mehr voll gewährleistet ist, da ökonomische Abhängigkeiten entstanden sind. Einige empirische Studien von CITRON und TAFFLER (1992, 337 ff) und CRASWELL (1988, 23 ff) belegen, dass Unternehmen, die eingeschränkte Testate erhalten haben, signifikant häufiger den Prüfer wechseln als andere.

- *Reputation*
  Prüfer, die eine geringe Prüfungsqualität vorweisen, müssen mit Reputationsverlusten rechnen. Ein schlechter Ruf kann einen Verlust an Marktanteilen bedeuten. Dies wurde mittels empirischer Studien in den USA nachgewiesen, wo Prüfungsgesellschaften, die von der SEC[21] gerügt wurden, Marktanteilsverluste hinnehmen mussten (vgl. WILSON und GRIMLUND, 1990, 43 ff). Da das Zertifikat mit dem Namen der Zertifizierungsstelle versehen ist, ist die Identität der Kontrollstelle bekannt. Somit kann ein Reputationsverlust nicht ausgeschlossen werden.
- *Aufdeckungswahrscheinlichkeit und Sanktionen*
  Hierbei geht es um die Wahrscheinlichkeit, dass ein laxes, d. h. nicht normkonformes Prüfungsniveau aufgedeckt und mit negativen Sanktionen belegt wird. Dies betrifft die „Kontrolle der Kontrolleure" durch die Akkreditierung.

Berücksichtigt man diese Variablen und geht man von einem rational handelnden Zertifizierer aus, der seinen individuellen Nutzen maximieren möchte, zeigt sich als Ergebnis, dass selbst bei einem sehr ausdifferenzierten System wie der ISO-Zertifizierung kein normentsprechendes Prüfungsniveau sichergestellt werden kann[22]. Das bedeutet, dass für einen individuell rationalen Zer-

---

21 Die SEC (Securities and Exchange Commission) ist als Börsenaufsicht für die Kontrolle des Wertpapierhandels in den USA zuständig. Ihr obliegen sowohl exekutive als auch legislative und judikative Aufgaben. Sie ist für die Durchsetzung der Kapitalmarktgesetze zuständig, sie hat die Aufsicht über alle Marktteilnehmer im Wertpapierbereich und auch die Möglichkeit, geeignete Sanktionsmaßnahmen zu ergreifen, um die Einhaltung sämtlicher Pflichten zu erzwingen (vgl. MÜLLER, 2005, 85 f).
22 Dieses Ergebnis soll jedoch das System selbst nicht diskreditieren. Der Studie wurden sehr restriktive Annahmen zugrunde gelegt, sodass das Ergebnis nur für streng rational handelnde Zertifizierer gilt. „Von einem Berufsethos wurde abstrahiert. In der Praxis gibt es zahlreiche Beispiele für positive Wirkungen externer Zertifizierungen. Weitere

# Analyse von Qualitätsmanagementsystemen in der Agrar- und Ernährungswirtschaft

tifizierer eine „laxe Prüfung" die dominante Strategievariante ist, und zwar unabhängig davon, ob die Anforderungen des Standards von dem Unternehmen normentsprechend durchgeführt wurden oder nicht. Somit besteht die Gefahr, dass die Prüfung als nicht glaubwürdig angesehen wird, da es kein Regulativ gibt, welches eine einheitliche, normentsprechende Umsetzung gewährleistet. Dies bedeutet wiederum, dass für individuell rational handelnde Unternehmer eine nicht normentsprechende Durchführung der Qualitätsmanagementstandards ebenfalls die bessere Strategie ist. Somit kommt es zu einer Konstellation aus geringem Umsetzungsniveau der Standards und laxer Prüfung.

SPILLER und JAHN (2003, 151 f) betten die vorangegangenen Erkenntnisse und Prämissen in ein Modell, um grundsätzliche Ansatzpunkte zur Verbesserung der Prüfungsqualität abzuleiten (siehe Abbildung 56).

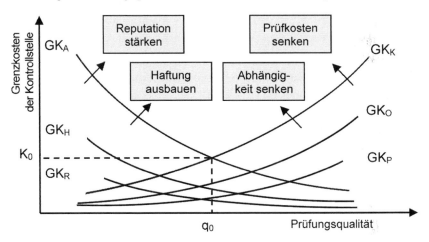

**Abbildung 56:** Ermittlung des kostenminimalen Prüfungsniveaus
Quelle: SPILLER und JAHN, 2003, 151

Die Kosten der Kontrollstelle ($GK_K$) setzen sich aus den Grenzkosten der Prüfung ($GK_P$) sowie den marginalen Opportunitätskosten des Mandatsverlustes[23] ($GK_O$) zusammen. Diesen Kosten stehen die Gesamtkosten ($GK_A$), die der Kontrollstelle im Falle einer Aufdeckung einer unzureichenden Prüfung entstehen, gegenüber. Diese Gesamtkosten ergeben sich aus der Aufsummie-

---

Annahmen, wie die einer perfekten Prüfungstechnologie oder der Behandlung der Zertifizierungsstelle als einheitliches Subjekt sind ebenso zu hinterfragen" (MÜLLER, 2006, 597).

23 Diese Opportunitätskosten beziehen sich auf die Gefahr, dass ein Unternehmen einen zu strengen Prüfer durch einen Nachsichtigeren ersetzen wird.

rung der Kosten für Reputationsverluste ($GK_R$) und potenzielle Haftungsfolgen ($GK_H$) zusammen.

Aus diesem Modell lassen sich vier grundsätzlich mögliche Ansatzpunkte zur Verbesserung der Prüfqualität extrahieren:

- Ausbau der Haftung der Zertifizierer,
- Verstärkung der Reputationswirkungen im Zertifizierungsmarkt,
- Senkung der Prüfungskosten durch eine verbesserte Prüfungstechnologie sowie
- Verringerung der Abhängigkeit des Zertifizierers vom zu prüfenden Unternehmen.

Vor allem der letzte Punkt zielt auf das in diesem Kapitel aufgeworfene Spannungsfeld zwischen Kontrollstelle und Unternehmen und zeigt die Missbrauchsgefahr auf, die durch die Freiheit bei der Wahl des Prüfers und die Möglichkeit des Prüferwechsels und der daraus resultierenden drohenden Opportunitätskosten für die Kontrollstelle entsteht. Noch eklatanter wäre die Situation, wenn Beratung und Prüfung nicht strikt getrennt sind (vgl. SPILLER und JAHN, 2003, 152). Diesbezüglich werden beispielsweise Restriktionen beim Prüferwechsel vorgeschlagen sowie die ausschließliche Betreuung von Kunden mit einem limitierten Anteil am Gesamtumsatz.

Auch MÜLLER leitet aus den Ergebnissen seiner Untersuchung ähnliche Maßnahmen ab, die einer derartigen Entwicklung entgegenwirken können[24], d. h. das Prüfsystem soll derart verändert werden, dass für den Zertifizierer die normentsprechende Prüfung überlegen ist:

- Häufigere, unangekündigte Prüfungen der Akkreditierungsstellen bei den Zertifizierern.
- Transparenter machen des Systems für die Öffentlichkeit (ev. indem die Sanktionen, die aus der Aufdeckung laxer Prüfungen eines Zertifizierers durch die Akkreditierungsstelle resultieren, öffentlich bekannt gemacht werden). Dadurch wären Reputationsverluste für die Zertifizierungsstelle wahrscheinlicher, was einen zusätzlichen Anreiz zur normentsprechenden Prüfung darstellt.

---

24 MÜLLER (2006, 597) unterstreicht die Sinnhaftigkeit der Durchführung der von ihm aufgezeigten Maßnahmen, da die Zertifizierung (v. a. im Umwelt- und Sozialbereich) erst am Anfang steht und in diesen Bereichen eine Glaubwürdigkeitsdiskussion die Standards insgesamt diskreditieren könnte, was eine weitere Verbreitung dieser Lenkungsinstrumente stark beeinträchtigen würde.

- Schutz der Quasirente für die Kontrollstellen durch Bestellung des Prüfers durch eine unabhängige Institution und einen turnusmäßigen Prüferwechsel.

Die Ergebnisse dieser Studie verweisen eindeutig auf die Möglichkeit einer gegenseitige Beeinflussung von Zertifizierer und zertifiziertem Unternehmen. WÄCHTER und VEDDER (2001, 147) weisen auf die Abhängigkeitsbeziehung zwischen diesen beiden Parteien hin, die insbesondere entsteht, wenn Kunden einen großen Umsatzanteil und eine entsprechende Nachfragemacht besitzen. Neben dieser finanziellen Abhängigkeit können auch Faktoren wie z. B. Sympathie/Antipathie, Loyalitätsempfinden oder Statusunterschiede zwischen Auditor und Auditierten zu Rollenkonflikten und zu einer Beeinflussung der Auditoren beitragen.

GIETL und LOBINGER (2004, 37) sehen einen Problembereich in Bezug auf die Objektivität von Kontrollstellen, da zwischen Auftraggeber und Zertifizierungsgesellschaften ein Kunden-Lieferanten-Verhältnis entsteht und bei Nichterteilung des Zertifikats die Gefahr gegeben ist, den Kunden zu verlieren. Das Ausmaß der Beeinflussung ist von der Größenordnung des zu zertifizierenden Unternehmens und der Zertifizierungsgesellschaft abhängig. Das bedeutet, dass Unternehmen von Kunden bevorzugt werden, die von großen Kontrollstellen zertifiziert werden, da sie von einzelnen Kunden unabhängiger sind und Normanforderungen strenger auslegen.

### Kontrollstelle im Beziehungsfeld Hersteller – Handel

Ein Spannungsfeld im Zusammenhang mit der Kontrollstelle ergibt sich aus dem in Kapitel 5.6.2 aufgeworfenen Problembereich in der Interaktion zwischen dem Hersteller und dem Lebensmittelhandel, der seinen Lieferanten eine Markteintrittsbarriere in den Weg legt, indem er eine Zertifizierung nach einem von ihm vorgegebenen Standard verlangt. Diese Zertifizierung wird eher als eine von außen aufoktroyierte Verpflichtung gesehen, als dass sie aus innerer Überzeugung herrühren würde (vgl. ALBERSMEIER et al., 2009, 929 f). Eine Studie von WALGENBACH für einige nach ISO 9000 zertifizierte Unternehmen stellte fest, dass oftmals nur eine Legitimationsfassade durch die Unternehmen aufgebaut wird und keine tatsächlichen Veränderungen im Unternehmen stattfinden (vgl. WALGENBACH, 1998, 135). Das bedeutet, dass die Standards nur auf dem Papier existieren und nicht mit Leben erfüllt werden. Das Entstehen einer betrieblichen Doppelwelt – einer normativen Welt und einer betrieblichen Wirklichkeit – wird gefördert, und es wird viel Energie auf die Erhaltung und Verschleierung der Existenz dieser beiden Welten verwendet (vgl. WÄCHTER und VEDDER, 2001, 150). Vor diesem Hintergrund kann man darauf schließen, dass die zu zertifizierenden Unternehmen kein gesteigertes Interesse an einem strengen Kontrollniveau haben. Dies hat zur Folge, dass sie einen Auditor wählen, der den Ruf eines niedrigeren Prüfungsniveaus hat, was sich wiederum auf das Niveau der Zertifizierung auswirkt und wodurch die Wahrscheinlichkeit einer zuverlässigen, seriösen Zertifizierung in Frage zu stellen ist (vgl. ALBERSMEIER et al., 2009, 929 f).[25]

Diese Erkenntnisse unterstreichen die Bedeutung der Kontrollstelle im Rahmen dieser vorliegenden Arbeit als Einflussfaktor auf die Implementierung eines Qualitätsmanagementsystems in einem Unternehmen.

Aus der Sicht und der Erfahrung des Forschers zeigt sich, dass vor allem das Niveau der Kontrollore Einfluss auf das Qualitätsmanagementsystem hat. Die Unternehmen wünschen sich, dass die Kontrolle sehr wohl konstruktive Inputs bringt, jedoch in ein mildes Urteil mündet. Eine lasche Kontrolle, die keine Inputs liefert, ist dezidiert unerwünscht.

Aus der Sicht der Unternehmen muss der „optimale Kontrollor" über folgende Qualifikationen verfügen: Ein wichtiger Punkt ist Vertrauen bzw. Diskretion. Die Verschwiegenheit des Kontrollors in Bezug auf Unternehmensinterna ist vor allem aus Gründen der Konkurrenz am Markt unerlässlich. Ebenso notwendig ist die fachliche Kompetenz des Kontrollors in Bezug auf Standard und Branche. Branchenerfahrung und -überblick sind dabei wichtig, da der Kontrollor dadurch Verständnis über Technologie, Prozesse und Steuerung im Unternehmen hat und praktische Inputs geben kann. Er ist auch Informationsmittler in der Branche. D. h. die Unternehmen wünschen sich einen Kontrollor, der die Risiken und Gefahren abschätzen kann und den Standard – praxisrelevant auf die Branche heruntergebrochen – kontrolliert.

---

25 Nähere Ausführungen über das Zertifizierungsaudit finden sich in Kapitel 5.4.3.

# Analyse von Qualitätsmanagementsystemen in der Agrar- und Ernährungswirtschaft 5

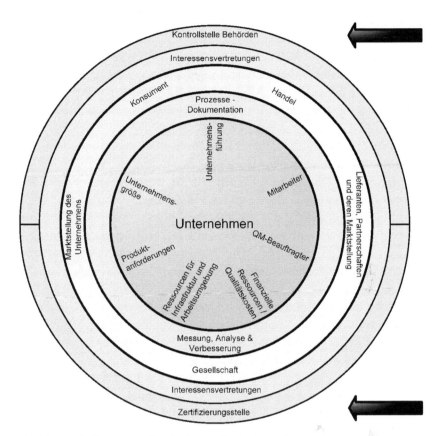

Abbildung 57: Exogene Einflussfaktoren, „Kontrollstelle"

Wenn in diesem Kapitel das Zusammenspiel der an einer Zertifizierung beteiligten Institutionen beleuchtet wird (siehe Abbildung 53), fällt auf, dass die Akkreditierungsinstitution in direktem Kontakt zur Kontrollstelle steht, jedoch keine direkte Verbindung zu dem zu zertifizierenden Unternehmen aufweist. Entsprechende Modelle dazu finden sich bei SCHULZE und SPILLER (2008, 19), JAHN et al. (2003a, 3), ALBERSMEIER et al. (2009, 929). Allerdings wurde bei keinem dieser Modelle der Zusammenhang der agierenden Parteien empirisch geprüft. Somit liegt zwar die Vermutung nahe, dass die Akkreditierungsstelle nicht direkt auf das Unternehmen einwirkt, dennoch kann eine direkte gegenseitige oder einseitige Beeinflussung nicht ausgeschlossen werden. Dementsprechend wird die Akkreditierungsstelle als möglicher exogener Einflussfaktor in die Untersuchung einbezogen.

### 5.6.8 Akkreditierungsstelle

Die Akkreditierung ist definiert als „die formelle Anerkennung durch eine maßgebliche Stelle (Akkreditierungsstelle), dass eine Konformitätsbewertungsstelle die jeweils für sie geltenden Anforderungen an Qualifikation und Ausstattung erfüllt und sie damit als kompetent gilt" (BMWFJ, 2009a, s. p.).

Sowohl die gesetzlichen Kontrollinstanzen der Länder und der AGES (siehe Kapitel 5.6.7) als auch die Zertifizierungsstellen, welche die Durchführung freiwilliger Qualitätsmanagementsysteme begleiten, unterliegen einer Überkontrolle, um als Kontroll- und Zertifizierungsstellen Zertifizierungen durchführen zu dürfen. Diese „Prüfung der Prüfer" erfolgt im Rahmen der Akkreditierung (vgl. GRILL, 2002, 49). Da eine Zertifizierung für Unternehmen vermehrt die Grundlage für eine erfolgreiche Teilnahme am internationalen Wettbewerb darstellt, erweist sich in diesem Zusammenhang auch die Akkreditierung zunehmend als notwendige Basis. Ohne eine Akkreditierungsstelle wäre die Überprüfung der Unabhängigkeit der Kontrollstelle mit bedeutenden Kosten für die zertifizierten Unternehmen bzw. im Rahmen der Signalwirkung der Zertifizierung auch für die Konsumenten oder Lieferanten verbunden (vgl. DEATON, 2004, 618).

Im Hinblick auf die Kontrolle der Einhaltung von Produktsicherheitsstandards ist die Akkreditierung im Bereich der Lebensmittelanalytik nicht mehr wegzudenken. Sie fungiert als international anerkannter Kompetenznachweis sowie als Bestätigung der Unabhängigkeit, Unparteilichkeit und Integrität.

Um sicherzustellen, dass die Kontrollstellen den in den rechtlichen Bestimmungen festgelegten Anforderungen entsprechen, werden sowohl Lebensmitteluntersuchungsanstalten der Länder als auch die Institute für Lebensmittelsicherheit der AGES einer Überkontrolle – der Akkreditierung – unterzogen.

Der Begriff Akkreditierung beschreibt die offizielle Anerkennung der Fachkompetenz auf Basis der Normenserien EN 45000 bzw. ISO/IEC 17000 sowie Akkreditierungsgesetz AkkG, BGBl. Nr. 468/1992 idgF (vgl. TÜV AUSTRIA, s. a.).

Diese Akkreditierung der Kontrollstellen erfolgt durch die österreichische Akkreditierungsstelle im Bundesministerium für Wirtschaft, Familie und Jugend (BMWFJ) (vgl. BMWFJ, 2010). Sie fußt auf der Verordnung (EG) Nr. 882/2004 sowie dem Lebensmittelsicherheits- und Verbraucherschutzgesetz (LMSVG), aufgrund deren die Akkreditierung im Bereich der amtlichen Lebensmittelüberwachung gesetzlich vorgeschrieben ist (vgl. STADT WIEN, 2007, 16).

Die Akkreditierung von Prüf- und Inspektionsstellen erfolgt mit Bescheid. Die zuständige Behörde ist der Bundesminister für Wirtschaft, Familie und Jugend, der das Einvernehmen mit sachlich zuständigen Bundesministern herzustellen hat (vgl. BMWFJ, 2009c).

Alle Institute für Lebensmitteluntersuchung (AGES und Länder) sind bei der nationalen Akkreditierungsstelle im BMWJF als Prüfstellen gemäß Norm EN ISO/IEC 17025 und als Überwachungsstellen gemäß EN ISO/IEC 17020 akkreditiert (vgl. KRAKIL, 2009, BMGFJ, 2008, und AGES, 2009).

Akkreditierte Prüf- und Inspektionsstellen haben jährlich einen Tätigkeitsbericht vorzulegen. Sie unterliegen zudem einer periodischen Überprüfung, d. h. sie werden alle fünf Jahre wieder begutachtet und dazwischen periodisch überprüft (vgl. BMWFJ, 2009c).

Auch im Bereich der Kontrolle der Einhaltung der Auflagen von freiwilligen Standards bedarf es der Akkreditierung der beteiligten Zertifizierungsstellen.

Während bei der Zertifizierung eines Unternehmens die Konformität des dokumentierten Qualitätsmanagementsystems mit den Forderungen der Norm geprüft, überwacht und bescheinigt wird, werden bei der Akkreditierung auch die Fachkompetenz der betroffenen Stellen beurteilt (vgl. AUSTROLAB, 2006, s.p), etwaige Abhängigkeitsverhältnisse aufgedeckt und die Prüfungsqualität verbessert (vgl. SPILLER und JAHN, 2003, 149).

Die der Akkreditierung zugrundeliegenden Gesetze sind (vgl. FRIERS, s. a. und AUSTROLAB, 2006, s. p.):

- Akkreditierungsgesetz (BGBl. Nr. 468/1992)
- allgemeines Verwaltungsgesetz
- Verwaltungsverfahrensgesetz
- Ministeriengesetz
- EU-Vorschriften
- EA-Vorschriften

Auch hier ist gemäß dem Akkreditierungsgesetz (AkkG) das Bundesministerium für Wirtschaft, Familie und Jugend die österreichische Akkreditierungsstelle. Die Akkreditierung von Zertifizierungsstellen erfolgt mit Verordnung (vgl. BMWFJ, 2009c), die finanzielle Bedeckung durch den Bundeshaushalt (vgl. BMWA, 2008).

Mit der Akkreditierung werden Prüf- und Inspektionsberichte und Zertifizierungen österreichischer Stellen innerhalb der EU mit ausländischen gleichgestellt. Die österreichische Bundesakkreditierungsstelle ist mit der internationalen Akkreditierungstätigkeit vernetzt und durch Abkommen mit den relevanten Organisationen international anerkannt (vgl. BMWFJ, 2009a, s. p.).

Die relevanten *internationalen Organisationen* sind:

- *EA – European Cooperation for Accreditation*
  Die EA bildet ein Netzwerk der national anerkannten Akkreditierungsanstalten im Europäischen geografischen Raum (vgl. EA, s. a.).
  Die Akkreditierungsstelle des BMWFJ ist Mitglied der EA und hat mit den anderen Mitgliedern – den jeweils national anerkannten Akkreditierungsstellen der EU- und EFTA-Staaten – ein Abkommen über die gegenseitige Anerkennung von Akkreditierungen geschlossen.
- *IAF – http://www.iaf.nu/*
  Die IAF ist die weltweite Vereinigung von Akkreditierungsstellen, die Zertifizierungsstellen für Produkte, Managementsysteme und Personalqualifikationen akkreditieren. Österreich ist seit 2003 Mitunterzeichner des Multilateral Recognition Arrangements (MRA) der IAF, sodass die von der österreichischen Akkreditierungsstelle akkreditierten Zertifizierungsstellen (QMS) auch weltweit anerkannt sind (vgl. BMWFJ, 2009b).
- *ILAC – International Laboratory Accreditation Cooperation*
  Die ILAC betreibt die Zusammenarbeit von Akkreditierungsstellen für Prüfstellen. Ihre Mitglieder umfassen national anerkannte Akkreditierungsstellen und regionale Zusammenschlüsse wie die EA (europäischer Raum) oder die APLAC (asiatisch-pazifischer Raum). Die ILAC fungiert als Forum, in dem Fragen der Akkreditierung diskutiert werden. Ebenso wird angestrebt, gemeinsame Verfahren und Praktiken zur Schaffung eines gegenseitigen Vertrauens zu finden (vgl. BMWFJ, 2009b).

Auf *nationaler Ebene* sind die interessierten Kreise durch den Akkreditierungsbeirat und durch Austrolab als Interessensverband der akkreditierten Stellen eingebunden. Austrolab ist ein gemeinnütziger Verein mit dem Ziel der Vertretung, Wahrung und Förderung der gemeinsamen Interessen seiner Mitglieder (akkreditierte Stellen) auf nationaler und internationaler Ebene (vgl. BMWFJ, 2009b).

Aus der praktischen Erfahrung des Autors zeigt sich kein direkter Einfluss der Akkreditierungsstelle auf das Qualitätsmanagementsystem im Unternehmen. Die Akkreditierung wirkt im Hintergrund, sie ist verantwortlich für die Sicherstellung der Homogenität aller Kontrollstellen bezogen auf die Durchführung und Abwicklung der Kontrolle und prüft somit nur die ordnungsgemäße Umsetzung der Standards.

Die weitere Funktion der Akkreditierungsstelle als Anlaufstelle für die Unternehmen im Falle von Beschwerden über die Kontrollstelle wird von den Unternehmen nicht genutzt. Die Unternehmen erkennen nicht, dass ihnen mit der Akkreditierungsstelle eine Erweiterung des Handlungsspielraums (ähnlich den Interessensvertretungen) gegeben wird, um im Fall von Problemen mit Kontrollstellen auch einen übergeordneten behördlichen Ansprechpartner zu haben.

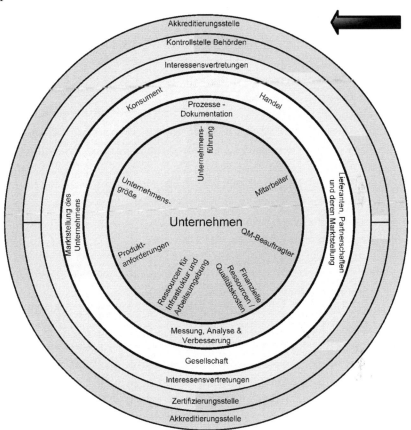

Abbildung 58: Exogene Einflussfaktoren, „Akkreditierungsstelle"

### 5.6.9 Standardeigner und Gesetzgeber als Herausgeber von Qualitätsmanagement- und Produktsicherheitssystemen

Der Gesetzgeber zeichnet sich durch die Setzung entsprechender Normen für die Implementierung von Produktsicherheitssystemen verantwortlich. Diese Auffassung vertritt WEINDLMAIER (2005, 16 f) und definiert den Gesetzgeber als eine von drei Gruppen (die beiden anderen Gruppen sind Unternehmen und Verbraucher), die die Einführung von Standards in der Ernährungswirtschaft beeinflussen. Der Einfluss des Gesetzgebers wirkt sich dabei auf der Ebene der EU und auf nationaler Ebene aus.

Der Gesetzgeber verfolgt dabei das Ziel, die Gesellschaft vor Gesundheitsgefährdungen und Risiken durch den Genuss von Lebensmitteln bestmöglich zu schützen (vgl. WEINDLMAIER, 2005, 16). Dieses Ziel der Risikominimierung ist erkennbar an der Bedeutung, die von behördlicher Stelle Gesundheitssystemen und Lebensmittelüberwachung beigemessen wird (vgl. SCHIEFER, 2003, 6).

Den starken Einfluss des Gesetzgebers auf die Implementierung von Produktsicherheitsstandards bestätigt WEINDLMAIER (2005, 16), wenn er meint, dass „... der Stellenwert staatlicher Gremien als Initiator von Systemen zur Qualitätssicherung und Risikominimierung in den letzten zwei Jahrzehnten stark zugenommen [hat]".

Die für Österreich relevanten gesetzlichen Standards im Lebensmittel- und Futtermittelbereich, die dahinterstehenden detaillierten gesetzlichen Regulative sowie die Hintergründe für die Entstehung der Produktsicherheitsstandards und deren Entwicklung und Bedeutung für die Agrar- und Ernährungswirtschaft wurden in Kapitel 4 umfassend beleuchtet.

Zusammenfassend sollen an dieser Stelle nochmals Rückverfolgbarkeit und Hygienebestimmungen als die zentralen Elemente der gesetzlichen Regulative hervorgehoben werden. Die konkrete Umsetzung der Rechtsvorschriften bezüglich dieser Elemente erfolgt im Zuge der direkten Anwendungen wie *Codex, HACCP, Rückverfolgbarkeit* oder *GMP*.

Neben der Anwendung der Produktsicherheitsstandards (siehe Kapitel 4.1.3) stellt die zweite Möglichkeit für die Garantie von Lebensmittelqualität und Lebensmittelsicherheit die Implementierung von freiwilligen Qualitätsmanagementsystemen im Unternehmen dar.

Für die diversen Qualitätsmanagementsysteme verantwortlich zeichnet der Standardeigner als Rechteinhaber des jeweiligen Standards. Die für die Unternehmen der österreichischen Agrar- und Ernährungswirtschaft relevanten Standards wurden bereits in Kapitel 4 umfassend dargestellt.

# Analyse von Qualitätsmanagementsystemen in der Agrar- und Ernährungswirtschaft

Standardeigner und Gesetzgeber geben also den Rahmen für die Implementierung und Anwendung eines Qualitäts- oder Produktmanagementsystems. Diese Funktion per se erlaubt das Hinzufügen der Faktoren Standardeigner und Gesetzgeber zu den exogenen Einflussfaktoren auf Qualitätsmanagementsysteme.

Die praktische Erfahrung des Forschers zeigt, dass sowohl Standardeigner als auch Gesetzgeber Einfluss auf das Qualitätsmanagementsystem haben, da diese das System vorgeben. Ein Unterschied zwischen den beiden besteht darin, dass der Gesetzgeber „nur" eine Regel auferlegt, der Standardeigner zusätzlich auch sein Produkt verkauft. Der Einfluss ist seitens des Gesetzgebers stärker, da die Befolgung der gesetzlichen Anforderungen für die Unternehmen gesetzlich verpflichtend ist, während die Zertifizierung nach einem Standard auf – vom Gesetz her – freiwilliger Basis erfolgt.

Der Standardeigner hat sein Ziel – nämlich durch das Erstellen eines Standards Lebensmittelsicherheit zu garantieren – mit einem geschäftlichem Nutzen verbunden, er möchte sein Produkt am Markt positionieren. Um den Standard publik bzw. für ein Unternehmen interessant zu machen, braucht der Standardherausgeber Werbung. Dies erfolgt z. B. sehr gut über den Weg der Kommunikation mit den Konsumenten, indem spezielle Kundennutzen, wie beispielsweise die Kennzeichnung mit $CO_2$-Labeln, mit verkauft werden.

Zu Beobachten ist außerdem eine Fülle an Standards. Durch die Vielzahl der oft ähnlichen Standards schwindet deren Aussagekraft, was in Folge zur Konsumentenverwirrung beiträgt.

Es ist des Weiteren zu hinterfragen, inwieweit für ein Unternehmen, welches nach mehreren ähnlichen Standards zertifiziert ist, Nutzen aus oder trotz der Mehrfachzertifizierung ziehen kann. Obwohl die Standards sich mitunter großflächig decken, werden bei der Kontrolle jedes Standards immer wieder die gleichen Kriterien durch die unterschiedlichen Kontrollstellen abgefragt. Dies führt zu einer Frustration für das Unternehmen. Zusammenfassend lässt sich festhalten, dass seitens der Unternehmen die Bereitschaft für eine umfassende Kontrolle dennoch durchwegs gegeben ist – wenn dadurch Doppelgleisigkeiten zwischen den Kontrollen vermieden werden.

# 5 Analyse von Qualitätsmanagementsystemen in der Agrar- und Ernährungswirtschaft

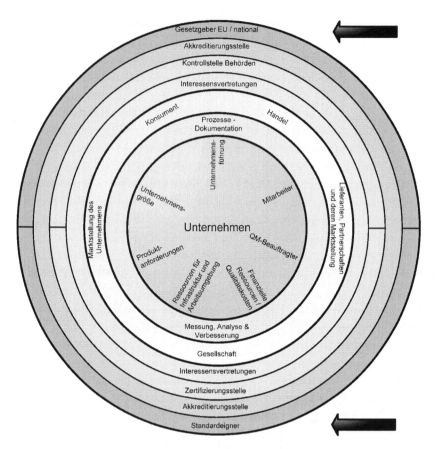

Abbildung 59: Exogene Einflussfaktoren, „Standardeigner und Gesetzgeber"

## 5.7 Resümee und Bildung eines literaturbasierten Gesamtmodells

Tabelle 14 veranschaulicht nochmals die aggregierten Einflussfaktoren auf Qualitätsmanagementsysteme der Agrar- und Ernährungswirtschaft. Es werden die eruierten Faktoren nach dem Ursprung ihres Herleitens aufgeschlüsselt und ebenso dem Bereich ihres Wirkens entsprechend zugeordnet (siehe auch Kapitel 5.2 und Kapitel 5.3).

# Analyse von Qualitätsmanagementsystemen in der Agrar- und Ernährungswirtschaft 5

**Tabelle 14:** Zusammenfassung der aggregierten Einflussfaktoren und deren Herleitungsursprung

| | B | ÖN | P | Z | Studien | Institutionen-ökonomie | endogene Faktoren | exogene Faktoren u/s | systemimmanente Faktoren |
|---|---|---|---|---|---|---|---|---|---|
| Unternehmensführung | x | x | x | x | x | | x | | |
| Mitarbeiter | x | x | x | x | x | | x | | |
| QM-Beauftragter | | | x | x | | | x | | |
| Finanzielle Ressourcen/ Qualitätskosten | x | x | x | x | x | | x | | |
| Ressourcen für Infrastruktur und Arbeitsumgebung | x | x | x | x | x | | x | | |
| Produktanforderungen | x | | | | x | | x | | |
| Unternehmensgröße | | | | | x | | x | | |
| Konsument | x | | x | x | x | | | x (u) | |
| Handel | | | | | x | | | x (u) | |
| Lieferanten, Partnerschaften und deren Marktstellung | x | x | | | x | | | x (u) | |
| Gesellschaft | x | | x | | x | | | x (u) | |
| Marktstellung des Unternehmens | | | | | x | | | x (u) | |
| Prozesse – Dokumentation | x | x | x | x | x | | | | x |
| Messung, Analyse & Verbesserung | | | | x | x | | | | x |
| Interessensvertretung | | | | | | x | | x (s) | |
| Kontrollstelle | | | | | | x | x | x (s) | |
| Akkreditierungsstelle | | | | | | x | | x (s) | |
| Gesetzgeber/Standardeigner | | | | | | x | x | x (s) | |

Erklärung der Tabelle:
B: Modell nach Benes et al. (2004, 108)
ÖN: Modell nach ON Österreichisches Normungsinstitut (2006, 33)
P: Modell nach Pöchtrager (2001, 154 ff)
Z: Modell nach Zollondz (2006, 207)
Studien: Bayazit und Karpak (2007, 79 ff); Chen und Chen (2009, 8789 ff); Wali et al. (2003, 3 ff); Jha und Kumar (2010, 1 ff); Salaheldin (2009, 215 ff); Conca et al. (2004, 683 ff); Albersmeier et al. (2010, 69 ff); Hatanaka et al. (2005, 354 ff)
Exogene Faktoren (u): Unternehmensumfeld
Exogene Faktoren (s): systemgestaltende Institutionen

# 5 Analyse von Qualitätsmanagementsystemen in der Agrar- und Ernährungswirtschaft

Abbildung 60 zeigt noch einmal das Gesamtmodell, welches in Kapitel 5 generiert wurde. Der innere Kreis beherbergt die endogenen Faktoren, die im Unternehmen selbst wirken. Diese sind in der Darstellung umgeben von den systemimmanenten Faktoren – den Faktoren, die sich durch die Einführung des Qualitätsmanagementsystems ergeben. Weiter außen wirken die exogenen Faktoren. Das Unternehmensumfeld mit seinen indirekten Einflüssen auf Qualitätsmanagementsysteme von Einzelunternehmen der Agrar- und Ernährungswirtschaft einerseits, und andererseits außen angesiedelt, die systemgestaltenden Institutionen mit ihrem doch recht direkten Einfluss auf die Systeme.

Die Pfeile im Modell verdeutlichen die Option, dass die Einflussfaktoren nicht zwingend nur nach innen wirken, sondern gleichsam eine Wirkung nach außen möglich ist. Sie stehen somit in einer wechselseitigen Beziehung zueinander. Durch Feedbackschleifen und damit einem Grundprinzip des Qualitätsmanagements – dem Denken in Regelkreisen – folgend, ist eine strenge Trennung von Ursache und Wirkung manchmal nicht möglich und meistens nicht sinnvoll.

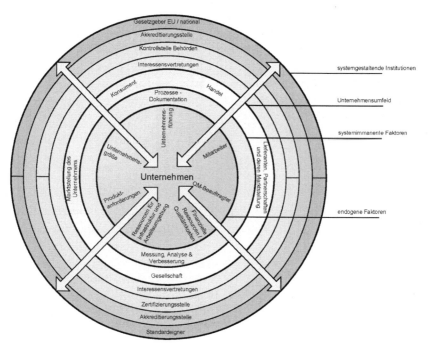

Abbildung 60: Einflussfaktoren auf Qualitätsmanagementsysteme in der Agrar- und Ernährungswirtschaft

Analyse von Qualitätsmanagementsystemen in der Agrar- und Ernährungswirtschaft  5

Das generierte Modell umfasst die Faktoren eines ganzheitlichen Qualitätsmanagementsystems im Unternehmen.

In der Realität kommt es mitunter dennoch vor, dass Qualitätsmanagementsysteme versagen. Deshalb wird im Folgenden darüber nachgedacht, welche negativen Einflüsse auf ein derartiges System einwirken können und dadurch eine Schwächung des Systems nach sich ziehen.

## 5.8 Negative Einflüsse auf Qualitätsmanagementsysteme – Warum versagen derartige Systeme?

Ein funktionierendes Qualitätsmanagementsystem spart kontinuierlich mehr ein, als es kostet. Dennoch funktionieren die wenigsten so, wie sie sollten. Nachdem es nicht am Qualitätsmanagementsystem selbst liegt, welches für alle gleich ist, stellt sich die Frage, welche Faktoren sich für das Scheitern eines Qualitätsmanagementsystems verantwortlich zeigen (vgl. CRAMER, s. a.).

MÜNCHRATH (1995, 161 f) und ZINGEL (2002, s. p.) zeigen Gefahren, die bei der Einführung von Qualitätsmanagementsystemen lauern.

Ein gewichtiger Bereich für potenziellen Misserfolg liegt diesbezüglich in der Verantwortung der Unternehmensführung. Damit gehen mehrere Risikobereiche einher. Die fehlende Unternehmensstrategie und damit verbunden, die kurzfristige Lösung dringender Probleme steht im Widerspruch zu der dauerhaften Sicherung der Wettbewerbsfähigkeit. Dementsprechend verleiten fehlende, falsche oder wechselnde Ziele Geschäftsführung und Mitarbeiter dazu, sich in ungelösten Tagesproblemen zu verlieren, anstatt auf das große Ganze zu fokussieren. Demzufolge lassen sich nur marginale Verbesserungen erzielen, was zu einer Desillusionierung der Arbeitnehmer führt und weiterhin das System schwächt (vgl. MÜNCHRATH, 1995, 161 f).

Ein zusätzlicher Risikofaktor im Bereich der Humanfaktoren wäre mangelndes Engagement der Unternehmensführung. Wenn der Wille zur Veränderung von der Führung nicht demonstriert wird und die Verantwortung für die Veränderung nicht vorgelebt, sondern an die unteren Ebenen delegiert, wird das Engagement der Mitarbeiter gleichfalls dürftig ausfallen (vgl. MÜNCHRATH, 1995, 161 f). So steht das Schlagwort *top down for targets* dafür, dass das Qualitätsmanagement und dessen Ziele von der Führungsebene vorgelebt werden müssen. „Erst dann könne ‚von unten' der Support für das System wachsen,..." (ZINGEL, 2002, s. p.), was sich in der Redewendung *bottom-up for how-to-do-it* zeigt. Wenn also laut ZINGEL (2002, s. p.) Mitarbeiter permanenten Streit der Verantwortlichen erleben, wird Qualitätsmanagement eher als Risiko denn als Chance empfunden und mit tendenziell negativen Assoziationen verbunden.

Die Art der Kommunikation und Mitarbeiterbeteiligung ist also ein weiteres Risikokriterium für den Erfolg eines Qualitätsmanagementsystems. Durchgängige Kommunikation ist essentiell, um umfassende Veränderungen im Unternehmen nachhaltig durchzuführen. Konzepte und Konsequenzen nur einem kleinen Kreis zugänglich zu machen und somit die Mitarbeiter erst vor vollendete Tatsachen zu stellen, wäre kontraproduktiv. Vielmehr sollten die Mitarbeiter aktiv in die Gestaltung des Qualitätsmanagements, z. B. in die Erarbeitung des Qualitätsmanagementhandbuchs, einbezogen werden, da sie die Arbeitsabläufe und Prozesse, die sie selbst permanent durchlaufen, am besten kennen (vgl. MÜNCHRATH, 1995, 161 f und ZINGEL, 2002, s. p.). Es geht also mehr darum, die Prozesse zu verändern als die Mitarbeiter. Dementsprechend folgendes Zitat DEMINGS: „85 % der Gründe für das Versagen, Kundenerwartungen gerecht zu werden, sind auf Mängel in Systemen und Prozessen zurückzuführen, weniger auf die Mitarbeiter. Die Rolle des Managements ist es, den Prozess zu verändern, nicht die Mitarbeiter" (WAGNER und KÄFER, 2008, 66).

Und dennoch sind es letztendlich entsprechende Mitarbeiterschulungen, gefolgt von vielen kleinen Audits im ersten Jahr der Systemimplementierung, die eine Integration der Schulungsmaßnahmen in den Alltag ermöglichen (vgl. MÜNCHRATH, 1995, 161). So konstatiert CRAMER, dass „der Schulungs- und Aufklärungsbedarf gegenüber den Mitarbeitern dramatisch unterschätzt und deren Einbindung in Qualitätsmanagement viel zu sehr vernachlässigt wird" (CRAMER, s. a.).

Weitere Schwierigkeiten werden in mangelnder Planung und falschen Zeitvorstellungen gesehen. Da es Zeit braucht, bis umfangreiche, nachhaltige Veränderungen im Unternehmen Wirkung zeigen, ist die Unternehmensführung gefordert, die nötige Geduld aufzubringen, bis die umgesetzten Projekte sichtbare Erfolge bringen (vgl. MÜNCHRATH, 1995, 161).

Außerdem bedarf die Implementierung eines in seiner Art sehr komplexen Qualitätsmanagementsystems eines effektiven Projektmanagements, dessen Grundlage ein Konzept für die angestrebte Soll-Situation und die Gestaltung des Übergangs darstellt (vgl. MÜNCHRATH, 1995, 161 f). Essentiell ist hierbei auch die Entscheidung, welche Projektorganisation für die Durchführung der Systemimplementierung gewählt wird. Wird das Projekt Qualitätsmanagement einer Stabstelle übertragen, sind die Stabsstellenmitarbeiter auf das Wohlwollen der Linieninstanzen angewiesen, um einen unternehmensweiten Veränderungsprozess zu lancieren. Gleichermaßen besteht die Gefahr, dass die Stabsstelle Weisungen erteilt, ohne hierzu formal berechtigt zu sein. Dement-

## Analyse von Qualitätsmanagementsystemen in der Agrar- und Ernährungswirtschaft

sprechend wichtig ist eine exakte Stellenbeschreibung und Definition der Organisationsstruktur. ZINGEL (2002, s. p.) empfiehlt eine als für die Einführung eines Qualitätsmanagementsystems geeignete eine Matrix-Projektorganisation, bestehend aus einem Mehrliniensystem, bei welchem dem Abteilungsleiter ein Qualitätsmanagementprojektleiter als zusätzliche, anordnungsbefugte Stelle beigeordnet wird. Voraussetzung für den Erfolg einer derartigen Projektorganisation ist die Kommunikation zwischen den beiden gleichermaßen weisungsberechtigten Stellen, um sich gegenseitig nicht zu behindern (vgl. ZINGEL, 2002, s.p).

Mit der Organisation in Verbindung steht auch der Formalisierungsgrad eines Unternehmens. Je größer ein Unternehmen wird und je weniger Konkurrenz es hat, desto bürokratischer und schwerfälliger wird es. Für kleine Unternehmen macht es wenig Sinn, die Arbeit des Qualitätsmanagementbeauftragten auf die Einführung von Formularen und Dokumentationen für bisher reibungslos informell ablaufende Vorgänge zu konzentrieren und so dem „bürokratischen Unwesen" Vorschub zu leisten (vgl. ZINGEL, 2002, s.p). Auch KÜHL und SCHMIDT (2004, 126) sehen in der Standardisierung von Produktionsabläufen die latente Gefahr der Bürokratisierung und technokratischen Steuerung. Wenn also die Bevormundung und Einengung durch Qualitätsmanagement kritisiert wird, räumt CRAMER (s. a.) ein, dass nicht das Qualitätsmanagement selbst dafür verantwortlich ist, sondern diejenigen, die viel zu enge Spielregeln aufstellen. Dementsprechend wird in den einzelnen Qualitätsmanagementsystemen nicht beschrieben, wie etwas konkret zu handhaben ist, vielmehr werden stattdessen „Anstöße gegeben, um die eigene Organisation zu durchleuchten, ganzheitlich darzustellen und widerspruchsfrei zu regeln" (CRAMER, s. a.). Ein klassisches Denken im „Normenkorsett" ist somit kontraproduktiv und sollte bei der Ausgestaltung des Systems durch die Frage ersetzt werden, was ein Qualitätsmanagementsystem und dessen Zertifizierung bringt.

Obwohl die einhellige Meinung vorherrscht, dass Unternehmen mit Qualitätsmanagement nachweislicher erfolgreicher sind und eine diesbezügliche Studie des Lebensministeriums aus dem Jahr 2005 die Einsparungspotenziale durch Integrierte Managementsysteme bei elf Unternehmen mit einer Unternehmensgröße zwischen 12 und 480 Mitarbeitern auf fast eine halbe Million Euro beziffert (vgl. QUALITYAUSTRIA, 2009, s. p.), werden auch andere Stimmen laut, die den Sinn und Zweck gesetzlicher und normativer Regelungen das Qualitätsmanagement betreffend hinterfragen. So kritisiert ADAMS (2005, 32 f), dass oftmals die Systemqualität wesentlich mehr im Vordergrund steht als die Produktqualität. Das heißt, eine normgerechte Zertifizierung nach einem Qualitätsmanagementsystem macht ein Unternehmen zwar qualitätsfähig, sorgt aber keinesfalls für die Produktqualität und führt somit ein derartiges System ad absurdum. Das widerspricht dem Wunschdenken, dass Qualitätsmanagement Produktqualität hundertprozentig sichern kann (vgl. RÖTZEL und RÖTZEL-SCHWUNK, 1999, 45 ff). Viel eher ist es so, dass das Ergebnis aller diesbezüglichen Bemühungen lediglich eine hohe Wahrscheinlichkeit für gute Produktqualität sein kann, mit dem Ziel, das Risiko unter ein vertretbares Grenzrisiko zu senken. Die Quellen des Versagens sehen RÖTZEL und RÖTZEL-SCHWUNK (1999, 46) in den Aspekten „ehrliches Wollen aller Beteiligten", „organisatorische Basis/systematisches Management" und „technisches Können". ADAMS (2005, 33) unterstreicht dieses Ungleichgewicht zwischen Systemqualität und Produktqualität und verweist auf die Anzahl an Produktrückrufen in Deutschlands Automobilbranche, die größer wird, auch wenn es mehr Vorgaben zu Qualitätsmanagementsystemen gibt und wenn mehr Qualitätsmanagementsysteme existieren. Die Ursache für dieses Phänomen und somit zugleich einen möglichen Lösungsansatz sieht ADAMS (2005, 33) darin, dass den Mitarbeitern der Qualitätsmanagementabteilungen der Bezug zur Praxis der Produktion fehlt. Um diese Lücke zu schließen, schlägt er vor, die Mitarbeiter der Qualitätsmanagementabteilungen zeitweilig in den Produktionsprozess einzubinden und anschließend die Qualitätsmanagementabteilungen neben den Theoretikern mit Praktikern nach einem rollierenden Prinzip zu besetzen, sodass niemand mehr als sechs Monate am Stück in der Qualitätsmanagementabteilung bleibt.

Die Literaturrecherche zeigt auf, dass die größten Problematiken, die zum Versagen eines Qualitätsmanagementsystems beitragen, im Bereich der Humanfaktoren Unternehmensführung und Mitarbeiter sowie damit verbunden, bei den Softskills angesiedelt sind. Inwieweit diese theoretisch gewonnenen Ansätze sich in den Unternehmen der Agrar- und Ernährungswirtschaft wiederfinden, bzw. ob andere, bislang ungenannte Einflüsse negative Auswirkungen auf das Funktionieren von Qualitätsmanagementsystemen haben, soll in einem späteren Kapitel (Kapitel 7 und 8.6) mithilfe von Experteninterviews in der Milchbranche eruiert werden.

# 6 Evaluierung der Einflussfaktoren von Qualitätsmanagementsystemen in der Agrar- und Ernährungswirtschaft

Wie bereits in Kapitel 2.6 dargelegt, bietet die Entscheidungstheorie eine theoretische Grundlage, um die Bedeutung der entscheidungsrelevanten Einflussfaktoren auf Qualitätsmanagementsysteme zu untersuchen. Den wissenschaftstheoretischen Erkenntnissen der vorangegangenen Ausführungen Folge leistend, ist es zielführend, die vorliegende Fragestellung in das entscheidungstheoretische Umfeld einzubetten. Aufbauend auf den Explikationen von Kapitel 2.6 wird nunmehr das Fundament für die praktische Umsetzung des entscheidungstheoretischen Hintergrundes im relevanten Forschungsfeld gebildet. Zur Evaluierung der Einflussfaktoren von Qualitätsmanagementsystemen in der Agrar- und Ernährungswirtschaft eignen sich die Methoden der Entscheidungstheorie. Konkret werden die Nutzwertanalyse und der AHP bei vorliegender Studie eingesetzt, um die systemtheoretische Analyse des Qualitätsmanagements in der Agrar- und Ernährungswirtschaft empirisch zu prüfen.

Wie bereits ausgeführt, versteht sich die Entscheidungstheorie als ein Zweig der angewandten Wahrscheinlichkeitstheorie, der Konsequenzen von Entscheidungen evaluiert. Die Entscheidungstheorie wird vielfach als betriebswirtschaftliches Instrumentarium eingesetzt, da sie heuristische Verfahren bietet, mit deren Hilfe komplexe Probleme einer Lösung zugeführt werden können.

Zwei dieser Verfahren – die Nutzwertanalyse und der Analytic Hierarchy Process (AHP) – werden nachfolgend hinzugezogen, um die Funktionsweise von Qualitätsmanagementsystemen in der Agar- und Ernährungswirtschaft einer Analyse zu unterziehen. Vor allem in Bezug auf die Frage, welche Faktoren Qualitätsmanagementsysteme in Einzelunternehmen der Agrar- und Ernährungswirtschaft beeinflussen, scheinen diese beiden Methoden prädestiniert, da sie eine Befragung einzelner Personen erlauben und es ermöglichen, eine Menge von Alternativen nach mehreren Attributen zu ordnen und gleichzeitig die Wichtigkeit der Ziele untereinander zu berücksichtigen.

Im konkreten Falle ist es auf den ersten Blick nicht ersichtlich, welche Faktoren – also welche Alternativen – in welchem Ausmaß Qualitätsmanagementsysteme beeinflussen, es liegt ein komplexer Sachverhalt vor, der eine komplexe Entscheidung erfordert. Weiters sind für die Entscheidung in erster Linie nicht monetäre Kriterien ausschlaggebend. Dies alles spricht für den

Einsatz der Nutzwertanalyse, da sie komplexe Entscheidungen vereinfacht, indem sie vor allem Vergleichbarkeit ermöglicht.

Da der AHP das Grundprinzip mit der Nutzwertanalyse teilt und beide Methoden eine Menge möglicher Handlungsalternativen anhand von Kriterien beurteilt, kann der AHP ebenso Anwendung finden. Er ist mathematisch anspruchsvoller und differenzierter als die Nutzwertanalyse und gilt methodisch gesehen als eine „erweiterte" Nutzwertanalyse (vgl. BUCHER, 2005, s. p.). Während die Berechnung der Nutzwertanalyse mittels additiven Näherungsverfahrens durchgeführt wird, liegt dem AHP eine rechenintensive Matrizenmultiplikation zugrunde. Und obwohl die Nutzwertanalyse im Ergebnis durchwegs zur gleichen Reihenfolge der Alternativen führen kann, sind die Abweichungen und Unschärfen in den Gewichtszahlen bzw. Prozentwerten beim AHP um einiges differenzierter. Ein wesentlicher methodischer Unterschied besteht darin, dass bei der Durchführung des AHP der Entscheidungsträger gezwungen ist, jede Alternative jeweils mit jeder anderen paarweise zu vergleichen. Allein diese konzentrierte, gedankliche Auseinandersetzung des AHP mit den einzelnen Alternativen lässt andere und genauere Bewertungen erkennen als bei der Nutzwertanalyse.

RIEDL (2006, 119) vergleicht AHP und Nutzwertanalyse und stellt fest, dass der AHP der Nutzwertanalyse in einigen Punkten überlegen ist. So erhöht die hierarchische Gliederung des AHP die Transparenz der Entscheidungssituation, und eine Konsistenzprüfung deckt etwaige Widersprüche im Evaluationsprozess auf. Umgekehrt ist die Nutzwertanalyse leichter verständlich und entsprechende Softwareanschaffungskosten erheblich niedriger bzw. ist die Evaluation auf Basis eines Tabellenkalkulationsprogramms leichter umsetzbar. Ebenfalls erwähnenswert ist, dass die Manipulation von Evaluationsergebnissen bei der Nutzwertanalyse leichter möglich ist als beim AHP, da bei der Nutzwertanalyse die Gewichtung durch den Entscheidungsträger direkt festgelegt wird und dadurch möglicherweise genau jene Kriterien hoch gewichtet werden, bei denen der Entscheidungsträger seine Stärken hat. Eine derartige absichtliche Übergewichtung ist zwar auch beim AHP möglich, wird aber durch die Konsistenzprüfung transparent gemacht. Dies meint auch BUCHER (2005, s. p.), wenn er postuliert, dass Modelle wie die Nutzwertanalyse durch eine gewisse Subjektivität geprägt sind, die bei der Interpretation der Ergebnisse zu berücksichtigen ist. Obwohl die Methodik des AHP sehr strukturiert ist, stellt auch eine Entscheidung mittels AHP ein subjektives Verfahren einzelner kleiner „Bauchentscheidungen" dar, womit eine objektive Diskussion lediglich über das Ergebnis der Bewertungen möglich ist.

# 6 Evaluierung der Einflussfaktoren von Qualitätsmanagementsystemen

RIEDL (2006, 120) kommt zu dem Schluss, dass die Vorziehenswürdigkeit von AHP oder Nutzwertanalyse von der jeweiligen Situation abhängen, in jedem Fall aber durch die Anwendung beider Modelle der Entscheidungsprozess transparent und die Auswahl objektiviert wird. Dementsprechend regt BUCHER (2005, s. p.) eine kombinierte Anwendung beider Methoden an.

Eine Applikation beider Verfahren bietet zudem den Vorteil der methodischen Triangulation (vgl. FLICK, 2008, 15 f). Dies meint die Kombination verschiedener Methoden, mit dem Vorteil, die Begrenztheit der Einzelmethoden methodologisch durch ihre Kombination zu überwinden. Dementsprechend können Mängel und Verzerrungen, die von einer Methode herrühren, reduziert werden, indem die Fehler und Schwächen der einen Methode kompensiert werden (vgl. THURMOND, 2001, 254). Bei der „Between Method" werden verschiedene Methoden kombiniert, um den Grad der externen Validität zu erhöhen. „Within Method", bei der innerhalb einer Methode Variationen eingeführt werden, hat den Zweck der Feststellung der internen Konsistenz oder Reliabilität (vgl. LAMNEK, 2005, 159 und 278).

Obwohl sich mehrere Kritiker einig sind, dass zumindest aus konstruktivistischer Sicht eine Erhöhung der Validität von Forschungsergebnissen durch Triangulation fragwürdig erscheint, ist es unbestritten, dass durch die Kombination verschiedener Methoden einer Analyse mehr Breite und Tiefe verliehen wird (vgl. FLICK, 2008, 16; LAMNEK, 2005, 159; THURMOND, 2001, 255 ff).

Um die Stärken beider Methoden zu nutzen, werden sowohl der AHP als auch die Nutzwertanalyse eingesetzt.

## 6.1 Nutzwertanalyse (NWA)

Die Methode der Nutzwertanalyse wurde als Bewertungsverfahren in den USA entwickelt, aber erst durch ZANGEMEISTER (TU Berlin) im deutschen Sprachraum bekannt gemacht (vgl. GWI, 2010). ZANGEMEISTER (1976, 45) definiert die Nutzwertanalyse als „Analyse einer Menge komplexer Handlungsalternativen mit dem Zweck, die Elemente dieser Menge entsprechend den Präferenzen des Handlungsträgers bezüglich eines multidimensionalen Zielsystems zu ordnen".

Soll also zwischen mehreren miteinander schwer vergleichbaren Alternativen gewählt werden, hat der Entscheidungsträger mit der Nutzwertanalyse ein Instrument zur Bestimmung der von ihm bevorzugten Alternative zur Hand. Der Grundgedanke der Nutzwertanalyse besteht somit darin, dass mehrere Handlungsalternativen, deren Konsequenzen dem Entscheidungsträger vorab bekannt sind, verglichen und in einem Ergebniswert verdichtet werden sollen. Der Ergebniswert ist ein Rating-Wert, ein Werturteil, mit dessen Hilfe eine Entscheidung getroffen werden kann (vgl. ZINGEL, 2006).

Das Besondere der Nutzwertanalyse liegt darin, dass sie als einziges Instrument entscheidungslogisch tragbare bzw. praxistauglich mehrere Ziele berücksichtigt. Außerdem können nicht direkt quantifizierbare Aspekte mit Hilfe von Zahlen bewertet werden. Dies ist von Vorteil, da in der Praxis komplexe Probleme immer sowohl mit mehreren Zielen, als auch mit vielen nicht quantifizierbaren Fragen zusammenhängen (vgl. WIEGAND, 2004, 278).

Dementsprechend findet die Nutzwertanalyse ihre Anwendung, wenn mehrere Alternativen für eine Entscheidung vorhanden sind. Es können dabei nicht quantifizierbare Ziele in das Entscheidungsfindungssystem einbezogen werden. Geht man davon aus, dass sich der Gesamtnutzen eines Objektes aus einer Summe voneinander unabhängiger Teilnutzen zusammensetzt, für welche jeweils eine Idealerfüllung und ein daran gemessener Erfüllungsgrad bekannt sind, so lassen sich mit dieser Methode ganzheitliche Lösungen vergleichen, Stärken oder Schwächen lokalisieren (vgl. LITKE, 2007, 138) und verschiedene Teillösungen sowie konzeptionelle Varianten oder Alternativen bewerten und Machbarkeiten abklären (vgl. WIEGAND, 2004, 278). Beispiele wären die Bewertung von Forschungs- und Entwicklungsvorhaben oder Produktideen sowie die Beurteilung von Standorten oder EDV-Systemen (vgl. DOMSCHKE und SCHOLL, 2008, 62). Anwendungsfelder im Qualitätsmanagement sind etwa die Lieferantenbeurteilung oder auch die FMEA (Fehler-Möglichkeits- und Einflussanalyse, die zur Fehlervermeidung und Erhöhung der technischen Zuverlässigkeit im Qualitätsmanagement eingesetzt wird) (vgl. ZINGEL, 2006).

In dieser universellen Einsetzbarkeit bei der Bewertung und somit in der großen Flexibilität liegt laut ZINGEL (2006, s. p.) der größte Vorteil der Nutzwertanalyse. Sie eignet sich besonders, wenn „weiche" – nicht in Geldwert oder Zahlen darstellbare – Kriterien vorliegen, anhand derer eine Entscheidung zwischen den verschiedenen Alternativen getätigt werden muss (vgl. NIKLAS, 2002). Als ein weiterer Vorteil liefert die Nutzwertanalyse Ergebnisse in Form von Zahlen. Dadurch kann eine einseitige Orientierung an quantifizierbaren Aspekten wie Kosten relativiert werden (vgl. WIEGAND, 2004, 278).

Als Nachteil erachtet WIEGAND (2004, 278) methodische Prämissen, die oft nicht hinreichend eingehalten werden oder eingehalten werden können. Aus diesem Grund entstehen in der Praxis viele die Ergebnisse verfälschende Ergebnisse. Außerdem werden oft kleine Zahlendifferenzen unzulässig inter-

# Evaluierung der Einflussfaktoren von Qualitätsmanagementsystemen

pretiert, auch wenn die Nutzwertanalyse eine derartige Genauigkeit gar nicht bieten kann. ZINGEL (2006, s. p.) sieht die Grenzen der Nutzwertanalyse beim Vorhandensein sogenannter K.O.-Kriterien. Das bedeutet, dass solche Eigenschaften, die eine Handlungsalternative gänzlich ausschließen, im Vorfeld gefunden werden müssen.

Im Folgenden wird eine Grundversion der Nutzwertanalyse beschrieben (vgl. DOMSCHKE und SCHOLL, 2008, 62 ff). Es wird davon ausgegangen, dass eine Menge möglicher Handlungsalternativen, indiziert mit $i = 1,..., m$, anhand von Zielen (Kriterien) $h = 1,..., k$ zu beurteilen ist. Der Gesamtnutzen $U_i$ einer Handlungsalternative $a_i$, in den Zielgewichte $\phi_h$ und Nutzenwerte $u_{ih}$ eingehen, wird gemäß einer additiven Zielgewichtung mit Hilfe folgender Formel berechnet:

$$U_i = \sum_{h=1}^{k} \phi_h \cdot u_{ih}$$

Die Nutzwertanalyse erfolgt in mehreren Schritten:

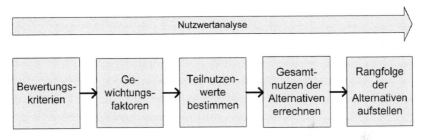

Abbildung 61: Ablauf der Nutzwertanalyse

- *Bewertungskriterien festlegen*
  Es müssen die Zielkriterien für den Untersuchungsgegenstand formuliert werden. Dabei werden die realistisch in Frage kommenden Alternativen, welche zur Entscheidung vorliegen, vollständig benannt und in eine hierarchische Ordnung gebracht.
  Dazu wird ein Zielbaum aufgestellt, indem das Oberziel in seine Teilziele (Unterziele/Subziele) aufgesplittet wird. Jedes Ziel kann aus der Gesamtheit seiner Unterziele abgeleitet werden. Somit sind lediglich die Ziele der jeweils untersten Zielhierarchie für die Entscheidungsfindung relevant (vgl. ZANGEMEISTER, 1976, 94). Es ist sinnvoll, sich auf wenige prägnante Punkte zu konzentrieren, da sich der Arbeitsaufwand erhöht, je mehr Kriterien verglichen werden sollen, womit auch der Vergleich zueinander immer schwieriger wird (vgl. NIKLAS, 2004, s. p.). Diese Zielkriterien müs-

sen quantifizierbar bzw. messbar sein, um eine Bewertungshierarchie vornehmen zu können (vgl. ZANGEMEISTER, 1976, 111), dementsprechend müssen sie mindestens ordinal skaliert sein (vgl. DOMSCHKE und SCHOLL, 2008, 62). Außerdem müssen die Kriterien weitgehend unabhängig voneinander sein, um positive oder negative Korrelationen zwischen den Kriterien zu vermeiden.

- *Gewichtungsfaktoren (Zielgewichte) ermitteln*
  Es ist davon auszugehen, dass nicht alle Zielkriterien einen gleich großen Einfluss auf die Erreichung des Oberziels haben. Daher wird durch die Gewichtung der Faktoren die relative Bedeutung eines Kriteriums im Vergleich zu den anderen Kriterien festgelegt.
  Die Gewichtung kann dabei auf verschiedene Arten erfolgen (vgl. DOMSCHEK und SCHOLL, 2008, 62 f; KROÉS und GURK, 1973, 38 ff):
  – Bei dem Verfahren der *Rangfolgenbildung* wird eine ordinale Wertung der Kriterien vorgenommen. Es wird zwar die Wichtigkeit jedes Kriteriums für den Entscheidungsträger ersichtlich, das relative Gewicht der Kriterien untereinander bleibt jedoch verborgen.
  – Bei der *direkten Gewichtung der Kriterien (Verteilungsmethode)* erfolgt die Gewichtung durch die Verteilung einer gewissen Gesamtpunkteanzahl auf die verschiedenen Kriterien nach deren Wichtigkeit. Üblicherweise wird eine Punktzahl von 100 vergeben und so die Gewichtung nach den Regeln der Prozentrechnung durchgeführt. Es kann sinnvoll sein, die Kriterien hierarchisch in Gruppen zusammenzufassen und die Gesamtpunkteanzahl auf die verschiedenen Gruppen zu verteilen und das Gleiche innerhalb der Gruppen durchzuführen. Durch Division jeder Punktezahl durch die Gesamtpunktzahl ergeben sich normierte Gewichte $\phi_h$, d. h. es gilt $\Sigma_h \phi_h = 1$.
  – In der Praxis wird oft ein *paarweiser Vergleich* zwischen den Kriterien nach der relevanten Wichtigkeit vorgenommen. Als Gewicht $\phi_h$ verwendet man den Quotienten aus der Anzahl von Fällen, in denen das Kriterium $h$ als wichtiger als ein anderes Kriterium eingeschätzt wird, sowie der Gesamtzahl $k \cdot (k-1)/2$ der Vergleiche. Aus dem Vergleich ergibt sich eine Matrix, aus der man die Häufigkeit der Bevorzugung eines Kriteriums ablesen kann. Aus der relativen Häufigkeit wiederum kann man die Wahrscheinlichkeit der Bedeutungspräferenz eines Kriteriums abschätzen.
  Kritikpunkte dieser Methode bestehen darin, dass das Ausmaß der Bedeutungsunterschiede nicht in die Gewichtungsbestimmung eingeht und das Hinzufügen von Kriterien zu einer Veränderung der Gewichte

führt. Außerdem ist es für den Entscheidungsträger schwierig, die Transitivität der Vergleichsergebnisse zu garantieren. Das bedeutet, falls Kriterium *a* wichtiger als Kriterium *b* und *b* wichtiger als Kriterium *c* eingestuft wird, sollte auch *a* dem Kriterium *c* vorgezogen werden.

- *Festlegung subjektiver Teilnutzenwerte* $u_{ih}$
  Die Kriterien $h = 1,\ldots, k$ werden unabhängig voneinander betrachtet. Dabei gibt es verschiedene Vorgehensweisen:
  - Ermitteln einer *Rangfolge* aus den vorliegenden Handlungsalternativen anhand ihrer Ausprägungen für ein Kriterium *k*: Die Alternative mit der am besten beurteilten Ausprägung und somit dem höchsten Nutzwert erhält dabei den ersten Rang (Punktwert *k*), die nächste den zweiten Rang (Punktwert *k* – 1) usw. Somit werden für jedes Kriterium die Punktwerte *k*,..., 1 auf die Alternativen als Nutzwerte verteilt.
  - *Zuordnung von Punktwerten*, so dass sie den Erfüllungsgrad des Kriteriums widerspiegeln (z. B. 1 = sehr schlecht, 5 = sehr gut): Dabei müssen die Nutzwerte normiert werden, um für jedes Kriterium denselben maximalen Nutzen erreichen zu können und eine Verfälschung der Zielgewichtung zu vermeiden. Im Rahmen der vorliegenden Bewertung auf Basis der NWA wird eine Skala von 0–100 verwendet, um den Befragten eine ausreichende Abstufung zu ermöglichen.
- *Ermittlung des Gesamtnutzens* $U_i$
  für jede Handlungsalternative $a_i$ gemäß der Formel:

$$U_i = \sum_{h=1}^{k} \phi_h \cdot u_{ih}$$

- *Rangfolge der Alternativen* aufstellen
  Die Handlungsalternative mit dem höchsten Wert wird bezüglich der berücksichtigten Kriterien am besten beurteilt.

Zu beachten ist, dass die Ergebnisse nur relativ zueinander betrachtet werden, da die Werte aus einem Vergleich resultieren. Daher lässt sich keine absolute Aussage tätigen, ob die Entscheidung wirklich von Vorteil ist (vgl. NIKLAS, 2004, s. p.). Gleichfalls ist festzuhalten, dass sämtliche Schritte der Nutzwertanalyse von subjektiven Einschätzungen geprägt sind. Daher ist es sinnvoll, bei Veränderungen der Gewichte und Nutzwerte die Reihung der Handlungsalternativen auf ihre Stabilität zu überprüfen. Dies erfolgt mittels *Sensitivitätsanalyse*. Zudem ist zu berücksichtigen, dass Gruppenurteile bei der NWA mittels arithmetischen Mittelwerts zu einem Gesamturteil verdichtet werden können.

## 6.2 Analytischer Hierarchieprozess (AHP)

Der AHP (englisch: Analytic Hierarchy Process) wurde in den 1970er Jahren von dem Mathematiker Thomas L. SAATY als ein Verfahren zur Lösung multikriterieller Entscheidungsprobleme entwickelt. Die Methode ist seit den 1990er Jahren vor allem in Nordamerika, in Skandinavien und in den fernöstlichen Ländern im praktischen Einsatz. Im deutschsprachigen Raum findet der AHP vor allem in Österreich und in der Schweiz Beachtung (vgl. BUCHER, 2005).

Der AHP dient ähnlich der Nutzwertanalyse der Entscheidungsunterstützung, um komplexe Entscheidungen zu vereinfachen sowie rationaler und bewusster zu treffen (vgl. BUCHER, 2005). Es ist mittels AHP möglich, sowohl objektive als auch subjektive Kriterien zu berücksichtigen. Dadurch erhalten die Entscheidungsträger einen systematischen Rahmen zur Strukturierung von Entscheidungskriterien. „AHP allows decision makers to set priorities and make choices on the basis of their objectives and knowledge and experiences in a way that is consistent with their intuitive thought process" (DYER und FORMAN, 1991, 75) und „It organizes the basic rationality by breaking down a problem into its smaller constituent parts and then calls for only simple pairwise comparison judgments to develop priorities in each hierarchy" (HARKER und VARGAS, 1987, 1383).

Anwendungsfelder des AHP sind im Bereich komplexer politischer und sozioökonomischer Probleme zu finden. Ein weiterer Einsatzbereich betrifft Gruppenentscheidungen, da der AHP die Möglichkeit gibt, Gruppen bei der Entscheidungsfindung und Problemlösung einzubinden.

Ein wesentlicher Vorteil des AHP ist die Möglichkeit, quantitative und qualitative Informationen simultan zu verarbeiten, indem quantitative Informationen mit subjektiven Einschätzungen zusammengeführt werden (vgl. MEIXNER et al., 2007, 31).Weiters ermöglicht der AHP den Entscheidungsträgern, die Stabilität und Konsistenz der Lösung auch bei einer sich ändernden Informationslage zu überprüfen. Diese Prüfgrößen können vor allem unter Zuhilfenahme spezifischer AHP-Softwareprodukte (wie z. B. Expert Choice $^{TM}$) einfach und sukzessive generiert werden. Derzeit wird der AHP beispielsweise in der Strategiewahl, der betrieblichen Planung, der Kosten-Nutzenrechnung von Investitionsvorhaben oder zur Ressourcenallokation angewendet (vgl. MEIXNER und HAAS, 2002, 121 ff).

## 6.2.1 Grundzüge des AHP

SAATYS (1995, 26) Grundgedanke bezüglich des AHP besteht darin, ein komplexes, unstrukturiertes Entscheidungsproblem als Hierarchie einzelner Entscheidungselemente, zwischen denen bestimmte Beziehungen bestehen, aufzufassen. Auch die Namensgebung dieses Verfahrens verweist auf die zugrunde liegende Evaluationsmethodik (vgl. MEIXNER und HAAS, 2010, 171; RIEDL, 2006, 101).

- Mittels des AHP wird eine Problemkonstellation in all ihren Abhängigkeiten umfassend *analysiert*. Es können auch nicht direkt messbare Attribute erfasst und zur Entscheidungsfindung hinzugezogen werden.
- Die Kriterien, die zur Lösung eines Problems eingesetzt werden, werden in eine hierarchische Form, in eine *Entscheidungshierarchie* gebracht (dies ist eine notwendige Bedingung), wobei die Elemente des Systems in Ebenen unterteilt werden. Die Elemente können in Gruppen eingeteilt werden, jede Gruppe beeinflusst nur jeweils eine andere, hierarchisch über dieser angeordnete Gruppe von Hierarchieelementen und wird nur von einer hierarchisch darunter angeordneten Gruppe beeinflusst. Die Elemente innerhalb einer Gruppe sind voneinander unabhängig und beeinflussen sich nicht gegenseitig.
- Beim AHP wird ein *prozessualer* Ablauf vorgegeben, wie Entscheidungen strukturiert und analysiert werden. Der Ablauf bleibt prinzipiell immer gleich, wodurch der AHP bei mehrfachem Einsatz zu einem routinemäßig einsetzbaren Entscheidungsinstrument wird.

Für die Anwendung des AHP müssen bestimmte Voraussetzungen (Axiome) erfüllt sein (vgl. HARKER, 1989, 14 f., MEIXNER und HAAS, 2010, 175 f):

*Axiom 1 „Reziprozität":* Der Entscheidungsträger kann zwei Elemente $i$ und $j$ sinnvoll miteinander in Beziehung setzen. Dies erfolgt mittels eines paarweisen Vergleichs $a_{ij}$ auf Basis einer metrischen Skala in Hinblick auf ein Kriterium $c$, welches Teil eines Kriteriensatzes C ist. Die Skala ist reziprok, somit gilt:

$$a_{ij} = \frac{1}{a_{ji}} \qquad a_{ij}……\text{Paarvergleiche}$$

*Axiom 2 „Homogenität":* Der Entscheidungsträger bewertet ein Element der Hierarchie im Hinblick auf ein Kriterium niemals unendlich viel besser als ein anderes Hierarchieelement. Es gilt:

$$a_{ij} \neq \infty$$

*Axiom 3 „Hierarchisierung":* Ein Entscheidungsproblem kann als Hierarchie dargestellt werden. Dies ist nicht immer erfüllbar, wenn sich Kriterien, Unterkriterien und Alternativen nicht voneinander abgrenzen lassen oder in einer Wechselbeziehung stehen.

*Axiom 4 „Vollständigkeit":* Die Hierarchie beinhaltet alle Kriterien und Alternativen, die einen Einfluss auf das Entscheidungsproblem haben. Somit werden alle Faktoren, die bei der Lösung des Problems wichtig sind, in Form von Kriterien oder Alternativen in die Hierarchie aufgenommen. Die Prioritäten entsprechen dabei den Vorstellungen des Entscheiders.

Der AHP ist nur einsetzbar, wenn diese Axiome erfüllt sind. Sollten diese Voraussetzungen bei Entscheidungssituationen nicht gegeben sein, muss auf andere Entscheidungsunterstützungssysteme zurückgegriffen werden. In Bezug auf die Problemlösung folgt der AHP den *Prinzipen des analytischen Denkens* (vgl. SAATY, 1995, 17 f): Aufbau von Hierarchien – Setzen von Prioritäten – Logische Konsistenz.

*Aufbau von Hierarchien:* Der Mensch hat die Fähigkeit, komplexe Wirklichkeiten gedanklich in deren einzelne Bestandteile aufzugliedern, diese wiederum in deren Teile zu zerlegen usw. Indem man die Wirklichkeit in homogene Elemente zerlegt und diese Elemente wiederum in kleinere Einheiten unterteilt, können viele Informationen in die Problemstruktur eingebunden werden, was in einem geeigneten Abbild des ganzen Systems resultiert. MEIXNER und HAAS (2010, 177 f) veranschaulichen, dass der Mensch auch bei Alltagsentscheidungen intuitiv diesen Weg wählt, um komplexe Wirklichkeiten zu strukturieren. Beispielsweise sind bei Kaufentscheidungen zumeist mehrere Merkmale von Produkten (Preis, Qualität, Aussehen, Markenimage etc.) relevant bzw. eine Kombination derartiger Merkmale. Und selbst wenn die Entscheidung von Außenstehenden als irrational bewertet wird, liegen subjektiv gesehen meist rationale Gründe für die Wahl einer Alternative vor.

*Setzen von Prioritäten:* Hierbei werden zwei vergleichbare Elemente in Bezug auf ein bestimmtes Kriterium oder Merkmal miteinander in Beziehung gesetzt, wobei die Intensität der Präferenz des einen gegenüber dem anderen Teil festgehalten wird. Die Messung von Beziehungen zwischen den Einzelelementen jeder Hierarchieebene erfolgt mittels Paarvergleichen zwischen allen Elementen (soweit keine quantitativen Informationen vorhanden sind). Durch das Herstellen der Beziehungen zwischen den Einzelelementen ergibt sich die relative Wichtigkeit der Einzelelemente in Bezug auf jedes einzelne Merkmal (Priorität oder Gewicht) (vgl. MEIXNER und HAAS, 2010, 178 f). Die Paarvergleiche werden für jedes Element auf jeder Zielebene durchgeführt. Die gebildeten Urteile werden anschließend zusammengeführt, indem jede Priorität hinsichtlich der Wichtigkeit ihres Merkmals gewichtet wird (vgl. MEIXNER und HAAS, 2002, 119). Dadurch wird ein besseres Verständnis des Gesamtsystems erreicht, es können Gewichtungsfaktoren für das Gesamtsystem approximiert werden.

*Logische Konsistenz:* Logische Konsistenz bedeutet Widerspruchsfreiheit und hat zwei Bedeutungen. Es meint einerseits, dass ähnliche Ideen und Objekte nach Homogenität und Relevanz gruppiert werden. Andererseits bedeutet logische Konsistenz, dass sich die Intensität der Beziehungen zwischen den Ideen und Objekten hinsichtlich eines bestimmten Kriteriums in einer logischen Weise gegenseitig bedingt. Dient beispielsweise Süße als Kriterium zur Geschmacksbeurteilung und wird Honig als fünfmal so süß wie Zucker und Zucker als zweimal so süß wie Sirup beurteilt, so müsste Honig zehnmal so süß wie Sirup bewertet werden. Ist dem nicht so, sind die Beurteilungen inkonsistent (vgl. MEIXNER und HAAS, 2002, 120).

Durch die Einhaltung dieser Prinzipien ist es möglich, sowohl quantitative Aspekte menschlichen Denkens (z. B. Umsatz, Länge, Fläche etc.) als auch qualitative Aspekte (z. B. Aussehen, Design, Schönheit etc.) im Entscheidungsprozess zu berücksichtigen (vgl. MEIXNER und HAAS, 2002, 120 f) und über entsprechende Algorithmen zu Gesamtbewertungen zu verdichten. Die damit zusammenhängenden Approximationsverfahren werden bei der quantitativen Analyse (siehe Kapitel 8.2, Seite 297) erläutert.

### 6.2.2 Grundstruktur des AHP

Der Ablauf des AHP wird im Allgemeinen als mehrstufiger Prozess dargestellt, denen die Annahmen und Approximationsverfahren nach SAATY (1995) zugrunde liegen. MEIXNER und HAAS (2010, 186) orientieren sich dabei an HAEDERICH et al. (1986, 121) und stellen den AHP als einen vierstufigen Prozess dar:

1. *Aufstellung einer Entscheidungshierarchie:* Dabei wird ein Entscheidungsproblem entsprechend den angeführten Prinzipien logischen Denkens in „Entscheidungselemente" (Kriterien und Attribute) zerlegt, die miteinander in Beziehung stehen. Dies verkörpert den Grundgedanken des AHP, der darin besteht, ein komplexes Entscheidungssystem als Hierarchie einzelner Entscheidungselemente anzusehen, zwischen denen bestimmte Beziehungen bestehen. Es ist diesbezüglich festzuhalten, dass keine allgemeingültige Hierarchie besteht, sondern die Strukturierung von der jeweiligen Problemsituation sowie der subjektiven Einschätzung der betei-

ligten Entscheidungsträger abhängt. Gemeinsam haben Hierarchien allerdings, dass sie ihren Ausgang von einem übergeordneten Ziel nehmen, aus diesem übergeordneten Ziel konkrete Unterziele ableiten und Maßnahmen ergreifen, die eine Realisierung der Ziele ermöglichen (vgl. HAEDRICH et al, 1986, 121). In der Praxis bedeutet dies, dass für das Entscheidungsproblem ein Oberziel beschrieben und die Merkmale (Kriterien/Attribute) formuliert werden, mit deren Hilfe das Oberziel erreicht werden soll. Die Kriterien münden schließlich in die Alternativen, die zur Lösung des Problems herangezogen werden können. Manchmal ist es notwendig, die Kriterien weiter zu unterteilen und eine Ebene an Subkriterien einzufügen (vgl. MEIXNER und HAAS, 2010, 200; SAATY, 1995, 32 f).

2. *Bewertung der Entscheidungshierarchie mittels Paarvergleich:* Liegen keine quantitativen Informationen zu Approximation der Bedeutung einzelner Hierarchieelemente vor, werden subjektive Bewertungen von ausreichend informierten Entscheidungsträgern in Form von Paarvergleichen herangezogen (vgl. HAEDRICH et al., 1986, 123). Im Vorfeld des Paarvergleiches ist die Wahl der geeigneten Skala zu beachten, um auch qualitative Informationen verarbeiten zu können. Das heißt, es muss anhand der Skala möglich sein, den Paarvergleichen metrische Zahlenwerte zuzuordnen (vgl. MEIXNER und HAAS, 2010, 201 ff).

Im Allgemeinen gelangt die 9-stufige fundamentale Skala nach SAATY (1995) zur Anwendung. Die fundamentale AHP-Skala verwendet insgesamt 9 semantisch definierte Abstufungen, die den Paarvergleich repräsentieren und besteht aus 5 Grundstufen und 4 Zwischenwerten: Der Wert 1 der Skala (= gleiche Bedeutung) meint, dass die Elemente die gleiche Bedeutung in Bezug auf das Element der nächsthöheren Stufe haben. Der Wert 9 (absolut dominierend) meint, dass der größtmögliche Bedeutungsunterschied vorherrscht, der zwischen zwei Elementen denkbar ist (ein größerer ist per Definition nicht möglich). Auch wenn eine ganzzahlige Bewertung meist ausreicht, ist es möglich, jeden Zwischenwert zwischen 1 und 9 zu wählen. Das heißt, es handelt sich um eine echte Intervallskala. Die Ergebnisse der Paarvergleiche im Hinblick auf jeweils ein Element der nächsthöheren Hierarchieebene lassen sich in Matrixform darstellen (vgl. HAEDRICH et al, 1986, 123). Bei n Hierarchieelementen wird eine -Paarvergleichsmatrix hervorgebracht.

3. *Prioritätenschätzung:* Zur Approximation der Prioritäten der Hierarchieelemente wird jede Paarvergleichsmatrix zu Gewichtungsvektoren verdichtet (vgl. HAEDRICH et al., 1986, 124). Die Prioritäten der Entscheidungs-

elemente werden durch Anwenden der „Eigenvektormethode" (Gewichtungsvektoren) geschätzt. Das eingesetzte Approximationsverfahren („*principal right eigenvector*") orientiert sich an den Ausführungen von Saaty (1995).
Die Prioritätenschätzung wird auf Konsistenz geprüft. Es erfolgt weiters eine Prüfung der Bewertungen auf Konsistenz, wobei geringfügige Abweichungen von der Konsistenz relativ unschädlich sind. Im Falle eines zu großen Konsistenzwertes muss die Bestimmung der Prioritäten gegebenenfalls wiederholt und verbessert werden (vgl. HAEDRICH et al, 1986, 124 f).

4. *Aggregation der Prioritäten:* Wenn mehrere Hierarchieebenen in einem Entscheidungsmodell vorliegen, müssen die Partialgewichte aggregiert werden, um zu einer endgültigen Rangreihung der Entscheidungsalternativen und somit zu einer Ziel-/Maßnahmen-gewichtung für die gesamte Hierarchie zu gelangen. Dadurch kann der Einfluss der untersten Elemente (Alternativen) auf alle übergeordneten Ebenen und speziell auf das Oberziel bestimmt werden. Die Einzelgewichte werden dabei multiplikativ verknüpft.

Der Einsatz entsprechender Softwareprogramme (wie Expert Choice™) ermöglicht ohne weiteres ein Arbeiten mit dem AHP auch ohne Kenntnis der Algorithmen im Entscheidungsprozess. Im Übrigen kann bei entsprechender Kenntnis der theoretischen Basis jedes Tabellenkalkulationsprogramm (wie auch im vorliegenden Fall) zur Evaluierung eingesetzt werden. Wichtig ist jedoch zu wissen, wie das mittels Software ermittelte Ergebnis aufgrund der Bewertungen zu interpretieren ist (vgl. MEIXNER und HAAS, 2002, 140 f ). Ein wesentlicher Vorteil der computergestützten Datenerhebung besteht darin, dass die Bewerter unmittelbar mit dem Ergebnis ihrer Bewertungen konfrontiert werden können, die Ergebnisse der Konsistenzprüfung simultan ausgewiesen werden und eine abschließen Prüfung auf Stabilität der Ergebnisse in Form einer Sensitivitätsanalyse durchgeführt werden kann.

Auf eine genaue Ausführung der formalen Überlegungen und der Berechnungen des AHP wird an dieser Stelle verzichtet und zur Vertiefung auf weiterführende Literatur verwiesen (vgl. SAATY, 1980, 167 ff; MEIXNER und HAAS, 2002, 140 ff; SCHNEEWEISS, 2001, 157 ff; HAEDRICH et al., 1986, 123 ff).

Entsprechend den bisherigen Ausführungen wird die folgende AHP-Hierarchie durch subjektive Bewertung der QM-Beauftragten evaluiert. Da hierbei keine quantitativen Informationen vorliegen, werden die Prioritäten auf

Basis der mittels Paarvergleichen hervorgebrachten – Matrizen approximiert. Diese Ergebnisse können sodann mit den Ergebnissen der NWA verglichen werden, Änderungen in den Bewertungen seitens der QM-Beauftragten können gegebenenfalls durchgeführt werden.

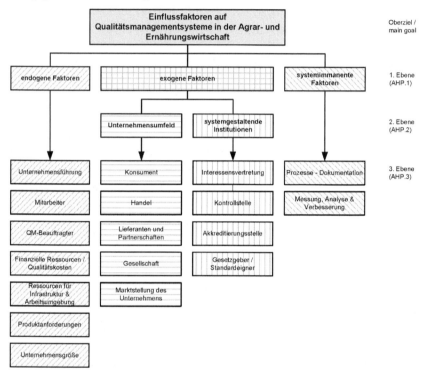

Abbildung 62: AHP-Modell der Einflussfaktoren auf das Qualitätsmanagementsystem im Unternehmen

# 7 Experteninterviews und Inhaltsanalyse zur additionalen Wissensgenerierung

Das theoretisch erstellte Modell der endogenen, exogenen und systemimmanenten Einflussfaktoren auf Qualitätsmanagementsysteme in Einzelunternehmen der Agrar- und Ernährungswirtschaft (im Folgenden kurz als „Qualitätsmanagement-Modell" bezeichnet) wird mit Hilfe der Nutzwertanalyse (NWA) und des Analytischen Hierarchieprozesses (AHP) überprüft. Dieser Zugang der Kombination zweier Methoden wurde deshalb gewählt, weil beide Methoden Nachteile aufweisen, die durch deren gleichzeitige Anwendung unter Umständen ausgeglichen werden können. In diesem Sinne ist es von wissenschaftlichem Interesse aufzuzeigen, ob durch die kombinierte Anwendung von NWA und AHP valide Prioritätenschätzungen der Bedeutung von Elementen einer Entscheidungshierarchie (hier des Qualitätsmanagement-Modells) seitens der Bewerter erzielt werden können.

Um die Bewertungen der Befragten und die daraus abgeleiteten Prioritätenschätzungen aus NWA und AHP nachvollziehen zu können, wurden mit den Untersuchungsteilnehmern Experteninterviews durchgeführt, bei denen diese mit den einzelnen Faktoren, die auch bei Nutzwertanalyse und AHP bewertet wurden, konfrontiert wurden und darüber hinaus qualitative Fragen zu den einzelnen Einflussfaktoren entsprechend der Operationalisierungsliste beantworteten. Damit kann überprüft werden, ob das Modell gültig, in der vorliegenden Form annehmbar und nachvollziehbar ist. Die Experteninterviews dienen somit auch zur Plausibilitätsprüfung des generierten Modells *und* der subjektiven Bewertungen der Befragten.

Als Interviewpartner konnten die Qualitätsmanager beziehungsweise Qualitätsmanagementbeauftragten[26] (im Folgenden kurz QM-Beauftragte) von zehn der elf größten Molkereiunternehmen Österreichs gewonnen werden. Diese zehn Unternehmen verarbeiten mit einer Milchmenge von 2.452 Mio. kg 90,27 % der gesamten österreichischen Milchanlieferung (bezogen auf 2008) und decken damit rund 90 Prozent der gesamten Molkereibranche ab. Dies impliziert, dass die gewonnenen Erkenntnisse als aussagekräftig für die gesamte

---

26 Die Interviews wurden mit den Mitarbeitern, die die jeweils höchste Position im Qualitätsmanagementbereich im jeweiligen Unternehmen bekleiden, durchführt. In den meisten Unternehmen ist dies die Position eines QM-Beauftragten, in einem Unternehmen jene eines Qualitätsmanagers. Wenn im Folgenden der Einfachheit halber vom QM-Beauftragten eines Unternehmens gesprochen wird, impliziert dies auch den Qualitätsmanager als ranghöchsten QM-Mitarbeiter dieses einen Unternehmens.

# 7 Experteninterviews und Inhaltsanalyse zur additionalen Wissensgenerierung

Branche gewertet werden können, wobei einschränkend berücksichtigt werden muss, dass es sich immer um subjektive Bewertungen der QM-Beauftragten handelt. Eine Datenerhebung bei der Unternehmensführung oder bei den Mitarbeitern der Betriebe würde unter Umständen andere Ergebnisse bringen. Es kann aber davon ausgegangen werden, dass die Evaluierung der Bedeutung der Einflussfaktoren des Qualitätsmanagement-Modells durch die praktische Expertise der QM-Beauftragten von diesen wohl am besten beurteilt werden kann.

Das aus der Untersuchung generierte Hintergrundwissen hilft, eine geeignete und fundierte Interpretation der gewonnenen Daten durchführen zu können und somit die Beantwortung der ersten Forschungsfrage zu ermöglichen. Die Interviews beleuchten die einzelnen untersuchten Faktoren und gewähren einen Einblick in die Gedankenwelt der Experten, wodurch die Ergebnisse von AHP und NWA näher beleuchtet und ergänzt werden können. Außerdem werden die Interviews dazu verwendet, eine Verbindung zu der theoretischen Herleitung der Einflussfaktoren herzustellen und zu prüfen, inwieweit die aus Fachliteratur generierten Faktoren durch die Expertenmeinung bestätigt werden können. Dementsprechend erlangen die Experteninterviews große Bedeutung für die Überprüfung der Interaktion einzelner Faktoren in Bezug auf die Wirkungsweise von Standards in Unternehmen (siehe Abbildung 60). Qualitätsmanagementsysteme der Agrar- und Ernährungswirtschaft werden dabei aus einer größeren Dimension (Meta-Ebene) betrachtet. Gleichfalls wird die subjektive Einschätzung von Experten, warum derartige Systeme funktionieren oder versagen, den entsprechenden Kritikpunkten aus der Literatur gegenübergestellt.

## 7.1 Experteninterviews

Experteninterviews als Überbegriff für offene oder teilstandardisierte Befragungen von Experten zu einem vorgegebenen Thema zählen laut BORTZ und DÖRING (2006, 315) zu den wichtigsten Grundtechniken der Erhebung qualitativer Daten und dienen insbesondere zur Exploration von Schachverhalten (vgl. LAMNEK, 2005, 342) oder der Gewinnung von Kontextinformationen zu Erkenntnissen aus anderen Methoden (vgl. FLICK 2009, 216), im vorliegenden Fall aus NWA und AHP.

Der Experte interessiert dabei weniger als Person selbst, als in seiner Eigenschaft als Experte für ein bestimmtes Handlungsfeld. Er wird als Repräsentant einer Gruppe von bestimmten Experten in die Untersuchung einbezogen (vgl. FLICK, 2009, 214).

Als Besonderheit solcher qualitativer Befragungstechniken wird der Gesprächsverlauf verstärkt vom Befragten gesteuert und gestaltet und weniger vom Interviewer vorgegeben. Dabei wird dem Befragten viel Spielraum beim Antworten gelassen (vgl. Bortz und Döring, 2006, 308). Als geeignete Befragungsmethode empfiehlt sich das teilstandardisierte bzw. Leitfadeninterview. Dabei werden mehr oder weniger offen formulierte Fragen in Form eines Leitfadens in die Interviewsituation eingebracht, auf die der Befragte frei antworten soll (vgl. Flick, 2009, 222). Entsprechend dem Paradigmen der qualitativen Forschung werden die Interviews als kommunikativer Akt durchgeführt und ermöglichen dem Experten, seine Sicht der Dinge umfassend darzulegen. Der Interviewleitfaden dient dabei als Gerüst der Interviewführung. Er gibt den Inhalt vor und verhindert so, dass sich das Gespräch in irrelevanten Themen verliert (vgl. Flick, 2009, 217). Während der Befragung können neue Fragen einbezogen oder Teilbereiche näher beleuchtet werden (vgl. Bortz und Döring, 2006, 314).

Die Frageformulierung und der Aufbau des Fragebogens erfolgen in Form eines strukturierten Leitfrageninterviews. Die einzelnen Leitfragen ergeben sich aus der wissenschaftlichen Herleitung des Modells (Tabelle 15).

In vorliegender Forschungsarbeit werden die Hauptfragen des Leitfadeninterviews mit Fragen zur Unternehmensdemographie sowie weiterführenden offenen Fragen ergänzt. Es erfolgt ein Pretest bei zwei Qualitätsmanagern der Agrar- und Ernährungsbranche, der eine Adaptierung des Fragebogens auf den jetzigen Stand bewirkt hat.

Um die Interviews aufbereiten zu können, werden diese mit einem Aufnahmegerät aufgezeichnet, das gesprochene Wort wird anschließend zu Protokollen transkribiert (vgl. Flick, 2009, 371 f) und zur weiteren Verdichtung und Aufbereitung einer qualitativen Inhaltsanalyse unterzogen. Es wird somit eine „neue" Realität im und durch den erstellten Text konstruiert und Wirklichkeit im Forschungsprozess generiert (vgl. Flick, 2009, 372).

**Tabelle 15:** Inhalte der Leitfragen zu den Einflussfaktoren

| | |
|---|---|
| Unternehmensführung | • Einfluss fachliche/methodische Kompetenz der Unternehmensführung<br>• Einfluss soziale Kompetenz/Vorbildfunktion der Unternehmensführung<br>• Einfluss Dienstleistungsfunktion der Unternehmensführung |
| Mitarbeiter | • Einfluss Mitarbeitermotivation „wollen"<br>• Einfluss Mitarbeiterqualifikationen „können"<br>• Einfluss Mitarbeiterempowerment „dürfen"<br>• Angst vor Veränderungen |
| QM-Beauftragter | • Anzahl der QM-Beauftragten<br>• Aufgaben des QM-Beauftragten<br>• Qualifikationen des QM-Beauftragten |
| Qualitätskosten/ finanzielle Ressourcen | • Einfluss Einführungskosten des Systems<br>• Einfluss Kosten für Aufrechterhaltung des Systems<br>• Synergieeffekte bzgl. Qualitätskosten bei mehreren Systemen<br>• Auswirkung auf die Fehlerkosten |
| Ressourcen für Infrastruktur und Arbeitsumgebung | • Einfluss Ressource Infrastruktur<br>• Einfluss Ressource Arbeitsumgebung<br>• Einfluss Ressourcenmanagement |
| Produktanforderungen | • Einfluss Produkteigenschaften/Produktqualität<br>• Einfluss Rückverfolgbarkeit und Lebensmittelhygiene |
| Unternehmensgröße | • Einfluss Unternehmensgröße<br>• Umsetzbarkeit des Standards für die Unternehmensgröße<br>• Eignung der bestehenden Normen für das Unternehmen<br>• Kosten des Systems/Einheit in Bezug auf Unternehmensgröße |
| Konsument | • Einfluss emotionale Kundenbindung durch Zufriedenheit und Image<br>• Einfluss Vertrauen des Kunden in das Unternehmen<br>• Einfluss Qualitätserwartungen des Kunden |
| Handel | • Einfluss Handel |

| | |
|---|---|
| Lieferanten, Partnerschaften und deren Marktstellung | • Einfluss Lieferanten<br>• Lieferantenbewertung<br>• Lieferantenentwicklung<br>• Einfluss weitere Partnerschaften – Kooperationen<br>• Einfluss Marktstellung des Lieferanten |
| Gesellschaft | • Einfluss Gesellschaft (NGOs, Medien, etc.) |
| Marktstellung des Unternehmens | • Einfluss Marktstellung des Unternehmens |
| Interessensvertretung | • Einfluss Interessensvertretung (VÖM, etc.) |
| Kontrollstelle | • Einfluss Kontrollstelle |
| Akkreditierungsstelle | • Einfluss Akkreditierungsstelle |
| Gesetzgeber/Standardeigner | • Einfluss Gesetzgeber<br>• Einfluss Standardeigner |
| Prozesse – Dokumentation | • Dokumentationssystem im Unternehmen<br>• Überschaubarkeit der Dokumentation<br>• Dokumentation als Absicherungsmaßnahme von unternehmensspezifischem Know-how<br>• Einfluss Dokumentation der Prozesse<br>• Aktivität der Mitarbeiter/Prozessverantwortlichen bei Verbesserung der dokumentierten Prozesse |
| Messung, Analyse & Verbesserung | • Kennzahlen/Analysen/Messungen zur Beurteilung des Systems<br>• Einflüsse Kennzahlen/Analysen/Messungen auf die Verbesserung des Systems<br>• Methoden zur Ermittlung von Verbesserungspotenzialen der Mitarbeiter |

## 7.2 Qualitative Inhaltsanalyse nach MAYRING

Sollen qualitative Experteninterviews ausgewertet werden, eignet sich die Inhaltsanalyse, die als eine der klassischen Vorgehensweisen zur Analyse von Textmaterial als Hauptziel die Reduktion des Datenmaterials hat (vgl. FLICK, 2009, 409). „Ihr zentrales Charakteristikum ist die systematische, von expliziten Regeln geleitete und den Inhalt konservierende Zusammenfassung des Analysematerials, mit dem Ziel, dieses auf einen überschaubaren Textkorpus zu reduzieren" (LARCHER, 2010, 1). Es geht dabei darum, Texten inhaltliche

Informationen zu entnehmen und diese Informationen in ein geeignetes Format umzuwandeln, um sie in diesem Format, getrennt vom ursprünglichen Text, weiterzuverarbeiten (vgl. GLÄSER und LAUDEL, 2010, 197).

MAYRING hat hierzu ein spezielles Verfahren der qualitativen Inhaltsanalyse entwickelt, welches ein Ablaufmodell zur Analyse von Texten sowie verschiedene Techniken dazu enthält. MAYRING (2000, s. p.) möchte mit seinem Ansatz die Vorteile der aus den Kommunikationswissenschaften hervorgegangenen, quantitativen Inhaltsanalyse erhalten und diese Vorteile auf qualitativ-interpretative Auswertungsschritte übertragen und weiterentwickeln. Der Grundgedanke besteht darin, die Systematik der Inhaltsanalyse für qualitative Analyseschritte beizubehalten, ohne das Material auf quantifizierbare Aussagen zu reduzieren (vgl. MAYRING, 2005, 469). Der qualitative Part der Inhaltsanalyse nach MAYRING ist begründet durch die Offenheit für empirisch begründete Kategorien, die sich aus dem Datenmaterial ergeben (vgl. LAMNEK, 2005, 518).

Für den theoretischen Hintergrund der qualitativen Inhaltsanalyse sind folgende Grundgedanken von zentraler Bedeutung. (vgl. MAYRING, 2000, s. p.; MAYRING, 2005, 471; MAYRING, 2008, 42 ff; LARCHER, 2010, 2 f):

*Einordnung in ein Kommunikationsmodell:* Hierbei werden Variablen des Senders (Textproduzenten), des soziokulturellen Hintergrunds, der Entstehungssituation des Materials und der Wirkung des Textes verstanden. Durch die Einbettung des Materials in den Kommunikationszusammenhang wird der Text innerhalb seines Kontextes interpretiert (vgl. MAYRING, 2008, 42).

*Systematik:* Die Systematik folgt der Regelgeleitetheit (indem sie nach vorformulierten Ablaufmodellen vorgeht), der Theoriegeleitetheit (sie folgt theoretisch abgesicherten Fragestellungen und Codierregeln) und einem schrittweisen, an Kategorien orientierten Vorgehen (Text wird in Analyseeinheiten zerlegt).

*Kategorien im Zentrum:* Zentraler Aspekt ist die Zuordnung der Analyseaspekte zu genau begründeten Kategorien, welche mittels Rückkoppelungsschleife im Laufe der Auswertung überarbeitet werden.

*Gütekriterien:* Den Gütekriterien Objektivität, Reliabilität und Validität wird hoher Stellenwert beigemessen. Testläufe der Studie durchzuführen hat den Zweck, Fehlerquellen zu spüren und zu beseitigen, sowie gegebenenfalls die Analyseinstrumente zu modifizieren, um die Güte der Ergebnisse zu verbessern.

Diese Grundgedanken sind Bausteine der quantitativen Inhaltsanalyse, sollen aber beibehalten werden, um darauf qualitativ aufzubauen. Im Mittelpunkt stehen dabei zwei Ansätze, deren Unterscheidungsmerkmal in der Art der Kategorienentwicklung liegt (vgl. MAYRING, 2000, s. p.):

- *Induktive Kategorienentwicklung:* Das Procedere der induktiven Kategorienentwicklung lehnt sich an die systematischen Reduktionsprozesse an, welche aus dem Bereich der Psychologie der Textverarbeitung übernommen werden. Der Grundgedanke beim Ablauf der Kategorienbildung liegt bei diesem Ansatz darin, ein Definitionskriterium, welches aus der Fragestellung der Studie abgeleitet und theoretisch begründet wird, festzulegen. Dieses Kriterium bestimmt, welche Aspekte im Textmaterial berücksichtigt werden sollen. In Folge wird das Material schrittweise danach durchgearbeitet. In einer Rückkoppelungsschleife werden die entwickelten Kategorien überarbeitet und später gegebenenfalls auch zu Überkategorien zusammengefasst und je nach Fragestellung auch nach quantitativen Aspekten ausgewertet.
- *Deduktive Kategorienentwicklung:* Hierbei werden bereits vorher festgelegte, theoretisch begründete Auswertungsaspekte an das Material herangetragen. Der qualitative Analyseschritt besteht darin, die deduktiv gewonnenen Kategorien zu Textstellen methodisch abgesichert zuzuordnen. Das Kernstück der deduktiven Kategorienentwicklung ist die genaue Definition der vorgegebenen Kategorien sowie die Festlegung der inhaltsanalytischen Regeln, wann den Kategorien eine Textstelle zugeordnet werden kann. Dies wird durch die Zuhilfenahme eines Kodierleitfadens erleichtert, wobei explizite Definitionen, prototypische Textstellen sowie Abgrenzungsregeln zwischen den Kategorien zusammengetragen und schließlich in einem Analyseprozess erweitert und überarbeitet werden.

Diese beiden Ansätze stellen die idealtypischen Methoden der Kategorienentwicklung dar. In der Praxis werden üblicherweise Mischformen verwendet, bei denen a priori ein grobes Kategorienraster aufgestellt und dieses bei der Durchsicht des Materials ergänzt und verfeinert wird (vgl. BORTZ und DÖRING, 2006, 330).

Die qualitative Inhaltsanalyse nach MAYRING lässt sich damit zusammenfassen als eine Methode, bei der im ersten Schritt in einer explorativen Phase das vorliegende Material gesichtet und im Anschluss daran ein System von Kategorien festgelegt wird, auf die hin das Material analysiert werden soll. Als Ausprägungen dieser Kategorien werden Aussagen aus dem Protokoll durch interpretative Techniken herausgearbeitet und den Kategorien zugeordnet. Eine spezifische Merkmalskombination charakterisiert die Einzelfälle, die abschließend fallübergreifend generalisiert werden (vgl. LAMNEK, 2005, 531).

MAYRING (2005, 472 f) unterscheidet vier verschiedene Formen der qualitativen Inhaltsanalyse:

- Die *strukturierende Inhaltsanalyse* möchte spezifische Aspekte aus dem Material herausfiltern, unter vorher festgelegten Kriterien einen Querschnitt durch das Textmaterial legen oder das Textmaterial unter bestimmten Kriterien einschätzen.
- Die *explizierende Inhaltsanalyse* ist das Gegenteil der zusammenfassenden Inhaltsanalyse und versucht, Textstellen durch Hinzuziehen von zusätzlichem Material verständlicher zu machen.
- Die *zusammenfassende Inhaltsanalyse* reduziert das Textmaterial zu einem überschaubaren Kurztext, wobei die wesentlichen Inhalte beibehalten werden. Zusammenfassende Inhaltsanalysen werden dann eingesetzt, „… wenn man nur an der inhaltlichen Ebene des Materials interessiert ist und eine Komprimierung zu einem überschaubaren Kurztext benötigt" (MAYRING, 2005, 472). Als ein Grundprinzip gilt, dass die jeweilige Abstraktionsebene der Zusammenfassung genau festgelegt werden muss. Diese Abstraktionsebene kann schrittweise verallgemeinert werden, wobei die Zusammenfassung immer abstrakter wird (vgl. MAYRING, 2008, 59).
- Die *induktive Kategorienbildung* nutzt die Verfahrensweisen der zusammenfassenden Inhaltsanalyse, um aus einem Textmaterial schrittweise Kategorien zu entwickeln.

Für die vorliegende Untersuchung wird die Technik der zusammenfassenden Inhaltsanalyse gewählt, da das Hauptinteresse in der inhaltlichen Ebene des Textmaterials liegt. Hierzu ist eine Komprimierung des Materials zu einem überschaubaren Kurztext notwendig. Die zusammenfassende Inhaltsanalyse hält sich sehr eng an die Texte und hat das Ziel einer sorgfältigen sowie methodisch kontrollierten Zusammenfassung und Kategorienbildung (vgl. KUCKARTZ, 2010, 96). Diese Technik stellt eine Kombination der Reduktion des Textmaterials durch Streichungen dar, mit einer gleichzeitigen Generalisierung gemäß einer Zusammenfassung auf einem höheren Abstraktionsniveau (vgl. FLICK, 2009, 410).

MAYRING (2008) hat das inhaltsanalytische Vorgehen in einem allgemeinen Ablaufmodell dargestellt. Folgende Stufen werden sukzessive bei der Anwendung der zusammenfassenden Inhaltsanalyse durchlaufen (vgl. MAYRING, 2008, 47 ff; LARCHER, 2010, 3 ff; LAMNEK, 2005, 518):

### Experteninterviews und Inhaltsanalyse zur additionalen Wissensgenerierung

I. *Bestimmung des Ausgangsmaterials*
Da die Inhaltsanalyse eine Auswertungsmethode ist und folglich mit fertigem sprachlichem Material arbeitet, steht zu Beginn eine genaue Analyse des Ausgangsmaterials.
   1. *Festlegung des Materials:* Zur inhaltsanalytischen Auswertung werden nur die Textstellen hinzugezogen, die sich explizit auf den Gegenstand der Forschungsfrage beziehen.
   2. *Analyse der Entstehungssituation:* Von Interesse hierbei sind Informationen über den Entstehungszusammenhang des Interviewprotokolls, wie etwa die Beschreibung der konkreten Erhebungssituation, der soziokulturelle Hintergrund oder der emotionale und kognitive Handlungshintergrund des Befragten.
   3. *Formale Charakterisierung des Materials:* Hierbei geht es um die Transkription des Materials, wobei zu entscheiden ist, ob neben der rein sprachlichen Wiedergabe auch Betonungen, Pausen, Sprechgeschwindigkeiten und Stimmlage erfasst werden.

II. *Fragestellung der Analyse*
Nach der Beschreibung des Ausgangsmaterials wird hinsichtlich des ausgewählten Textes festgelegt, was man daraus herausinterpretieren möchte. Dem entsprechend ist eine spezifische Fragestellung zu formulieren.
   4. *Festlegung der Richtung der Analyse:* Man kann die Richtung der Analyse auf das Thema legen, auf emotionale oder kognitive Befindlichkeiten des Befragten oder auf die Wirkung der Äußerungen auf einen potenziellen, zur Zielgruppe gehörenden Rezipienten.
   5. *Theoriegeleitete Differenzierung der Fragestellung:* Die Fragestellung der Analyse wird nun theoriegeleitet weiter differenziert. Sie muss im Vorfeld geklärt, theoretisch an die bisherige Forschung über den Gegenstand angebunden und in Unterfragestellungen differenziert sein.

III. *Ablaufmodell der Analyse*
Es werden die speziellen Analysetechniken festgelegt und ein Ablaufmodell der Analyse aufgestellt.
   6. *Bestimmung der Analysetechnik:* Hier geht es um die Wahl des interpretativen Verfahrens, wobei drei Verfahren – Zusammenfassung, Explikation und Strukturierung – zur Disposition stehen.
   7. *Festlegen des konkreten Ablaufmodells:* Das entsprechende Ablaufmodell der Analyse wird aufgestellt.

IV. *Ablaufmodell der zusammenfassenden Inhaltsanalyse*
Es wird der kleinste bzw. größte Textbestandteil, der ausgewertet werden darf, festgelegt. Außerdem wird bestimmt, welche Textteile jeweils nach-

einander ausgewertet werden. In einem ersten Materialdurchgang folgt die Paraphrasierung, wobei die Kodiereinheiten in knappe, auf den Inhalt beschränkte grammatikalische Kurzformen umgeschrieben werden. Die Paraphrasen werden nun auf einem vorab festgelegten Abstraktionsniveau generalisiert, wobei inhaltsgleiche und unwichtige Paraphrasen gestrichen werden. Im folgenden Reduktionsschritt werden Paraphrasen, die sich aufeinander beziehen, aber über den Text verstreut sind, zu neuen Aussagen in Form eines komplexen Kategoriensystems zusammengefasst. In diesen Kategorien müssen sämtliche ursprünglichen Paraphrasen des ersten Materialdurchgangs aufgehen.

V. *Interpretation und Überprüfung der Ergebnisse*
Die Ergebnisse der Analyse werden in Hinblick auf die Forschungsfrage interpretiert, wobei die individuelle Darstellung der Einzelfälle fallübergreifend generalisiert wird.

Die Durchführung einer Inhaltsanalyse erfolgt üblicherweise mittels Einsatzes einer Softwarelösung. Diese Computerprogramme unterstützen die qualitative Arbeit mit Texten, können sie jedoch nicht ersetzen. Die Programme ermöglichen keine automatische Auswertung, vielmehr unterstützen und dokumentieren sie die einzelnen Analyseschritte und bieten Hilfsfunktionen der Suche, Ordnung und Aufbereitung (vgl. MAYRING, 2005, 474 f).

Das Computerprogramm nimmt dabei eine dreifache Rolle ein (vgl. MAYRING, 2000, s. p.):

- Als „Assistent" ermöglicht es, die im Ablaufmodell festgelegten Analyseschritte am Bildschirm durchzuführen (z. B. Texte durcharbeiten, unterstreichen, Randnotizen, Kategoriendefinition, Auswertungsregeln und Kommentare festhalten). Außerdem bietet es Hilfsfunktionen an (z. B. Springen im Text, Suchen, Zusammenstellen von Textstellen).
- Als „Dokumentationszentrum" hält es alle Analyseschritte fest und macht die Analyse somit nachvollziehbar.
- Zusätzlich stellt es Links zur quantitativen Auswertung zur Verfügung. Damit können etwa Kategorienhäufigkeiten analysiert werden, ohne eine fehleranfällige Übertragung der Daten von Hand in ein Auswertungsprogramm durchführen zu müssen.

Zur EDV-gestützten Analyse der Daten steht unterschiedliche Software zur Verfügung. In vorliegender Untersuchung erfolgt die Auswertung der Protokolle der durchgeführten Experteninterviews mit Hilfe des Textanalysesystems MAX Qualitative Daten Analyse 2007 (MAXQDA 2007).

# Experteninterviews und Inhaltsanalyse zur additionalen Wissensgenerierung

Entsprechend den Vorgaben zur Durchführung einer zusammenfassenden Inhaltsanalyse nach MAYRING (2008) werden die Transkripte der vorliegenden Experteninterviews ausgewertet. Die Interviews der zehn befragten Unternehmen werden in Bezug auf die einzelnen Einflussfaktoren zusammengefasst. Deshalb wird gemäß der Liste zur Herleitung der Leitfaden für die Interviews (siehe Tabelle 15) für jeden Einflussfaktor eine eigene Inhaltsanalyse durchgeführt. Die Kategorienbildung erfolgt gemäß den Unterfragen des entsprechenden abgefragten Faktors. Konkret werden sämtliche Gesprächsprotokolle durch Wegstreichen ausschmückender Redewendungen komprimiert und anschließend zu einer Kurzform paraphrasiert, wobei weniger relevante Textteile und bedeutungsgleiche Paraphrasen gestrichen werden.

Dieses Material wird nun mit der Softwarelösung MAXQDA 2007 analysiert, mit deren Hilfe Einblick in das Datenmaterial gewonnen werden kann, ohne dabei die inhaltliche Interpretation bzw. Bewertung vorwegzunehmen. Die Software ermöglicht, die Paraphrasen, die sich aufeinander beziehen, aber über die zehn Gesprächsprotokolle verstreut sind, in den jeweiligen Kategorien zu bündeln und zu neuen Aussagen zusammenzufassen. In diesen einzelnen Kategorien (Codes) werden somit sämtliche ursprünglichen Paraphrasen zusammengefasst.

Abbildung 63 zeigt die inhaltsanalytische Aufbereitung des Faktors Lieferanten und Partnerschaften. Die komprimierten Interviewtranskipte sämtlicher Unternehmen werden entsprechend der Kategorien codiert, d. h. per „drag and drop" den jeweiligen Kategorien zugeordnet.

Der linke obere Quadrant zeigt die Auflistung der zehn Experteninterviews, in der darunter liegenden Liste der Codes sind die Kategorien angeführt. Rechts oben ist die Codierung des Textes des Unternehmens M10 zu sehen. Die Liste der Codings im unteren rechten Quadranten enthält sämtliche passenden Textteile der komprimierten Interviewtranskipte. Die Listen der Codings werden in eine eigene Datei exportiert und in Folge zusammengefasst und komprimiert. Auf eine Erhebung der Gewichtung der jeweiligen Codings wurde verzichtet, daher kann auch keine Gewichtung vorgenommen werden (daher zeigt das Symbol für die Gewichtung in der Fußzeile stets 0).

Die zusammengefassten und komprimierten Versionen sämtlicher Faktoren werden hinzugezogen, um im folgenden Kapitel die Ergebnisse von Nutzwertanalyse und AHP manifestieren bzw. die Bewertungen der befragten Experten nachvollziehen zu können.

# 7 Experteninterviews und Inhaltsanalyse zur additionalen Wissensgenerierung

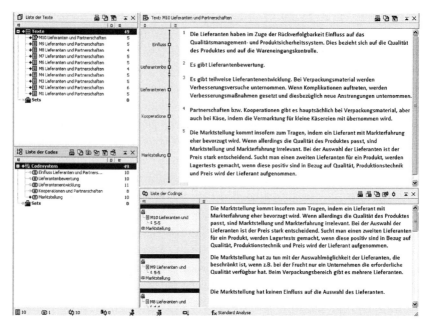

**Abbildung 63:** Codierung und Auswertung des Faktors Lieferanten und Partnerschaften

Quelle: Screenshot MAXQDA

# 8 Quantitative und qualitative Analyse der Einflussfaktoren auf Qualitätsmanagementsysteme in der Agrar- und Ernährungswirtschaft

## 8.1 Ergebnisse der quantitativen Analyse mittels der Nutzwertanalyse (NWA)

Die Evaluierungen durch die Befragten M1 bis M10 erfolgten computergestützt. Die befragten QM-Beauftragten konnten dadurch einerseits ihre Eingaben im Laufe des Evaluierungsprozesses korrigieren und wurden andererseits unmittelbar mit dem Ergebnis ihrer Evaluierung konfrontiert. Auch dies kann zu einer Modifikation der Ergebnisse und einer damit realitätsgerechteren Bewertung führen. Die Dateneingabemaske zur NWA hatte dabei das folgende Aussehen (siehe Abbildung 64). Die Bewertung erfolgte auf Basis einer Skala von 0–100, aus der Summe der Bewertungen wurden die individuellen Zielgewichte je Faktor geschätzt.

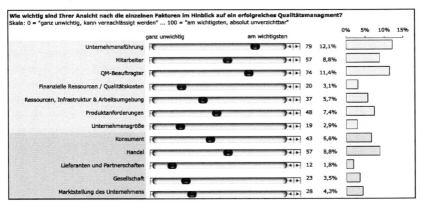

Abbildung 64: Computergestützte Dateneingabe NWA

### 8.1.1 Prioritätenschätzung

Diese für die 10 befragten QM-Beauftragten approximierten Zielgewichte sind der Tabelle 16 zu entnehmen. In diesem Zusammenhang muss berücksichtigt werden, dass dies die endgültig ermittelten Bewertungen der Befragten sind, der Prozess, bis diese erreicht wurden, aber ein relativ aufwändiger war, mehrmalige Modifikationen seitens der Befragten mit sich brachte (siehe

# 8 Quantitative/qualitative Analyse der Einflussfaktoren auf Qualitätsmanagementsysteme

insbesondere das Kapitel 8.3) und die Ergebnisse der NWA auch mit den Ergebnissen des AHP in Übereinstimmung gebracht wurden (Kapitel 8.2).

**Tabelle 16:** Zielgewichte M1 bis M10 (NWA)

| | Unternehmensführung | Mitarbeiter | QM-Beauftragter | Finanzielle Ressourcen/ Qualitätskosten | Ressourcen, Infrastruktur & Arbeitsumgebung | Produktanforderungen | Unternehmensgröße | Konsument | Handel | Lieferanten und Partnerschaften | Gesellschaft | Marktstellung des Unternehmens | Interessensvertretung | Kontrollstelle | Akkreditierungsstelle | Gesetzgeber/ Standardeigner | Prozesse - Dokumentation | Messung, Analyse & Verbesserung |
|---|---|---|---|---|---|---|---|---|---|---|---|---|---|---|---|---|---|---|
| M1 | 0,057 | 0,135 | 0,135 | 0,036 | 0,059 | 0,066 | 0,015 | 0,024 | 0,093 | 0,058 | 0,012 | 0,011 | 0,012 | 0,067 | 0,009 | 0,034 | 0,088 | 0,089 |
| M2 | 0,093 | 0,077 | 0,125 | 0,064 | 0,064 | 0,086 | 0,070 | 0,013 | 0,047 | 0,020 | 0,026 | 0,023 | 0,019 | 0,045 | 0,020 | 0,033 | 0,054 | 0,119 |
| M3 | 0,095 | 0,098 | 0,085 | 0,026 | 0,052 | 0,062 | 0,033 | 0,026 | 0,098 | 0,033 | 0,042 | 0,023 | 0,020 | 0,049 | 0,010 | 0,052 | 0,101 | 0,095 |
| M4 | 0,064 | 0,151 | 0,150 | 0,061 | 0,061 | 0,069 | 0,015 | 0,012 | 0,102 | 0,031 | 0,024 | 0,009 | 0,002 | 0,057 | 0,000 | 0,020 | 0,083 | 0,089 |
| M5 | 0,121 | 0,125 | 0,087 | 0,051 | 0,042 | 0,084 | 0,008 | 0,018 | 0,096 | 0,080 | 0,024 | 0,007 | 0,006 | 0,044 | 0,006 | 0,053 | 0,041 | 0,107 |
| M6 | 0,100 | 0,128 | 0,128 | 0,032 | 0,049 | 0,095 | 0,013 | 0,044 | 0,044 | 0,024 | 0,024 | 0,016 | 0,025 | 0,051 | 0,016 | 0,079 | 0,046 | 0,088 |
| M7 | 0,065 | 0,143 | 0,103 | 0,072 | 0,064 | 0,090 | 0,012 | 0,012 | 0,068 | 0,011 | 0,008 | 0,009 | 0,009 | 0,068 | 0,006 | 0,068 | 0,117 | 0,073 |
| M8 | 0,094 | 0,141 | 0,099 | 0,042 | 0,059 | 0,048 | 0,013 | 0,011 | 0,077 | 0,014 | 0,013 | 0,011 | 0,010 | 0,051 | 0,025 | 0,100 | 0,094 | 0,097 |
| M9 | 0,064 | 0,072 | 0,091 | 0,067 | 0,064 | 0,045 | 0,007 | 0,040 | 0,086 | 0,033 | 0,064 | 0,022 | 0,025 | 0,068 | 0,025 | 0,064 | 0,082 | 0,084 |
| M10 | 0,087 | 0,112 | 0,122 | 0,044 | 0,035 | 0,050 | 0,025 | 0,006 | 0,102 | 0,036 | 0,007 | 0,006 | 0,012 | 0,073 | 0,006 | 0,076 | 0,101 | 0,100 |
| $\bar{\phi}_h$ | 0,084 | 0,118 | 0,112 | 0,049 | 0,055 | 0,069 | 0,021 | 0,021 | 0,081 | 0,034 | 0,024 | 0,014 | 0,014 | 0,057 | 0,012 | 0,058 | 0,081 | 0,094 |
| min | 0,057 | 0,072 | 0,085 | 0,026 | 0,035 | 0,045 | 0,007 | 0,006 | 0,044 | 0,011 | 0,007 | 0,006 | 0,002 | 0,044 | 0,000 | 0,020 | 0,041 | 0,073 |
| max | 0,121 | 0,151 | 0,150 | 0,072 | 0,064 | 0,095 | 0,070 | 0,044 | 0,102 | 0,080 | 0,064 | 0,023 | 0,025 | 0,073 | 0,025 | 0,100 | 0,117 | 0,119 |
| $\Delta\phi_h$ | 0,064 | 0,080 | 0,065 | 0,045 | 0,029 | 0,050 | 0,063 | 0,038 | 0,058 | 0,069 | 0,056 | 0,017 | 0,024 | 0,030 | 0,025 | 0,080 | 0,076 | 0,046 |

Die Analyseergebnisse auf Basis der Nutzwertanalyse zeigen, dass die Bewertungen von M1 bis M10 einigermaßen heterogen sind. Bei vielen Faktoren ist die Schwankungsbreite zwischen maximaler und minimaler Zielgewichtung relativ groß, wobei gilt

$$\bar{\phi}_h = \frac{1}{n}\sum_{i=1}^{n}\phi_{hi} \quad \text{und}$$

$$\Delta\phi_h = \max_{i=1}^{n}(\phi_{hi}) - \min_{i=1}^{n}(\phi_{hi}) \quad \text{für den jeweiligen Faktor } h \text{ bei } n \text{ Evaluierungen.}$$

Bei 3 Kriterien ist $\Delta\phi_h \geq 0{,}07$ (z. B. Faktor Mitarbeiter), bei 6 Faktoren liegt sie um 0,06 (i. e. $\bar{\phi}_h \pm 0{,}03$; z. B. beim Faktor Unternehmensführung), bei allen anderen ist sie z. T. auch deutlich niedriger.

Die weitere Analyse in Form einer Boxplotanalyse (siehe Abbildung 65) bestätigt die Heterogenität der Bewertungen auch unter Berücksichtigung der 25%- und 75%-Quartile (innerhalb des grau unterlegten Bereichs in Abbildung 65, d. h. oberhalb des 25%- und unterhalb des 75%-Quartils, liegen bekanntlich 50% der errechneten Zielgewichte).

# 8.1.2 Verdichtung der Einzelbewertungen zur einer Gruppenbewertung mittels NWA

Zur Interpretation der Ergebnisse werden die von M1 bis M10 mittels NWA geschätzten Zielgewichte $ø_h$ mittels des arithmetischen Mittelwerts zu $\overline{ø}_h$ verdichtet. Der Informationsverlust, der damit verbunden ist, sollte aber nicht vernachlässigt werden, eine mögliche Interpretation könnte sein: Die Heterogenität zwischen den Einzelbewertungen zeigt, dass Qualitätsmanagement-Modelle an unternehmensindividuelle Anforderungen angepasst werden müssen. Doch auch persönliche Prädispositionen der QM-Beauftragten dürften einen Einfluss auf die jeweilige Bewertung gehabt haben.

Aus der Boxplotanalyse auf Basis der NWA lassen sich die folgenden zentralen Erkenntnisse ableiten (im Detail werden die einzelnen Faktoren bei der inhaltsanalytischen Interpretation der zusätzlich zur subjektiven, quantitativen Bewertung erhobenen Daten betrachtet; siehe Kapitel 8.5):

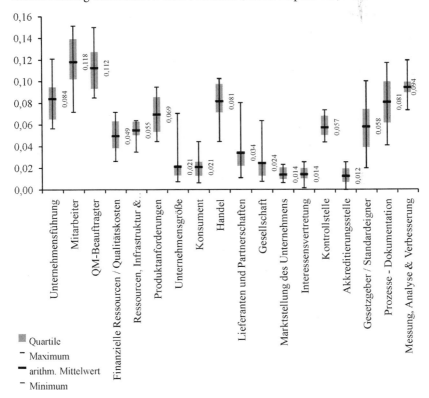

**Abbildung 65:** Boxplot-Analyse der aggregierten Ergebnisse (NWA)
Quelle: Subjektive Evaluierung QM-Beauftragte, NWA, n=10

# 8 Quantitative/qualitative Analyse der Einflussfaktoren auf Qualitätsmanagementsysteme

- Die Mitarbeiter und der/die QM-Beauftragte dürften für den Erfolg des Qualitätsmanagements in der Supply Chain Milch am bedeutendsten sein. Bei beiden Faktoren wird mit $\overline{\emptyset}_h \approx 0{,}11$ ein hohes Gewicht errechnet. Für den Großteil der Befragten ist der Faktor „Mitarbeiter" *der* zentrale Einflussfaktor für den Erfolg eines Qualitätsmanagementsystems.
- Weitere bedeutende Faktoren sind die Unternehmensführung, der Handel sowie die beiden systemimmanenten Faktoren (Prozesse – Dokumentation sowie Messung, Analyse, Verbesserung). Für diese Elemente des Qualitätsmanagement-Modells wird ein mittleres Gewicht von $\overline{\emptyset}_h \approx 0{,}08$ bis $0{,}09$ errechnet.
- Für die folgenden Faktoren werden $\overline{\emptyset}_h$ zwischen rund 0,05 und 0,07 errechnet: Finanzielle Ressourcen/Qualitätskosten; Ressourcen für Infrastruktur & Arbeitsumgebung; Produktanforderungen; Kontrollstelle; Gesetzgeber/Standardeigner. Diesen dürfte demnach mittlere Bedeutung für den Erfolg eines Qualitätsmanagementsystems zukommen.
- Alle anderen Faktoren des Qualitätsmanagement-Modells weisen deutlich geringere Zielgewichte auf, was aber nicht so zu interpretieren ist, dass diese vernachlässigt werden sollten. Für die erfolgreiche Umsetzung des Qualitätsmanagements sind sie von geringerer Bedeutung (im Vergleich zu vorher genannten Faktoren), aber auch hier wurde ein heterogenes Bild ermittelt: So wurde z. B. für die Unternehmensgröße ein relativ geringes durchschnittliches Zielgewicht von 0,02 errechnet. Die große Schwankungsbreite $\Delta\emptyset_h$ bei diesem Element des Qualitätsmanagement-Modells zeigt aber, dass dies nicht für alle Unternehmen gültig ist. Die Bedeutung der Unternehmensgröße wurde von den QM-Beauftragten mit bis zu 0,07 bewertet.

Insgesamt errechnet für die *endogenen Faktoren* wurde ein aggregiertes Zielgewicht von 0,510, für die exogenen Faktoren 0,316 und für die systemimmanenten Faktoren 0,175. Unter Berücksichtigung der Schwankungsbreiten errechnen sich die in Tabelle 17 eingetragenen minimalen, durchschnittlichen und maximalen Nutzenwerte $\overline{\emptyset}_h$ für die Einflusskategorien des Qualitätsmanagement-Modells auf Basis der NWA. Tendenziell zeigt diese Analyse die Dominanz der endogenen Faktoren.[27]

---

27 Eine kritische Analyse des Einflusses der jeweiligen *Anzahl* der darin enthaltenen Einzelfaktoren auf die errechneten aggregierten Werte – die Anzahl im Modell schwankt zwischen 2 und 9 Elementen je nach Einflusskategorie – folgt nach Analyse der AHP-Ergebnisse im Kapitel 8.3.

# 8 Quantitative/qualitative Analyse der Einflussfaktoren auf Qualitätsmanagementsysteme

**Tabelle 17:** Zielgewichte Einflusskategorien des Qualitätsmanagement-Modells (NWA)

| $w_{NWA}$ | Endogene Faktoren | Exogene Faktoren | Unternehmensumfeld/ Markt | Systemgestaltende Institutionen | Systemimmanente Faktoren |
|---|---|---|---|---|---|
| M1 | 0,503 | 0,321 | 0,198 | 0,123 | 0,177 |
| M2 | 0,580 | 0,247 | 0,129 | 0,118 | 0,173 |
| M3 | 0,451 | 0,353 | 0,222 | 0,131 | 0,196 |
| M4 | 0,572 | 0,257 | 0,179 | 0,078 | 0,171 |
| M5 | 0,519 | 0,333 | 0,225 | 0,108 | 0,148 |
| M6 | 0,543 | 0,322 | 0,152 | 0,171 | 0,134 |
| M7 | 0,549 | 0,261 | 0,109 | 0,152 | 0,190 |
| M8 | 0,496 | 0,313 | 0,127 | 0,186 | 0,192 |
| M9 | 0,409 | 0,426 | 0,244 | 0,182 | 0,165 |
| M10 | 0,474 | 0,326 | 0,158 | 0,168 | 0,200 |
| $\overline{\varnothing}_h$ | 0,510 | 0,316 | 0,174 | 0,142 | 0,175 |
| Min | 0,409 | 0,247 | 0,109 | 0,078 | 0,134 |
| Max | 0,580 | 0,426 | 0,244 | 0,186 | 0,200 |
| $\Delta\varnothing_h$ | 0,134 | 0,160 | 0,144 | 0,080 | 0,053 |

## 8.2 Ergebnisse der quantitativen Analyse mittels des Analytischen Hierarchieprozesses (AHP)

### 8.2.1 Prioritätenschätzung

Beim AHP werden entsprechend der Theorie Prioritäten nicht unmittelbar geschätzt, wie dies bei der dargestellten NWA gemacht wurde, sondern nur jeweils 2 Elemente miteinander in Beziehung gesetzt. Das Entscheidungsproblem wird dabei hierarchisch strukturiert, in der vorliegenden Studie entsprechend der Hierarchie des Kapitels 6.2.2 (siehe Abbildung 62, Seite 280). Der Vorteil dieser Methodik ist offensichtlich: Es müssen nicht mehr ganze Entscheidungsmodelle bewertet werden (wie bei der NWA), es werden nur noch zwei Elemente miteinander in Beziehung gesetzt. Dies kommt nach SAATY (1995) menschlichen Verhaltensweisen entgegen und erleichtert den Bewertungsprozess maßgeblich, da nicht simultan für eine ganze Reihe von Vergleichselementen eine Bewertung durchzuführen ist. Zwar ist dieser Prozess damit zeitaufwändiger, auch müssen die paarweisen Vergleiche auf ihre

Konsistenz hin überprüft werden (dies ist bei der NWA naturgemäß irrelevant, da immer konsistent – im Hinblick auf Transitivität – bewertet wird), aber insbesondere in komplexen Entscheidungs- und Bewertungsprozessen dürfte die Qualität der gefundenen Zielgewichte deutlich näher an die real nicht messbaren, intrapersonalen Urteile der Bewerter heranreichen als beispielsweise bei einer Bewertung ausschließlich auf Basis einer NWA.

Durch den Einsatz von zwei unterschiedlichen Entscheidungsunterstützungsmethoden (NWA und AHP) ist dabei die Validierung der Prioritätenschätzungen möglich, der Einfluss, den der Einsatz einer spezifischen Methodik auf die Ergebnisse hat, kann dadurch minimiert werden. Dieser methodische Zugang hat demnach die folgenden Vorteile:

a) Es ist uns möglich, die Ergebnisse der NWA mit denen des AHP zu vergleichen und aus dieser vergleichenden Analyse valide Schätzungen für die Gewichtung der Faktoren und Einflusskategorien abzuleiten.
b) Die Befragten wurden durch die computergestützte Dateneingabe unmittelbar mit den Ergebnissen ihrer Evaluierung (NWA und AHP) konfrontiert und hatten damit auch die Möglichkeit, die subjektiven Bewertungen nochmals zu überdenken und gegebenenfalls zu korrigieren. Von dieser Möglichkeit haben alle Befragten Gebrauch gemacht; die Ergebnisse dieses iterativen, holistischen Evaluierungsprozesses werden im folgenden Kapitel analysiert und eingehend diskutiert. Die Ergebnisse aus NWA und AHP wurden von den Befragten einander angenähert, woraus subjektive Evaluierungen ermittelt werden konnten, die nach Aussagen der befragten QM-Beauftragten den tatsächlichen Bedeutungsgewichten der Faktoren für ein erfolgreiches Qualitätsmanagementsystem mehr oder weniger entsprechen.[28]

Die computergestützte Durchführung des Evaluierungsprozesses erfolgte, wie schon bei der Nutzwertanalyse, mittels eines einschlägigen Tabellenkalkulationsprogramms, anhand dessen auch die unmittelbare Berechnung der Prioritäten durchgeführt wurde (siehe Abbildung 66).

---

28 Das empirische Design beruht auf einer Kombination aus subjektiver Bewertung über NWA/AHP und qualitativem Expertengespräch. Der Evaluierungsprozess wurde dementsprechend von den Befragten während der gesamten Datenerhebung kommentiert, Bewertungen und vor allem auch deren Änderungen werden damit nachvollziehbar und insgesamt konnte über dieses empirische Design ein äußerst umfassendes Gesamtbild im Hinblick auf das vorgestellte QM-Modell erzielt werden.

# Quantitative/qualitative Analyse der Einflussfaktoren auf Qualitätsmanagementsysteme 8

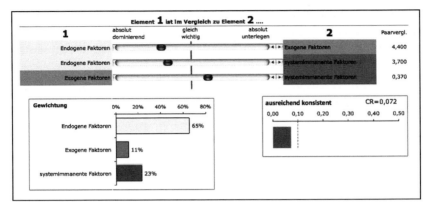

Abbildung 66: Computergestützte Dateneingabe AHP

## 8.2.2 Verdichtung der Einzelbewertungen zur einer Gruppenbewertung mittels AHP

Die dargestellten Ergebnisse der NWA können durch die Prioritätenschätzung auf Basis des AHP bestätigt werden. Auch hier werden die Faktoren Mitarbeiter und QM-Beauftragter als am wichtigsten angesehen, wobei die Verdichtung der Einzelurteile von M1 bis M10 zu mittels geometrischen Mittelwerts über alle Paarvergleich und anschließender Prioritätenschätzung (entsprechend der Methodik des AHP) erfolgt ist. Es gilt für die $m \times m$-Paarvergleichsmatrix $P$

$$P = \begin{pmatrix} a_{11} & a_{12} & \cdots & a_{1n} \\ a_{21} & a_{22} & & \\ \vdots & & \ddots & \\ a_{n1} & & & a_{nn} \end{pmatrix} \approx \begin{pmatrix} w_1 \\ w_2 \\ \vdots \\ w_n \end{pmatrix}$$

und

$$\bar{a}_{ij} = \prod_{k=1}^{n} a_{ijk}^{1/n} \quad ; \quad k = \frac{m-1}{2}$$

bei $k$ Paarvergleichen, $n$ Untersuchungsteilnehmern, $m$ Elemente in der jeweilige Paarvergleichsmatrix $P$, woraus sich unmittelbar ergibt:

$$\bar{P} = \begin{pmatrix} \bar{a}_{11} & \bar{a}_{12} & \cdots & \bar{a}_{1n} \\ \bar{a}_{21} & \bar{a}_{22} & & \\ \vdots & & \ddots & \\ \bar{a}_{n1} & & & \bar{a}_{nn} \end{pmatrix} \approx \begin{pmatrix} \bar{w}_1 \\ \bar{w}_2 \\ \vdots \\ \bar{w}_n \end{pmatrix}$$

# 8 Quantitative/qualitative Analyse der Einflussfaktoren auf Qualitätsmanagementsysteme

Aus diesen aggregierten Paarvergleichen werden in der Folge die Prioritäten für die Faktoren $h$ auf Basis des AHP geschätzt, der gleichen Methodik folgend wie bei der Berechnung der einzelnen Zielgewichte (und sind der Tabelle 18 zu entnehmen; zur Schätzung der Prioritäten und aus einer Paarvergleichsmatrix $P$ entsprechend der Eigenwertmethode vgl. MEIXNER und HAAS, 2010, 205 ff).

**Tabelle 18:** Zielgewichte M1 bis M10 (AHP)

| | Unternehmensführung | Mitarbeiter | QM-Beauftragter | Finanzielle Ressourcen/Qualitätskosten | Ressourcen, Infrastruktur & Arbeitsumgebung | Produktanforderungen | Unternehmensgröße | Konsument | Handel | Lieferanten und Partnerschaften | Gesellschaft | Marktstellung des Unternehmens | Interessensvertretung | Kontrollstelle | Akkreditierungsstelle | Gesetzgeber/Standardgeber | Prozesse-Dokumentation | Messung, Analyse & Verbesserung |
|---|---|---|---|---|---|---|---|---|---|---|---|---|---|---|---|---|---|---|
| M1 | 0,064 | 0,137 | 0,133 | 0,041 | 0,057 | 0,064 | 0,016 | 0,019 | 0,089 | 0,056 | 0,010 | 0,010 | 0,016 | 0,067 | 0,010 | 0,029 | 0,092 | 0,092 |
| M2 | 0,089 | 0,072 | 0,130 | 0,059 | 0,061 | 0,083 | 0,068 | 0,010 | 0,052 | 0,020 | 0,025 | 0,025 | 0,017 | 0,041 | 0,024 | 0,038 | 0,060 | 0,125 |
| M3 | 0,093 | 0,098 | 0,084 | 0,033 | 0,049 | 0,058 | 0,027 | 0,027 | 0,094 | 0,027 | 0,040 | 0,018 | 0,023 | 0,053 | 0,017 | 0,055 | 0,101 | 0,101 |
| M4 | 0,055 | 0,147 | 0,144 | 0,055 | 0,053 | 0,064 | 0,017 | 0,012 | 0,110 | 0,030 | 0,031 | 0,007 | 0,005 | 0,062 | 0,005 | 0,027 | 0,087 | 0,087 |
| M5 | 0,115 | 0,122 | 0,093 | 0,052 | 0,038 | 0,080 | 0,013 | 0,017 | 0,093 | 0,076 | 0,016 | 0,007 | 0,010 | 0,046 | 0,010 | 0,057 | 0,045 | 0,112 |
| M6 | 0,108 | 0,124 | 0,122 | 0,034 | 0,045 | 0,091 | 0,014 | 0,048 | 0,052 | 0,026 | 0,019 | 0,012 | 0,020 | 0,052 | 0,014 | 0,071 | 0,055 | 0,094 |
| M7 | 0,057 | 0,145 | 0,108 | 0,068 | 0,065 | 0,083 | 0,018 | 0,013 | 0,070 | 0,009 | 0,007 | 0,006 | 0,011 | 0,069 | 0,010 | 0,075 | 0,115 | 0,072 |
| M8 | 0,100 | 0,143 | 0,106 | 0,044 | 0,061 | 0,048 | 0,017 | 0,008 | 0,072 | 0,013 | 0,007 | 0,013 | 0,008 | 0,051 | 0,022 | 0,099 | 0,089 | 0,098 |
| M9 | 0,065 | 0,076 | 0,098 | 0,068 | 0,069 | 0,039 | 0,013 | 0,036 | 0,090 | 0,035 | 0,068 | 0,018 | 0,024 | 0,064 | 0,019 | 0,058 | 0,079 | 0,079 |
| M10 | 0,085 | 0,111 | 0,123 | 0,048 | 0,041 | 0,053 | 0,032 | 0,007 | 0,095 | 0,041 | 0,010 | 0,007 | 0,012 | 0,068 | 0,011 | 0,069 | 0,093 | 0,093 |
| $\overline{w_h}$ | 0,079 | 0,119 | 0,118 | 0,051 | 0,055 | 0,066 | 0,021 | 0,018 | 0,087 | 0,031 | 0,020 | 0,012 | 0,014 | 0,060 | 0,014 | 0,057 | 0,081 | 0,097 |
| min | 0,055 | 0,072 | 0,084 | 0,033 | 0,038 | 0,039 | 0,013 | 0,007 | 0,052 | 0,009 | 0,007 | 0,006 | 0,005 | 0,041 | 0,005 | 0,027 | 0,045 | 0,072 |
| max | 0,115 | 0,147 | 0,144 | 0,068 | 0,069 | 0,091 | 0,068 | 0,048 | 0,110 | 0,076 | 0,068 | 0,025 | 0,024 | 0,069 | 0,024 | 0,099 | 0,115 | 0,125 |
| $\Delta w_h$ | 0,060 | 0,075 | 0,061 | 0,035 | 0,032 | 0,051 | 0,055 | 0,041 | 0,059 | 0,067 | 0,062 | 0,020 | 0,019 | 0,029 | 0,019 | 0,072 | 0,070 | 0,053 |

Die Abweichungen zu den Ergebnissen der NWA sind gering. Insgesamt liegen uns damit valide Schätzungen für die Bedeutung der einzelnen Faktoren für den Erfolg eines Qualitätsmanagement-Modells vor: Auch auf Basis des AHP dominieren die endogenen Faktoren mit 0,51 und es sind vor allem Mitarbeiter und QM-Beauftragte, die einen maßgeblichen Einfluss auf den Erfolg eines Qualitätsmanagementsystems haben (siehe Boxplotanalyse in Abbildung 67). Auch hier liegen teilweise heterogene Bewertungen vor, was aufgrund der Erkenntnisse aus der NWA auch zu erwarten war.

# Quantitative/qualitative Analyse der Einflussfaktoren auf Qualitätsmanagementsysteme 8

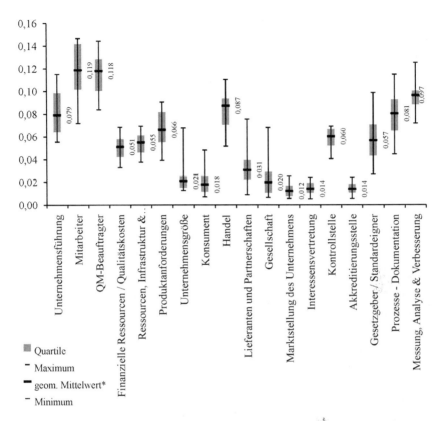

* errechnet über Verdichtung der ursprünglichen Paarvergleiche $a_{ij}$ mittels geometrischen Mittelwerts zu $\bar{a}_{ij}$ und daraus approximierten $\bar{w}_h$

* errechnet über Verdichtung der ursprünglichen Paarvergleiche $a_{ij}$ mittels geometrischen Mittelwerts zu und daraus approximierten

**Abbildung 67: Boxplot-Analyse der aggregierten Ergebnisse (AHP)**

Quelle: Subjektive Evaluierung QM-Beauftragte, AHP, n=10

# 8 Quantitative/qualitative Analyse der Einflussfaktoren auf Qualitätsmanagementsysteme

Tabelle 19: Zielgewichte Einflusskategorien des Qualitätsmanagement-Modells (AHP)

| $w_{NWA}$ | Endogene Faktoren | Exogene Faktoren | Unternehmensumfeld/Markt | Systemgestaltende Institutionen | Systemimmanente Faktoren |
|---|---|---|---|---|---|
| M1 | 0,510 | 0,306 | 0,184 | 0,122 | 0,183 |
| M2 | 0,562 | 0,253 | 0,132 | 0,120 | 0,185 |
| M3 | 0,442 | 0,355 | 0,207 | 0,148 | 0,202 |
| M4 | 0,536 | 0,291 | 0,190 | 0,100 | 0,173 |
| M5 | 0,512 | 0,332 | 0,209 | 0,123 | 0,156 |
| M6 | 0,537 | 0,314 | 0,157 | 0,157 | 0,149 |
| M7 | 0,544 | 0,269 | 0,104 | 0,166 | 0,187 |
| M8 | 0,520 | 0,293 | 0,113 | 0,180 | 0,187 |
| M9 | 0,428 | 0,413 | 0,248 | 0,165 | 0,159 |
| M10 | 0,493 | 0,320 | 0,160 | 0,160 | 0,186 |
| $\overline{w}_h$ | 0,509 | 0,313 | 0,168 | 0,145 | 0,177 |
| Min | 0,428 | 0,253 | 0,104 | 0,100 | 0,149 |
| Max | 0,562 | 0,413 | 0,248 | 0,180 | 0,202 |
| $\Delta w_h$ | 0,134 | 0,160 | 0,144 | 0,080 | 0,053 |

Die Bedeutung der endogenen Faktoren reicht von 0,43 bis 0,56, die exogenen Faktoren wurden mit 0,25 bis 0,41 bewertet, die systemimmanenten Faktoren mit Gewichten zwischen 0,15 und 0,20. Dieses etwas heterogene Bild dürfte, wie gesagt, die unternehmensinternen Anforderungen an ein Qualitätsmanagementsystem recht gut abbilden, weshalb ein aggregiertes Qualitätsmanagement-Modell nur Richtwerte für die Bedeutung der Elemente des Qualitätsmanagement-Modells vorgeben kann, die in der Folge an das jeweilige Unternehmen angepasst werden sollten.

## 8.2.3 Konsistenzprüfung

Sämtliche Paarvergleiche wurden schon während der Datenerhebung im Hinblick auf Konsistenz überprüft (über den Konsistenzindex Consisteny Index [CI] bzw. der damit zusammenhängenden Kennzahl Consistency Ratio [CR] nach SAATY, 1995, 80 ff.). Für jede Hierarchieebene wurde eine Paarvergleichsmatrix ermittelt. Eine wesentliche Forderung innerhalb der Methodik des AHP ist dabei die Erreichung einer ausreichenden Konsistenz, CR sollte nach

# Quantitative/qualitative Analyse der Einflussfaktoren auf Qualitätsmanagementsysteme 8

SAATY (1995, 81) 0,1 nicht überschreiten, wobei für die Paarvergleichsmatrix P gilt (vgl. SAATY, 1995, 83; siehe auch HAEDRICH et al., 1986, 124)[29]:

$$\lambda = \sum_{i=1}^{m} \lambda_i = \text{Summe der Elemente der Hauptdiagonalen von P}$$

$$CI = \frac{\lambda_{max} - m}{m-1} \text{ und}$$

$$CR = \frac{CI}{R}$$

für gegebene $CI$ und Zufallskonsistenz $R$ (siehe Tabelle 20) und $m$ Elementen in $P$.

**Tabelle 20:** Zufallskonsistenz $R$ bei gegebener Matrixgröße

| Größe der Matrix ($m \times m$) | 1×1 | 2×2 | 3×3 | 4×4 | 5×5 | 6×6 | 7×7 | 8×8 | 9×9 | 10×10 |
|---|---|---|---|---|---|---|---|---|---|---|
| Zufallskonsistenz R | 0,00 | 0,00 | 0,52 | 0,89 | 1,11 | 1,25 | 1,35 | 1,40 | 1,45 | 1,49 |

Quelle: SAATY (1995, 83); MEIXNER und HAAS (2010, 242)

Nur im Falle vollständiger Konsistenz gilt $\lambda_{max} = m$. Bei inkonsistenten Urteilen wird berechnet: $\lambda_{max} > m$.

Dies wurde auch den befragten QM-Beauftragten mitgeteilt. Alle haben in der Folge bei zu hohen CR-Werten ihre Evaluierungen nochmals überprüft und entsprechende Modifikationen vorgenommen. Insgesamt konnten damit durchgängig ausreichend konsistente Paarvergleichsmatrizen erreicht werden ($CR \leq 0{,}1$; siehe Tabelle 21); auch die aggregierte Paarvergleichsmatrizen, in die die mittels geometrischen Mittelwerts ermittelten eingetragen wurden, sind ausreichend konsistent.

---

29 Eine 2×2-Paarvergleichsmatrix ist naturgemäß immer konsistent im Hinblick auf das Kriterium Transitivität.

**Tabelle 21:** Consistency Ratio (CR) für die Paarvergleichsmatrizen der Qualitätsmanagement-AHP-Modellhierarchie

| AHP-Hierarchie Matrix | | Paarvergleichsmatrizen | | | | |
|---|---|---|---|---|---|---|
| 1. Ebene | Einflussfaktoren | | | | | |
| 2. Ebene | | | Endogene vs. exogene Faktoren | | | |
| 3. Ebene | | Endogene Faktoren | | Exogene F.: Unternehmensumfeld/Markt | Exogene F.: Systemgestaltende Institutionen | Systemimmanente Faktoren |
| Matrixgröße m×m | | 3×3 | 7×7 | 2×2 | 5×5 | 4×4 | 2×2 |
| M1 ($a_{ij1}$) | | 0,002 | 0,067 | – | 0,083 | 0,099 | – |
| M2 ($a_{ij2}$) | | 0,024 | 0,093 | – | 0,026 | 0,091 | – |
| M3 ($a_{ij3}$) | | 0,094 | 0,087 | – | 0,043 | 0,071 | – |
| M4 ($a_{ij4}$) | | 0,030 | 0,080 | – | 0,058 | 0,048 | – |
| M5 ($a_{ij5}$) | | 0,093 | 0,084 | – | 0,079 | 0,099 | – |
| M6 ($a_{ij6}$) | | 0,061 | 0,065 | – | 0,045 | 0,061 | – |
| M7 ($a_{ij7}$) | | 0,001 | 0,057 | – | 0,036 | 0,007 | – |
| M8 ($a_{ij8}$) | | 0,002 | 0,088 | – | 0,068 | 0,083 | – |
| M9 ($a_{ij9}$) | | 0,001 | 0,031 | – | 0,058 | 0,086 | – |
| M10 ($a_{ij10}$) | | 0,009 | 0,057 | – | 0,090 | 0,005 | – |
| M1…10 ($\overline{a_{ij}}$) | | 0,014 | 0,014 | – | 0,019 | 0,006 | – |

### 8.2.4 Sensitivitätsanalyse

Entsprechend dem methodischen Zugang des AHP und der Subjektivität der Bewertungen ist es empfehlenswert, die finalen Prioritäten auf ihre Stabilität hin zu überprüfen, denn: „A useful concern in any theory based on measurement is to hypothetically make both small and large perturbations in the measurements and note their effect on the outcome" (SAATY, 2006, 112). Diese kleineren oder größeren „Änderungen" („perturbations") zeigen auf, ob Änderungen in oberen Hierarchieebenen (hier vor allem bei den Gewichtungen der Einflusskategorien) große Änderungen in den Prioritäten auf unterer Hierarchieebene (hier Gewichtung der Faktoren) nach sich ziehen. Allerdings muss einschränkend vermerkt werden, dass in der vorliegenden Studie die Sensitivitätsanalyse nicht im Hinblick auf eine Alternativenbewertung durchgeführt wurde, sondern die QM-Beauftragten in einer abschließenden Analyse untersuchen sollten, ob sie ein weiter modifiziertes Ergebnis bei der Faktorengewichtung gegenüber den aktuellen Prioritäten bevorzugen würden.[30] Die Sensitivitätsanalyse wurde ebenfalls computergestützt durchgeführt.

Die folgende Analyse zeigt die Ergebnisse der Sensitivitätsanalyse auf aggregierter Ebene ($\overline{a_{ij}}$ und daraus abgeleiteten $\overline{w_h}$). Diese wurde naturgemäß nicht von M1 bis M10 vorgenommen, sondern vom Autor und soll die Veränderungen der Faktorengewichtungen bei veränderten Gewichtungen der Einflusskategorien zeigen.

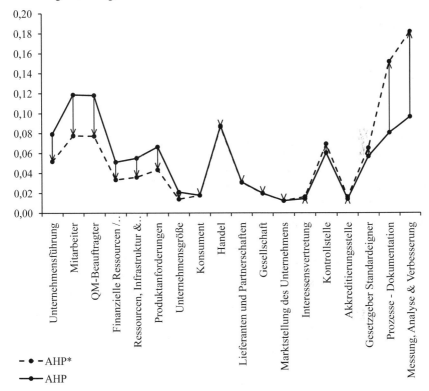

**Abbildung 68:** Sensitivitätsanalyse der aggregierten Prioritätenschätzung
Quelle: Subjektive Evaluierung QM-Beauftragte, AHP, n=10

Aus dieser Analyse (exemplarisch wurden allen Einflusskategorien die gleiche Priorität von zugewiesen $\overline{w_h} = 0{,}33$) kann gefolgert werden, dass in diesem

---

30 Aufgrund des umfassenden Zugangs, der zur finalen Faktorengewichtung geführt hat (siehe im folgenden Kapitel 8.3), war mit einer weiteren Modifikation auf Basis der Sensitivitätsanalyse nicht zu rechnen und wurde in der Folge auch von keinem einzigen QM-Beauftragten vorgenommen.

Fall eine Verschiebung der Einflusskategorie-Gewichtungen zu einem Austausch der Prioritäten der Einflusskategorie „endogene Faktoren" zugunsten der Einflusskategorie „systemimmanente Faktoren" führt (da sich in diesem Fall die Gewichtung der Einflusskategorie „exogene Faktoren" kaum ändert – diese wurde mit $\overline{w}_{exogen} \approx 0{,}31$ approximiert – kommt es bei den Faktoren dieser Kategorie naturgemäß zu keinen maßgeblichen Verschiebungen). Allerdings ist eine Nivellierung der Prioritäten der Einflusskategorien unrealistisch und sollte nur die abschließende Evaluierung der Sensitivitätsanalyse verdeutlichen. Von den QM-Beauftragten hat, wie gesagt, keiner eine Modifikation der finalen Prioritäten aufgrund der Sensitivitätsanalyse vorgenommen.

## 8.3 Re-Evaluierung auf Basis des Vergleichs aus AHP und NWA

Die konsistenten, mittels AHP und NWA übereinstimmenden Bewertungen wurden nicht unmittelbar erzielt. Nach einer ersten Bewertung seitens der QM-Beauftragten wurden je nach Befragtem mehr oder weniger große Abweichungen zwischen NWA-Zielgewichten $\varnothing_h$ $(t_0)$[31] und AHP-Prioritäten $w_h$ $(t_0)$ ermittelt, die den Ausgangspunkt für die Re-Evaluierung der subjektiven Bewertungen darstellten. Insgesamt verbesserten die QM-Beauftragten auf Basis der zunächst errechneten $\varnothing_h$ $(t_0)$ und $w_h$ $(t_0)$ unter Berücksichtigung der Differenz aus $\varnothing_h - w_h$ $(t_0)$ ihre Evaluierungen, wodurch eine für das jeweilige Unternehmen insgesamt – nach Aussage aller QM-Beauftragten – valide Gesamtbewertung des Qualitätsmanagement-Modells zum Zeitpunkt $t_1$ erzielt wurde.

Die vollständige Ergebnismatrix für M1 bis M10 der ersten Evaluierung zum Zeitpunkt $t_0$ ist der Tabelle 22 zu entnehmen.

---

31 Zum besseren Verständnis bezeichnen wir den Zeitpunkt der ersten Evaluierung $t_0$ und den Zeitpunkt der abschließenden Bewertung $t_1$.

# Quantitative/qualitative Analyse der Einflussfaktoren auf Qualitätsmanagementsysteme

**Tabelle 22:** Zielgewichte $\varnothing_h(t_0)$, $w_h(t_0)$ und Differenz $\varnothing_h - w_h(t_0)$ M1 bis M10

| | Unternehmensführung | Mitarbeiter | QM-Beauftragter | Finanzielle Ressourcen/ Qualitätskosten | Ressourcen, Infrastruktur & Arbeitsumgebung | Produktanforderungen | Unternehmensgröße | Konsument | Handel | Lieferanten und Partnerschaften | Gesellschaft | Marktstellung des Unternehmens | Interessensvertretung | Kontrollstelle | Akkreditierungsstelle | Gesetzgeber/ Standardeigner | Prozesse – Dokumentation | Messung, Analyse & Verbesserung |
|---|---|---|---|---|---|---|---|---|---|---|---|---|---|---|---|---|---|---|
| **$\varnothing_h(t_0)$** | | | | | | | | | | | | | | | | | | |
| M1 | 0,033 | 0,092 | 0,089 | 0,034 | 0,082 | 0,093 | 0,012 | 0,063 | 0,093 | 0,066 | 0,019 | 0,014 | 0,046 | 0,051 | 0,007 | 0,031 | 0,089 | 0,088 |
| M2 | 0,078 | 0,052 | 0,078 | 0,043 | 0,043 | 0,082 | 0,081 | 0,042 | 0,042 | 0,043 | 0,056 | 0,083 | 0,046 | 0,039 | 0,035 | 0,047 | 0,041 | 0,070 |
| M3 | 0,134 | 0,104 | 0,093 | 0,024 | 0,048 | 0,060 | 0,033 | 0,036 | 0,090 | 0,072 | 0,048 | 0,027 | 0,018 | 0,036 | 0,009 | 0,063 | 0,045 | 0,063 |
| M4 | 0,088 | 0,133 | 0,125 | 0,063 | 0,063 | 0,069 | 0,000 | 0,030 | 0,091 | 0,060 | 0,035 | 0,000 | 0,001 | 0,041 | 0,000 | 0,018 | 0,073 | 0,101 |
| M5 | 0,129 | 0,127 | 0,079 | 0,054 | 0,073 | 0,022 | 0,021 | 0,007 | 0,117 | 0,096 | 0,030 | 0,069 | 0,006 | 0,004 | 0,006 | 0,019 | 0,019 | 0,118 |
| M6 | 0,058 | 0,078 | 0,068 | 0,019 | 0,040 | 0,039 | 0,000 | 0,092 | 0,092 | 0,058 | 0,078 | 0,010 | 0,058 | 0,067 | 0,010 | 0,097 | 0,049 | 0,087 |
| M7 | 0,007 | 0,139 | 0,061 | 0,139 | 0,047 | 0,139 | 0,011 | 0,042 | 0,043 | 0,010 | 0,007 | 0,008 | 0,017 | 0,036 | 0,001 | 0,111 | 0,111 | 0,070 |
| M8 | 0,079 | 0,081 | 0,058 | 0,084 | 0,091 | 0,019 | 0,020 | 0,013 | 0,089 | 0,047 | 0,019 | 0,057 | 0,019 | 0,026 | 0,030 | 0,091 | 0,089 | 0,088 |
| M9 | 0,065 | 0,065 | 0,075 | 0,066 | 0,052 | 0,037 | 0,017 | 0,033 | 0,067 | 0,060 | 0,052 | 0,034 | 0,063 | 0,060 | 0,042 | 0,071 | 0,067 | 0,075 |
| M10 | 0,093 | 0,093 | 0,101 | 0,026 | 0,051 | 0,041 | 0,021 | 0,005 | 0,098 | 0,042 | 0,006 | 0,005 | 0,005 | 0,103 | 0,005 | 0,103 | 0,103 | 0,100 |
| **$w_h(t_0)$** | | | | | | | | | | | | | | | | | | |
| M1 | 0,031 | 0,127 | 0,117 | 0,039 | 0,052 | 0,055 | 0,014 | 0,011 | 0,028 | 0,014 | 0,006 | 0,006 | 0,009 | 0,035 | 0,005 | 0,015 | 0,218 | 0,218 |
| M2 | 0,066 | 0,062 | 0,098 | 0,057 | 0,058 | 0,080 | 0,065 | 0,003 | 0,011 | 0,008 | 0,007 | 0,011 | 0,015 | 0,026 | 0,018 | 0,029 | 0,079 | 0,307 |
| M3 | 0,069 | 0,087 | 0,067 | 0,040 | 0,046 | 0,081 | 0,028 | 0,028 | 0,101 | 0,031 | 0,044 | 0,027 | 0,013 | 0,014 | 0,007 | 0,027 | 0,145 | 0,145 |
| M4 | 0,061 | 0,151 | 0,154 | 0,071 | 0,048 | 0,061 | 0,027 | 0,011 | 0,103 | 0,034 | 0,021 | 0,007 | 0,002 | 0,024 | 0,002 | 0,010 | 0,106 | 0,106 |
| M5 | 0,028 | 0,053 | 0,076 | 0,080 | 0,079 | 0,267 | 0,024 | 0,013 | 0,038 | 0,012 | 0,002 | 0,014 | 0,001 | 0,007 | 0,000 | 0,002 | 0,044 | 0,259 |
| M6 | 0,076 | 0,108 | 0,125 | 0,040 | 0,052 | 0,091 | 0,026 | 0,037 | 0,040 | 0,020 | 0,014 | 0,009 | 0,018 | 0,018 | 0,010 | 0,074 | 0,064 | 0,180 |
| M7 | 0,032 | 0,182 | 0,060 | 0,113 | 0,063 | 0,171 | 0,036 | 0,024 | 0,047 | 0,012 | 0,005 | 0,005 | 0,008 | 0,040 | 0,007 | 0,037 | 0,078 | 0,078 |
| M8 | 0,074 | 0,170 | 0,040 | 0,047 | 0,113 | 0,023 | 0,011 | 0,001 | 0,005 | 0,001 | 0,000 | 0,002 | 0,002 | 0,006 | 0,011 | 0,043 | 0,074 | 0,377 |
| M9 | 0,051 | 0,063 | 0,090 | 0,073 | 0,062 | 0,032 | 0,013 | 0,035 | 0,086 | 0,034 | 0,066 | 0,017 | 0,056 | 0,060 | 0,034 | 0,087 | 0,070 | 0,070 |
| M10 | 0,039 | 0,067 | 0,103 | 0,056 | 0,052 | 0,089 | 0,042 | 0,013 | 0,039 | 0,027 | 0,020 | 0,024 | 0,027 | 0,087 | 0,028 | 0,056 | 0,115 | 0,115 |
| **$\varnothing_h - w_h(t_0)$** | | | | | | | | | | | | | | | | | | |
| M1 | 0,00 | -0,04 | -0,03 | -0,01 | 0,03 | 0,04 | 0,00 | 0,05 | 0,07 | 0,05 | 0,01 | 0,01 | 0,04 | 0,02 | 0,00 | 0,02 | -0,13 | -0,13 |
| M2 | 0,01 | -0,01 | -0,02 | -0,01 | -0,02 | 0,00 | 0,02 | 0,04 | 0,03 | 0,04 | 0,05 | 0,07 | 0,03 | 0,01 | 0,02 | 0,02 | -0,04 | -0,24 |
| M3 | 0,06 | 0,02 | 0,03 | -0,02 | 0,00 | -0,02 | 0,00 | 0,01 | -0,01 | 0,04 | 0,00 | 0,00 | 0,00 | 0,02 | 0,00 | 0,04 | -0,10 | -0,08 |
| M4 | 0,03 | -0,02 | -0,03 | -0,01 | 0,02 | 0,01 | -0,03 | 0,02 | -0,01 | 0,03 | 0,01 | 0,00 | 0,00 | 0,02 | 0,00 | 0,01 | -0,03 | -0,01 |
| M5 | 0,10 | 0,07 | 0,00 | -0,03 | -0,01 | -0,24 | 0,00 | -0,01 | 0,08 | 0,08 | 0,03 | 0,05 | 0,00 | 0,00 | 0,01 | 0,02 | -0,02 | -0,14 |
| M6 | -0,02 | -0,03 | -0,06 | -0,02 | -0,01 | -0,05 | -0,03 | 0,06 | 0,05 | 0,04 | 0,06 | 0,00 | 0,04 | 0,05 | 0,00 | 0,02 | -0,02 | -0,09 |
| M7 | -0,03 | -0,04 | 0,00 | 0,03 | -0,02 | -0,03 | -0,02 | 0,02 | 0,00 | 0,00 | 0,00 | 0,00 | 0,01 | 0,00 | -0,01 | 0,07 | 0,03 | -0,01 |
| M8 | 0,01 | -0,09 | 0,02 | 0,04 | -0,02 | 0,00 | 0,01 | 0,01 | 0,08 | 0,05 | 0,02 | 0,06 | 0,02 | 0,02 | 0,02 | 0,05 | 0,01 | -0,29 |
| M9 | 0,01 | 0,00 | -0,02 | -0,01 | -0,01 | 0,00 | 0,00 | 0,00 | -0,02 | 0,03 | -0,01 | 0,02 | 0,01 | 0,00 | 0,01 | -0,02 | 0,00 | 0,00 |
| M10 | 0,05 | 0,03 | 0,00 | -0,03 | 0,00 | -0,05 | -0,02 | -0,01 | 0,06 | 0,01 | -0,01 | -0,02 | -0,02 | 0,02 | -0,02 | 0,05 | -0,01 | -0,02 |

Daraus kann abgelesen werden, dass die Unterschiede zwischen subjektiver Bewertung auf Basis der NWA und auf Basis des AHP bei manchen Bewertungen, insbesondere die Zielgewichtung der systemimmanenten Einflusskategorie betreffend, sehr hoch waren. Der Vergleich zwischen den arithmetischen Mittelwerten der NWA $\overline{\varnothing}_h(t_0)$ und den geometrischen Mittelwerten des AHP $\overline{w}_h(t_0)$ verdeutlicht diese Erkenntnis auf einer aggregierten Ebene (siehe Abbildung 69; $\overline{\varnothing}_h - \overline{w}_h(t_0)$ sind darin als Pfeile eingetragen).

# 8 Quantitative/qualitative Analyse der Einflussfaktoren auf Qualitätsmanagementsysteme

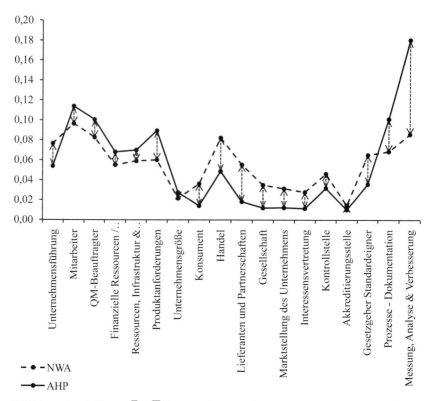

**Abbildung 69:** Differenz $\bar{\varnothing}_h - \bar{w}_h$ ($t_0$) zwischen durchschnittlicher Zielgewichtung $\bar{\varnothing}_h$ ($t_0$) und $\bar{w}_h$ ($t_0$)

Quelle: Subjektive Evaluierung QM-Beauftragte, AHP, n=10

Als Gründe für diese Abweichungen können genannt werden (und entsprechen auch weitgehend den in der Literatur genannten Nachteilen dieser Methoden):

- Teilweise Übergewichtung von Hierarchieelementen, unter denen nur wenige Elemente subsumiert werden, die darin enthaltenen Faktoren werden überbewertet: So sind in der AHP-Hierarchie in der Einflusskategorie „systemimmanente Faktoren" nur 2 Elemente enthalten. Wird beim Paarvergleich auf Hierarchieebene 1 ein relativ hohes Gewicht für die systemimmanente Einflusskategorie ermittelt, so verteilt sich das daraus approximierte Gewicht auf nur zwei Faktoren (und nicht, wie bei den anderen Einflusskategorien auf bis zu 7 bzw. 9 Elemente). Dies kann zu einer Übergewichtung dieser Faktoren auf Basis des AHP führen (so wie bei der unten exemplarisch dargestellten Bewertung von M1).

# Quantitative/qualitative Analyse der Einflussfaktoren auf Qualitätsmanagementsysteme  8

- Die Systematik der NWA kann zu einer überdurchschnittlich hohen Bewertung einzelner Faktoren und damit einhergehender Unter-Bewertung anderer Faktoren führen, weil sämtliche Faktoren – wie im vorliegenden Fall – auf einer Zielebene angeordnet wurden und die Prioritäten ganz im Hinblick auf die subjektiv wichtigsten Elemente erfolgt. Tendenziell dürften M3 und M5 auf diese Weise bewertet haben.
- Ebenso ist denkbar, dass auf Basis der NWA sämtlichen oder annähernd allen Elementen eine hohe Bedeutung zugemessen wird („alles ist wichtig"). Dies führt zu einer Nivellierung der Zielgewichtung. In der vorliegenden Studie konnte diese Tendenz mit Einschränkungen bei M9 festgestellt werden (nach der ersten Evaluierung).
- Schwierigkeiten bei der simultanen Bewertung der Elemente mittels NWA: Es werden Zielgewichte für insgesamt 18 Faktoren ermittelt. Die subjektive Bewertung einer großen Anzahl von Elementen ist schwierig, die daraus approximierten Zielgewichte entsprechen häufig nicht den realen Gegebenheiten. Dieses Problem tritt beim AHP nicht auf, da immer nur 2 Elemente miteinander verglichen werden müssen.
- AHP: Inkonsistenz in den Paarvergleichen nach der ersten Evaluierung (diese kann allerdings innerhalb der Methodik des AHP mittels Konsistenzprüfung überprüft werden; die Methodenkombination ist hier ohne Einfluss). Dieses Problem war bei der Erst-Bewertung durch die QM-Beauftragten insbesondere bei den größeren Paarvergleichsmatrizen vorhanden.

Letztlich zeigt dies deutlich die Vorteile der Methodenkombination auf: Im Zuge der interaktiven Datenerhebung konnten die befragten QM-Beauftragten unmittelbar auf diese Unterschiede reagieren, die Einzelbewertungen wurden korrigiert und insgesamt gelang es allen Befragten, eine Modifikation der Bewertung herbeizuführen, aus der eine zufriedenstellende Faktorengewichtung geschätzt wurde. Die Methodenkombination trägt damit zu realitätsgerechteren Schätzungen der Prioritäten bei, die genannten Nachteile der Methoden NWA und AHP können abgeschwächt werden, der deutlich höhere Erhebungsaufwand ist aufgrund der Validität der Ergebnisse sicherlich gerechtfertigt.

Der methodische Zugang, der zur Prioritätenschätzung herangezogen wurde, soll am Beispiel von M1 erläutert werden:

(1) In einer ersten Bewertung wurden beträchtliche Unterschiede bei den einzelnen Kriterien festgestellt. Der Unterschied ist insbesondere bei den

systemimmanenten Faktoren auffällig, aber auch bei zahlreichen anderen Faktoren sind die Unterschiede zwischen NWA und AHP hoch (siehe Abbildung 70).

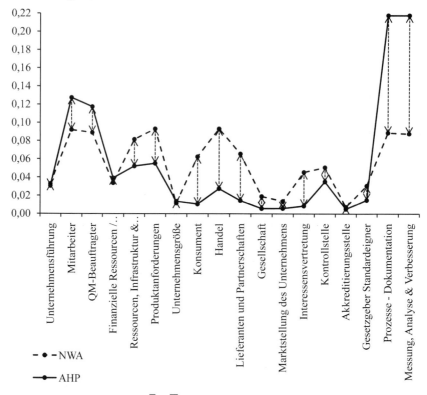

**Abbildung 70:** M1: Differenz $\bar{ø}_h - \bar{w}_h$ $(t_0)$
Quelle: Subjektive Evaluierung M1, NWA/AHP

(2) Konfrontiert mit den Ergebnissen dieser ersten Bewertung, modifizierte M1 die subjektiven Bewertungen. Die Ergebnisse der Evaluierung auf Basis der NWA (siehe Abbildung 71) und auf Basis des AHP führten zu einer umfassenden Modifikation der Zielgewichtungen $ø_h$, $w_h$ $(t_1)$.

(3) Die endgültigen Zielgewichte der NWA $ø_h$ $(t_1)$ und des AHP $w_h$ $(t_1)$ entsprechen einander nun weitgehend. Interessanterweise liegen die finalen Zielgewichte teilweise sogar über den zu Beginn der Evaluierung approximierten Prioritäten (siehe z. B. Faktor „Unternehmensführung" in Abbildung 71 für $ø_h$ $(t_0 \rightarrow t_1)$; für $w_h$ $(t_0 \rightarrow t_1)$ würde die Grafik ganz ähnlich aussehen). Eigentlich wäre zu erwarten gewesen, dass sämtliche Prioritäten zwischen den ursprünglich geschätzten liegen müssten. Dies zeigt,

dass eine intensive Beschäftigung mit dem Qualitätsmanagement-Modell im Verlauf des Evaluierungsprozesses durch eine vertiefende Analyse auch zu einer Modifikation ursprünglicher Annahmen führen kann.

(4) Die finalen Prioritäten $ø_h, w_h (t_1)$ wurden im Rahmen der Sensitivitätsanalyse auf ihre Stabilität hin überprüft, es wurden von M1 keine Änderungen mehr vorgenommen.

Im Zuge der weiteren Datenerhebung beantwortete M1 die Leitfragen des qualitativen Experteninterviews. Über die tiefgehenden Informationen werden die Bewertungen transparent und nachvollziehbar. Letztlich erlaubt diese in die Tiefe gehende Form der Informationsgewinnung Rückschlüsse auf die „wahre" Einschätzung der QM-Beauftragten.

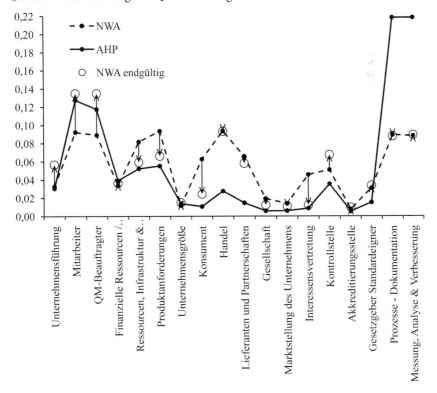

**Abbildung 71:** M1: Modifikation von $ø_h (t_0 \rightarrow t_1)$
Quelle: Subjektive Evaluierung M1, NWA/AHP

Bei allen anderen Befragten ist der Prozess der subjektiven Bewertung der Elemente des Qualitätsmanagement-Modells ganz ähnlich verlaufen, wobei unterschiedliche Abweichungen zwischen NWA und AHP festgestellt wurden.

Im Durchschnitt betragen die Abweichungen $\bar{\varnothing}_h - \bar{w}_h$ ($t_0$) je nach Faktor zwischen −0,095 und +0,037, wobei die größte (absolute) durchschnittliche Abweichung beim Faktor „Messung, Analyse & Verbesserung" mit $\bar{\varnothing}_h - \bar{w}_h =$ −0,095 ($t_0$) festgestellt wurde. Die Gewichtung dieses Faktors $\bar{w}_h$ ($t_0$) wurde demnach bei der Bewertung mittels AHP als deutlich höher eingestuft im Vergleich zur mittels NWA ermittelten $\bar{\varnothing}_h$ ($t_0$).

## 8.4 Synthese aus AHP und NWA

NWA und AHP wurden eingesetzt, um die Bedeutung der Einflussfaktoren auf Qualitätsmanagementsysteme in den Unternehmen der österreichischen Molkereibranche messbar zu machen und das Modell als solches im Hinblick auf seine Praxistauglichkeit zu überprüfen. Die aus der wissenschaftlichen Fachliteratur gewonnenen 18 Einflussfaktoren wurden – und dies ist eine wesentliche Modifikation zu bislang existierenden Modellen – in endogene, exogene und systemimmanente Faktoren eingeteilt:

- Die *endogenen Faktoren* – im Sinne von unternehmensintern – umfassen die Faktoren Unternehmensführung, Mitarbeiter, QM-Beauftragter, Finanzielle Ressourcen/Qualitätskosten, Ressourcen für Infrastruktur und Arbeitsumgebung, Produktanforderungen sowie Unternehmensgröße.
- Die *exogenen Faktoren* wirken von außen auf das Unternehmen ein. Sie wurden unterteilt in das Unternehmensumfeld und in systemgestaltende Institutionen. Dem Unternehmensumfeld zugeordnet sind die Faktoren Konsument, Handel, Lieferanten/Partnerschaften und deren Marktstellung, Gesellschaft sowie Marktstellung des Unternehmens. Diese haben einen indirekten Einfluss auf das Qualitätsmanagementsystem. Die systemgestaltenden Institutionen wirken direkt auf das System und umfassen die Faktoren Interessensvertretung, Kontrollstelle, Akkreditierungsstelle sowie Gesetzgeber/Standardeigner.
- Die *systemimmanenten Faktoren* ergeben sich aus der Anwendung des Qualitätsmanagementsystems und beinhalten Prozesse/Dokumentation sowie Messung, Analyse und Verbesserung.

Abbildung 72 zeigt die Bedeutung, die aus den subjektiven Evaluierungen der Experten für die Einflusskategorien endogene Faktoren, exogene Faktoren und systemimmanente Faktoren approximiert wurden.

Quantitative/qualitative Analyse der Einflussfaktoren auf Qualitätsmanagementsysteme  8

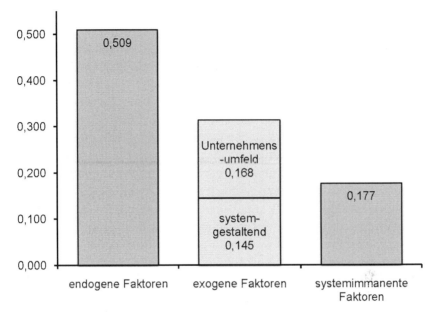

Abbildung 72: Bedeutung der Einflusskategorien

Für die endogenen Faktoren wird eine Gewichtung von 0,51 geschätzt, für die exogenen Faktoren 0,31 und für die systemimmanenten Faktoren 0,18. Die Subelemente der exogenen Faktoren „Unternehmensumfeld" und „systemgestaltende Institutionen" sind in etwa gleich bedeutend.

Die besondere Bedeutung dieser Ergebnisse beruht auf der Tatsache, dass die Einflussfaktoren erstmalig in logische Gruppen (endogene, exogene und systemimmanente Faktoren) zusammengefasst und für diese Messwerte in Form von Prioritäten approximiert wurden. Während die endogenen und systemimmanenten Faktoren und die Faktoren des Unternehmensumfelds meist auch in bereits bestehenden Modellen zu finden sind, ist die Integration der systemgestaltenden Faktoren ein Novum. Durch die gewonnenen Ergebnisse kann die Sinnhaftigkeit der Einteilung der Faktoren in die vorliegenden Kategorien und Unterkategorien bestätigt werden (wobei die qualitativen Experteninterviews hier sicherlich noch wertvolle Einblicke bringen). Einerseits ergibt sich durch die erstmalige Zuteilung in die einzelnen Kategorien eine umfassendere und realitätsgerechte Betrachtungsweise der Einflussfaktoren, die auf Qualitätsmanagementsysteme einwirken. Darüber hinaus wird durch die Integration der beteiligten systemgestaltenden Institutionen das komplexe Zusammenspiel dieser direkt mit dem System verbundenen Institutionen mit den anderen beeinflussenden Faktoren aufgezeigt. Einschränkend muss allerdings angemerkt werden, dass die Wechselwirkungen, die unter Umständen zwischen den einzelnen Elementen bestehen, bei dieser Analyse nicht betrachtet und untersucht wurden; dies könnte sich als durchaus fruchtbares, zukünftiges Forschungsfeld erweisen.

Im Einzelnen können für die 18 Faktoren auf Basis der Gruppenbewertung die in Abbildung 73 eingetragenen Prioritäten approximiert werden (in Abbildung 73 sind nur die über den geometrischen Mittelwert verdichteten Bewertungen der QM-Beauftragten enthalten, da sich die finalen Prioritäten zwischen NWA und AHP weitgehend entsprechen). Die endogenen Faktoren erlangen ihre Bedeutung vor allem durch die hohe Bewertung der Humanfaktoren des Unternehmens – Mitarbeiter, QM-Beauftragter und Unternehmensführung. Die intensive Verknüpfung der systemimmanenten Faktoren mit dem Qualitätsmanagementsystem selbst spiegeln sich ebenfalls in den Gewichtungen wider. Besondere Bedeutung kommt bei den exogenen Faktoren im Bereich Unternehmensumfeld dem Handel zu. Dies veranschaulicht eine der Besonderheiten der Molkereibranche als Vertretung der Agrar- und Ernährungswirtschaft, in der der Handel als Kunde enorme Bedeutung einnimmt und damit großen Einfluss auf betriebsinterne Abläufe hat. Als exogene, systemgestaltende Institutionen haben laut Expertenmeinung der Gesetzgeber/Standarddesigner und die Kontrollstelle besonderen Einfluss auf das Qualitätsmanagementsystem. Da diese in bisherigen Modellen nicht enthalten waren und bei der vorliegenden Evaluierung hohes Gewicht erhalten haben, kommt diesem Einzelergebnis besondere Bedeutung zu, hebt es doch deutlich die Realitätsnähe von Qualitätsmanagement-Modellen.

Wir erhalten damit ein valides, durch die Methodenkombination abgesichertes und empirisch überprüftes Bewertungsmodell, das einen ersten Einblick in die Bedeutung der aus der Literatur abgeleiteten Einflussfaktoren auf den Erfolg eines Qualitätsmanagement-Modells erlaubt. Die wesentlichsten Einflussfaktoren konnten bestimmt werden, die errechneten Prioritäten können in der Folge zur Optimierung von Qualitätsmanagementsystemen herangezogen werden.

# Quantitative/qualitative Analyse der Einflussfaktoren auf Qualitätsmanagementsysteme 8

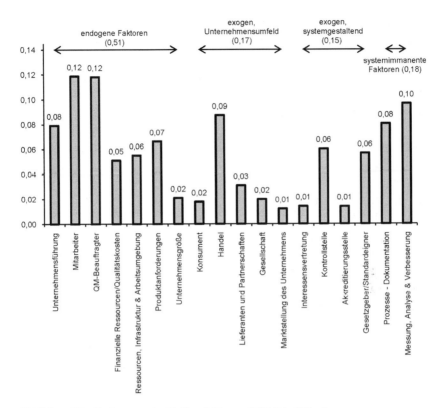

**Abbildung 73:** Bedeutung der Einflussfaktoren (AHP-Prioritäten)

## 8.5 Qualitative Analyse der Kommentare und Aussagen der QM-Beauftragten mittels Inhaltsanalyse nach MAYERING (2007)

Um die Ergebnisse der Nutzwertanalyse und des AHP und die Bewertungen der Befragten nachvollziehen zu können, werden die mit den Untersuchungsteilnehmern durchgeführten Experteninterviews in der Folge eingehend auf Basis der Inhaltsanalyse nach MAYERING (2007) analysiert. Durch den strukturierten Zugang bei den Interviews kann ein umfassendes Bild mit teilweise recht unterschiedlichen Perspektiven in Bezug auf die einzelnen Faktoren gewonnen werden.

Die Interviews ermöglichen einen Vergleich der Expertenmeinung über die Einflussfaktoren mit den im Rahmen der Literaturanalyse gewonnenen Erkenntnissen über die einzelnen Faktoren. Es kann aufgezeigt werden, welche Aspekte aus Sicht der Experten in der Molkereibranche wichtig sind, ob sich diese in den theoretisch gewonnenen Erkenntnissen decken oder ob andere Aspekte in der Praxis von Bedeutung sind.

Die folgenden Ausführungen umfassen die Ergebnisse der Expertenbefragung der QM-Beauftragten der einzelnen Molkereien. Zu berücksichtigen ist dabei, dass sich die Ergebnisse auf die Sichtweisen der QM-Beauftragten beziehen; eine davon abweichende Sicht, z. B. der Unternehmensleitung, kann daher nicht ausgeschlossen werden. Auch dies könnte ein interessanter Aspekt zukünftiger Forschungsarbeiten sein.

### 8.5.1 Endogener Einflussfaktor „Unternehmensführung"

Insgesamt lassen sich die qualitativen Angaben der QM-Beauftragten zum Einflussfaktor „Unternehmensführung" im Zuge der Beantwortung der Leitfragen in Tabelle 23 zusammenfassen. In dieser sind die Häufigkeiten der Angaben zu den über die qualitative Inhaltsanalyse ermittelten Kategorien (Codes) eingetragen.

**Tabelle 23:** Qualitative Inhaltsanalyse Einflussfaktor „Unternehmensführung"

|  | Anzahl | (sehr) bedeutend | (eher) weniger bedeutend |
|---|---|---|---|
| **Codesystem Unternehmensführung** | 72 |  |  |
| fachliche/methodische Kompetenz | 10 | 7 | 3 |
| soziale Kompetenz | 10 | 9 | 1 |
| • Mitarbeitermotivation |  | 3 |  |
| • Zusammenarbeit Unternehmensführung/Mitarbeiter |  | 2 |  |
| Dienstleistungsfunktion | 9 | 9 |  |
| • Problembereich zeitliche/personelle Ressourcen | 3 |  |  |
| • Problembereich finanzielle Ressourcen | 6 |  |  |

Quelle: qualitative Inhaltsanalyse MAXQDA, n=10

# 8 Quantitative/qualitative Analyse der Einflussfaktoren auf Qualitätsmanagementsysteme

In Verbindung mit der quantitativen Bewertung auf Basis von AHP/NWA (siehe Abbildung 74) ergibt sich damit ein gutes Gesamtbild zur Bedeutung des Einflussfaktors „Unternehmensführung". Wie bei der quantitativen Analyse ausgeführt, wird die Wichtigkeit der Unternehmensführung als Einflussfaktor auf Qualitätsmanagementsysteme von den zehn Unternehmen unterschiedlich stark bewertet. Die Bandbreite der Wertigkeiten reicht hierbei von 0,06 bis 0,12, woraus sich ein geometrischer Mittelwert von 0,08 errechnet (AHP). Diese heterogene Bewertung kann mit den Erkenntnissen der Inhaltsanalyse allerdings nicht vollständig erklärt werden. Zwar gibt es QM-Beauftragte, die eher niedrige Bewertungen abgeben (M1, M7) und deren Bewertung auch durch die aktuelle Situation im Unternehmen begründbar erscheint,[32] aber es mussten auch Widersprüche festgestellt werden zwischen der subjektiven (unterdurchschnittlichen) Bewertung und den qualitativen Aussagen zur Bedeutung der Unternehmensführung.[33] Die höheren Bewertungen von M2, M3 usw. in Abbildung 74 sind mit den qualitativen Angaben der QM-Beauftragten durchgängig konsistent, weshalb aus beiden Analysen geschlossen werden kann, dass die Unternehmensführung maßgeblichen Einfluss auf das Qualitätsmanagementsystem haben dürfte, auch wenn die Stärke desselben unterschiedlich hoch eingeschätzt wird. Dies ist durch die Stellung der Geschäftsführung als strategische Organisationseinheit im Unternehmen begründbar und geht einher mit den Erkenntnissen der einschlägigen Fachliteratur.

---

32 Die diesbezüglichen Aussagen von M1 und M7 lauten: M7: „*Die Unternehmensführung hat wenig fachliche und methodische Kompetenz. Diese liegt eher beim Qualitätsmanager.*"; M1: „*Der Geschäftsführer ist rein im Marketing beheimatet.*"

33 M4 und M9 weisen eher niedrige Prioritäten auf. Deren Aussagen stellen hierzu einen gewissen Widerspruch dar: M4: „*Die Unternehmensführung hat einen großen Einfluss. Von der fachlichen und methodischen Art der Unternehmensführung hängt ab, dass der Geschäftsführer mitentscheiden kann, in welchem Bereich man etwas neu aufbaut und wie die Kompetenzen vergeben werden.*"; M9: „*Die fachliche und methodische Kompetenz hat großen Einfluss*".

# 8 Quantitative/qualitative Analyse der Einflussfaktoren auf Qualitätsmanagementsysteme

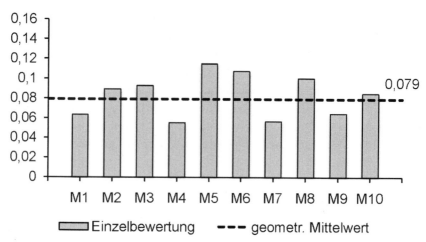

**Abbildung 74:** Bedeutung des Einflussfaktors „Unternehmensführung"
Quelle: AHP Prioritätenschätzung, n=10

**Bedeutung der fachlichen/methodischen Kompetenz:** Entsprechend der inhaltsanalytischen Verdichtung der Aussagen der QM-Beauftragten ist ein unterschiedliches Niveau der fachlichen und methodischen Qualitätsmanagement-Kompetenz der Unternehmensführung anzunehmen. Dies ist, wie bereits ausgeführt, auch mit der Beurteilung der Bedeutung der Unternehmensführung für ein Qualitätsmanagementsystem mehr oder weniger konsistent. Die Mehrzahl der QM-Beauftragten weist dieser eine sehr hohe Bedeutung zu (7 von 10). Für 3 von 10 kommt dieser eine eher geringe Bedeutung zu (keiner der Befragten stufte die fachliche/methodische Kompetenz als unbedeutend ein). Dies dürfte entsprechend der weiteren Angaben der QM-Beauftragten (auch) im Zusammenhang mit dem beruflichen Background des Geschäftsführers stehen: Haben Geschäftsführer einen fachspezifischen Hintergrund, so wird dieser durchgängig als wichtig eingestuft, da der Geschäftsführer das System genau versteht und entsprechendes Verständnis für diesen bedeutenden Unternehmensbereich aufbringt. Der Vorteil der fachlichen Kompetenz wird auch darin gesehen, dass durch Fachwissen in Bezug auf Molkereiabläufe ein ständiges Involvieren und Mitgestalten seitens der Unternehmensführung gegeben ist und die Geschäftsführung beispielsweise mitentscheiden kann, in welchem Bereich etwas neu aufgebaut werden muss und wie Kompetenzen vergeben werden sollen.

Besonderes Gewicht kommt der fachlichen und methodischen Kompetenz der Geschäftsführung dann zu, wenn Probleme im Qualitätsmanagementsystem des Unternehmens auftauchen. So ist es auch wenig überraschend, dass vor allem jene QM-Beauftragten, die die fachliche/methodische Kompetenz der Geschäftsführung als gegeben ansehen, diesem Einflussfaktor im Rahmen der subjektiven Bewertung höheres Gewicht einräumen als jene QM-Beauftragten, in deren Unternehmen der Background der Geschäftsführung anderen Geschäftsbereichen zuzuordnen ist (siehe oben). Als Grund dafür wurde beispielsweise angegeben, dass es die Aufgabe der Geschäftsführung sei, die notwendigen Genehmigungen zu erteilen, um hochqualitative Produkte herzustellen. Das Qualitätsmanagement- oder Produktmanagementsystem müsse nach außen vertreten werden, aber nicht aufgrund der fachlichen Qualifikation der Geschäftsführung, da dafür qualifizierte Mitarbeiter zuständig sind. Daraus kann auch abgeleitet werden, dass ein fachliches und methodisches Grundverständnis der Geschäftsführung durchaus erforderlich ist (von einem der befragten QM-Manager wird dies auch explizit gefordert), eine tiefgehende Qualitätsmanagement-Expertise kann aber nicht erwartet werden, hierfür ist der Qualitätsmanager zuständig.

Insgesamt ist damit die unterschiedliche Bewertung der Bedeutung dieses Einflussfaktors erklärbar. Es dürfte vor allem vom beruflichen Hintergrund der Geschäftsführung abhängen, ob diese im fachlich/methodischen Sinne Kompetenz in ein Qualitätsmanagementsystem einbringen kann. Wenn dies der Fall ist, so wird die Bedeutung dieses Einflussfaktors meist höher eingestuft als bei „fachfremden" Geschäftsführern (unter Berücksichtigung der oben angeführten Ausnahmen). Unbestritten ist die Bedeutung eines klaren Bekenntnisses der Geschäftsführung zum Qualitätsmanagement. Die Notwendigkeit einer guten und engen Zusammenarbeit zwischen Unternehmensführung und Qualitätsmanagementabteilung wird von den meisten befragten QM-Managern explizit betont: Die Unternehmensführung gibt die strategischen Ziele vor, die operative Umsetzung erfolgt durch die Qualitätsmanagementabteilung. Dies entspricht damit weitgehend der Aufgabenteilung, wie sie in der gängigen Managementliteratur vorgegeben wird.

**Soziale Kompetenz und Vorbildfunktion der Unternehmensführung:** Diese Funktion der Unternehmensführung wird von annähernd allen QM-Beauftragten als bedeutend eingestuft. Nur ein QM-Manager (M3) stuft diesen Einflussfaktor als eher weniger bedeutend ein; dieser sieht die Geschäftsführung eher als Vertretungsorgan nach außen hin, womit diese weniger Einfluss auf das Qualitätsmanagementsystem hat. Da M3 eine überdurchschnittlich hohe Bewertung des Einflussfaktors abgegeben hat, ist hier ein leichter Widerspruch zwischen subjektiver Bewertung und verbaler Begründung gegeben.

Sozialkompetenz wird von allen anderen Befragten als eine grundsätzliche Anforderung an eine Führungskraft verstanden, die Vorbildfunktion ist auch hier bereits durch die Stellung der Unternehmensführung in der Unternehmensorganisation gegeben. Besonders wird dabei der Einfluss der Unternehmensführung auf die Mitarbeitermotivation hervorgehoben, womit auch das Verhältnis Unternehmensführung zu Mitarbeitern angesprochen wird. Neben diesen zentralen sozialen Kompetenzen der Unternehmensführung wird ausgeführt,

- dass der Geschäftsführer das Unternehmen in allen Bereichen führt, dies sei kein Spezifikum des Qualitätsmanagements;
- dass auch die Unternehmenskultur generell sowie die Einstellung des Geschäftsführers bedeutend seien, damit das Qualitätsmanagement glaubwürdig an die Mitarbeiter weitergegeben und die Identifikation mit dem Qualitätsmanagementsystem erreicht wird;
- dass das Qualitätsmanagement vom Management und den Mitarbeitern getragen wird, was die gute Zusammenarbeit zwischen Geschäftsführung und Mitarbeitern bedingt (ein gutes Verhältnis in beide Richtungen der Hierarchieebenen ist wichtig, um Themen besprechen und verabschieden zu können);
- dass die von Unternehmensseite und Qualitätsmanagementseite erstellten und umgesetzten Qualitätsmanagementrichtlinien auch seitens der Unternehmensführung gelebt werden müssen (i. e. Vorbildfunktion der Unternehmensführung)
- dass der Fokus auf gemeinsame Richtlinien und Ziele die Zusammenarbeit der Mitarbeiter stärke. In diesem Fall registrieren die Mitarbeiter, dass sich Vorgesetzte mit den betrieblichen Zielen identifizieren, dies führt auch bei ihnen in der Folge zu höherer Motivation.

**Dienstleistungsfunktion der Unternehmensführung:** Der Dienstleistungsfunktion der Unternehmensführung wird von allen QM-Beauftragten bedeutender Einfluss auf Qualitätsmanagementsysteme zugesprochen. Die Unternehmensführung muss für das Qualitätsmanagement die Ressourcen zur Verfügung stellen, die aus Sicht des Qualitätsmanagements für die Durchführung von qualitätssichernden Aufgaben und/oder für die Ausbildung der Mitarbeiter notwendig sind.

Die Bereitstellung von zeitlichen und finanziellen Ressourcen ist – wenig überraschend – deutlichen Restriktionen unterworfen und hängt auch vom Unternehmenserfolg ab. Die finanzielle Ausstattung ist mitunter ein deutlich limitierender Faktor, zeitliche Restriktionen sind mit dem verfügbaren Personal begründbar (generell müssen genügend personelle Ressourcen im Unternehmen vorhanden sein, damit Qualitätsmanagementsysteme mit ausreichendem Personal ausgestattet werden können). Hier wirken sich beschränkte Kapazitäten naturgemäß besonders restriktiv aus. Eine Ausnahme dürften in diesem Zusammenhang aber Mitarbeiterschulungen darstellen: Bei diesen ist seitens der Unternehmensführung eine durchgängig hohe Bereitschaft gegeben, Ressourcen bereitzustellen. Restriktiv wirkt sich hier eher die verfügbare Zeit der Mitarbeiter aus, derartige Schulungen auch wahrnehmen zu können.[34]

Im Allgemeinen wird der Dienstleistungsfunktion der Unternehmensführung demnach hohe Bedeutung eingeräumt, da sich Qualitätsmanagementsysteme permanent weiterentwickeln, weshalb es umso wichtiger wird, auch das Wissen der Mitarbeiter über entsprechende Schulungen weiterzuentwickeln. Die verfügbaren Ressourcen stellen dabei den zentralen limitierenden Faktor dar, wobei diese eher finanzieller als zeitlicher Natur sind (siehe Tabelle 23).

Die empirisch gewonnenen Erkenntnisse aus den Experteninterviews zum Einflussfaktor „Unternehmensführung" decken sich mit der Theorie der Fachliteratur, sie unterstreichen den Einfluss der Unternehmensführung und damit verbunden die Notwendigkeit des Top-Down-Ansatzes zur Umsetzung und Aufrechterhaltung von Qualitätsmanagementmaßnahmen. Auch wenn einige Abweichungen zwischen qualitativen Ergebnissen und subjektiver Bewertung auf Basis AHP/NWA festgestellt werden konnten, überwiegen die Übereinstimmungen deutlich. Die subjektive Bewertung wird damit weitgehend nachvollziehbar, die vertiefende Analyse der Aussagen der QM-Beauftragten zeigt deutlich, warum die Unternehmensführung wesentlichen Einfluss auf ein Qualitätsmanagementsystem hat.

### 8.5.2 Endogener Einflussfaktor „Mitarbeiter"

Tabelle 24 fasst die qualitativen Angaben der QM-Beauftragten zum Einflussfaktor „Mitarbeiter" aus der Beantwortung der Leitfragen zusammen (Häufigkeiten der Angaben zu mittels qualitativer Inhaltsanalyse ermittelten Kategorien [Codes]).

---

34 Exemplarisch sei hier die folgende Aussage wiedergegeben: M1: *„Bezüglich Dienstleistungsfunktion der Unternehmensführung werden Schulungen von der Geschäftsführung jederzeit unterstützt, oft fehlt es aber an der Zeit, diese wahrzunehmen."*

# 8 Quantitative/qualitative Analyse der Einflussfaktoren auf Qualitätsmanagementsysteme

Tabelle 24: Qualitative Inhaltsanalyse Einflussfaktor „Mitarbeiter"

|  | Anzahl | (sehr) bedeutend |
|---|---|---|
| **Codesystem Mitarbeiter** | 113 |  |
| Mitarbeitermotivation | 10 | 10 |
| • Problembereich Leistungsdruck/Zeitdruck |  | 2 |
| Mitarbeiterqualifikation | 10 | 10 |
| • Schulungen |  | 6 |
| • abteilungs-/arbeitsplatzabhängig |  | 4 |
| • Problembereich Sprache |  | 1 |
| Mitarbeiterempowerment (-befähigung) | 9 | 9 |
| • Veränderungen, Verbesserungen gewünscht |  | 3 |
| • Vertrauen als Basis |  | 1 |
| Angst der Mitarbeiter vor Veränderungen | 10 | 10 |
| • hierarchieunabhängig |  | 8 |
| • hierarchieabhängig |  | 2 |
| • abhängig vom Persönlichkeitstyp |  | 3 |
| • Erklärung bzgl. Veränderung ist wichtig |  | 5 |

Quelle: qualitative Inhaltsanalyse MAXQDA, n=10

Aus dieser ist der Stellenwert des Einflussfaktors insofern ersichtlich, als alle QM-Beauftragten den diesbezüglichen Codes eine hohe Bedeutung zuordnen (Motivation, Qualifikation, Empowerment). Die qualitativen Analyseergebnisse sind damit weitgehend konform mit den über die subjektive Bewertung geschätzten Prioritäten für den Einflussfaktor „Mitarbeiter", nach der der Einflussfaktor „Mitarbeiter" der wichtigste Einflussfaktor auf Qualitätsmanagementsysteme ist mit einer durchschnittlichen Gewichtung $w_i = 0,12$. Diese Erkenntnis wird über die inhaltsanalytische Verdichtung der Aussagen der QM-Beauftragten eindeutig gestützt, wobei diese verkürzt werden kann zu:

- Mitarbeiter müssen über die nötigen Voraussetzungen verfügen, damit hochqualitative Produkte hergestellt werden können (im Sinne von Fachwissen, Ausbildung, Technik).

# 8 Quantitative/qualitative Analyse der Einflussfaktoren auf Qualitätsmanagementsysteme

- Sie müssen motiviert sein (Entfaltung der Mitarbeiter muss möglich sein)
- und über die notwendigen Kompetenzen verfügen.

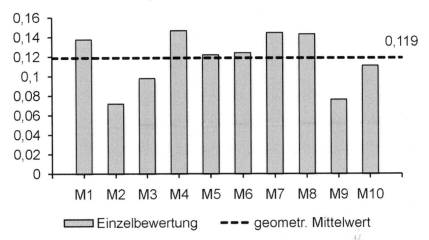

**Abbildung 75:** Bedeutung des Einflussfaktors „Mitarbeiter"
Quelle: AHP Prioritätenschätzung, n=10

Kurz gefasst kann dies als „wollen", „können" und „dürfen" bezeichnet und in dieser Form auch im Qualitätsmanagementhandbuch eines Unternehmens festgehalten werden. Die deutlich niedrigeren Bewertungen insbesondere durch M2, M3 und M9 sind durch die inhaltsanalytische Interpretation aber nur eingeschränkt erklärbar. So erläutert etwa M9, dass Mitarbeiter entsprechend ihrer Eignung eingesetzt werden müssen (die Lenkungsfunktion durch die Unternehmensführung steht demnach im Vordergrund); diese Sichtweise wird aber auch z. B. explizit von M4 geteilt („... *für jeden Mitarbeiter das entsprechende Ausbildungsniveau, welches er für seine Tätigkeiten benötigt...*"), der diesem Einflussfaktor eine besonders große Wichtigkeit einräumt ($w_i$ = 0,15). Unter Umständen hängt die unterdurchschnittliche Bewertung von M2, M3 und M9 damit zusammen, dass die Möglichkeiten der „Steuerbarkeit" des Einflussfaktors „Mitarbeiter" innerhalb eines bestehenden Systems als eingeschränkt angesehen werden.[35] Der hohe Regulierungsgrad des Qualitätsmanagement-Bereichs und die damit einhergehende geringere Einflussmöglichkeit der Mitarbeiter könnte demnach für einige QM-Beauftragte aus-

---

35 M3: „*Das Mitarbeiterempowerment hat nur im Rahmen der Möglichkeiten Einfluss. Durch die vorgegebenen Datenblätter und Prüfanweisungen ist der Rahmen stark vorgegeben. Die Mitarbeiter können sich nur innerhalb dieses starren Korsetts bewegen.*"

schlaggebend gewesen sein, hier eine deutlich geringere Prioritätenschätzung vorzunehmen.

**Motivation der Mitarbeiter:** Von zentraler Bedeutung ist in diesem Zusammenhang die Motivation der Mitarbeiter. Diese hat laut der Meinung aller Experten sehr großen Einfluss auf Qualitätsmanagementsysteme. Die Motivation wird z. B. von einem Befragten gleichgesetzt mit Unternehmenskultur und Überzeugungsarbeit. Möglicherweise haben Mitarbeiter z. T. wenig eigenen Antrieb und müssen durch entsprechende Überzeugungsarbeit motiviert werden. Gelingt dies im Rahmen von organisatorischen Rahmenbedingungen auf nachhaltige Art und Weise, d. h., wird die Mitarbeitermotivation integraler Bestandteil der Unternehmenskultur, so kann davon ausgegangen werden, dass sich dies auch auf den Unternehmenserfolg auswirken wird. Das Erkennen von Fehlern und das Reagieren auf Fehler ist eindeutig mit dem „Wollen" des Mitarbeiters verbunden. Durch entsprechende Maßnahmen sollen die Mitarbeiter so weit gebracht werden, dass sie Verantwortung für das Qualitätsmanagement übernehmen und qualitätssichernde Maßnahmen von sich aus (aus eigenem Antrieb) setzen und nicht per Anweisung (von oben). D. h., Mitarbeiter müssen sich mit den Qualitätsmanagementzielen identifizieren (diese Aussage hat allerdings für die gesamten Unternehmensziele Gültigkeit) und diese von sich aus zu erreichen versuchen (eine vollständige Kontrolle der Zielerreichung ist ohnehin unmöglich). Dies bedarf eines Systems, in dem Mitarbeiter gut aufgehoben sind und ihre Arbeitsanweisungen verstehen.

Als ein Problemfeld wird gesehen, dass, auch wenn die Mitarbeiter entsprechend motiviert sind und über das notwendige Wissen verfügen (siehe im Folgenden), es für sie durch den steigenden Leistungs- und Zeitdruck schwieriger wird, die vorgegebenen Ziele zu erreichen, was letztlich einer nachhaltigen Motivation abträglich ist.

**Mitarbeiterqualifikation:** Eine hohe Mitarbeiterqualifikation wird als durchgängig wichtig erachtet, wobei auch eine Abhängigkeit vom jeweiligen Arbeitsbereich gesehen wird (Zusammenhang Qualifikation und Qualitätsmanagementsystem).[36] Als Gründe für die hohe Bedeutung der Mitarbeiterqualifikation werden beispielsweise angeführt:

---

36 M7: *„Die Qualifikation ist in gewissen Bereichen von großer Bedeutung, in manchen gar nicht. Bei manchen Mitarbeitern gibt es eine gute Wissensanbindung in Bezug auf Produktsicherheit und Qualitätsmanagement".*

# 8 Quantitative/qualitative Analyse der Einflussfaktoren auf Qualitätsmanagementsysteme

- Hochtechnisierung der Molkereiwirtschaft mit ihren EDV-mäßigen Prozessen (M3)
- Notwendigkeit, in der Mitarbeiterstruktur immer entsprechend qualifiziertes Personal zu haben, welches gewisse Führungspositionen an den Produktionslinien übernehmen kann (M1)
- Mitarbeitermotivation und -qualifikation müssen sich ergänzen („wollen" ohne „können" wird kein entsprechendes Ergebnis bringen; M8)
- Besseres Verständnis für (Produktions-)Prozesse (M2)

Mitarbeiter sollten entsprechend ihrer Eignung eingesetzt werden, Schulungen werden als wichtiges Instrument zur Mitarbeiterqualifikation angesehen, wobei die Mitarbeiterqualifikation über die rein fachlichen Kenntnisse hinausgehend gesehen wird.[37] Selbstständiges Denken und Entscheiden im richtigen Umgang mit Maschinen und Technologien ist von wesentlicher Bedeutung. Die Bedeutung der Schulung von Mitarbeitern geht damit einher mit den Analyseergebnissen zum Einflussfaktor „Unternehmensführung", die diese im Rahmen der personellen, zeitlichen und finanziellen Ressourcen ermöglichen sollte.[38]

**Mitarbeiterempowerment:** Die Übernahme von Verantwortung seitens der Mitarbeiter wird als große Bereicherung empfunden, auch wenn es – wie bereits angeführt – Beschränkungen gibt, die zu beachten sind (vorgegeben vor allem durch das Regelwerk des Qualitätsmanagementsystems selbst).

Eine wesentliche Voraussetzung dafür ist das Vertrauen der Mitarbeiter zu ihren Vorgesetzten. Erst wenn Vertrauen gegeben ist, kann erwartet werden, dass aktiv Änderungsvorschläge eingebracht werden, die Anpassungen über entsprechende Diskussionsprozesse auslösen können. Um das Mitarbeiterempowerment umzusetzen, werden aktiv Initiativen gesetzt. Interessanterweise wird dabei den üblichen Systemen des betrieblichen Vorschlagswesens bzw. des Postkastensystems, bei dem sich jeder einbringen kann, eher mäßige Funktionalität eingeräumt.[39] Eher nehmen Mitarbeiter – entsprechendes Vertrauen vorausgesetzt – die Gelegenheit wahr, die Qualitätsmanagementbeauftragten beispielsweise bei deren Rundgängen durch die Produktion, direkt anzusprechen, was die Bedeutung persönlicher Kontaktnahmen für ein funktionierendes Qualitätsmanagementsystem hervorhebt. Aus einschlägiger Lite-

---

37 M5: *„Hausverstand ist wichtiger als eine rein fachliche Ausbildung."*
38 M4: *„Es ist wichtig, dass die Mitarbeiterqualifikation ausgebaut wird, wobei eine gute Einschulung dazugehört. Außerdem sind Schulungen auch eine Frage der Finanzierbarkeit und der zeitlichen Verfügbarkeit."*
39 M7: *„Es werden allerdings nur wenig Ideen eingebracht und es funktioniert eher mäßig."*

ratur ist bekannt, dass durch persönlichen Kontakt Vertrauen entsteht, dieses wiederum ist entsprechend den Angaben der QM-Beauftragten unabdingbare Voraussetzung für die Wirksamkeit des Einflussfaktors „Mitarbeiter". Erst dann können Aufgaben auch delegiert werden.

Den Mitarbeitern sind von der Unternehmensleitung bzw. den übergeordneten Instanzen her dabei klare Richtlinien und Regeln vorgegeben und damit Grenzen gesetzt. So ist der Rahmen, innerhalb dessen sich die Mitarbeiter bewegen können, unter Umständen durch vorgegebene Regelungen stark eingeschränkt.[40]

Zusammenfassen lässt sich dies in dem folgenden Satz: Den Mitarbeitern wird einerseits Verantwortung in die Hand gegeben, andererseits müssen Rahmenbedingungen geschaffen werden, die es den Mitarbeitern ermöglichen, die ihnen übertragene Verantwortung wahrzunehmen und umzusetzen. Erst dadurch ist zu erwarten, dass ein gewünschtes Ergebnis erzielt werden kann.

**Problembereiche:** Aus der qualitativen Inhaltsanalyse sind die Problembereiche im Zusammenhang mit dem Einflussfaktor „Mitarbeiter" deutlich erkennbar. Diese sind vor allem im Zusammenhang mit der Angst der Mitarbeiter vor Veränderungen zu sehen (nur von einem Unternehmen wurden sprachliche Schwierigkeiten durch den Migrationshintergrund vieler Mitarbeiter genannt). Betrieblichen Veränderungen werde nach Angaben der Experten zunächst mit Skepsis begegnet. Diese müssen daher erklärt und transparent gemacht werden, erst dann könne bei den Mitarbeitern mit Verständnis und Bereitschaft zur Veränderung gerechnet werden (wobei dies alle Veränderungen in den betrieblichen Abläufen betrifft und nicht speziell für das Qualitätsmanagement Gültigkeit hat).

Eine Möglichkeit, wie mit der Angst vor Veränderungen umgegangen werden kann, ist die bereits im Zielfindungsprozess einsetzende Einbindung der Mitarbeiter oder die Übertragung von Kompetenzen an jene Instanzen, die über das entsprechende Fachwissen verfügen.[41] In diesem Zusammenhang weisen die bestehenden Systeme auch ein relativ großes Beharrungsvermögen auf, welches im Widerspruch zu Veränderungen steht und diese deutlich erschwert. Dem kann aber z. B. dadurch begegnet werden, dass im Rahmen der Weiterbildung Schwerpunkte in solchen Bereichen gesetzt werden, in denen vermehrt Veränderungen betrieblicher Abläufe geplant sind. Auch dürften

---

40 siehe Fußnote 35, M3: „... *Datenblätter und Prüfanweisungen* ..."
41 M5: „*Beispielsweise scheitert die Einführung von Prozessmanagement bis heute daran, dass noch immer Bereichsleiter- und Abteilungsleiterdenken vorherrscht anstelle von Prozessmanagementdenken.*"

# 8 Quantitative/qualitative Analyse der Einflussfaktoren auf Qualitätsmanagementsysteme

Veränderungen bzw. die Akzeptanz von Veränderungen eine Frage der Betriebskultur sein: Werden die Mitarbeiter mit vollendeten Tatsachen konfrontiert und aus den betrieblichen Veränderungsprozessen ausgeschlossen, wird man kaum auf breite Zustimmung in der Belegschaft treffen.

Einige Befragten sehen diese Angst vor Veränderungen unabhängig von der jeweiligen Hierarchieebene und sehen eher einen Zusammenhang mit dem jeweiligen Persönlichkeitstyp bzw. dem Alter der Mitarbeiter (und damit weniger abhängig vom Grad der Verantwortung und der Position). Für die anderen QM-Beauftragten ist ein Zusammenhang zwischen der Position im Unternehmen und der Angst vor Veränderungen evident. Es dürfte demnach auch von der Unternehmenspraxis und persönlichkeitsbezogenen Merkmalen abhängen, wie mit Veränderungen im Unternehmen umgegangen wird. Der Einfluss, den der Faktor „Mitarbeiter" auf das Qualitätsmanagementsystem hat, kann jedenfalls als hoch angesehen werden, weshalb diesem bei der Ausgestaltung eines Qualitätsmanagementsystems besondere Aufmerksamkeit geschenkt werden sollte.

Angst vor Veränderungen kann entstehen, wenn Mitarbeiter in den Bereichen gefordert werden, in denen sich bis dahin Gewohnheit Platz gemacht hat. Der Umgang mit der Herausforderung bestimmt das Ausmaß des Bedrohungsgefühls. Mitarbeiter, die einen zusätzlichen Aufwand und Herausforderungen scheuen, möchten keine Verantwortung übernehmen und somit auch keine Veränderungen erfahren. Konstruktiv arbeitende Mitarbeiter, die Problemen und Schwachstellen ins Auge blicken und ohnehin große Leistung erbringen, stehen Veränderungen positiver gegenüber.

Zusammengefasst lässt sich festhalten, dass der Faktor Mitarbeiter stark in Zusammenhang mit Qualitätsmanagement steht, da der Mitarbeiter als das Bindeglied zwischen Qualitätsmanagementbestreben von Unternehmerseite und dem Ergebnis angesehen werden kann. Dementsprechend wird diesem Faktor ein großer Einfluss auf Qualitätsmanagementsysteme zugeordnet. Vergleicht man die Ergebnisse der Studie mit der zugrunde liegenden Theorie, so stimmen die Aussagen der befragten Experten mit den theoretischen Erkenntnissen der Fachliteratur überein. Bei dem Themenkomplex bezüglich der Angst vor Veränderungen hat sich durch die Zuordnung der Angst zu Hierarchieebenen bzw. Persönlichkeitstypen eine Ergänzung zum theoretischen Fundament ergeben. Allerdings konnte hier kein Konsens in den Aussagen ermittelt werden.

### 8.5.3 Endogener Einflussfaktor „QM-Beauftragter"

Tabelle 25 fasst die qualitativen Angaben der QM-Beauftragten zum Einflussfaktor „QM-Beauftragter" aus der Beantwortung der Leitfragen zusammen (Häufigkeiten der Angaben zu mittels qualitativer Inhaltsanalyse ermittelten Kategorien [Codes]).

**Tabelle 25:** Qualitative Inhaltsanalyse Einflussfaktor „QM-Beauftragter"

| | Anzahl | Unternehmens-standorte | |
|---|---|---|---|
| | | 1 | >1 |
| **Codesystem QM-Beauftragter** | 95 | | |
| QM-Mitarbeiter | 10 | | |
| • nur QM-Beauftragte/r | 3 | 3 | 0 |
| • QM-Beauftragte/r und Qualitätsmanager | 7 | 1 | 6 |
| Aufgabenbereiche QM-Beauftragte/r | 10 | | |
| • strategisch | 6 | | |
| • operativ | 9 | | |
| • nur Laborleitung (zusätzlich) | 6 | | |
| Qualifikation QM-Beauftragte/r | 10 | | |
| • Fachwissen Molkerei | 9 | | |
| • Fachwissen Qualitätsmanagementsystem | 7 | | |
| • Branchenerfahrung/Qualitätsmanagement-Erfahrung | 4 | | |
| • Social Skills | 4 | | |

Quelle: qualitative Inhaltsanalyse MAXQDA, n=10

Der Einflussfaktor „QM-Beauftragter" ist mit durchschnittlich 0,12 der zweitwichtigste aller Einflussfaktoren auf ein Qualitätsmanagementsystem und wird von allen QM-Beauftragten als hoch eingestuft (siehe Abbildung 76). Die Erkenntnisse der Inhaltsanalyse bestätigen diese Einschätzung weitgehend, wobei hier durchaus ein Bias gegeben sein könnte, da die QM-Beauftragten die Bedeutung ihrer Instanz selbst beurteilen mussten. Allerdings

# Quantitative/qualitative Analyse der Einflussfaktoren auf Qualitätsmanagementsysteme 8

wird dies dadurch relativiert, dass die organisatorische Eingliederung detailliert untersucht wurde. Im Zuge dieser Analyse konnte festgestellt werden, dass die QM-Beauftragten auch viele strategische Aufgaben wahrnehmen, ein deutliches Indiz für den Einfluss, den das Qualitätsmanagement auf die Ausgestaltung des Qualitätsmanagementsystems hat. So dürfte beispielsweise die geringe Bedeutung, die bei M3 für diesen Einflussfaktor approximiert wurde, im Zusammenhang mit der Unternehmensgröße stehen.[42] Diese Multifunktionalität in den Aufgabenbereichen wird z. B. auch von M5 bestätigt, für dieses Unternehmen wurde ebenfalls ein unterdurchschnittliches Bedeutungsgewicht ermittelt und es handelt sich hierbei auch um ein eher kleines Unternehmen der Branche. Insgesamt ist demnach von einem maßgeblichen Einfluss des QM-Beauftragten auf ein Qualitätsmanagementsystem auszugehen.

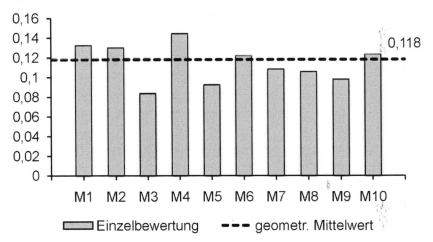

**Abbildung 76:** Bedeutung des Einflussfaktors „QM-Beauftragter"
Quelle: AHP Prioritätenschätzung, n=10

**Organisatorische Eingliederung der QM-Beauftragten:** Die Funktion des QM-Beauftragten wird in allen befragten Unternehmen von eigenen Mitarbeitern besetzt. Externe Personen wurden in keiner Unternehmensphase mit der Rolle eines QM-Beauftragten betraut. Wie das Qualitätsmanagement hierarchisch in das Organigramm des Unternehmens eingegliedert ist, unterscheidet

---

42 M3: „*Die Aufgabenbereiche des QM-Beauftragten sind wegen der geringen Unternehmensgröße breit gestreut*" – eine breite Streuung der Aufgaben bringt naturgemäß eine höhere Arbeitsbelastung mit operativen Aufgaben und weniger Einfluss in der strategischen Entscheidungsfindung mit sich.

sich von Unternehmen zu Unternehmen. Auch die Anzahl der im Qualitätsmanagementbereich tätigen Personen divergiert zwischen den Unternehmen und hängt vor allem davon ab, über wie viele Standorte das Unternehmen verfügt. In jedem Unternehmen hat eine Person die Funktion des QM-Beauftragten inne. Ihm steht eine unterschiedliche Anzahl an Mitarbeitern im Qualitätswesen zur Verfügung. Die Aufbauorganisation der jeweiligen Molkereien weicht hier deutlich von Unternehmen zu Unternehmen ab. Bei den größten Unternehmen gibt es neben dem QM-Beauftragten auch Qualitätsmanager, die die operative Arbeit an den Standorten ausführen und für die Umsetzung des Qualitätsmanagements am jeweiligen Standort verantwortlich sind. In der Regel ist ein Qualitätsmanager für einen Standort zuständig, bei einem Unternehmen ist nicht jeder Betriebsstätte ein eigener Qualitätsmanager zugewiesen. Hier sind für manche Standorte zwei oder drei Qualitätsmanager zuständig.

Während die QM-Beauftragten der Geschäftsleitung zugeordnet werden, sind die Qualitätsmanager, die als Stabstelle zur Werksleitung organisiert sind, dieser untergeordnet und berichten fachlich an den QM-Beauftragten. In den mittleren bis kleineren Unternehmen werden anstelle von Qualitätsmanagern Assistenten des QM-Beauftragten an den Standorten eingesetzt. In den meisten Unternehmen ist das Labor dem QM-Beauftragten direkt unterstellt. Als Ansprechpartner zwischen Qualitätsmanagement und Produktion fungieren die Abteilungsleiter, welche die Qualitätsarbeit mit übernehmen, ein täglicher Informationsaustausch ist üblich.

**Aufgabenbereiche:** Auch das Aufgabengebiet des QM-Beauftragten dürfte in Zusammenhang mit der Unternehmensgröße und folglich auch der Position des QM-Beauftragten in der Unternehmenshierarchie stehen. Vor allem QM-Beauftragte größerer Unternehmen verweisen explizit auf ihre strategische Funktion, welche die Gestaltung einheitlicher Rahmenbedingungen für alle Standorte, sowie die strategische Weiterentwicklung des Qualitätsmanagementsystems und der Qualitätsziele umfasst, aus denen dann die Abteilungsziele abgeleitet werden (diese Aussagen zur strategischen Ziel- und Entscheidungsfindung im Qualitätsmanagement sind ein deutliches Indiz für die Übereinstimmung zwischen den subjektiven Bewertungen und den qualitativen Erkenntnissen der Inhaltsanalyse).

Eine wesentliche Aufgabe ist die Koordinationsfunktion. Dabei werden Informationen gebündelt und komprimiert weitergegeben. Dementsprechend wichtig ist auch die Kommunikation mit der Unternehmensführung. Enge Zusammenarbeit besteht mit der Produktentwicklung durch regelmäßigen und häufigen Kontakt und durch Austausch bei Problemen und Produktneuentwicklungen. Die operative Arbeit wird in diesen Fällen delegiert. Bei den mittleren oder kleineren der befragten Unternehmen fällt auf, dass das Aufgabengebiet, wie bereits angesprochen, breit gestreut ist und mit eher operativen Tätigkeiten beschrieben wird.

Darunter fallen z. B.

- das Untersuchungswesen,
- Weiterbildungen für Qualitätsmanager,
- Vereinheitlichung der Methoden,
- Laborleitung,
- Laborhandbücher,
- Hygienerundgänge,
- Endkontrolle bei der Überprüfung der Dokumente,
- Qualitätsauswertungen,
- Risikobewertung der Rohstoffe,
- Funktion als Ansprechpartner für alle Fragestellungen im Zusammenhang mit Audits (betreffend die einzelnen Standards sowie externe oder interne Audits),
- Anpassen der Dokumente an die Arbeitsabläufe,
- gesetzliche Fragen betreffend Etikettierung usw.

Naturgemäß werden auch strategische Aufgaben wahrgenommen (z. B. Grundfragen des Qualitätsmanagements). Diese stehen aber bei den kleineren und mittleren Unternehmen nicht im Vordergrund, weshalb der Einfluss dieser QM-Beauftragten auf das Qualitätsmanagementsystem auch als geringer eingestuft wurde als bei jenen Unternehmen, bei denen stärker strategische Aufgaben übernommen werden.

**Qualifikation:** Als notwendige Qualifikation für die Position eines QM-Beauftragten konnten keine einheitlichen Angaben ermittelt werden. Die Angaben zur notwendigen Qualifikation dürften stark an die eigene Berufslaufbahn gekoppelt sein und somit deren eigene Qualifikationen bzw. Erfahrungen widerspiegeln, wobei auch hier ein Zusammenhang zur Unternehmensgröße gegeben sein dürfte: QM-Beauftragte größerer Unternehmen messen neben einer fachlichen Qualifikation vor allem der Qualitätsmanagementausbildung großen Wert bei. Ein wissenschaftlicher Qualitätsmanagement-Background ist hilfreich, um theoretische Fragestellungen aus dem Qualitätsmanagement diskutieren zu können. Qualitätsmanager sollten dieses Wissen über logisch-analytisches Denken von einer theoretischen Metaebene sukzessive herunterbrechen und für die Mitarbeiter verständlich machen. Als ebenfalls wichtige Qualifikation für einen QM-Beauftragten wird seine Erfahrung genannt, die

# 8 Quantitative/qualitative Analyse der Einflussfaktoren auf Qualitätsmanagementsysteme

im besten Falle in unterschiedlichen Betrieben erworben wurde. Sehr bedeutend ist die soziale Kompetenz des QM-Beauftragten im Umgang mit allen Hierarchieebenen (Problemlösungskompetenz). Er muss einerseits den Mitarbeiter überzeugen, das Qualitätsmanagement im Unternehmen umzusetzen und andererseits dem Vorstand erklären, *„wo er* [der Vorstand] *hin will, nicht wo man selbst hin will"* (M6). QM-Beauftragte kleinerer Unternehmen betonen als Qualifikation vor allem das Fachwissen betreffend die Produktion und die Herstellung (Hintergrundwissen). Eine Qualitätsmanagementausbildung wird nur von einem Unternehmen als unwesentlich eingestuft. Als Soft-Skills werden Sozialkompetenz, Beharrungsvermögen und Hausverstand genannt. Die Anforderungen an die unterstellten Qualitätsmanager sind eine entsprechende Aus- und Weiterbildung, hundertprozentige Verlässlichkeit, systematisches Arbeiten, Umsetzungsvermögen, Umgang mit Zahlen im Zuge der Reklamationsbearbeitung sowie das daraus folgende Ableiten von entsprechenden Maßnahmen.

Stellt man die Ergebnisse der Untersuchung dem erarbeiteten theoretischen Hintergrund gegenüber, lassen sich viele Parallelen entdecken. Die Strukturiertheit der Organisation des Qualitätsmanagements und die Anzahl der mit Qualitätsmanagement betrauten Mitarbeiter hängen stark von der Größe des Unternehmens und der Anzahl seiner Standorte ab. Auch der Grad der Spezialisierung dürfte bei den befragten Unternehmen mit der Unternehmensgröße einhergehen. In kleineren Unternehmen sind die Bereiche Qualitätsmanagement, Qualitätssicherung und Qualitätskontrolle eher miteinander verschmolzen und werden großteils von einem QM-Beauftragten betreut. Bei größeren Unternehmen lässt sich eine Tendenz Richtung Spezialisierung erkennen, wobei der QM-Beauftragte strategische Aufgaben und vernetzende Funktionen übernimmt, indem er z. B. Informationen aus Labor, Produktentwicklung, Marketing, etc. bündelt und komprimiert weitergibt. Bezüglich der erforderlichen Qualifikationen eines QM-Beauftragten werden – gleichfalls wie in der recherchierten Literatur – fachliche, methodische und soziale Kompetenzen als wesentliche Fähigkeiten eingestuft. Dass QM-Beauftragte der größeren Unternehmen ihren Einfluss höher einschätzen, kann möglicherweise damit zu tun haben, dass ihre Position im Unternehmen eher Managementfähigkeiten erfordert und ihnen eine größere Anzahl an QM-Mitarbeitern unterstehen. Eine andere mögliche Erklärung wäre, dass QM-Beauftragte mit einer sehr umfassenden Qualitätsmanagementausbildung und -erfahrung die Bedeutung ihrer Funktion höher einschätzen als QM-Beauftragte mit einer weniger umfassenden Qualitätsmanagementausbildung.

## 8.5.4 Endogener Einflussfaktor „Finanzielle Ressourcen – Qualitätskosten"

Tabelle 26 fasst die qualitativen Angaben der QM-Beauftragten zum Einflussfaktor „Finanzielle Ressourcen – Qualitätskosten" aus der Beantwortung der Leitfragen zusammen (Häufigkeiten der Angaben zu mittels qualitativer Inhaltsanalyse ermittelten Kategorien [Codes]).

**Tabelle 26:** Qualitative Inhaltsanalyse Einflussfaktor „Finanzielle Ressourcen – Qualitätskosten"

| | Anzahl | |
|---|---|---|
| **Codesystem Messung, Analyse & Verbesserung** | **102** | |
| Bedeutung von Implementierungskosten | 9 | |
| • Implementierungskosten hoch | | 9 |
| – in Bezug auf Personalaufwand | | 2 |
| – in Bezug auf Dokumentationsaufwand | | 1 |
| – in Bezug auf baulichem Aufwand | | 3 |
| • Implementierungskosten gering bei Aufbau auf bestehendem System | | 4 |
| • Implementierung des ersten Standards mit externer Hilfe | | 4 |
| • Implementierung des ersten Standards ohne externe Hilfe | | 1 |
| Kosten für Aufrechterhaltung müssen unbedingt getätigt werden | 11 | |
| Synergieeffekte bei mehreren Qualitätsmanagementsystemen | 9 | |
| • ja | | 10 |
| – in Bezug auf HACCP/Rückverfolgbarkeit | | 3 |
| – in Bezug auf Zertifizierung | | 1 |
| – in Bezug auf Dokumentation | | 1 |
| Beobachtete Veränderungen | 7 | |
| • Fehlerkosten geringer | | 6 |
| • Ausschussware reduziert | | 1 |
| Reduktion der Fehlerkosten | 10 | |
| • Ja | | 8 |
| • nicht beurteilbar | | 2 |

Quelle: qualitative Inhaltsanalyse MAXQDA, n=10

# 8 Quantitative/qualitative Analyse der Einflussfaktoren auf Qualitätsmanagementsysteme

Die finanziellen Ressourcen – Qualitätskosten als Einflussfaktor auf Qualitätsmanagementsysteme erreichen mit Bewertungen der Unternehmen in der Höhe von 0,03 bis 0,07 ein geometrischer Mittelwert von 0,05. Diesem Einflussfaktor kommt damit mittlere Bedeutung zu.

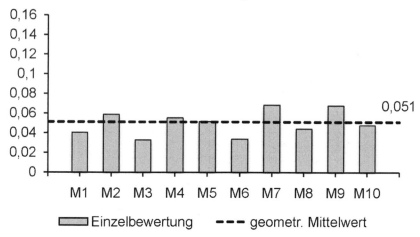

Abbildung 77: Bedeutung des Einflussfaktors „Finanzielle Ressourcen – Qualitätskosten"

Quelle: AHP Prioritätenschätzung, n=10

**Einführungskosten von Qualitätsmanagementsystemen:** Die Höhe dieser Einführungskosten hängt davon ab, ob bereits ein System im Betrieb implementiert ist. Die meisten befragten Unternehmen hatten als erstes Qualitätsmanagementsystem die ISO 9001, deren Einführung großen finanziellen Aufwand bedeutet hat, zugleich aber eine Grundlage für weitere Systeme wie etwa IFS darstellt. Bei einem bestehenden System sind die Kosten für die Einführung eines neuen Systems gering, da bereits eine Struktur vorhanden ist und nur mehr die notwendigen Ergänzungen gemacht werden müssen.[43] Dabei wird ISO 9001 weiterhin aufrechterhalten, wenngleich auf eine Zertifizierung meist verzichtet wird. Bei nur zwei Unternehmen war vor der IFS-Einführung kein Qualitätsmanagementsystem vorhanden. Um ein System neu einzuführen, benötigt man die Bereitschaft im Betrieb, die je nach Standard erforderlichen baulichen Investitionen durchzuführen. Dementsprechend wurden als die größten Kostenfaktoren der bauliche Aufwand für Gebäude und deren Instandhaltung sowie der organisatorische Aufwand für die Doku-

---

[43] M3: „Die Einführung des IFS bedeutet keinen großen finanziellen Aufwand, wenn bereits eine Struktur, z. B. ISO 9001 vorhanden ist."

mentation genannt. Ein weiterer Kostenfaktor betrifft personelle Ressourcen, hierbei vor allem die Position des QM-Beauftragten. Falls bei der Systemeinführung externe Beratung in Anspruch genommen wird, sind auch hier Kosten einzurechnen. Sämtliche Unternehmen hatten bei der Implementierung von ISO 9001 externe Berater, die IFS-Einführung wurde von der unternehmensinternen Qualitätsmanagementabteilung durchgeführt. So gesehen, scheint die Bedeutung der Einführungskosten den realen Gegebenheiten zu entsprechen (mittlere Gewichtung), da die Unternehmen die erste Zertifizierung – diese ist mit großem finanziellen Aufwand verbunden – zum Großteil bereits durchgeführt wurde. Jene Unternehmen, die diesem Einflussfaktor eine überdurchschnittlich hohe Bedeutung zuweisen (insbesondere sind hierbei M7 und M9 zu nennen) sprechen in Bezug auf die Kosten von „erheblichen Investitionen", womit die relativ hohe Bewertung dieses Faktors bei diesen Unternehmen erklärbar wird.

**Synergieeffekte:** Bei der Verwendung von mehreren Qualitätsmanagementsystemen sind eindeutig Synergieeffekte zu verzeichnen, da es grundsätzliche Anforderungen gibt, die bei allen Systemen erfüllt werden müssen. Darüber hinausgehend hat jeder Standard spezielle Erfordernisse. Die positiven Effekte ergeben sich vor allem daraus, dass sich die Systeme in der Dokumentation und in den Basisabläufen ergänzen. Derartige Querverbindungen oder Basisanforderungen sind insbesondere HACCP, Rückverfolgbarkeit oder Schädlingsbekämpfung, die in allen Standards berücksichtigt werden müssen und daher große Bedeutung haben. Demensprechend deckt z. B. der IFS sehr vieles ab und kann als Basissystem verstanden werden, auf dem aufbauend es relativ einfach ist, einen zusätzlichen Standard einzuführen. Synergien gibt es auch bei der Zertifizierung, wenn beispielsweise der Auditor inhaltlich ähnliche Standards wie etwa IFS und BRC gleichzeitig prüft, indem er zwischen den Normen, Kriterien und Fragenkatalogen wechselt. Zu beachten ist dennoch, dass mehrere Systeme zwar Synergieeffekte mit sich bringen, aber dennoch einen größeren Arbeitsaufwand bedeuten. Dieser ist aber deutlich geringer als bei erstmaliger Einführung eines Standards.

**Kosten-Nutzen-Vergleich:** Die Einführung eines Systems ist generell eine Kosten-Nutzen-Frage und von den Anforderungen abhängig. Das heißt, es wird dessen Wirtschaftlichkeit geprüft, indem die Ausfallskosten den Investitionskosten für das Qualitätsmanagementsystem gegenüber gestellt werden. Bei der Einführung eines Standards, der vom Kunden gefordert wird, um liefern zu dürfen, ist die Frage nach den Kosten eine relativ einfache betriebswirtschaftliche Rechnung, in der die Kosten dem möglichen Nutzen gegenübergestellt werden und analysiert wird, ob und in welcher Zeit sich das

System amortisieren kann. Die laufenden Kosten für die Aufrechterhaltung des Systems sind notwendig, um die Qualität im System zu gewährleisten und um Schwachstellen und somit potenzielle Probleme im Vorfeld auszumerzen. Vor diesem Hintergrund werden auch die externen Kontrollen zur Sicherung der Qualität als notwendig empfunden und sind bei einem geforderten Standard ohnehin unumgänglich.

Am bedeutendsten bei der Systemeinführung ist die Zielsetzung des Unternehmens, die über die Einführung eines Systems stets auf Verbesserung von Qualität und Produktsicherheit ausgerichtet sein wird. Diese Ziele müssen in der Folge in der Produktion von den Werksleitern verfolgt werden.[44] Damit verbunden sind Zielsetzungen wie die Reduktion der Ausschusskosten oder die Reduktion der Reklamationsbearbeitung. Die Experten gehen mit ihrer Meinung konform, dass die Fehlerkosten in der Produktion durch die Einführung eines Qualitätsmanagementsystems geringer werden bzw. weniger Ausschussware produziert wird (soweit dies von den QM-Beauftragten beantwortet werden konnte). Allerdings werden bei vielen Unternehmen keine entsprechenden Zahlen erhoben, sondern diese beruhen nur auf einer Schätzung mit unbekanntem Ausmaß. Nur ein Unternehmen beziffert die Reduktion der Fehlerkosten auf geschätzte 30 % bis zu 50 %.

Stellt man die Meinung der Experten den theoretischen Erkenntnissen gegenüber, stimmen diese eindeutig darin überein, dass durch Qualitätsmanagement eine Kosteneinsparung im Bereich der Fehlerkosten gegeben ist, was durch gezielte Fehlervorbeugung zu erreichen ist. Die in der Theorie aufgeworfene Frage, ob oder wie sehr die Qualitätskosten im Qualitätsmanagement in den Entscheidungsprozess zur Einführung eines Qualitätsmanagementsystems Berücksichtigung finden, wird durch die Befragung insofern beantwortet, als die Einführung eines Systems einer Kosten-Nutzen-Rechnung unterzogen wird und folglich nur bei entsprechender prognostizierter Wirtschaftlichkeit auch durchgeführt wird. Bei einer vom Kunden geforderten Zertifizierung entscheidet das Prinzip der Wirtschaftlichkeit ebenso über die Einführung. Als eine weitere Parallele zur Theorie bestätigen die Experten die Vermutung, dass kostenbezogene Synergieeffekte bei Mehrfachzertifizierungen gegeben sind.

---

44 Laut der Aussage eines Experten ist es entscheidend, dass der Werksleiter die Qualität nicht von der Produktion getrennt sieht, da im Zweifelsfall immer nur die Entscheidung für die Qualität die einzig richtige – weil nachhaltige – ist.

### 8.5.5 Endogener Einflussfaktor „Ressourcen für Infrastruktur und Arbeitsumgebung"

Tabelle 27 fasst die qualitativen Angaben der QM-Beauftragten zum Einflussfaktor „Ressourcen für Infrastruktur und Arbeitsumgebung" aus der Beantwortung der Leitfragen zusammen (Häufigkeiten der Angaben zu mittels qualitativer Inhaltsanalyse ermittelten Kategorien [Codes]).

**Tabelle 27:** Qualitative Inhaltsanalyse Einflussfaktor „Ressourcen für Infrastruktur und Arbeitsumgebung"

| | Anzahl | bedeutend |
|---|---|---|
| **Codesystem Ressourcen für Infrastruktur und Arbeitsumgebung** | 87 | |
| Bedeutung der Ressource Infrastruktur | 10 | 10 |
| • in Bezug auf Gebäude | | 5 |
| • in Bezug auf Maschinen, Anlagen | | 6 |
| Bedeutung der Ressource Arbeitsumgebung | 10 | 10 |
| • in Bezug auf Produktion | | 2 |
| – Lautstärke | | 0 |
| – Temperatur | | 2 |
| – Lichtverhältnisse | | 1 |
| • in Bezug auf Mitarbeiterzufriedenheit | | 7 |
| – Lichtverhältnisse | | 1 |
| – Lautstärke | | 3 |
| – Temperatur | | 1 |
| – Gesundheitsmanagement | | 1 |
| Bedeutung des Ressourcenmanagements | 9 | 9 |

Quelle: qualitative Inhaltsanalyse MAXQDA, n=10

# 8 Quantitative/qualitative Analyse der Einflussfaktoren auf Qualitätsmanagementsysteme

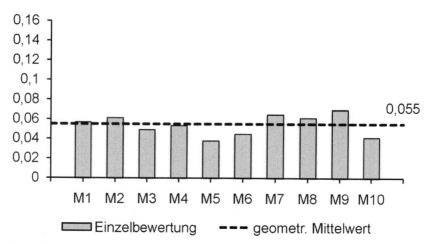

Abbildung 78: Bedeutung des Einflussfaktors „Ressourcen für Infrastruktur und Arbeitsumgebung"

Quelle: AHP Prioritätenschätzung, n=10

Für den Faktor „Ressourcen für Infrastruktur und Arbeitsumgebung" wird bei der subjektiven Bewertung durch die QM-Beauftragten ein geometrisches Mittel von 0,055 approximiert, wobei die einzelnen Unternehmen diesen Faktor in einer Höhe von 0,04 bis 0,06 relativ homogen gewichten. Auch diesem Faktor kommt damit mittlere Bedeutung zu. Diese Beurteilung ist einigermaßen komplementär mit den Ergebnissen der qualitativen Beantwortung der Leitfragen; in dieser meint der Großteil der QM-Beauftragten, die Berücksichtigung von „Technologie und Technik" sei wichtig.

**Ressourcen für Infrastruktur:** Vor allem die Infrastruktur und das damit zusammenhängende Ressourcenmanagement sind aus Sicht der Experten besonders hervorzuheben. Die Infrastruktur, insbesondere Gebäude, Anlagen und Maschinen, beeinflussen das Funktionieren von Qualitätsmanagementsystemen auf mehrere Arten:

- Im Prinzip geht es dabei stets um Optimierung der Ist-Situation bzw. im Anlagenbereich um ein Minimieren der Fehlerkosten.
- Anlagen und Maschinen müssen auf die Produktanforderungen abgestimmt sein und entsprechend dem aktuellen technischen Standard optimiert werden, um die geforderten Qualitäten erreichen zu können. Dies ist gerade in der Molkereibranche von besonderer Bedeutung, da hier in einem hochsensiblen Hygienebereich unter teilweise aseptischen Bedingungen gearbeitet wird. Problematisch ist hierbei, dass Maschinen teil-

weise sehr schlecht zu reinigen sind, was ein Problem für die notwenige Hygiene darstellt.
- Neue Anlagen sind sicherer und auf höherem technologischem Stand, aber der Umgang mit einer neuen Anlage ist heikler oder mit ihr wird von den Mitarbeitern oft nicht entsprechend sorgsam umgegangen.
- Im Schadensfall benötigt man bei einer neuen Maschine in jedem Fall einen Servicetechniker, alte Maschinen können häufig auch selbst repariert werden.
- Platzmangel wird als großes Problem gesehen. Dieser wirkt sich negativ auf die Abläufe aus, da man ständig Kompromisse eingehen muss. Das kann ein Grund sein für bauliche Veränderungen, wobei gegebenenfalls auch ein Standortwechsel notwendig sein kann, wenn die Investitionen für einen Umbau am alten Standort zu hoch sind.

Bei Investitionen in die Infrastruktur, z. B. für neue Anlagen, gibt es demnach immer eine Vielzahl von Pro- und Contra-Argumenten, die vor einer Neuinvestition abgewogen werden müssen. Dies ist naturgemäß nicht nur im Hinblick auf das Qualitätsmanagementsystem zu sehen, sondern muss betriebliche Abläufe in ihrer Gesamtheit berücksichtigen.

**Arbeitsumgebung:** Die Arbeitsumgebung – ein optimal gestalteter Arbeitsplatz – hat Einfluss auf Leistungsfähigkeit, Motivation und Zufriedenheit der Mitarbeiter und trägt damit wesentlich zum betrieblichen Erfolg bei.[45] Wenn dem Mitarbeiter ein qualitativ hochwertiges Umfeld geboten wird, kann man erwarten, dass er dieses Qualitätsdenken in seine Arbeit in der Produktion integriert. Vor allem die in der Molkereibranche relevanten Faktoren Lärm und Temperatur haben einen Einfluss auf die Konzentrationsfähigkeit der Mitarbeiter.[46] Die Arbeitsumgebung wirkt laut Experten aber nicht nur

---

45 Die Bedeutung des Einflussfaktors „Mitarbeiter" wurde bereits eingehend analysiert (Kapitel 8.5.2); diese Elemente sind nicht als unabhängig voneinander zu sehen, was ein Beispiel dafür ist, dass eine vollständige Unabhängigkeit der Element der AHP-Hierarchie nicht erreicht werden konnte. Der Ausschluss einer der beiden Einflussfaktoren hätte allerdings realitätsfremdere Ergebnisse erbracht, weshalb dieser Kompromiss zwischen vollständiger Erfüllung der methodischen Prämissen und ausreichender Realitätsnähe (und damit Validität des Forschungsmodells) eingegangen wurde. Dieser Sachverhalt stellt allerdings einen wichtigen Ansatzpunkt für weitere zukünftige Forschungsaktivitäten dar (Stärke der Interaktion zwischen den Einflussfaktoren).

46 Als Maßnahmen werden genannt, dass auf das Tragen von Gehörschutz und auf die Einhaltung von Pausen geachtet wird. Ein Experte erwähnt, dass das Unternehmen einen Sicherheitsbeauftragten einsetzt, der Evaluierungen zur Lärmbelästigung durchführt. Ein anders Unternehmen hat ein Sicherheits- und Gesundheitsmanagement in

**8** Quantitative/qualitative Analyse der Einflussfaktoren auf Qualitätsmanagementsysteme

über die Mitarbeiter auf das Qualitätsmanagementsystem ein, sondern hat in Molkereien auch direkte Bedeutung für den Produktionsprozess selbst. Die Wichtigkeit dieses Faktors hängt stark vom Arbeitsbereich ab. Beispielsweise ist ein bestimmtes Temperatur-Feuchte-Verhältnis bei der Milchabfüllung und im Reiferaum entscheidend, bei der Käseherstellung hingegen eher unwichtig.

Fragen zu Infrastruktur und Arbeitsumgebung sind über ein entsprechendes Ressourcenmanagement zu klären. Dadurch werden die Produktionsabläufe sichergestellt, wodurch letztlich die Produkte sicherer werden und der Produktausfall niedriger gehalten werden kann. Die laut Experten wichtigste Maßnahme ist eine strukturierte und vorbeugende Wartung der Maschinen und Anlagen, um Probleme und daraus resultierende Folgekosten zu vermeiden. Etliche Standards fordern dezidiert, dass Wartungspläne im Unternehmen festgelegt werden. Damit wird vom Qualitätsmanagement ein genau definierter Rahmen vorgegeben, der von der Technikabteilung spezifiziert und umgesetzt wird. Das Ressourcenmanagement betrifft neben den Maschinen und Anlagen auch die Einsatzplanung des Personals. Dabei ist es gerade in einem Produktionsbetrieb wichtig, dass bei monotonen Tätigkeiten nach gewisser Zeit die Tätigkeit gewechselt wird.

Die gewonnenen Erkenntnisse aus der Befragung decken sich weitgehend mit dem theoretischen Hintergrund und zeigen die Wichtigkeit dieses Faktors für eine technische Branche wie die Molkereiwirtschaft. Der Vergleich zwischen der subjektiven Bewertung auf Basis von AHP/NWA und den qualitativ ermittelten Erkenntnissen zeigt, dass die Bewertung als Faktor von mittlerer Bedeutung für das Qualitätsmanagementsystem der Realität recht nahekommen dürfte.

### 8.5.6 Endogener Einflussfaktor „Produktanforderungen"

Tabelle 28 fasst die qualitativen Angaben der QM-Beauftragten zum Einflussfaktor „Produktanforderungen" aus der Beantwortung der Leitfragen zusammen (Häufigkeiten der Angaben zu mittels qualitativer Inhaltsanalyse ermittelten Kategorien [Codes]).

---

Zusammenarbeit mit der AUVA aufgebaut (ohne Zertifizierung). Dieses Angebot umfasst z. B. eine Betriebsärztin, Impfaktionen, Gesundenuntersuchungen, Akkupunktur oder Burnout-Früherkennung und wird von den Mitarbeitern gut angenommen.

# Quantitative/qualitative Analyse der Einflussfaktoren auf Qualitätsmanagementsysteme 8

Tabelle 28: Qualitative Inhaltsanalyse Einflussfaktor „Produktanforderungen"

| | Anzahl | bedeutend |
|---|---|---|
| **Codesystem Produktanforderungen** | 64 | |
| Bedeutung der Produkteigenschaften/Produktanforderungen | 10 | 10 |
| • in Bezug auf Sensibilität der Produkte | | 5 |
| • in Bezug auf Verpackung | | 3 |
| Bedeutung von Rückverfolgbarkeit und Lebensmittelhygiene | 10 | 10 |
| • in Bezug auf Kunde (Nachvollziehbarkeit) | | 4 |
| • in Bezug auf Lieferant (Probleme des Lieferanten) | | 5 |
| • in Bezug auf eigene Reaktionsmöglichkeit (Rückholaktionen) | | 6 |
| • in Bezug auf finanzielle Sicherheit, Haftung für das Unternehmen | | 1 |

Quelle: qualitative Inhaltsanalyse MAXQDA, n=10

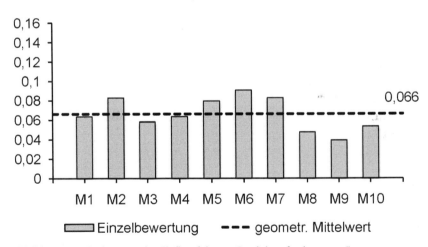

Abbildung 79: Bedeutung des Einflussfaktors „Produktanforderungen"
Quelle: AHP Prioritätenschätzung, n=10

Die Produktanforderungen werden von den Experten mit durchschnittlich 0,07 bewertet, wobei vier Unternehmen sogar eine Wertung von 0,08 bis 0,095 abgegeben haben. Damit ist für diese Unternehmen der Einflussfaktor „Produktanforderungen" fast doppelt so hoch wie z. B. für M9 und M8. Die

341

Bedeutung dieses Faktors dürfte damit stark von unternehmensinternen Gegebenheiten abhängen. Diese werden im Folgenden eingehend analysiert, wobei bei der Beantwortung der Leitfragen keine wesentlichen Unterschiede zwischen Unternehmen mit über- und solchen mit unterdurchschnittlicher Bewertung festgestellt werden konnten. Von allen wird der Einflussfaktor als wichtig eingestuft, machen sprechen sogar von einer „Grundvoraussetzung" (M3, M7).

**Produktanforderungen:** Die Produktanforderungen verkörpern die Produktqualität und die Produkteigenschaften. Sie spezifizieren das Endprodukt und sind mit den Vorgaben und Zielvorstellungen verbunden. Der Produktqualität wird daher Einfluss auf das Qualitätsmanagementsystem zugeschrieben. Bei den Produktanforderungen wird der Geschmack (als Teilaspekt der Lebensmittelqualität) als Grundvoraussetzung gesehen, die Produktanforderungen werden aber weiter gefasst. Es wird diesbezüglich von einigen Unternehmen die Verpackung genannt, die einen Teil der Haltbarkeit des Produktes ausmacht und im Falle ungenügender Qualität reklamiert wird. Außerdem fließen die Produktion selbst, Produktentwicklung, Rezepturen und auch die Lieferantenauswahl in die Produktspezifikation ein. Produktion und System müssen entsprechend der Produktspezifikation angeglichen und optimiert und ohne Abweichungen eingehalten werden, da der Kunde dies im Sinne gleichbleibender Produktqualität voraussetzt. Die Anforderungen unterscheiden sich je nachdem, ob es sich um ein kritisches oder weniger kritisches Produkt handelt. So sind z. B. beim Herstellen lactosefreier Produkte höhere Anforderungen als bei „normaler" Milch zu erfüllen, da eine sensiblere Problematik dahintersteht. Es werden aber auch bei den weniger kritischen Produkten Kontrollpunkte gesetzt. Ein Experte verweist auf die Verbindung zwischen Produktqualität und Risikoanalyse, bei der die theoretischen Fehlermöglichkeiten in Bezug auf deren Häufigkeiten, potenziellen Auswirkungen oder deren Kontrollierbarkeit bewertet werden. Diese Ergebnisse der Risikoanalyse bilden die Basis, ob, wann und wie oft Kontrollen notwendig sind. Ein Spezifikum und die Herausforderung der Molkereibranche ist das Agieren mit Frischeprodukten, bei denen durch ihre beschränkte Haltbarkeit und Lagerfähigkeit die Zeit als limitierender Faktor von Bedeutung ist. Bei derartigen Produkten ist es nicht möglich, im Zweifelsfall eine Quarantänezeit einzuplanen.

**Rückverfolgbarkeit und Lebensmittelhygiene:** Rückverfolgbarkeit und Lebensmittelhygiene werden von den Experten aller Unternehmen als wichtig für die Sicherheit von Lebensmitteln befunden und als Basiselement eines Qualitätsmanagementsystems verstanden. Die beiden Begriffe werden von einigen Unternehmen dezidiert getrennt, wobei Lebensmittelhygiene als Basis

# Quantitative/qualitative Analyse der Einflussfaktoren auf Qualitätsmanagementsysteme   8

einer Produktion und Voraussetzung für die Herstellung hochqualitativer Produkte verstanden wird. Dabei werden saubere Analgen oder eine entsprechende Luftqualität genannt, um unter sauberen Bedingungen produzieren zu können. Die Rückverfolgbarkeit wird mehr als Tool, als logistische Notwendigkeit, aber weniger als Voraussetzung für die Herstellung hochqualitativer Produkte empfunden. Rückverfolgbarkeit wird dennoch als ein absolutes Muss in der Milchbranche und in der Lebensmittelbranche allgemein genannt. Einerseits ist dies gesetzlich vorgesehen, andererseits ist es für das Unternehmen selbst notwendig, da jede Reklamation und jedes Audit auf Rückverfolgbarkeit abzielen. Durch Rückverfolgbarkeit können unternehmensintern die Ursachen von Problemen nachvollzogen werden und im Fall von Rückholungen Lose separiert werden.[47] Darüber hinaus ermöglicht ein System der Rückverfolgbarkeit auch, mögliche Probleme bei Zulieferanten festzustellen. Sie ist in diesem Zusammenhang wichtig für die Beweisführung und gibt somit auch finanzielle und haftungsmäßige Sicherheit.

Im Hinblick auf Produktqualität bzw. Produkteigenschaften stimmen die Aussagen der Experten mit den Erkenntnissen der Literatur weitgehend überein. Eignungs- und Gesundheitswert sowie Genusswert (Geschmack) werden dabei als wesentlicher Einflussfaktor für ein Qualitätsmanagementsystem – von manchen auch als Grundvoraussetzung – gesehen. Besonders hervorgehoben wird die Benutzerfreundlichkeit (Verpackung), vermutlich weil in diesem Bereich die meisten Optimierungsmaßnahmen erfolgt sind und weiter erfolgen werden. Lebensmittelsicherheit und damit verbunden Lebensmittelhygiene und Rückverfolgbarkeit werden als wichtig eingestuft. Ein Gegensatz zur Literatur konnte insofern ermittelt werden, als Lebensmittelhygiene und Rückverfolgbarkeit eher als getrennt zu betrachtende Parameter in der Lebensmittelproduktion (und hier insbesondere der Bezug zur Lebensmittelqualität) angesehen werden. Die Literatur weist hier auf eine starke Verknüpfung dieser Bereiche hin.

---

47 Als Beispiel wird von einem Experten „die gläserne Produktion" genannt, die eine Grundanforderung z. B. bei einer Handelsmarke ist und im Internet nachvollzogen werden kann. Projektpartner haben einen noch detaillierteren Einblick und sehen z. B., wann welcher Lieferant welche Menge Milch geliefert hat.

### 8.5.7 Endogener Einflussfaktor „Unternehmensgröße"

Tabelle 29 fasst die qualitativen Angaben der QM-Beauftragten zum Einflussfaktor „Unternehmensgröße" aus der Beantwortung der Leitfragen zusammen (Häufigkeiten der Angaben zu mittels qualitativer Inhaltsanalyse ermittelten Kategorien [Codes]).

**Tabelle 29:** Qualitative Inhaltsanalyse Einflussfaktor „Unternehmensgröße"

| | Anzahl | ja | nein |
|---|---|---|---|
| **Codesystem Unternehmensgröße** | 101 | | |
| Einfluss Unternehmensgröße auf Qualitätsmanagementsystem | 10 | 8 | 2 |
| Eignung des Standards (IFS) für die Unternehmensgröße | 10 | | |
| • gut geeignet | | 9 | |
| • begrenzt geeignet | | 1 | |
| Eignung der Normen für das Unternehmen | 9 | | |
| • gut geeignet | | 9 | |
| Kosten des Systems pro Einheit bei großen Unternehmen geringer | 10 | 3 | 5 |
| • nicht beurteilbar | | 2 | |
| Kosten des Systems abhängig | 8 | | |
| • von Produktart/Produktvielfalt | | 2 | |
| • von Umfang der integrierten Bestandteile | | 1 | |
| • von Unternehmensgröße | | 6 | |
| – große Unternehmen billiger | | 3 | |
| – große Unternehmen teurer | | 1 | |
| – große Unternehmen mehr Personal | | 2 | |

Quelle: qualitative Inhaltsanalyse MAXQDA, n=10

# Quantitative/qualitative Analyse der Einflussfaktoren auf Qualitätsmanagementsysteme 8

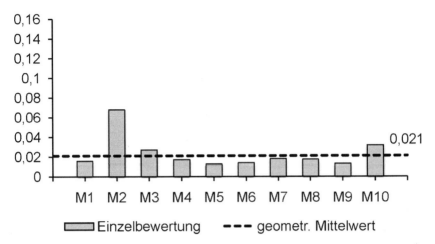

**Abbildung 80:** Bedeutung des Einflussfaktors „Unternehmensgröße"

Quelle: AHP Prioritätenschätzung, n=10

Dem Einflussfaktor Unternehmensgröße wird mit einem geometrischen Mittel von rund 0,02 eine geringe Bedeutung beigemessen. Die meisten Gewichtungen erfolgen hier sehr homogen mit 0,01 bis 0,02. Ein Unternehmen vergibt hier allerdings eine Wertung 0,07. Dies ist unter Umständen damit zu erklären, dass es sich hier (M2) um eines der größten Unternehmen der österreichischen Milchbranche handelt. Im internationalen Kontext mag dies auch durchaus berechtigt sein, ob sich die Unternehmensgröße auf das Qualitätsmanagementsystem aber derartig stark auswirkt, wie von M2 angenommen, muss aufgrund der restlichen Bewertungen bezweifelt werden. Es ist anzunehmen, dass die Unternehmensgröße als Einflussfaktor von M2 überbewertet wurde. Aufgrund des methodischen Zugangs des AHP wirken sich derartige „Ausreißer" aber nur geringfügig aus.[48]

**Einfluss der Unternehmensgröße auf ein Qualitätsmanagementsystem:**
Auf die direkte Frage, ob die Unternehmensgröße Einfluss auf das Qualitätsmanagementsystem des Unternehmens hat, werden von den Experten unterschiedliche Meinungen vertreten. Zwei Unternehmen vermuten eher keinen

---

[48] Es werden die ursprünglichen, paarweisen Bewertungen $a_{ij}$ mittels geometrischen Mittelwerts verdichtet und in der Folge die Prioritäten aus diesen aggregierten Paarvergleichen geschätzt. Einzelne Ausreißer mit überdurchschnittlich hohen/geringen Bewertungen haben nur einen marginalen Beitrag bei der Approximation der Gesamtprioritäten. Im vorliegenden Fall würde sich das Gesamtgewicht von 0,021 auf 0,018 reduzieren, wenn man die Bewertung von M2 ausschließen würde.

Einfluss der Unternehmensgröße, da ein Qualitätsmanagementsystem unabhängig von der Anzahl der Mitarbeiter benötigt wird. Die Umsetzung dieses Systems wird von der Betriebsgröße losgelöst empfunden. Gleichfalls werden Schwachstellen und damit verbunden Produktprobleme sowohl bei größeren als auch bei kleineren Unternehmen wahrgenommen. Fünf Unternehmen hingegen sehen die Unternehmensgröße als Faktor mit eingeschränktem Einfluss und begründen dies vor allem damit, dass der Personalaufwand für das Qualitätsmanagementsystem mit der Unternehmensgröße wächst. Zusätzlich werden in größeren Unternehmen aufwändigere Dokumentationssysteme benötigt als in kleineren Unternehmen.

Als eine weitere abhängige Variable wird gesehen, ob ein Unternehmen eine Eigenmarke besitzt und welche Bedeutung diese Marke in den betrieblichen Abläufen hat, da sich ein Schadensfall meist negativ auf den Ruf der Marke auswirkt. Gerade in diesem Fall ist ein optimal funktionierendes, aufwändiges Risikomanagement notwendig. Ein kleines, lokales Unternehmen hat meist keine derartigen etablierten Marken und dementsprechend weniger Aufwand. Dieser Logik folgend, hätte die Unternehmensgröße über die Markenpolitik eines Unternehmens (beschränkten) Einfluss auch auf das Qualitätsmanagementsystem.

Die Experten der anderen Unternehmen meinen, dass die Unternehmensgröße bedingt Einfluss hat, nämlich insofern, als ein großes Unternehmen weniger überschaubar ist. Dies hängt aber nicht nur mit der Unternehmensgröße zusammen, sondern viel eher mit der Vielfalt der Produktlinien. Dies hat Auswirkungen auf das Qualitätsmanagement, da für jede Produktlinie Sicherheit garantiert werden muss und dies mit nicht unerheblichen Kosten verbunden ist. Somit gilt: Je weniger Linien, desto einfacher und überschaubarer ist das System, auch im Fall von Problemen, da sich die Fehlersuche hier leichter gestaltet. Umgekehrt bringt eine größere Anzahl an Produkten, Produktlinien (und dementsprechend Anlagen, Gebäuden usw.) einen höheren Aufwand mit sich. Auch hier würde demnach die Unternehmensgröße über andere Variablen (hier die Anzahl der Produkte bzw. Produktlinien) auf das Qualitätsmanagementsystem (in eingeschränktem Maße) Einfluss nehmen.

Insgesamt zeigen diese Ergebnisse, dass sich die eher niedrige Bewertung dieses Einflussfaktors auf Basis von AHP/NWA in den Ergebnissen der qualitativen Inhaltsanalyse wiederfinden. Aus den Bewertungen, die von 9 der 10 befragten QM-Beauftragten relativ homogen erfolgt sind, kann demnach eine realitätsgerechte Approximation der Bedeutung des Einflussfaktors „Unternehmensgröße" für ein Qualitätsmanagementsystem (mit rund 0,02) abgeleitet werden.

# Quantitative/qualitative Analyse der Einflussfaktoren auf Qualitätsmanagementsysteme 8

**Standards und Unternehmensgröße:** Im Hinblick darauf, ob die im Unternehmen eingeführten Standards für deren Unternehmensgröße geeignet und ob die bestehenden Normen gut umsetzbar sind, herrscht weitgehend Einigkeit: Die Standards sind im Allgemeinen gut umsetzbar und demnach für die jeweilige Unternehmensgröße passend.[49] Ein standardisiertes System sei einfach notwendig, um geregelte Abläufe zu haben, und selbst wenn ein Betrieb aufgrund von gelebter Unternehmenskultur funktioniert, macht ein derartiges System das Funktionieren viel einfacher. Die meisten Experten beziehen sich hierbei auf den IFS und befinden ihn als geeignet und sehr gut umsetzbar, da er speziell in Bezug auf Hygiene und Produktsicherheit viel konkreter ist als z. B. die Norm ISO 9001. Der Grund dafür liegt darin, dass IFS eher auf Produktsicherheit abzielt, während ISO 9001 wenige Beiträge zur Produktsicherheit enthält, sondern deutlich mehr auf das Management abzielt. Die Norm ISO 9001 ist aber vor allem als Grundlage wichtig, um ein System aufzubauen, da es die Dokumentationen, die Handbücher, Arbeitsanweisungen und Prozessdaten regelt. ISO 9001 eignet sich somit als ideale Grundlage, die die IFS-Einführung sehr erleichtert.

Ein Experte (M7) schränkt die Umsetzbarkeit der IFS-Standards allerdings ein. Dieser bemängelt, dass der Inhalt mancher Kriterien von sehr theoretischer Natur sei, wobei nicht die Sinnhaftigkeit selbst bezweifelt wird, sondern eher die Art der Fragestellung bzw. die Detailliertheit der Auslegung bei einem Audit. Ein weiterer Experte (M7) macht ebenfalls eine Einschränkung und kritisiert Anforderungen von Standards, die von der Logik her keine Sinn ergeben und auch schwer umzusetzen sind.[50] Als weiterer Kritikpunkt wird die große Anzahl an Audits in jedem Werk gesehen, die – obwohl an sich notwendig – allein schon durch deren Häufigkeit als eine Vergeudung von Ressourcen empfunden wird.

**Kosten und Unternehmensgröße:** Auf die Frage, ob die Kosten für das System, bezogen auf eine Produktionseinheit, bei einem großen Unternehmen

---

49 Von manchen QM-Beauftragten wird angemerkt, dass kleine Betriebe es schwer haben, ein QM-System und damit einen Standard einzuführen; in der österreichischen Milchwirtschaft ist bei den wichtigsten Unternehmen (wie hier die zehn befragten) aber von einer ausreichenden Unternehmensgröße auszugehen, wodurch diese einheitliche Beurteilung erklärbar ist.

50 Als Beispiel wird eine geplante GVO-frei Erweiterung des Standards zu einer speziellen Handelsmarke genannt, die Anforderungen beinhaltet, die über das gesetzliche Ausmaß hinausgehen, deren Sinnhaftigkeit von Produzentenseite her aber nicht nachvollzogen werden kann. Naturgemäß ist mit diesen Regelungen ein zusätzlicher Aufwand verbunden.

geringer sind als bei einem kleinen, wurden wiederum unterschiedliche Antworten gegeben. Zwei Unternehmen sehen keinen diesbezüglichen Zusammenhang.[51] Drei Experten schätzen die Kosten für große Unternehmen geringer als für kleine. Eine Begründung liegt darin, dass der Aufwand für das System in etwa der gleiche ist. So sind beispielsweise für die Temperaturüberwachung bei großen und bei kleinen Unternehmen annähernd die gleichen Investitionen nötig. Die übrigen Experten treffen keine allgemeine Aussage, ob die Kosten des Systems je Einheit in einem großen Unternehmen geringer sind als in einem kleinen bzw. geben an, dies nicht beurteilen zu können.

In jedem Fall ist davon auszugehen, dass ein gewisser Mindeststandard erfüllt werden muss, der von der Unternehmensgröße relativ unabhängig ist. Darüber hinausgehende Lösungen variieren in den Kosten, je nachdem, wie weitreichend das System gestaltet werden soll: Eine minimalistische Lösung – die sich durchaus als zweckdienlich und funktional erweisen kann – kostet naturgemäß deutlich weniger als ein System, welches z. B. zusätzlich die Arbeitssicherheit oder das Umweltmanagementsystem abbildet. Dies betrifft vor allem kleinere Unternehmen, bei denen die Ressourcen aus Kostengründen knapper gehalten werden müssen, indem etwa die Zahl der Mitarbeiter im Qualitätsmanagement oder die Dauer eines Audits der Unternehmensgröße angepasst wird.

Die vielfältigen Meinungen der befragten Experten stehen in Einklang mit den konträren Ergebnissen der Recherche der Fachliteratur. Die meisten Argumente finden sich in der Theorie wieder. Fünf der befragten Unternehmen sind aufgrund ihrer Mitarbeiteranzahl und Umsätze Großunternehmen, die übrigen zählen zur Größenklasse der mittleren Unternehmen (siehe Fußnote 3, Seite 68). Dementsprechend wird auf die spezielle Problematik der Klein- und Kleinstunternehmen, die vor allem in Österreichs landwirtschaftlicher Primärproduktion zu finden sind, nicht oder nur am Rande eingegangen. Dies zeigt sich beispielsweise auch darin, dass sämtliche Unternehmen Standards wie ISO oder IFS als geeignete und wichtige Grundlage eines funktionierenden Unternehmens ansehen. Ob die Unternehmensgröße Einfluss auf das Qualitätsmanagementsystem hat, kann aufgrund der Untersuchung nicht

---

51 Ein Experte argumentiert, dass bei größeren Unternehmen Systeme komplizierter und umständlicher werden, womit die Kosten entsprechend höher ausfallen; der zweite Experte sieht zwar für große Unternehmen keinen finanziellen Vorteil, allerdings sieht er als Vorteil großer Unternehmen, dass diese mehr Qualitätsmanagementpersonal zur Verfügung haben und daher in produktiver Zusammenarbeit bessere Ergebnisse erzielen können.

abschließend geklärt werden. Dass ein gewisser, wenn auch eher geringer Zusammenhang gegeben sein dürfte, zeigt sich daran, dass die Unternehmen dem Faktor Unternehmensgröße bei der Nutzwertanalyse und bei dem AHP zwar eher geringen Wert beimessen, jedoch keines der Unternehmen eine Gewichtung von 0 vergibt. Diese Bewertung ist mit den qualitativen Erkenntnissen der Inhaltsanalyse konsistent.

### 8.5.8 Exogener Einflussfaktor „Unternehmensumfeld: Konsument"

Tabelle 30 fasst die qualitativen Angaben der QM-Beauftragten zum Einflussfaktor „Konsument" aus der Beantwortung der Leitfragen zusammen (Häufigkeiten der Angaben zu mittels qualitativer Inhaltsanalyse ermittelten Kategorien [Codes]).

**Tabelle 30:** Qualitative Inhaltsanalyse Einflussfaktor „Konsument"

|  | Anzahl |
|---|---|
| **Codesystem Konsument** | 77 |
| Bedeutung emotionale Kundenbindung (Zufriedenheit/Image) | 10 |
| • bedeutend | 6 |
| • teilweise | 1 |
| • unbedeutend | 3 |
| Art der Einflussnahme des Konsumenten | 5 |
| • direkter Einfluss (Direktkontakt) | 1 |
| • indirekter Einfluss (Qualitätsmanagement-Abteilung, Reklamationswesen, Marketingabteilung) | 5 |
| Bedeutung Vertrauen des Konsumenten | 10 |
| • wichtig | 6 |
| • eher unwichtig | 4 |
| – Konsument generell eher unwichtig | 2 |
| – Konsument unwichtig, da nur Handelsmarkenproduzent | 2 |
| Bedeutung Qualitätserwartungen des Konsumenten | 9 |
| • wichtig für Qualitätsmanagement | 4 |
| • unwichtig für Qualitätsmanagement | 3 |
| • wichtig für Marketing und Verkauf | 6 |

Quelle: qualitative Inhaltsanalyse MAXQDA, n=10

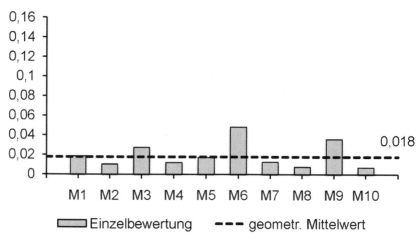

**Abbildung 81: Bedeutung des Einflussfaktors „Konsument"**
Quelle: AHP Prioritätenschätzung, n=10

Die befragten Unternehmen messen dem Konsumenten als Einflussfaktor auf das Qualitätsmanagementsystem eine Gewichtung von durchschnittlich 0,02 (geometrischer Mittelwert) bei. Damit kommt diesem Einflussfaktor für die meisten Unternehmen geringe Bedeutung zu, für sieben Unternehmen wird eine Priorität zwischen 0,01 und 0,02 approximiert. Ein Unternehmen (M6) weist hier einen deutlich höheren Wert auf, die Erläuterungen zum Faktor „Unternehmensgröße" kommen hier sinngemäß zur Anwendung (siehe insbesondere Fußnote 48, Seite 345).[52]

**Emotionale Kundenbindung (Zufriedenheit/Image):** Obwohl die Experten diesem Faktor aus der AHP/NWA-Analyse eine geringere Bedeutung beimessen, sind die Kundenzufriedenheit und das Image des Unternehmens laut den befragten Unternehmen dennoch wichtige Parameter, da das Unternehmen seine Größe und Stellung letztendlich nur bewahren kann, wenn der Kunde zufrieden ist und die Produkte kauft. So gesehen herrscht hier ein Wi-

---

52 Die hohe Bewertung von M6 spiegelt sich auch in den Aussagen des QM-Beauftragten wider: *„Kundenzufriedenheit hat einen großen Einfluss, da das Unternehmen seine Größe und Stellung nur bewahren kann, wenn der Kunde zufrieden ist und die Produkte kauft."* M6 ist eines der größten Unternehmen der österreichischen Molkereibranche. Demgegenüber meint z. B. M10 (sehr niedrige Bewertung dieses Einflussfaktors): *„Der Konsument fordert ein sicheres Produkt, aber der Einfluss ist nicht wirklich spürbar."* Sinngemäße Zitate wurden auch von anderen QM-Beauftragten gemacht. Die durchgängig niedrige Bewertung seitens der meisten Unternehmen ist damit konsistent mit den qualitativen Angaben durch diese.

# 8 Quantitative/qualitative Analyse der Einflussfaktoren auf Qualitätsmanagementsysteme

derspruch zwischen der subjektiven Bewertung und den qualitativen Angaben der QM-Beauftragten. Dies kann insofern erklärt werden, als der Kundenbindung immanente Bedeutung im Hinblick auf die Geschäftstätigkeit eines Unternehmens zukommt, ihr Einfluss auf das Qualitätsmanagementsystem aber eher von untergeordneter Bedeutung sein dürfte (hier spielen andere Einflussfaktoren, wie oben beschrieben, eine größere Rolle). Argumente, die dieses Begründungsmuster stützen, sind die folgenden:

- Konsumenten werden eher durch die Werbung als durch das Produkt selbst beeinflusst und zum Kauf animiert, wobei dennoch zu berücksichtigen ist, dass „moderne" Konsumenten sensibel sind und aktiv werden, wenn sie unzufrieden sind.
- Dementsprechend wichtig ist es, auf Kundenwünsche zu reagieren. Dies betrifft das gesamte Unternehmen (und in ganz besonderem Maße das Marketing).
- Die Bedeutung der Kundenbindung an das Unternehmen ist im Zusammenhang mit dem Qualitätsmanagement so zu interpretieren, dass nicht nur (passiv) reagiert wird (z. B. auf Beschwerden im Hinblick auf Probleme mit der Produktqualität), sondern aktiv agiert wird. Unternehmen müssen zeigen, dass es sichere Produkte und eine stabile Produktion hat, woraus sich die (emotionale) Bindung der Kunden an das Unternehmen ergibt.
- Unternehmen können von der Chance, die Qualität der Produkte zu dokumentieren und das Image bei den Konsumenten entsprechend positiv zu gestalten, profitieren, indem Nachhaltigkeitsberichte veröffentlicht werden. Diese Aktivität wird von einem Unternehmen (M2) explizit als strategische Maßnahme genannt.
- Ob oder wie die Kundenbindung durch Zufriedenheit oder Image das Qualitätsmanagementsystem beeinflusst, wird nicht explizit beantwortet. Scheinbar ist dieser Einfluss ein eher geringer, was mit der subjektiven Bewertung aus AHP/NWA konform gehen würde.

Insgesamt sehen von denjenigen Unternehmen, die hierzu Angaben gemacht haben, den Einfluss der Konsumenten auf ein Qualitätsmanagementsystem eher als indirekt an (z. B. über Reklamationen). Ein direkter Einfluss (z. B. über direkte Kontaktnahme) wird nur von einem Unternehmen genannt.

**Vertrauen der Konsumenten in die Produktqualität:** Für die Unternehmen ist das Vertrauen des Konsumenten in das Unternehmen und in die Qualität der Produkte wichtig, da das Unternehmen vom Verkauf der Produkte lebt. Entziehen die Kunden dem Unternehmen das Vertrauen (z. B. durch

Probleme mit der Produktqualität), kann sich dies existenzbedrohend für ein Unternehmen auswirken. Dieser allgemein gültige Sachverhalt wird von zwei Unternehmen differenzierter betrachtet: Diese stellen hauptsächlich Handelsmarken her und haben daher wenig direkten Kontakt zum Konsumenten. In diesem Fall ist zwar auch das Vertrauen zum Kunden wichtig, nicht jedoch zum Endkonsumenten, sondern zum Handel. Ein sicheres Produkt, welches dem Lebensmittelgesetz entspricht, ist unabhängig davon eine Grundvoraussetzung für den Unternehmenserfolg. So wird auch die Verbindung zwischen dem Vertrauen der Konsumenten und dem Qualitätsmanagement in dem Kundenfeedback und den Reklamationen gesehen, durch die das Unternehmen auf Probleme oder mangelnde Zufriedenheit aufmerksam gemacht wird. Eine adäquate und erfolgreiche Behandlung der Reklamationen ist daher wichtig, damit das Vertrauen des Konsumenten in das Unternehmen aufrechterhalten bleibt und der Konsument das Produkt weiterhin kauft. Dazu ist es wichtig, auf Kunden und deren Reklamationen einzugehen sowie Erklärungen und Hintergrundinformationen zu liefern, wodurch diese sich wahrgenommen und in ihren Anliegen bestätigt fühlen. Über diesen Weg der Reklamationen und entsprechender Reklamationsanalysen ist der angesprochene indirekte Einfluss des Konsumenten auf das Qualitätsmanagement gegeben. Der direkte Einfluss der Qualitätserwartungen des Konsumenten auf das Unternehmen betrifft laut Meinung der Experten eher den Verkauf und die Marketingabteilung.[53]

Zusammenfassend lässt sich festhalten, dass der Konsument und im Speziellen die Kundenzufriedenheit, das Vertrauen und die Qualitätserwartungen für das Unternehmen sehr wohl wichtig sind, allerdings eher die Abteilungen Verkauf und Marketing betreffen und weniger das Qualitätsmanagement

---

53 Der Input des Kunden wird dabei auf verschiedene Weise eingeholt. In einem Unternehmen erfolgt dies beispielsweise durch das Marketing mittels Umfragen, Aktionen und Gewinnspielen am Point of Sale oder durch einen Auftritt auf facebook (Website zur Bildung und Unterhaltung sozialer Netzwerke). Andere QM-Beauftragten gaben an, sich in die Rolle des Verbrauchers zu versetzen und zu überlegen, welche Erwartungen dieser an das Produkt hat. Die Erwartungen der Konsumenten werden – sofern sie mit den Zielvorstellungen vereinbar sind – nach Möglichkeit auch eingebunden. Dies erfolgt durch Zusammenarbeit zwischen der Marketingabteilung und der Produktentwicklung. Hierbei ergibt sich bei den Produktverkostungen wiederum ein Anknüpfungspunkt zum Qualitätsmanagement, indem bei den Verkostungen sowohl die Produktentwickler als auch die QM-Beauftragten eingebunden sind. Bei den Unternehmen, die eine Lohnabfüllung für Großkunden machen, sind die Qualitätserwartungen bekannt, da die Qualität von den betreffenden Auftraggebern definiert wird.

selbst. Ein Einfluss auf das Qualitätsmanagementsystem ist indirekter Natur in Form des Reklamationswesens und bei den Verkostungen durch Zusammenarbeit von Qualitätsmanagement und Produktentwicklung gegeben. Auch die theoretischen Erkenntnisse zeigen die Wichtigkeit von Kundenzufriedenheit und dem Image des Unternehmens für die Kundenbindung. Der Bezug zum Qualitätsmanagement lässt sich auch hier – gleichfalls wie in der Befragung – am offensichtlichsten in der Service- bzw. Kundenorientierung und somit im Reklamationswesen herstellen. Eine in der Theorie zum Herleiten der Einflussfaktoren zitierte Studie besagt, dass viele deutsche Industrie- und Dienstleistungsunternehmen Qualitätsmanagement nur wegen der Kunden implementiert haben (vgl. DALLUEGE, 2001b, 1497). Diese Erkenntnis in Verbindung mit den Ergebnissen der Befragung der Experten der Molkereibranche lässt den Schluss zu, dass die Qualität der Produkte zwar extrem wichtig ist, der Konsument auf das Qualitätsmanagementsystem jedoch eher nur indirekten Einfluss hat. Dies wird auch dadurch untermauert, dass zur Frage der Bedeutung der Qualitätserwartungen der Konsumenten relative Uneinigkeit zwischen den Experten vorherrscht und insgesamt eher die Meinung vertreten wird, dass diese vor allem einen Einfluss auf das Marketing und den Verkauf haben. Letztlich sind die Bewertungen auf Basis NWA/AHP durchwegs konsistent mit dieser verbalen Bewertung seitens der QM-Beauftragten.

### 8.5.9 Exogener Einflussfaktor „Unternehmensumfeld: Handel"

Tabelle 31 fasst die qualitativen Angaben der QM-Beauftragten zum Einflussfaktor „Handel" aus der Beantwortung der Leitfragen zusammen (Häufigkeiten der Angaben zu mittels qualitativer Inhaltsanalyse ermittelten Kategorien [Codes]).

Tabelle 31: Qualitative Inhaltsanalyse Einflussfaktor „Handel"

| Codesystem Handel | Anzahl |
|---|---|
| | 24 |
| Art des Einflusses | 10 |
| • Vorgaben allgemein | 4 |
| • Vorgaben in Bezug auf Handelsmarken | 10 |

Quelle: qualitative Inhaltsanalyse MAXQDA, n=10

# 8 Quantitative/qualitative Analyse der Einflussfaktoren auf Qualitätsmanagementsysteme

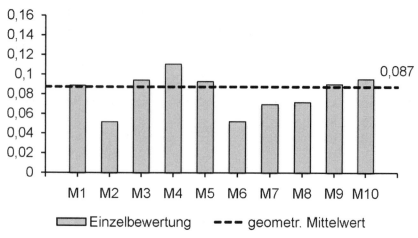

**Abbildung 82:** Bedeutung des Einflussfaktors „Handel"
Quelle: AHP Prioritätenschätzung, n=10

Für die zehn befragten Unternehmen wurde für den Handel als Einflussfaktor auf das Qualitätsmanagementsystem eine Bewertung von rund 0,09 approximiert (geometrischer Mittelwert). Vier Unternehmen bewerten diesen Faktor z. T. deutlich geringer als der Durchschnitt, während sechs Unternehmen Gewichtungen im geometrischen Mittel und darüber vergeben. Hier ist die Heterogenität in den Bewertungen demnach hoch, die weitere qualitative Analyse sollte hier Klärung bringen, wie es zu dieser unterschiedlichen Bewertung seitens der QM-Beauftragten gekommen ist.

**Bedeutung des Handels für ein Qualitätsmanagementsystem:** Zunächst ist dabei festzuhalten, dass in Bezug auf die Bedeutung des Einflussfaktors Handel auf das Qualitätsmanagementsystem eine relativ einheitliche Sichtweise ermittelt wurde (was den subjektiven Bewertungen einigermaßen widerspricht): Alle Experten sprechen dem Handel einen sehr großen Einfluss zu, allein schon deshalb, weil er der erste und wichtigste Kunde der Produzenten ist. Ein positives Image beim Handel und gegenseitiges Vertrauen sind daher ungemein wichtig. Selbst wenn von den Experten unterschiedliche Formulierungen gewählt werden, münden sie alle in der Aussage, dass der Handel seine besondere Bedeutung erlangt, indem er genaue Vorgaben an die Lieferanten macht, die eingehalten werden müssen, um beim Handel gelistet zu werden (bzw. für diesen Handelsmarken herzustellen; siehe im Folgenden).[54] Vor al-

---

[54] Ein Experte vergleicht den Handel mit einer gesetzlichen Organisation, da er den Qualitätsmanagementstandard vorgibt, dies ist in Österreich üblicherweise der IFS.

# Quantitative/qualitative Analyse der Einflussfaktoren auf Qualitätsmanagementsysteme 8

lem international gesehen haben die unterschiedlichen Handelsketten unterschiedliche Vorgaben, wobei viele große, global tätige Unternehmen eigene Standards haben. Beispiele sind Kraft Foods oder Tesco[55], welche eigene Standards vorgeben, die noch detailliertere Regelungen enthalten als IFS oder BRC. Diese individuelle Prüfsystematik der Handelsketten muss man akzeptieren, möchte man als Lieferant gelistet werden bzw. bleiben. Der Handel hat eigene Qualitätsabteilungen, er führt zusätzlich zu den Vorgaben den Standard betreffend auch Lieferantenaudits durch und prüft die Qualität bei den Produzenten.

Weitere Sachverhalte, welche mit der Beziehung zum Handel im Zusammenhang stehen, sind der Produktionsdruck und die Lieferfähigkeit. Das Einhalten der Lieferverträge ist vor allem bei Frischeprodukten problematisch, da kaum Raum bleibt, Produktionsausfälle auszugleichen. Das betrifft eingeschränkt ebenso Haltbarmilchprodukte. Auch wenn hierbei eine längere Haltbarkeit der Produkte gegeben ist, möchte der Handel Ware geliefert bekommen, die erst vor kurzem produziert wurde.

**Handelsmarken:** Einen weiteren tiefgehenden Einfluss übt der Handel auf die Unternehmen durch die Handelsmarken aus. Da der Handel bei seinen eigenen Marken Mitverantwortung trägt, stellt er bei diesen Qualitätsprogrammen an die unter der Handelsmarke vertriebenen Produkte noch detailliertere Anforderungen als an die Produkte von Herstellermarken. Um die Qualität seiner Handelsmarke zu gewährleisten, möchte der Handel demnach auch in der Produktentwicklung im Unternehmen Einfluss nehmen und teilweise in die Produktion oder in das Labor Einblick nehmen. Dies versuchen die Unternehmen nach Möglichkeit zu vermeiden und die Zusammenarbeit mit dem Handel bei der Produktentwicklung auf die Konzeptphase und die damit zusammenhängende Dokumentation zu beschränken. Durch diese enge Zusammenarbeit ist der Handel ein wichtiger Partner, nicht nur in Bezug auf die Qualitätsvorgaben, sondern auch in Bezug auf die Qualitätsumsetzung.

Die Statements der Experten treffen die wissenschaftlichen theoretischen Erkenntnisse und unterstreichen den grundlegenden Einfluss, den der Handel auf das Qualitätsmanagementsystem hat. Sämtliche Aussagen finden sich in der Literatur wieder und zeigen, dass die Theorie in der Praxis abgebildet

---

Möchte man den Handel beliefern, muss man nach dem von ihm vorgegebenen Standard zertifiziert sein.

55 Der Lebensmittelkonzern Kraft Foods ist nach Nestlé der zweitgrößte Nahrungsmittelhersteller der Welt. Tesco ist eine britische, weltweit agierende Supermarktkette.

wird. Die relativ hohe Bedeutung dieses Faktors, der in der qualitativen Befragung zum Ausdruck gekommen ist, spiegelt sich in der Gewichtung beim Großteil der subjektiven Bewertungen mittels AHP/NWA wider, der Durchschnittswert von 0,09 zählt zu den höchsten, die für die Einflussfaktoren approximiert wurden. Bei einigen Unternehmen wurde allerdings ein deutlich geringerer Wert berechnet. Diese (M2, M6) zählen zu den größten Unternehmen der österreichischen Molkereibranche. Wahrscheinlich werden die Möglichkeiten des Handels auf Einflussnahme aufgrund der eigenen Marktgröße geringer eingeschätzt als bei den kleineren Mitbewerbern, wodurch die Abweichungen zwischen den Bewertungen erklärbar werden. In den qualitativen Aussagen spiegelt sich diese Sichtweise aber nur latent wider, über Aussagen wie „*… erfolgte die Produktentwicklung für diesen Standard* [ein Qualitätsprogramm zu einer großen Handelsmarke] *in Zusammenarbeit mit dem Produktentwickler im Unternehmen, wobei vom Handel relativ wenige Vorgaben erfolgt sind*" lassen diese Interpretation zu. Der Einfluss des Handels auf ein Qualitätsmanagementsystem dürfte demnach relativ groß sein, es hängt aber unter Umständen von der Unternehmensgröße des Produzenten ab, wie weitreichend dieser Einfluss ist. Bei der Herstellung von Handelsmarken dürfte der Einfluss naturgemäß am größten sein; dies konnte durch die Kategorienbildung auch eindeutig belegt werden.

### 8.5.10 Exogener Einflussfaktor „Unternehmensumfeld: Lieferanten und Partnerschaften"

Tabelle 32 fasst die qualitativen Angaben der QM-Beauftragten zum Einflussfaktor „Lieferanten und Partnerschaften" aus der Beantwortung der Leitfragen zusammen (Häufigkeiten der Angaben zu mittels qualitativer Inhaltsanalyse ermittelten Kategorien [Codes]).

Die Rolle der Lieferanten und Partnerschaften als Einflussfaktor auf das Qualitätsmanagementsystem wird von den befragten Unternehmen mit einer Bedeutung von 0,03 bewertet (geometrischer Mittelwert). Insbesondere M5 (und eingeschränkt auch M1) weist diesem Einflussfaktor aber eine deutlich höhere Bedeutung zu, umgekehrt liegt die Bedeutung nach Einschätzung von M7 und M8 deutlich niedriger als bei den anderen Unternehmen. Diese Heterogenität muss bei den folgenden Ausführungen berücksichtigt werden.

Quantitative/qualitative Analyse der Einflussfaktoren auf Qualitätsmanagementsysteme

**Tabelle 32:** Qualitative Inhaltsanalyse Einflussfaktor „ Lieferanten und Partnerschaften"

|  | Anzahl | ja | nein |
|---|---|---|---|
| **Codesystem Lieferanten und Partnerschaften** | 98 | | |
| Art des Einflusses | 8 | | |
| • durch Rückverfolgbarkeit | 2 | | |
| • durch Monopolstellung | 1 | | |
| • durch Produktqualität | 8 | | |
| Lieferantenbewertung wird durchgeführt | 10 | 10 | 0 |
| • Reaktion erst bei Abweichungen | 1 | | |
| Lieferantenentwicklung wird durchgeführt | 10 | 8 | 0 |
| • wenig bis kaum | 2 | | |
| Kooperationen | 8 | 7 | 1 |
| • Frucht, Gewürz, Schokolade, Kulturen | 2 | | |
| • Verpackung | 4 | | |
| • Vermarktung | 1 | | |
| • Netzwerke | 2 | | |
| Bedeutung der Marktstellung der Lieferanten | 10 | | |
| • bedeutend | 3 | | |

Quelle: qualitative Inhaltsanalyse MAXQDA, n=10

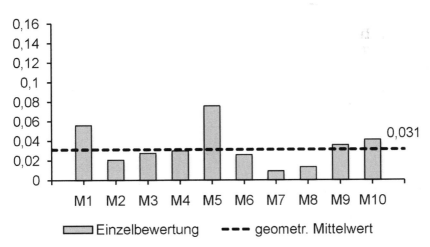

**Abbildung 83:** Bedeutung des Einflussfaktors „Lieferanten und Partnerschaften"
Quelle: AHP Prioritätenschätzung, n=10

**Einfluss von Lieferanten und Partnerschaften auf ein Qualitätsmanagementsystem:** Generell befinden die Experten, dass Lieferanten und Partnerschaften Einfluss auf das Qualitätsmanagementsystem haben. Der Einfluss entsteht durch das Qualitätsmanagementsystem des Unternehmens, welches Lieferantenmanagement und Rückverfolgbarkeit fordert und sich auf die Qualität des Produktes und auf die Wareneingangskontrolle bezieht. Ein Unternehmen verweist auf die Notwendigkeit der Wareneingangskontrolle, da trotz Zertifizierung des Lieferanten die Qualität nicht kontinuierlich gegeben ist. Der Lieferant beeinflusst das unternehmensinterne Qualitätsmanagementsystem somit auch direkt durch die gelieferten Qualitäten seiner Ware. Im Falle eines Problems beim Lieferanten hat dies auch Auswirkungen auf das eigene Produkt. Der Einfluss ist umso größer, wenn der Lieferant quasi eine Monopolstellung genießt, weil die entsprechende Qualität z. B. nicht bei anderen potenziellen Lieferanten verfügbar ist. In diesem Fall besteht eine Abhängigkeit vom Lieferanten, da das Unternehmen darauf angewiesen ist, gleichbleibende Qualität zu erhalten, um selbst ein gleichbleibendes, standardisiertes Produkt herstellen zu können. Der Lieferant sollte daher einen ebenso hohen Qualitätsanspruch haben wie das Unternehmen selbst. Und es ist wichtig, sich auf den Lieferanten und die Qualität seiner Ware verlassen zu können (Vertrauen). Dazu müssen die Qualitätserwartungen mit den Lieferanten ausgetauscht werden. Dies macht einen permanenten Informationsaustausch und regelmäßige Kommunikation (nicht nur im Falle von Reklamationen) notwendig.

**Zusammenarbeit zwischen den Unternehmen:** Unternehmen haben zumeist sehr spezifische Anforderungen an die zugekauften Produkte. Das heißt, der Lieferant muss sich mit dem Unternehmen weiterentwickeln, um die erforderlichen Spezifikation zu erreichen. Alle Unternehmen setzen entsprechend ihrer Unternehmensgröße mehr oder weniger Maßnahmen zur Lieferantenentwicklung. Dieses zeigt sich in Bezug auf Qualitätssicherungsmaßnahmen, indem der Lieferant gewisse Anforderungen erfüllen muss, oder in technologsicher Hinsicht, wo etwa bei Neuproduktentwicklungen im Bereich der Produktinhaltsstoffe oder im Verpackungs- oder Maschinenbereich Kooperationen eingegangen werden. Dies ist nur in enger Zusammenarbeit möglich und geht mitunter so weit, dass Unternehmen von Lieferanten eingeladen werden, neu erworbene Maschinen zu besichtigen und Inputs einzubringen und umgekehrt auch eigene Mitarbeiter die Anlagen beim Kooperationspartner besichtigen und testen, um Verbesserungspotenziale aufzuzeigen. Die meisten Unternehmen nennen als Kooperationspartner ihre Lieferanten, die ihre Zulieferprodukte entsprechend den Anforderungen der Unternehmen

# Quantitative/qualitative Analyse der Einflussfaktoren auf Qualitätsmanagementsysteme  8

weiterentwickeln. Neben diesen vertikalen Kooperationen gibt es jedoch auch horizontale Kooperationen, z. B. mit kleinen Nachbarmolkereien, die als Co-Packer fungieren. Weitere Kooperationen gibt es z. B. über das Lebensmittelcluster[56] oder mit anderen Unternehmen der Lebensmittelbranche, die im Food Net[57] organisiert sind.

**Lieferantenbewertung:** Alle Unternehmen führen eine Bewertung ihrer Lieferanten durch. Befragt man die Unternehmen nach dem Einfluss der Marktstellung der Lieferanten, meinen die meisten Experten, dass diese eine untergeordnete Bedeutung hat. Sie hat allenfalls einen Einfluss auf die Auswahlmöglichkeit an Lieferanten, die häufig beschränkt ist, da nur ein oder sehr wenige Unternehmen die erforderliche Qualität liefern können. Im Prinzip ist den Experten wichtig, dass die geforderte Qualität geliefert wird, welche Marktstellung Lieferanten innehaben, wird als zweitrangig empfunden.[58]

Zumeist kooperiert man zwangsläufig mit großen Lieferanten, da alle Branchen einem Konzentrationsprozess unterliegen und nur wenige große Spezialunternehmen übrig bleiben (Ausnahmen sind Unternehmen, die Nischenprodukte herstellen). Erfahrungsgemäß werden bei der Auswahl der Lieferanten jene mit Markterfahrung eher bevorzugt. Wenn allerdings die Qualität des Produktes passt, sind Marktstellung und Markterfahrung irrelevant. Entscheidend sind bei der Auswahl der Lieferanten positiv erfolgte Pretests bezüglich Qualität und Produktionstechnik sowie der Preis. Die Bedeutung dieses Faktors, der als relativ gering eingestuft wurde (bis nahezu unbedeutend), dürfte mit dieser Beurteilung konsistent sein. Jene Unternehmen, die hier einen deutlich höheren Einfluss sehen (insbesondere M5ist hier zu nennen), überbewerten diesen möglicherweise im Hinblick auf das Qualitätsmanagementsystem. Aufgrund der eigenen Marktposition könnte diese

---

56 Der Lebensmittel Cluster Niederösterreich arbeitet als Informations-, Service- und Anlaufstelle für den gesamten Lebensmittelbereich. Das Ziel ist die Förderung und Vernetzung der vorhandenen heimischen Kompetenzen in den Bereichen Lebensmittelproduktion, -technologie und -vermarktung (vgl. LEBENSMITTEL CLUSTER NIEDERÖSTERREICH, s. a.).

57 Das Food Net ist ein Netzwerk für Lebensmittelqualität. Das Ziel der Zusammenarbeit ist die Stärkung der Wettbewerbsfähigkeit der Mitgliedsunternehmen durch Knowhow Austausch in allen Unternehmensbereichen sowie die Bündelung der Kräfte in einer zunehmend globalisierten Welt (vgl. FOODNET SALZBURG, s. a.).

58 Ein Experte (M4) verweist auf einen Vorteil, der mit der (relativen) Monopolstellung eines Zulieferers im Zusammenhang steht: Aufgrund der Position als Marktführer sei dieser auch bei der Erfüllung von Anforderungen besser als Unternehmen, die in diesem Sektor erst Fuß fassen müssen.

# 8 Quantitative/qualitative Analyse der Einflussfaktoren auf Qualitätsmanagementsysteme

Bewertung zustande gekommen sein (es handelt sich um kleinere Unternehmen), der Einfluss ist damit eher als Abhängigkeit von großen Zulieferbetrieben zu sehen und weniger darin, dass diese direkten Einfluss auf die Gestaltung des Qualitätsmanagementsystems haben.

Die Expertenmeinungen finden sich durchgängig in der wissenschaftlichen Literatur wieder. Hier sei nochmals verwiesen auf die Notwendigkeit des Lieferantenmanagements und die Stellung des Lieferanten als strategischem Geschäftspartner anstelle des reinen Zulieferers. Im Hinblick auf die Marktstellung wird von den Experten eine in manchen Bereichen vorhandene Monopolstellung der Lieferanten und den daraus resultierenden Abhängigkeiten nur am Rande thematisiert. Aus Forschersicht muss angenommen werden, dass nur geringe Abhängigkeiten gegeben sind bzw. diese nicht als belastend empfunden werden. Der Vergleich mit der Literatur lässt auch das folgende Begründungsmuster plausibel erscheinen: Die geringen Abhängigkeiten bzw. empfundenen Belastungen könnten damit zusammenhängen, dass beide Partner in ihren Kooperationsbestrebungen die gleichen Ziele verfolgen (diese sind demnach komplementär) und dass die Qualität messbar ist.

### 8.5.11 Exogener Einflussfaktor „Unternehmensumfeld: Gesellschaft"

Tabelle 33 fasst die qualitativen Angaben der QM-Beauftragten zum Einflussfaktor „Gesellschaft" aus der Beantwortung der Leitfragen zusammen (Häufigkeiten der Angaben zu mittels qualitativer Inhaltsanalyse ermittelten Kategorien [Codes]).

Für den Einflussfaktor Gesellschaft wurde bei der subjektiven Bewertung mittels AHP ein geometrisches Mittel von 0,02 approximiert. Die Bedeutung dieses Einflussfaktors muss demnach als relativ gering angesehen werden. Ein Unternehmen weicht von der relativ homogenen Bewertung deutlich ab. Für M9 wurde eine Gewicht von annähernd 0,07 approximiert (zum Einfluss eines Ausreißers auf das Gesamtergebnis des AHP siehe Kapitel 8.5.7 zur Unternehmensgröße, insbesondere Fußnote 48, Seite 345). Dies ist aber insofern erklärbar, als M9 zum Zeitpunkt der Befragung mit der Berichterstattung einschlägiger Massenmedien konfrontiert war. Diese hohe Bewertung kann demnach auch als Bias gewertet werden, der mit aktuellen Gegebenheiten zusammenhängt.

# Quantitative/qualitative Analyse der Einflussfaktoren auf Qualitätsmanagementsysteme 8

Tabelle 33: Qualitative Inhaltsanalyse Einflussfaktor „Gesellschaft"

|  | Anzahl |
|---|---|
| **Codesystem Gesellschaft** | 38 |
| Einfluss durch NGOs | 4 |
| • großer Einfluss/Macht | 2 |
| • mittlerer Einfluss/Macht | 1 |
| • geringer Einfluss/Macht | 1 |
| Einfluss durch Medien | 9 |
| • ja | 9 |
| – wichtiger Kanal für negative Infos zum Konsumenten | 8 |
| – wichtiger Kanal für positive Infos zum Konsumenten | 2 |
| – bewirkt erhöhten Kontrollaufwand im Unternehmen | 2 |

Quelle: qualitative Inhaltsanalyse MAXQDA, n=10

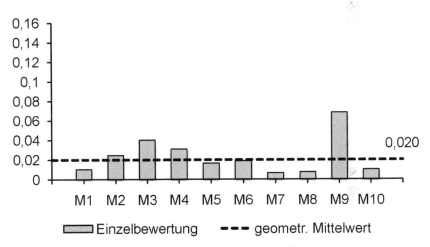

Abbildung 84: Bedeutung des Einflussfaktors „Gesellschaft"
Quelle: AHP Prioritätenschätzung, n=10

**Einfluss der Gesellschaft über NGOs und Medien:** Alle Unternehmen befinden, dass die Gesellschaft – explizit genannt werden Medien und NGOs – mehr oder weniger großen Einfluss auf das Unternehmen und das Qualitätsmanagementsystem haben. Zwei Unternehmen weisen vor allem NGOs große Bedeutung zu, zwei weitere sehen mittleren bis geringen Einfluss auf das Qualitätsmanagementsystem. Deutlich größer wird der Einfluss der Medien bewertet, vor allem als wichtiger Informationskanal hin zum Konsumenten und hier insbesondere im Falle einer negativen Berichterstattung. Ein Experte (M5) sieht vor allem die positive Seite dieser Beziehung (gezeigt am Beispiel des Zusammenhangs mit dessen Umweltmanagementzertifizierung und den Preisen für Nachhaltigkeit bei NGOs; auch die Zusammenarbeit mit Organisationen wie Global 2000 und Greenpeace bezüglich Gentechnikfreiheit wird genannt). Die Mehrzahl der Experten sieht demnach eher eine Belastung aufgrund des Drucks, dem ein Unternehmen durch die Gesellschaft (über NGOs und Medien) ausgesetzt ist. Z.B. nimmt bei der GVO-Thematik eher die Gesellschaft als das Unternehmen selbst Einfluss darauf, was im Unternehmen umgesetzt werden muss. Die Macht NGOs und der Medien ist im Zusammenhang mit GVO letztendlich so groß, dass sich das Unternehmen diesem Einfluss fügen muss. Neben dem GVO-Thema werden zahlreiche weitere Praxisbeispiele angeführt, die vor allem auf Druck von NGOs, aber auch der Medien relevant wurden. Insbesondere werden die Problematik der Zusatzstoffe, ITX in Verpackungsmaterial und der jüngste Listerien-Fall genannt.[59] Die Intensität und Tragweite des Einflusses auf das Qualitätsmanagementsystem wird mitunter von anderen Faktoren mitbestimmt. Beispielsweise hängen die Medienpräsenz und damit verbunden der Umfang der Berichterstattung und das Bild in der Öffentlichkeit auch davon ab, welche und wie viele Ereignisse zufällig zum selben Zeitpunkt medial verwertbar sind. Als eine weiterreichende Konsequenz zieht ein in den Medien präsenter Problemfall eines anderen Unternehmens einen erhöhten Untersuchungsmehraufwand im eigenen Unternehmen nach sich, da das Thema auch im eigenen Unternehmen mehr Beachtung erhält. Dieses Argument wurde von zwei QM-Beauftragten zur Frage nach dem Einfluss auf das Qualitätsmanagementsystem vorgebracht. Zusammenfassend kann daher angenommen werden, dass die Stärke des direkten Einflusses auf das Qualitätsmanagementsystem als eher gering angenommen werden kann. Ein relativ hoher, indirekter Einfluss über NGOs und Medien dürfte aber bei spezifischen Themen, insbesondere im Falle von Problemen mit der Produktsicherheit, gegeben sein. Die

---

59 Der Einfluss der Medien bringt hier eine eigene Dynamik mit sich, die von einem Experten wie folgt geschildert wird: Nach einer Zeitungsmeldung wegen eines Problems im Lebensmittelbereich wird die Presse aktiv und wenige Tage später die Konsumenten, die auch die nicht betroffenen Unternehmen kontaktieren, um Informationen einzuholen und nachzufragen, wie garantiert werden kann, dass derartige Probleme nicht auftreten. Die Rückfragen beschränken sich nicht nur auf den Endverbraucher, auch die Kontrollstellen konfrontieren die Unternehmen mit Nachfragen bezüglich der jeweiligen Thematik. Egal ob im positiven oder negativen Sinn, in jedem Fall wird eine Thematik oder Problematik durch den Einfluss oder Druck der NGOs und der Medien forciert.

subjektive Bewertung der allgemeinen Bedeutung des Einflussfaktors „Gesellschaft" geht mit dieser Einschätzung weitgehend konform (was den direkten Einfluss betrifft), im Falle von Problemen und medialer Berichterstattung muss der indirekte Einfluss aber doch höher eingeschätzt werden.

Vergleicht man die Meinung der Experten mit der recherchierten wissenschaftlichen Literatur bestätigt sich, dass die Gesellschaft über NGOs und Medien Bemühungen in den Unternehmen im Sinne der Corporate Social Responsibility induzieren. Dieser Themenkreis hat in den letzten Jahren deutlich mehr Aufmerksamkeit im wissenschaftlichen Diskurs bekommen. Unternehmen setzten sich mit diesem Thema aufgrund unterschiedlichster Motive auseinander, entweder durch aktives Engagement des Unternehmens selbst oder indirekt durch passives Reagieren auf Druck der Medien als Sprachrohr der Gesellschaft. Gerade Letzteres dürfte sich auf das Qualitätsmanagementsystem stärker auswirken. Insgesamt kann aber die Bewertung der QM-Beauftragten im Hinblick auf die Bedeutung des Einflussfaktors „Gesellschaft" im Vergleich zur Bedeutung aller anderen Faktoren als durchaus realitätsgerecht eingeschätzt werden. Die angesprochenen Probleme, die zu verstärkten Initiativen seitens der Unternehmen geführt haben, sind nicht als Regelfälle einzustufen und stellen besondere Ereignisse dar, die besonderer Maßnahmen bedürfen.

### 8.5.12 Exogener Einflussfaktor „Unternehmensumfeld: Marktstellung des Unternehmens"

Tabelle 34 fasst die qualitativen Angaben der QM-Beauftragten zum Einflussfaktor „Marktstellung des Unternehmens" aus der Beantwortung der Leitfragen zusammen (Häufigkeiten der Angaben zu mittels qualitativer Inhaltsanalyse ermittelten Kategorien [Codes]).

**Tabelle 34:** Qualitative Inhaltsanalyse Einflussfaktor „Marktstellung des Unternehmens"

| | Anzahl |
|---|---|
| **Codesystem Marktstellung des Unternehmens** | 20 |
| Bedeutung der Marktstellung | 10 |
| • bedeutend | 4 |
| • mittel | 1 |
| • geringe Bedeutung bis unwichtig | 5 |

Quelle: qualitative Inhaltsanalyse MAXQDA, n=10

# 8 Quantitative/qualitative Analyse der Einflussfaktoren auf Qualitätsmanagementsysteme

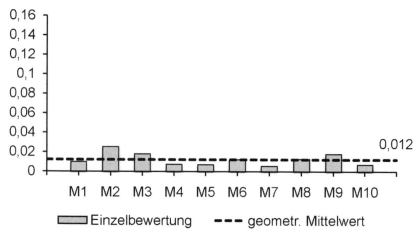

**Abbildung 85:** Bedeutung des Einflussfaktors „Marktstellung"
Quelle: AHP Prioritätenschätzung, n=10

Die Marktstellung zählt mit 0,014 zu den unbedeutendsten Einflussfaktoren auf Qualitätsmanagementsysteme. Die Bewertungen der einzelnen Unternehmen bewegen sich dabei zwischen 0,005 und etwas über 0,02. Sie sind durchgängig als homogen anzusehen und nehmen bei den einzelnen Unternehmen stets eine geringe Bedeutung im Vergleich zu den anderen Faktoren ein. Am höchsten wird der Einfluss von M2 eingeschätzt. Dies hängt unter Umständen mit der eigenen Marktstellung (eines der größten Unternehmen des österreichischen Marktes für Milch und Molkereiprodukte) zusammen. Diese Einschätzung von M2 ist konsistent mit der Einschätzung bezüglich des Einflussfaktors „Unternehmensgröße" (siehe Kapitel 8.5.7, Seite 344). Auch bei jenem Faktor ist M2 (noch viel deutlicher) als Ausreißer zu interpretieren, der Einfluss auf die Gesamtbewertung über den geometrischen Mittelwert ist aber hier marginal.

**Einfluss der Marktstellung und Produktqualität:** Auch aus der qualitativen Inhaltsanalyse kann diese Einschätzung für die Mehrheit der Befragten bestätigt werden: Das Ausmaß dieses Faktors wird von 5 der 10 Unternehmen generell als eher unbedeutend eingestuft. Von diesen wird die Meinung vertreten, dass jedes Unternehmen seine Position am Markt behaupten muss. Dementsprechend sorgsam muss es agieren und darauf achten, dass die Qualität der eigenen Produkte passt. Dies hat allerdings nichts mit der Marktstellung zu tun, da das Qualitätsmanagement unabhängig von der Marktstellung ernst genommen werden muss. Vier Unternehmen sprechen der Marktstellung einen Einfluss zu und begründen dies mit der Positionierung der Produkte

# Quantitative/qualitative Analyse der Einflussfaktoren auf Qualitätsmanagementsysteme  8

im Premiumbereich: Da diese qualitativ hochwertigen Eigenmarkenprodukte auch einen höheren Preis erzielen, ist es wichtig, dass bei diesen Produkten eine einwandfreie Qualität garantiert werden kann. Ein Schadensfall würde sich negativ auf den Ruf einer etablierten Marke und damit auf das Unternehmen auswirken, demensprechend muss das Risikomanagement perfekt optimiert sein. Umgekehrt kann eine bestimmte Marktstellung über das Qualitätsmanagement durch permanente Verbesserungen erreicht werden.[60] Wie diese Ausführungen zeigen, stehen die Argumente eher in Verbindung mit der notwendigen Produktqualität und weniger mit der Marktstellung. Der Einfluss der Marktstellung sei wichtig bei

- Premiumprodukten
- Markenprodukten (Topqualität)
- Wert der Marken
- laktosefreie Produkten (auch diese können als Premiumprodukte eingestuft werden).

Die Einschätzung als eher unbedeutend ist demnach plausibel, auch wenn von einem Teil der Unternehmen Argumente vorgebracht werden, die zunächst auf einen größeren Einfluss schließen lassen, in der tiefergehenden Analyse aber zeigen, dass die Argumente weniger mit der Marktstellung als mit der Produktqualität im Zusammenhang stehen.

In der wissenschaftlichen Literatur wird die Marktstellung bzw. der Marktanteil eines Unternehmens als ein Entscheidungskriterium für erfolgreiches TQM angeführt. Dies kann durch die vorliegenden Erkenntnisse dieser Studie nur zum Teil bestätigt werden. Denn obwohl der Wettbewerb zwischen den Lebensmittelproduzenten durch den vermehrten Konzentrationsprozess in den Lebensmittelmärkten zugenommen hat, scheint die Position des Unternehmens auch in einem hoch-kompetitiven Markt wenig Einfluss auf Qualitätsmanagementsysteme zu haben. In diesem Zusammenhang ist die Zertifi-

---

60 So konnte laut einem Experten (M5) mittels Produktentwicklung und Qualitätsmanagement ein geforderter Grenzwert, für welchen zu dieser Zeit weder die analytischen noch die produktionstechnischen Voraussetzungen gegeben waren, unterschritten und dadurch eine bestimmte Position am Markt aufgebaut werden: „Mit Hilfe des Qualitätsmanagement ist es möglich, eine bestimmte Marktstellung aufzubauen. Um laktosefreie Milchprodukte für eine Handelsmarke liefern zu können, hat das Unternehmen den vom Handel vorgegebenen Grenzwert für laktosefreie Produkte erreicht." Aus diesem Zitat wird eigentlich ein umgekehrter Zusammenhang erkennbar: Nicht die Marktstellung beeinflusst das QM-System, sondern mit einem entsprechenden QM-System kann eine gewünschte Marktstellung erreicht werden.

zierung eher als eine Markteintrittsbarriere für alle Unternehmen zu sehen und kann somit nicht ursächlich als Wettbewerbsvorteil gegenüber den Wettbewerbern interpretiert werden.

### 8.5.13 Exogener Einflussfaktor „Systemgestaltende Institutionen: Interessensvertretung"

Tabelle 35 fasst die qualitativen Angaben der QM-Beauftragten zum Einflussfaktor „Interessensvertretung" aus der Beantwortung der Leitfragen zusammen (Häufigkeiten der Angaben zu mittels qualitativer Inhaltsanalyse ermittelten Kategorien [Codes]).

Der Einfluss der Interessensvertretung auf das Qualitätsmanagementsystem der Unternehmen wird mit 0,014 ebenfalls als sehr gering approximiert. Und auch bei diesem Einflussfaktor konnten relativ homogene Bewertungen seitens der 10 QM-Beauftragten festgehalten werden.

Dem Einfluss der Interessensvertretung auf das Qualitätsmanagementsystem wird auch in der Beantwortung der qualitativen Leitfragen keine große Bedeutung beigemessen. Sämtliche Unternehmen sind Mitglieder der VÖM (Vereinigung Österreichischer Milchverarbeiter) und dort mehr oder weniger aktiv vertreten und gestehen dieser nur geringen Einfluss auf das Qualitätsmanagementsystem zu.

**Tabelle 35:** Qualitative Inhaltsanalyse Einflussfaktor „Interessensvertretung"

| | Anzahl |
|---|---|
| **Codesystem Interessensvertretung** | 43 |
| Einfluss Interessensvertretung | 10 |
| • mittel | 5 |
| • gering bis kein Einfluss | 4 |
| • nicht beurteilbar | 1 |
| Art der Einflussnahme | 7 |
| • direkt | 4 |
| – fachliche Infos | 3 |
| – richtungsweisend | 1 |
| • indirekt | 4 |
| – beratende Funktion bei Gesetzesentwürfen | 4 |

Quelle: qualitative Inhaltsanalyse MAXQDA, n=10

# Quantitative/qualitative Analyse der Einflussfaktoren auf Qualitätsmanagementsysteme 8

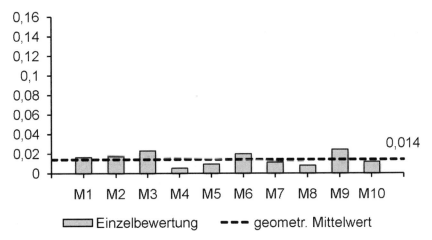

**Abbildung 86:** Bedeutung des Einflussfaktors „Interessensvertretung"

Quelle: AHP Prioritätenschätzung, n=10

**Art der Einflussnahme durch die Interessensvertretung:** Die Experten sehen die Funktionen der VÖM und der Wirtschaftskammer in ihrer beratenden, fachlichen Unterstützung. Sie gestehen der VÖM als ihrer Interessensvertretung Einflussnahme bei gesetzlichen Änderungen zu, indem sie die Unternehmen diesbezüglich informiert und zu einer Stellungnahme bittet. Über diesen Weg hat das Unternehmen die Möglichkeit zur Mitsprache vor allem bei Gesetzesentwürfen. Durch diese zwei Punkte – die Einflussnahme der VÖM beim Gestalten von Rahmenbedingungen und rechtlichen Grundlagen von Qualitätsmanagementsystemen sowie die Bereitstellung der aktuellen Informationen bezüglich geänderter Normen im Lebensmittelrecht – dürfte ein gewisser (ebenfalls als indirekt einzustufender) Einfluss auf das Qualitätsmanagementsystem eines Unternehmens gegeben sein. Dieser Einfluss ist aber entsprechend der Synthese aus subjektiver Bewertung und qualitativem Experteninterview als gering bis sehr gering einzustufen.[61] Die untergeordnete Bedeutung begründet sich damit, dass die Befragten selten mit

---

[61] Die folgenden Zitate verdeutlichen den vermuteten (geringen indirekten) Einfluss der Interessensvertretung auf das QM-System: M7: *„Der einzige Einfluss der Interessensvertretung (VÖM) besteht bei gesetzlichen Änderungen, indem das Unternehmen diesbezüglich informiert wird und zu einer Stellungnahme gebeten wird."* M1: *„Die [Interessensvertretung] VÖM hat gewissen Einfluss, da sie den Unternehmen die neusten Informationen bezüglich geänderter Normen im Lebensmittelrecht zur Verfügung stellt."* Die Angaben der anderen Unternehmen weisen in die gleiche Richtung.

Interessensvertretungen zu tun haben. Die QM-Beauftragten nehmen daher zum Teil auch nicht wahr, welche Bedeutung Interessensvertretungen für ein System insgesamt haben, da der Kontakt zu derartigen Institutionen im Bereich Unternehmensführung angesiedelt ist, in den sie selbst zum Teil nicht eingebunden sind. Das Zwischenschalten der Ebene der Geschäftsführung führt zu Wissensverlust und mangelnder Einbindung. Ein weiterer Grund, warum die Interessensvertretung aus Sicht der QM-Beauftragten als weniger bedeutsam erachtet wird, liegt laut einem Experten darin, dass die Aktivitäten der Interessensvertretungen sehr langfristig sind, was dem täglichen, schnellen Geschäftsgebaren in der Milchbranche widerspricht. Es wäre notwendig, die Unternehmensführung an das, was mit dem Qualitätsmanagementsystem verfolgt und gemacht wird, stärker einzubinden, vor allem, da die Unternehmensführung langfristige Strategien zur Qualität umzusetzen hat, die somit auch strategisch besser mit den langfristigen Aktivitäten der Interessensvertretungen übereinstimmen.

Die Experten bestätigen die Erkenntnisse der Literaturrecherche, indem die Unternehmen zumindest theoretisch die Möglichkeit haben, durch ihr aktives Engagement als Mitglied der Interessensvertretung Einfluss auf die Ausgestaltung von Qualitätsmanagementsystemen zu nehmen. Ob dies praktisch umgesetzt wird, kann durch die vorliegende Studie nicht abschließend geklärt werden. Einige Unternehmen sind in der Interessensvertretung aktiv, andere schließen dies mit der Begründung aus, dass dem Unternehmen dadurch keine Vorteile erwachsen. Die geringe Bedeutung für ein Qualitätsmanagementsystem kann, den Ausführungen der Experten folgend, als plausibel angenommen werden und ist zwischen subjektiver Bewertung und qualitativen Aussagen konsistent.

### 8.5.14 Exogener Einflussfaktor „Systemgestaltende Institutionen: Kontrollstelle"

Tabelle 36 fasst die qualitativen Angaben der QM-Beauftragten zum Einflussfaktor „Kontrollstelle" aus der Beantwortung der Leitfragen zusammen (Häufigkeiten der Angaben zu mittels qualitativer Inhaltsanalyse ermittelten Kategorien [Codes]).

Im Vergleich zum vorherigen Einflussfaktor wird Einfluss der Kontrollstelle mit einer Gewichtung von durchschnittlich 0,06 deutlich höhere Präferenz eingeräumt. Die Bewertungen der Unternehmen bewegen sich dabei von rund 0,04 bis 0,07 und sind damit einigermaßen homogen.

# Quantitative/qualitative Analyse der Einflussfaktoren auf Qualitätsmanagementsysteme 8

**Tabelle 36:** Qualitative Inhaltsanalyse Einflussfaktor „Kontrollstelle"

|  | Anzahl | groß | mittel | wenig |
|---|---|---|---|---|
| **Codesystem Kontrollstelle** | 56 | | | |
| Einfluss Kontrollstelle | 9 | 2 | 5 | 2 |
| Einfluss Kontrolleur | 10 | 2 | 6 | 2 |
| fachlicher Input Kontrolleur | 9 | | | |
| • vorhanden | 8 | | | |
| • nicht vorhanden | 1 | | | |

Quelle: qualitative Inhaltsanalyse MAXQDA, n=10

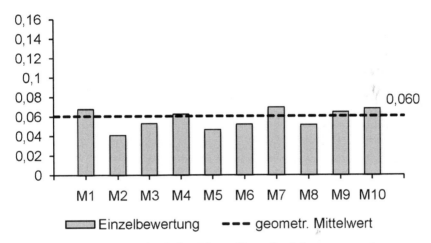

**Abbildung 87:** Bedeutung des Einflussfaktors „Kontrollstelle"
Quelle: AHP Prioritätenschätzung, n=10

Sämtliche Unternehmen sprechen der Kontrollstelle im Vergleich zu allen anderen Einflussfaktoren einen mittleren Einfluss auf das Qualitätsmanagementsystem zu. Dies wird durch die qualitativen Interviews mehr oder weniger bestätigt, die Mehrzahl der Aussagen kann in einer Kategorie „mittlerer Einfluss" zugeordnet werden.

**Einfluss Kontrollstelle über Auditoren:** Einflussgebend sind dabei die Kontrollstellen als Organisation und vor allem die sie vertretenden Organe, die Auditoren. Die Kontrollstelle agiert auf Basis eines gesetzlichen Auftrags und kontrolliert nur die Einhaltung der diesbezüglichen Normen und Regelungen. Sie beeinflusst ein Qualitätsmanagementsystem direkt einzig dadurch, dass das Unternehmen eine Kontrollstelle benötigt, um eine gewünschte oder geforderte Zertifizierung zu erlangen. Indirekt hat sie aber einen großen Einfluss durch ihre Auditoren, die das Niveau der Kontrolle vorgeben. Obwohl der gleiche Standard kontrolliert wird, variieren Qualität und Ergebnisse der Audits je nachdem, wie der Standard ausgelegt wird. Jeder Auditor hat einen anderen Blickwinkel und setzt unterschiedliche Prioritäten. Das Audit kann durch die gezielten Inputs der Auditoren als Möglichkeit zur Weiterentwicklung interpretiert werden.[62] Bei der Kontrolle arbeitet der Auditor eine Liste mit den standardbezogenen Kriterien ab und stellt dem Unternehmen dazu fachspezifische Fragen. Der Auditor sollte über das notwendige Hintergrundwissen und Verständnis für die Branche verfügen, um die Antworten richtig einzuordnen und die Prioritäten bei der Kontrolle angemessen zu verteilen. Dementsprechend präferieren die Experten Auditoren mit branchenspezifischem Know-how, die das konstruktive Gespräch mit dem Unternehmen suchen und praktikable und sinnvolle Inputs geben. Hat der Auditor sehr viel fachspezifisches Wissen, besteht allerdings auch die Gefahr, dass er versucht, sich auch bei nicht prüfungsrelevanten Details einzubringen. Das andere Extrem – ein Auditor mit mangelndem Hintergrundwissen – wird erwartungsgemäß genau nach vorgegeben Mustern prüfen (Normen und quantitative Prüfziffern) und dabei unter Umständen „Kleinigkeiten" bemängeln, weil aufgrund des fehlenden Hintergrundwissens zu wenig Verständnis für die Branche vorhanden ist (dieses Argument wurde von M3 vorgebracht, findet sich aber in Ansätzen auch bei anderen Expertengesprächen wieder).

**Vorgaben der Auditoren:** Aufgrund der diversen Zertifizierungen werden die Unternehmen von verschiedenen Auditoren kontrolliert. Die diesbezüglichen Vorgaben der Auditoren widersprechen sich mitunter. Dementsprechend schwierig gestaltet es sich, allen Anforderungen gerecht zu werden. Manche Experten sehen daher einen Vorteil darin, dass möglichst immer dieselben Auditoren kontrollieren. Als Argument wird genannt, dass der Auditor den Betrieb bereits genau kennt und prüft, ob die Forderungen umgesetzt wurden (Verbesserungsmöglichkeiten würden dennoch jedes Mal gefunden). Andere Experten vertreten die Meinung, dass es für das Qualitätsmanagementsystem besser ist, wenn jedes Mal ein anderer Auditor kontrolliert, da diese unterschiedliche Blickwinkel einnehmen und dadurch vielfältigere Inputs geben. Dieses hilft laut einem Experten auch bei externen Audits durch die Kunden, da bereits ein breiteres Spektrum an Ansichten und Inputs vorliegt und in das Qualitätsmanagementsystem Eingang gefunden hat.

---

62 M10: *„Der Auditor ist ein Inputgeber und die Verbesserungsvorschläge werden gerne angenommen, falls diese praktikabel und sinnvoll sind."*

Zusammenfassend kann festgehalten werden, dass die befragten Experten den Einfluss der Kontrollstelle weniger durch die Institution selbst als durch die Umsetzung der Kontrolle durch die Auditoren als gegeben ansehen. Dies stimmt mit den Erkenntnissen der Literaturrecherche überein. Das in der Theorie umfassend beleuchtete Problemfeld betreffend Prüfverhalten eines Auditors wird von den befragten Unternehmen (aufgrund der Einordnung der Studie auf der Metaebene eines Qualitätsmanagementsystems) aber bedeutend ungenauer spezifiziert. In einem wichtigen Punkt kann dennoch ein direkter Vergleich zur Theorie gemacht werden: Die Fachliteratur verweist auf ein mögliches Abhängigkeitsverhältnis der Kontrollstelle vom Unternehmen, welches die Gefahr birgt, dass die Auditoren, um keine Kunden zu verlieren, die Prüfung „kundenfreundlicher" gestalten. Dies kann durch die Befragung nicht bestätigt werden. Keiner der Experten äußert einen Wunsch nach einer weichen Kontrolle, vielmehr legen sie Wert auf eine sinnvolle und konstruktive Prüfung. Das widerspricht auch einer weiteren Annahme der wissenschaftlichen Theorie, nämlich, dass die Unternehmen die Standards mehr als eine von außen auferlegte Verpflichtung denn als vorteilhaft, im Sinne einer inneren Überzeugung, interpretieren. Diese würde bedeuten, dass die Unternehmen keine tatsächlichen Veränderungen im Unternehmen wünschen und folglich ein schwaches Kontrollniveau präferieren. Diese Annahme kann aufgrund der vorliegenden Erkenntnisse weitgehend ausgeschlossen werden: Die befragten QM-Verantwortlichen sehen durchaus die Vorteile, die mit einem Audit verknüpft sein und zu einer höheren Leistungsfähigkeit des Qualitätsmanagementsystems führen können. Naturgemäß wird auch der Zusammenhang zur Person des Auditors (und insbesondere seiner Branchenkenntnisse) hergestellt. Insgesamt gehen die Bewertungen der QM-Verantwortlichen, aus denen eine mittlere Gewichtung für den Einflussfaktor „Kontrollstelle" approximiert wurde, damit konform.

### 8.5.15 Exogener Einflussfaktor „Systemgestaltende Institutionen: Akkreditierungsstelle"

Tabelle 37 fasst die qualitativen Angaben der QM-Beauftragten zum Einflussfaktor „Akkreditierungsstelle" aus der Beantwortung der Leitfragen zusammen (Häufigkeiten der Angaben zu mittels qualitativer Inhaltsanalyse ermittelten Kategorien [Codes]).

# 8 Quantitative/qualitative Analyse der Einflussfaktoren auf Qualitätsmanagementsysteme

**Tabelle 37:** Qualitative Inhaltsanalyse Einflussfaktor „Akkreditierungsstelle"

|  | Anzahl |
|---|---|
| **Codesystem Akkreditierungsstelle** | 20 |
| Einfluss Akkreditierungsstelle | 10 |
| • mittel | 1 |
| • wenig bis kein Einfluss | 8 |
| • nicht beurteilbar | 1 |

Quelle: qualitative Inhaltsanalyse MAXQDA, n=10

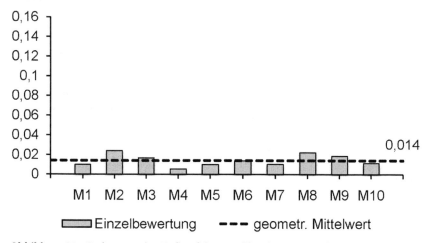

**Abbildung 88:** Bedeutung des Einflussfaktors „Akkreditierungsstelle"
Quelle: AHP Prioritätenschätzung, n=10

Im Gegensatz zur Kontrollstelle wird der Akkreditierungsstelle mit einem geometrischen Mittelwert von 0,014 eine sehr geringe Bedeutung beigemessen (eine der geringsten Bewertungen im Vergleich zu den anderen Einflussfaktoren des Qualitätsmanagement-Modells). Diese Bewertungen sind relativ homogen.

**Indirekter Einfluss der Akkreditierungsstelle:** Der geringe Einfluss ist auch dadurch begründbar, dass die Unternehmen kaum bis überhaupt keinen Kontakt zur Akkreditierungsstelle haben. Kontakt besteht höchstens im Zuge von „Überaudits", wenn also die Akkreditierungsstelle bei der Kontrolle zugegen ist. Gemäß der Aussage eines Experten (M2) wurde der Verlauf der Kontrolle davon nicht berührt. Somit hat die Akkreditierungsstelle wenig direkten Einfluss auf die Unternehmen. Indirekt besteht laut Experten insofern ein (geringfügiger) Einfluss, als die Akkreditierung Vorgaben an die Kontrollstelle

# Quantitative/qualitative Analyse der Einflussfaktoren auf Qualitätsmanagementsysteme    8

macht und diese die Vorgaben an das Unternehmen weitergeben. Die Akkreditierungsstelle wirkt also über die Kontrollstelle auf das Unternehmen. Dies kann dazu genutzt werden, um auf diesem Weg strengere Auflagen in den Unternehmen zu erwirken.

Die geringe Bewertung der Akkreditierungsstelle als Einflussfaktor auf das Qualitätsmanagementsystem durch die QM-Beauftragten findet sich auch in der wissenschaftlichen Literatur wieder. Die Akkreditierungsstelle überprüft Unabhängigkeit, Unparteilichkeit und Integrität der Kontrollstellen. Damit ist keine Möglichkeit zur direkten Einflussnahme auf Unternehmen gegeben. Einfluss besteht allenfalls indirekt, indem die Fachkompetenz der Kontrollstellen beurteilt oder die Prüfungsqualität verbessert wird, was sich auf die Kontrollen bei Unternehmen auswirkt. Ob tatsächlich die Möglichkeit besteht bzw. genutzt werden kann, über den Weg der Akkreditierungsstelle strengere Auflagen in den Unternehmen zu erwirken, kann mittels Fachliteratur nicht bestätigt werden und wird auch seitens der QM-Beauftragten nicht als Argument vorgebracht. Die sehr niedrige Bewertung des Einflusses der Akkreditierungsstelle ist mit dieser Einschätzung konsistent.

### 8.5.16 Exogener Einflussfaktor „Systemgestaltende Institutionen: Gesetzgeber/Standardeigner"

Tabelle 38 fasst die qualitativen Angaben der QM-Beauftragten zum Einflussfaktor „Gesetzgeber/Standardeigner" aus der Beantwortung der Leitfragen zusammen (Häufigkeiten der Angaben zu mittels qualitativer Inhaltsanalyse ermittelten Kategorien [Codes]).

Dem Faktor Gesetzgeber/Standardeigner als Herausgeber von Qualitätsmanagementsystemen kommt mit 0,057 mittlere Bedeutung zu. Allerdings musste bei diesem Einflussfaktor eine äußerst heterogene Bewertung seitens der QM-Beauftragten festgestellt werden, wodurch mit der Aggregation über den geometrischen Mittelwert ein relativ hoher Informationsverlust verbunden ist, der im Folgenden genauer analysiert werden soll. Die qualitativen Erkenntnisse der Inhaltsanalyse sollten hier wertvolle Erkenntnisse bringen, die zur Erklärung der großen Distanz zwischen minimaler (0,027) und maximaler (0,099) Prioritätenschätzung geführt haben.

# 8 Quantitative/qualitative Analyse der Einflussfaktoren auf Qualitätsmanagementsysteme

**Tabelle 38:** Qualitative Inhaltsanalyse Einflussfaktor „Gesetzgeber/Standardeigner"

|  | Anzahl | groß | mittel |
|---|---|---|---|
| **Codesystem Gesetzgeber/Standardeigner** | 40 | | |
| Einfluss Gesetzgeber | 10 | 7 | 3 |
| Einfluss Standardeigner | 10 | 3 | 7 |

Quelle: qualitative Inhaltsanalyse MAXQDA, n=10

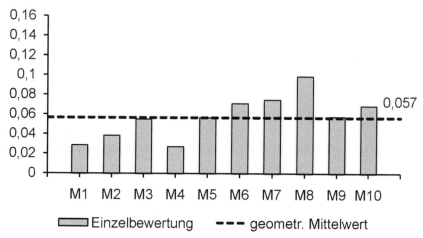

**Abbildung 89:** Bedeutung des Einflussfaktors „Gesetzgeber/Standardeigner"
Quelle: AHP Prioritätenschätzung, n=10

Entsprechend der Aussagen bei den qualitativen Interviews, sind sich die Experten darin einig, dass dieser Faktor einen Einfluss auf ein Qualitätsmanagementsystem hat: 7 von 10 QM-Beauftragten stufen diesen Einfluss sogar als hoch ein. Für die Unternehmen M1, M2 und M4 – auch diese vermuten in den qualitativen Gesprächen einen großen Einfluss des Gesetzgebers bzw. Standardeigners – ergibt sich damit ein Widerspruch zur subjektiven Bewertung aus AHP/NWA und der Einschätzung im Zuge der qualitativen Interviews (bzw. des daraus abgeleiteten Kategoriensystems [Codes]; siehe Tabelle 38). Dieser Widerspruch kann bei diesen Befragten durch die qualitativen Aussagen der QM-Beauftragten nicht erklärt werden. Als Grund für die relativ hohe (qualitative) Bewertung wurde von diesen Unternehmen genannt, dass der Gesetzgeber gesetzliche Regelungen vorgibt, die vom Unternehmen umzusetzen sind. Diese Begründung findet sich auch in den Aussagen anderer QM-Beauftragten wieder, hier besteht demnach trotz der Unterschiede in der subjektiven Bewertung auf Basis von AHP/NWA relative

# Quantitative/qualitative Analyse der Einflussfaktoren auf Qualitätsmanagementsysteme  8

Übereinstimmung zwischen den Experten. In diesem Sinne dürfte die Gewichtung von 0,06 (mittlere Bedeutungsgewichte im Vergleich zu allen anderen Einflussfaktoren) in Ordnung gehen; seitens der genannten Unternehmen M1, M2, M4 ist aufgrund der qualitativen Aussagen von einer zu geringen Gewichtung des Einflussfaktors „Gesetzgeber / Standardeigner" auszugehen. Umgekehrt wurde von M8 mit 0,099 wohl eine etwas überhöhte Bewertung abgegeben.

**Einflussnahme durch Gesetzgeber/Standardeigner:** Der Einfluss betrifft neben dem Gesetzgeber (Herausbringen neuer Verordnungen) auch den Herausgeber eines Standards (Einarbeitung gesetzlicher Änderungen oder Verabschieden einer neuen Version des Standards). Dies wird damit begründet, dass beide Vorgaben machen, die vom Unternehmen umgesetzt werden müssen und jede zusätzliche Anforderung oder Änderung einer Vorgabe einen Mehraufwand für das Unternehmen bedeutet.

Beide – sowohl Gesetzgeber als auch Standardeigner – stecken demnach durch die Gesetze und den Standard den Rahmen, innerhalb dessen sich ein Unternehmen bewegen darf, ab. Der Gesetzgeber regelt die Basisanforderungen, der Standardeigner gibt Regelungen vor, die zu Basisanforderungen werden, wenn der Standard im Unternehmen umgesetzt werden soll. In diesem Zusammenhang sehen die Experten einen wesentlichen Unterschied zwischen Gesetzgeber und Standardeigner: Die Anforderungen des Gesetzgebers gelten in jedem Fall, die Anforderungen des Standardeigners jedoch erst durch die Entscheidung des Unternehmens zur Implementierung des Standards.[63] Der Einfluss auf das Unternehmen ist jedenfalls dann spürbar, wenn mit dem Standard bzw. den gesetzlichen Regelungen ein Mehraufwand verbunden ist, d. h. wenn Anforderungen erfüllt werden müssen, die zuvor noch nicht im Unternehmen umgesetzt worden sind.[64]

Die Experten bestätigen die aus der Fachliteratur gewonnene Erkenntnis, dass der Gesetzgeber durch die Setzung entsprechender Normen Einfluss auf

---

63 M2 merkt an, dass Gesetzesänderungen klar und ausgereift sein müssen, damit sie im Unternehmen umgesetzt werden können. Als Negativbeispiel wird die Health-Claim-Verordnung der EU genannt, deren Verabschiedung sehr lange gedauert hat und deren Nährwertprofile noch immer nicht fixiert sind.

64 M7: *„Gesetzgeber und Standardeigner haben eine großen Einfluss, da zusätzliche oder andere Anforderungen Mehraufwand für das Unternehmen bedeuten."*
M2: *„IFS hatte einen gravierenden Einfluss, da mit diesem Standard HACCP erstmals vorgeschrieben wurde. Mittlerweile ist HACCP auch gesetzlich vorgeschrieben."* Indem HACCP durch den IFS bereits im Unternehmen etabliert wurde, hat die diesbezüglich veränderte Gesetzeslage für M2 wohl keine gravierenden Auswirkungen gehabt.

Produktsicherheitsstandards hat. Betriebsinterne Abläufe (wie hier das interessierende Qualitätsmanagement) werden davon unmittelbar betroffen, entsprechende Adaptionen der Abläufe und der damit verbundene Mehraufwand werden von den QM-Beauftragten in Übereinstimmung mit der Literatur gesehen. Der Standardherausgeber erhält seine Bedeutung als Einflussfaktor auf Qualitätsmanagementsysteme dadurch, dass das Qualitätsmanagementsystem im Unternehmen seinen Anforderungen entsprechend ausgestaltet werden muss. Die Widersprüche, die zwischen diesen qualitativen Aussagen und der subjektiven Beurteilung auf Basis AHP/NWA identifiziert wurden, können durch die qualitativen Erkenntnisse nicht aufgelöst werden. Insgesamt kann auf Basis des Kategoriensystems und der approximierten Durchschnittsgewichtung aber angenommen werden, dass dem Faktor mittlere Bedeutung für ein Qualitätsmanagementsystem zukommt.

### 8.5.17 Systemimmanenter Einflussfaktor „Prozesse – Dokumentation"

Tabelle 39 fasst die qualitativen Angaben der QM-Beauftragten zum Einflussfaktor „Prozesse – Dokumentation" aus der Beantwortung der Leitfragen zusammen (Häufigkeiten der Angaben zu mittels qualitativer Inhaltsanalyse ermittelten Kategorien [Codes]).

Für den Einflussfaktor „Prozesse – Dokumentation" wird über den geometrischen Mittelwert von 0,081 approximiert (AHP). Für drei Unternehmen (M2, M5, M6) werden relativ geringe Bewertungen zwischen 0,045 und 0,06 geschätzt, insbesondere M7 liegt im Vergleich zur Einschätzung der anderen QM-Beauftragten mit 0,115 weit über dem Durchschnitt. Demnach wurde bei der subjektiven Bewertung der Bedeutung dieses Einflussfaktors für ein Qualitätsmanagementsystem eine relativ große Distanz zwischen Minimum (M5; $w_i = 0,045$) und Maximum (M7; $w_i = 0,115$) festgestellt. Diese wird in der folgenden qualitativen Analyse eingehend betrachtet; es soll, wie bereits bei allen anderen Faktoren, versucht werden, die Unterschiede in den Bewertungen zu erklären bzw. die Validität der Erkenntnisse zu überprüfen.

**Tabelle 39:** Qualitative Inhaltsanalyse Einflussfaktor „Prozesse – Dokumentation"

|  | Anzahl |  |
|---|---|---|
| **Codesystem Prozesse – Dokumentation** | **121** |  |
| Art des Dokumentationssystems | 10 |  |
| • Papier (großteils) |  | 3 |
| • EDV (großteils) |  | 3 |
| • Papier und EDV |  | 4 |
| Bewertung des Dokumentationssystems | 9 |  |
| • Überschaubarkeit der Dokumentation |  | 9 |
| – schlank/überschaubar |  | 6 |
| – gut strukturiert |  | 5 |
| – überladen/unüberschaubar |  | 3 |
| Dokumente nicht aktualisiert |  | 2 |
| • Praxistauglichkeit des Dokumentationssystems |  | 3 |
| – Anwendung für Mitarbeiter in Produktion geeignet |  | 2 |
| – Anwendung für Mitarbeiter in Produktion nicht geeignet |  | 1 |
| Absicherung von Know-how | 10 |  |
| • Eignung zur Absicherung der Arbeitsabläufe |  | 10 |
| – sehr gut |  | 4 |
| – mittel bis gut |  | 6 |
| • Angst vor Know-how Verlust |  | 3 |
| Einfluss der Prozessdokumentation | 4 |  |
| • auf Weiterentwicklung und Verbesserung |  | 4 |
| Einbringen der Mitarbeiter in Verbesserung der Prozessdokumentation | 10 |  |
| • sehr aktiv |  | 2 |
| • mittel aktiv |  | 4 |
| • teilweise/wenig aktiv, nicht aktiv |  | 4 |

Quelle: qualitative Inhaltsanalyse MAXQDA, n=10

# 8 Quantitative/qualitative Analyse der Einflussfaktoren auf Qualitätsmanagementsysteme

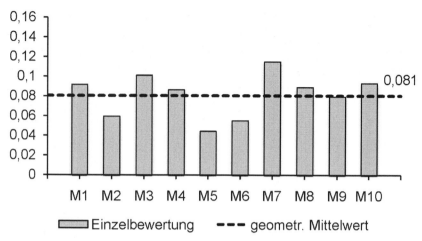

**Abbildung 90: Bedeutung des Einflussfaktors „Prozesse – Dokumentation"**
Quelle: AHP Prioritätenschätzung, n=10

Der Durchschnittswert lässt jedenfalls den Schluss zu, dass dem Einflussfaktor „Prozesse – Dokumentation" eine recht hohe Bedeutung zukommt. Auf Basis der qualitativen Aussagen der QM-Beauftragten kann diese Einschätzung bestätigt werden. Diese sind durchgängig der Meinung, dass die dokumentierten bzw. zu dokumentierenden Prozesse einen Einfluss auf das Qualitätsmanagementsystem eines Unternehmens haben, ja sogar dessen Grundlage darstellen. Die Dokumentation ist vom System verpflichtend vorgeschrieben und wird als sinnvoll und notwendig erachtet. Ohne ein entsprechendes Dokumentationssystem ist eine Weiterentwicklung des Qualitätsmanagementsystems nicht möglich.

**Eingesetzte Dokumentationssysteme:** Für die Dokumentation der Prozesse werden in den befragten Unternehmen unterschiedliche Dokumentationssysteme eingesetzt. Die Dokumentation erfolgt

- großteils auf Papier (3 von 10);
- großteils über EDV (3 von 10);
- oder über ein gemischtes System Papier/EDV (4 von 10).

Als Grund für die Aufzeichnung in Papierform wird in diesem Zusammenhang die Unternehmensgröße genannt. Das Dokumentationssystem wird durchgängig an die unternehmensinternen Bedürfnisse angepasst. Eines der größten Unternehmen der Branche (M2) hat z. B. die Qualitätsmanagementdokumentation vollständig auf Intranet umgestellt. Das Reklamationswesen wird mittels SAP bearbeitet und ist automatisch mit der Verrechnung verknüpft. Im Laborbereich ist ein Laborinformationssystem installiert, welches laut Aussage des Experten extrem hilfreich und kostensparend ist. Im Gegensatz dazu erfolgt in anderen Unternehmen der größte Teil der Dokumentation auf Papier und nur wenige Bereiche, wie etwa die Daten für die Rückverfolgbarkeit, werden elektronisch erfasst. Die meisten Unternehmen bewegen sich zwischen diesen beiden Extremen. Bei ihnen sind die wichtigsten Dokumente, z. B. Formulare und Arbeitsanweisungen, elektronisch erfasst und werden von den Mitarbeitern vom Server heruntergeladen, während die Dokumentation selbst per Hand erfolgt. Welcher Art der Dokumentation der Vorzug gegeben wird, dürfte, wie gesagt, mit der Unternehmensgröße im Zusammenhang stehen. Je größer ein Unternehmen ist, desto eher wird eine Intranet-basierte Lösung angestrebt. Erwartungsgemäß wird ein wachsendes Unternehmen das Dokumentationssystem sukzessive auf EDV umstellen.[65]

**Überschaubarkeit der Dokumentation:** Ein wichtiges Merkmal der Prozessdokumentation ist die Überschaubarkeit der Dokumentation, die nach Meinung der Experten das Qualitätsmanagementsystem beeinflusst. Die Mehrzahl der Experten befindet ihre Dokumentation als übersichtlich (6 von 10) und/oder gut strukturiert (5 von 10). Allerdings wird durchwegs festgehalten, dass die Dokumentation für jemanden, der mit der Materie nicht befasst ist, verwirrend ist und man Insider sein muss, um alles zu überblicken. Die einzelnen Abteilungsleiter selbst überblicken die Dokumentation für ihren jeweiligen Bereich. Die Überschaubarkeit der Dokumentation ist eng verwoben mit der Schlankheit des Systems. Die große Anzahl der Dokumente ist oftmals bedingt durch die Unternehmensgröße bzw. die Vielfalt der Produktlinien, da jeder Prozess dokumentiert werden muss und viele Dokumente nachweispflichtig sind. Oftmals sind jedoch auch überflüssige oder zu detaillierte Dokumente vorhanden. Die Experten verweisen auf die Notwendigkeit, die Dokumentation regelmäßig zu überarbeiten, ihr eine gute Struktur zu geben und sie auf ein übersichtliches Ausmaß zu reduzieren. Die permanente Anpassung der Dokumentation an die Änderungen im Betrieb benötigt personelle Ressourcen. Herrscht hier ein Engpass vor, hat dies unmittelbar negative Auswirkungen auf das System. Ein Manko im Hinblick auf die Überschaubarkeit der Dokumentation wird von 3 von 10 QM-Beauftragten festgehalten.[66]

---

[65] M9: „Je größer das Unternehmen wird, desto eher sollte man das Dokumentationssystem auf EDV (Intranet) umstellen. In Zukunft soll es einen EDV-Terminal geben, bei dem sich die Mitarbeiter die Arbeitsanweisungen abrufen können."

[66] M10: „Die Dokumentation ist nicht schlank, da die früheren, ausschließlich schriftlichen Dokumente beibehalten wurden. Dabei könnte vermutlich vieles weggelassen werden."

**Adaption von Prozessen:** Aufgrund von Verbesserungsvorschlägen der dokumentierten Prozesse können Adaptierungen der Prozesse durchgeführt werden. Dafür ist es wichtig, dass die Mitarbeiter mit den für sie relevanten Dokumenten gut umgehen können. Laut Experten ist dies für die wichtigsten Dokumente gegeben, weniger hingegen für manche Dokumente, die zwar im System abgelegt sind, jedoch selten verwendet werden. Die aktive Arbeit der Mitarbeiter mit den Dokumenten wird daher als ungemein wichtig erachtet. Dabei geht es vor allem um die Verbesserung der dokumentierten Prozesse, wobei die Mitarbeiter auf Ungereimtheiten oder auf notwendige Aktualisierungen in der Dokumentation hinweisen. Einige Experten sind mit der Aktivität ihrer Mitarbeiter zufrieden und meinen, dass es die Mitarbeiter im Regelfall positiv bewerten, wenn sie beim Adaptieren von Arbeitsanweisungen einbezogen werden. Die meisten der befragten QM-Beauftragten wünschen sich in diesem Zusammenhang jedoch größeres Engagement seitens der Belegschaft.

**Dokumentation zur Sicherung des Wissens im Unternehmen:** Zentrale Bedeutung erlangt die Prozessdokumentation durch die Absicherung und Reproduzierbarkeit von unternehmensspezifischem Know-how. Dies bestätigen alle befragten Experten. Die Sicherung und Speicherung von Know-how dient letztlich dem Informationstransfer: Werden Tätigkeiten und Verantwortung durchgängig protokolliert, können diese Tätigkeiten jederzeit einem neuen Mitarbeiter übergeben werden. Um Wissen und Prozesse sicherzustellen, muss die Dokumentation exakt und vor allem durchgängig und aktuell sein.

Ein Experte präzisiert seine Ausführungen und differenziert zwischen Wissen und Information: Die Dokumentation ist dazu geeignet, Informationen sicherzustellen, diese sind jedoch nicht mit dem Wissen an sich gleichzusetzen. Information wird erst dann zu Wissen, wenn die Information bewertet und weiterverarbeitet wird (indem Informationen miteinander in Beziehung gesetzt bzw. verknüpft werden).[67] Verlässt ein Mitarbeiter das Unternehmen,

---

Das Festhalten an bestehenden Systemen kann sich im Hinblick auf die Überschaubarkeit und Systematik einer Dokumentation durchaus negativ auswirken. Möglicherweise wäre hier eine (radikale) Abkehr von bestehenden Dokumentationssystemen erfolgreicher gewesen, wobei in diesem Fall kurzfristige Störungen in den Abläufen des QM-Systems wohl nicht zu vermeiden sind.

67 Diese Sichtweise entspricht in etwa der gängigen Einteilung in explizites – niedergeschriebenes, gespeichertes – Wissen und implizitem Wissen, also jenem Wissen, das in den Köpfen der Menschen vorhanden ist, aber nicht aufgezeichnet wurde bzw. aufgezeichnet werden kann. „We know more than we can tell" (MADVAHAN und GROVER, 1998, 1). Mit jedem Abgang erfahrener Mitarbeiter geht viel implizites Wissen für das Unternehmen verloren (zur Einteilung siehe MEIXNER und HAAS, 2010, 8).

sind sehr wohl die Informationen im Dokumentationssystem festgehalten, nicht jedoch das Wissen des Mitarbeiters. Das Wissen – die Bewertung der Information – wird nicht protokolliert. Um diesem Wissensverlust entgegenzuwirken, plädiert der Experte dafür, bei Ausscheiden eines Mitarbeiters aus dem Unternehmen einen neuen Mitarbeiter bereits frühzeitig einzubinden. Ein anderer Experte meint, dass die Nachteile aus diesem Wissensverlust möglicherweise aufgewogen werden, indem neue Mitarbeiter durch ihre bisherigen Erfahrungen neue Inputs in das Unternehmen einbringen.

Eine Konsequenz einer funktionierenden Dokumentation muss nach Ansicht einiger QM-Beauftragter wegen der Reproduzierbarkeit des unternehmensspezifischen Know-hows auch darin gesehen werden, dass dieses Wissen nicht oder nur schwer gegen den Zugriff von außen abgesichert werden kann. Es kann vor allem bei Vorliegen in elektronischer Form leicht aus dem Unternehmen mitgenommen werden. Je breiter die Dokumentation ausgelegt ist, desto mehr Wissen bzw. Informationen können abfließen, ein unerwünschter Wissenstransfer ist hier nur schwer kontrollierbar.

Die Ergebnisse der Befragung behandeln ein breites Themenspektrum in Bezug auf Prozessdokumentationen. Es werden alle in der Fachliteratur relevanten Punkte von den Experten aufgegriffen. Die Ausführungen decken sich weitestgehend mit den Erkenntnissen der recherchierten Literatur. Nur ein Punkt – die Befürchtung des Know-how-Abflusses aus dem Unternehmen als Folge detaillierter Dokumentation – konnte in dieser Form in der Fachliteratur im Zusammenhang mit Qualitätsmanagementsystemen nicht gefunden werden, ist aber aufgrund der Sensibilität der damit zusammenhängenden Informationen plausibel. In anderen Managementbereichen wird dieser Problemkreis auf breiter Basis diskutiert (z. B. im Hinblick auf Netzwerke, Informationstechnologie, Datenschutz usw.); die Übertragung dieser Erkenntnisse auch auf den Qualitätsmanagementbereich ist aber erst in Ansätzen erfolgt und stellt demnach ein wichtiges Thema für zukünftige Forschungsaktivitäten dar. Die Wichtigkeit dieses Themenkomplexes ist letztlich auch damit im Zusammenhang zu sehen, die durchschnittliche Bewertung als wichtiger Einflussfaktor sollte demnach den realen Bedingungen weitgehend entsprechen.

## 8.5.18 Systemimmanenter Einflussfaktor „Messung, Analyse & Verbesserung"

Tabelle 40 fasst die qualitativen Angaben der QM-Beauftragten zum Einflussfaktor „Messung, Analyse & Verbesserung" aus der Beantwortung der Leitfragen zusammen (Häufigkeiten der Angaben zu mittels qualitativer Inhaltsanalyse ermittelten Kategorien [Codes]).

Tabelle 40: Qualitative Inhaltsanalyse Einflussfaktor „Messung, Analyse & Verbesserung"

|  | Anzahl |
|---|---|
| **Codesystem Messung, Analyse & Verbesserung** | **80** |
| Wichtige Kennzahlen für Qualitätsmanagement-Systembeurteilung | 10 |
| • Reklamationen extern | 7 |
| • Reklamationen intern | 4 |
| • Labor | 10 |
| • Vorschlagswesen im Unternehmen | 2 |
| • Produktion zu verkauften Einheiten | 3 |
| Einflüsse der Kennzahlen | 9 |
| • Einleiten von Verbesserungen | 8 |
| • Rasche bzw. Sofortmaßnahmen | 4 |
| • Nachdenken über Verbesserungen | 1 |
| Übermittlung der Kennzahlen an Mitarbeiter | 1 |
| Methoden zur Ermittlung von Verbesserungspotenzial der Mitarbeit | 9 |
| • Vorschlagwesen – Briefkasten | 4 |
| • Vorschlagwesen Arbeitsgruppen, Besprechungen, direkter Kontakt | 7 |
| • Prämiensystem | 1 |

Quelle: qualitative Inhaltsanalyse MAXQDA, n=10

Quantitative/qualitative Analyse der Einflussfaktoren auf Qualitätsmanagementsysteme  **8**

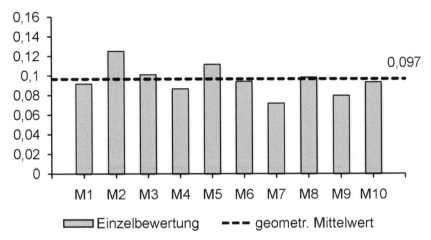

**Abbildung 91:** Bedeutung des Einflussfaktors „Messung, Analyse & Verbesserung"

Quelle: AHP Prioritätenschätzung, n=10

Die befragten Experten schätzen den Einfluss des Faktors „Messung, Analyse & Verbesserung auf ein Qualitätsmanagementsystem mit 0,097 (geometrischer Mittelwert, AHP) relativ hoch ein. Die Bewertungen sind dabei durchgängig recht hoch und bewegen sich zwischen mehr als 0,072 und 0,125. Diese durchgängig hohe, subjektive Einschätzung der Bedeutung des Faktors spiegelt sich auch in der qualitativen Einschätzung der QM-Experten wider: Alle sind der Meinung, dass Messen und Analysieren großen Einfluss auf das Qualitätsmanagementsystem hat, was angesichts der Ausrichtung des Qualitätsmanagementsystems und den damit im Zusammenhang stehenden Dokumentationserfordernissen auch zu erwarten war.

**Nutzen und Zweck von Messungen und Analysen:** Die Messungen und Analysen werden zu Kennzahlen verdichtet, anhand derer man Entwicklungen erkennen und feststellen kann, in welchen Bereichen Verbesserungspotenzial vorhanden ist. Hier befindet sich auch eine Schnittstelle zum Controlling. Die Messergebnisse bzw. die errechneten Kennzahlen werden analysiert und dienen als Basis für Veränderungen, die in den unternehmensinternen Abläufen durchgeführt werden. Durch die Kennzahlen, Messungen und Analysen werden Abweichungen festgestellt und Probleme in den Betriebsstätten bereits frühzeitig erkannt. Dadurch kann unmittelbar auf Probleme reagiert werden, manche Unternehmen verfügen über ein spezielles Kennzahlensystem, welches ständig eine große Anzahl an Kennzahlen verdichtet und prüft.

**Kennzahlen:** Als maßgebliche Kennzahlen für die Beurteilung des Qualitätsmanagementsystem werden von den Experten vor allem Laboranalysen

# 8 Quantitative/qualitative Analyse der Einflussfaktoren auf Qualitätsmanagementsysteme

und Reklamationskennzahlen genannt. Die chemischen, physikalischen und mikrobiologischen Laboranalysen betreffen die Produktqualität. Sie geben relativ einfach Auskunft über den hygienischen Zustand der Produkte und/oder über die Einhaltung technologischer Prozesse, da sie im Verlauf des gesamten Produktionsflusses ermittelt werden. Manche dieser Kennzahlen wirken prozesssteuernd, andere dienen dazu, die Konformität der Produkte mit der Gesetzeslage nachzuweisen. Als externe Kennzahl hat die Anzahl der Reklamationen große Bedeutung erlangt.[68] Als eine weitere wichtige Kennzahl sind die Fehlerkosten im Verhältnis zur produzierten Menge. Diese gibt exakt Auskunft über die Fehlerkosten jeder Produktgruppe und den mit der Produktion einzelner Produkte bzw. Produktlinien verbundenen Problemen.[69] Die genannten Kennzahlen und Ergebnisse aus Messung und Analyse sind aber nicht die einzigen Quellen, welche das Verbesserungspotenzial des Qualitätsmanagementsystems aufzeigen. Die Mitarbeiter selbst sind nach Ansicht der QM-Beauftragten in diesem Zusammenhang ebenfalls ganz wesentlich, damit Verbesserungspotenziale aufgespürt werden können. Um dieses Potenzial zu ermitteln, werden unterschiedliche Methoden eingesetzt: Ein betriebliches Vorschlagswesen mit Postkastensystem wird von den Mitarbeitern nur wenig angenommen; dieser Sachverhalt wurde bereits beim Einflussfaktor „Mitarbeiter" diskutiert (siehe Kapitel 8.5.2, Seite 254).[70] Hier zeigt es sich erneut, dass die Einflussfaktoren nicht vollständig unabhängig voneinander zu betrachten sind, eine ganzheitliche Sichtweise der Wirkungsweise der Einflussfaktoren ist notwendig. Allerdings, wie bereits beim Kapitel 8.3 ausgeführt, wurden die Wechselwirkungen zwischen den einzelnen Faktoren nicht expli-

---

68 Ein Unternehmen vergleicht z. B. seine Betriebsstätten, indem es die Anzahl reklamierter Ware in Beziehung setzt zur Produktionsmenge in den Betriebsstätten (in kg) pro Monat.

69 Laut Aussage zweier Experten werden die Mitarbeiter, die die Fehlproduktion verursacht haben, über die Höhe der Kosten dieser Fehlproduktion informiert. Dies wird als notwendig erachtet, da Fehlproduktionen sonst eher als vernachlässigbar eingestuft werden. Es soll ein Bewusstsein dafür geschaffen werden, die Mitarbeiter zur Verbesserung motiviert werden.

70 Am effektivsten sind laut Meinung der Experten persönliche Gespräche in Form von Gesprächsrunden, Mitarbeiterversammlungen, Qualitäts- oder Führungskreisen. Nicht immer ist der persönliche Kontakt auf allen Hierarchieebenen notwendig. Auf Ebene der Produktionsleiter erfolgt der Meinungsaustausch bezüglich der Arbeitsanweisungen in einem der untersuchten Unternehmen per E-Mail. Nur gelegentlich oder bei völligen Neuerungen finden persönliche Gespräche statt. Ein anderes Unternehmen versucht Verbesserungspotenziale unter den Mitarbeitern zu identifizieren, indem exzellente Ideen mit einem Geldbetrag honoriert werden.

zit berücksichtigt. Diese genauer zu untersuchen könnte ein wichtiges zukünftiges Forschungsgebiet darstellen.

Die Ergebnisse der Befragung zeigen, wie sehr der Einflussfaktor „Messung, Analyse & Verbesserung" mit anderen Abläufen im Unternehmen verknüpft ist und daher nicht getrennt davon betrachtet werden sollte. Dieser Bereich ist insbesondere mit Managementfragen verbunden und mit den darin ermittelten Kennzahlen genau genommen ein Teil des Controllings. Diesem Unternehmensbereich wird nach gängiger Lehrmeinung eine ausgleichende Funktion zwischen allen Unternehmensbereichen zugewiesen, das Qualitätsmanagement liefert dabei alle qualitäts- und produktsicherheitsbezogenen Informationen, die zur Steuerung der betriebsinternen Abläufe notwendig sind: Produktionszahlen in Verbindung mit Erfolgszahlen und Zahlen der qualitätsbezogenen Kosten, Fehlkosten und -mengen, Qualitätsprobleme usw., welche aus der Anwendung des Qualitätsmanagementsystems resultieren bzw. damit im Zusammenhang stehen. Die Kennzahlen dienen letztlich auch zur Bewertung des Qualitätsmanagementsystems selbst. Der daran anknüpfende Auftrag zur Verbesserung ist eine logische betriebswirtschaftlich Konsequenz und damit auch integraler Teil des Qualitätsmanagementsystems selbst. Dies zeigt die Komplexität, aber auch die Praxisnähe eines effizienten Qualitätsmanagementsystems. Die Aussagen der Experten finden sich auch im erarbeiteten theoretischen Teil, wobei als Fazit festgestellt werden kann, dass durch Feststellen und Analysieren der Abweichungen, unter Einbeziehen der Fähigkeiten der Mitarbeiter, die erforderlichen Korrekturmaßnahmen durchgeführt werden können. Darin liegt die Bedeutung des Einflussfaktors „Messung, Analyse & Verbesserung" als kontinuierlicher Verbesserungsprozess im Unternehmen; diese Einschätzung geht mit der subjektiven Bewertung seitens der QM-Beauftragten konform: „Messung, Analyse & Verbesserung" ist ein Einflussfaktor mit – im Vergleich zu den anderen Faktoren – hoher Bedeutung.

## 8.6 Weiterführende Ergebnisse aus der Befragung

Die bislang vorgestellten Ergebnisse zeigen, wie stark die unterschiedlichen Faktoren das Qualitätsmanagementsystem im Unternehmen beeinflussen, ungeachtet dessen, ob die Ausrichtung der Einflussnahme positiv oder negativ ist. Nachdem Qualitätsmanagementsysteme unternehmensabhängig unterschiedlich gut funktionieren, wurden die Experten nach deren Sicht in Bezug auf Risikofaktoren und mögliche negative Einflüsse auf Qualitätsmana-

# 8 Quantitative/qualitative Analyse der Einflussfaktoren auf Qualitätsmanagementsysteme

gementsysteme befragt. Für den entsprechenden wissenschaftlichen theoretischen Hintergrund sei auf Kapitel 5.8, Seite 263 verwiesen.

Systeme versagen trotz implementierten Qualitätsmanagements mitunter, und Probleme wie Listerienkontaminationen oder Verunreinigungen von Lebensmittel mit ITX (Isopropylthioxanthon) aus dem Verpackungsmaterial können auftreten und sind dank Medienberichterstattung nicht nur Brancheninsidern bekannt. Welche Ursachen dahinter stehen, versuchen die Experten auf ihr Unternehmen bezogen zu analysieren. Um auch die Molkereibranche übergreifend Erkenntnisse für die gesamte Agrar- und Ernährungswirtschaft zu gewinnen, wurden die Experten um ihre Einschätzung gebeten, welche Mechanismen unternehmensübergreifend zum Funktionieren bzw. zum Versagen von Qualitätsmanagementsystemen in der Agrar- und Ernährungswirtschaft verantwortlich sind.

Laut Meinung der Experten haben die Unternehmen vor allem dann Schwierigkeiten bei der Umsetzung ihrer Qualitätsmanagementsysteme, wenn es zu Ressourcenengpässen kommt. Diese betreffen vor allem personelle Ressourcen im Bereich Qualitätsmanagement und Labor. Da die Qualitätssicherung auf den ersten Blick unproduktiv erscheint, wird sie bei der Ressourcenallokation häufig mit zu geringen Ressourcen ausgestattet. Der Ressourcenmangel, sei er personeller, finanzieller oder technischer Natur, aber auch Zeit- und Leistungsdruck bewirken oft einen falschen Ablauf der Prozesse, was sich hinderlich auf die Qualität auswirkt. Auch wenn Verbesserungsprozesse nicht gut greifen und gleichzeitig die Dokumentation ungenügend ist und somit nicht nachvollzogen werden kann, ist es schwierig, das Qualitätsmanagementsystem im Unternehmen optimal umzusetzen. Oft genügt die Umstellung auf eine EDV-basierte Lösung, dass Probleme bei der Dokumentation entstehen, wenn Mitarbeiter Neuerungen unflexibel gegenübertreten. In Verbindung mit dem Humanfaktor liegt ein Hauptproblem im Versagen der Kommunikation. Dies erstreckt sich auf alle Ebenen. Personenbezogene Differenzen erschweren vor allem auf der Hierarchiestufe der Führungsebene die Umsetzung der Systeme. Vor allem unterschiedliche Anschauungen und folglich unterschiedliche Ansätze bewirken, dass sich die Umsetzung der Qualitätsmanagementsysteme zwar nicht unmöglich, aber doch deutlich schwieriger gestaltet, als wenn hier ein von allen Seiten akzeptierter Konsens erzielt wird.

Warum Qualitätsmanagementsysteme versagen und trotz der implementierten Systeme Krisen auftreten, hat laut der Erfahrung der Experten folgende Ursachen:

# Quantitative/qualitative Analyse der Einflussfaktoren auf Qualitätsmanagementsysteme  8

- Ein Grund für das Versagen ist auf Routine zurückzuführen, indem die Möglichkeit, dass trotz der Qualitätsmanagementsysteme Fehler passieren können, zu wenig in Betracht gezogen wird. So könnte ein technisches Problem auch auftreten, obwohl Stichproben gemacht werden.
- Wurden über einen längeren Zeitraum hinweg keine Komplikationen festgestellt, läuft man Gefahr, zu viel einzusparen und reduziert mitunter so lange, bis ein Störfall eintritt. Wenn also das Stichprobenintervall vergrößert wird, vergrößert dies gleichermaßen den Zeitraum, in dem ein Fehler entstehen bzw. unentdeckte Auswirkungen haben kann.
- Auch bei geringem Stichprobenintervall bleibt ein gewisses Restrisiko bestehen, eben da Qualitätssicherung stets auf einer Stichprobe beruht.
- Die Absicherung funktioniert, indem ein System etabliert wird, von dem das gewünschte Maß an Sicherheit erwartet wird. Da die Systeme auf der Einhaltung der Prozesse aufbauen, passieren Fehler, wenn Prozesse nicht entsprechend eingehalten werden. Dies kann durch eine technische Störung bedingt sein oder durch Mitarbeiter.
- Gerade wenn Menschen am Werk sind und Prozesse nicht genügend abgesichert sind, können Fehler auftreten. Diese sind umso häufiger, je mehr aus vornehmlich zeitlichen Gründen bei der Maschinenführerschulung der Mitarbeiter gespart wird.
- Und selbst wenn viele Punkte mehrfach abgesichert sind, ist es nicht möglich, für jede Eventualität eine Absicherungsmaßnahme parat zu haben. Meist versagen die Systeme nicht wegen eines einzelnen Fehlers, sondern *„... meist aufgrund einer Summe von Kleinigkeiten, indem sich Fehler addieren, die alleine kein Problem darstellen würden"* (M6).
- In manchen Fällen, wenn der Informationsfluss im Unternehmen unterbrochen ist, ist es schwer, dem Versagen überhaupt eine genaue Ursache zuzuordnen. Im Unternehmen stehen die zur Beurteilung der Fehlerursache notwendigen Informationen nicht zur Verfügung oder werden nicht an die relevanten Instanzen im Unternehmen weitergeleitet.

Vergrößert man den Blickwinkel und richtet den Fokus unternehmensübergreifend auf die gesamte Agrar- und Ernährungswirtschaft, tragen laut Meinung der Experten folgende Mechanismen zum Versagen von Qualitätsmanagementsystemen bei:

- Einem Experten zufolge stellt die finanzielle Situation der Landwirtschaft einen wesentlichen Faktor dar, der sich hier negativ auswirkt. Teilweise sind die Preise landwirtschaftlicher Primärerzeugnisse seit vielen Jahren auf dem gleichen Niveau. Trotz des Druckes, der allein aufgrund der Preissituation entsteht, muss die Qualität der Produkte einwandfrei sein. Die Kosten für die Qualität können allerdings schwer gedeckt werden, was zu Einsparungen führt. Diese Einsparungen betreffen z. B. die Aus- und Weiterbildung von Mitarbeitern oder es werden Hygienestandards nicht entsprechend umgesetzt. Mit einem hohen Kostendruck wächst somit die latente Gefahr von Manipulationen oder unlauteren Handlungen, was in einem Versagen der Qualitätsmanagementsysteme resultieren kann.

- Dass man einen Qualitätsmaßstab, den man sich einmal auferlegt hat, nicht mehr einhält und als Folge von den Vorgaben abweicht, muss aber nicht zwingend unlautere Absichten haben. Es ist davon auszugehen, dass ein Qualitätsmanagementsystem vom Unternehmen im Vorfeld wohl überlegt ist. Je frühzeitiger ein Unternehmen erkennt, wann es das, was es sich auferlegt hat, nicht mehr einhält, desto einfacher ist es, Dinge wieder ins Lot zu bringen.
- Als ein wichtiger Punkt wird auch die Kommunikation gesehen. Kommunikation ist für das ganzheitliche Funktionieren in der gesamten Wertschöpfungskette notwendig. Mangelnde Kommunikation zwischen den verschiedenen Stufen der Wertschöpfungskette kann zu einem Versagen von Qualitätsmanagementsystemen in der Agrar- und Ernährungswirtschaft führen.
- Neben dem Austauschen relevanter Informationen ist in der Kommunikation auch der Faktor Zeit wichtig, also die zeitnahe Kommunikation. Die fehlende Kommunikation schlägt sich mitunter im Versagen eines Systems nieder, wenn also ein Mitarbeiter einen Fehler, den er verursacht hat, verheimlicht oder zu spät aufgezeigt.[71]
- Ein Experte (M10) sieht eine weitere Ursache für das Versagen von Qualitätsmanagementsystemen darin, dass die Systeme teilweise überladen sind und der geforderte Dokumentationsaufwand sehr groß ist, da manche Vorgaben scheinbar keinen Bezug zur Praxis haben.[72]
- Speziell für die Agrar- und Ernährungswirtschaft gilt, dass die Produktion von Lebensmitteln immer mit größeren Risiken einhergeht, da sich diese Produkte nicht komplett standardisieren lassen und es oftmals zwischen den Chargen Unterschiede gibt, für die keine Erklärung zu finden ist. Daher ist die Produktion von Lebensmitteln auch mit größeren Risiken ver-

---

71 Denn nur „... sobald ein Fehler aufgezeigt wird, kann man reagieren, da dafür entsprechende Mechanismen installiert sind" (M4).
72 M10 meint dazu: „Auch wenn der dahinterliegende Grundgedanke richtig ist, ist mitunter die Ausführung übertrieben."

bunden, die im Rahmen der Qualitätssicherung nur stichprobenmäßig kontrolliert werden können.
- Als ein weiteres Spezifikum der Agrar- und Ernährungswirtschaft wirkt sich die Kleinstrukturiertheit der österreichischen Landwirtschaft nachteilig auf die Lebensmittelindustrie aus. Da die Strukturen in der Lebensmittelindustrie immer größer werden, um funktionsfähig zu sein, muss auch die Landwirtschaft als Rohstofflieferant größer strukturiert werden, um die geforderten Rohstoffqualitäten bereitstellen zu können und somit die Produktion von qualitativ hochwertigen Lebensmittel überhaupt erst zu ermöglichen.

Fragt man die Experten, welche Mechanismen zum Funktionieren von Qualitätsmanagementsystemen unternehmensübergreifend in der Agrar- und Ernährungswirtschaft beitragen, werden fachliche und soziale Kompetenz, Kommunikation, Vertrauen, Offenheit und der Wille, genauestens zu arbeiten, als Schlagworte genannt. Die einem Qualitätsmanagement entsprechende Denkweise der Geschäftsführung ist ebenfalls wichtig.[73] Zum Funktionieren von Qualitätsmanagementsystemen müssen entsprechende Regelungen vorhanden sein und diese Rahmenbedingungen, wie z. B. gesetzliche Grundlagen oder Standards, müssen von allen eingehalten werden.

## 8.7 Synthese und kritische Betrachtung der Erkenntnisse aus qualitativer und quantitativer Analyse

### 8.7.1 Inhaltliche Erkenntnisse

Durch die Einteilung der Faktoren in endogene, systemimmanente und exogene Faktoren kann ein verstärktes Augenmerk auf die unterschiedlichen Bereiche gelegt werden. Als erste wichtige Erkenntnis wird diese vorgenommene Einteilung der Faktoren bestätigt. Eine Neuerung zu bestehenden Modellen ist hierbei, dass neben den exogenen Faktoren des Unternehmensumfelds, welche in früheren Ansätzen bereits integriert sind, auch systemgestaltende Institutionen Einfluss auf Qualitätsmanagementsysteme haben. Mit der ho-

---

[73] In diesem Zusammenhang sieht ein QM-Beauftragter auftretende Probleme, wie z. B. Listerien oder Toxine, auch als hilfreich an, bestimmte Umsetzungen im Unternehmen zu erleichtern oder zu verbessern. *„Die Sensibilisierung von außen für diese Problematik kann somit betriebsintern als Druckmittel zu mehr Umsetzungsmöglichkeiten genutzt werden"* (M5).

hen Gewichtung der endogenen Faktoren werden die Erkenntnisse früherer Forschungsarbeiten bestätigt, bei denen durchgängig dem Humanfaktor für das Funktionieren eines Qualitätsmanagementsystems ein sehr großer Stellenwert eingeräumt wird. Diese Erkenntnis kann auch durch die vorliegende Studie sowohl auf Basis der subjektiven Bewertung über AHP/NWA als auch aus der qualitativen Inhaltsanalyse bestätigt werden: Mitarbeiter und Unternehmensleitung wird ein hoher Stellenwert (und damit verbunden eine hohe Priorität) eingeräumt. Die umfassende Berücksichtigung dieser Einflussfaktoren ist ungemein wichtig, damit ein Qualitätsmanagementsystem funktionieren kann.

Über die bisherigen Erkenntnisse hinaus wird als weiterer wichtiger Humanfaktor der QM-Beauftragte im Unternehmen einbezogen. Da er in engstem Zusammenhang mit dem Implementieren und Umsetzen eines Qualitätsmanagementsystems im Unternehmen steht, ist seine Bedeutung unbestritten, der extrem hohe Grad der Gewichtung (zweitgereiht) mag möglicherweise daher rühren, dass QM-Beauftragte befragt wurden und die eigene Bedeutung oder Einflussnahme möglicherweise höher eingeschätzt wird als durch andere Positionen im Unternehmen.

Die weiteren endogenen Faktoren werden ebenfalls bestätigt, wenngleich dem Faktor Unternehmensgröße ein geringerer Stellenwert zugerechnet wird, als aus dem Literaturstudium angenommen werden konnte. Die Vermutung liegt nahe, dass dies daraus resultiert, dass die zehn größten Molkereien in Österreich befragt wurden. Kleine KMUs würden wahrscheinlich diesem Faktor aufgrund der höheren Systemkosten pro Produkteinheit einen größeren Einfluss zugestehen. Sinnvoll wäre somit, auch kleine Unternehmen in die Evaluierung einzubeziehen. Anzumerken ist an dieser Stelle, dass es Unternehmen gibt, die keine Qualitätsmanagementzertifikate wie IFS oder ISO 9001 haben. Wenn der Handel bestimmte Produkte von bestimmten Produzenten (Spezialitäten, regionale Produkte etc.) gelistet haben möchte, akzeptiert er das Fehlen von Zertifikaten, obwohl generell eine IFS Zertifizierung als Grundvoraussetzung für eine Listung im Handel gilt. Der Handel hat somit aufgrund seiner Funktion als Absatzmittler und, damit verbunden, wegen der Konzentration des Handels eine Machtposition, die er nutzt, um sich qualitätssichernde Maßnahmen bei der Warenübernahme zu sparen. Dieser relativ hohe Einfluss des Handels auf Qualitätsmanagementsysteme konnte durch die vorliegende Studie bestätigt werden.

Überraschend und abweichend von bisherigen Modellen und Studien ist die Erkenntnis, dass dem Endkonsumenten wenig Einfluss auf ein Qualitätsmanagementsystem zugeschrieben wird. Dieser Faktor ist wahrscheinlich deshalb von eher untergeordneter Bedeutung, weil die befragten QM-Beauftragten die Qualitätssicherung und damit das Qualitätsmanagement in den Vordergrund stellen und ihre Tätigkeit nicht unmittelbar auf die Kundenanforderungen der Konsumenten ausrichten. Dies zeigt, dass Qualitätsmanagement – wenngleich es stets als Unternehmensführungsinstrument gesehen wird – im Endeffekt doch vor allem ein System zur Produktsicherung ist. Der QM-Beauftragte im Unternehmen vertritt die Funktion als Qualitätssicherer und versucht, die Vorgaben, die von gesetzlicher Seite oder vom Handel auferlegt werden, umzusetzen. Dies widerspricht den bisherigen Modellen, welche die Kundenanforderungen als zentrales Element für das Qualitätsmanagement vermuten. Anscheinend sehen die Unternehmen in der Praxis die Bedeutung der Kundenanforderungen für ein Qualitätsmanagementsystem nicht in demselben Umfang, wie dies theoretisch gefordert wird. Der enge Fokus des QM-Beauftragten auf Qualitätssicherung spiegelt sich folglich in der geringen Bedeutung des Endkonsumenten wider. Im Übrigen muss festgehalten werden, dass bisher die Bedeutung der einzelnen Einflussfaktoren nur zum Teil empirisch überprüft wurde und die vorliegende Studie in diesem Zusammenhang sicherlich einen deutlichen Erkenntnisfortschritt darstellt.

Es stellt sich die Frage, ob die Standards ihren Anspruch für die Produktentwicklung und Kundenzentrierung überschätzen und ob dieser Anspruch überhaupt erfüllt werden kann. Die Standardeigentümer dürften die Wirkung ihrer Standards in Bezug auf Kundenorientierung und Unternehmensführung überschätzen.

Die Einbindung der Unternehmensführung ist wichtig, um den Standard im Unternehmen umzusetzen. Der Standard als „Managementtool" erfährt in der Praxis allerdings wenig Anwendung. Obwohl die Standards für sich den Anspruch eines allgemeinen Managementinstruments erheben, beschränkt sich ihre Funktion zum größten Teil auf die eines Produktsicherungssystems. Dies scheint auch eine Erklärung, warum neben dem Konsumenten auch dem Faktor Gesellschaft eine geringe Bedeutung beigemessen wurde. Es geht hierbei um die zwei zentralen Punkte Lebensmittelsicherheit und Rückverfolgbarkeit und in der Gewährleistung dieser Punkte zeigt sich die Verbindung zum Konsumenten, indem ihm Produkte angeboten werden, deren Vertrauens- bzw. potemkinschen Eigenschaften durch die Einhaltung des Standards gesichert sind. Dies erfolgt einerseits verpflichtend durch die Vorgaben des Gesetzes und andererseits darüber hinausgehend über freiwillige Standards.

Hier kann eine Trennung zwischen den Standards gemacht werden: Es zeigt sich, dass eine exaktere Zuteilung der Standards zu Produktsicherungsstandards und Qualitätsmanagementstandards vorgenommen werden kann,

# 8 Quantitative/qualitative Analyse der Einflussfaktoren auf Qualitätsmanagementsysteme

als sie in Kapitel 4 getroffen wurde. Standards wie z. B. Bio, gentechnikfrei oder Heumilch dienen vor allem der Produktsicherung (und als Added Value im Verkauf), während die ISO 9001 den Anspruch erhebt, ein Qualitätsmanagementsystem zu sein, bei dem die Kundenanforderungen ermittelt werden und, darauf aufbauend, durch Verantwortung der Leitung, Management der Ressourcen, Produktrealisierung sowie Messung, Analyse & Verbesserung Kundenzufriedenheit erzielt werden sollte. Gleichfalls integrieren Produktstandards, wie z. B. IFS und ISO 22000, die Qualitätsmanagementsystematik in ihrem Regelwerk. In der Praxis fehlt jedoch die Umsetzung dieses Anspruchs, da Qualitätsmanager mit der Produktsicherheit ausgelastet sind und die Kapazitäten fehlen, sich um den Kunden, die Ansprüche der Gesellschaft oder um die Interessen des Managements kümmern zu können. Hier lässt sich ein Widerspruch zwischen Theorie und Praxis festhalten. Die vorliegenden Evaluierungsergebnisse dürften hier deutlich näher an der Praxis liegen als die normativ vorgegebenen Regelungen der Standards.

Das Problem der mangelnden Umsetzung könnte auch darin liegen, dass die Qualitätsmanager nicht im Managementboard sitzen. Tendenziell sind in großen Unternehmen die Zielsetzungen des Qualitätsmanagements mit der Ausrichtung auf Kunden und Gesellschaft besser integriert, weil die QM-Beauftragen häufig in Leitungsgremien mitarbeiten. In kleinen und mittelständischen Unternehmen sind Qualitätsmanager nicht Bestandteil der Führungsebene und haben daher nicht den gleichen Zugang zu Kundenwünschen und Anforderungen der Gesellschaft. Dadurch können die Qualitätsmanager in der Umsetzung keinen globalen Blick auf das System werfen, sondern richten ihre Aktivitäten vor allem im Hinblick auf die Produktsicherheit aus.

Lieferanten wurden als Einflussfaktor für das Qualitätssicherungssystem im Unternehmen erkannt. Dies bedeutet, dass bei Einkaufsentscheidungen oder bei der Wahl des richtigen Lieferanten der QM-Beauftragte eingebunden ist. Den Grund für die geringe Gewichtung dieses Einflussfaktors ist unter Umständen in einem Spezifikum der Molkereibranche begründet: Eine Vielzahl an kleinen Lieferanten (die Landwirte) liefern den Hauptrohstoff; die Einbindung einzelner Lieferanten ist daher eher unwahrscheinlich, ihr Einfluss entsprechend gering. Diese Bedeutung begründet sich auch dadurch, dass die Molkereien im Gegensatz zu anderen Branchen der Agrar- und Ernährungswirtschaft direkt beim Produzenten einkaufen, es ist kein Zwischenhandel eingebunden. Ein einzelner Lieferant (von vielen) hat natürlich bedeutend weniger Einfluss als ein Zwischenhändler als Rohstoff-Bündler.

In Bezug auf die untergeordnete Bedeutung der Marktstellung ist als mögliche Ursache anzuführen, dass die zehn größten Molkereien Österreichs be-

# 8 Quantitative/qualitative Analyse der Einflussfaktoren auf Qualitätsmanagementsysteme

fragt wurden. Aufgrund ihrer Betriebsgröße haben alle Unternehmen eine Zertifizierung und ordnen der Marktstellung des Unternehmens in Bezug auf die Konkurrenz eine geringere Bedeutung zu. Außerdem hebt sich kein Unternehmen durch besondere Vorteile, wie z. B. spezielle Technologien, von der Konkurrenz ab. In der österreichischen Molkereibranche gibt es demnach kein marktbeherrschendes Unternehmen in Bezug auf Marktanteil und Technologie. Dadurch ist kein Unternehmen in der Lage, Standards vorzugeben bzw. maßgeblich zu beeinflussen, und die Macht des Handels zur Vorgabe von Standards abzuschwächen.

Eine weitere wichtige Erkenntnis ist, dass es systemimmanente Faktoren gibt und diesen ein relativ hoher Stellenwert beigemessen wird. Den Faktoren Prozesse – Dokumentation sowie Messung, Analyse & Verbesserung wird im Hinblick auf den ihnen beigemessenen Einfluss auf Qualitätsmanagementsysteme eine relativ hohe Priorität zugeordnet. Die Prozessdokumentation ist die Grundlage für das Funktionieren eines Systems, nur so können die qualitätsbezogenen Ziele bzw. Anforderungen erreicht werden. Die Dokumentation sowie die Prozesse als Grundlage sind somit das Fundament, auf das aufbauend strukturiert gelenkte Verbesserungen eingeleitet werden können. Hier kann wiederum ein Zusammenhang mit der Positionierung des Qualitätsmanagers im Unternehmen gesehen werden, welcher in vielen Unternehmen in Verbindung mit dem „Kontrollinstrument Labor" steht und täglich über klare Ergebnisse der Analysen verfügt und beurteilen kann, wie sicher das System ist. Dies ist in der Molkereibranche besonders stark ausgeprägt, da es sich hier um ein verderbliches, kurzlebiges Produkt handelt und es gleichzeitig sehr schnelle, tagesaktuelle Analysemethoden gibt, die aufgrund der erwähnten Produktcharakteristika besonders hohe Priorität haben.[74] Die Analysen werden vor allem wegen der erforderlichen schnellen Verfügbarkeit der Daten von unternehmensinternen Labors durchgeführt, was ein weiteres Spezifikum der Molkereibranche darstellt. Dies ist eben auch in Verbindung mit den speziellen Produktcharakteristika zu sehen, womit sich die hohe Bewertung des Faktors Messung, Analyse & Verbesserung auch in der Bewertung des Faktors Produktanforderungen niederschlägt. Zusammenfassend lässt

---

74 Das Produktcharakteristikum „geringe Haltbarkeit von Milch" schlägt sich in einem weiteren Spezifikum der Milchbranche nieder. Aufgrund der haltbarkeitsbedingt kurzen Bestellrhythmen des Handels und der damit verbundenen, erforderlichen permanenten Lieferfähigkeit der Unternehmen entsteht ein hoher Produktionsdruck für die Molkereien. Dieser wird verstärkt durch den Umstand, dass es aufgrund der kurzen Haltbarkeit der Molkereierzeugnisse sowie durch die Auslastung der Ressourcen keine wirkliche Möglichkeit zur Pufferung von Lieferengpässen gibt.

sich dies als Spezifikum der Molkereibranche dadurch erklären, dass einerseits die Qualität einfach zu messen ist, andererseits die Notwendigkeit für Analysen aufgrund der Verderblichkeit besteht und zusätzlich die Zahlen aus den Labors zuverlässige Indikatoren für die wirkliche Qualität darstellen. Im Vergleich zu anderen Branchen kann der höhere Stellenwert als berechtigt angesehen werden, da die Verlässlichkeit von Mess- und Analysemethoden in der Lebensmittelbranche von extrem hoher Bedeutung für die Unternehmen ist, ein Umstand, der in anderen Branchen nicht im gleichen Ausmaß gegeben ist.

Die Kategorie „systemgestaltende Institutionen" wurde in das Modell eingebunden, da die Erfahrungen bei der Gegenüberstellung von Praxis und Theorie gezeigt haben, dass systemgestaltende Institutionen in der Form, wie sie organisiert sind und wie sie arbeiten, einen wesentlichen Einfluss auf Qualitätsmanagementsysteme haben können. Für die darin enthaltenen Einflussfaktoren können die folgenden Aussagen getroffen werden: Die gering eingestufte Bedeutung des Faktors Interessensvertretung als Einflussfaktor auf Qualitätsmanagementsysteme könnte unterschätzt werden. Die Interessensvertretung dürfte durchwegs Potenzial haben, die Interessen der einzelnen Unternehmen zu bündeln, dadurch könnten diese dem Handel in einheitlicher und stärkerer Position gegenübertreten. Im Hinblick auf die Zielsetzung der vorliegenden Studie und das gewählte empirische Design sind die vorliegenden Ergebnisse aber durchwegs plausibel; eine andere Zielgruppe wie die Unternehmensleitung hätte hier unter Umständen eine andere, höhere Gewichtung dieses Einflussfaktors hervorgebracht.[75]

Wie bereits erwähnt, haben die systemgestaltenden Institutionen als ein Bereich der exogenen Faktoren Einfluss auf Qualitätsmanagementsysteme. So ist es wenig überraschend, dass Gesetzgeber und Standardeigner hier relativ hohe Bedeutung eingeräumt wird, da diese die Vorgaben definieren. Während die Akkreditierungsstelle von den Unternehmen so gut wie gar nicht wahrgenommen wird, kommt der Kontrollstelle in Bezug auf die Ausprägung des Qualitätsmanagementsystems im Unternehmen spezifische Bedeutung zu. Dabei ist festzuhalten, dass bei der Beurteilung des Faktors Kontrollstelle nicht diese selbst bewertet wurde, sondern die QM-Beauftragten ihre Beurtei-

---

75 Der Unterschied ergibt sich aus der strategischen Funktion der Unternehmensführung, die langfristige Strategien betreffend Qualität umzusetzen hat und somit auch strategisch besser mit den langfristigen Aktivitäten der Interessensvertretungen in Übereinstimmung ist als ein QM-Beauftragter, welcher mit der Qualitätssicherung vermehrt im operativen Geschäft befasst ist.

lung hinsichtlich der Kompetenz des Kontrollors abgegeben haben. Der Kontrollstelle kommt nicht nur die Funktion als Mittler des Standards, sondern auch als dessen Gestalter zu. Der Einfluss des Kontrolleurs begründet sich darin, dass er die Situation im Betrieb beurteilt, was davon beeinflusst wird, wie gut ausgebildet oder wie etabliert der Kontrolleur in der Branche ist.

Grundsätzlich lässt sich festhalten, dass das System sehr wohl einen funktionierenden Regelkreis „Systemeigner, Umsetzer des Systems, Kontrollstelle, Akkreditierungsstelle" geschaffen hat, dessen Effektivität aber noch verbessert werden kann, indem die Unternehmen über das Vorhandensein der Akkreditierungsstelle, deren Funktion und Kompetenzen informiert sind.

Zusammenfassend lässt sich festhalten, dass die Unternehmen gut beraten sind, nicht nur unternehmensintern zu denken, obwohl die endogenen Faktoren die größte Bedeutung haben, sondern auch die exogenen Faktoren mit dem Unternehmensumfeld und den systemgestaltenden Institutionen stärker zu berücksichtigen und koordiniert einzusetzen. Damit können Anliegen hinsichtlich Qualitätsmanagementsysteme in ihrem Interesse beeinflusst und dem in diesem Zusammenhang bestimmenden Einflussfaktor Handel koordiniert gegenübergetreten werden.

### 8.7.2 Methodische Erkenntnisse

Neben diesen inhaltlichen Erkenntnissen, die aus der Synthese zwischen der subjektiven Beurteilung auf Basis von AHP/NWA und der qualitativen Inhaltsanalyse zu den Aussagen auf die Leitfragen hervorgebracht wurden, konnten auch wesentliche methodische Erkenntnisse gewonnen werden. Besonders hervorzuheben ist hierbei der kombinierte Einsatz von zwei Entscheidungsunterstützungssystemen (sowie deren interaktiver Einsatz im Zuge der Datenerhebung). Indem nicht nur auf die Evaluierungsergebnisse auf Basis einer einzigen Methode zurückgegriffen wurde, konnte im Zuge des Evaluierungsprozesses simultan eine Adaption der Evaluierungsergebnisse durch die befragten QM-Beauftragten vorgenommen werden. Diese wurden mit beiden Ergebnissen aus NWA und AHP konfrontiert, und alle haben im Zuge der Analyse dieser Ergebnisse mehr oder weniger große Modifikationen ihrer ursprünglichen Bewertungen vorgenommen. Dies ist ein eindeutiges Signal dafür, dass durch die intensive Befassung mit der Evaluierung und aus dem Vergleich der Ergebnisse der subjektiven Bewertung eine heuristische Näherung hin zu den „wahren" Bewertungen der QM-Beauftragten erreicht werden konnte. Damit liegen jetzt Ergebnisse vor, die der Realität nahekommen dürften.

# 8 Quantitative/qualitative Analyse der Einflussfaktoren auf Qualitätsmanagementsysteme

Allein auf Basis der NWA bzw. des AHP approximiert, wurde die Bedeutung einzelner Kriterien über- bzw. unterschätzt. Diese Einschätzungen wurden von den QM-Beauftragten aufgrund der Differenzen zwischen den Evaluierungsergebnissen adaptiert, alle waren in der Lage, daraus eine valide, endgültige und auch im Hinblick auf die festgestellten Unterschiede zwischen AHP und NWA stimmige Gesamtbewertung hervorzubringen. Die unmittelbare Konfrontation mit den Evaluierungsergebnissen ist allerdings eine Voraussetzung, die letztlich nur die computergestützte Datenerhebung zulässt, was im vorliegenden Fall mittels gängiger Standardsoftware realisiert wurde.

Die weitere Evaluierung über qualitative Expertengespräche zeigt, dass die auf Basis subjektiver Urteile approximierten Prioritäten der Einflussfaktoren der Realität weitgehend entsprechen dürften. Zwar konnten einige Inkonsistenzen identifiziert werden zwischen den Ergebnissen der qualitativen Inhaltsanalyse nach MAYRING (2008) und den Ergebnissen nach AHP/NWA, diese waren aber fast alle erklärbar.

Insgesamt konnte damit durch den Einsatz mehrerer Methoden ein valides Bild zur Bedeutung der Einflussfaktoren auf ein Qualitätsmanagementsystem gewonnen werden, das durch das komplexe und aufwändige empirische Design der Realität nahekommen dürfte und zeigt, wo die wesentlichsten Elemente zu finden sind, von denen ein Qualitätsmanagementsystem beeinflusst wird. Dem theoretischen Erkenntnisstand zum Themenkreis „Qualitätsmanagement in der Agrar- und Ernährungswirtschaft" konnten damit wesentliche Erweiterungen hinzugefügt werden, die helfen, sich dieser wichtigen Thematik adäquat zu widmen. Für weitere Forschungsaktivitäten, die eine ähnliche Zielsetzung wie die hierin dargestellte verfolgen (Evaluierung der Bedeutung von entscheidungsrelevanten Elementen), könnte es sich als vorteilhaft erweisen, ebenfalls eine Kombination von entscheidungstheoretischen Methoden zu berücksichtigen. Der Realitätsnähe der Evaluierungsergebnisse ist die Methodenkombination sicherlich zuträglich. Da es sich hierbei im Allgemeinen um komplexe Entscheidungsprobleme handelt, bei denen eine Vielzahl an Elementen berücksichtigt werden müssen, ist der relativ hohe Erhebungsaufwand, der mit der Kombination verschiedener Methoden verbunden ist, auch zu rechtfertigen.

# 9 Zusammenfassung und Ausblick

Lebensmittelqualität und Lebensmittelsicherheit sind wichtige Aspekte in der Agrar- und Ernährungswirtschaft und erstrecken sich über die gesamte Wertschöpfungskette Lebensmittel. Die Berücksichtigung dieser Aspekte ist für Lebensmittelindustrie und -gewerbe unerlässlich. Lebensmittelsicherheit, Rückverfolgbarkeit und Lebensmittelhygiene sind damit zentrale Punkte jedes Qualitätsmanagementsystems. Obwohl diese Systeme für die Anwendung im Unternehmen konzipiert sind, erstrecken sich ihre Bedeutung und Auswirkung über die Grenzen des Unternehmens hinweg. Die Ausgestaltung und folglich die Funktionsweise von Qualitätsmanagementsystemen haben Auswirkung auf das Unternehmen und dessen Wirtschaftsumfeld. Bisherige diesbezügliche wissenschaftliche Studien stellen das Unternehmen in den Mittelpunkt und konzentrieren sich auf die Faktoren, die im Unternehmen auf das Qualitätsmanagement einwirken, bzw. die beachtet werden müssen, damit ein System erfolgreich implementiert und angewendet werden kann. Bislang gibt es allerdings keine Untersuchungen, die die exogenen Faktoren – systemgestaltende Institutionen (Interessensvertretung, Kontrollstelle, Akkreditierungsstelle, Gesetzgeber/Standardeigner) einbeziehen und die sich konkret mit der Wechselwirkung zwischen endogenen und exogenen Faktoren beschäftigen.

Der Fokus der vorliegenden Arbeit lag somit auf der Untersuchung der Bedeutung und Wechselwirkung von endogenen, exogenen Faktoren sowie systemimmanenten Faktoren, die Qualitätsmanagementsysteme in Unternehmen der Agrar- und Ernährungswirtschaft beeinflussen.

Ausgehend von der Institutionenökonomie wurden die rechtlichen Rahmenbedingungen von Qualitätsmanagementsystemen und deren dahinterstehenden Organisationen beschrieben. Die System- und Netzwerktheorie wurde angewendet, um die Systeme in ihrer Gesamtheit, mit ihren interagierenden Partnern und ihren Einflussfaktoren zu beschreiben, sowie die Akteure des Qualitätsmanagements und deren Beziehungen zueinander zu betrachten. Die Bedeutung der Einflussfaktoren für Qualitätsmanagementsysteme in der Agrar- und Ernährungswirtschaft wurde empirisch unter Anwendung von entscheidungstheoretischen Methoden analysiert.

Zur Beantwortung der Forschungsfragen wurden vier bestehende Modelle, die die Wirkgrößen auf Qualitätsmanagementsysteme in Unternehmen beleuchten, der bestehenden Fachliteratur entnommen, deren Inhalte verglichen, um weitere wissenschaftlichen Studien ergänzt und nachfolgend zu

# 9 Zusammenfassung und Ausblick

einem ganzheitlichen Modell weiterentwickelt. Dabei wurde über die einzelbetriebliche Betrachtung von Qualitätsmanagement und Produktsicherheit hinausgehend eine umfassende Systembetrachtung erarbeitet, welche die Einflussfaktoren in endogene, systemimmanente und exogene Faktoren mit den Rubriken Unternehmensumfeld und systemgestaltende Institutionen unterteilt (siehe Abbildung 92). Dieses erweiterte Qualitätsmanagement-Modell erfasst endogene Faktoren sowie Faktoren des Unternehmensumfelds. Diese finden sich auch in bisherigen Modellen und wurden um noch zu wenig oder nicht berücksichtigte Faktoren erweitert. Diese Modelle sind allerdings zu unternehmensfokussiert bzw. entstammen einer zu engen Perspektive (der jeweiligen Qualitätsmanagement-Organisation) und haben das Zusammenspiel der systemgestaltenden Institutionen völlig außer Acht gelassen. Deshalb wurde das Modell der Einflussfaktoren um den Bereich der exogenen Faktoren – systemgestaltende Institutionen erweitert. Außerdem werden im Qualitätsmanagement-Modell die systemimmanenten Faktoren getrennt von den endogenen Faktoren erfasst, da sie geforderte Prozesse und Arbeitsanweisungen der Qualitätsmanagementsysteme beinhalten und somit als Grundlage für das Funktionieren und Verbessern der Qualitätsmanagementsysteme dienen.

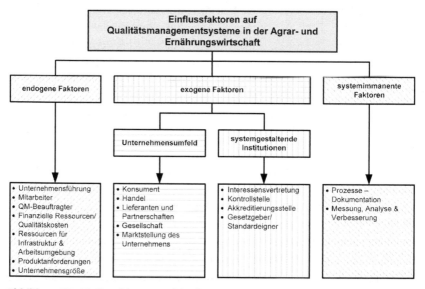

Abbildung 92: Einflussfaktoren auf Qualitätsmanagementsysteme

**Zusammenfassung und Ausblick**                                          **9**

Um die systemtheoretische Analyse des Qualitätsmanagements in der Agrar- und Ernährungswirtschaft mit empirischen Daten zu evaluieren, wurden die Nutzwertanalyse und der Analytische Hierarchieprozess sowie Experteninterviews zur Plausibilitätsprüfung des generierten Modells eingesetzt. Aufgrund von langjähriger Forschungsarbeit im Milchsektor wurde als empirisches Untersuchungsfeld die Molkereibranche gewählt. Damit konnte auf vorhandenem Fachwissen synergetisch aufgebaut werden. Die Wertschöpfungskette Milch hat sehr spezifische und komplexe Anforderungen im Hinblick auf Qualitätssicherung und Rückverfolgbarkeit, und Vertrauens- sowie potemkinsche Eigenschaften sind von entscheidender Bedeutung für den Erfolg der zugrundegelegten Marketingstrategien. Somit eignet sich diese Branche hervorragend, um die Struktur und Funktionsweise von Qualitätsmanagementsystemen exemplarisch darzustellen. Darüber hinaus ist die Molkereibranche in sich relativ homogen strukturiert. Es ist damit möglich, trotz des geringen Samples der zehn größten Molkereien aussagekräftige Schlüsse für den Großteil des österreichischen Milchmarktes zu ziehen. Für die empirische Untersuchung wurden die QM-Beauftragten der Unternehmen befragt. Die empirische Überprüfung und Interpretation des Modells baut somit wesentlich auf den Erfahrungen und persönlichen Sichtweisen der QM-Beauftragten auf.

Die Untersuchung untermauert die bisherigen wissenschaftlichen Erkenntnisse in Bezug auf die endogenen Faktoren und die exogene Faktoren des Unternehmensumfelds, und die Modellerweiterung um die bislang nicht beachteten systemgestaltenden Institutionen scheint aufgrund der empirischen Daten plausibel. Die Bedeutung der systemimmanenten Faktoren konnte unterstrichen werden. Insgesamt zeigte sich, dass es vor allem menschliche Faktoren sind, die den Erfolg eines Qualitätsmanagementsystems beeinflussen. Die diesbezüglichen Einflussfaktoren „Mitarbeiter" und „QM-Beauftragter" erlangen mit rund 0,11 bzw. 0,12 die höchsten aller Prioritäten. Des Weiteren konnte festgestellt werden, dass einigen weiteren Einflussfaktoren eine recht hohe Relevanz zukommt (den systemimmanenten Faktoren, der Unternehmensführung und dem Handel mit Prioritäten zwischen 0,08 und 0,10), wohingegen andere Faktoren von untergeordneter Bedeutung sind (z. B. die Marktstellung des Unternehmens; zu den weiteren Gewichtungen siehe Abbildung 93). Insgesamt konnten mittels der Methodenkombination NWA und AHP valide, der Unternehmensrealität entsprechende Prioritäten für die Einflussfaktoren des Qualitätsmanagement-Modells ermittelt werden. Prioritäten, deren Aussagekraft durch die qualitative Inhaltsanalyse der Interviews mit den QM-Beauftragten in Informationstiefe und -breite wesentlich erweitert werden konnte.

# 9 Zusammenfassung und Ausblick

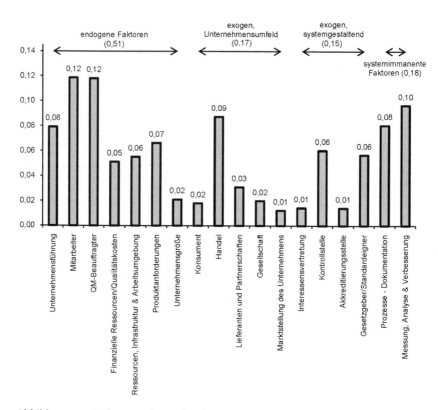

**Abbildung 93:** Bedeutung der Einflussfaktoren (AHP-Prioritäten)

In Bezug auf die systemgestaltenden Institutionen kann festgestellt werden, dass es in der Praxis für das Qualitätsmanagementsystem einen Regelkreis aus Systemeigner, Umsetzer, Kontrollstelle und Akkreditierungsstelle gibt. Die umfassende Berücksichtigung der wesentlichen Einflussfaktoren – hier kommt natürlich insbesondere jenen hohe Bedeutung zu, denen im Zuge der Evaluierung ein hohes Bedeutungsgewicht beigemessen wurde – kann wesentlich zum Funktionieren eines QM-Systems beitragen. Dies betrifft allerdings nicht nur die systemgestaltenden Institutionen, auch die Unternehmen selbst sowie externe Berater, welche Qualitätsmanagementsysteme im Unternehmen aufbauen, können davon profitieren. Die Wichtigkeit auch der exogenen Faktoren (und hier insbesondere des Handels und der Kontrollstelle) muss in diesem Zusammenhang nochmals betont werden, diese dürfen bei der Implementierung und Umsetzung von Standards nicht außer Acht gelassen werden. Im Zusammenhang mit der Aufbauorganisation ist allerdings zu hinterfragen,

# Zusammenfassung und Ausblick

ob die Position des QM-Beauftragten im Unternehmen immer geeignet ist, die Ansprüche der Standards alleine umzusetzen, oder ob dies nicht auch die Aufgabe einer höheren Hierarchieebene oder einer anderen Abteilung im Unternehmen (z. B. Marketing) sein sollte. Diese Frage kann sicherlich nicht pauschal beantwortet werden, aus der Analyse wissen wir aber, dass eine umfassende Sichtweise unter Einbeziehung sämtlicher wichtiger Faktoren und aller betroffenen Abteilungen ratsam ist.

Die besondere wissenschaftliche Relevanz liegt im heuristischen Wert des evaluierten Qualitätsmanagement-Modells und den ermittelten Bedeutungsgewichten der jeweiligen Faktoren. Des Weiteren wurden durch die Untersuchung neue Forschungsfelder im Bereich der systemgestaltenden Institutionen und deren Bedeutung und Wechselwirkung mit endogenen Faktoren, Faktoren des Unternehmensumfelds sowie systemimmanenten Faktoren eröffnet. Zukünftige Studien könnten, aufbauend auf dem für die Molkereibranche aus Sicht der QM-Beauftragten bestätigten, ganzheitlichen Modell

- auf andere Branchen umgelegt werden (z. B. Fleischverarbeitung oder Bäckereien),
- auf mehrere Hierarchieebenen (z. B. Unternehmensführung, Betriebsleiter, Qualitätsmanager) angewendet werden, um die Bedeutung der einzelnen Faktoren in Abhängigkeit von den unterschiedlichen Hierarchieebenen zu vergleichen,
- bei anderen Akteuren der Wertschöpfungskette (z. B. Handel, Kontrollstelle) eingesetzt werden, um die Bedeutung der einzelnen Faktoren in Abhängigkeit von den Akteuren der Wertschöpfungskette zu eruieren,
- auf andere Unternehmensgrößen angewendet werden, um zu ermitteln, ob die Bedeutung der Faktoren bei kleinen Unternehmen divergiert, sowie
- die Wechselwirkungen zwischen den einzelnen Einflussfaktoren untersuchen.

Die dabei eingesetzte Methodenkombination aus NWA und AHP ist unbedingt zu empfehlen; der Nutzen, der damit verbunden ist, die Güte der gewonnenen Erkenntnisse, ihre Validität und Realitätsnähe überwiegen den deutlich höheren Bewertungsaufwand bei weitem. Im Übrigen konnten durch die qualitativen Inhaltsanalyse zusätzliche Informationen gewonnen werden, die einen tiefgehenden Einblick in die Denkweise des Qualitätsmanagements der österreichischen Molkereibranche ermöglichen und die Gültigkeit der subjektiven Bewertung der Bedeutungsgewichte weitgehend bestätigen.

Dennoch ist für die Zukunft eine laufende Überprüfung und Erweiterung der Faktoren des generierten Modells zu empfehlen; es handelt sich bei den empirischen Ergebnissen dieser Studie nur um eine Momentaufnahme, langfristige Trends können daraus naturgemäß nicht abgeleitet werden. Das dynamische Umfeld der Lebensmittelwertschöpfungskette bedingt aber, dass das Modell offen und flexibel für neue Rahmenbedingungen zu handhaben ist. Es muss sichergestellt sein, dass wissenschaftliche Erkenntnisse zukünftiger Forschungsarbeiten in das bestehende Modell einfließen und Anstoß für eine kontinuierliche Weiterentwicklung geben. Erst damit wird der hohen Komplexität und Dynamik der Wertschöpfungskette „Lebensmittel" Rechnung getragen. Dies hilft auch zukünftig, QM-Systeme so zu gestalten, dass sie der Realität gerecht werden und aktuelle, aber auch zukünftige Entwicklungen vorwegnehmen und frühzeitig im System berücksichtigen. Letztlich können damit auch unternehmensinterne Abläufe nachhaltig verbessert werden, um Konsumenten mit Lebensmitteln zu versorgen, die ihren Ansprüchen im Hinblick auf Lebensmittelsicherheit und Lebensmittelqualität möglichst gerecht werden. Es wurden durch diese empirische Untersuchung eine Fülle an qualitativen Erkenntnissen gewonnen, deren Anwendung und Umsetzung in der Praxis eine wesentliche Grundlage liefert, um die Marktposition des jeweiligen Unternehmens und darüber hinaus einer ganzen Branche in einem zunehmend konkurrenzintensiveren, internationalen Kontext nachhaltig zu stärken und zu sichern.

# 10 Literaturverzeichnis

ADAMS, H.W. (2005): Das Richtige richtig tun. 25 Jahre Qualitätssicherung – doch immer mehr Produktrückrufe. In: QZ, Jahrgang 50, 7, 32–33.

ADDEY, J. (2000): Quality myths and legends. In: Total Quality Management, Vol. 11, No. 4/5&6, 680–685.

AFC (2009): Food Value Chain. Unternehmensinfo. AFC Management Consulting AG. URL: http://www.afc.net/de/Unternehmensinfo/Value_Chain/index.html, 25/11/2009.

AGES (2009): Allgemeine Geschäftsbedingungen der Österreichischen Agentur für Gesundheit und Ernährungssicherheit GmbH. URL: http://www.ages.at/ages/produkte-und-tarife/agb/, 23/07/2009.

AGRANA BETEILIGUNGS-AG (s. a.): AGRANA Zucker GmbH. URL: http://www.agrana.at/ local/AG_%D6_Zucker.asp, 07/06/2010.

AGRARMARKT AUSTRIA (2007): Heumilch – www.heumlich.at. URL: http://www.ama-marketing.at/index.php?id=1027, 13/07/2010.

AHLERT, M. (2003): Einsatz des Analytic Hierarchie Process im Relationship Marketing. Eine Analyse strategischer Optionen bei Dienstleistungsunternehmen. Gabler, Wiesbaden.

AICHER, H. (2009): Überblick über das neue Lebensmittelrecht. Kontrolle und Strafbarkeit. 1. überarb. Auflage. Wirtschaftskammer Wien. URL: http://www.wkw.at/docextern/rgp/ Publikationen/LM-Recht.pdf, 19/10/2009.

AIGINGER, T. (2003): Einführungsstrategien für de facto Standards im Internet. Diplomarbeit. Fakultät für Wirtschaftswissenschaften und Informatik, Universität Wien, Fakultät für Technische Naturwissenschaften und Informatik, Technische Universität Wien.

AKERLOF, G.A. (1970): The Market for „Lemons": Quality Uncertainty and the Market Mechanism. In: The Quarterly Journal of Economics, Vol. 84, No. 3, 488–500.

ALBERSMEIER, F., SCHULZE, H., JAHN, G. and SPILLER, A. (2009): The reliability of third-party certification in the food chain: From checklists to risk-oriented auditing. In: Food Control 20, 927–935.

# 10 Literaturverzeichnis

ALBERSMEIER, F. und SPILLER, A. (2009): Von Low-Profiling zur gesellschaftlichen Öffentlichkeitsarbeit: Anforderungen an eine strategische Neuorientierung der PR-Politik in der deutschen Ernährungswirtschaft. In: BÖHM, J., ALBERSMEIER, F. und SPILLER, A. (Hrsg.): Die Ernährungswirtschaft im Scheinwerferlicht der Öffentlichkeit. EUL Verlag, Lohmar – Köln.

ALBERSMEIER, F., SCHULZE, H. and SPILLER, A. (2010): System Dynamics in Food Quality Certifications: Development of an Audit Integrity System. In: International Journal on Food System Dynamics, Vol. 1, 69–82.

AMA (2009): Grundsätzliches zur Vor-Ort-Kontrolle (VOK) der AMA. URL: http://www.ama.at/Portal.Node/ama/public?gentics.am=PCP&p.contentid=10007.28285, 21/07/2009.

AMIN, A. (2006): Kulturelle Ökonomie und Stadt. In: Berndt, Ch. (Hrsg.): Denkanstöße zu einer anderen Geographie der Ökonomie. Transcript Verlag, Bielefeld, 111–136.

AMS (2009): Arbeitsmarkttrends. Trotz dynamischer Entwicklung Beschäftigungsrückgang erwartet. AMS-Qualifikations-Barometer. http://bis.ams.or.at/qualibarometer/berufsfeld.php? id=182&show_detail=1&query=, 30/11/2009.

APA/OTS (2009): Berlakovich: Österreichische Produkte vermitteln Sicherheit und Vertrauen. URL: http://www.ots.at/presseaussendung/OTS_20090721_OTS 0077, 09/09/2009.

ARGE Gentechnik-frei (s. a.): ARGE Gentechnik-frei. URL: http://www.gentechnikfrei.at/, 12/07/2010.

ARGE HEUMILCH (s. a.): Heumilchregulativ – Vorschriften für silofreie Heumilch. URL: http://www.heumilch.at/die-arge/heumilchregulativ, 07/10/2010.

ARROW, K.J. (1985): The Economics of Agency. In: PRATT, J.W. and ZECKHAUSER, R.J. (Hrsg.): Principals and Agents. The Structure of Business, Harvard Business School Press, Boston, Massachusetts, 37–54.

AURIOL, E. and SCHILIZZI, S.G.M. (2003): Quality Signaling through Certification. Theory and an application to agricultural seed markets. Toulouse IDEI Working Papers, 165. Institut d'Économie Industrielle (IDEI). URL: http://idei.fr/doc/wp/2003/certif5.pdf, 12/07/2010.

AUSTROLAB (2006): Akkreditierung. URL: http://www.austrolab.at/allgemeines.php, 28/12/2009.

BAMBERG, G. und COENENBERG, A. (2000): Betriebswirtschaftliche Entscheidungslehre. 10., überarb. Auflage, Verlag Vahlen, München.

BASSEN, A., JASTRAM, S. und MEYER, K. (2005): Corporate Social Responsibility. Eine Begriffserläuterung. In: zfwu, Zeitschrift für Wirtschafts- und Unternehmensethik, Ausgabe 6/2, 231–236.

BACHMANN, M. (2009): Strategieumsetzung: Ein zentraler Differenzierungs- und Erfolgsfaktor. In: io new management, Nr. 4, 38–41.

BAUER, A. (2006): Nachhaltige Entwicklung durch Qualität – Konzepte, Aufbau, Optimierung von Qualitätsmanagement für Unternehmen und Regionen. Springer Verlag, Wien.

# Literaturverzeichnis

BAYAZIT, O. and KARPAK, B. (2007): An analytical network process-based framework for successful total quality management (TQM): An assessment of Turkish manufacturing industry readiness. In: International Journal of Production Economics 105, 79–96.

BEA, F.X. und HAAS, J. (2005): Strategisches Management. 4. Auflage. Lucius & Lucius Verlagsgesellschaft mbH, Stuttgart.

BECKER, R. und SOMMERHOFF, B. (2006): Bund für's Leben? ExBa-Studie: Bessere Kundenbindung – höherer Geschäftserfolg. In: QZ Jahrgang 51, 1, 22–25.

BECKER, T., DAMMER, I., HOWALDT, J., KILLICH, S. und LOOSE, A. (2007): Netzwerkmanagement. Mit Kooperation zum Unternehmenserfolg. 2. Auflage. Springer Verlag, Berlin, Heidelberg, New York.

BECKERT, J. und MÜNNICH, S. (s. a.): Stichwort: Wirtschaftssoziologie. In: GABLER VERLAG (Hrsg.): Gabler Wirtschaftslexikon online im Internet. Gabler Verlag. URL: http://wirtschaftslexikon.gabler.de/Archiv/569793/wirtschaftssoziologie-v1.html, 30/10/2010.

BECKMANN, V. (2000): Transaktionskosten und institutionelle Wahl in der Landwirtschaft. Zwischen Markt, Hierarchie und Kooperation, Berliner Schriften zur Kooperationsforschung, Bd. 5, Ed. Sigma, Berlin.

BENES, G., GROH, P., MILTENBERGER, H.-J. und VOSSEBEIN, U. (2004): Kosten-Nutzen-Analyse als Instrument des Qualitätsmanagements. WEKA MEDIA, Kissing.

BERGEN, M., DUTTA, S. and WALKER, O.C. (1992): Agency Relationships in Marketing: A Review of the Implications and Applications of Agency and Related Theories. In: Journal of Marketing, Vol. 65, 1–24.

BESCHAFFUNGSSTRATEGIE.INFO (s. a.): Sole Sourcing – Der Lierferant als Monopolist! URL: http://www.beschaffungsstrategie.info/sole-sourcing.html, 14/07/2010.

BIENERT, M.A. (2002): Organisation und Netzwerk: Organisationsgestaltung durch Annäherung an Charakteristika der idealtypischen Organisationsform Netzwerk. DUV, Wiesbaden.

BILLEN, P. (2003): Unsicherheit des Nachfragers bei Wiederholungskäufen. Ein informationsökonomischer und verhaltenswissenschaftlicher Ansatz. Deutscher Universitätsverlag, Wiesbaden.

BINNER, H. (2004): Erfahrungsbericht über die Einführung eines normkonformen QM-Systems. WEKA MEDIA, Kissing.

BLAAS, M. und DOMSCHITZ, J. (2010): Österreichs Lebensmittel: Steiniger Weg aus der Wirtschaftskrise. Die Lebensmittelindustrie. Fachverband der Lebensmittel- und Genussmittelindustrie. URL: http://www.ama-marketing.at/home/user/6/Ausland/Inter mopro_Meat_ 2010/Pressetext-AMA-FV-PK-Wien-1009-2010.pdf, 06/10/2010.

BLASS, M. (2002): Codex Alimentarius Austriacus – Österreichisches Lebensmittelbuch, Fachverband der Nahrungs- und Genussmittelindustrie (Lebensmittelindustrie), Wirtschaftskammer Österreich. URL: http://dielebensmittel.at/Dokumente/schwerpunktthemen/codex. htm, 18/11/2009.

BLASS, M. (2009): Österreichisches Lebensmittelbuch. Wirtschaftskammer Österreich. URL: http://portal.wko.at/wk/format_detail.wk?AngID=1&StID=154903&DstID=323 #Codex%20Austriacus%20%E2%80%93%20das%20%C3%B6sterreichische%20 Lebensmittelbuch, 21/10/2009.

BLL (2009): Rückverfolgbarkeit. Bund für Lebensmittelrecht und Lebensmittelkunde e.V. URL: www.bll.de/themen/rueckverfolgbarkeit/, 23/07/2009.

BMELV (2006): Codex Alimentarius – Geltungsbereich, Aufbau und Historie. URL: http://www.bmelv.de/cln_093/SharedDocs/Standardartikel/Ernaehrung/SichereLebensmittel/Kennzeichnung/CodexAlimentarius/CodexInfo.html, 21/10/2009.

BMF (2009): Genusstauglichkeitszeichen. Richtlinie des BMF, GZ. BMF-010307/0282-IV/ 7/2008 vom 01.01.2009 MO-8400; Arbeitsrichtlinie „Ausfuhrerstattung. URL: https:// findok.bmf.gv.at, 07/10/2010.

BMG (2009a): Amtliche Lebensmittelkontrolle in Österreich. URL: http://www.bmgfj.gv. at/cms/site/attachments/9/4/2/CH0834/CMS 1038847681278/organigrammlmkontrol ledeutsch.pdf, 20/07/2009.

BMG (2009b): Allgemeine Informationen zum Österreichischen Lebensmittelbuch. URL: http://www.bmgfj.gv.at/cms/site/standard.html?channel=CH0832&doc=CMS 116678 746231719/10/2009.

BMGFJ (2008): Untersuchungsanstalten der Länder. URL: http://www.bmgfj.gv.at/cms/ site/ attachments/8/2/4/CH0834/CMS 1202727938512/anhang_02_lm_luas.pdf, 22/07/2009.

BMLFUW (2003): Agrar- und Ernährungswirtschaft größter Arbeitgeber in Österreich. Statistik-Broschüre 2003 des Lebensministeriums erschienen. URL: http://www.lebens ministeri um.at/article/articleview/23236/1/6661/, 25/11/2009.

BMLFUW (2008a): Die amtliche Lebensmittelkontrolle in Österreich. URL: http://lebens mittel.lebensministerium.at/article/articleview/29714/1/8143, 20/07/2009.

BMLFUW (2008b): Die österreichische Agentur für Gesundheit und Ernährungssicherheit (AGES). URL: http://lebensmittel.lebensministerium.at/article/articleview/29713/ 1/8143/ 21/07/2009.

BMLFUW (2008c): Lebensmittelbericht Österreich 2008. Wertschöpfungskette Agrarerzeugnisse – Lebensmittel und Getränke. Eigenverlag, Wien.

BMLFUW (2009): Grüner Bericht 2009. Bericht über die Situation der österreichischen Land- und Forstwirtschaft. 50. Auflage. Selbstverlag, Wien.

BMLFUW (2010): Grüner Bericht 2010. Bericht über die Situation der österreichischen Land- und Forstwirtschaft. 51. Auflage. Selbstverlag, Wien.

BMLFUW/AIZ (2009): Studie: Konsumenten legen immer mehr Wert auf Sicherheit von Lebensmitteln. URL: http://presse.lebensministerium.at/article/articleview/77056/1/ 26605/, 10/09/2009.

BMVIT (2009): Interessensvertretungen. URL: http://www.bmvit.gv.at/service/links/inter ver/index.html, 14/12/2009.

BMWA (2008): Anforderungen an Stellen, die Managementsysteme auditieren und zertifizieren. Leitfaden L08. http://www.bmwfj.gv.at/NR/rdonlyres/2A8B073C-19B2–4E10-

# Literaturverzeichnis

A4E1–50C575E06A2C/0/LeitfadenL08Akkreditierungsansuchen17021V1.pdf, 15/04/ 2009.

BMWFJ (2009a): Akkreditierung. http://www.bmwfj.gv.at/BMWA/Schwerpunkte/Unter nehmen/Akkreditierung/default.htm, 17/04/2009.

BMWFJ (2009b): Akkreditierung von PIZ-Stellen. URL: http://www.bmwfj.gv.at/Technik UndVermessung/Akkreditierung/Seiten/AkkreditierungvonPIZ-Stellen.aspx, 18/12/ 2009.

BMWFJ (2009c): Akkreditierungsverfahren PIZ. URL: http://www.bmwfj.gv.at/Technik UndVermessung/Akkreditierung/Seiten/AkkreditierungsverfahrenPIZ.aspx, 22/12/ 2009.

BMWFJ (2010): Akkreditierte Prüf- und Inspektionsstellen. URL: http://www.bmwfj.gv. at/TechnikUndVermessung/Akkreditierung/Documents/akkreditierte%20Pr%C3% BCf-%20und %20Inspektionsstellen.pdf, 19/05/2010.

BOCK, C. v. und POLACH (2008): Neue Institutionenökonomie und Netzwerkanalyse. Theoretische und methodische Anknüpfungspunkte am Beispiel des Spargelanbaus in Brandenburg. In: STEGBAUER, CH. (Hrsg.): Netzwerkanalyse und Netzwerktheorie. Ein neues Paradigma in den Sozialwissenschaften. VS Verlag für Sozialwissenschaften, Wiesbaden, 429–441.

BÖHM, J., ALBERSMEIER, F., SPILLER, A. und ZÜHLSDORF, A. (2009): Zukunftsfaktor gesellschaftliche Akzeptanz: Kommunikation mit der Öffentlichkeit – mehr als Krisen-PR. In: BÖHM, J., ALBERSMEIER, F. und SPILLER, A. (Hrsg.): Die Ernährungswirtschaft im Scheinwerferlicht der Öffentlichkeit. EUL Verlag, Lohmar – Köln.

BÖHME & WEIHS (2009): Sichere Prozesse für sichere Produkte. In: Quality Engineering, Ausgabe: 03/2009, 8–11.

BOUTELLIER, R. (2005): Monopol-Lieferanten: Eine grosse persönliche Herausforderung. In: ESSIG, M.: Perspektiven des Supply-Management. Konzepte und Anwendungen, 63–79. Springer Verlag, Berlin, Heidelberg.

BOVEINGTON, K. (2009): Internal Audits – A Preventative Tool. In: Quality Digest Magazine. Inside Quality Insider. URL: http://www.qualitydigest.com/inside/quality-insider-article/internal-audits-preventative-tool.html, 19/02/2009.

BRAUER, J. (2009): DIN EN ISO 9000:2000 ff umsetzen. 5. Auflage. Carl Hanser Verlag, München.

BROWN, K. und DALLUEGE, C.-A. (2004): Analyse mit tiefen Einblicken. Qualitätsmanagement für Projekte. In: IT-Business News, 26. Juli 2004, 24.

BROWN, L. (1993): The new shorter Oxford English dictionary – on historical principals. Vol. 1. Reprinted (with corrections). Clarendon Press, Oxford.

BRÜGGEMANN, A. (2005): Qualitätsbezogene Kosten in der deutschen Futtermittelwirtschaft. In: Lohmann Information, 1/2005, 1–4.

BRUNNER, F. und WAGNER, K. (2008): Taschenbuch Qualitätsmanagement. Leitfaden für Studium und Praxis. 4., vollst. neu bearb. Auflage. Carl Hanser Verlag, München und Wien.

BUCHER, J. (2005): AHP – Analytic Hierarchy Process Kurzbeschreibung. URL: http://community.easymind.info/page-105.htm, 25/06/2010.

BUHLMANN, B. (2003): Kompaktwissen zum IFS. Anforderungen, Umsetzung und Erfahrungsberichte. Sonderausgabe Praxishandbuch Lebensmittelsicherheit. Behr's Verlag, Hamburg.

BUSINESS-WISSEN.DE (2009): Qualitätsmanagement. ISO 9001 von IT-Unternehmen selben genutzt. In: business-wissen.de. http://www.business-wissen.de/qualitaet/iso-9000/fachartikel/qualitaetsmanagement-iso-9001-von-it-unternehmen-selten-genutzt.html, 15/05/2009.

CAMPBELL, I. (2006): Die ISO 9004 – Leitfaden zur Leistungsverbesserung. URL: http://www.weka.de/qualitaetsmanagement/28.12.2006-Die-ISO-9004-Leitfaden-zur-Leistungsverbesserung.html, 12/05/2010.

CANTNER, U. und HANUSCH, H. (1997): Evolutorische Ökonomik – Konzeption und Analytik. In: wisu 8–9 (1997), 776–785.

CARRÉ, J., CASPARY, E., DALLUEGE, C.-A. und SÖHN, T. (2003): Auf Herz und Nieren geprüft. So schätzen Sie mit Zufriedenheitsanalysen Ihre Kunden richtig ein. In: Direkt Marketing 9, 16–21.

CASH (2009): Welchen Wert hat Qualität? In: CASH – das Handelsmagazin, April 2009, 94–95.

CHEN, J.-K. and CHEN, I.-S. (2009): TQM measurement model for the biotechnology industry in Taiwan. In: Expert Systems with Applications, Vol. 36, No. 5, 8789–8798.

CITRON, D and TAFFLER, R. (1992): The Audit Report under Going Concern Uncertainties: An empirical analysis. In: Accounting and Business Research, Vol. 22 (1992), 337–345.

CLEGG, B., REES, C. and TITCHEN, M. (2010): A study into the effectiveness of quality management training. A focus on tools and critical success factors. In: The TQM Journal, Vol. 22, No. 2, 188–208.

CLOODT, H. (2001): Kursunterlagen Qualitätsmanagement. Das Lehrbuch zum Thema QM in der Produktion. Lehr- und Lernmittelverlag Dipl. Ing. Thomas Cloodt, Fuldabrück.

CONCA, F.J., LLOPIS, J. and TARÍ, J.J. (2004): Development of a measure to assess quality management in certified firms. In: European Journal of Operational Research 156, 683–697.

CŒNENBERG, A.G. und BAUM, H.-G. (1987): Strategische Controlling. Grundfragen der strategischen Planung und Kontrolle. Schäffer, Stuttgart.

CRAMER, W. (s.a.): Was kostet ein QM-System und dessen Zertifizierung? URL: http://www.braunschweig.ihk.de/innovation_umwelt/innovationsberatung/qualitaetszertifizierung/?viewMeldung=meldung_1104231011.51, 05/05/1010.

CRASWELL, A.T. (1988): The Association between Qualified Opinions and Auditor Switches. In: Accounting and Business Research, Vol. 19 (1988), 23–31.

DALLUEGE, C.-A. (2001a): Qualitätsmanagement: Deutsche Unternehmen hinken hinterher. In: Chefbüro, Vol. 10, S 26–27.

DALLUEGE, C.-A. (2001b): Qualitätsmanagement – Wohin führt der Weg in Deutschland? In: QZ, Jahrgang 46, 12, 1497–1498.

# Literaturverzeichnis

DALLUEGE, C.-A. (2003): Zufriedene Kunden als Basis für Qualitätsmanagement. Analyse als Mess- und Kontrollinstrument. In: IT-Business News, 8. Dezember 2003, 28.

DANIEL, J. (2007): Management von Zulieferbeziehungen. Einflussfaktoren der zwischen betrieblichen Zusammenarbeit in Deutschland. Deutscher Universitätsverlag, Wiesbaden.

DEATON, B.J. (2004): A theoretical framework for examining the role of third-party certifiers. In: Food Control 15, 615–619.

DEIMEL, M., THEUVSEN, L. und EBBESKOTTE, CH. (2008): Von der Wertschöpfungskette zum Netzwerk: Methodische Ansätze zur Analyse des Verbundsystems der Veredelungswirtschaft Nordwestdeutschlands. Diskussionspapiere, Nr. 0810. Department für Agrarökonomie und Rurale Entwicklung, Universität Göttingen.

DIENEL, W. (2000): Organisationsprobleme im Ökomarketing – eine transaktionskostentheoretische Analyse im Absatzkanal konventioneller Lebensmittelhandel. Dissertation. Landwirtschaftlich-Gärtnerische Fakultät der Humboldt Universität zu Berlin.

DILG, P. (1995): Praktisches Qualitätsmanagement in der Informationstechnologie – von der ISO 9000 zum TQM. Carl Hanser Verlag, München und Wien.

DOMSCHKE, W. und SCHOLL, A. (2008): Grundlagen der Betriebswirtschaftslehre. Eine Einführung aus entscheidungsorientierter Sicht. 4., verb. und aktualisierte Auflage, Springer, Berlin Heidelberg.

DÖRR, H., FRANK, S., GROSSAUER, S. HÖRL, B. und PÖCHTRAGER, S. (2006): Milky Ways – Implementierung effizienter und umweltgerechter Transportketten am Beispiel einer Food Supply Chain einer Milchregion. IVS-Schriften, Band 27. Österreichischer Kunst- und Kulturverlag, Wien.

DREYER, A. und DEHNER, C. (2003): Kundenzufriedenheit im Tourismus: Entstehung, Messung und Sicherung mit Beispielen aus der Hotelbranche. 2., unwesentl. veränd. Auflage. Oldenbourg Wissenschaftsverlag GmbH, München.

DYER, R. and FORMAN, E. (1991): An Analytic Approach to Marketing Decisions. Prentice-Hall, Englewood Cliffs, New Jersey.

EA (s. a.): The European co-operation for Accreditation. URL: http://www.europeanaccreditation.org/content/ea/europNetwork.htm, 18/12/2009.

EBEL, B. (2001): Qualitätsmanagement: Konzepte des Qualitätsmanagements, Organisation und Führung, Ressourcenmanagement und Wertschöpfung. Verlag Neue Wirtschafts-Briefe GmbH&Co., Herne, Berlin.

ECOLAB (2009): Aspekte des neuen Lebensmittelrechts. URL: http://www.ecolab.at/website/ hygiene /home/divisions/institutional/lebensmittelrecht/, 22/10/2009.

EMMEL, M. und DOLUSCHITZ, R. (2007): Qualitätsmanagement- und Qualitätssicherungssysteme in der Weinwirtschaft. In: Agrarinformatik im Spannungsfeld zwischen Regionalisierung und globalen Wertschöpfungsketten, Referate der 27. GIL Jahrestagung, 05.-07. März 2007, Stuttgart. Gesellschaft für Informatik, Bonn. 68–70.

ENGELHARDT, D. (2007): Administrativ-handelsrechtliche Vorgaben bei der Handhabung von Getreide und die dafür erforderlichen technologisch-logistischen Maßnahmen und bautechnischen Ausstattungen für den Getreideumschlag. Habilitationsschrift,

Justus-Liebig-Universität Giessen. URL: http://geb.uni-giessen.de/geb/volltexte/2007/4538/, 18/03/2010.

ERLING, P. (1999): Qualitätsmanagement in landwirtschaftlichen Erzeugergemeinschaften. Analyse und Konzeption am Beispiel der Produktion und Vermarktung von Brotgetreide. Buchedition Agrimedia, Bergen/Dumme.

ERMANN, U. (2005): Regionalprodukte: Vernetzungen und Grenzziehungen bei der Regionalisierung von Nahrungsmitteln. Sozialgeographische Bibliothek – Band 3. Franz Steiner Verlag, Stuttgart.

ESPEJEL, J., FANDOS, C. and FLAVIÁN, C. (2009): The influence of consumer involvement on quality signals perception. An empirical investigation in the food sector. In: British Food Journal, Vol. 111, No. 11, 1212–1236.

ESSER, H. (2000): Soziologie. Spezielle Grundlagen. Band 5: Institutionen. Campus, Frankfurt am Main.

EU PARLAMENT UND DER RAT DER EU, (2004): Verordnung (EG) Nr. 852/2004 des Europäischen Parlaments und des Rates vom 29. April 200 über Lebensmittelhygiene. Amtsblatt der Europäischen Union, L 139/1. http://eur-lex.europa.eu/LexUriServ/LexUriServ.do?uri=OJ:L:2004:139:0001:0054:DE:PDF, 20/05/2009.

EUROPÄISCHE FACHHOCHSCHULE (s. a.): Bio ist Genuss und Lifestyle. Pressemitteilung, openPR. URL: http://www.openpr.de/news/97044/Bio-ist-Genuss-und-Lifestyle.html, 11/09/2009.

EUROPÄISCHE GEMEINSCHAFTEN (2006): KMU-Definition – Benutzerhandbuch und Mustererklärung. URL: http://ec.europa.eu/enterprise/policies/sme/files/sme_definition/sme_user_ guide_de.pdf, 12/07/2010.

EUROPÄISCHE GEMEINSCHAFTEN (2007): Lebensmittelrückverfolgbarkeit – Datenblatt. Generaldirektion für Gesundheit und Verbraucherschutz, Brüssel. URL: http://ec.europa.eu/food/animal/diseases/controlmeasures/avian/docs/factsheet_trace_2007_de.pdf, 01/10/2009.

EUROPÄISCHE GEMEINSCHAFTEN (2008): Lebensmittelhygiene. Zusammenfassungen der EU-Gesetzgebung. URL: http://europa.eu/legislation_summaries/food_safety/veterinary_checks_ and_food_hygiene/f84001_de.htm, 01/10/2009.

EUROPÄISCHE KOMMISSION (2009): Cross-Compliance – Erfüllung von Umweltschutzauflagen. URL: http://ec.europa.eu/agriculture/envir/cross_com/index_de.htm#top, 21/10/2009.

EUROPÄISCHE KOMMISSION (s. a.): Corporate Social Responsibility. URL: http://ec.europa.eu/ enterprise/csr /index_en.htm, 23/09/2009.

EUROPÄISCHE UNION (2007): Lebensmittelhygiene. URL:http://europa.eu/legislation_summaries/food_safety/veterinary_checks_and_food_hygiene/f84001_de.htm#, 01/10/2009.

FABER, F. (2008): Das Kontrollzeichen „Gentechnik-frei erzeugt". Voraussetzungen für die Vergabe. Arbeitsgemeinschaft für Gentechnik-frei erzeugte Lebensmittel. URL: http://www.gentechnikfrei.at/images/doku/gentechnik-frei_kontrollsystem.pdf, 12/07/2010.

# Literaturverzeichnis

FELLNER, C. (2005): Lebensmittelrecht NEU – Teil 2. Die VO 852/2004 über Lebensmittelhygiene. Fachartikel. Webservice der Stadt Wien. URL: http://www.wien.gv.at/lebensmittel/ pdf/vo852-2004.pdf, 02/11/2009.

FLICK, U. (2005): Methodologie qualitativer Forschung. In: FLICK, U., VON KARDOFF, E. und STEINKE, I. (Hrsg.): Qualitative Forschung. Ein Handbuch. Rowohlt Taschenbuch Verlag, Reinbek bei Hamburg.

FLICK, U. (2008): Triangulation. Eine Einführung. 2. Auflage. VS Verlag für Sozialwissenschaften, Wiesbaden.

FLICK, U. (2009): Qualitative Sozialforschung. Eine Einführung. 2. Auflage. Rowohlt Verlag GmbH, Reinbek bei Hamburg.

FOODNET SALZBURG (s. a.): FOODNET Salzburg. Das Netzwerk für Lebensmittelqualität. URL: http://www.foodnet.at, 27/09/2010.

FOTOPOULOS, C. and PSOMAS, E. (2009): The use of quality management tools and techniques in ISO 9001:2000 certified companies: the Greek case. In: International Journal of Productivity and Performance Management, Vol. 58, No. 6, 564–580.

FOTOPOULOS, C. and PSOMAS, E. (2010): ISO 9001:2000 implementation in the Greek food sector. In: The TQM Journal, Vol. 22, No. 2, 129–142.

FREHR, H. U. (1999): Total-Quality-Management. In: MASING, W. (1999): Handbuch Qualitätsmanagement. 4., überarb. und erw. Auflage. Carl Hanser Verlag, München und Wien. 31–48.

FREY, B. (2006): Analyse und Verbesserungsansätze im Rahmen des Qualitätsmanagements in der Fertigung der Firma Mustermann GmbH. GRIN Verlag, München.

FRIERS, G. (s. a.): Was ist die Akkreditierung? Vortrag im Rahmen des Workshops „Kosten und Nutzen der Akkreditierung", Austrolab. URL: http://www.austrolab.at/main.php, 18/12/2009.

FRÖHLICH, R. (2007): Lebensmittelsicherheit – Wie hat sich die neue ISO 22000 etabliert? In: MQ Management und Qualität, 4/2007, 36–37.

GABLER (s. a.): Stichwort: Neue Institutionenökonomik, online im Internet. Gabler Wirtschaftslexikon. Gabler Verlag. URL: http://wirtschaftslexikon.gabler.de/Archiv/1470/neue-institutionenoekonomik-v11.html, 18/02/2010.

GASSERT, K. (2003): Risikokommunikation von Unternehmen – Modelle und Strategien am Beispiel gentechnisch veränderter Lebensmittel. Deutscher Universitäts-Verlag, Wiesbaden.

GATTERBAUER, H. (2006): Grundzüge des Verfassungs- und allgemeinen Verwaltungsrechts. Unterlagen zur Vorlesung Verwaltungs-, Arbeits- und Wirtschaftsrecht sowie Grundlagen des Rechts. Universität für Bodenkultur, Wien.

GATTI, M. (1997): Signaling Theory – Informationsübermittlung vom Management zum Investor. Diplomarbeit am Institut für schweizerisches Bankwesen. Zürich. URL: www.isb.uzh.ch/publikationen/diplomarbeiten/lbdiplgatti.pdf, 18/02/2010.

GAWRON, J.C. and THEUVSEN, L. (2009): Certification schemes in the European agri-food sector. Overview and opportunities for Central and Eastern Europe. In: Outlook on Agriculture, Vol. 38, No. 1, 9–14.

GEBHART, F. (2010): Milchverarbeitung schon relativ stark konzentriert. In: bauernzeitung.at, 07/05/2010. URL: http://www.bauernzeitung.at/?id=2500%2C80964%2C %2C, 11/05/2010.

GEIGER, W. und KOTTE, W. (2005): Handbuch Qualität. Grundlagen und Elemente des Qualitätsmanagements: Systeme – Perspektiven. 4., vollst. überarb. und erw. Auflage. Vieweg & Sohn Verlag, Wiesbaden.

GEMBRYS, S. und HERRMANN, J. (2008): Qualitätsmanagement. Taschenguide. 2. Auflage. Rudolf Haufe Verlag, Planegg.

GESSNER, A. (s.a): Gewerbe und Handwerk. In: aeiou. Das Kulturinformationssystem. Österreich Lexikon. URL: http://www.aeiou.at/aeiou.encyclop.g/g367609.htm, 04/12/2009.

GIETL, G. und LOBINGER, W. (2004): Leitfaden für Qualitätsauditoren. Planung und Durchführung von Audits nach ISO 9001:2000. 2., aktualisierte Auflage. Carl Hanser Verlag, München, Wien.

GLUDOVATZ, P. und PFEIFFER, T. (2001): Meinungsforschung als Journalismusersatz – Über den Umgang mit Umfragedaten und deren Interpretation. URL: http://www.smtp.at/universi taeres/uni_dokumente/Haas_3.2_a.pdf, 11/02/2010.

GOLAN, E., KUCHLER, F. and MITCHELL, L. (2000): Economics of Food Labeling. In: Agricultural Economic Report, No. 793.

GRAF, G. (1998): Nutzenorientierte Qualitätskostenrechnung: Ansätze zur Erfassung und marktorientierten Schätzung von Qualitätskosten auf Basis der Prozesskostenrechnung. Europäische Hochschulschriften, Reihe V, Volks- und Betriebswirtschaft, Bd. 2268. P. Lang, Frankfurt am Main.

GRANOVETTER, M. (1985): Economic Action and Social Structure: The Problem of Embeddedness. In: The American Journal of Sociology, Vol. 91, No. 3, 481–510.

GRANOVETTER, M. (2005): The Impact of Social Structure on Economic Outcomes. In: Journal of Economic Perspectives, Vol. 19, No. 1, 33–50.

GREENPEACE (2005): Pflanzen-Patente: Monopol für Konzerne. URL: http://www.greenpeace. de/themen/patente/konzerne/artikel/pflanzen_patente_monopol_fuer_konzerne/, 03/03/2010.

GRESSL, M. und HACKL, H. (2008): AMA-Gütesiegel und AMA-Bio-Zeichen als echte Wegweiser für Qualität und Herkunft. AMA Marketing. URL: http://www.ama-marketing.at/index.php?id=28&no_cache=1&tx_ttnews[pS]=1228086000&tx_ttnews[pL]=2678399&tx_ttnews[arc]=1&tx_ttnews[tt_news]=284&tx_ttnews[backPid]=27, 15/07/2009.

GRILL, M. (2002): Die Kontrollstelle im Spannungsfeld zwischen Vorgabe und Realität. Gumpensteiner Nutztierschutztagung 2002. Bundesanstalt für alpenländische Landwirtschaft Gumpenstein, 49–52. URL: http://www.raumberg-gumpenstein.at/cms/index.php?option= com_docman&task=cat_view&gid=87&Itemid=53. 15/07/2009.

GRIMM, D. (2004): Der IFS in der Getränke- und Lebensmittelbranche. In: Hygienicum News, Nr. 2/04, 8.

GUTSCHE, S. (2009): Beweispflicht umgedreht. Veränderte Arbeitsweise der Lebensmittelbehörde. HGV PRAXIS 6, 45–46.

## Literaturverzeichnis

GWI (2010): Nutzwertanalyse – Mit diesem Instrument treffen Sie die optimale Auswahl. In: Der Qualitätsmanager aktuell, Ausgabe 05/2010. URL: http://www.qm-aktuell.com/news letterarticle.asp?his=2833.2233.7246&id=13480&year=2010, 23/06/2010.

HAAS, J. und MÜTZEL, S. (2008): Netzwerkanalyse und Netzwerktheorie in Deutschland. Eine empirische Übersicht und theoretische Entwicklungpotentiale. In: STEGBAUER, CH. (Hrsg.): Netzwerkanalyse und Netzwerktheorie. Ein neues Paradigma in den Sozialwissenschaften. VS Verlag für Sozialwissenschaften, Wiesbaden. 49–62.

HÄFLIGER, B. (2009a): Faszination und Vielfalt. MQ-Serie „Zukunft des Qualitätsmanagers" (Teil 1). MQ Management und Qualität 5/2009, 14–15.

HÄFLIGER, B. (2009b): Vom Spezialisten zum Generalisten. MQ-Serie „Zukunft des Qualitätsmanagers" (Teil 2). MQ Management und Qualität 6/2009, 17–18.

HAGEDORN K., LASCHEWSKI, L. und STELLER, O. (2004): Institutionelle Erfolgsfaktoren einer Ausdehnung des Ökologischen Landbaus – Analyse anhand von Regionen mit einem besonders hohen Anteil an ökologisch bewirtschafteter Fläche. Bundesprogramm Ökologischer Landbau in der Bundesanstalt für Landwirtschaft und Ernährung (BLE). Bonn.

HAGEMANN, O.N. (1999): Innovationsmarketing für kleine und mittlere Unternehmen. Deutscher Universitätsverlag, Wiesbaden.

HAEDRICH, G., KUSS, A. und KREILKAMP, E. (1986): Der Analytic Hierarchy Process. Ein neues Hilfsmittel zur Analyse und Entwicklung von Unternehmens- und Marketingstrategien. In: WiSt, Heft 3, 120–126.

HALK, O. (1991): Marketing und die Bausteine vernetzten Denkens. In: WAGENHÄUSER, F. (Hrsg.): Markenting, Management und Marketing-Management im Agrarbereich. Marketinggesellschaft für Niedersächsische Agrarprodukte e.V., Hannover. 11–23.

HANSEN, W. (1999): Qualität und Umwelt. In: MASING, W. (1999): Handbuch Qualitätsmanagement. 4., überarb. und erw. Auflage. Carl Hanser Verlag, München und Wien. 977–990.

HARKER, P.T. and VARGAS, L.G. (1987): The Theory of Ratio Scale Estimation: Saaty's Analytic Hierarchy Process. In: Management Science, Vol. 33, No. 11, 1383–1403.

HARKER, P.T. (1989): The Art and Science of Decision Making. In: GOLDEN, B.L. (Hrsg.) The analytic hierarchy process: applications and studies. Springer, Berlin (u. a.). 3–36.

HARMEIER, J. (2009): Setzen Sie Ressourcen in Ihrer Organisation optimal ein. Kriterium 4: Partnerschaften und Ressourcen. In: qm-web.de. http://www/. qm-web.de/fachwissen/fachartikel/kriterium-4-partnerschaften-und-ressourcen/, 1–4, 23/06/2009.

HARTZ, S. (2005): Die Leistungen der Systemtheorie für die Generierung von Forschungsfragen. Dokumentationen der Jahrestagung der DGfE. In: Report (28) 1/2005. Zeitschrift für Weiterbildungsforschung. Deutsches Institut für Erwachsenenbildung (DIE) Bonn. URL: www.die-bonn.de/doks/hartz0502.pdf, 28/01/2010.

HATANAKA, M., BAIN, C. and BUSCH, L. (2005): Third-party certification in the global agrifood system. In: Food Policy 30, 354–369.

HEESCHEN, W. (2005): Lebensmittelhygiene: Begriff und Zielstellung. In: FEHLHABER, K., KLEER, J. und KLEY, F. (2005): Handbuch Lebensmittelhygiene. Praxisleitfaden mit wissenschaftlichen Grundlagen. Behr's Verlag, Hamburg.

HEISSENHUBER, G. (2004): Erläuterungen der IFS-Kriterien. In: BUHLMANN, B. (2004): Kompaktwissen zum IFS. Anforderungen, Umsetzung und Erfahrungsberichte zur Version 4. 2. Auflage. Behr's Verlag, Hamburg. 31–47.

HELM, S. (1997): Neue Institutionenökonomik – Einführung und Glossar. In: GÜNTER, B. (Hrsg.): Düsseldorfer Schriften zum Marketing, Nr. 2, 2. Auflage. Heinrich-Heine-Universität, Düsseldorf.

HELMIG, B. (s. a.): Stichwort: Lobbying. In: GABLER VERLAG (Hrsg.): Gabler Wirtschaftslexikon online im Internet, Gabler Verlag. URL: http://wirtschaftslexikon.gabler.de/Archiv/10889/lobbying-v5.html, 14/12/2009.

HENSCHE, H.-U., SCHLEYER, A. und WILDRAUT, C. (2007): Zusammenstellung der Schlussfolgerungen zum Forschungs- und Entwicklungsvorhaben „Optimierung der Kundenbindung bei landwirtschaftlichen Direktvermarktern in NRW". URL: http://www3.fh-swf.de/fbaw/download/AB-Optimierung-Kundenbindung-Checkliste.pdf, 01/09/2009.

HERNANDEZ, H. (2010): Quality audit as a driver for compliance to ISO 9001:2008 standards. In: The TQM Journal, Vol. 22, No. 4, 454–466.

HERRMANN, J. (1999): Qualitätsaudit. In: MASING, W. (1999): Handbuch Qualitätsmanagement. 4., überarb. und erw. Auflage. Carl Hanser Verlag, München und Wien, 175–192.

HERRMANN-PILLATH, C. (2002): Grundriss der Evolutionsökonomik. Band 1 der Reihe „Neue ökonomisch Bibliothek", Internetversion. URL: http://web.dmz.uni-wh.de/wiwi/hp/evooek/Teil 1.pdf, 10/02/2010.

HEUSSE, E. (1965): Allgemeine Markttheorie. Mohr, Tübingen.

HEYDER, M., FAHRTMANN, K. und THEUVSEN, L. (2009): Lieferantenbewertung in der Lebensmittelindustrie: Eine empirische Analyse. In: PEYERL, H. (Hrsg.): Jahrbuch der ÖGA, Band 18 (1). Facultas Verlag, Wien. 61–70.

HEYDER, M. und THEUVSEN, L. (2009): Corporate Social Responsibility im Agribusiness. In: BÖHM, J., ALBERSMEIER, F. und SPILLER, A. (Hrsg.): Ernährungswirtschaft im Scheinwerferlicht der Öffentlichkeit. Band 4, Reihe Agrarökonomik. Eul Verlag, Köln.

HOBBS, J.E. and YOUNG, L.M. (2001): Vertical Linkages in Agri-Food Supply Chains in Canada and the United States. Research and Analysis Directorate, Strategic Policy Branch Agriculture and Agri-Food Canada. URL: http://classes.uleth.ca/200601/geog4220a/Public_ data_reading/Vertical_coordination_Canada_US.pdf, 16/02/2010.

HOFER KG (s. a.): zurück zum Ursprung – Qualitätssicherung. URL: http://www.zurueckzumursprung.at/grundwerte/qualitaetssicherung, 07/10/2010.

HOMANN, K. und SUCHANEK, A. (2005): Ökonomik: Eine Einführung. 2., überarb. Auflage. Mohr Siebeck, Tübingen.

HOLLERAN, E., BREDAHL, M. and ZAIBET, L. (1999): Private incentives for adopting food safety and quality assurance. In: Food Policy 24, 669–683.

HOLLMANN-HESPOS, TH. und THEUVSEN, L. (2006): Rückverfolgbarkeit von Lebensmitteln: Unter welchen Bedingungen investieren Unternehmen in Tracking und Tracing-Systeme? In: ÖGA Tagungsband 2006. 55–56.

HOLLSTEIN, B. (2008): Strukturen, Akteure, Wechselwirkungen. Georg Simmels Beiträge zur Netzwerkforschung. In: STEGBAUER, CH. (Hrsg.): Netzwerkanalyse und Netzwerktheorie. Ein neues Paradigma in den Sozialwissenschaften. VS Verlag für Sozialwissenschaften, Wiesbaden. 91–103.

HOLZER, B. und SCHMIDT, J. (2008): Theorie der Netzwerke oder Netzwerktheorie? Call for Papers für Soziale Systeme, Zeitschrift für soziologische Theorie. URL: http://www.soziale-systeme.ch/pdf/Netzwerktheorie.pdf, 10/02/2010.

HOLZER, B. (2009): Netzwerktheorie. In: KNEER, G. und SCHROER, M. (Hrsg.): Handbuch Soziologische Theorien. VS Verlag für Sozialwissenschaften, Wiesbaden. 253–276.

HÖRL, B., DÖRR, H. und PÖCHTRAGER, S. (2009): Friendly Supply Chains – Indikatoren-Konzept für die verkehrsübergreifende Bewertung von Transportketten am Beispiel der Versorgung mit Grundnahrungsmitteln in Europa.

HOWALDT, J. und KOPP, R. (2007): Wissensbasierte Dienstleistungen. In: BECKER, T., DAMMER, I., HOWALDT, J., KILLICH, S. und LOOSE, A. (Hrsg.): Netzwerkmanagement. Mit Kooperation zum Unternehmenserfolg. 2. Auflage. Springer Verlag, Berlin Heidelberg New York.

HUNGENBERG, H. und WULF, T. (2006): Grundlagen der Unternehmensführung. 2., aktualisierte Auflage. Springer, Berlin.

HUMMEL, T. und MALORNY, C. (1996): Total-Quality-Management: (TQM); Tips für die Einführung. Carl Hanser Verlag, München und Wien.

IAVG (2006): Soziale Marktwirtschaft. IAVG-Internet-Dokumentationen. Internationaler Arbeitskreis für Verantwortung in der Gesellschaft e.V. URL: http://www.iavg.org/iavg025.pdf, 12/01/2010.

IFS (2003a): Entstehungsgeschichte des IFS. URL: http://www.ifs-online.eu/index.php?SID= f34a75a7147d4a4166bf0e35c724d09c&page=home&content=public_content&desc=history, 08/10/2009.

IFS (2003b): Über den IFS. Mission Statement. URL: http://www.ifs-online.eu/index.phpSID=fd944ca5e95a1ba64072b59fac20f814&page=home&content=public_content&desc=mission_statement, 11/11/2009.

IFS (2003c): IFS Food 5. URL: http://www.ifs-online.eu/index.php?SID=06467331e96350826b3db1d1a1d884a4&page=home&content=public_content&desc=ifs_standards_food_5, 11/11/2009.

IFS (2003d): IFS Standards. URL: http://www.ifs-online.eu/index.php?SID=06467331e96350826b3db1d1a1d884a4&page=home&content=public_content&desc=ifs_standards, 11/11/2009.

IHK (2010): Fragen und Antworten zum Qualitätsmanagement nach DINEN ISO 9000 ff. IHK Schleswig-Holstein, Arbeitsgemeinschaft der Industrie- und Handelskammern zu Flensburg, zu Kiel und zu Lübeck. URL: http://www.ihk-schleswig-holstein.de/produktmarken/innovation/anhaengsel/qmsfaq.pdf, 07/07/2010.

ISAAC, M., ERICKSON, B., QUASHIE-SAM, S.J. and TIMMER, V. (2007): Transfer of Knowledge on Agroforestry Management Practices: the Strutcure of Farmer Advice Networks. In: Ecology and Society 12(2), 32.

ISO (2009): ISO 9000 essentials. ISO International Organization for Standardization. URL: http://www.iso.org/iso/iso_catalogue/management_standards/iso_9000_iso_14000/iso_9000_essentials.htm, 05/11/2009.

JAEKELMANN, R. (2008): Total Quality Management – Darstellung, Voraussetzungen und Kritik. Grin Verlag, München.

JAHN, G., PEUPERT, M. und SPILLER, A. (2003): Auf dem Weg in eine Zertifizierungsgesellschaft? Eine Typologie der Zertifizierungssysteme in der Lebensmittelwirtschaft. In: Tagungsband zur 24. GIL Jahrestagung, Göttingen, 61–64.

JAHN, G., SCHRAMM, M. und SPILLER, A. (2003a): Zur Ausgestaltung von Qualitätssicherungssystemen in der Lebensmittelwirtschaft: eine ökonomische Analyse. URL: https://www.uni-hohenheim.de/i410b/download/gewisola/papers/spiller.pdf, 09/10/2009.

JAHN, G., SCHRAMM, M. und SPILLER, A. (2003b): Zur Glaubwürdigkeit von Zertifizierungssystemen: Eine ökonomische Analyse der Kontrollvalidität, Diskussionsbeitrag, Institut für Agrarökonomie, Universität Göttingen. URL: http://www.uni-goettingen.de/de/34031.html, 09/10/2009.

JHA, U.C. and KUMAR, S. (2010): Critical Success Factors (CSFs) of TQM: A literature Review & Analysis. Oxford Business & Economics Conference Program, June 28–29, 2010. St. Hugh's College, Oxford University, Oxford. UK.

KAAS, K.P. (1991): Marktinformationen: Screening und Signaling unter Partnern und Rivalen. In: ZFB Zeitschrift für Betriebswirtschaft, Nr. 61, 357–370.

KAAS, K.P. (1995): Marketing und Neue Institutionenökonomik. In: KAAS, K.P. (Hrsg.): Kontrakte, Geschäftsbeziehungen, Netzwerke – Marketing und Neue Institutionenökonomik. Schmalenbachs Zeitschrift für betriebswirtschaftliche Forschung, Sonderheft, 35. Verlag-Gruppe Handelsblatt, Düsseldorf (u.a.). 1–17.

KAMISKE, G. und BRAUER, J.P. (1999): Qualitätsmanagement von A bis Z. Erläuterungen moderner Begriffe des Qualitätsmanagements. 3., vollst. überarb. und erw. Auflage. Carl Hanser Verlag, München und Wien.

KAPPELHOFF, P. (1999): Der Netzwerkansatz als konzeptueller Rahmen für eine Theorie interorganisationaler Netzwerke. In: SYDOW, J. und WINDELER, A. (Hrsg.): Steuerung von Netzwerken. Westdeutscher Verlag, Opladen.

KARMASIN, S. (2009): Ernährungstrends – Konsumentenbedürfnisse im Wandel. In: Agrarische Rundschau 1/2009, 22–25.

KELLY, B. (2008): Management Commitment. It's not *all* about delegating. Quality Digest, 09/22/2008. URL: http://www.qualitydigest.com/inside/quality-insider-article/management-commitment.html, 16/06/2009.

KEMPF, U. (1996): Qualitätsmanagementsystem-Zertifizierung: Nur etwas für „Große"? In: DEUTSCHE LANDWIRTSCHAFTSGESELLSCHAFT (Hrsg.): Reicht die ISO-Zertifizierung? Qualitätsmanagement in Ernährungsindustrie, Handwerk und Handel. Deutscher Fachverlag, Frankfurt am Main. Seite 45 ff.

KERBAGE, L., WYSS, G., GRANADO, J., WEIBEL, F., ALFÖLDI, T. und NIGGLI, U. (2006): Bio – die bessere Alternative? Qualität von Bioprodukten. In: Ökologie & Landbau, 140, 4/2006, 47–49.

# Literaturverzeichnis

KHANDKE, S. S. and MAYES, T. (1998). HACCP Implementation: a practical guide to the implementation of the HACCP plan. In: Food Control 9, 103–109.

KIESER, A. und EBERS, M. (2006): Organisationstheorien. 6. Auflage. Kohlhammer, Stuttgart.

KIRCHNER, A., KAUFMANN, H. und SCHMID, D. (2007): Qualitätsmanagement. Arbeitsschutz und Umweltmanagement. Verl. Europa-Lehrmittel Nourney, Vollmer, Haan-Gruiten.

KLASZ, W. (2002): From Farm to Fork – Traceability in modern food production. Vortrag im Rahmen des EAN-UCC Symposium – The global language of business. New ways to organise the future", Wiener Hofburg, 16. Mai 2002. In: Ländlicher Raum 3, 1–9.

KOLLMANN, T. und KUCKERTZ, A. (2009): Zur Dynamik von Such-, Erfahrungs- und Vertrauenseigenschaften in komplexen Transaktionsprozessen – eine empirische Studie am Beispiel des Venture-Capital-Investitionsprozesses. In: ZfM Zeitschrift für Management (2009) 4, 53–74.

KÖNIG, W. (2003): Taschenbuch der Wirtschaftsinformatik und Wirtschaftmathematik. 2., überarb. und erw. Auflage. Verlag Harri Deutsch, Frankfurt am Main.

KORTE, H. (2004): Soziologie. UVK Verlagsgesellschaft, Konstanz.

KRAKIL, C. (2009): Aufgaben des Bereiches Lebensmitteluntersuchung. AGES. URL: www.ages.at/ages/ueber-uns/lebensmittel/aufgaben-lmu/, 22/07/09.

KRAMME, R. (2007): Medizintechnik: Verfahren, Systeme, Informationsverarbeitung. 3., vollst. überarb. und erw. Auflage. Springer, Heidelberg.

KREILKAMP, E. (1987): Strategisches Management und Marketing. Markt- und Wettbewerbsanalyse, strategische Frühaufklärung, Portfolio-Management. de Gryter, Berlin.

KREMPEL, L. (2008): Netzwerkanalyse. Ein wachsendes Paradigma. In: STEGBAUER, CH. (Hrsg.): Netzwerkanalyse und Netzwerktheorie. Ein neues Paradigma in den Sozialwissenschaften. VS Verlag für Sozialwissenschaften, Wiesbaden. 215–226.

KRETSCHMAR, S. (2009): Wie läuft ein Zertifizierungsverfahren ab? In: Der Qualitätsmanagement-Berater, TÜV Rheinland. URL: http://www.qm-aktuell.de/archiv.php?command=artikel_anzeige&abstract_id=68, 09/10/2009.

KRIEGER, S. und SCHIEFER, G. (2002): Qualitätssysteme in der Agrar- und Ernährungswirtschaft – Vorteile einer integrierten Dokumentation. In: SCHIEFER, G., WAGNER, P., MORGENSTERN, M. und RICKERT, U.: Referate zur 25. GIL Jahrestagung 8.–10. September 2004 in Bonn, Vol. 49, 97–100.

KRIEGER, S. (2008): Qualitätssysteme der Agrar- und Ernährungswirtschaft – Entwicklung eines Beratungssystems zur Kosten- und Nutzenschätzung. Schriftenreihe Qualitätsmanagement 10. Verlag Dr. Kovač, Hamburg.

KROÉS. G. und GURK, W. (1973): Nutzwertanalyse. Vergleichende Beurteilung von Aussiedlungen. Selbstverlag des Instituts für Siedlungs- und Wohnungswesen der Universität Münster, Münster.

KUBITZKI, S., HENSELEIT, M, HERRMANN, R. und HENKEL, T. (2009): Was bedeutet „ohne Gentechnik" für den Verbraucher? Repräsentative Online-Befragung über Verbrauchererwartungen zur Neuregelung dieser Kennzeichnung bei Lebensmitteln. Spiegel der Forschung, 26. Jg./Nr. 1, 32–39.

# 10

Literaturverzeichnis

KUCKARTZ, U. (2010): Einführung in die computergestützte Analyse qualitativer Daten. 3., aktualisierte Auflage. VS Verlag für Sozialwissenschaften, Wiesbaden.

KUHLES, M. (s. a.): HACCP Hygienemanagement für Lebensmittel & Food. URL: http://www.haccp-hygienemanagement.de/Hygienemanagement.htm, 04/11/2009.

KÜHL, S. und SCHMIDT, M. (2004): Die Wirkung von Qualitätsmanagement-Systemen in sozialwirtschaftlichen Unternehmen unter Berücksichtigung mikropolitischer Aspekte. Eine empirische Untersuchung in sozialrehabilitativen Organisationen und Einrichtungen im Dritten Sektor. Dissertation, Universität Duisburg-Essen.

LAMBERT, G. and OUEDRAOGO, N. (2008): Empirical investigation of ISO 9001 quality management systems' impact on organizational learning and process performances. In: Total Quality Management, Vol. 19, Nos. 9–10, September-October 2008, 1071–1085.

LAMNEK, S. (2005): Qualitative Sozialforschung. Lehrbuch. 4., vollst. überarb. Auflage. Beltz Verlag, Weinheim, Basel.

LANGE, B.-P. (2008): Medienwettbewerb, Konzentration und Gesellschaft: Interdisziplinäre Analyse von Medienpluralität in regionaler und internationaler Perspektive. VS Verlag für Sozialwissenschaften, Wiesbaden.

LANGE, E. (2001): Marktwirtschaft. Eine soziologische Analyse ihrer Entwicklung und Strukturen in Deutschland. In: OESTERDIEKHOFF, G.W. (Hrsg.): Lexikon der soziologischen Werte. Westdeutscher Verlag, Wiesbaden. 374–375.

LANGE, V., AUFFERMANN, C. und ANDERSECK, B. (s. a.): Food Chain Management. Verfahren für Qualität, Sicherheit und Transparenz in der Lebensmittelkette. Fraunhofer-Institut für Materialfluss und Logistik (IML). URL: http://www.foodchainmanagement.de:8080/media/fcm_prospekt.pdf, 25/11/2009.

LANGENSCHEIDT (s. a.): Langenscheidt Fremdwörterbuch Online. URL: http://services.langenscheidt.de/fremdwb/fremdwb.html, 21/10/2009 und 15/11/2010.

LÄSEKE, A. (2004): Suchen, Erfahren und Vertrauen in den „Moments of Truth". In: MEYER, A. (Hrsg.): Dienstleistungsmarketing: Impulse für Forschung und Management. Deutscher Universitätsverlag, Wiesbaden.

LAUX, H. (2005): Entscheidungstheorie. 6. Auflage. Springer, Berlin, Heidelberg.

LEBENSMINISTERIUM (2003): FAO/WHO Codex Alimentarius. http://sitemap.lebensministeri um.at/article/articleview/29698/1/8136#, 23/11/2009.

LEBENSMINISTERIUM (2006): PRÖLL: Lebensmittelbericht zeigt dynamische Veränderung des Lebensmittelsektors. In: GOURMETPRESSE. URL: http://www.gourmetpresse.at/presse aussendung.php?schluessel=OTS_20061214_OTS 0038&ch=gourmet, 04/12/2009.

LEBENSMINISTERIUM (2007a): Mehr Lebensmittelsicherheit: Neue EU-Vorschriften für Lebens- und Futtermittel. In: lebensmittelnet.at URL: http://www.lebensmittelnet.at/article/arti cleview/43119/1/8152#, 01/10/2009.

LEBENSMINISTERIUM (2007b): Der weltweite „Codex Alimentarius". In: lebensmittelnet.at URL: http://www.lebensmittelnet.at/article/articleview/29741/1/8151#, 21/10/2009.

# Literaturverzeichnis

LEBENSMINISTERIUM (2008a): Das Lebensmittel- und Verbraucherschutzgesetz (LMSVG). URL: http://www.lebensmittelnet.at/article/articleview/43026/1/8153, 17/04/2009.

LEBENSMINISTERIUM (2008b): Der österreichische Lebensmittelkodex. URL: http://www.le bensmittelnet.at/article/articleview/29752/1/8153/, 21/10/2009.

LEBENSMINISTERIUM (2008c): Regionale Lebensmittel immer wichtiger. URL: http://land.lebensministerium.at/article/articleview/62722/1/13751#, 07/10/2010.

LEBENSMINISTERIUM (2009a): Daten zum österreichischen Lebensmittelhandel 2008. In: lebensmittelnet.at URL: http://www.lebensmittelnet.at/article/articleview/77104/1/8154#, 04/09/2009.

LEBENSMINISTERIUM (2009b): Entwicklung der Agrarexporte – 1. Halbjahr 2009. In: Exportinitiative des Lebensministeriums. URL: http://www.exportinitiative.at/article/articleview/ 77940/1/11875/#, 03/12/2009.

LEBENSMINISTERIUM (2009c): Aktuelle Bilanz der Lebensmittelexporte und -importe: Der Agraraußenhandel 2008 In: Exportinitiative des Lebensministeriums. URL: http://www.exportinitiative.at/article/articleview/76793/1/11875/, 03/12/2009.

LEBENSMITTEL CLUSTER NIEDERÖSTERREICH (s.a.): Lebensmittel Cluster Niederösterreich. URL: http://www.lebensmittelcluster-noe.at, 27/08/2010.

LEIDECKER, J.K. and BRUNO, A.V. (1984): Identifying and Using Critical Success Factors. In: Long Range Planning, International Journal of Strategic Management, Vol. 17, Issue 1, 23–32.

LEIF, T. und SPETH, R. (2003): Die stille Macht: Lobbyismus in Deutschland. Westdeutscher Verlag, Wiesbaden.

LEITNER, K. (s.a.): Nachhaltigkeitsmarketing in der Lebensmittelbranche. Forschungsprojekt „Sustainability Marketing Switzerland (SMS)" Paper N° 3, Institut für Wirtschaft und Ökologie der Universität St. Gallen (IWÖ-HSG). URL: http://www.iwoe.unisg.ch/org/iwo/web.nsf/SysWebRessources/SMS_Paper3/$FILE/SMS_Paper3.pdf, 07/09/2009.

LENGERKEN, J. und KIRMAS, J. (2004): Qualität und Qualitätskontrolle bei Futtermitteln. Methodik – Analytik – Bewertung. Deutscher Fachverlag, Frankfurt am Main.

LEYENDECKER, H. (2009): V wie Vierte Gewalt. In: sz-magazin.de, Heft 19/2009. URL: http://sz-magazin.sueddeutsche.de/texte/anzeigen/29159, 14/12/2009.

LfL ERNÄHRUNGSWIRTSCHAFT (s.a.): Codex Alimentarius. Bayerische Landesanstalt für Landwirtschaft. URL: http://www.lfl.bayern.de/iem/obst_gemuese/25603/linkurl_0_17_0_2. pdf, 23/11/2009.

LIPPERT, C. (2005): Institutionenökonomische Analyse von Umwelt- und Qualitätsproblemen des Agrar- und Ernährungssektors. Wissenschaftsverlag Vauk, Kiel.

LITKE, H.-D. (2007): Projektmanagement. Methoden, Techniken, Verhaltensweisen. Evolutionäres Projektmanagement. 5., erw. Auflage. Hanser Verlag, München.

LLM Schwäbisch Gmünd (2007): Entwicklung des Lebensmittelrechtes in der EU. In: Agrarmarkt und Ernährung, 3–6. URL: http://www.landwirtschaft-mlr.baden-wuerttemberg.de/servlet/PB/show/1201647/Kapitel%205_2_Lebensmittelrecht.pdf, 23/07/2009.

LMSVG (2009): LMSVG:: Verordnungen:: Leitlinien:: CODEX – Gesetze + VO. URL: http://www.lmsvg.net/component/option,com_docman/Itemid,34/, 20/10/2009.

Lobinger, W. (2002): Auditprozess im Wandel. Die neuen Managementsysteme erfordern neue Ansätze im Auditwesen. In: QZ, Jahrgang 47, 8, 780 f.

Luhmann, N. (1994): Die Wirtschaft der Gesellschaft. Suhrkamp Taschenbuch Wissenschaft, Frankfurt am Main.

Luhmann, N. (2004): Einführung in die Systemtheorie. 2. Auflage. Carl-Auer-Systeme Verlag, Heidelberg.

Luhmann, N. (2009): Soziologische Aufklärung 2. Aufsätze zur Theorie der Gesellschaft. 6. Auflage. VS Verlag für Sozialwissenschaften, Wiesbaden.

Madhavan, R. and Grover, R. (1998): From Embedded Knowledge to Embodied Knowledge: New Product Development as Knowledge Management. In: Journal of Marketing, Vol. 62, October, 1–12.

Marti, P. (2005): Rückverfolgbarkeit im Lebensmittel Bereich. Vorschrift, Theorie, Praxis. URL: www.experteam.ch/pdf/rueckverfolg.pdf, 23/07/2009.

Masing, W. (1999): Handbuch Qualitätsmanagement. 4., überarb. und erw. Auflage. Carl Hanser Verlag, München und Wien.

Masing, W. (2007): Handbuch Qualitätsmanagement. 5., vollst. neu bearb. Auflage. Carl Hanser Verlag, München.

Maurer, A. (2008): Handbuch der Wirtschaftssoziologie. VS Verlag für Sozialwissenschaften. Wiesbaden.

Mayring, P. (2000): Qualitative Inhaltsanalyse. In: FQS, Forum: Qualitative Sozialforschung, Vol. 1, No. 2, Art. 20. URL: http://www.qualitative-research.net/index.php/fqs/article/view/1089/2384, 21/06/2010.

Mayring, P. (2005): Qualitative Inhaltsanalyse. In: Flick, U., von Kardoff, E. und Steinke, I. (Hrsg.): Qualitative Forschung. Ein Handbuch. 4. Auflage. Rowohlt Taschenbuch Verlag, Reinbek bei Hamburg.

Mayring, P. (2008): Qualitative Inhaltsanalyse. Grundlagen und Techniken. 10. Auflage. Beltz Verlag, Weinheim und Basel.

Mazumder, S. (2009): Der Human Asset – zentraler Erfolgs- und Überlebensfaktor. In: io new management, Nr. 3, 43–45.

Meier, P. (2009a): Kriterium 6: Kundenbezogene Ergebnisse. URL: http://www/.qm-web.de/fachwissen/fachartikel/kriterium-6-kundenbezogene-ergebnisse/, 1–3, 17/06/2009.

Meier, P. (2009b): EFQM – Kriterium 7: Mitarbeiterbezogene Ergebnisse. URL: http://www.qm-web.de/fachwissen/fachartikel/Management/kriterium-7-mitarbeiterbezogene-ergebnisse/, 1–3, 17/06/2009.

# Literaturverzeichnis

MEIER, P. (2009c): EFQM – Kriterium 8: Gesellschaftsbezogene Ergebnisse. URL: http://www.qm-web.de/fachwissen/fachartikel/Management/efqm-kriterium-6-gesellschafts bezogene-ergebnisse/, 1–3, 17/06/2009.

MEIER, P. (2009d): EFQM – Kriterium 9: (unternehmensbezogene) Schlüsselergebnisse. URL: http://www.qm-web.de/fachwissen/fachartikel/Management/efqm-kriterium-9-unternehmensbezogene-schlusselergebnisse/, 1–3, 17/06/2009.

MEIXNER, O. und HAAS, R. (2002): Computergestützte Entscheidungsfindung. Expert Choice und AHP – innovative Werkzeuge zur Lösung komplexer Probleme. Wirtschaftsverlag Carl Ueberreuter, Frankfurt / Wien.

MEIXNER, O. und HAAS, R. (2010): Wissensmanagement und Entscheidungstheorie. facultas.wuv, Wien.

MEIXNER, O., PÖCHTRAGER, S., HAAS, R. und KOPPELSTÄTTER, M. (2007): Nahversorgung im ländlichen Raum – Eine entscheidungsorientierte Analyse mittels des Analytischen Hierarchieprozesses. In: Die Bodenkultur 58, 25–38.

MELZER-RIDINGER, R. (2007): Supply Chain Management: Prozess- und unternehmensübergreifendes Management von Qualität, Kosten und Liefertreue. Oldenbourg Wissenschaftsverlag, München.

MELZER-RIDINGER, R. (2008): Die Qualitätssteuerung bei Kundendiensten. In: KAMISKE, G.: Qualitätsmanagement. Digitale Fachbibliothek auf USB-Stick. Symposion Publishing, Düsseldorf.

MITCHELL, J.C. (1969): The concept and use of social networks. In: Mitchell, J.C. (Hrsg.): Social networks in urban situations. Manchester University Press, Manchester. 1–50.

MLR (2007): Im Überblick: Das allgemeine Lebensmittelrecht der EU – Infodienst der Landwirtschaftsverwaltung Baden-Württemberg. Ministerium für Ernährung und Ländlichen Raum Baden-Württemberg, Stuttgart. URL: http://www.landwirtschaft-mlr.baden-wuerttem berg.de/servlet/PB/menu/1204078_l1_pcontent/index.html?druckansicht=ja, 23/07/2009.

MOCH, T. (2008): Prozessorientierung. Wann lohnt es sich, in Prozessen zu denken? In: qm-web.de. http://www.qm-web.de/fachwissen/fachartikel/wann-lohnt-es-sich-in-prozessen-zu-denken/, 1–3, 17/06/2009.

MORATH, C. (2008): Qualitätsmanagement in der Ernährungsindustrie. Umsetzung und Potenziale des ganzheitlichen Qualitätsmanagements in Unternehmen des Ernährungsgewerbes. Cuvellier Verlag, Göttingen.

MORTIMORE, S. (2000): How to make HACCP really work in practice. In: Food Control 12, 209–215.

MÜLLER, K. (2005): Zur Unabhängigkeit des Abschlussprüfers: Eine kritische Analyse der Vorschriften in Deutschland im Vergleich zu den Vorschriften der Europäischen Union, der IFAC und in den USA. Deutscher Universitäts-Verlag, Wiesbaden.

MÜLLER, M. (2006): Die Glaubwürdigkeit der Zertifizierung von Qualitäts-, Umwelt- und Sozialstandards. DBW 66 (2006) 5, 585–601.

MÜNCHRATH, R. (1995): Qualitätsmanagement in Verkauf und Service – Kundenorientierte Dienstleistungen nach DIN EN ISO 9000 ff. Campus, Frankfurt am Main.

MÜNSTERER, P. (2007): Qualitätssicherungssysteme – Was verbirgt sich hinter Prüfsiegeln? Vortrag zum Verbrauchertag des Bayerischen Tierärztetages in Nürnberg am 19. Mai 2007. URL: http://www.tbv-obb.de/content/Pruefsiegel_Vortrag.htm, 09/12/ 2009.

MUTZNER, A., EBERLING, W. und JOCHEM, A. (2009): Der Chef ist weg – ja und? In: io new management, Nr. 3, 52–55.

NEPF, R. (2009): Zuständigkeit der Lebensmittelkontrolle. URL: http://www.ages.at/ lebensmittel/ernaerhungssicherheit/beitraege-zu-lebensmitteln/lebensmittelkontrolle/ zustaendigkeit-der-lebensmittelkontrolle/17/07/2009.

NESTLE, M. (2007): Food politics: how the food industrie influences nutrition and health. University of California Press, Berkeley, Los Angeles und London.

NICK, L.-H. (s. a.): Stichwort: Interaktionsökonomik. In: GABLER VERLAG (Hrsg.): Gabler Wirtschaftslexikon online im Internet, Gabler Verlag. URL: http://wirtschaftslexi kon.gabler.de/Archiv/18143/interaktionsoekonomik-v5.html, 14/01/2010.

NIENHÜSER, W. und JANS, M. (2004): Grundbegriffe und Grundideen der Transaktionskostentheorie – am Beispiel von „Make-or-Buy"-Entscheidungen über Weiterbildungsmaßnahmen. Workingpaper der Universität Duisburg-Essen. URL: http://www. uni-due.de/personal/Grund begriffeTAKT.pdf, 17/02/2010.

NIKLAS, C. (2002): Mehr Entscheidungssicherheit mit der Nutzwertanalyse. In: Projekt Magazin, Ausgabe 23/2002. URL: http://www.projektmagazin.de/magazin/abo/artikel/ 2002/2302–5.html, 17/06/2010.

NIKLAS, C. (2004): NWA – Nutzwertanalyse als Entscheidungshilfe mit Beispielen. URL: http://community.easy-mind.de/page-76.htm, 07/07/2010.

NONAKA, I. (1994): A Dynamic Theory of Organizational Knowledge Creation. In: Organizational Science, Vol. 5. No. 1, 14–37.

NORTON, D.P. (2009): Making strategy execution a competitive advantage. Results of research sponsored by IBM and conducted by the Balanced Scorecard Collaborative. IBM Corporation, Canada.

N.N. (2006): Ernährung in den Medien: „Bad News are good News". In: Gourmet Report Juli 2006, 03.07.2006. URL: http://www.kochmesser.de/archiv/2006–07/index.html, 15/12/2009.

N.N. (2008a): Basis des EFQM Modells. Die Grundkonzepte der Excellence. In: qm-web. de. http://www.qm-web.de/fachwissen/fachartikel/die-grundkonzepte-der-excellence/, 1–7, 23/06/ 2009.

N.N. (2008b): Lobbying soll KMU zum Erfolg verhelfen. In: Report Plus, 10–11/2008, 60.

N.N. (2008c): GHP und HACCP: zwei Instrumente – ein Ziel. In: Lebensmitteltechnologie, Ausgabe 1/2008. URL: http://www.binkert.ch/lTech/artikel/index.php?id=14624, 24/09/2009.

N.N. (2009): Externer QMB – normgerecht oder unzulässig? In: TÜV Media Newsletter, 04/06/2009. URL: http://www.tuev-media.de/newsletter/index.php?aufruf=mailing_ sachgebiet_anzeigen.php&ABSTRACT_ID=88&nl_sachgebiet=NL_QM, 26/08/09.

NORTH, D.C. (1988): Theorie des institutionellen Wandels. Eine neue Sicht der Wirtschaftsgeschichte nach Douglass C. North. Mohr, Tübingen.

# Literaturverzeichnis

NORTH, D.C. (1992): Institutionen, institutioneller Wandel und Wirtschaftsleistung. Mohr, Tübingen.

OLBRICH, R., SCHULTZ, C. und VOERSTE, A. (2009): Erste empirische Ergebnisse zum Qualitäts- und Preisbewußtsein der Konsumenten in einer Lebensmittelkrise – Konsequenzen für ein verbraucher- und wettbewerbspolitisches Leitbild. In: BFuP, 61, Heft 6, 621–640.

OLDENBURG, J. (2007): Lebensstrategien. Ein Simulationsmodell zur Früherkennung von Suizidalität und Optionen zur Stärkung der Lebensfähigkeit. Entscheidungs- und Organisationstheorie. Deutscher Universitäts-Verlag, Wiesbaden.

OMACHONU, V.K., SUTHUMMANON, S. and EINSPRUCH, N.G. (2004): The relationship between quality and quality cost for a manufacturing company. In: International Journal of Quality and Reliability Management, Vol. 21, No. 3, 277–290.

ON ÖSTERREICHISCHES NORMUNGSINSTITUT (2006): ON Handbuch Qualitätsmanagement. 3., überarb. Auflage. ON Österreichisches Normungsinstitut, Wien.

ON ÖSTERREICHISCHES NORMUNGSINSTITUT (2008): ÖNORM EN ISO 9001, Qualitätsmanagementsysteme – Anforderungen (ISO 9001:2008). Ausgabe 2008-12-01. ON Österreichisches Normungsinstitut, Wien.

OÖ NACHRICHTEN (2009): Molkereibranche erwartet Jahresabschluss ohne Verlust. In: OÖ Nachrichten Zeitung. URL: http://www.nachrichten.at/nachrichten/wirtschaft/art15,269477#, 13/07/2010.

ÖSTERREICHISCHER ARBEITSKREIS FÜR CORPORATE GOVERNANCE (2009): Österreichischer Corporate Governance Kodex Fassung Jänner 2009. URL: http://www.wienerborse.at/corporate/pdf/CG%20Kodex%20deutsch_Jaenner%202009_Druck.pdf, 24/09/2009.

PARSONS, T. (1932): Economics and Sociology: Marshall in Relation to the Thought of His Time. In: Quarterly Journal of Economics, 46, 316–347.

PARSONS, T. and SMELSER, N.J. (1956): Economy and Society – a study in the integration of economic and social theory. Routledge & Kegan Paul Ltd, London.

PEDERSEN, E.R. (2009): The many and the few: rounding up the SMEs that manage CSR in the supply chain. In: Supply Chain Management: An International Journal, Vol. 14, No. 2, 109–116.

PEUKERT, H. (s. a.): Stichwort: Neue Institutionenökonomik. Gabler Wirtschaftslexikon online im Internet. Gabler Verlag. URL:. http://wirtschaftslexikon.gabler.de/Archiv/1470/neue-institutionenoekonomik-v11.html, 18/02/2010.

PEUPERT, M. (2003): Anforderungen an prozessorientierte Qualitätsinformationssysteme im Agribusiness. In: BUDDE, H.-J., MÖLLER, R.A.E. und BIRKNER, U. (Hrsg.): Referate der 24. GIL-Jahrestagung in Göttingen 2003, Band 16, 104–107.

PFEIFER, T. (2001): Qualitätsmanagement. Strategien, Methoden, Techniken. 3., völlig überarb. und erw. Auflage. Carl Hanser Verlag, München und Wien.

PFITZINGER, E. (2001): DIN EN ISO 9000:2000 für Dienstleistungsunternehmen. 2. Auflage. Beuth, Berlin, Wien und Zürich.

Picot, A. (1991): Ökonomische Theorien der Organisation – Ein Überblick über neuere Ansätze und deren betriebswirtschaftliches Anwendungspotential. In: Ordelheide, D., Rudolph, B. und Büsselmann, E. (Hrsg.): Betriebswirtschaftslehre und Ökonomische Theorie. Poeschel, Stuttgart. 143–170.

Picot, A., Reichwald, R. und Wigand, R.T. (2003): Die grenzenlose Unternehmung. Information, Organisation und Management. Lehrbuch zur Unternehmensführung im Informationszeitalter. 5. Auflage. Gabler, Wiesbaden.

Pirozzi, R. (2006): Understanding Quality Cost. In: Newsletter LogiGear. URL: http://www.logigear.com/newsletter/understanding_quality_cost.asp, 29/10/2009.

Plank, R., Pöchtrager, S., Meixner, O. und Schiebel, W. (2008): Einflüsse und Auswirkungen des internationalen Food Standard in der österreichischen Ernährungswirtschaft. In: Hambrusch, J., Hunger, F., Oedl-Wieser, T., Penker, M., Peyerl, H., Pistrich, K., Pöchtrager, S. und Reiter-Stelzl, J. (Hrsg.): 18. Jahrestagung der Österreichischen Gesellschaft für Agrarökonomie. Tagungsband 2008, 81–82.

Pöchtrager, S. (2000): Gut – besser – am besten; Qualitätsmanagementsysteme auch für landwirtschaftliche Betriebe? In: Agrobonus, 8, 10–12.

Pöchtrager, S. (2001): Die Ermittlung der Bedeutung von Erfolgsfaktoren in Qualitätsmanagementsystemen mit Hilfe des Analytischen Hierarchieprozesses am Beispiel der Österreichischen und Südtiroler Ernährungswirtschaft. Österreichischer Kunst- und Kulturverlag, Wien.

Pöchtrager, S. (2003): Qualitätsmanagement in der Ernährungswirtschaft. In: Penker, M. und Pfusterschmid, S. (Hrsg.): Jahrbuch der österreichischen Gesellschaft für Agrarökonomie. Facultas Verlag, Wien, 223–230.

Pöchtrager, S. (2005): Auswirkungen durch die Einführung des Qualitätsmanagements in der Ernährungswirtschaft. In: Pistrich, K.H., Meixner, O., Wytrzens, H.K. und Kirner, L. (Hrsg.): Jahrbuch der Österreichischen Gesellschaft für Agrarökonomie. Bd. 23. Facultas Verlag, Wien, 312–335.

Pöchtrager, S., Dörr, H., Hörl, B., Grossauer, S. und Frank, S. (2005): Milky Ways – Implementierung effizienter und umweltgerechter Transportketten am Beispiel einer Food Supply Chain einer Milchregion. Bundesministerium für Verkehr, Innovation und Technologie.

Pöchtrager, S. und Duenbostl, C. (2010): Qualitätsstandards in der Wertschöpfungskette. In: Agrarische Rundschau, 2, 12–14.

Pöchtrager, S., Fahrner, A., Dörr, H. und Hörl, B. (2009): Supply Chain Milch – Einflussfaktoren auf die verkehrsübergreifende Bewertung von Transportketten. Eine interdisziplinäre Studie als Grundlage im verkehrspolitischen Entscheidungsprozess. Ergebnis einer Expertenbefragung. In: Gesellschaft für Milchwissenschaft (Hrsg.): Milchkonferenz 2009, 66–67.

Pöchtrager, S. und Grossauer, S. (2008): Qualitätsstandard Weinviertel plus – Höchste Weinviertler Ansprüche an Produkt, Produktion, Abwicklung und Vermarktung. Version 3. Weinkomitee Weinviertel, Wolkersdorf. Forschungsbericht.

Pöchtrager, S. und Grossauer, S. (2009): Qualitätsmanagementsysteme in der österreichischen Agrar- und Ernährungswirtschaft – der strukturierte Weg einer Verbesserung. In: HAAS, R., MEIXNER, O. und PÖCHTRAGER, S. (Hrsg.): Was wir morgen essen werden – Herausforderungen und Perspektiven für das Agrarmarketing der Zukunft. Facultas Verlag, Wien, 123–136.

PÖCHTRAGER, S. und GROSSAUER, S. (2010): Qualitätssicherung und Qualitätsmanagement in einer Weinregion. In: FLEUCHAUS, R. und ARNOLD, R. (Hrsg.): Weinmarketing – Kundenwünsche erforschen, Zielgruppen identifizieren, innovative Produkte entwickeln. Gabler Verlag, Köln, 384–397.

PÖCHTRAGER, S. und MEIXNER, O. (2002): Vorgehensweise bei der Einführung des Qualitätsmanagements und deren Konsequenzen für die Ernährungswirtschaft. In: http://www.laendlicher-raum.at/, 5/2002, 1–15. URL: http://www.laendlicher-raum.at/article/archive/14925, 28/05/2009.

PÖCHTRAGER, S., MEIXNER, O. und HAAS, R. (2004): Evaluierung der Erfolgsfaktoren des EFQM-Modells in der österreichischen. Ernährungswirtschaft anhand des Analytischen Hierarchieprozesses. In: Agrarwirtschaft. Zeitschrift für Betriebswirtschaft, Marktforschung und Agrarpolitik, 3 von 8, 123–130.

PÖCHTRAGER, S., MEIXNER, O., MODER, G. und HEISSENBERGER, A. (2006): Zur Machbarkeit einer GVO-freien Futtermittelproduktion: Ergebnisse einer Studie unter Praxisbedingungen in drei österreichischen Futtermittelwerken. Berichte über Landwirtschaft. Zeitschrift für Agrarpolitik und Landwirtschaft, Bd. 84 (3), 380–403.

PÖCHTRAGER, S. und SATZINGER, E. (2001): Von der Konkurrenz abheben – Qualitätsmanagement am Beispiel der Erzeugergemeinschaft Zistersdorf. In: Agrobonus, 4, 8–9.

PODESVA, D. (2009): Grundsätze der Guten Hygienepraxis (GHP) und des HACCP-Systems. 5. Auflage. Rechtsinfo. Wirtschaftskammer Wien, Eigenverlag.

POIGNÉE, O.K. and SCHIEFER, G. (2007): Regional quality programs: relevance, objectives and strategies. In: THEUVSEN, L., SPILLER, A., PEUPERT, M. and JAHN, G. (Hrsg.): Quality management in food chains. Wageningen Academic Publishers. Wageningen.

POIGNÉE, O.K. (2008): Strategisches Qualitätsmanagement in Netzwerken: Entwicklung eines Referenzmodells am Beispiel der Getreidewirtschaft. Dissertation, Rheinische Friedrich-Wilhelms-Universität, Bonn.

POWELL, W. (1990): Neither market nor hierarchy: Network forms of organization. In: Research in Organizational Behavior, Vol. 12, 295–336.

PRATT, J.W and ZECKHAUSER, R.J. (1985), „Principals and agents: an overview". In: PRATT, J.W. and ZECKHAUSER, R.J. (Hrsg.): Principals and Agents: The Structure of Business, Harvard Business School Press, Boston, Massachusetts. 1–36.

PRITTWITZ, V. (2007): Vergleichende Politikanalyse. Lucis & Lucis Verlagsgesellschaft mbH, Stuttgart.

PÜRER, H. (1990): Praktischer Journalismus in Zeitung, Radio und Fernsehen mit einer Berufs- und Medienkunde für Journalisten in Österreich. 3. Auflage. Kuratorium für Journalistenausbildung, Salzburg.

QM-WEB (2008): Arbeitsumgebung. Glossar. www.qm-web.de: Das Online-Praxisportal für Führungskräfte aus dem Bereich Qualitätsmanagement. http://www.qm-web.de/fachwissen/ glossar/glossareintrag.2008–03–11.145000/, 15/05/2009.

QUALITYAUSTRIA (2009): Antworten auf die Krise. Auswege aus der Krise. Presseinformation: URL: http://www.qualityaustria.com/fileadmin/user_upload/dokumente/gb3/Antworten_ auf_die_Krise_2009.pdf, 27/05/2010.

QUALITY.DE (2003): DIN ISO 9000. quality-Datenbank Klaus Gebhardt. URL: http://www.quality.de/cms/lexikon/lexikon-d/din-iso-9000.html. 19/11/2009.

QUALITY.DE (2009): British Retail Consortium. quality-Datenbank Klaus Gebhardt. URL: http://www.quality.de/cms/lexikon/lexikon-b/british-retail-consortium.html, 16/11/2009.

RAFF, T. (2000): Systemgeschäft und Integralqualitäten: informationsökonomische Fundierung und empirische Prüfung am Beispiel der Fertigungsautomatisierung. Deutscher Universitätsverlag, Wiesbaden.

RAMPERSAD, H. (2008): The way to a highly engaged and happy workforce based on the Personal Balanced Scorecard. In: Total Quality Management, Vol. 19, Nos. 1–2, January-February, 11–27.

RAUPP, M. (2002): Netzwerkstrategien und Informationstechnik. Eine ökonomische Analyse von Strategien in Unternehmensnetzwerken und deren Wirkungen auf die Ausgestaltung der zwischenbetrieblichen Information- und Kommunikationssysteme. Peter Lang, Frankfurt am Main.

RAUSSE, G. (2008): Das Managementhandbuch zur Dokumentation der Prozesse. In: KAMISKE, G.: Managementsysteme: Begutachtung, Auditierung, Zertifizierung. Synposion Publishing GmbH, Düsseldorf.

REGIUS, B. (2006): Qualität in der Produktentwicklung. Vom Kundenwunsch bis zum fehlerfreien Produkt. Carl Hanser Verlag, München und Wien.

REINER, G. (2001): Ökonomische Bewertung des Qualitätsmanagements unter Berücksichtigung der Kundenzufriedenheit. Service-Fachverlag, Wien.

REINER, H. (2007): Qualität und Identität von Gemüse. In: Gemüsebau Praxis, 2/2007, 14–15. URL: http://www.helmutreiner.at/pdf/gemuese_qualitaet_teil1_uebersicht.pdf, 02/11/2009.

REISS, W. (2007): Mikroökonomische Theorie. Historisch fundierte Einführung. 6., vollst. überarb. und verb. Auflage. Oldenbourg Wissenschaftsverlag, München.

RICHTER, R. und FURUBOTN, E. G. (1999): Neue Institutionenökonomik. Eine Einführung und kritische Würdigung. 2., durchges. und erg. Auflage. Mohr, Tübingen.

RIEDL, R. (2006): Analytischer Hierarchieprozess vs. Nutzwertanalyse: Eine vergleichende Gegenüberstellung zweier multiattributiver Auswahlverfahren am Beispiel Application Service Providing. In: FINK, K. und PLODER, C. (Hrsg.): Wirtschaftsinformatik als Schlüssel zum Unternehmenserfolg. Deutscher Universitäts-Verlag, Wiesbaden.

ROBBINS, L. (1935): On the Nature and Significance of Economic Science. 2. Auflage. MacMillan, London.

ROMMELFANGER, H. und EICKEMEIER, S. (2002): Entscheidungstheorie. Klassische Konzepte und Fuzzy-Erweiterungen. Springer, Berlin.

RÖTZEL, A und RÖTZEL-SCHWUNK, I. (1999): Qualitätsmanagement maßgeschneidert – für kleinere und mittlere Betriebe. VDE-Verlag, Berlin und Offenbach.

RUCK, K. (2007): Kleine Riesen. Die besten Marketingrezepte für kleinere Unternehmen. Redline Wirtschaft, Heidelberg.

RUSSELL, S. (2000): ISO 9000:2000 and the EFQM Excellence Model: competition or cooperation? In: Total Quality Management, Vol. 11, Nos. 4/5&6, 657–665.

SAATY, T.L. (1980): The analytic hierarchy process: Planning, priority setting, resource allocation. McGraw-Hill, New York und London.

SAATY, T.L. (1995): Decision Making for Leaders, The Analytical Hierarchy Process for Decisions in a Complex World. RWS Publications, Pittsburgh.

SAATY, T.L. (2006): Fundamentals of Decision Making and Priority Theory. 2$^{nd}$ Ed. RWS Publications, Pittsburgh.

SALAHELDIN, S.I. (2009): Critical success factors for TQM implementation and their impact on performance of SMEs. In: International Journal of Productivity and Performance Management, Vol. 58, No. 3, 215–237.

SAMUELSON, P.A. und NORDHAUS, W.D. (2007): Volkswirtschaftslehre. Das internationale Standardwerk der Makro- und Mikroökonomie. 3. aktualisierte Auflage. mi-Fachverlag, Landsberg am Lech.

SCHEIBLE, K.-G. (2009): Die Angst der Manager. Die vielen „kleinen Unternehmer". In: MQ Management und Qualität 1–2/2009, 36–37.

SCHIEBEL, W. and PÖCHTRAGER, S. (2003): Corporate ethics as a factor for success – the measurement instrument of the University of Agricultural Sciences (BOKU), Vienna. In: Supply Chain Management: An International Journal, Vol. 8, No. 2, 116–121.

SCHIEFER, G. (2003): From Enterprise Activity Quality Management to Sector Initiative Quality Assurance: Development, Situation and Perspectives. International Agricultural Trade and Policy Center. University of Florida. URL: http://ageconsearch.umn.edu/bitstream/15707/1/ mg030002.pdf, 21/12/2009.

SCHILLINGS-SCHMITZ, A. und PFAFF, S. (2003): Rückblick: Wie kam es zum IFS. In: BUHLMANN, B. (Hrsg.): Kompaktwissen zum IFS. Anforderungen, Umsetzung und Erfahrungsberichte. Sonderausgabe Praxishandbuch Lebensmittelsicherheit. Behr's Verlag, Hamburg.

SCHIRM, S. (2007): Internationale Politische Ökonomie. Eine Einführung. 2. aktualisierte und ergänzte Auflage. Nomos, Baden-Baden.

SCHLOSSBERGER, F. und SCHNELL, J. (2009): Qualitätsmanagement- und Qualitätssicherungssysteme in der Land- und Ernährungswirtschaft. Bayerische Landesanstalt für Landwirtschaft (LfL). URL: http://www.lfl.bayern.de/publikationen/daten/informationen/p_36135.pdf, 12/07/2010.

SCHMÖLKE, S. und DEITERMANN, M. (2009): Industriefachklasse. Lernfelder 1 bis 5. Schülerbuch, 1. Auflage. Winklers, Braunschweig.

SCHNAUBER, H. und TOLIS, E. (2003): Managementlehre im Wandel der Zeit – von der Instruktion zur Kommunikation. In: MASING, W. et. al. (Hrsg.): Qualitätsmanagement. Tradition und Zukunft. Carl Hanser Verlag, München, Wien, 283–312.

SCHNEEWEISS, C. (1991): Planung 1. Systemanalytische und entscheidungstheoretische Grundlagen. Springer, Berlin.

SCHNEIDER, D. (1993): Betriebswirtschaftslehre. Band I – Grundlagen. Oldenbourg, München und Wien.

SCHNEIDER, D. (2004): Grundlagen der Betriebswirtschaftslehre. Kompaktes Basiswissen. Schriftenreihe des Kompetenzzentrums für Unternehmensentwicklung und -beratung (Kube e. V.). Books on Demand GmbH, Norderstedt.

SCHOCH, S., KOBLER, D. und LÜTHI, Th. (s. a.): Qualitätsmanagement in der Lebensmittelbranche: Wozu? Hochschule Wädenswil, Institute for Quality Management & Food Safety (IQFS). URL: http://www.iqfs.ch/index.cfm?D2F44950D842C8D9FFCA9A48C BB74C0A, 29/09/2009.

SCHÖGEL, M, und TOMCZAK, T. (2004): Herausforderungen an eine erfolgreiche Zusammenarbeit mit dem Handel – eine Bestandsaufnahme. In Thexis, 1.2004, 39–45.

SCHONSCHEK, O. (2008a): Ressourcenmanagement. Mit den richtigen Ressourcen zum Unternehmenserfolg. In: qm-web.de. http://www.qm-web.de/fachwissen/fachartikel/ mit-den-richtigen-ressourcen-zum-unternehmenserfolg/, 1–3, 17/06/2009.

SCHONSCHEK, O. (2008b): Lieferantenmanagement. Lieferantenbewertung – Dauerhafter Erfolg ist nur gemeinsam möglich. In: qm-web.de. http://www.qm-web.de/fachwissen /fachartikel/dauerhafter-erfolg-ist-nur-gemeinsam-möglich/, 1–3, 17/06/2009.

SCHONSCHEK, O. (2009): Corporate Social Responsibility (CSR): Wie soziales Engagement Erfolg und Qualität beeinflusst. In: qm-web.de. http://www.qm-web.de/fachwis sen/fachartikel /QM-Methoden/wie-soziales-engagement-erfolg-und-qualität-beein flusst/, 1–3, 17/06/2009.

SCHRAMM, M. und SPILLER, A. (2003): Farm-Audit und Farm-Advisory-System: Ein Beitrag zur Ökonomie von Qualitätssicherungssystemen. In: Berichte über Landwirtschaft, Zeitschrift für Agrarpolitik und Landwirtschaft, Bd. 81 (1–4), 2003, 165–191.

SCHREYÖGG, G. (2003): Organisation – Grundlagen moderner Organisationsgestaltung – Mit Fallstudien. 4., vollst. überarb. und erw. Auflage. Gabler, Wiesbaden.

SCHROETER, S., GÖHRINGER, M., KÖPPE, D. und KECK, R. (2003): Qualitätsmanagementsysteme. Ein Wegweiser für die Praxis. Industrie- und Handelskammern in Nordrhein-Westfalen und Baden-Württemberg, Düsseldorf.

SCHUBERT, H. (2002): Aus der Praxis des Netzwerkmanagements. Beitrag zur Auftaktveranstaltung der zweiten Runde des BMBF-Programms „Lernende Regionen" am 13. Juni 2002 in Bonn. FH Köln, Fachbereich Sozialpädagogik. URL: http://www.ler nende-regionen.info/ dlr/download/NETZMANAGEMENTschubert.pdf, 16/02/2010.

SCHULZE, H. und SPILLER, A. (2008): Qualitätssicherungssysteme in der europäischen Agri-Food Chain: Ein Rückblick auf das letzte Jahrzehnt. Department für Agrarökonomie und Rurale Entwicklung. Georg-August-Universität Göttingen, Göttingen.

SCHUMANN, J. (1992): Grundzüge der mikroökonomischen Theorie. 6., überarb. und erw. Auflage. Springer-Verlag, Berlin, Heidelberg, New York.

SCHUMANN, J., MEYER, U. und STRÖBELE, W. (1999): Grundzüge der mikroökonomischen Theorie. 7. Auflage. Springer-Verlag, Berlin, Heidelberg, New York.

SCHUMPETER, J. A. (1908): Das Wesen und der Hauptinhalt der theoretischen Nationalökonomie. Duncker & Humblot, Leipzig.

# Literaturverzeichnis

SEEWALD, H.-G. (2005): Lebensmittelzertifizierung. Bringt die ISO 22000 die gewünschte Harmonisierung der Lebensmittelstandards? In: MQ Management und Qualität 7–8/ 2005, 36–37.

SEIDENSCHWARZ, W. (2008): Marktorientiertes Prozessmangement – Wie Process Mass Customization Kundenorientierung und Prozessstandardisierung integriert. 2. Auflage. Verlag Franz Vahlen GmbH, München.

SEUFERT, H. und HESSE, J. (2008): Landwirtschaft = QM – Qualitätsmanagement im Lebens- und Futtermittelsektor. DLG Verlag, Frankfurt am Main.

SGS (2009): SGS unterzeichnet internationale Vereinbarung über FSSC 22000 Zertifizierung. Im Blickpunkt SGS-International Certification Services GmbH. 25/09/09. URL: http://www.de.sgs.com/de/sgs-unterzeichnet-internationale-vereinbarung-ueber-fssc-22000-zertifizierung-de?viewId=5782, 05/10/2009.

SHOKRI, A., NABHANI, F. and HODGSON, S. (2010): Supplier development practice: Arising the problems of upstream delivery for a food distribution SME in the UK. In: Robotics and Computer-Integrated Manufacturing, 26, 639–646.

SIEGENTHALER, M. (2003): Zeitgemäßes Qualitätsmanagement – QMS erfolgreich aufgleisen. In: www.organisator.ch, Nr. 12/03. URL: http://www.qualiman.ch/docs/Fach artikel%20Or ganisator.pdf, 27/08/2009.

SMELSER, N. J. and SWEDBERG, R. (1994): The Sociological Perpective on the Economy. In: SMELSER, N. J. and SWEDBERG, R. (Hrsg.): Handbook of Economic Sociology. 3–26. Princeton University Press, Princeton.

SPERBER, W.H. (2005): HACCP does not work from Farm to Table. In: Food Control, 16, 511–514.

SPILLER, A. und JAHN, G. (2003): Einflussfaktoren auf die Prüfungsqualität: QS-Systeme und Wirtschaftsprüfung im Vergleich. Eine agencytheoretische Analyse. In: BUDDE, H.-J., MÖLLER, R.A.E. und BIRKNER, U. (Hrsg.): Referate der 24. GIL-Jahrestagung in Göttingen 2003, Band 16, 149–152.

SPILLER, A. und SCHULZE, B. (2008): Zukunftsperspektiven der Fleischwirtschaft. Verbraucher, Märkte, Geschäftsbeziehungen. Universitätsverlag, Göttingen.

STABER, U. (2000): Steuerung von Unternehmensnetzwerken: Organisationstheoretische Perspektiven und soziale Mechanismen. In: SYDOW, J. und WINDELER, A. (Hrsg.): Steuerung von Netzwerken: Konzepte und Praktiken. Westdeutscher Verlag, Opladen. 58–87.

STADT WIEN (2007): Jahresbericht 2007. MA 38 Lebensmitteluntersuchungsanstalt der Stadt Wien. URL: http://www.wien.gv.at/lebensmittel/. 22/12/2009.

STEGBAUER, CH. (2008): Netzwerkanalyse und Netzwerktheorie. Einige Anmerkungen zu einem neuen Paradigma. In: STEGBAUER, CH. (Hrsg.): Netzwerkanalyse und Netzwerktheorie. Ein neues Paradigma in den Sozialwissenschaften. VS Verlag für Sozialwissenschaften, Wiesbaden. 11–19.

STEINBUCH, P.A. (1997): Organisation. Kompendium der praktischen Betriebswirtschaft. 10., durchges. und aktualisierte Auflage. Kiehl, Ludwigshafen (Rhein).

STEINIGER, H. (2009): Beauftragte/-r „Integrierte Managementsysteme für Qualität, Sicherheit und Umwelt". In: qm-pesonal.com. http://www.qm-personal.com/stellen beschreibung/beauftragter-integriertes-managementsystem.php, 17/04/2009.

STEMPFLE, D., STEMPFLE, L. und ZARTMANN, R. (2009): Reklamationsmanagement als Reklame. Beschwerden managen, Kunden zurückgewinnen, mehr verkaufen. Gabler Verlag, Wiesbaden.

STEWART, T. (1998): Der vierte Produktionsfaktor: Wachstum und Wettbewerbsvorteile durch Wissensmanagement. Carl Hanser Verlag, München und Wien.

STOCK, R. (2003): Der Zusammenhang zwischen Mitarbeiter- und Kundenzufriedenheit. Direkte, indirekte und moderierende Effekte. 2. Auflage. Deutscher Universitätsverlag, Wiesbaden.

STRZYZOWSKI, S. (2008): Ab in die Lobby. Netzwerk Lobbying. In: Die Wirtschaft, 01/11/2008, 63. Österreichischer Wirtschaftsverlag, Wien.

SUN, H. and ZHAO, Y. (2010): The empirical relationship between quality management and the speed of new product development. In: Total Quality Management & Business Excellence, Vol. 21, No. 4, 351–361.

SYDOW, J. (1992): Strategische Netzwerke: Evolution und Organisation. Gabler, Wiesbaden.

TACKEN, G.B.L, BATOWSKA, A., GARDEBROEK, C., NESHA TURI, K., BANSE, M., WIJNANDS, J.H. M. and POPPE, K.J. (2009): Competitiveness of the EU dairy industry. Report 2009–011. LEI Wageningen UR. Den Haag.

TÄHKÄPÄÄ, S., KALLIONIEMI, M., KORKEALA, H. and MAIJALA, R. (2009): Food control officers perception of the challenges in implementing new food control requirements in Finland. In: Food Control, 20, 664–670.

TAMME, O. (2008): Beitrag der vor- und nachgelagerten Bereiche der Land- und Forstwirtschaft zu Wertschöpfung und Beschäftigung in Österreich. In: Ländlicher Raum. Online-Fachzeitschrift des BMLFUW, Jahrgang 2008. URL: http://www.laendlicherraum.at/article/ articleview/66297/1/10402, 01/12/2009.

TANNER, B. (2000): Independent assessment by third-party certification bodies. Food Control 11, 415–417.

TERLAAK, A. and KING, A. (2006): The effect of certification with the ISO 9000 Quality Management Standard: A signaling approach. In: Journal of Economic Behavior & Organization, Vol. 60, 579–602.

THEUVSEN, L. (2003): Rückverfolgbarkeit von Lebensmitteln: Herausforderungen und Lösungsansätze aus organisatorischer Sicht. In: BUNDESMINISTERIUM FÜR VERBRAUCHERSCHUTZ, ERNÄHRUNG UND LANDWIRTSCHAFT (Hrsg.): Berichte über Landwirtschaft. Zeitschrift für Agrarpolitik und Landwirtschaft. Landwirtschaftsverlag, Münster-Hiltrup, 555–581.

THURMOND, V. (2001): The Point of Triangulation. In: Journal of Nursing Scholarship, Third Quarter 2001, 33:3, 253–258.

TIEDTKE, J. und DÖRING, B. (1998): Allgemeine BWL für Schule, Ausbildung und Beruf: Handlungsorientierte Darstellung. Gabler Verlag, Wiesbaden.

# Literaturverzeichnis

TRIPPL, M., LENGAUER, L. und TÖDTLING, F. (2007): Innovation und Wissensnetze im Wiener Informations- und Kommunikationstechnologiecluster. SRE-Discussion 2007/02. Institut für Regional- und Umweltwirtschaft, Wirtschaftsuniversität Wien. URL: http://epub.wu.ac.at/dyn/virlib/wp/eng/mediate/epub-wu-01_bfd.pdf?ID=epub-wu-01_bfd, 11/02/2010.

TÜV AUSTRIA (s. a.): Berechtigungen des TÜV AUSTRIA. URL: http://www.tuev.at/ start/ browse/Webseiten/TUV%20Austria%20Holding/Berechtigungen;jsessionid=c2f2298230d69d8562e04d3e4d24ab05f9ff88347cd5.e34PaN4TchuTay0Lc34Paxu MahmTe6fznA5Pp7ftolbGmkTy?localeChanged=true, 23/12/2009.

ULRICH, H. (1968): Die Unternehmung als produktives soziales System – Grundlagen der allgemeinen Unternehmungslehre. Haupt, Bern.

ULRICH, H. (1984): Management. Haupt, Bern.

ULRICH, H., und PROBST, G.J.B. (1990): Anleitung zum ganzheitlichen Denken und Handeln – ein Brevier für Führungskräfte. 2. Auflage. Haupt, Bern.

URL, B. (s. a.): Kamingespräch Integrierte Produktionsverfahren – Rückverfolgbarkeit und Nachhaltigkeit. Die Rolle der AGES/BAES. Österreichische Agentur für Gesundheit und Ernährungssicherheit GmbH. URL: http://www.pflanzenschutz.fcio.at/praesentationen/integr_ produktionsverf/integrierte_produktionsverfahren.pdf, 17/07/2009.

VEREINIGUNG DER ÖSTERREICHISCHEN INDUSTRIE (2007): Die IV – Industriellenvereinigung. URL: http://www.iv-net.at/bm12, 14/12/2009.

VKI (2007): Neue Hofer-Produktlinie: Zurück zum Ursprung. In: Konsument/3, 2007.

VKK (2008): Fachinformationen: International Food Standard (IFS) – ein Stück Sicherheit mehr für den (Groß)Verbraucher. Verband der Küchenleiter/innen in Krankenhäusern und Pflegeeinrichtungen e.V. URL: http://www.vkk-ev.de/vkk_fachinformationen_international _food_standard_ifs.html, 11/11/09.

VÖM (2010): Vereinigung Österreichischer Milchverarbeiter 2010. URL: http://www.voem. or.at, 21/09/2010.

WÄCHTER, H. und VEDDER, G. (2001): Qualitätsmanagement in Organisationen. DIN ISO 9000 und TQM auf dem Prüfstand. Gabler Verlag, Wiesbaden.

WAGNER, J. (2003): Mitsprache: Die fünfte Gewalt. In: DIE ZEIT, Nr. 45, 30.10.2003. URL: http://www.zeit.de/2003/45/Lobbyismus, 14/12/2009.

WAGNER, K. (2006): PQM – Prozessorientiertes Qualitätsmanagement. Leitfaden zur Umsetzung der ISO 9001:2000. 3., vollst. überarb. und erw. Auflage. Carl Hanser Verlag, München.

WAGNER, K. und ZACHARNIK, M. (2006) Qualitätsmanagement für KMU: Qualität. Sensibilisieren- realisieren- Leben. Hanser, München.

WAGNER, K.W. und KÄFER, R. (2008): PQM Prozessorientiertes Qualitätsmanagement. Leitfaden zur Umsetzung der neuen ISO 9001. 4., kompl. überarb. und erw. Auflage. Carl Hanser Verlag, München.

WALGENBACH, P. (1998): Zwischen Showbusiness und Galeere. Zum Einsatz der DIN EN ISO 9000er Normen in Unternehmen. In: Industrielle Beziehungen, 5. Jg., Heft 2, 135–163.

WALI, A. A., DESHMUKH, S.G. and GUPTA, A.D. (2003): Critical success factors of TQM: a select study of Indian organizations. In: Production Planning & Control, Vol. 14, No., 1, 3–14.

WEBER, H. (2007): Qualifikation mit Zukunft – Führungskompetenz. In: QZ, Jahrgang 52, 9, 92–94.

WEBER, J. (2009): Milchvermarktung hört nicht mit der Abholung auf. In: agrar-net.at, Landwirtschaftskammer Österreich. URL: http://www.agrar-net.at/partner/index.php?id=2500%2C 1477159%2C%2C, 13/07/2010.

WEIGERT, J. (2008): Der Weg zum leistungsstarken Qualitätsmanagement. Ein praktischer Leitfaden für die ambulante, teil- und vollstationäre Pflege. 2., aktualisierte Auflage. Hannover, Schlütersche.

WEINDLMAIER, H. (2005): Qualitätsmanagementsysteme in der Ernährungswirtschaft: Beweggründe, Entwicklungen und Perspektiven. In: Jahrbuch der Österreichischen Gesellschaft für Agrarökonomie, Band 14, 7–26.

WEISCHENBERG, S. (2006): Der Journalismus und das Weihwasser. In: Deutschlandradio Kultur, 31.08.2006. URL: http://www.dradio.de/dkultur/sendungen/politischesfeuilleton/537339/, 14/12/2009.

WELLEMS, E. (s. a.): Externer QMB: Aufgaben und Einsatzmodelle. In: Der Qualitätsmanagement-Berater, 27. Aktualisierung. URL: http://www.qmb-aktuell.de/index.php?WA=LP_QMB&ARTIKEL_KAPITEL_NR=03230&TITEL=Externer%20QMB:%20Aufgaben%20und%20Einsatzmodelle, 27/08/2009.

WERNER, H. (2008): Supply Chain Management. Grundlagen, Strategien, Instrumente und Controlling. 3. Auflage. Gabler, Wiesbaden.

WERNER, M. (2004): Einflussfaktoren des Wissenstransfers in wissensintensiven Dienstleistungsunternehmen. Eine explorativ-empirische Untersuchung bei Unternehmensberatungen. Deutscher Universitäts-Verlag, Wiesbaden.

WIEGLAND, J. (2004): Handbuch Planungserfolg: Methoden, Zusammenarbeit und Management als integraler Prozess. vdf Hochschulverlag AG, Zürich.

WIESENEDER, S. (2007): Kapitalanlage guter Ruf. Reputation ist lebenswichtig – diese zu pflegen ist eine Kunst. In: QZ, Jahrgang 52, 96–98.

WILCOCK, A., BALL, B. and FAJUMO, A. (2010): Effective implementation of food safety initiatives: Mangers', food safety coordinators' and production workers' perspectives. In: Food Control, article in press, corrected proof. doi: 10.1016/j.foodcont.2010.06.005, 1–7.

WILDEMANN, H. (1992): Kosten- und Leistungsbeurteilung von Qualitätssicherungssystemen. In: Zeitschrift für Betriebswirtschaft 62, Nr. 7, 761–782.

WILSON, T.E. and GRIMLUND, R.A. (1990): An Examination of the Importance of an Auditors Reputation. In: Auditing: A Journal of Practice & Theory, Vol. 9 (1990), 43–59.

WILLIAMSON, O.E. (1985): The Economic Institutions of Capitalism: Firms, Markets, Relational Contracting. Free Press, New York, London.

WILLIAMSON, O.E. (1990): Die ökonomischen Institutionen des Kapitalismus. Unternehmen, Märkte, Kooperationen. Mohr, Tübingen.

# Literaturverzeichnis

WILLIAMSON. O.E: (1996): The Mechanisms of Governance. Oxford Univerity Press, New York.

WINKLER, C. (2008): Supply Chain Controlling – Konzeption und Gestaltung. Dissertation, Heinrich-Heine-Universität, Düsseldorf.

WINKLER, G. (s. a.): Banken und Finanzdienstleistungen, Vertiefungskurs VI, „Asset Management". Lehrveranstaltungsunterlagen, Wirtschaftsuniversität Wien. URL: http://www.wu. ac.at/banking/sbwl/lvs_ss/vk6/am1.pdf, 30/06/2010.

WIRTZ, B.W. (2005): Integriertes Direktmarketing. Grundlagen – Instrumente – Prozesse. Gabler, Wiesbaden.

WKO (2007a): Amtliche Futter- und Lebensmittelkontrolle. Die amtliche Kontrolle im Gemeinschaftsrecht. Die amtliche Kontrolle im österreichischen Recht (LMSVG). URL: http://portal.wko.at/wk/format_detail.wk?AngID=1&StID=215548&DstID=0#, 23/07/2009.

WKO (2007b): Qualitätsmanagement in PR-Agenturen. Werbemonitor der Fachgruppe Werbung und Marktkommunikation. URL: http://www.werbemonitor.at/Qualitaets management. 81.0.html, 28/09/2009.

WKO (2008): Lebensmittelsicherheit (LMSVG). Internationale Standards und Normen. Merkblatt LMSVG-Standards. Bundesgremium des Lebensmittelhandels, WKO, Wien.

WKO (2009a): Die Lebensmittelindustrie Österreichs – Botschafter des guten Geschmacks. Presseinformation anlässlich der ANUGA 2009 in Köln. Die Lebensmittelindustrie, Wirtschaftskammer Österreich. URL: http://www.press1.de/wrapper.cgi/ www.press1.de/files/km_ kmanu488_1254296074.pdf, 26/11/2009.

WKO (2009b): Österreichs Lebensmittel trotzen der Krise. Die Lebensmittelindustrie, Wirtschaftskammer Österreich. URL: http://www.ama-marketing.at/home/user/6/LE BENSMIT TELVERBAND_Pressetext-PK-ANUGA-Wien-0510–2009.pdf, 26/11/2009

WKO (2009c): Lobbying. http://portal.wko.at/wk/format_detail.wk?angid=1&stid=97074 &dstid=281&opennavid=26513, 14/12/2009.

WKO (2009d): Österreichisches Lebensmittelbuch. URL: http://portal.wko.at/wk/format_ detail.wk?AngID=1&StID=154903&DstID=323, 06/05/2010.

WKO (s. a.): Die Wirtschaftskammern Österreichs. Wofür wir stehen. Wer wir sind. Wie wir arbeiten. URL: http://portal.wko.at/wk/format_detail.wk?angid=1&stid=295264 &dstid=363, 14/12/2009.

WÜRZNER, H. (2001): Weißbuch zur Lebensmittelsicherheit – Auswirkungen auf den Futtermittelbereich. ALVA-Jahrestagung 2001 in Wolfspassing, 17–18. URL: www.raum berg-gumpenstein.at, 29/09/2009.

WZONLINE (s. a.): Bundes-Verfassungsgesetz (B-VG). URL: http://www.wienerzeitung.at/ linkmap/recht/verfassung1.htm, 05/07/2010.

YAO, B. and MCEVILY, S. (2001): Information Flow and Knowledge Creation: The Roles of Structural Embeddedness and Knowledge Embeddedness in Alliance Networks. Working paper, University of Pittsburgh.

YUSOF, S. and ASPINWALL, E. (2000): Critical success factors in small and medium enterprises: survey results. In: Total Quality Management, Vol. 11, Nos. 4/5&6, 448–462.

# 10 Literaturverzeichnis

ZANGEMEISTER, C. (1976): Nutzwertanalyse in der Systemtechnik, 4. Auflage. Dissertation TU Berlin 1970. Wittemann, München.

ZHANG, X. (2007): Institution, Netzwerk, Individuum. Ein Vergleich von Douglass C. North und Harrison C. White. In: KABALK, A. und PRIDDAT, B. P. (Hrsg.): Wieviel Subjekt braucht die Theorie? Ökonomie / Soziologie / Philosophie. VS Verlag für Sozialwissenschaften, Wiesbaden. 85–96.

ZIEMANN, A. (2009): Systemtheorie. In: KNEER, G. und SCHROER, M. (Hrsg.): Handbuch Soziologische Theorien. VS Verlag für Sozialwissenschaften, Wiesbaden. 469–490.

ZIMMERMANN, C. (2008): Die neue DIN EN ISO 9001:2008 – was ist zu beachten? BSI Management Systems und Umweltgutachter Deutschland GmbH. URL: http://www.Bsigroup.de/upload/120481/Dokumente/Artikel%20zur%20neuen%20Norm%20DIN%20EN%20ISO%209001-2008.pdf, 05/11/2009.

ZIMMERMANN, H.-J. (2008): Operations Research. Methoden und Modelle. Für Wirtschaftsingenieure, Betriebswirte und Informatiker. 2., aktualisierte Auflage. Friedr. Vieweg & Sohn Verlag, Aachen.

ZINGEL, H. (2002): Warum Qualitätsmanagementsysteme scheitern. In: BWL-Bote. URL: http://bwl-bote.de/20020930.htm, 05/05/1010.

ZINGEL, H. (2006): Entscheidungstheorie: wie funktioniert eigentlich die Nutzwertanalyse? In: BWL-Bote. URL: http://bwl-bote.de/20060612.htm, 23/06/2010.

ZOLLONDZ, H. D. (2006): Grundlagen Qualitätsmanagement. Einführung in Geschichte, Begriffe, Systeme und Konzepte. 2. vollst. überarb. und erw. Auflage. Oldenbourg Wissenschaftsverlag GmbH-, München.

# 11 Abkürzungsverzeichnis

| | |
|---|---|
| AFC | Agriculture & Food Consulting |
| AGES | Agentur für Gesundheit und Ernährungssicherheit |
| AHP | Analytischer Hierarchieprozess (engl. Analytic Hierarchy Process) |
| AIB | American Institute of Baking |
| AIZ | Agrarisches Informationszentrum |
| AkkG | Akkreditierungsgesetz |
| AMA | Agrarmarkt Austria |
| AMS | Arbeitsmarktservice |
| APA | Austria Presse Agentur |
| APLAC | Asia Pacific Laboratory Accreditation Cooperation |
| ARGE | Arbeitsgemeinschaft |
| B2B | Business-to-Business |
| B2C | Business-to-Consumer |
| BGBl. | Bundesgesetzblatt |
| BLL | Bund für Lebensmittelrecht und Lebensmittelkunde e.V. |
| BMELV | Bundesministerium für Ernährung, Landwirtschaft und Verbraucherschutz |
| BMF | Bundesministerium für Finanzen |
| BMG | Bundesministerium für Gesundheit |
| BMGFJ | Bundesministerium für Gesundheit, Familie und Jugend |
| BMLFUW | Bundesministerium für Land- und Forstwirtschaft, Umwelt und Wasserwirtschaft |
| BMVIT | Bundesministerium für Verkehr, Innovation und Technologie |
| BMWA | Bundesministerium für Wirtschaft und Arbeit |
| BMWFJ | Bundesministerium für Wirtschaft, Familie und Jugend |
| BRC | British Retail Consortium |
| BSE | Bovine spongiforme Enzephalopathie |
| B-VG | Bundes-Verfassungsgesetz |
| bzw. | beziehungsweise |
| CCP | Critical Control Point |

# Abkürzungsverzeichnis

| | |
|---|---|
| CSR | Corporate Social Responsibility |
| d. h. | das heißt |
| DIN | Deutsches Institut für Normung |
| EA | European Cooperation for Accreditation |
| EDA | European Dairy Association |
| EDV | Elektronische Datenverarbeitung |
| EFQM | European Foundation for Quality Management |
| EFSA | Europäische Behörde für Lebensmittelsicherheit (engl. European Food Safety Authority) |
| EG | Europäische Gemeinschaften |
| EMAS | Eco Management and Audit Scheme |
| EN | Europäische Norm |
| Eucolait | European Association of Dairy Trade |
| f | die folgende Seite |
| FAO | Ernährungs- und Landwirtschaftsorganisation der Vereinten Nationen (engl. Food and Agriculture Organization) |
| ff | die folgenden Seiten |
| FMEA | Fehler-Möglichkeits- und Einflussanalyse |
| FSSC | Food Safety System Certification |
| g.g.A. | Geschützte geographische Angabe |
| g.U. | Geschützte Ursprungsbezeichnung |
| GFSI | Global Food Safety Initiative |
| GHP | Gute Hygienepraxis |
| GmbH | Gesellschaft mit beschränkter Haftung |
| GMP | Good Manufacturing Practice |
| GVO | Gentechnisch veränderte Organismen |
| HACCP | Hazard Analysis and Critical Control Points |
| i. d. R. | in der Regel |
| i. e. | id est (das heißt, sprich) |
| i. e. S. | im engeren Sinn |
| IAF | International Accreditation Forum |
| IAVG | Internationaler Arbeitskreis für Verantwortung in der Gesellschaft e. V. |
| IEC | International Electrotechnical Commission |
| IFS | International Food Standard |
| ILAC | International Laboratory Accreditation Cooperation |
| ILO | International Labour Organization |
| ISO | International Organization for Standardization |
| IT | Informationstechnik |
| ITX | Isopropylthioxanthon |
| IV | Industriellenvereinigung |
| K.O.-Kriterien | knocked out Kriterien |
| KMU | Kleine und mittlere Unternehmen |
| LEH | Lebensmitteleinzelhandel |
| LMSVG | Lebensmittelsicherheits- und Verbraucherschutzgesetz |

# Abkürzungsverzeichnis

| | |
|---|---|
| MAXQDA 2007 | Max Qualitative Daten Analyse 2007 |
| MIK | Mehrjähriger integrierter Kontrollpan |
| MLR | Ministerium für Ländlichen Raum, Ernährung und Verbraucherschutz |
| MRA | Multilateral Recognition Arrangement |
| N.N. | nomen nescio (ohne Namen) |
| NGO | Non-Governmental Organization |
| NWA | Nutzwertanalyse |
| NZ GAP | New Zealand GAP |
| ON | Austrian Standards Institute (Österreichisches Normungsinstitut) |
| ÖNORM | Österreichische Norm |
| OTS | Orginaltext Service |
| PR | Public Relations |
| QM | Qualitätsmanagement |
| QMB | Qualitätsmanagement-Beauftragter |
| QMS | Qualitätsmanagementsystem |
| RuP | Revisions- und Probenplan |
| s. a. | sine anno (ohne Jahresangabe) |
| s. p. | sine pagina (ohne Seitenangabe) |
| SAP | Systeme, Anwendungen und Produkte in der Datenverarbeitung |
| SEC | Securities and Exchange Commission |
| SGM | Sicherheits- und Gesundheitsmanagement |
| SGS | Systems and Services Certification |
| SPS | Sanitär und Phytosanitär |
| SQF | Safe Quality Food |
| TBT | Technical Barriers to Trade |
| TQM | Total Quality Management |
| TU | Technische Universität |
| TÜV | Technischer Überwachungs-Verein |
| VDEB | Verband der EDV-Software-und -Beratungsunternehmen e.V. |
| vgl. | vergleiche |
| VKI | Verein für Konsumenteninformation |
| VKK | Verband der KüchenleiterInnen in Krankenhäusern und Pflegeeinrichtungen e.V. |
| VO-EG | Verordnung der Europäischen Gemeinschaft |
| VÖM | Vereinigung österreichischer Milchverarbeiter |
| WECO | FAO/WHO Codex Alimentarius-Kommission |
| WHO | Weltgesundheitsorganisation (engl. World Health Organization) |
| WKO | Wirtschaftskammer Österreich |
| WTO | Welthandelsorganisation (engl. World Trade Organization) |
| z. B. | zum Beispiel |

# 12 Glossar

Dieser Glossar wurde unter Zuhilfenahme folgender Quellen erstellt: Internet (www.globalgab.org, http://www.dienstleistungs-standard.de/), Lexikon der Lebensmittelzeitung (http://www.lz-net.de/), das Wirtschaftslexikon24 (http://www.wirtschaftslexikon24.net/), Wikipedia (http://www.wikipedia.de/).

*Analytischer Hierarchieprozess:* Ist ein Verfahren zur Lösung multikriterieller Entscheidungsprobleme, das unter Anwendung hierarchischer Entscheidungsbäume neben objektiven auch subjektive Kriterien berücksichtigt.

*Audit:* Stellt eine Methode zur Erkennung von Abweichungen und zur Ermittlung von Verbesserungspotenzialen dar. Durch unabhängige Prüfer wird die Wirksamkeit der Umsetzung des Qualitätsmanagementsystems im Betrieb begutachtet.

*Charge:* (auch Los genannt) Darunter versteht man in der http://de.wikipedia.org/wiki/ Produktion die Gesamtheit sämtlicher Einheiten eines Produktes, die unter gleichen Bedingungen erzeugt, hergestellt oder verpackt wurden.

*Codex Alimentarius:* Der Lebensmittelkodex ist eine 1963 durch die FAO und WHO entwickelte Sammlung von Normen für die Produktqualität und Sicherheit von Lebensmitteln und dient als Grundlage für die Erarbeitung von weltweit gültigen Standards für Lebensmittel.

*Corporate Governance:* Bezeichnet ein System der Leitung und Überwachung von Unternehmen. Dadurch wird ein hohes Maß an Transparenz für alle Stakeholder des Unternehmens erreicht.

*Corporate Social Responsibility:* Ist die „Unternehmerische Gesellschaftsverantwortung". Sie beschreibt die freiwillige Verpflichtung der Wirtschaft zu einer nachhaltigen Entwicklung, die über die gesetzlichen Forderungen hinausgeht.

*Endogen:* (deutsch: von innen heraus) Ist die Bezeichnung für Ursachen, Faktoren und Wandlungsprozesse, die im Unternehmen selbst wirken.

*Erfolgsfaktor:* Ist eine empirisch überprüfbare, wesentliche und langfristige Größe für den Unternehmenserfolg.

# 12 Glossar

*Exogen:* (deutsch: von außen wirkend) Ist die Bezeichnung für Ursachen, Einflüsse und Wandlungsprozesse, die von der Umwelt auf ein Unternehmen einwirken.

*Food Chain:* Siehe Supply Chain.

*Gatekeeper:* Kontrollieren den Informationsfluss zwischen den Anbietern, den Entscheidern, den Mitentscheidern und den Beeinflussern. Der Handel wird als Gatekeeper bezeichnet, da er das Angebot des Herstellers an den Verbraucher vorselektiert.

*GlobalG.A.P.:* Ist eine privatwirtschaftliche Organisation, die weltweit freiwillige Standards zur Zertifizierung von landwirtschaftlichen Produkten setzt, mit dem Ziel einen Standard für gute Agrarpraxis zu etablieren, der mit verschiedenen Produktanwendungen für die gesamte Landwirtschaft in der Welt zum Einsatz kommt.

*Good Manufacturing Practice:* (deutsch: „Gute Herstellungspraxis", „Gute Hygienepraxis") Maßnahmen, die dem Schutz der Lebensmittel vor Verderb oder vor Kontamination dienen sollen. Gehört neben dem HACCP Konzept zu den Grundpfeilern, auf denen die Realisierung einer hohen Lebensmittelsicherheit aufbaut.

*HACCP Konzept:* HACCP versteht sich als ein Konzept des Risikomanagements im Rahmen des Qualitäts- und Sicherheitsmanagements eines Unternehmens der Lebensmittelbranche. Durch eine entsprechende gesetzliche Verankerung ist das HACCP-System in den EU-Mitgliedsstaaten von allen Lebensmittelunternehmen verpflichtend umzusetzen, mit Ausnahmen der Primärproduktion und „kleiner Betriebe", bei denen eine gute Hygienepraxis in manchen Fällen die Überwachung der kritischen Kontrollpunkte ersetzen kann.

*Lebensmittelsicherheit:* Ist ein Oberbegriff für alle Maßnahmen und Konzepte, die sicherstellen sollen, dass Lebensmittel für den Endverbraucher zum Verzehr geeignet sind. Die Lebensmittelsicherheit umfasst zwei Hauptbereiche – die Rückverfolgbarkeit von Lebensmitteln in der Lebensmittelkette und die Lebensmittelhygiene.

*Nutzwertanalyse:* Ist eine Methode der Entscheidungstheorie und wird definiert als die Analyse einer Menge komplexer Handlungsalternativen mit dem Zweck, die Elemente dieser Menge entsprechend den Präferenzen des Handlungsträgers bezüglich eines multidimensionalen Zielsystems zu ordnen.

*Opportunitätskosten:* Sind Alternativkosten, die den entgangenen Nutzen oder Ertrag, der durch eine alternative Verwendung eines eingesetzten Gutes oder Produktionsfaktors erzielbar gewesen wäre, in Geld oder Mengen ausdrückt.

*Overhead:* Ist im englischen Sprachgebrauch die Bezeichnung für Gemeinkosten („overhead costs").

*Potemkinsche Eigenschaften:* Immaterielle Eigenschaften von Vertrauensgütern, die am Endprodukt nicht mehr überprüfbar sind.

*Principal-Agent-Theorie:* Diese Theorie untersucht, wie bei Geschäftsbeziehungen zwischen Auftraggebern (Prinzipale) und Auftragnehmer (Agenten) im Fall von Informationsasymmetrien vorzugehen ist.

*Property-Rights-Theorie:* Ziel dieser Theorie ist eine mikroökonomische Erforschung der Struktur der Verfügungsrechte an Gütern. Sie legt fest, in welcher Weise der Inhaber legitimer Weise über die Ressourcen, an denen er die Rechte innehat, verfügen kann.

# Glossar

*Prozess:* Ist die zeitlich-sachlogische Abfolge von Tätigkeiten, die Ressourcen verwendet und die ausgeführt wird, um die Umwandlung von Eingaben in Ergebnisse zu ermöglichen.

*Prozessqualität:* Bezeichnet die Qualität der Herstellungsprozesse für ein Produkt.

*Qualitätsmanagement:* Das Qualitätsmanagement umfasst alle Tätigkeiten und Zielsetzungen zur Sicherung der Produkt- und Prozessqualität. Es ist die Erweiterung der Qualitätssicherung zu einer ganzheitlich optimierten Prozesskette.

*Qualitätssicherung:* Umfasst alle Tätigkeiten der Qualitätsplanung, Qualitätskontrolle und Qualitätslenkung sowie alle Maßnahmen die sicherstellen, dass die Qualitätsnormen und Vorschriften des Unternehmens eingehalten werden. Sie kann hoheitlicher oder privatwirtschaftlicher Natur sein.

*Rückverfolgbarkeit:* Ist zentraler Punkt der Basisverordnung VO (EG) 178/2002. Alle Lebensmittel- und Futtermittelunternehmen müssen sicherstellen, dass alle Lebensmittel, Futtermittel und deren Zutaten über die gesamte Produktionskette hinweg vom Erzeuger bis zum Verbraucher verfolgt werden können und dass dies gegebenenfalls den Behörden rasch mitgeteilt werden kann.

*Standard:* Stellt eine Richtlinie dar, welche das Ergebnis einer Vereinheitlichung von Produkten, Dienstleistungen oder Prozessen ist, die innerhalb eines Unternehmens oder einer Branche, national oder international vereinbart wurde. Sie soll sicherstellen, dass Produkte verschiedener Hersteller miteinander kompatibel beziehungsweise interoperabel sind.

*Supply Chain:* Ist die ganzheitliche Versorgungskette über alle vor- und nachgelagerten Produktionsstufen eines Wirtschaftsbereichs (vom Lieferanten über die Industriestufe, den Handel bis zum Endverbraucher).

*Total Quality Management:* Bezeichnet die durchgängige, fortwährende und alle Bereiche einer Organisation erfassende, aufzeichnende, sichtende, organisierende und kontrollierende Tätigkeit, die dazu dient, Qualität als Systemziel einzuführen und dauerhaft zu garantieren.

*Tracing:* Rückverfolgung vom Verbraucher zum Händler, seinen Lieferanten und gegebenenfalls zum Urerzeuger. „Wer hat mir ein bestimmtes Produkt geliefert?".

*Tracking:* Die Rückverfolgung von Ware entlang der logistischen Kette vom Hersteller in Richtung Verbraucher. „An wen habe ich ein bestimmtes Produkt geliefert?".

*(methodische) Triangulation:* Ist die Kombination verschiedener Erhebungsverfahren mit dem Vorteil, die Begrenztheit der Einzelmethode methodologisch durch Kombination zu überwinden und Fehler sowie Schwächen der einzelnen Methoden zu kompensieren.

*Akkreditierung:* Bedeutet die formelle Anerkennung der Kompetenz einer Institution, bestimmte Prüfungen oder Prüfungsarten auszuführen.

*Vertikale Kooperation:* Ist die Zusammenarbeit von Unternehmen aus vor- bzw. nachgelagerten Wirtschaftsbereichen innerhalb der Supply Chain.

*Weißbuch zur Lebensmittelsicherheit:* Ist ein von der EU Kommission im Jahr 2000 vorgeschlagenes Maßnahmenpaket, das die Grundlage für den Prozess einer besser abgestimmten und vereinheitlichten Vorgehensweise im Bereich der Lebensmittelsicherheit bildet. Es enthält einen umfassenden Aktionsplan und sieht die Errichtung einer unabhängigen europäischen Lebensmittelbehörde vor.

*Wertschöpfungskette:* siehe Supply Chain.

*Zertifizierung:* Ist das bescheinigte Ergebnis einer positiven Überprüfung eines Unternehmens durch ein unabhängiges, akkreditiertes Unternehmen zum Erhalt eines Zertifikates, welches die Konformität der Leistungserstellung mit bestimmten Anforderungen und Normen ausdrückt.